Nele Noesselt

Alternative Weltordnungsmodelle?

Nele Noesselt

Alternative Weltordnungsmodelle?

IB-Diskurse in China

Bibliografische Information der Deutschen Nationalbibliothek
Die Deutsche Nationalbibliothek verzeichnet diese Publikation in der
Deutschen Nationalbibliografie; detaillierte bibliografische Daten sind im Internet über
<http://dnb.d-nb.de> abrufbar.

Die Materialsammlung für das Forschungsprojekt und der Forschungsaufenthalt in China
wurden ermöglicht durch ein Stipendium der Studienstiftung des dt. Volkes

1. Auflage 2010

Alle Rechte vorbehalten
© VS Verlag für Sozialwissenschaften | Springer Fachmedien Wiesbaden GmbH 2010

Lektorat: Dorothee Koch / Tanja Köhler

VS Verlag für Sozialwissenschaften ist eine Marke von Springer Fachmedien.
Springer Fachmedien ist Teil der Fachverlagsgruppe Springer Science+Business Media.
www.vs-verlag.de

Das Werk einschließlich aller seiner Teile ist urheberrechtlich geschützt. Jede Verwertung außerhalb der engen Grenzen des Urheberrechtsgesetzes ist ohne Zustimmung des Verlags unzulässig und strafbar. Das gilt insbesondere für Vervielfältigungen, Übersetzungen, Mikroverfilmungen und die Einspeicherung und Verarbeitung in elektronischen Systemen.

Die Wiedergabe von Gebrauchsnamen, Handelsnamen, Warenbezeichnungen usw. in diesem Werk berechtigt auch ohne besondere Kennzeichnung nicht zu der Annahme, dass solche Namen im Sinne der Warenzeichen- und Markenschutz-Gesetzgebung als frei zu betrachten wären und daher von jedermann benutzt werden dürften.

Umschlaggestaltung: KünkelLopka Medienentwicklung, Heidelberg
Druck und buchbinderische Verarbeitung: STRAUSS GMBH, Mörlenbach
Gedruckt auf säurefreiem und chlorfrei gebleichtem Papier
Printed in Germany

ISBN 978-3-531-17328-3

Die Wissenschaft ist wesentlich ein anarchistisches Unternehmen.
(Paul Feyerabend)

Inhalt

Verwendete Abkürzungen 12

Verzeichnis der Tabelle 13

Einleitung 15

Vorbetrachtungen 21

I. Theorie-Dilemma 21

    1.1. Theoriekonstruktionen jenseits des Zentrums? 23
    1.2. Forschungsstand 27
    1.3. Theorie und Ideologie 32
    1.4. Theorie und Praxis im chinesischen Kontext 40
    1.5. Analyse-Strukturen und Arbeitshypothesen 44

Feldstrukturen 51

II. Bestandsaufnahme des Feldes 51

    2.1. Periodisierung 51
        2.1.1. Zwei-Phasen-Modell 53
        2.1.2. Drei-Phasen-Modell 58
        2.1.3. Fünf-Phasen-Modell 63
        2.1.4. Institutionalisierung 66
    2.2. Strömungen der chinesischen IB-Forschung 69

2.2.1. Marxistische Strömungen 72
2.2.2. Realistische Strömungen 74
2.2.3. Konstruktivismus 76
2.2.4. Neoinstitutionalismus und Regime-Theorie 77
2.2.5. Internationale Politische Ökonomie 79

2.3. Vor-, Gegen- und Zerrbilder der chinesischen IB-Theorie 80

2.3.1. Chinesische Betrachtungen der russischen Theorie-
und Strategiebildung 81
2.3.2. Bedingungslose Übernahme „westlicher" IB: Japan 84
2.3.3. Lateinamerika als Vorbild der Peripherie? 84
2.3.4. „Westliche" Alternative: Die Englische Schule der IB 86
2.3.5. Hintergrund Parochialismus-Vorwurf 88
2.3.6. Wettstreit der hundert Schulen? 90

2.4. Partikulare Analysemodelle der chinesischen IB-Forschung? 92

2.4.1. Chinesische Analyse-Einheit: *shidai* 92
2.4.2. Konstruierte Pfadabhängigkeit 95

2.5. Freiräume und Rahmenvorgaben 98

2.6. Selbstbetrachtungen des Feldes 104

2.6.1. Konzeption einer eigenständigen chinesischen
IB-Theorie? 112
2.6.2. Dimensionen 115
2.6.3. Funktionen 121
2.6.4. „Chinesische" IB-Modelle: Contra und Pro 123

2.7. Zwischenbilanz 131

Theoriebausteine: Zwischen Ontologie und Epistemologie ... 135

III. Systemstrukturen 143

3.1. Weltmodelle chinesischer Politiker 143

3.1.1. Lager- und Zonenbildung 145

3.1.2. Drei-Welten-Theorie 149
3.2. Internationales System 153
    3.2.1. Multipolarität 154
    3.2.2. Polare Weltkonzeptionen: Strukturvergleich 155

3.3. Wandel des internationalen Systems? 161
    3.3.1. Chinesischer Blick auf die Rolle der USA:
        Struktureller Konservatismus 164
    3.3.2. Strategie als Strukturelement 165

3.4. Ordnungsideale des alten China 168
    3.4.1. Das Tianxia-Modell im 21. Jahrhundert 171

3.5. Ordnungsideale des „neuen" China 173
    3.5.1. Demokratisierung der internationalen Beziehungen 175
    3.5.2. Wandel des chinesischen Sicherheitsbegriffs 176

3.6. Post-Westfälisches Staatensystem? 179

3.7. Zwischenbilanz 181

IV. Ordnungsprinzip: Harmonie 183

4.1. Harmonische Gesellschaft 183

4.2. Harmonische Welt 186

4.3. Harmonie-Kontroversen chinesischer Politikwissenschaftler 189

4.4. Beijing Consensus 193

4.5. Exkurs: Modelle der ausgehenden Kaiserzeit
    und ihre Spiegelbilder in der Gegenwart 200

4.6. Zwischenbilanz 209

V. Krieg und Frieden 211

    5.1. Friedlicher Aufstieg: Strategie oder Theorie? 212

        5.1.1. Politische und politikwissenschaftliche Definitionen 217

    5.2. Der „Friedliche Aufstieg": Legitimierungsstrategie im internationalen Kontext 220

    5.3. Kritik und Gegenkritik 226

    5.4. Chinesische Stellungnahmen zu den westlichen Friedensmodellen 231

    5.5. Fixpunkte der chinesischen Friedensentwürfe 234

    5.6. Zwischenbilanz 241

VI. Akteursebene 243

    6.1. Akteurs-Konzeptionen: Chinesische Alternativen zu „westlichen" Kategorisierungsmodellen 245

    6.2. Nationale Interessen und Positionierungsstrategien 252

    6.3. Machtbegriff 258

    6.4. Globalisierung 262

        6.4.1. Globale Formen des Regierens 268
        6.4.2. Sonderfall Taiwan? 272

    6.5. Regionalisierung 274

    6.6. Zwischenbilanz 275

Wirkungszusammenhänge und Hintergründe 277

VII. Wirkungsebenen der chinesischen IB-Theoriesuche 277

    7.1. Theorie und Praxis 280

    7.2. Internationale Beziehungen – Außenpolitik – Diplomatie 283

7.3. Konstruktion nationaler Export-Images 293

7.4. Soft Power und Kulturdiplomatie 301

7.5. Nation-Building 305

7.6. Zwischenbilanz 308

VIII. Schlussbetrachtungen 311

8.1. Implikationen 311

8.2. Conclusio und Ausblick 315

Bibliographie 337

Verwendete Abkürzungen

ASEAN	Association of South East Asian Nations
BRIC	Brasilien, Russland, Indien, China
CASS	Chinese Academy of Social Sciences
CNP	Comprehensive National Power
CSCAP	Council for Security Cooperation in Asia-Pacific
DPP	Democratic Progressive Party
EU	Europäische Union
FPA	Foreign Policy Analysis
GMD	Guomindang
IB	Internationale Beziehungen
IPÖ	Internationale Politische Ökonomie
IWF	Internationaler Währungsfonds (engl. IMF)
KPCh	Kommunistische Partei Chinas
KpdSU	Kommunistische Partei der Sowjetunion
SCO	Shanghai Cooperation Organization
SU	Sowjetunion
UN	United Nations
VR (China)	Volksrepublik (China)
WTO	World Trade Organization
ZK	Zentralkomitee
5PFK	5 Prinzipien der Friedlichen Koexistenz

Verzeichnis der Tabellen

Tabelle 1: Artikel zur IB-Theorie in chinesischen Journals (1980-1997) ... 60

Tabelle 2: „Shijie Jingji yu Zhengzhi" (1982-1990) 61

Tabelle 3: „Shijie Jingji yu Zhengzhi" (1998-2004) 65

Tabelle 4: Arbeitsmodell: Theorien und Grundprämissen 142

Einleitung

Die Jahre 1989 / 1991 markieren eine Zäsur in der politischen und politikwissenschaftlichen Weltbetrachtung, die mit den Ansätzen „end of history" (Fukuyama) vs. „return of history" (Kagan) nur unzureichend beschrieben wäre. Zwar bedeutete die Auflösung der Sowjetunion zugleich das Ende der bipolaren Blockkonfrontation auf internationaler Ebene, die anfängliche Annahme aber, dass der Kapitalismus in Verbindung mit demokratisch verfassten Systemstrukturen unweigerlich zu einem grundlegenden und universellen Orientierungsmodell avancieren würde, ist mittlerweile doch etwas relativiert worden. Die mit Blick auf die Ereignisse von 1989 / 1991 konzipierte Demokratisierungs- und Transformationstheorie richtet ihren Fokus auf den Niedergang sozialistischer Systemstrukturen. Staaten-Akteure wie die VR China hingegen, die eine Transformation ihres politischen Systems nach dem westlichen Muster zurückweisen, schreiben dieser Zäsur eine hiervon abweichende Bedeutung zu, indem sie anstelle einer Transformation auf nationaler und subsystemischer Ebene die Möglichkeit einer Neuordnung der aus den Zeiten des Kalten Krieges datierenden Strukturen und Regelwerke des internationalen Systems thematisieren.

Von ganz zentraler Bedeutung für die Konzeption der Internationalen Politischen Theorie nach dem Ende des Kalten Krieges erscheint die Frage, wer eigentlich an der möglichen Neuschreibung der Theoriekonzepte beteiligt ist (oder aber einen entsprechenden Mitgestaltungsanspruch erheben dürfte). In Zeiten des Kalten Krieges versuchten die beiden antagonistischen Machtzentren, SU und USA, die Theoriemodelle des jeweils anderen Systems als Ideologie zu demaskieren und für die eigenen Theorien universelle Gültigkeit und Erklärungskraft zu deklamieren. Damit standen sich bis zum Zerfall der Sowjetunion und dem Zusammenbruch Osteuropas zwei normative „Theorien" entgegen, welche neben nationalen auch internationale Ordnungsvorstellungen umfassten. Nach 1989 / 1991 wurden die Normativität und Universalität der fortbestehenden, im Kontext der „westlichen" Staatenwelt entstandenen Theoriemodelle in der internationalen Politikwissenschaft zumeist nicht weitergehend hinterfragt. Wenn nun aber mit dem Ende des Kalten Krieges auch eine Verschiebung der globalen Machtkonstellationen eingeleitet wurde, stellt sich doch die Frage, welche Weltregion / welches Staatenbündnis / welche Institution die normativen und ethischen Grundlagen der neuen Ordnung konzipieren wird. Gerade von

Staaten der ehemaligen Peripherie, die sich wie die VR China scheinbar zu neuen zentralen Mitspielern der internationalen Politik entwickeln, wird im Kontext der Diskussionen zur Internationalen Politischen Theorie immer wieder das Parochialismus-Argument angeführt. Dieses beanstandet, dass als universelle Werte verankerte Prinzipien der Weltpolitik nationale Interessen und Prägungen der „westlichen" Welt widerspiegelten und somit nicht notwendigerweise in Einklang mit der politischen Kultur anderer Systeme (sozialistische Staaten / arabische Welt etc.) zu bringen seien. Liegen damit auch nach dem immer wieder beschworenen Ende des Kalten Krieges weiterhin konkurrierende, national verankerte Weltordnungsmodelle vor? Und wie verhält es sich mit der Legitimität der in der internationalen Politikwissenschaft allgemein anerkannten Modellvorstellungen?

Seit nunmehr fast dreißig Jahren wird in der VR China eine Debatte über die Möglichkeit und Notwendigkeit der Formulierung einer „IB-Theorie mit chinesischen Charakteristika" geführt. Dass diese Thematik die intellektuellen Eliten und die politische Führung über einen so langen Zeitraum beschäftigt und die Debatte in den letzten Jahren sogar noch an Dynamik gewonnen hat, verdeutlicht, dass hier eine Schlüsselfrage der chinesischen Politikwissenschaften und zugleich auch der chinesischen Politik und Diplomatie erörtert wird. Die Suche nach einer „chinesischen" Modellbildung ist damit alles andere als eine periphere Begleiterscheinung der Professionalisierung und Modernisierung der chinesischen Politikwissenschaften nach 1978. Im Gegenteil, diese Debatte legt Leitlinien, Grundprinzipien und Zielvorgaben fest und ist sowohl der empirischen Forschung und Analyse als auch der aktiven Ausgestaltung der chinesischen Politik übergeordnet.

Wurden in den 80er Jahren in der chinesischen IB-Forschung zunächst die „westlichen" Theoriegebäude rezipiert und gelegentlich auf den chinesischen Kontext adaptiert, ist diese Theorie-Modifikation mittlerweile durch die Zielvorgabe einer Theorie-Innovation abgelöst worden. Anstelle einer Theorie „mit chinesischen Charakteristika" ist nun bereits die Rede von einer „chinesischen" Schule der IB. Dieser Wandel der Terminologie belegt zugleich eine Transition der Modellbildung von der Bezugsebene der chinesischen Außenpolitik hin zur internationalen Politik. Die Aufgabe der chinesischen IB-Forscher besteht damit nicht länger ausschließlich in der Entwicklung von Analyseinstrumenten, welche es erlauben sollen, die Interessen und Orientierungen der jeweiligen Kooperationspartner abzuschätzen und zu antizipieren, um so eine möglichst effektive Ausgestaltung der chinesischen Außenpolitik erzielen zu können.

Nun steht die Formulierung von Modellen im Mittelpunkt, welche einerseits die internationalen Interaktionen und die Weltpolitik abstrakt und strukturiert zu fassen vermögen, andererseits aber auch chinesische Visionen und Ordnungsvorstellungen integrieren.

Die VR China hat sich bislang in die bestehenden Strukturen des internationalen Systems eingefügt und damit die internationalen Regelwerke offiziell akzeptiert. Chinesische IB-Experten sehen nun jedoch die Möglichkeit, chinesische Konzeptionen in die internationale Modellbildung einzubringen und so einen inkrementellen Wandel des theoretischen Fundaments der internationalen Interaktionsstrukturen einzuleiten. Dieser Gedanke wird nicht als Strategie zum Umsturz des internationalen Systems, sondern als chinesischer Beitrag zur Formulierung einer integrativen IB-Theorie für eine Welt nach dem Kalten Krieg präsentiert. Denn der Wandel der internationalen Strukturen nach 1989 / 1991 erfordert, so die Ansicht der chinesischen Politikwissenschaftler, eine grundsätzliche Überarbeitung der Makrotheorien der IB, welche vor dem Hintergrund der Systemkonfrontation (USA / SU) aus einer „westlichen" Perspektive heraus entwickelt worden sind. Um das „Kalte-Kriegs-Denken", das von chinesischer Seite immer wieder angeprangert wird, endgültig zu überwinden, wäre folglich eine Substitution der Theorieannahmen vonnöten.

Das Dilemma der chinesischen IB-Forscher besteht wiederum darin, dass sie in einem schwierigen Balanceakt zwischen Partikularität und Universalität eine Theorie entwickeln sollen, welche die chinesische Perspektive reflektiert und die Vorgaben der politischen Führung berücksichtigt, zugleich aber auch so allgemein bleibt, dass sie in die internationale Debatte eingebunden werden könnte. Einerseits positionieren sich die chinesischen IB-Theoretiker mit ihren Modellentwürfen im nationalen Kontext der VR China. Andererseits aber ist für ihr wissenschaftliches Selbstverständnis die Einbindung in die internationale Expertengemeinde von zentraler Bedeutung, woraus folgt, dass sie eine Modellkonzeption vermeiden werden, die einen Ausschluss aus den internationalen Gruppierungen zur Folge haben könnte. Somit ist nicht zu erwarten, dass die chinesische IB-Forschung Modelle formuliert, die sich vollkommen von den „westlichen" Konzeptionen abgrenzen. Eine bedingungslose Übernahme der internationalen Modellbildung wäre aber ebenso unmöglich, da von der chinesischen Seite her angenommen wird, dass derartige Modelle immer wertgebunden sind und somit prinzipiell in Widerspruch zu Grundvorstellungen sozialistischer Staatensysteme stehen.

Über die Betrachtung der Theoriedebatte eröffnen sich neue Wege der Analyse und Interpretation der chinesischen Außenpolitik. Denn die bisher herangezogenen Modelle zur Aufarbeitung der außenpolitischen Entscheidungsfindung, welche das internationale Engagement der VR China bestimmt, beschränkten sich zumeist darauf, allein die chinesischen Perzeptionen zu entschlüsseln. Es wurde angenommen, dass die VR China die Weltpolitik beobachtet und passiv-reaktiv perzipiert. Die außenpolitischen Entscheidungen wurden als eine Reaktion auf diese Perzeptionen gewertet. Mit der erweiterten These, dass im politikwissenschaftlichen Kontext Perzeptionen artikuliert werden, die nicht die politische Realität, sondern eine chinesische Vision der Weltkonstellationen widerspiegeln, wurde der VR China zumindest zugestanden, über eine Interpretation und normative Vision der internationalen Beziehungen zu verfügen. Aber auch dieser Ansatz geht – zumindest mit Blick auf die chinesische IB-Debatte – noch nicht weit genug. Denn die VR China ist nun ihrerseits dazu übergegangen, die China-Perzeption des Auslands zu analysieren und mit ihrer „Selbstperzeption" abzugleichen. Mitunter unternimmt sie dabei den Versuch, die Perzeption der Kooperationspartner aktiv zu ihren Gunsten auszurichten. Auch zeichnen sich Tendenzen ab, die chinesischen Visionen der Weltpolitik, die der artikulierten Perzeption unterliegen, in einer eigenen Theoriebildung zusammenzuführen und gezielt in die internationale Debatte einzubringen. Die Außenpolitik der VR China weiterhin mittels des ursprünglichen Perzeptionsansatzes zu interpretieren, hieße, die langfristigen Zielsetzungen und Visionen der chinesischen Politik und damit auch den chinesischen Anspruch, die internationalen Strukturen und Regelwerke mitzugestalten, vollkommen auszublenden.

Würde die innerchinesische „Theorie"-Debatte ausschließlich die Formulierung einer „chinesischen" IB-Theorie zum Inhalt haben, müsste das Experiment mittlerweile als gescheitert eingestuft werden. In der internationalen Politikwissenschaft ist zwar von der Englischen und der Lateinamerikanischen IB-Theorie die Rede, von einer „chinesischen" IB-Formulierung ist jedoch nichts bekannt. Dass die chinesische Theoriesuche dennoch weiterhin andauert, legt nahe, dass es hierbei nicht ausschließlich um die Formulierung einer IB-Theorie geht. Die Persistenz der chinesischen IB-Debatte deutet vielmehr darauf hin, dass diese noch andere Wirkungsebenen und Funktionen aufweisen muss, die von so zentraler Bedeutung sind, dass eine Einstellung der Theoriesuche nicht möglich ist. Welche Ebenen hier ins Spiel kommen und welche Funktionen oder Dimensionen die chinesische Modelldiskussion umfasst, ist das Thema der vorliegenden Untersuchung. Dabei ist insbesondere die nationale Perspektive der IB-Modelle zu berücksichtigen, die nicht nur der chinesischen IB-Theorieformulierung, sondern dem Parochialismus-Argument zufolge allen IB-Theorien inhärent ist. Wenn nun aber der Parochialismus-Vorwurf besagt, dass IB-Theorien aus der Perspektive des dominanten Machtzentrums heraus formuliert worden sind und somit dessen nationale Interessen widerspiegeln, ist die Konzeption einer Gegentheorie aus chinesischer Perspektive geradezu eine zwingende Notwendigkeit. Es ist folglich zu erwarten, dass sich aus der Entschlüsselung der chinesischen IB-Debatte Einblick in die grundlegenden nationalen Zielsetzungen und außenpolitischen Präferenzen der VR China gewinnen lässt.

Die Aufarbeitung der oben in ihren Eckpunkten skizzierten Suche nach einer „chinesischen" IB-Theorie soll in mehreren Schritten geschehen. Das erste Kapitel der vorliegenden Arbeit dokumentiert den gegenwärtigen Forschungsstand und formuliert Arbeitshypothesen, mittels derer eine strukturierte Entschlüsselung der chinesischen IB-Debatte erfolgen soll. Erörtert werden zudem allgemeine Funktionen und Dimensionen von IB-Modellen sowie das Verhältnis von Theorie, Strategie und Ideologie.

Das zweite Kapitel widmet sich der Bestandsaufnahme des Feldes, in welchem der „wissenschaftliche" Teil der Theoriedebatte zu verorten ist. Zunächst einmal sind die Grenzen des Feldes abzustecken und seine Wechselwirkungen mit den anderen sozialwissenschaftlichen und auch den politischen Teilfeldern zu untersuchen. Aussagen zu den Außengrenzen des IB-Feldes lassen sich aus den Forschungsbedingungen und politischen Rahmenvorgaben der Theoriebildung ableiten. Um die Struktur des Feldes aber weitergehend zu bestimmen, müssen die von den konkurrierenden Forschergruppen unternommenen Versuche einer Standardisierung und Kanonisierung des chinesischen Feldes diskutiert werden. Diese Binnenstruktur ist weitergehend nach divergierenden Theorieströmungen und Gruppenbildungen aufzuschlüsseln. Als Grundlage dieser Betrachtungen dienen Bourdieus Annahmen zum politischen Feld, die in abstrakter Form an der chinesischen IB-Forschung überprüft werden sollen. In Erweiterung der Ausführungen Bourdieus ist das zu untersuchende chinesische Feld bestimmt durch den Machtkampf konkurrierender Expertengruppen, in dem es darum geht, das Vakuum in der außenpolitischen Theorie der VR China mit „neuen" Modellen zu füllen, die in den kommenden Jahrzehnten als „orthodoxe" Erklärungsmodelle für die Analyse und Ausrichtung des Internationalen Systems herangezogen werden könnten. Zu erwarten wäre, dass diejenige Expertengruppe, die sich in diesem Machtkampf durchsetzt, ihren Einfluss im Geflecht der chinesischen Einrichtungen zur Analyse der Internationalen Beziehungen weiter ausbauen und die zukünftige Ausrichtung der chinesischen Politikforschung nachhaltig beeinflussen wird. Nachdem die Rahmenkonstellationen der chinesischen Theoriesuche bestimmt worden sind, sollen in diesem zweiten Kapitel der Arbeit in einem weiteren Schritt die metatheoretischen Überlegungen zur Formulierung einer „chinesischen" Theoriemodellbildung wie auch die kritischen Selbstreflexionen der chinesischen IB-Forscher zum gegenwärtigen Stand der IB-Theorie in China aufgearbeitet werden.

In Ergänzung zu diesen metatheoretischen Betrachtungen untersuchen die folgenden Kapitel (Themenblock: Theoriebausteine) die Ontologie der chinesischen IB-Theorieformulierung. Denn wenn im chinesischen Kontext wirklich eine eigenständige IB-Formulierung vorliegen sollte, die dem Anspruch nach auf einer Ebene mit den anerkannten Makrotheorien stehen soll, müssten sich Äquivalente zu den Grundbausteinen der „westlichen" IB-Forschung finden lassen. Betrachtet werden die ontologischen Grundbausteine Systemstrukturen, Akteursbestimmung, Ordnungsprinzipien und die Thematik von Krieg und Frieden, die gemeinhin als Ausgangspunkte der allgemeinen IB-Theoriebildung betrachtet werden.

Der letzte Themenblock der Untersuchung beschäftigt sich mit den Wirkungszusammenhängen und den Hintergründen der chinesischen IB-Theoriesuche. Das siebente Kapitel unternimmt hierzu den Versuch, aus den Betrachtungen zu den Feldstrukturen und den identifizierten chinesischen IB-Theoriebausteinen Rückschlüsse auf die Funktionen und Intentionen der chinesischen Modellbildung zu ziehen. Insbesondere ist hierbei die Frage zu erörtern, inwiefern es sich bei den chinesischen Modellentwürfen um eine Theorie- oder aber eine Strategiebildung handelt.

In den Schlussbetrachtungen (Kapitel 8) schließlich soll ein Bogen von der abstrakten Theoriediskussion in die politische Gegenwart geschlagen werden, indem die veränderten internationalen Positionierungsoptionen der VR China vor dem Hintergrund der Banken- und Finanzkrise erörtert und in Relation zu den IB-Modelldiskussionen gestellt werden.

Vorbetrachtungen

I. Theorie-Dilemma

Die Analyse der chinesischen Außenpolitik und der Rolle Chinas in der internationalen Politik ist angesichts der gegenwärtigen Entwicklungen, die unter dem Begriff des ökonomischen und politischen „Aufstiegs" der VR China subsumiert werden, zu einem zentralen Forschungsgebiet der internationalen Politikwissenschaft avanciert. Dass der Ausgangspunkt und auch das Zentrum dieser politikwissenschaftlichen Forschung in den USA liegen, ist dabei wenig erstaunlich. Denn Kern und zugleich Angelpunkt dieser Chinabetrachtungen ist die Annahme, dass ein aufsteigendes China sich zu einer revisionistischen Macht entwickeln wird, welche die Machtposition und Vorherrschaft der USA regional, d.h. in Ostasien, aber auch global in Frage stellt. Dieses Szenario, das in der Tradition neorealistischer Denkmodelle steht, geht von der Unvermeidbarkeit eines militärischen Konflikts zwischen den USA und der VR China aus, da ein friedlicher Wandel des internationalen Systems nicht vorstellbar ist.[1]

An dieser Stelle zeigt sich der unmittelbare Zusammenhang von IB-Modellbildungen und der außenpolitischen Strategieentwicklung. Als theoretische Brillen, durch welche die Welt kategorisierend und systematisierend perzipiert und interpretiert wird, selektieren IB-Theorien aus dem vorliegenden Datenmaterial der internationalen Beziehungen einzelne Aspekte heraus, von denen wiederum auf Entwicklungstendenzen und Handlungsoptionen geschlossen wird. Hieraus ergibt sich allerdings ein Dilemma. Ohne diese Selektionsfunktion könnten IB-Theorien keine abstrakten Wirkungszusammenhänge aufzeigen, welche weitergehend abstrahiert und mit anderen Fallbeispielen verglichen werden können. Selektion und Kategorisierung sind unverzichtbar, da sonst die eigentlichen Wirkungskausalitäten in der Flut der ungeordneten Menge der empirischen Daten untergehen würden. Die Fokussierung auf bestimmte Merkmale allein aber ist auch noch nicht ausreichend. Erst wenn die selektierten Daten auch in sich hierarchisiert und auf ihre wechselseitigen Abhängigkeiten

---

[1] für Variationen dieses Konfliktszenarios vergl. u.a. Bett (1993/1994:34-77); Friedberg (1993/1994:5-33); Bernstein / Munro (1997); Goldstein (1997/1998:36-73); Christensen (1999:49-80).

untersucht werden, lassen sich hieraus Wirkungszusammenhänge und Prozessabläufe herauslesen. Andererseits führt diese Selektions- und Relevanzfunktion der IB-Theorien dazu, dass Phänomene, welche durch die Maschen dieser Theorienetze fallen, nicht berücksichtigt werden. Dies aber bedeutet, dass die Interpretationen und Prognosen der internationalen Konstellationen und die aus diesen abgeleiteten außenpolitischen Handlungsempfehlungen ganz entscheidend durch die Wahl des Theorienetzes determiniert werden.[2]

Neorealistische Modelle kommen mit Blick auf die VR China zu äußerst pessimistischen Zukunftsoptionen für die Region Ostasien und die weitere Entwicklung der sino-amerikanischen Beziehungen. Diese Modellbildung wird jedoch, wenngleich sie den gegenwärtig Diskurs auch dominiert, nicht unhinterfragt von allen China-Analysten akzeptiert. Setzt man eine andere, beispielsweise eher liberal-institutionalistische Theoriebrille auf, präsentiert sich die derzeit im Aufsteigen begriffene VR China nicht als Bedrohung, sondern als stabilisierende Regionalmacht (Kang 2003/04; Shambaugh 2004/05). Keine der beiden Theorien jedoch vermag die Komplexität aller Entwicklungsoptionen in ihrer Gesamtheit zu erfassen, vielmehr handelt es sich hier jeweils nur um Modelle zu Teilsegmenten der internationalen Beziehungen.

Dass diese Debatte eigentlich ein Ausdruck der Konkurrenz um das Ordnungs- und Sinngebungsmonopol ist, verdeutlicht die Tatsache, dass der konkrete Fall der sino-amerikanischen Konstellationen vor dem Hintergrund des chinesischen Aufstiegs mittlerweile durch eine Kontroverse über die Validität und Aussagemöglichkeit der verschiedenen IB-Theorien für die Region Ostasien[3], speziell China, abgelöst wurde:

> The paradigm wars have grown stale: Pitting realism, constructivism, and liberalism against one another and then attempting to prove one right while dismissing the others has created a body of soul-crushingly boring research. More useful approaches would include moving within the paradigms and examining the interaction between the unit level and the system. In this vein, recognition that Northeast, Southeast, and South Asia may offer new insights to international relations theorists should be welcome. Examining the possibility that these regions may pose new empirical and theoretical challenges could lead to a fruitful research agenda. Moving the field of international relations in this direction, however, will not be easy (Kang, David 2003b:83).

---

[2] Die 1989er-Diskussionen, wie der Westen auf die Niederschlagung der Proteste auf dem Tian'anmen reagieren sollte, sind ein weiteres Beispiel dafür, dass sich je nach gewählter Theorie ein anderes Szenario und damit andere Handlungsimperative ergeben (vergl. Rosenau 1994:524-525).

[3] Hierzu gehören Studien, welche das Sicherheitsdilemma gestützt auf neorealistische Studien untersuchen (Fn 1), aber auch solche, die verschiedene Theorieannahmen nebeneinander stellen, um diese entweder mit Blick auf den chinesischen Sonderfall zu widerlegen (u.a. Ross 1999:81-118), oder aber die sich aus den verschiedenen Theorieannahmen ergebenden Entwicklungsszenarien einander kontrastierend gegenüberzustellen (Goldstein 1997/1998:36-73).

Diese Kontroverse über die Wahl des „richtigen" Theoriemodells ist alles andere als Ausdruck einer intellektuellen Selbstbefriedigung der akademischen Eliten. Die Zentralität der Wahl der theoretischen Brillen begründet sich nicht allein aus deren Funktion als Analyse- und Prognosewerkzeug, sondern beruht insbesondere auf deren handlungsanleitender Funktion für Außen- und Internationale Politik.[4]

Ein Wandel in der außenpolitischen Präferenzbildung von Staaten-Akteuren ist grundsätzlich gleichbedeutend mit einem Paradigmenwechsel in der Theoriebildung zur Außenpolitik und den Internationalen Beziehungen. Dabei lässt sich oftmals nicht eindeutig feststellen, ob zunächst ein Wandel der außenpolitischen Präferenzbildungen und Orientierungen stattfand, der dann nachträglich auch in die Modellbildung übernommen wurde, oder aber ob die außenpolitische Neuausrichtung durch die Theoriebildung initiiert wurde. Es ist anzunehmen, dass diese Neuorientierung oftmals parallel oder geringfügig zeitversetzt in beiden Bereichen – Politik und politikwissenschaftliche Theoriebildung – erfolgt, möglicherweise angestoßen durch Veränderungen der internationalen Konstellationen, möglicherweise aber auch davon unabhängig aufgrund einer internen Neukonzeption nationaler Interessen. Es kann der Fall eintreten, dass in der Theoriediskussion mehrere divergierende Modellannahmen koexistieren, von denen sich eine als handlungsanweisendes Modell zunächst durchsetzt. Ein weiterer Paradigmenwechsel ist aber jederzeit erneut möglich.

1.1. Theoriekonstruktionen jenseits des Zentrums?

Die hier thematisierten klassischen IB-Theorien unterscheiden sich darin von anderen sozialwissenschaftlichen Theoriebildungen, dass sie den Blick von einer nationalen Perspektive ausgehend auf die Welt richten und verabsolutierende Grundaussagen treffen, für die universelle Gültigkeit deklamiert wird. Bedingt durch die Verankerung der Theorien in einem räumlich-zeitlichen und zugleich national-kulturellen Kontext sind diese Theoriemodelle wertgebunden und zumeist stark normativ. Ordnungsvorstellungen und Grundprinzipien werden im Rahmen der Theorieformulierung von der subsystemischen auf die systemische Ebene des internationalen Systems transponiert. Diese Annahme steht nur scheinbar im Widerspruch zur Annahme einer abstrakten, raum- und zeitunabhängigen Erklärungskraft beispielsweise (neo-) realistischer Standardmodelle. Wenn, wie nachweislich der Fall, die Theoriebildung durch die jeweils

---

[4] In Kenntnis der *theoriegestützten* Zukunftsszenarien werden mögliche Neuausrichtungen der US-amerikanischen China-Strategie u.a. von Waldron (1994:17-21), Lieberthal (1995:35-49), Segal (1996:107-135), Shambaugh (1996:180-209) und Gill (1999:65-76) diskutiert.

einflussreichsten Staaten-Akteure erfolgt (vergl.Waltz 1979:73), wird die internationale Staatenwelt mit diesen Modellen nicht nur auf ihre Ist-Struktur untersucht, sondern aufgrund der nationalen und ideellen Verankerung der Modelle auch normativ ausgerichtet. Vermag ein Staaten-Akteur sich erfolgreich als Machtzentrum zu behaupten, sind Ist- und Sollstruktur weitgehend deckungsgleich. Denn der Ausgestaltung der System- und Interaktionsstrukturen unterliegt in diesem Fall die Theoriebildung des Machtzentrums. Solange die Persistenz und Autonomie des Machtzentrums gegeben ist, lassen sich die Interaktionsmuster folglich mit den Theoriemodellen „erklären". Kritisch wird es erst, wenn die materielle wie ideelle Hegemonie des Machtzentrums von anderen Staaten-Akteuren nicht länger uneingeschränkt anerkannt wird oder aber sich ein nicht-steuerbarer Wandel der internationalen Systemstrukturen ergibt, der eine Relativierung der Machtverhältnisse nach sich zieht – und damit auch die Möglichkeiten des bisherigen Machtzentrums relativiert, Sicht- und Deutungsmuster international, wenn nicht sogar global, festzuschreiben.

Das Ende des bipolaren Systems (1989/1991) aber auch die voranschreitende Globalisierung und nicht zuletzt die aktuelle Finanzkrise sind Prozesse, welche eine solche relative Neuordnung der materiellen und ideellen Machtstrukturen zu ermöglichen scheinen. Im Zuge dieser Transformationsprozesse und auch in Folge der Entkolonialisierung zeichnet sich eine Fragmentarisierung der internationalen Akteursstrukturen ab. Wenn sich in diesem Umstrukturierungsprozess neue Machtzentren formieren, müssten deren Ordnungs- und Weltmodelle nicht notwendigerweise mit den bisherigen Mustern übereinstimmen. Und wenn diese neuen Staaten-Akteure sich zudem nicht in die bestehenden theoriegestützten Interaktionsregeln einzufügen beabsichtigen, wäre die Konzeption und Durchsetzung alternativer Regelwerke nahezu zwingend, wenngleich sich aus dieser Überlegung noch nicht automatisch ergibt, dass sich nicht auch eine Synthese von Regelwerken denken ließe.

Die Formulierung von alternativen Theoriemodellen oder auch die Modifizierung bestehender Theorieannahmen verdeutlichen den Anspruch von Staaten-Akteuren, die bisher keinen Einfluss auf die Modellentwicklung hatten, gleichberechtigt an der Sinngebung der internationalen Beziehungen mitzuwirken und möglicherweise auch auf die Ausgestaltung der Interaktionsregeln zu ihren Gunsten Einfluss zu nehmen. Bleibt die Theoriebildung der Peripherie auf die Ebene der Außenpolitik beschränkt, erfüllt die IB-Theoriebildung also primär die Funktionen der Analyse und der daraus abgeleiteten Handlungsanleitung, ist die bestehende Modellbildung zu den internationalen Beziehungen hiervon weitgehend unberührt. Allerdings ist es problematisch, die Außenpolitik dieser theoriemodifizierenden Staaten uneingeschränkt unter Heranziehung der konventionellen IB-Modelle zu analysieren. Denn allem Anschein nach stellt sich die Außenwelt aus Sicht dieser Staaten anders dar als aus der Perspektive des theoriegenerierenden Machtzentrums (vergl. Kapitel Theoriebausteine). Die außenpolitischen Handlungen von Staaten-Akteuren sind damit als Reaktionen auf Interpretationen des Agierens der Außenwelt zu verstehen. Wenn nun aber Sicherheits- und Bedrohungsperzeptionen, welche sich möglicherweise nur aus Sicht des perzipierenden Akteurs als solche darstellen, das staatliche Handeln steuern, werden außenpolitische Präferenzverschiebungen nicht durch rationale Kosten-Nutzen-Kalkulationen, sondern primär durch kognitive Faktoren induziert. Aus Sicht der konventionellen IB-Theorien irrational erscheinende außenpolitische Handlungen lassen sich somit möglicherweise unter Berücksichtigung der Ebene der Entscheidungsfindung „erklären", welche den sichtbaren Handlungen vorgelagert ist.[5] Es ist hierbei aber weitergehend zu differenzieren zwischen temporären, konstellationsgebundenen Perzeptionen und langfristigen Perzeptionen.

Die erste Erscheinungsform wird seit den 60er Jahren[6] im Themenbereich der Politischen Psychologie[7], die ein Schattendasein am Rande der anerkannten

---

[5] vergl. die Studie des amerikanischen Soziologen Rozman zu Perzeptionen sowjetischer Chinaforscher (Rozman 1985) und die Folgestudie zur Perzeption der Sowjetunion durch chinesische Politikwissenschaftler (Rozman 1987). Die Übertragung auf die sino-amerikanischen Beziehungen findet sich in Shambaughs Untersuchung zur Perzeption der USA durch chinesische Forscher, in welcher er analysierte, inwiefern die Analysen der chinesischen „America Watcher" die Ausgestaltung der sino-amerikanischen Beziehungen beeinflussten (Shambaugh 1991). Zur zentralen Funktion nationaler Images in den sino-amerikanischen Beziehungen vergl. auch Wang Jianwei (2000). Whiting wiederum griff in seiner Perzeptionsstudie zu den sino-japanischen Beziehungen auf den Begriff des „image" zurück und argumentierte, dass der sino-japanische Schulbuchstreit und die anti-japanischen Demonstrationen auf ein negatives Japan-Image zurückgeführt werden könnten, das über die Medien auch der jüngeren Generation in China vermittelt worden sei (Whiting 1989). Friedrich schließlich hat bei seiner Analyse der sino-europäischen Beziehungen den Perzeptionsansatz weiterentwickelt und dem Begriff der „Perzeption" das Konzept der „artikulierten Perzeption" entgegengestellt. Die „artikulierte Perzeption", also die in chinesischen Studien zu lesende Interpretation, beschreibt demnach laut Friedrich nicht den perzipierten Ist-Zustand, sondern ausschließlich einen normativen Soll-Zustand (Friedrich 2000). Zur Rolle der Perzeption in den sino-europäischen Beziehungen vergl. auch die Folgestudie von Weigelin-Schwiedrzik / Noesselt (2006a:46-76; 2006b:11-34).
[6] Ein erstes systematisches Modell der Perzeptionsprozesse der politischen Entscheidungsträger hat Holsti 1962 vorgelegt. Nach diesem Modell werden alle Eindrücke und Informationen zunächst durch das *belief system* des jeweiligen Informationsempfängers gefiltert. Erst aus diesen selektierten und interpretierten Informationen entsteht schließlich eine Perzeption der „Realität", welche in den außenpolitischen Entscheidungsfindungsprozess einfließt. Die Selektion und Bewertung der Informationen geschieht in Abhängigkeit von *images* der Vergangenheit und Zukunft und den vom Entscheidungsträger angestrebten Zielen (*values*) (Holsti 1962). Zu den ersten Studien, die sich mit der Funktion von nationalen Images in der internationalen Politik beschäftigen, gehören die Arbeiten von Boulding (1956; 1959). Zu Perzeptionsmodellen allgemein vergl. auch Sprout / Sprout (1956) und Jervis (1976).

IB-Modelle führt, zumeist mit Fokus auf die situationsspezifische Kognition der politischen Führungseliten untersucht (vergl. Vertzberger 1990). Langfristige Perzeptionen jedoch, die sich aus Grundeinschätzungen und grundsätzlichen Annahmen über das internationale System und die Interaktionsstrukturen ableiten, spielen bislang weder in den Theorieannahmen der konventionellen IB-Modelle noch in den Ansätzen der Politischen Psychologie eine ernstzunehmende Rolle.

Die Analyse kurzfristiger, situationsspezifischer Perzeptionen vermag zwar irrationale Orientierungen von Staaten-Akteuren ex post plausibel erscheinen zu lassen. Eine Abschätzung und Prognose der zukünftigen Orientierungen und Präferenzbildungen von Staaten-Akteuren, die sich nur bedingt mit den etablierten IB-Modellen fassen lassen, kann hingegen nur über die Aufschlüsselung der langfristigen Perzeptionen erfolgen.

Eine Annäherung an diese Sonderform der Perzeption verlangt zunächst eine weitgehend wertungsfreie Analyse der Ideen und Konzepte auf subsystemischer Ebene. Zwar schlagen sich langfristige Perzeptionen – als Ergebnis einer Synthese von Interpretationen der außenpolitischen Ist-Konstellationen und normativ-präskriptiven Soll-Entwürfen – in der Formulierung von unumstößlichen Grundprinzipien (z.B. Ein-China-Prinzip) nieder und sind somit auch für einen außenstehenden Betrachter durchaus wahrnehmbar. Doch sind diese Grundprinzipien nur Bruchstücke der auf subsystemischer Ebene vorliegenden langfristigen Perzeptionen, die in der Konstruktion von (nationalen) Weltordnungsmodellen zusammengeführt werden, welche wiederum ihrerseits ein zentraler Bestandteil der IB-Modellbildung sind.[8]

---

[7] vergl. hierzu die Übersichtsdarstellung der Politischen Psychologie als Teilmodell der IB in Krell (2000:261-283) und den von Volkan, Julius und Montville herausgegebenen Sammelband zur Übertragung psychologischer Konzepte auf die Analyse der IB (Volkan / Julius / Montville 1990). Die These, dass hier bereits ein eigenständiges neues Forschungsfeld der IB-Analyse entstanden ist, findet sich bei Young und Schafer (1998:63-96).

[8] Die von Friedrich (2000) in Anlehnung an Shambaugh (1991) untersuchte „artikulierte Perzeption" (vergl. Fn 5) folgt der Annahme, dass die chinesischen IB-Studien nicht die Realität abbilden, sondern die Prozesse und Strukturen der Außenwelt gestützt auf chinesische Ordnungsmodelle „interpretieren". Friedrich nimmt an, dass diese Eingliederung in die chinesischen Ordnungsmodelle der internationalen Beziehungen die Funktion erfüllt, chinesische Politiker wie auch chinesische Wissenschaftler mit einer „staatlich sanktionierten Analyse der Welt" (Friedrich 2000:237) auszustatten. Dieser Ansatz vermag zu erklären, weshalb beispielsweise die chinesischen Studien zu den sino-europäischen Beziehungen aus Sicht eines „westlichen" Wissenschaftlers oftmals eine Fehlsicht und Missperzeption darstellen. Friedrich erörtert jedoch nicht, wer die chinesischen Ordnungsmodelle konzipiert, wie diese inhaltlich aussehen und zu welchem Zweck diese formuliert werden. Dies aber ist eigentlich der springende Punkt: Hier liegt eine der Außenwelt weitgehend unbekannte Modellbildung vor, die analog zu den theoretischen Brillen der „westlichen" IB-Theorien die außenpolitischen Konstellationen systematisiert, kategorisiert, interpretiert und hieraus Handlungsimperative ableitet!

An dieser Stelle schließt sich der anfangs betretene Kreis des IB-Theoriedilemmas. Nicht nur der Blick der außenstehenden Betrachter auf China, sondern auch die chinesische Perspektive sind Teil einer theoriegeleiteten Konstruktion von Weltsichten und Weltordnungsmodellen.[9] Der Rekonstruktion dieser chinesischen Modellbildung kommt damit eine Schlüsselfunktion für die Analyse und Prognose der chinesischen Außenpolitik durch außenstehende Beobachter zu. Gesetzt den Fall, dass ein neu aufsteigender Staaten-Akteur wie die VR China nun aber den Versuch unternähme, eine alternative IB-Theorie zu entwerfen, die auf einer Stufe mit den etablierten Großtheorien der IB stünde, hätte dies noch viel weitreichendere Konsequenzen. Denn dann würden mehrere Weltordnungsmodelle miteinander konkurrieren und es wäre erneut eine Ideen-Konfrontation wie zu Zeiten des Kalten Krieges erreicht, wenn auch anstelle einer ideologischen Konfrontation zwischen Kapitalismus und Sozialismus hierbei mit der Konfrontation divergierender politischer Kulturen und Zivilisationen zu rechnen wäre. Bislang war dieser „Kampf der Kulturen" (vergl. u.a. Huntington 1996) als ein kriegerisch ausgetragener Konflikt angenommen worden – eine Erweiterung um die Konkurrenz auf Theorieebene[10] scheint in Anbetracht der oben skizzierten Annahmen jedoch nicht sonderlich abwegig.

1.2. Forschungsstand

Die politikwissenschaftliche Analyse der chinesischen Außenpolitik bedient sich, sofern sie sich nicht mit einer deskriptiv-narrativen Darstellung begnügt, zumeist der theoretischen Brille einer der klassischen IB-Theorien.[11] Kommt es bei diesen auf politische Interaktionsprozesse und Handlungen ausgerichteten Studien zu einem Abweichen von den theoretischen Voraussagen und Grundan-

---

[9] Dass IB-Theorien in erster Linie eine Weltsicht und damit auch eine Weltordnungsvision widerspiegeln, wird in den Standardlehrwerken der IB-Forschung weitgehend ausgeblendet. Eine der wenigen Ausnahmen ist das Lehrbuch von Krell (2000), welches die Parallelität von Theorie und Weltsicht nicht nur formuliert, sondern als Gliederungskriterium für die Vorstellung der verschiedenen IB-Theorien aufgreift.
[10] Dieser Konflikt wäre keine gewöhnliche Theoriekontroverse, sondern ein Zusammenprall holistischer IB-Theorien, die als eine Sonderform der Modellbildung verstanden und von empirisch-analytischen Ansätzen entschieden abgegrenzt werden (hierzu Lehmkuhl 2000:vii).
[11] vergl. hierzu die kritische Betrachtung von Johnston und Ross zum Stand der politikwissenschaftlichen Chinaforschung (2006:378):„[I]t is not that the Chinese foreign policy field taken as a whole has been atheoretical or methodologically narrow and parochial. But it is probably accurate to say that in much of the research, the major or the default theoretical and methodological choices are roughly realist and roughly historical / descriptive, particularly when focusing on post-Cultural Revolution (1966-1969) (sic!) foreign policy. In some cases of research, one finds a theoretical eclecticism that often stretches the degree of compatibility or commensurability across theories..."

nahmen, müssen diese konsequenterweise als irrationale Verhaltensmuster des untersuchten Staaten-Akteurs (= China) bewertet werden, so die Gültigkeit und Erklärungskraft der gewählten Theorie nicht in Frage gestellt werden sollen (vergl. Ausführungen unter Punkt 1).

Die Entwicklung alternativer IB-Theoriemodelle durch chinesische Politikwissenschaftler und der Aufbau der chinesischen IB-Disziplin sind bis in die 90er Jahre in der westlichsprachigen Literatur fast ausschließlich deskriptiv aufgegriffen worden. Der Fokus der westlichen Betrachtung zur chinesischen Außenpolitik und Chinas internationalem Engagement liegt weiterhin auf den bilateralen Strukturen und den Interaktionen im Rahmen Internationaler Organisationen.[12] Gesondert herausgegriffen werden die sino-amerikanischen Beziehungen, da hier eine zunehmende Konkurrenz der beiden Großmächte um Hegemonie angenommen wird (u.a. Levine 1998; Shambaugh 1994). Daraus abgeleitet thematisieren andere Studien die Implikationen, welche sich aus dem „Aufstieg" der VR China für die Welt ergeben. Modelle und Szenarien der chinesischen IB-Theoretiker werden jedoch ausgeklammert (Overholt 1993; Brown et al. 2000).

Wenn überhaupt „Strukturen" der chinesischen Außenpolitik beleuchtet werden, beschränkt sich dies weitgehend auf die Beschreibung der offiziell formulierten Grundprinzipien der verschiedenen Entwicklungsphasen (Kane 2001:45-55; Robinson 1994:555-602), wenn nicht überhaupt eine eher historisch-narrative Darstellung gewählt wird (Hunt 1996).[13]

Die Ausblendung der innerchinesischen Theoriediskurse liegt allem Anschein nach darin begründet, dass die chinesische Politikwissenschaft trotz des Eintritts in die post-maoistische Reform-Ära weiterhin als hochgradig ideologisch eingestuft wird. Diese Einschätzung, dass die post–maoistische Politikwissenschaft der 80er Jahre alles andere als ein autonomes forschungs- und theorieorientiertes Feld sei, findet sich exemplarisch in der 1984 von Shambaugh und Wang Jisi vorgelegten Bestandsaufnahme. Nicht nur, dass das chinesische Forschungsfeld allgemein als „ideologisch" abgestempelt wurde, zudem hielt die Studie fest, dass die chinesische Forschung weder Kritik an der aktuellen Ausgestaltung der chinesischen Außenpolitik üben noch eine Analyse interner Entscheidungsfindungsmechanismen und der zugehörigen Strukturen

---

[12] Eine umfassende thematisch geordnete Bibliographie zu den chinesischen Außenbeziehungen findet sich im Anhang des von Samuel S. Kim editierten, mittlerweile in der vierten Auflage erschienenen Sammelwerkes „China and the World" (Kim 1998:309-338). Erste Orientierungen bieten auch die annotierten Literaturhinweise in Hunt (1996:251-272).
[13] Eine weitere eher historisch-deskriptive Studie der Rolle Chinas in der Weltpolitik hat Yahuda (1978) vorgelegt. Diese stützt sich primär auf die Analyse chinesischer Quellen der jeweils untersuchten Zeitphase. Chinesische Begriffskonzepte wie die „Drei-Welten-Theorie" werden zwar behandelt, der mögliche Theoriegehalt dieser Konzepte wird jedoch nicht erörtert.

vornehmen durfte. Lediglich die Entwicklungen der 60er Jahre waren der Studie zufolge zur Diskussion durch die chinesischen Wissenschaftler freigegeben (Shambaugh / Wang, Jisi 1984:760). Erst in den 90er Jahren erschienen die ersten englischsprachigen Artikel, welche die Formierung des chinesischen IB-Feldes als akademische Disziplin dokumentierten (Chan, Gerald 1997; 1998a; 1998b; 1999a[14]; Song, Xinning 1997; Song, Xinning / Chan, Gerald 2000:15-40). Spätestens seit diesem Zeitpunkt hatte damit auch die westlichsprachige Politikwissenschaft prinzipiell die Möglichkeit, sich mit dem chinesischen IB-Feld und den dort vorzufindenden Theorieansätzen differenzierter auseinanderzusetzen. Die Möglichkeit, dass die VR China über eine eigenständige Theoriebildung verfügen könnte, wurde von Seiten westlicher Politikwissenschaftler trotz allem weiterhin nicht in Erwägung gezogen. Dies mag vielleicht auch daran liegen, dass der von Robinson und Shambaugh 1994 vorgelegte Sammelband mit Schlüsseltexten zu Theorie und Praxis der chinesischen Außenpolitik (Robinson / Shambaugh 1994) zwar einen Beitrag zu IB-Theorien in China enthielt, in diesem jedoch die innerchinesische Theoriesuche nicht berücksichtigt wurde. Unter den Theoriemodellen der chinesischen Außenpolitik wurden ausschließlich Konzepte der politischen Führungselite und Modelle, die auf den kulturellen und politisch-ideologischen Kontext der VR China zurückgehen, subsumiert (Wang, Jisi 1994:481-505).

Es ist zu vermuten, dass sich die internationale Politikwissenschaft bei ihren Chinabetrachtungen primär auf diesen Sammelband stützte, der damals und auch weiterhin als Standardwerk gilt. Die in der zweiten Hälfte der 90er Jahre von Song Xinning und Gerald Chan verfassten Studien sind eher in der modernen Chinawissenschaft als in der internationalen IB-Forschung wahrgenommen worden. Dies aber bedingte, dass es in der internationalen Diskussion keinen Anlass zu geben schien, den gegen die „chinesische" Politikwissenschaft der maoistischen Ära vorgebrachten Ideologievorwurf zu überdenken. Die internationale Forschung zur Politischen Kultur vermerkte lediglich, dass in China grundsätzlich das Potential einer alternativen Theoriekonzeption vorhanden sei:

---

[14] Mit der Untersuchung „Chinese Perspectives on International Relations: A Framework for Analysis" (Chan, Gerald 1999a) stellt Chan ausgewählte intellektuelle Diskurse chinesischer IB-Experten unter den vier Oberbegriffen „Marxism", „Power", „Culture" und „Modernization" zusammen. Allgemein wird dieser ersten Studie, die einen umfassenden Überblick über die chinesische IB-Debatte anstrebt, durchaus zugeschrieben, die westliche Auseinandersetzung mit China und der chinesischen Politikwissenschaft um wichtige Überlegungen und Ansätze ergänzt zu haben. Kritisiert wird jedoch, dass zugunsten der kontrastierenden Gegenüberstellung chinesischer und westlicher Konzepte auf eine tiefergehende Analyse, wie auch auf eine inhaltliche Darstellung und kritische Bewertung der chinesischen Diskurse weitgehend verzichtet wird (vergl. Gill 2000:562-564).

> Some surveys claim that not much research is to be found elsewhere – the next largest community is the Japanese, which produces very little theory in general and much less that is not based on American inspiration. *The most obvious candidate for an independent IR tradition based on a unique philosophical tradition is China*, though very little independent theorizing has taken place (Waever 1998:696). (Hervorhebungen hinzugefügt)

Dass die Konstruktion einer „IB-Theorie mit chinesischen Charakteristika" seit Ende der 90er Jahre unerwartet auch in westlichsprachigen Journals thematisiert wurde, ist nicht Ausdruck eines Strebens nach einer Diversifizierung und Pluralisierung der Modellbildung von Seiten der „westlichen" Politikwissenschaftler, sondern eine Verlagerung der innerchinesischen Theoriekontroversen auf die internationale Ebene. Den Anfang machte 1997 eine ins Englische übersetzte Studie des Pekinger Politikwissenschaftlers Liang Shoude (Peking Universität), der zu den Hauptverfechtern einer IB-Theorie mit chinesischen Charakteristika gezählt wird (Liang, Shoude 1997:23-29).

Vier Jahre später legte Song Xinning (Renmin Universität, Peking) eine Gegendarstellung und gleichermaßen Kritik an Liang Shoudes Artikel vor. Song Xinning unterstrich dabei die ideologische Motivation einer Modellbildung mit chinesischen Charakteristika, mit der seiner Ansicht nach die Gefahr verbunden ist, dass sich die chinesische Forschung durch ihren Anspruch auf eine partikulare Ausgestaltung der IB-Modellbildung erneut isoliert und aus den globalen Debatten ausgrenzt. Song lehnt daher partikular chinesische Ansätze ab, die er als ideologische Konstrukte im Dienste des Partei-Staates einstuft, und plädiert dafür, als Grundlage der chinesischen IB-Forschung einen modifizierten Realismus oder aber Modelle der Internationalen Politischen Ökonomie heranzuziehen (Song, Xinning 2001:61-74).[15]

Die auf die internationale Ebene verlagerte innerchinesische Debatte, bei der sich maoistische und marxistische IB-Forscher mit den Befürwortern der Übernahme „westlicher" Theoriebildungen heftige verbale Gefechte lieferten, wurde nun auch von „westlichen" Beobachtern wahrgenommen. Ausgehend von der Überlegung, dass der Aspekt der politischen Kultur einen ganz wesentlichen Faktor zur Weiterentwicklung bestehender Theoriemodelle darstellt, widersprach Callahan Song Xinnings Skepsis hinsichtlich der Formulierung partikular chinesischer IB-Modelle. Die Konzeption „chinesischer" IB-Modelle war nach Callahan durchaus als ein Gewinn und als Grundbedingung für eine transnationale, integrative Theoriekonzeption zu sehen (Callahan 2001:75-88).

Die anfängliche Euphorie und die Hoffnung auf eine „chinesische" Alternative wurden in Callahans 2004 veröffentlichter Folgestudie, in welcher er mit dem chinesischen Begriffskonzept der „Harmonie" einen Baustein der innerchi-

---

[15] Für eine zusammenfassende Darstellung der Entwicklung der Positionen und Argumente vergl. Geeraerts / Men Jing (2001:251-276).

nesischen IB-Diskussion diskutierte, deutlich relativiert (Callahan 2004). Callahan kam nun zu dem Schluss, dass die Synthese marxistischer Theorien und politischer Kultur der VR China nicht per se als Garant eines abstrakten, wissenschaftlichen Theoriemodells gelten kann:

> Ideologues are using a curious combination of Marxism, nationalism, and Confucianism to promote the goals of the CCP and the Chinese state (...) Thus, while many suggest that we look to ancient Chinese civilization for answers to contemporary Euro-American problems, the analysis of the Harmony discourse has shown how Chinese texts also can lead to state-centric and oppressive politics (Callahan 2004:593).

Damit scheint die Möglichkeit einer alternativen chinesischen Modellbildung aus „westlicher" Sicht zunächst widerlegt zu sein. Für die Analyse der chinesischen Außenpolitik werden in der „westlichen" Politikwissenschaft weiterhin die althergebrachten IB-Theorien herangezogen. Ikenberry und Mastanduno betonen zwar die Existenz einer partikularen politischen Kultur Ostasiens und verweisen auf die historischen Besonderheiten der Region, die Substitution der etablierten IB-Theorien durch neue Theoriekonzepte lehnen sie allerdings ab:

> Western theoretical frameworks have much to say about international relations in Asia – but (...) variables such as power distribution, hegemony, international regimes (...) must be sufficiently context sensitive in order to capture the complexity of those relations (Ikenberry / Mastanduno 2003:19).

Und obwohl Johnston und Ross in Abgrenzung hiervon auf die Erklärungsschwächen neorealistischer Modellannahmen für die VR China hinweisen und für die Entwicklung „neuer" Theoriemodelle plädieren (vergl. Johnston / Ross 2006), ziehen auch sie die Möglichkeit einer Einbindung der innerchinesischen IB-Modellbildung in die westlichsprachigen Modellbildungen nicht in Betracht. Im Grunde sind die Diskussionen über die Grenzen der Übertragbarkeit von Theorien auf andere historische und kulturelle Kontexte, insbesondere mit Blick auf China, aber keine vollkommen neue Orientierung der politikwissenschaftlichen Forschung. Der amerikanische Politikwissenschaftler Rosenau beispielsweise hatte bereits in den 90er Jahren versucht, eine selektive Synthese der bestehenden IB-Theorien zu formulieren, welche nicht nur ausgewählte Einzelaspekte der chinesischen Außenpolitik, sondern eine Vielzahl von Phänomenen zugleich erfassen können sollte (Rosenau 1994:524-551)[16]. Ein Blick in die

---

[16] Rosenau geht davon aus, dass die Modellbildung des Kalten Krieges überholt ist und die politische Realität nicht länger zu fassen vermag, da neben den „Staaten", die zuvor als Haupteinheiten und Hauptakteure angenommen worden waren, nach 1989 / 1991 eine Vielzahl nicht-staatlicher wirtschaftlicher und gesellschaftlicher Akteure auf die internationale Politik Einfluss nimmt. An diese These anknüpfend untersucht Rosenau, wie sich die VR China innerhalb der neu entstandenen

seitdem erschienenen China-Analysen verdeutlicht, dass dieser Ansatz vielleicht etwas zu früh oder aber doch etwas zu ambitioniert war und sich nicht zu behaupten vermochte.[17]

1.3. Theorie und Ideologie

Obgleich sich die chinesischen IB-Experten in den 80er und 90er Jahren nicht an „einem" orthodoxen Theoriekonzept ausrichteten – sondern derzeit marxistisch-leninistische, maoistische und „westliche" Theoriekonzeptionen und auch hybride, fast nicht mehr aufzuschlüsselnde Mischformen im chinesischen Kontext koexistieren – wird die chinesische Theoriebildung in westlich(sprachig)en Studien weiterhin als hochgradig ideologisch eingestuft.

Auch einige chinesische Politikwissenschaftler, insbesondere diejenigen, welche einen Teil ihrer akademischen Ausbildung in den USA oder den europäischen Staaten absolviert haben, stimmen in diese Argumentation ein. Wang Jisi beispielsweise geht in seiner auf Englisch publizierten und weiterhin als Standardreferenz geltenden Studie zur IB-Theorie der VR China von einer partikular chinesischen Theoriekonzeption aus, die sich nicht mit bestehenden „westlichen" Universalmodellen vereinbaren lässt. Wang argumentiert, dass die Theorieentwicklung in der VR China primär dem sozialistischen Aufbau zu dienen habe und eher mit einer Doktrin oder auch einer Ideologie gleichzusetzen sei, da hier eine komplementäre Abhängigkeit von Theorie und Praxis, jedoch nicht von Theorie und Realität bestehe (vergl. Wang, Jisi 1994:482-483). Als Beleg für seine verallgemeinernde Bewertung der chinesischen Theoriekonzeption führt Wang die Definition der chinesischen *Cihai*-Enzyklopädie an:

Matrix der „state-centric world" / „multi-centric world" theoretisch verorten lässt. Rosenau geht davon aus, dass für die Entschlüsselung der Matrixstruktur eine Synthese der bestehenden IB-Modelle erforderlich ist (Rosenau 1994:524-551).

[17] Einen weitaus früheren Vorstoß in diese Richtung haben Domes und Näth bereits lange zuvor in ihrer Einführung in die Außenpolitik der VR China (1972) unternommen. In dieser plädierten sie für die stärkere Integration von Politikwissenschaften und moderner Chinaforschung, wobei sie einerseits forderten, dass sich die Zusammenführung der beiden Disziplinen nicht auf die Anwendung der westlichen Analysemodelle beschränken dürfe, sondern dass gestützt auf die Entschlüsselung der chinesischen Daten und Quellen kontextsensitive Erklärungsmodelle entwickelt werden sollten, und andererseits auch vor einer ideologisch bedingten Identifizierung und Verklärung des Untersuchungsgegenstandes „China" durch den europäischen Betrachter warnten (Domes / Näth 1972:13).

> (A theory) is a system of concepts and principles, or a systematic rational knowledge; a scientific theory is established on the basis of social practice and has been proved and verified by social practice, and is a correct reflection of the essence and laws of objective things. The significance of a scientific theory lies in its ability to guide human behaviour (*Cihai* 1979:276, nach Wang, Jisi 1994:482).[18]

Es ist zu bedenken, dass Wang Jisis Artikel für die westliche Wissenschaftswelt und in Kenntnis der in dieser anerkannten Argumentationsmuster und Wertvorstellungen verfasst wurde. Die in den 80er Jahren initiierte IB-Theoriedebatte findet in Wang Jisis Studie mit keinem Wort Erwähnung. Die Möglichkeit einer „wissenschaftlichen" Theoriekonzeption aus chinesischer Sicht wird hierbei folglich kategorisch ausgeschlossen. Über den „chinesischen" Forschungsstand der späten 80er und 90er Jahre lassen sich zudem nur bedingt Aussagen ableiten. Denn die in dieser Studie zur Untermauerung des Doktrin-Vorwurfs angeführte Referenz entstammt der *Cihai*-Enzyklopädie von 1979 (!). Bedenkt man, dass zwischen dem Verfassen des Lexikonbeitrags und seinem Erscheinen auch eine gewisse Zeit gelegen haben dürfte, ist fragwürdig, ob diese Definition wirklich als Ausdruck einer *post*-maoistischen Sichtweise eingeordnet werden kann. Gegenwärtig dominiert eher die Ansicht, dass die chinesische Theoriesuche nicht ausschließlich der politischen Praxis unterstellt sein sollte (Su, Yunting / Jin, Jidong 2008:48).

Der weiterhin latente Ideologievorwurf gegenüber der Modellbildung in nicht-westlichen Staatensystemen – der gewissermaßen auch in Wang Jisis Studie durchscheint – verdeutlicht exemplarisch das Selbstverständnis der „westlichen" Politikwissenschaft, in Abgrenzung zur chinesischen Welt eine „wissenschaftliche", ideologiefreie und universell gültige Theoriebildung zu verfolgen.[19] Dieser Anspruch kommt einer unilateralen Erklärung gleich. Es ist, wie Wang Jisis Beitrag belegt, durchaus möglich, dass einzelne chinesische Wissenschaftler oder auch Wissenschaftlergruppen die Logik dieser Modellbildung akzeptieren. Ob eine Modellbildung als Theorie eingestuft oder aber als

---

[18] Die *Cihai*-Enzyklopädie ist kein politikwissenschaftliches Referenzwerk, sondern ein eher allgemeines Nachschlagewerk. Dennoch scheint es sich hier trotz allem um die „offizielle" Standarddefinition zu handeln, denn die identischen Formulierungen finden sich in den Referenzbänden Politik / Philosophie des *Zhongguo Da Baike Quanshu*.

[19] Dass die Existenz einer stringenten Wissenschaftsmethodik eine notwendige Voraussetzung der Theorie in Abgrenzung zur Ideologie darstellt, hat Feyerabend mit seinem Vergleich von Wissenschaft und Mythologie widerlegt. Denn beide ordnen die Welt, formulieren Handlungsanweisungen und werden von der Gemeinde ihrer Anhänger am Leben gehalten (Feyerabend 1976). Der „Erfolg" einer „Theorie" sagt somit noch nichts über deren Stringenz und Richtigkeit im Sinne der Übereinstimmung mit den „realen" Gegebenheiten aus. Folgt man Feyerabends Betrachtungen, relativiert sich somit der gegen die „chinesische" Theorie von Kritikern ins Feld geführte Vorwurf der fehlenden Methodik und Abgrenzung gegen die „Ideologie".

Ideologie demaskiert wird, hängt jedoch in erster Linie von der Position und Perspektive des Betrachters ab. Theoriemodelle, welche auf normativen Wertvorstellungen beruhen, sind nur bedingt in Staaten exportierbar, deren System auf abweichenden Normen beruht. Zwar hatte es bis in die späten 80er Jahre den Anschein, dass sich die „westlichen" Theorien und Modelle auch im chinesischen Kontext behaupten könnten, doch wurde infolge der Reaktionen des westlichen Auslands auf die Niederschlagung der Demonstrationen auf dem Tian'anmen innerhalb der chinesischen Gruppe der IB-Experten verstärkt der Einfluss nationaler Interessen und Werte auf die „westliche" Theoriebildung diskutiert. Einzelne chinesische IB-Experten konstruierten daraufhin einen unüberwindbaren Widerspruch zwischen „chinesischen" und „westlich-bourgeoisen" IB-Theoriekonzeptionen. Eine „objektive" Theorieformulierung liegt somit aus chinesischer Sicht im Fall der IB-Modellbildung, wie der gegenüber der „westlichen" Welt spiegelbildlich formulierte Ideologievorwurf illustriert, nicht vor.

Die hierbei deutlich zum Vorschein kommenden rivalisierenden Ideologie-Perspektiven beruhen auf einer jeweils in sich geschlossenen Logik, wobei sich diese zwei Modelle antagonistisch und zugleich spiegelbildlich gegenüberstehen. Die Argumentationsmuster weisen analoge Kausalannahmen auf, doch werden die Seiten des Widerspruchs jeweils in sich vertauscht. Eine Möglichkeit, beide Systeme zu untersuchen, ohne im Vorfeld eine normative Wertung anzulegen, bietet der Theorie-Ideologie-Ansatz der Kritischen Schule der IB. Dieser fordert, Ideologie in abstrakter Form als Grundelement jeder Theoriebildung zu begreifen:

> Theory is always for someone and for some purpose. All theories have a perspective. Perspectives derive from a position in time and space (...) The world is seen from a standpoint defineable in terms of nation or social class, of dominance or subordination, of rising or declining power, of a sense of immobility or of present crisis, of past experience, and of hopes and expectations for the future. Of course, sophisticated theory is never just the expression of a perspective. The more sophisticated a theory is, the more it reflects upon and transcends its own perspective; but the initial perspective is always contained within a theory and is relevant to its explication. There is, accordingly, no such thing as theory in itself, divorced from a standpoint in time and space. When any theory so presents itself, it is the more important to examine it as ideology, and to lay bare its concealed perspective (Cox 1981:128).

Insbesondere nach dem Zusammenbruch des bipolaren Systems und dem Ende des Kalten Krieges bietet der Analyseansatz der Ideologiekritik, der ideologische Annahmen und ideologiegestützte Grundmuster außenpolitischer Handlungen aufzuzeigen sucht, eine Möglichkeit der kategorisierenden, systematisierenden Bewertung internationaler Interaktionen. Der Begriff der Ideologie wird dabei nicht auf das jeweils antagonistische Staatenmodell (sozialistische / kapitalistische/ imperialistische Staaten) begrenzt, sondern fungiert als kritischer, wissenschaftlicher Analysemaßstab (vergl. Levine 1994:45). Es ist in den folgenden Vorbetrachtungen angebracht, den Begriff der Ideologie einerseits absolut und andererseits in Relation zu den verwandten Konzepten des Weltbildes und der politischen Idee zu beleuchten.

Mit dem Begriff der Ideologie wird in der politikwissenschaftlichen Analyse allgemein ein in sich geschlossenes System von Denkweisen und Wertvorstellungen beschrieben, welchem ein universeller Geltungsanspruch zukommt. Ein „Weltbild" beziehungsweise eine „Weltanschauung" werden dann als ideologisch eingestuft, wenn diese gestützt auf eine Doktrin entworfen werden, welche mittels verabsolutierender Prämissen ein komplexitätsreduziertes, in sich widerspruchsfreies universelles Gesamtbild vermittelt, das alternative, von den normativen-doktrinären Annahmen abweichende Konstellationen kategorisch ausschließt (Häckel 2000:148). Nicht nur konkurrierende Gesellschaftssysteme, wie Sozialismus und Kapitalismus, sondern auch Grundkonzepte politischer Herrschaft lassen sich unter Heranziehung des Ideologiebegriffs untersuchen. Denn der Entwurf demokratischer Nationalstaaten beispielsweise fußt auf dem Konzept des Nationalismus, dem einerseits eine durchaus berechtigte emanzipatorische Funktion (Befreiungskriege; Dekolonialisierung), andererseits zugleich jedoch auch eine ideologische Komponente zugeschrieben wird:

> Als ideologisch erweist sich der nationalistische Gedankenkomplex, insofern er ein konkretes Herrschaftsinteresse mit einer idealistischen Zielsetzung vermengt und begründet. In der Perspektive des Nationalismus erscheinen die Territorialstaaten als instrumentale Machtgebilde, durch deren Handlungen sich die Selbstbestimmung souveräner Völker („Nationen") verwirklicht. Was im Namen der Nation geschieht, ist dann nichts anderes als der Vollzug eines gemeinschaftlichen Willens zur Wahrung kollektiver Interessen („Gemeinwohl") im Inneren und nach außen (Häckel 2000:149).

Übertragen auf die Ebene der Außenpolitik wird angenommen, dass eine ideologische Rechtfertigung außenpolitischen Handelns darauf abzielt, Loyalität und Unterstützung auf innenpolitischer Ebene zu generieren und infolgedessen die politische Führung zu legitimieren. Indem die jeweilige politische Führung offiziell für sich beansprucht, nicht nur nationale Interessen zu vertreten, sondern im Sinne einer „allgemeingültigen Wertordnung" (Häckel 2000:152) zu agieren, soll dabei im Volk Unterstützung für entsprechende außenpolitische Aktionen und Positionierungen erzeugt werden. In der gegenwärtigen politikwissenschaftlichen Forschung werden sowohl die Eroberung Europas durch Napoleon im Namen der „Freiheit, Gleichheit, Brüderlichkeit" als auch die englische Seeherrschaft, die unter dem Mantel des christlichen Glaubens erfolgte Missionierungs- beziehungsweise Kolonialisierungspolitik wie auch die US-amerikanischen Kreuzzüge für Freiheit und Demokratie und die Missionen der sowjetischen Roten Armee als Formen ideologischer Außenpolitik interpretiert (Häckel 2000:152; vergl. auch Bracher 1985). Im Rahmen der internationalen Politik wiederum wird angenommen, dass interstaatliche Konstellationen grundsätzlich auf Ideologien beruhen. Demnach ist internationale Politik zu verstehen als:

> Interaktionen von Staaten, die sich der Ideologien bedienen, und von Ideologien, denen die Staaten dienen; Gemenge von gleichen Interessenlagen, die mit unterschiedlichen Ideologien verknüpft sind, und von verschiedenen Interessenlagen, die mit unterschiedlichen Ideologien verknüpft sind, und von unterschiedlichen Interessenlagen, die sich mit den gleichen Ideologien verbinden; Wechselwirkung von Innen- und Außenpolitik; Mischung von „richtigem" und „falschem" Bewusstsein; Spiegelung und Widerspiegelung; Produktion und Reproduktion aller dieser verschiedenen Komponenten...(Häckel 2000:153).

Eine hieran anknüpfende mögliche Modifikation des Ideologiebegriffs für die Analyse der modernen und gegenwärtigen chinesischen Außenpolitik hat Steven Levine in den 90er Jahren vorgestellt. Der von ihm skizzierte Ideologiebegriff funktioniert dabei als abstraktes, zunächst wertfreies politikwissenschaftliches Analysekonzept. Levine hält grundsätzlich an dem Begriff der Ideologie fest, unterscheidet jedoch zwei Erscheinungsformen – formelle und informelle Ideologie – im chinesischen Kontext:

> A *formal ideology* consists of a fairly small number of interrelated central propositions that constitute an orthodoxy that is defined as much, or even more, by defence of the central doctrines against the heresy of large or small deviations as it is by confrontation with major competing ideologies (...) An *informal ideology* is the complex of cultural values, preferences, prejudices, predispositions, habits, and unstated but widely shared propositions about reality that condition the way in which political actors behave (...) In this sense, ideology is obviously not a system of thought that political actors consciously choose, but something bestowed upon them in the form of historical-cultural inheritance (Levine 1994:33-34).

Levine argumentiert, dass in der Phase unmittelbar vor der Gründung der VR China Marxismus-Leninismus und Mao-Zedong-Ideen als formelle Leitideologie dienten. Jedoch stellt er zugleich auch heraus, dass diese formelle Ideologie im chinesischen Kontext durchaus flexibel ausgelegt werden konnte. Diese Diskrepanz zwischen formeller Ideologie und der realen Ausgestaltung der chinesischen Außenpolitik offenbarte sich, so Levine, insbesondere in der fehlenden Konstanz bei der Wahl der (potentiellen) Kooperationspartner. Levine kommt daher zu dem Schluss, dass sich die formelle Ideologie in der Frühphase an marxistisch-leninistischen Grundideen ausgerichtet habe, welche zur Legitimierung der Politik der KPCh herangezogen wurden, dass diese ideologischen Konzepte in der folgenden Phase jedoch mehr und mehr rein abstrakt als Grundnormen definiert wurden, welche nicht als Orientierung der chinesischen Außenpolitik, sondern als Grundlage der Kritik der VR China an den politischen Orientierungen anderer Staaten dienten (Levine 1994:39). Die Diskreditierung politischer Ideologie infolge der sino-sowjetischen Kontroverse und die insbesondere nach 1978 immer wieder proklamierte pragmatische Ausrichtung der VR China scheinen nicht wirklich zu einer endgültigen Aufgabe ideologischer Grundmodelle geführt zu haben. Levine konstatiert für die 90er Jahre, dass an die Stelle einer Einheitsideologie ein Katalog diverser ideologischer Konzepte getreten sei, aus welchem die politische Führung nach Belieben die jeweils geeigneten Konzepte auswählen könne. Der chinesische Nationalismus würde damit, unabhängig von Erhalt oder Verlust des Machtmonopols der KPCh, die Funktion einer „authentical ideology" der (modernen) VR China übernehmen, welche marxistisch-leninistische Elemente, Mao-Zedong-Ideen und politische Konzepte der Kaiserzeit und der Zeit der chinesischen Republik integriert (Levine 1994:45-46).

Die Rückbesinnung auf konfuzianische und daoistische Elemente beziehungsweise die konstruierte und selektive Reinterpretation dieser traditionellen chinesischen Staatsgedanken durch die politische Führung, die seit der Machtübertragung an die vierte chinesische Führungsgeneration immer wieder thematisiert wird (vergl. Men, Jing 2007:7-39), ließ sich in den 90er Jahren noch nicht annehmen. Ebenso wenig war zu vermuten, dass eine deutliche Distanzierung von maoistischen Gedanken erfolgen würde. Doch durch die 1981 durch das ZK verabschiedete „Resolution über einige Fragen der Geschichte seit Gründung der VR China", mit der erstmals auch Kritik an Mao geübt wurde und zugleich mit der Einordnung Chinas in die Frühphase des Sozialismus auch eine Neubewertung der strategischen Handlungsoptionen der VR China erfolgte, wurde ein erster Schritt in diese Richtung unternommen. Mit dem Eintritt der VR China ins 21. Jahrhundert erfolgte schließlich eine Neuformulierung außenpolitischer Grundideen beziehungsweise der außenpolitischen Ideologie, die durchaus als Ausdruck der chinesischen Positionierungsbestrebungen im internationalen Kontext gelesen werden kann. Durch den Rückgriff auf Staatskonzepte der chinesischen Philosophie wird der orthodoxe Ideologiekanon erneut „resinisiert". Dadurch erfolgt eine Abgrenzung gegenüber Ideen, die außerhalb des chinesischen Kontexts entstanden sind, wodurch wiederum dem wachsenden chinesischen Patriotismus Rechnung getragen wird.

Da der Ideologiebegriff außerhalb der politikwissenschaftlichen Expertendiskussion weiterhin jedoch primär mit konkurrierenden Staats- und Gesellschaftssystemen in Verbindung gebracht wird, bietet es sich an, auf einen neutraleren Begriff, beispielsweise den der politischen „Idee", zurückzugreifen. Wie Goldstein und Keohane dargelegt haben, kommt politischen „Ideen" eine zentrale Funktion für die Ausrichtung der Außenpolitik eines Staates zu. Laut Goldstein und Keohane lassen sich drei Teilfunktionen von „Ideen" identifizieren, wenngleich sich diese drei Funktionsbereiche oftmals überdecken, zumindest jedoch überlagern. „Ideen", worunter „Weltanschauungen" (*world views*), „Ansichten, welche auf normativen Grundprinzipien beruhen" (*principled beliefs*) und „auf kausalen Zusammenhängen basierende Ansichten" (*causal beliefs*) fallen, geben einerseits dem außenpolitischen Handeln eine Art Orientierungsplan vor. Daneben aber kommt ihnen eine einende, verbindende und sogleich identitätsstiftende Wirkung zu. Nicht zuletzt können „Ideen" in „institutionalisierter" Form die Außenpolitik eines Staates weit über den Zeitraum, in welchem sie entstanden sind, hinaus festlegen (vergl. Goldstein / Keohane 1993:11).

Aus den Ideen formt sich ein „Weltbild". Dieses bestimmt grundsätzlich die Fragen und Grundprämissen, auf welchen die Deskription und die Analyse der internationalen Beziehungen aufbauen. IB-Theorien stehen im Unterschied zur Weltsicht auf einer höheren Abstraktionsstufe und legen einen allgemeinen Analyse- und Erklärungsrahmen fest, der nicht notwendigerweise auf eine konkrete Situation beschränkt ist (vergl. Griffiths 2007:2). Anstelle des Ideologiebegriffs auf diesen Terminus der „Weltsicht" oder des „Weltbildes" zurückzugreifen, ermöglicht eine stärkere Betonung post-positivistischer Wissenschaftsansätze, indem Perzeption und subjektive Konstruktion als zentrale Faktoren der internationalen Interaktionen identifiziert werden: „Worldviews do not reflect the world. Rather, they re-present it, not only constraining our vision but also enabling us to develop a language of concepts and terms that in turn make it possible to talk intelligibly about IR" (Griffiths 2007:1).

Auch in der innerchinesischen Diskussion haben politische „Ideen" und „Weltsichten" innerhalb der Außenpolitik-Studien eine Aufwertung erfahren, wobei der Ausgangspunkt überraschenderweise nicht die Ergebnisse der innerchinesischen Expertendebatten, sondern der oben zitierte Sammelband von Goldstein und Keohane ist (Zhu, Liqun / Zhao, Guangcheng 2008:25 Fn 1). Die Anwendung des Ideen-Außenpolitik-Komplexes auf die VR China erschließt Aspekte, die über die abstrakten Theoriemodelle des (westlichen) Sammelbandes hinausgehen. Die zentralen „Ideen" der chinesischen Außenpolitik werden bei Zhu und Zhao nach vier Phasen aufgeschlüsselt, die jeweils auf die Fragen nach der „Beschaffenheit der Welt", der „Quelle der Bedrohung"; nach der Zielsetzung und „Wirkung von Gewalt"; den „Grundprinzipien der Außenpolitik" und den „Maßnahmen zur Realisierung der außenpolitischen Zielsetzungen" hin untersucht werden (Zhu, Liqun / Zhao, Guangcheng 2008:19). Bei dieser Studie der Diplomatischen Universität in Peking handelt es sich um eine aktualisierte offiziell sanktionierte Darstellung, die exemplarisch Einblick in die Modifikationen und Adaptionen der chinesischen Außenpolitik im Jahr 2008 gewährt. Denn erstaunlicherweise stützt sich diese Aufarbeitung zwar grundsätzlich auf die Berichte der Parteitage und Stellungnahmen chinesischer Politiker, und dennoch wird für die Bewertung und Kategorisierung der chinesischen Außenpolitik in den verschiedenen Phasen eine abstrakte Terminologie herangezogen, die eine allmähliche Loslösung von einer rein formelhaften Polit-Sprache erahnen lässt. Auch wird implizit ein Abgleich zwischen abstrakten Grundprinzipien und der außenpolitischen Realität der jeweiligen Entwicklungsphase vorgenommen. Während Zhu Liqun und Zhao Guangcheng die Neubewertung der chinesischen Ideen zur Außenpolitik zum einen auf die Einleitung der Reform- und Öffnungspolitik zurückführen und nachweisen, dass grundsätzlich eine Hinwendung der VR China zur Welt und dadurch bedingt auch eine partielle Übernahme von politischen Ideen stattgefunden habe, halten sie abschließend fest, dass die VR China mehr und mehr dazu tendiere, nun auch eigene Ideen und Konzepte in der internationalen Debatte zu verankern, beispielsweise das Modell der „Harmonischen Welt" (Zhu, Liqun / Zhao, Guangcheng 2008:25).

Für die Analyse der chinesischen Debatte soll der Begriff der Ideologie nicht ausgeblendet werden, da diese Vorgehensweise zu einem ebenso einseitigen Ergebnis wie das Festhalten an dem alten Ideologievorwurf gegenüber der maoistischen VR China führen würde. Vielmehr soll der Ideologie-Begriff als analytisches Modell herangezogen werden, das an dem chinesischen Fallbeispiel zu überprüfen und gegebenenfalls zu modifizieren ist. Dabei wird zu untersuchen sein, ob sich aus der Theoriesuche eine abstrakte Modellbildung herauskristallisiert hat oder ob diese weiterhin nur als Ausdruck einer chinesischen Perspektive, also in Form einer „Ideologie" im wertenden Sinne oder einer außenpolitischen Strategie, in Erscheinung tritt. Festzuhalten ist, dass „ideologische" Elemente wie oben ausgeführt jeder Theoriebildung unterliegen, nicht ausschließlich der chinesischen.

1.4. Theorie und Praxis im chinesischen Kontext

Die Dimensionen und die Terminologie der Theoriebildung werden in chinesischen Enzyklopädien zunächst mit Blick auf die „westliche" Wissenschaft definiert. Zugleich aber finden sich dort auch Verweise auf die Entwicklung von äquivalenten Begriffskonzepten in der chinesischen Philosophiegeschichte. So wird neben dem Begriff „bentilun", der Übersetzung des „westlichen" Ontologie-Begriffs, auch das Konzept „bengenlun" angeführt, das in der chinesischen Ideengeschichte für die Frage nach dem Grundbaustein der Welt steht. Die in diesem Zusammenhang referierten Debatten der chinesischen Philosophenschulen über die Konzepte „li"[20], „qi"[21] und „xin"[22] untermauern den Anspruch, dass innerhalb der chinesischen Tradition ein eigenständiges Ontologie-Verständnis vorliegt (*Zhongguo Da Baike Quanshu* 1987:35).

Auch für die Theoriedimension der Methodologie werden Vorläufermodelle in der chinesischen Ideengeschichte angeführt. Allerdings wird darauf hingewiesen, dass weder in der griechischen noch in der chinesischen Philosophie eine eigenständige Methodologiebildung vorliege. Die „moderne" Methodologie stützt sich, auch in China, im Wesentlichen auf die Schriften von Kant, Hegel und Marx, aus denen methodologische Grundprämissen in Form des dialektischen Materialismus abgeleitet werden. Zusätzlich werden Theoretiker der modernen „westlichen" Wissenschaftstheorie wie Popper und Kuhn angeführt (*Zhongguo Da Baike Quanshu* 1987:203-205).

Der Begriff der Epistemologie schließlich wird in der chinesischen Ideengeschichte nach materialistischen und idealistischen Strömungen unterschieden, die Genese dieser epistemologischen Betrachtungen wird dabei auf den „Wettstreit der hundert Schulen" der Frühlings- und Herbstperiode zurückgeführt. Während über die Jahrhunderte durch die jeweils dominanten Philosophenschulen eine Weiterentwicklung oder Modifikation dieser epistemologischen Ansätze dokumentiert wird, stellt die Theoriebildung der VR China einen Bruch mit diesen philosophischen Strömungen dar. Denn durch die Orientierung an der Modellbildung des dialektischen Materialismus erfolgte der Import einer „westlichen" Epistemologie-Dimension (*Zhongguo Da Baike Quanshu* 1987:718-

---

[20] „Li" wird übersetzt als „Weltgesetz", „Naturgesetz", „Vernunftgesetz"; „Vernunft" „Form" oder „formales Prinzip"; „Strukturprinzip". Im Englischen finden vor allem „law" und „principle" Verwendung (vergl. Meißner 1994:31-32).
[21] Grundsätzlich ist „qi" als materielles Gegenstück zu „li" zu sehen. Als Begriffsäquivalente finden sich „Materie", „Fluidum", „Ätherstoff", „vital energy" oder „matter energy" (vergl. Meißner 1994:32).
[22] In der Ming-Zeit konnte sich die *Xin*-Schule (Schule des „Geistes" / „Gemüts"), die eine idealistische Strömung des Neokonfuzianismus darstellte, gegen Zhu Xis *Li*-Lehre (= rationalistische Lehre des Strukturprinzips) behaupten (vergl. Bauer 1974:334). In diesem Sinne steht „xin" für eine intuitive, teils stark buddhistisch inspirierte Form der Weltwahrnehmung.

724), wenn diese auch später durch die Mao-Zedong-Ideen auf den chinesischen Kontext umgeschrieben wurde.

Zu den Schriften Maos, welche die chinesische IB-Theoriebildung weiterhin beeinflussen, zählen im Wesentlichen „Über die Praxis"(1937a), „Über den Widerspruch" (1937b) und mit Einschränkungen auch „Über die richtige Behandlung der Widersprüche im Volk" (1957).[23] Dabei spielt die Frage, wann genau diese Texte eigentlich entstanden sind und welche Widersprüche zwischen den verschiedenen heute vorliegenden Fassungen möglicherweise bestehen, für die gegenwärtigen innerchinesischen Theoriekontroversen keine Rolle.[24] Denn diese greifen auf die Terminologie der maoistischen Schriften zurück, ohne eine Rekonzeptionalisierung oder inhaltliche Differenzierung vorzunehmen. Beispielsweise wird nur sehr diffus formuliert, dass sich eine „IB-Theorie mit chinesischen Charakteristika" an den Grundannahmen des historischen und dialektischen Materialismus auszurichten habe. Bei dieser formelhaften Referenz bleibt es dann aber auch. Die Mao-Zedong-Ideen, die als sinisierte Form des Marxismus-Leninismus gelten, stehen in der chinesischen Theoriedebatte grundsätzlich für den Anspruch, ein ontologisch, methodologisch und epistemologisch von bestehenden Theorien abgegrenztes Modell zu vertreten. Insbesondere das Dialektik-Modell Maos dient als Denkmodell, das der Annahme unvereinbarer, starrer Gegensatzpaare, auf welchen die „westliche" IB-Forschung aus chinesischer Sicht beruht, als Alternative entgegengestellt wird.

In seiner Schrift „Über die Praxis" definiert Mao die Praxis als Ausgangspunkt und Grundlage der Erkenntnis sowie zugleich als Kriterium der Wahrheit. Im Zuge dieser Ausführungen präzisiert Mao, dass „die Theorie von der Praxis abhängt, dass die Praxis die Grundlage der Theorie bildet und die Theorie ihrerseits der Praxis dient" (Mao, Zedong 1937a:349-350). Ein wesentlicher Punkt, der hierbei über die Ansätze Lenins hinausgeht, ist die Annahme, dass die sinnliche und unmittelbare Erfahrung (also die Praxis) die wesentliche Grundlage der Erkenntnis darstellt (Mao, Zedong 1937a:354). Somit wird dogmatischen Ansätzen und abstrakten Theorien, die im Widerspruch zur erfahrbaren Praxis stehen, jedweder Erklärungs- oder Wahrheitsgehalt abgesprochen. Maos Ausführungen zufolge leitet sich aus der Systematisierung der aus der Praxis ge-

---

[23] Zusammen mit den Texten „Rede auf der Landeskonferenz der KP Chinas über Propagandaarbeit" (1957) und „Woher kommen die richtigen Ideen der Menschen?" (1963) zählen diese zu den sogenannten „philosophischen Monographien" (vergl. Arndt / Schmidt 1978:107-134).
[24] Im Rahmen der westlichen Chinaforschung bezweifelten u.a. Cohen (1964:22-28) und Doolin / Golas (1964:38-64), dass diese Schriften wirklich, wie dies in chinesischen Ausgaben datiert worden war, 1937 von Mao verfasst worden seien. Schram (1967; 1969) und Wittfogel (1963) widersprachen dieser Einschätzung. Knight (1980:641-668) schließlich meint anhand einer komparativen Textanalyse nachweisen zu können, dass diese Texte durchaus aus der Yan'aner Periode stammten und sehr wahrscheinlich Mao zuzuordnen seien.

wonnenen Erkenntnisse erst die Theorie ab, deren „Wahrheit" es dann wiederum an der Praxis zu überprüfen gilt. Dieser Ansatz spiegelt zugleich die Grundkonzeption des dialektischen Materialismus wider, denn Mao führt aus: „Die Erkenntnis beginnt mit der Erfahrung – das ist der Materialismus der Erkenntnistheorie. Das zweite Moment ist die Notwendigkeit, die Erkenntnis zu vertiefen, die Notwendigkeit, von der sinnlichen Stufe der Erkenntnis zu ihrer rationalen Stufe fortzuschreiten – das ist die Dialektik der Erkenntnistheorie" (Mao, Zedong 1937a:357). Der Erkenntnisprozess und die auf diesem aufbauende Theorieentwicklung ist allerdings mit dem Übergang von der sinnlichen zur rationalen Stufe und ihrer Zurückführung auf die Praxis nicht abgeschlossen, sondern gilt als ein sich immer weiter wiederholender, iterierender Prozess. Der rationalen Systematisierung dieser Erkenntnis widmet sich Mao in seiner Schrift „Über den Widerspruch". Mao stellt seine Überlegungen in eine Linie mit den Konzeptionen des „Widerspruchs" bei Marx, Engels, Lenin und Stalin: „Die wechselseitige Abhängigkeit und der Kampf der Gegensätze, die jedem Ding innewohnen, bestimmen das Leben aller Dinge, treiben die Entwicklung aller Dinge vorwärts" (Mao, Zedong 1937b). Diese allgemeinen Widersprüche werden weitergehend unterschieden, wobei die Allgemeinheit und die Besonderheit des Widerspruchs eine dialektische Einheit bilden: „Das sind die beiden Prozesse der Erkenntnis: Der eine führt vom Besonderen zum Allgemeinen, der andere vom Allgemeinen zum Besonderen" (Mao, Zedong 1937b). Aus der Gesamtheit aller Widersprüche ergibt sich die Struktur des „komplexen Dinges", wobei Mao von der Existenz eines „Hauptwiderspruchs" ausgeht, der die Entwicklung aller anderen „Widersprüche" festlegt. Mao differenziert diese weiter in einen „Grundwiderspruch", der die Struktur des „komplexen Dinges" bestimmt. Die Entwicklungsetappen des „komplexen Ganzen" wiederum sind von dem „Hauptwiderspruch" und „Nebenwidersprüchen" geprägt. Übertragen auf das einzelne Ding ist die Rede von der Haupt- und der Nebenseite des Widerspruchs. Diese Seiten bilden eine dialektische Einheit, wobei sich Haupt- und Nebenseite des Widerspruchs auch vertauschen können. Die Bestimmung des Widerspruchs hat somit immer für eine konkrete Konstellation zu erfolgen. Die zentrale Frage, die sich hieran anschließt, ist die Frage, wie dieser Widerspruch gelöst werden soll. In seiner Schrift „Über die richtige Behandlung der Widersprüche im Volk" (1957) nimmt Mao hierzu eine Unterscheidung zwischen antagonistischen und nicht-antagonistischen Widersprüchen vor. Den Hintergrund dieser Ausführungen, die in direktem Bezug zur damaligen politischen Situation standen, bildete die Entstalinisierung in der Sowjetunion aber auch die innerchinesische Kontroverse über den Weg des sozialistischen Aufbaus. Es galt, die Fehlentwicklungen der Sowjetunion in China nicht zu wiederholen und Entwicklungen analog zu Osteuropa zu vermeiden. Im Unterschied zur sowjetischen Konzeption ging Mao davon aus, dass es auch weiterhin zu klassenkampfähnlichen Widersprüchen im Volk kommen werde. Diese sind jedoch noch nicht per se antagonistisch angelegt. Nicht zuletzt verdeutlicht Maos Formel „eins teilt sich in zwei" (*yi fen wei er*), die auch Eingang in die modernen chinesischen IB-Werke gefunden hat, das Grundkonzept der Einheit der Widersprüche. Eine wesentliche Grundannahme besteht darin, dass antagonistische und nicht-antagonistische Widersprüche ineinander umschlagen können. Dies legt nahe, dass die Weltkonstellationen nicht statisch sind, sondern sich in einem dynamischen Wandel befinden, den es bei der Entwicklung von Theorie- und Strategiebildungen zu bedenken gilt.

Reduziert man die Betrachtung des Theoriebegriffs auf dessen allgemeine Dimensionen und Funktionen, zeichnet sich trotz allem eine deutliche Konvergenz der Grundannahmen der westlichen und nicht-westlichen Expertendebatte ab. Unterschiede und Differenzen der beiden Kulturräume treten allem Anschein nach erst in der inhaltlichen Ausgestaltung der Theorieebenen in Erscheinung. Angelegt sind diese Divergenzen jedoch bereits in dem Theoriebegriff selbst. Dem Begriff „Theorie" wird im chinesischen Sprachraum als Äquivalent das Binom „lilun" zugeordnet. Unter „lun" wird das erklärende Beschreiben eines wahrnehmbaren Sachverhaltes verstanden, das sich von einer kargen Deskription bis hin zu einer weitgehend abstrakten Interpretation erstrecken kann. Schwieriger gestaltet sich eine Entschlüsselung des Begriffskonzepts „li". Dieses stellt seit der Song-Zeit eine zentrale Kategorie der chinesischen Philosophie dar, wenn nicht sogar eine eigenständige Philosophieströmung in Gestalt der durch die beiden Brüder Cheng Hao (1032-1082) und Cheng Yi (1033-1107) sowie durch den Neokonfuzianer Zhu Xi begründeten „Li"-Lehre (*lixue*) (vergl. Bauer 1974:334).

Die Ursprünge des Begriffskonzepts reichen bis in die Zeit der Streitenden Reiche zurück. Über die Jahrhunderte hinweg ist es jedoch keiner der chinesischen Philosophieströmungen gelungen, das „li" vollkommen für sich zu beschlagnahmen. Der Begriff ist folglich ein gemeinsames Grundkonzept der konkurrierenden Schulen, der seine inhaltliche Beschreibung erst durch die Einbettung in die Grundprämissen der jeweiligen Philosophietradition erfährt. Grundsätzlich entspricht das „li" einer Art abstraktem Strukturprinzip; philosophische Kontroversen ergeben sich aus der Frage, ob dieses eher materialistisch oder aber abstrakt-ideell beschaffen ist, wie es wahrgenommen und erfahren werden kann und wie es sich zum Begriffskonzept „qi" verhält (*Zhongguo Da Baike Quanshu* 1987: 463-464).

Betrachtet man die beiden Zeichen „li" und „lun" einmal nicht in ihrer Verwendung als geschlossene Einheit und Übersetzung für „Theorie", beschreibt dieser Begriffskomplex zunächst ganz allgemein die Erörterung und

Interpretation von Strukturprinzipien. Das philosophische Erbe des Begriffskonzepts „li" bedingt, dass die Struktur der Welt hierbei nicht anthropogenetisch, sondern autopoietisch anzunehmen ist.

Sowohl der philosophische Hintergrund des Begriffskonzepts „lilun" wie auch seine inhaltliche Umschreibung auf den dialektischen Materialismus[25] stellen die Suche nach den objektiven, gegebenen Strukturprinzipien und den Weltgesetzen in den Mittelpunkt der Theoriebetrachtungen. Eine derart beschaffene Theoriekonzeption kann grundsätzlich die für IB-Modelle angenommene Analyse-, Prognose- und Legitimationsfunktionen erfüllen. Die normative Funktion, die in der internationalen Politikwissenschaft angenommen wird, setzt eine Erweiterung dieses Theoriebegriffs voraus, und zwar dergestalt, dass die Strukturprinzipien (*li*) nicht mehr a priori als Axiome angesehen werden, sondern als dynamische Strukturen, welche durch die Akteure geformt und beeinflusst werden können.

1.5. Analyse-Strukturen und Arbeitshypothesen

Aus den vorangegangenen Überlegungen ergibt sich, dass die Untersuchung chinesischer IB-Modelle nicht auf die isolierte Rekonstruktion der chinesischen IB-Forschung reduziert werden kann, sondern als ein multimodaler dynamischer Prozess verstanden werden muss, der eine Vielzahl von Akteuren und Einflussfaktoren berücksichtigt. Um Einblick in diese komplexen, zumeist rekursiven Strukturen der chinesischen Modellbildung zu gewinnen, müssen die Binnenstruktur des Feldes der chinesischen IB-Forschung aber auch dessen Beziehungen zu seiner Umwelt untersucht werden.

Ein sozio-politisches Feld als Analysemodell ist nach Bourdieu zunächst rein abstrakt ein „Netz oder (eine) Konfiguration von objektiven Relationen zwischen Positionen" (Bourdieu 1992:127). Bourdieu entwirft das „politische Feld" als relativ „autonomen sozialen Mikrokosmos innerhalb des sozialen Makrokosmos" (Bourdieu 2001:41). Innerhalb eines Feldes gelten bestimmte Regeln (*nomoi*), grundlegende Sicht- und Teilungsprinzipien (Bourdieu 2001:51), die in anderen Feldern keine Gültigkeit besitzen. Ein Feld ist somit durch seine Abgrenzung gegen andere Felder und seine Abschottung von der gesamten übrigen sozialen Welt charakterisiert (Bourdieu 2001:42). Die Struk-

---

[25] Es sei an dieser Stelle darauf hingewiesen, dass Hegels Dialektik tripolar (These-Antithese-Synthese) konzipiert ist, die maoistische Variante jedoch bipolar konstruiert wird. Diese Überlegung ist insofern wichtig, als sie nahe legt, dass Unterschiede zwischen dem bi-und dem tripolaren Modell hinsichtlich der Erklärung von Theoriefortschritt beziehungsweise Theorieentwicklung zu erwarten sind – dies wird in den analytischen Kapiteln der Arbeit zu diskutieren sein.

tur des Feldes ist nach Bourdieu determiniert durch die im jeweiligen Augenblick der Untersuchung herrschenden Machtverhältnisse zwischen den an den Interaktionen – dem „Spiel" – beteiligten Akteuren (vergl. Bourdieu 1992:127-128). Die „Spieler" innerhalb eines Feldes streben nach Vermehrung, Erhalt oder Umtausch ihres „Kapitals" in andere Kapitalsorten. Sie können aber – im Unterschied zum kodifizierten „Spiel" – auch die Regeln des Spiels neu definieren.[26] Die Position dieser Akteure im Feld ist somit nicht absolut und auch nicht stabil, diese entspricht vielmehr der relativen Stärke des einzelnen Akteurs, die sich aus dem Besitz an politischem, ökonomischem oder symbolischem „Kapital" ergibt (Bourdieu 1992:128-129). Zu einer wissenschaftlichen Revolution, bei der die herrschenden Sicht- und Teilungsprinzipien disqualifiziert und die Ideen der Häretiker sanktioniert werden, kommt es durch den Eintritt einer neuen Akteursgruppe in das Feld. Je abgeschotteter, autonomer das Feld nach außen, umso unwahrscheinlicher sind wissenschaftliche Revolutionen, da die jeweils dominante Akteursgruppe eines Feldes wiederum am Erhalt ihrer Position und somit an der Iteration der bestehenden Feldstrukturen interessiert ist (Bourdieu 2001:49-50).[27]

Zunächst einmal gilt es, die Entstehung und Entwicklung der chinesischen IB-Forschung – die als Zentrum der Theoriebildung anzunehmen ist – als eigenständige wissenschaftliche Teildisziplin nachzuvollziehen. Für die systematische Betrachtung der chinesischen IB-Forschung bietet sich als Vergleichs- und Orientierungsmodell die deutsche IB-Forschung an, die ähnlich wie die chinesische Teildisziplin erst vergleichsweise spät, genau genommen erst nach dem

---

[26] Im Zuge der Professionalisierung der politikwissenschaftlichen Forschung hat eine Diversifizierung der Forschungsstrukturen stattgefunden, so dass innerhalb des IB-Feldes nun neben *Think Tanks*, welche staatlichen Einrichtungen unterstellt sind, auch die Forschungseinrichtungen der Chinesischen Akademie der Sozialwissenschaft (CASS) und universitäre Institute *Think-Tank*-ähnliche Beratungsfunktionen übernehmen.
Der Einfluss dieser Strukturen hat, wie Liao Xuanli in ihrer Studie zu chinesischen Japan-*Think Tanks* nachweist (Liao, Xuanli 2006), in der post-maoistischen Phase sichtbar zugenommen. Liao führt diese Entwicklung auf den Übergang von einer maoistisch-ideologischen zu einer pragmatischen Ausgestaltung der chinesischen Außenpolitik unter Deng Xiaoping zurück. Insbesondere mit der zunehmend aktiven Teilnahme der VR China am internationalen Geschehen, und nicht zuletzt am internationalen Wettbewerb um Ressourcen und Macht, wäre eine Außenpolitik, welche die Welt ohne Berücksichtigung der realen Konstellationen mit einem ideologischen Ordnungsmodell fassen würde, zum Scheitern verurteilt. Die erfolgreiche Ausgestaltung der Außenpolitik erfordert gleichsam die genaue Kenntnis der Weltlage und die Entwicklung eines Analyserahmens, welcher es erlaubt, die Motivationen, Interessen und Reaktionen der jeweiligen Kooperationspartner der VR China im Vorfeld abzuschätzen.
Eine Sammlung von Analysen thematischer *Think Tanks* der VR China findet sich in *China Quarterly* (2002): Tanner (2002:559-574), Shambaugh (2002:575-596), Glaser / Saunders (2002:597-616), Gill / Mulvenon (2002:617-624), Naughton (2002:625-635).
[27] Zum Theoriekonzept des politischen Feldes und seiner Genese vergl. auch Bourdieu (1977; 1981; 1996).

Zweiten Weltkrieg, entstanden ist. Damit stand auch diese anfangs im Schatten der deutlich früher etablierten US-amerikanischen Forschung, so dass sich ein eigenständiges Forschungsfeld erst nach und nach abgrenzen und formieren konnte. Voraussetzung hierfür war eine Institutionalisierung der IB-Forschung, die sich an der Einrichtung von Lehr- und Forschungsinstituten, der Herausgabe von Lehrbüchern, der Begründung von Fachzeitschriften und auch der Ausrichtung von Fachkonferenzen festmachen lässt.[28] Diese Aspekte zählen zu den notwendigen Kriterien, um von der Existenz einer IB-Forschung als eigenständiger wissenschaftlicher Disziplin ausgehen zu können.

Ein weiteres Bewertungskriterium ist die Autonomie des Forschungsfeldes hinsichtlich der Theorie(er)findung. Wie oben allgemein skizziert, sind Theorien mit Sichtweisen und Ordnungsidealen verbunden, so dass mit der Konzeption einer Theorie und ihrer Integration in den wissenschaftlichen Kanon zugleich die Regelwerke (*nomoi*) des Feldes (neu) bestimmt werden. Während die Empiriker, welche innerhalb dieser theoretischen Regelwerke arbeiten, die Iteration der Feldstrukturen betreiben, liegt es bei den Theoretikern, durch die Entwicklung alternativer Modelle die bestehenden *nomoi* des Feldes zu modifizieren. Denn es ist bislang noch kein Fall bekannt, in dem die Empiriker die bestehenden Theoriemodelle widerlegt hätten. Wenn die empirischen Befunde hierauf hinauszulaufen drohen, wird das Problem derzeit so gelöst, dass auf die Heranziehung von Theoriemodellen schlicht verzichtet wird. Mit Blick auf das Feld der chinesischen IB-Forschung ist zudem nicht auszuschließen, dass es über die feldinternen Positionierungsbestrebungen und die Konkurrenz zwischen Theoretikern und Empirikern hinaus zu einem Machtkampf der IB-Theoretiker untereinander kommen könnte, in dem es darum geht, das Vakuum in der außenpolitischen Theorie der VR China mit „neuen" Modellen zu füllen, die in den kommenden Jahrzehnten für die Analyse des Internationalen Systems und zur Konzeption von Handlungsanleitungen für die chinesische Außenpolitik herangezogen werden könnten. Neben den Intentionen und persönlichen Motivationen, welche der Theorieentwicklung unterliegen, ist hierbei auch die „Gemeinschaftsstruktur der Wissenschaft"[29] (Kuhn 1973:191) zu entschlüsseln,

---

[28] Die Institutionalisierung ist nur eines von vielen möglichen Kriterien, nach welchem eine systematische Aufarbeitung der deutschen IB-Forschung vorgenommen werden kann. Zur Genese und Entwicklung der „westlichen" IB-Forschung als eigenständige Wissenschaftsdisziplin vergl. Menzel (2001:31-34).
Zur Entwicklung der deutschen IB-Disziplin allgemein vergl. u.a. Menzel (2001:34-43); Meyers (1994:231-241); Zürn (2003:21-46).
[29] vergl. Kuhn (1973:188): „Eine wissenschaftliche Gemeinschaft besteht so gesehen aus den Fachleuten eines wissenschaftlichen Spezialgebiets. In einem auf den meisten anderen Gebieten nicht vorhandenen Ausmaß sind sie einer gleichartigen Ausbildung und beruflichen Initiation unterworfen gewesen. Dabei haben sie dieselbe Fachliteratur gelesen und vielfach dasselbe daraus gelernt. Im

um Einblick in die Machtkonstellationen, die Feldprinzipien, die Gruppenbildungen und die von diesen Gruppen gesetzten Paradigmata zu erlangen.[30]

Empirie und Theorie sind grundsätzlich voneinander nicht zu trennen, zur Überprüfung des Autonomiegewinns des Forschungsfeldes muss jedoch der Bereich der IB-Theorie zunächst gesondert betrachtet werden. Soll die chinesische IB-Theorie als Alternative und zugleich Pendant der „westlichen" IB-Modelle gelten, muss diese Theoriebildung bestimmte Funktionen erfüllen können und den an die „westlichen" IB-Theorien gestellten Grundanforderungen abstrakt gesehen entsprechen.

In der aktuellen westlichen Forschungsliteratur zu den Internationalen Beziehungen finden sich verschiedene Ansätze einer systematischen, kategorisierenden Darstellung der konkurrierenden (westlichen) IB-Theorien. Die vergleichende Aufarbeitung orientiert sich bei der Herausarbeitung der Divergenzen zumeist an den drei Theorie-Dimensionen der Ontologie, Epistemologie und Methodologie, wobei mitunter ergänzend eine normative Dimension angenommen wird (vergl. Schieder / Spindler 2003:18-24; Meyers 2000a:422-423). Ein weiterer Ansatz der Systematisierung findet sich mit der chronologischen Aufarbeitung der Theorie-Großdebatten. Unter diesen Großdebatten wird der Antagonismus von jeweils zwei grundlegenden IB-Theorieströmungen verstanden, wobei sich am Ende dieser Debatten jeweils eine „neue" IB-Modellbildung als Hauptströmung behaupten konnte.[31] Akzeptiert man diese Ansätze als abstrakte Kriterien einer systematischen Theorieaufarbeitung, sollte auch die chinesische Theoriebildung mittels korrespondierender Bewertungskriterien erfassbar sein.[32]

---

allgemeinen bezeichnen die Grenzen dieser Standardliteratur die Grenzen eines wissenschaftlichen Gegenstandsgebietes, und jede Gemeinschaft hat gewöhnlich ihr eigenes Gegenstandsgebiet. Es gibt Schulen innerhalb der Wissenschaften, Gemeinschaften, die denselben Gegenstand von miteinander unvereinbaren Standpunkten aus angehen".

[30] vergl. hierzu Kuhn (1973:191):„Ein Paradigma regiert zunächst nicht einen Gegenstandsbereich, sondern eine Gruppe von Fachleuten. Jede Untersuchung paradigma-gelenkter oder paradigmazerstörender Forschung muss mit der Lokalisierung der verantwortlichen Gruppe oder Gruppen beginnen".

[31] Beeinflusst von den Verschiebungen der internationalen Konstellationen fand die erste Theoriedebatte in den 30er und 40er Jahren des 20. Jahrhunderts zwischen Idealismus und Realismus statt; die zweite folgte in den 60er Jahren zwischen Traditionalisten und Szientisten / Positivisten; die dritte, über welche die Lehrmeinungen stark differieren, folgte als sogenannte Neo-Neo-Debatte (= Neorealismus vs. Neoliberalismus) (Baldwin 1993) Ende der 70er Jahre (vergl. Menzel 2001:47-48). Diese Dreiteilung der IB-Theorie stellt die Standardlehrmeinung dar, ist jedoch nicht unumstritten. Menzel beispielsweise identifiziert noch eine weitere vierte Theoriekontroverse, die er als postpositivistische Debatte bezeichnet, in der eine Vielzahl neuer Theorien den Erkenntniswert traditioneller Makro-Theorien in Frage stellt. Zudem prognostiziert er eine fünfte Debatte zwischen Postrealismus und Sozialkonstruktivismus (Menzel 2001:48-49).

[32] Bindende Bewertungsmaßstäbe liegen derzeit weder für die chinesische noch für die westliche IB-Theoriebildung vor. Menzel strukturiert seine Aufarbeitung der (westlichen) IB-Theorien in Orien-

In einem weiteren Schritt sind die Interrelationen und Interaktionen des chinesischen IB-Feldes mit der politischen Ebene zu berücksichtigen. Hierbei stellt sich erneut die Frage nach der Autonomie der politikwissenschaftlichen Theoriebildung. Weist das Feld der IB-Forschung eine weitgehend autonome Struktur auf, müsste diese Theoriebildung die politische Ebene in ihren Entscheidungen maßgeblich beeinflussen können. Damit käme den chinesischen IB-Theoretikern eine Schlüsselrolle im gegenwärtigen Transformations- und Modernisierungsprozess zu. Allerdings darf die Autonomie auch nicht so weit gehen, dass es zu einer völligen Trennung von Politik und Politikwissenschaft kommt.

Aus all diesen Überlegungen wiederum ergibt sich die Frage nach der Funktion einer entsprechenden chinesischen IB-Theorie für die Definition und Ausgestaltung der chinesischen Außenpolitik. Es ist zu untersuchen, ob die Funktionen, die den chinesischen Theoriemodellen von der politischen Ebene zugeschrieben werden, mit den Funktionen, welche von den chinesischen IB-Theoretikern angenommen und in der Theoriebildung verankert werden, übereinstimmen.[33] Sollte sich die IB-Forschung als autonome Disziplin behaupten können, die politische Ebene aber zugleich an ihrem Führungsanspruch – auch hinsichtlich der Theoriekonzeption – festhalten, könnten dementsprechend auch zwei konkurrierende Modellbildungen, also eine abstrakte und eine praxisorientierte, nebeneinander vorliegen.

Es ist zu erwarten, dass die Analyse des dependenten Komplexes von Politik und Politikwissenschaft[34] mit Blick auf die Entwicklung der chinesischen

---

tierung an den Großdebatten (Menzel 2001), Krell beschreibt ausgewählte IB-Modelle als „Weltsichten" bzw. „Weltbilder" (Krell 2000), Lehmkuhl verzichtet auf eine deskriptive Darstellung und lässt stattdessen die „Schlüsseltexte" der jeweiligen IB-Strömung für sich selbst sprechen (Lehmkuhl 2000), Lemke hingegen liefert knappe Zusammenfassungen der Grundannahmen der etablierten Theorieströmungen und verweist auf weiterführende Literatur (Lemke 2008). Diese Lehrbücher verzichten einheitlich auf eine Aufarbeitung der Entstehungsgeschichte und des Entstehungskontextes dieser Theorien. Diese wird gesondert in Studien zur „Geschichte" der IB-Disziplin (u.a. Czempiel 1998; Knutsen 1992) und zu den internationalen Beziehungen (u.a. Kleinschmidt 1998; Osiander 1994) untersucht. Daneben finden sich Studien zu den ideengeschichtlichen Vorläufern der modernen IB-Theorien (u.a. Gollwitzer 1972, 1982; Boucher 1998) – die philosophischen Ansätze sind um einige Jahrhunderte früher als die „modernen" Theoriemodelle entstanden, also auch zeitlich gesehen lange vor der Etablierung der IB-Forschung als Wissenschaftsdisziplin.

[33] Als Minimalkonsens ist festzuhalten: Theorien können eine Interpretation und Erklärung der erfahrbaren Realität liefern (Interpretationsfunktion), komplexe Sachverhalte auf einfache Grundstrukturen reduzieren (Orientierungsfunktion), praktische Handlungsanweisungen bieten (Zielbeschreibungsfunktion) oder politische Handlungen legitimieren (Handlungslegitimationsfunktion). Als Meta-Theorie (Meyers 1990:48-68) können sie eine epistemologische Funktion erfüllen, indem sie Aussagen über die von den Großtheorien zu beschreibenden Realitätsausschnitte treffen (Meyers 2000a:422).

[34] Die Hierarchien des Komplexes Politik-Politikwissenschaft scheinen eher flach; über die konkreten Mechanismen der Kontrolle und Steuerung lassen sich allerdings in Anbetracht der gegenwärtigen Quellenlage nur unter größtem Vorbehalt Aussagen treffen. Einen der ersten Versuche, die

Theoriedebatte Einblicke in die theoretischen Konzepte ermöglicht, welche der sichtbaren Ausgestaltung der Außenpolitik der VR China unterliegen. Anzunehmen wäre, dass sich aus der Entschlüsselung der chinesischen Theoriedebatte nicht nur Rückschlüsse auf Chinas Vision des internationalen Systems, sondern weiterführend auch auf das Selbstverständnis Chinas als moderne Nation ziehen lassen.

Die post-maoistische Modellbildung kann jedoch nicht isoliert von den internationalen Konstellationen untersucht werden. Die Strukturen des außenpolitischen und internationalen Umfeldes der VR China sind einerseits ein bedingt formbarer, zumindest jedoch interpretierbarer Gegenstand der chinesischen Theoriebildung, zugleich wirken diese sich dynamisch wandelnden Strukturen ihrerseits auf die Modellierung der chinesischen Theoriemodelle zurück. Die abstrakte Theoriebildung thematisiert diese internationalen Strukturen, wobei diese nicht nur deskriptiv rezipiert, sondern auch interpretiert und womöglich gestützt auf normative Modelle auch kritisiert und „korrigiert" werden. Diese Theoriemodelle beschränken sich damit nicht auf die Analyse, sondern beziehen auch den Aspekt einer normativen Ausrichtung und Steuerung der internationalen Konstellationen mit ein. Hier ist eine merkbare Diskrepanz zwischen der außenpolitischen Realität und den Theorieprämissen zu erwarten. Daneben aber liegen Theoriemodelle vor, die in Kenntnis der Modellbildung und des Forschungsstandes der internationalen Politikwissenschaft entworfen werden. Diese Modelle wiederum verdeutlichen den Anspruch der wissenschaftlichen IB-Eliten der VR China, auf gleichberechtigter Ebene gemeinsam mit den internationalen Experten an einer Theorie der Welt nach Ende des Kalten Krieges mitzuwirken. Praxis- und anwendungsbezogene IB-Modelle hingegen müssen zwangsläufig verstärkt einen Abgleich der Theorieannahmen mit den realpolitischen Gegebenheiten vornehmen. Hier jedoch ist eher mit einer Reaktion auf und Adaption der Theorie an die veränderten internationalen Strukturen denn mit einer aktiven Gegensteuerung zu rechnen. Bezugsebene der anwendungsbezogenen IB-Theorie ist damit im Unterschied zur abstrakten Theoriediskussion im Wesentlichen die internationale Politik, nicht die Ebene der internationalen Politikwissenschaft.

Die vorliegende Studie untersucht Grundkonstellationen der chinesischen Außendiplomatie unter Einbeziehung des politikwissenschaftlichen Diskurses in der VR China. Im Mittelpunkt steht hierbei die innerchinesische Experten-Diskussion über die Möglichkeit beziehungsweise sogar die Notwendigkeit,

---

außenpolitischen Entscheidungsprozesse und ihre Akteure einer systematischen Analyse zu unterziehen hat Lu Ning vorgelegt (Lu, Ning 1997), wobei sich die Ergebnisse dieser Analyse leider nicht auf das Feld der chinesischen IB-Forschung übertragen lassen.

eine „Theorie der Internationalen Beziehungen (IB) mit chinesischen Charakteristika" zu konzipieren.

Die Analyse der chinesischen Theoriesuche gibt einerseits Aufschluss über die theoretischen Konzepte, welche dem Prozess der außenpolitischen Entscheidungsfindung und somit auch der sichtbaren Ausgestaltung der Außenpolitik der VR China unterliegen. Andererseits verdeutlicht die chinesische IB-Diskussion die zentrale Funktion, welche einer Theorie der Internationalen Beziehungen für die nationale Positionierung eines Staates grundsätzlich und losgelöst vom chinesischen Beispiel zukommt.

Ausgehend von oben aufgestellten Grundannahmen zu Funktionen und Dimensionen der allgemeinen IB-Modellbildung erfolgt die Analyse der Suche nach einer „chinesischen" IB-Theorie in drei Schritten:

- Zunächst einmal gilt es, die Formierung der chinesischen IB-Forschung und ihre Interaktionsbeziehungen mit der politischen und gesellschaftlichen Außenwelt nachzuzeichnen. Daran anknüpfend soll die Evaluation des Feldes und seiner Theoriebildung durch chinesische IB-Forscher skizziert werden.

- Auf diese metatheoretischen und methodologischen Selbstbetrachtungen des Feldes folgt in einem zweiten Schritt die Suche nach Fragmenten der chinesischen IB-Ontologie. Die verschiedenen Ontologie-Elemente der chinesischen Modellbildung sollen in ihrer Entstehungsgeschichte nachgezeichnet werden, um ihre Verortung im Spannungsfeld von Theorie, Strategie und Ideologie vornehmen zu können.

- In einem dritten Schritt schließlich sollen die Funktionen und Intentionen der „chinesischen" Theoriesuche beleuchtet werden. Dabei zeigt sich, dass die derzeit vorliegenden IB-Bausteine eine hybride Mischform strategischer und theoretischer Überlegungen darstellen.

Feldstrukturen

II. Bestandsaufnahme des Feldes

2.1. Periodisierung

Um eine Aussage über den gegenwärtigen Stand der IB-Forschung in China treffen zu können, ist es zunächst erforderlich, die historische Entwicklung der Disziplin nachzuzeichnen und den Zwischenstand festzuhalten. Aus den chronologischen Betrachtungen allein jedoch lässt sich noch nicht die Frage beantworten, inwiefern mit der chinesischen IB-Forschung nun eine eigenständige wissenschaftliche Disziplin vorliegt. Hierzu muss weiterführend der Grad der formellen und informellen Institutionalisierung der Disziplin beleuchtet werden. Um schließlich eine Aussage über die Autonomie des Forschungsfeldes – die von chinesischen Wissenschaftlern immer wieder als notwendige Voraussetzung für die internationale Anerkennung der „chinesischen" Forschung angeführt wird – treffen zu können, muss zudem auch die Entwicklung der politikwissenschaftlichen Theoriesuche in Abhängigkeit von den Beschlüssen des ZK untersucht werden.

Periodisierungsmodelle, Ansichten zum Grad der Institutionalisierung und die politischen Rahmenvorgaben bestimmen die Außengrenzen des Feldes der chinesischen IB-Forschung. Zusätzlich aber sind die Binnenstrukturen des Feldes, d.h. die Forschergruppen und die von ihnen verfolgten inhaltlichen Ausrichtungen des Feldes zu betrachten. Erst nachdem die Außen- und Innenstrukturen des IB-Feldes aufgearbeitet sind, kann dann schließlich auch eine Verortung der IB-Theoriesuche innerhalb dieser Strukturen erfolgen.

Grundlage all dieser Betrachtungen sind Studien chinesischer Politikwissenschaftler. Die Ausführungen zur Beschaffenheit des Feldes spiegeln folglich die Innenperspektive der chinesischen IB-Forschung wider. Allerdings liegen, wie die folgenden Kapitel zeigen sollen, innerhalb des chinesischen Feldes eine Vielzahl konkurrierender Strömungen und Schulenbildungen vor. Es existiert folglich keine gemeinsame Zentralperspektive „der" chinesischen IB-Forscher, vielmehr resultiert die jeweilige Perspektive aus der Verortung und Positionierung des Betrachters in den Feldstrukturen.

Wider Erwarten widmen sich nur wenige chinesische Studien den Aspekten der Genese und der Institutionalisierung der modernen IB-Forschung in China. Die seit den 90er Jahren erschienenen Übersichtsdarstellungen sind zudem zumeist sehr kurz gehalten. Die Darstellung erfolgt vorwiegend in Form einer Periodisierung der Entwicklungsphasen der Disziplin, wobei die Wahl der Eckdaten nicht vereinheitlicht ist.[35] Zunächst mag es belanglos erscheinen, dass für den Überblick über die Entwicklung der IB-Disziplin das Mittel der Periodisierung gewählt wird. Doch verdeutlicht gerade die Präferenz für diese spezielle Darstellungsform, dass hier nicht nur eine Bestandsaufnahme vorliegt, sondern vielmehr aktiv auf eine Systematisierung und Institutionalisierung der chinesischen IB-Forschung hingearbeitet wird. Denn im Unterschied zu einer rein chronologischen Aufarbeitung fasst der Periodisierungsansatz Einzelereignisse unter bestimmten Oberbegriffen zusammen, dokumentiert deren kausale Verbindungen und Entwicklungsabfolgen und stellt mit der Fixierung historischer Wendepunkte auch Brüche und Neuorientierungen heraus.[36] Nicht die Chronologie der Ereignisse, sondern die teleologische Rekonstruktion entscheidet dabei über die Wahl der Eckdaten und somit auch über die Phasenübergänge. Dies bedeutet, dass sich aus den Periodisierungsmodellen auch Rückschlüsse auf die Positionierungsbestrebungen der chinesischen IB-Forscher – oder auch einzelner Teilgruppen – ableiten lassen. Zugleich könnte die Verankerung einer offiziellen Periodisierung identitätsstiftend auf das derzeit sehr heterogen auftretende Feld der chinesischen IB-Forschung einwirken und zur Formierung einer (oder mehrerer konkurrierender) in sich geschlossenen Forschergruppe beitragen.

Für die chinesische IB-Forschung liegen drei Periodisierungsmodelle vor. Teils werden die identischen Eckdaten gewählt, doch unterscheiden sich die Modelle hinsichtlich der Rechtfertigung und Erläuterung der Phaseneinteilung. Dass diese nicht allein durch das Jahr der Veröffentlichung des jeweiligen Periodisierungsmodells bedingt ist, verdeutlicht die Tatsache, dass im Jahr 1997 ein Drei-Phasen-Modell konzipiert wurde (Ni, Shixiong / Xu, Jia 1997), neben das 1999 ein Zwei-Phasen-Modell trat (Yu, Zhengliang / Chen, Yugang 1999). Das 2006 vorgelegte Fünf-Phasen-Modell (Wang, Yizhou 2006a) wiederum weist nicht deshalb mehr Phasen auf, weil es die Entwicklungen nach

---

[35] Neben der allgemeinen Periodisierung der chinesischen IB-Forschung liegen auch Einzelstudien zur Entwicklung einzelner Forschungsinstitute und seit 2008 auch eine Einzelstudie zur Formierung der Shanghaier IB-Forschung (1957-2007) (Zhang, Jian 2008:37-43) vor. Diese Studien sind jedoch der formellen Institutionalisierung und themenbezogener Forschung verschrieben, die Entwicklung der chinesischen IB-Modellbildung wird allenfalls am Rande erwähnt.
[36] Für den Bereich der Parteihistoriographie finden sich entsprechende Überlegungen zur Funktion der Periodisierung in Weigelin-Schwiedrzik (1984:48-49).

1997/1999 reflektiert, im Gegenteil, als jüngster historischer Eckpfeiler wird auch in dem Fünf-Phasen-Modell das Ende des Kalten Krieges referiert, welches bereits in den beiden Periodisierungsmodelle der 90er Jahre verankert wurde. Die zusätzlichen Phasen beziehen sich auf den Zeitraum vor Gründung der VR China bis 1978, also auf Zeitabschnitte, die in den 90er Jahren noch strikt von der „modernen" chinesischen IB-Forschung abgegrenzt worden waren.[37]

Bevor aber eine tiefergehende komparative Aufarbeitung und Analyse der Phaseneinteilung erfolgen kann, sollen im folgenden zunächst die oben bereits genannten Periodisierungsmodelle kurz einzeln beschrieben und auf ihre jeweilige Argumentationsstruktur hin untersucht werden.

2.1.1. Zwei-Phasen-Modell (Yu Zhengliang / Chen Yugang)

Yu Zhengliang und Chen Yugang unterteilen die Entwicklung der chinesischen Forschung der Internationalen Beziehungen in zwei Phasen (1.Phase: 1978-1989; 2. Phase: 1989- ?)[38] (Yu, Zhengliang / Chen, Yugang 1999). Ihrer Darstellung zufolge beginnt die erste Phase mit den Beschlüssen des 3. Plenums des 11. ZK über Reform und Öffnung des Jahres 1978. Gekennzeichnet ist diese Phase durch die Öffnung Chinas gegenüber westlichen Theoriekonzepten und der beginnenden Einführung dieser alternativen Konzeptionen in China durch chinesische Übersichtsartikel und erste Übersetzungen westlicher IB-Werke (daher

---

[37] Eine Periodisierung der Entwicklung der chinesischen IB-Forschung in den 90er Jahren findet sich mit der auf Englisch publizierten Studie Wang Jisis, die als Forschungsbericht der Ford Foundation allerdings eindeutig kein Bestandteil der inner-chinesischen Expertendebatte ist. Wang Jisi rekonstruiert drei alternative Entwicklungsphasen der modernen chinesischen IB-Forschung nach Ende des Kalten Krieges (1989-1991; 1992-1998; 1999-), wobei er konstatiert, dass entgegen der von einigen chinesischen Forschergruppen angestrebten Autonomie der politikwissenschaftlichen Forschung die chinesischen Studien der 90er Jahre weitgehend lediglich Analysen des internationalen Systems und der jeweiligen Kooperationspartner der VR China waren, deren Ergebnisse wiederum direkten Einfluss auf die außenpolitische Entscheidungsfindung der VR China hatten. Diese Analysen und Strategiekonzepte orientierten sich, so Wang Jisis Darstellung, nicht an grundlegenden normativen oder theoriegestützten Orientierungen, sondern gingen von konkreten Ereignissen wie den sino-amerikanischen Kontroversen in der Taiwanfrage, der Bombardierung der chinesischen Botschaft in Belgrad oder der Kollision zwischen einem amerikanischen und einem chinesischen Aufklärungsflugzeug 2001 aus.
Vergl. Wang, Jisi "International Relations Studies in China Today: Achievements, Trends and Conditions." (Report to the Ford Foundation). www.irchina.org/en/pdf/IRSC_wang_jisi_english.pdf (10.05.2007).
[38] Stand der Studie ist 1999.

die abgekürzte chinesische Phasenbezeichnung bei Yu Zhengliang und Chen Yugang: Öffnung und Rezeption (*kaifang yinjin*))[39].

Zwar wurde, wie die Autoren ausführen, die chinesische IB-Forschung 1978 nicht vollkommen neu begründet.[40] Doch leitete das Jahr 1978 dieser Darstellung zufolge doch zumindest einen Neuanfang der IB-Forschung in China ein, da das chinesische Forschungsfeld, das zuvor zumeist auf die deskriptive Aufarbeitung der Geschichte und der internationalen Lage (*shi he xianzhuang*) beschränkt gewesen war, um den Aspekt der politischen Theorie erweitert wurde (Yu, Zhengliang / Chen, Yugang 1999).

Bei der knappen Beschreibung dieser ersten Phase fällt auf, dass die Autoren ganz bewusst eine Abgrenzung der gegenwärtigen Theoriedebatte von den Theoriekonzeptionen der maoistischen Zeit vornehmen. Zwar räumen Yu Zhengliang und Chen Yugang ein, dass es auch vor 1978 im chinesischen Kontext Konzepte wie die Imperialismustheorie oder die Vorstellung einer proletarischen (Welt-) Revolution gegeben habe, und dass diese aus Sicht einiger westlicher (!) Wissenschaftler durchaus als chinesische IB-Theorien zu werten seien. Yu und Chen stufen diese Konzepte der maoistischen Phase jedoch als sehr „einseitige" Modelle ein, die für die Analyse der „realen" internationalen Konstellationen nur über eine sehr beschränkte Erklärungskraft verfügten (Yu, Zhengliang / Chen, Yugang 1999). Ob dieser sehr direkten Kritik und Distanzierung von maoistischen Konzepten erstaunt, dass die Autoren auf die Probleme und Einschränkungen der IB-Forschung in der Zeit zwischen 1949 und 1978 nur sehr indirekt verweisen. Für den eingeweihten chinesischen Leser ist jedoch der einleitende Hinweis darauf, dass sich die IB-Forschung in Geschichte, Theorie und die Beschreibung der internationalen Lage untergliedern lasse, nach Gründung der VR China 1949 aber nur die Forschung zur Geschichte der Internationalen Beziehungen und zur internationalen Lage ohne Unterbrechungen betrieben werden konnte, ausreichend und bedarf keiner weiteren Erklärung. Die Verfolgung der chinesischen Politikwissenschaftler während der politischen Massenkampagnen, insbesondere während der Kulturrevolution (1966-1976), und die ideologisch bestimmte Ausrichtung der chinesischen IB-Forschung, auf welche dieser indirekte Verweis abzielt, müssen nicht weiter ausgeführt werden, da diese Ereignisse schließlich den Lesern hinlänglich bekannt sein dürften.

---

[39] Für den chinesischen Leser klingt an dieser Stelle auch die Formel „Reform und Öffnung" (*gaige kaifang*) mit. Der Zusammenhang zwischen den Reformbeschlüssen und dem Beginn der „modernen" chinesischen IB-Forschung ist damit fest in das Periodisierungsmodell eingeschrieben.

[40] In der Diskussion mit chinesischen IB-Experten zeigt sich, dass das Jahr 1978 längst nicht mehr als radikaler Bruch gesehen wird. Die Reformmaßnahmen waren schon in den Jahren zuvor vorbereitet worden, so dass sich das Forschungsumfeld der IB-Theoretiker schon vor 1978 gewandelt hatte – und im Unterschied zur allgemeinen Politikwissenschaft wurde die IB-Forschung bereits in den 50er Jahren und nicht erst nach 1978 wieder eingerichtet.

Dass diese Thematik aber nicht komplett ausgeklammert, sondern versteckt eingebracht wird, legt die Vermutung nahe, dass es sich hier um Themen handelt, die in der VR China noch nicht abschließend und umfassend aufgearbeitet worden sind, und eine kritische Bewertung somit immer noch nicht erfolgen kann. Es ist aber auch nicht zu vergessen, dass viele der derzeit führenden chinesischen Experten der Internationalen Beziehungen zu der Generation gehören, die in eben diesen politischen Massenkampagnen angegriffen wurde. Die weitere Aufschlüsselung der maoistischen Phase würde also von dieser Forschergruppe eine Aufarbeitung der eigenen Vergangenheit verlangen, womit auch Erinnerungen an sehr negative Erlebnisse erneut wachgerufen würden. Es ist weitaus unproblematischer, die moderne chinesische IB-Forschung mit dem Jahr 1978 oder den frühen 80er Jahren beginnen zu lassen, in denen die Neubegründung der chinesischen Forschungseinrichtungen und die allmähliche Neuausrichtung der Theoriebildung nach Ende der Kulturrevolution einsetzte. Schließlich erfolgte in diesem Zusammenhang auch die Rehabilitierung der chinesischen Politikwissenschaftler, die wiederum gegenwärtig an der (Re-)Konstruktion des Feldes der Politikwissenschaft beteiligt sind (Privatmitteilung, Peking 2007).

Die im Rahmen der Reform- und Öffnungspolitik offiziell befürwortete und angestrebte Auseinandersetzung mit „westlichen" Theorieansätzen blieb zunächst bis in die frühen 80er Jahre auf die mit der politischen Entscheidungsebene direkt verbundenen Forschungseinrichtungen beschränkt. Erst Mitte der 80er Jahre wurden die neuen theoriegestützten Analyseansätze durch den Beschluss des ZK über die Reform des Bildungssystems als Pflichtkurs „Weltpolitik, Weltwirtschaft und Internationale Beziehungen"[41] (*shijie zhengzhi jingji yu guoji guanxi*) auch offiziell in den akademischen Kanon integriert. Etwa zeit-

---

[41] Es wäre nicht abwegig, den Terminus „zhengji jingji" zunächst als „Politische Ökonomie" aufzufassen. Allerdings verwenden chinesische IB-Forscher, die mit dem Kurs und seinen Inhalten vertraut sind, die Übersetzung "World Economics, Politics and IR". Einen Hinweis darauf, dass es sich hier wirklich getrennt um die Bereiche Weltpolitik und Weltwirtschaft handelt, liefert das von Feng Tejun, Politikwissenschaftler an der Renmin Universität in Peking, ursprünglich 1987 für diesen Pflichtkurs verfasste Lehrbuch. Dieses Lehrbuch, das sich erfolgreich als Standardwerk des chinesischen IB-Unterrichts behaupten konnte, liegt mittlerweile in seiner dritten, überarbeiteten und aktualisierten Version vor. In einem ausführlichen Geleitwort werden in der aktuellen Version der Hintergrund des universitären Pflichtkurses, seine Inhalte, Methoden und Ziele beschrieben. Gefolgt werden diese thematischen Einweisungen von einem Kapitel zur Weltpolitik, mit Fokus auf dem Wandel der Struktur des internationalen Systems, und einem Kapitel zur Weltwirtschaft. Das dritte Kapitel schließlich fasst abstrakte Grundlinien und Konzepte zu „Themen der Zeit" (*shidai zhuti*) und zur Idee einer „neuen Weltordnung" zusammen. Weitere Kapitel beschäftigen sich mit den zentralen Staatenakteuren USA, EU, Japan, SU/ Russland und den Entwicklungsländern. Mit dem neunten Kapitel erfolgt die Betrachtung der modernen chinesischen Außenbeziehungen, das zehnte und letzte Kapitel endet mit der Rolle Internationaler Organisationen (UN) (Feng, Tejun 2005).

gleich erfolgte die Gründung chinesischer Fachzeitschriften zu Aspekten der Internationalen Beziehungen (Yu, Zhengliang / Chen, Yugang 1999:3).

1987 wurde schließlich, gewissermaßen als Höhepunkt dieser ersten Entwicklungsphase, die erste chinesische Konferenz zu Theorien der Internationalen Beziehungen in Shanghai abgehalten. Yu und Chen fassen die zentralen Diskussionsthemen der Konferenz unter Verweis auf den Konferenzband in fünf Punkten zusammen: Diskutiert wurden demnach Analysemodelle und Konzepte, die sich auf Annahmen des Marxismus-Leninismus oder auch die Mao-Zedong-Ideen stützten; erörtert wurden aber auch Ansätze der verschiedenen „westlichen" Theorieschulen. Im Bereich der Methodologie wurden die Funktion und der Einfluss von „Ideen" auf die Theorieentwicklung angesprochen, womit sich ein Abweichen von der zuvor erfolgten unmodifizierten Übernahme der Theoriemodelle des „Westens" abzuzeichnen begann. Als vierten und fünften zentralen Punkt listen Yu und Chen schließlich die Diskussion über Inhalte und Modelle einer „chinesischen" Theorie der Internationalen Beziehungen und die sich daraus ergebende Kritik an den zuvor in der VR China angewandten (zumeist westlichen) Theoriemodellen auf (Yu, Zhengliang / Chen, Yugang 1999:4).[42]

In dieser ersten Phase gelang es den chinesischen IB-Forschern, so das Fazit der Autoren, die von Deng Xiaoping formulierten Forderungen an die chinesische Politikwissenschaft, besonders an die Forschung zur „Weltpolitik", weitgehend umzusetzen. Es wird an dieser Stelle stillschweigend vorausgesetzt, dass dem Leser der Inhalt dieser „Forderungen" grundsätzlich bekannt ist, woraus folgt, dass als die Zielgruppe des Artikels die bereits eingeweihte Gruppe der Politikwissenschaftler vorgesehen ist. An diese richtete Deng Xiaoping 1979 seinen Appell, die Rückständigkeit der chinesischen Forschung im Bereich der Politikwissenschaft zu überwinden und die Versäumnisse der maoistischen Phase wettzumachen.[43] Trotz der deutlich voranschreitenden Institutionalisierung der chinesischen IB-Forschung umfasst diese erste Entwicklungsphase nach Yu und Chen nicht nur positive Aspekte. Denn der Bereich der IB-Theorie, so vermerken die Autoren, beschränkte sich in den 80er Jahren, also während der ersten Entwicklungsphase, auf Übersetzungen westlicher IB-Werke aus den

---

[42] Eine Auswahl der Beiträge der Shanghai-Konferenz findet sich mit dem Tagungsband der Shanghai International Studies Association (1991), *Guoji guanxi lilun chutan* (Erste Untersuchungen zu IB-Theorien). Shanghai: Shanghai waiyu jiaoyu chubanshe.

[43] Im Chinesischen wird hier der von Deng gewählte Ausdruck „bu ke" referiert, was soviel bedeutet wie „versäumten Unterricht nachholen". Diese Formulierung lässt sich in viele Richtungen auslegen, u.a. kann diese herangezogen werden, um die in den 80er Jahren erfolgte Übernahme „westlicher" Modellbildungen durch chinesische Politikwissenschaftler zu legitimieren. Es ist aber auch möglich, hieraus, wie seit Ende der 90er Jahre geschehen, die Aufforderung an die chinesische Forschung abzuleiten, eigenständige neue Modelle einer post-maoistischen Politikwissenschaft zu entwickeln.

50er Jahren. Das Referenzmodell der chinesischen IB-Diskussion der Reformära war damit vergleichsweise veraltet. Mögliche alternative Theorieentwicklungen, welche sich von der weitgehend US-amerikanisch dominierten Theorieströmung des Realismus abgrenzten, mussten im innerchinesischen Diskurs folglich zunächst weitgehend unberücksichtigt bleiben (Yu, Zhengliang / Chen, Yugang 1999:4).

Die zweite Entwicklungsphase beginnt nach Yu und Chen wider Erwarten nicht mit der Shanghaier Konferenz, sondern mit dem Jahr 1989. Die Autoren begründen dies damit, dass die innerchinesischen Ereignisse des Jahres 1989 und die Reaktionen des Auslands für die chinesische Seite verdeutlicht hätten, dass die „westlichen" Theorien einen direkten Bezug zu dem jeweiligen nationalen Standpunkt und nationalen Interessen aufwiesen.[44] Daher habe sich die chinesische Auseinandersetzung mit „westlichen" Theorien von der anfänglichen Übersetzungsarbeit hin zu einer kritischen Analyse verschoben. Der Zusammenbruch der Sowjetunion nach 1989 und das damit verbundene Ende des bipolaren Systems habe es zudem erstmals den chinesischen Forschern ermöglicht, gleichberechtigt an der globalen Theoriediskussion teilzunehmen und – gestützt auf die Ausführungen Deng Xiaopings – mögliche Modelle für eine Welt nach dem Kalten Krieg zu entwerfen[45] (Yu, Zhengliang / Chen, Yugang 1999:4).

Die innenpolitischen Faktoren, welche möglicherweise darüber hinaus auf die Neubegründung der chinesischen IB-Forschung eingewirkt haben, werden

---

[44] Diese Einschätzung, dass die Entwicklung politischer und politikwissenschaftlicher Modelle stets von den nationalen Interessen des Staates, von dessen Perspektive ausgehend die Theoriebildung erfolgt, bestimmt sei, erfordert im Umkehrschluss, dass die chinesische Seite in Kenntnis bestehender Theorien und der politischen Realität eine alternative IB-Theorie konzipiert, welche die Wahrung und Umsetzung der nationalen Interessen der VR China ermöglicht. Der hiermit gegenüber der westlichen Welt, und im speziellen gegenüber den USA vorgebrachte Parochialismus-Vorwurf ist kein auf die akademische Welt der VR China beschränkter Vorgang. Auch andere Staaten, zumeist Entwicklungsländer, die zuvor von Entscheidungsprozessen der internationalen Politik weitgehend ausgeschlossen waren, haben ähnliche Kritik an den bestehenden IB-Modellen geäußert. Dies hat u.a. zur Entwicklung des „peripheren Realismus" (Escudé 1998) beigetragen. Dieser Ansatz geht u.a. davon aus, dass das internationale System nicht als ein Universalmodell verstanden werden kann, sondern dass eine Vielzahl perzipierter Systemstrukturen angenommen werden muss, die von der Position des jeweiligen Staates im System abhängig sind. Hieraus ergibt sich, dass für viele innenpolitisch instabile Staaten das nationale System durch Anarchie, das internationale im Gegensatz zu (neo-) realistischen Grundannahmen jedoch durch Hierarchie geprägt ist.
[45] Die innerchinesische IB-Diskussion erfolgt hierbei in Kenntnis der „westlichen" Kontroversen hinsichtlich der inhaltlichen Neuausrichtung der Theoriebildung im 21. Jahrhundert und der Einführung eines „globalpolitischen Paradigmas" (*quanqiu zhengzhi fanshi*) der IB (s. hierzu Yu, Zhengliang / Chen, Yugang / Su, Changhe 2005). Während die erste und zweite Großdebatte der IB-Theorie nur im Nachhinein von den chinesischen IB-Forschern nachvollzogen werden konnte, folgte nach 1978 eine allmähliche Integration der chinesischen Forschung in die bereits laufende dritte „westliche" Theoriedebatte (Xu, Jia 1997:16).

bei Yu Zhengliang und Chen Yugang nicht weitergehend thematisiert. Externe Faktoren, die zeitlich vor 1978 liegen, die aber nachweislich die chinesische Strategie- und Modellkonzeption beeinflusst haben, bleiben ebenfalls unberücksichtigt. Dabei ließe sich doch gerade mit Blick auf die maoistische Phase der Übergang von Modellrezeption zu Modellneukonzeption und der Einfluss exogener Faktoren exemplarisch illustrieren. Beispielsweise ist die „Entwertung" sowjetischer Theoriemodelle und die folgende Auseinandersetzung mit „westlichen" Konzeptionen in Abhängigkeit von der Normalisierung der Beziehungen der VR China zu den USA einerseits und der Abwendung von der Sowjetunion, die sich bereits nach dem Tod Stalins 1953 und offen nach dem 20. Parteitag der KPdSU 1956 abzeichnete, andererseits zu sehen. Die Konstellationen der Außenwelt spielten, wie auch nicht anders zu erwarten gewesen wäre, somit auch vor 1978 eine entscheidende Rolle bei der Neuausrichtung der chinesischen Außenpolitik und der Neudefinition der Analysemodelle, welche der außenpolitischen Entscheidungsfindung unterlagen.

Der von Yu Zhengliang und Chen Yugang vertretene exogene Erklärungsansatz vermittelt den Eindruck, dass die VR China rein passiv-reaktiv auf die Umschichtungen und Umstrukturierungen des internationalen Systems reagiert. Dass eine Öffnung gegenüber dem westlichen Ausland auch mit Blick auf die Fehlentwicklungen der maoistischen Ära – wie beispielsweise das Scheitern des Großen Sprungs und die folgende Hungersnot – eine notwendige Voraussetzung für die Realisierung der chinesischen Interessen zu sein schien, und dass demzufolge auf Theorieebene eine Annäherung und Kooperation mit dem Westen ermöglicht und auch legitimiert werden musste, wird nur am Rande mit Verweis darauf, dass der Aufbau der chinesischen Wirtschaft durch die Beschlüsse von 1978 auch im Mittelpunkt der IB-Forschung zu stehen habe, erwähnt (Yu, Zhengliang / Chen, Yugang 1999:3).

Das Ende der zweiten Entwicklungsphase bleibt offen (Stand 1999). Dies verdeutlicht, dass die Autoren für die gesamten zehn Jahre nach 1989 keine externen Störfaktoren verzeichnen, welche einen erneuten Wandel oder ein Überdenken in der Theoriedebatte auslösen könnten.

2.1.2. Drei-Phasen-Modell (Ni Shixiong / Xu Jia)

Im Unterschied zu Yu und Chen unterscheiden Ni Shixiong und Xu Jia drei Entwicklungsphasen. Die erste Phase beginnt in dieser Darstellung nicht mit den Reformbeschlüssen aus dem Jahr 1978, sondern vielmehr mit der im Verlauf der 80er Jahre einsetzenden Auseinandersetzung mit „westlichen" Theorieentwürfen der Internationalen Beziehungen. Diese wurden, so Ni Shixiong und Xu Jia, in der VR China erstmals über die Artikel Chen Lemins (Chen, Lemin 1981; 1982) und die zusammenfassenden Übersichtsdarstellungen Chen Hanwens (Chen, Hanwen 1985) eingeführt. Des weiteren verweisen Ni Shixiong und Xu Jia auf den damals von Ni Shixiong und Jin Yingzhong zu den „US-amerikanischen" Theorien der Internationalen Beziehungen wenig später vorgelegten Übersichtsband[46] sowie die chinesischen Ausgaben von *Contending Theories of International Relations* (Dougherty / Pfaltzgraff) und *The Theory and Practice of International Relations* (Olson), die zu den ersten Übersetzungen von Schlüsselwerken der „westlichen" IB-Forschung gerechnet werden (nach Ni, Shixiong / Xu, Jia 1997:11).

Ni Shixiong und Xu Jia präzisieren zudem die bei Yu und Chen nur kurz erwähnte Gründung chinesischer Fachzeitschriften. Zu den wichtigsten seit 1984 erscheinenden Fachzeitschriften zählen sie unter anderem „Guowai Shehui Kexue" (engl.Titel: *Social Science Abroad*), „Guowai Zhengzhixue" (*Political Science Abroad*), „Guoji Wenti Yanjiu" (*International Studies*), „Xiandai Guoji Guanxi" (*Contemporary International Relations*), „Shijie Jingji yu Zhengzhi" (*World Economics and Politics*), „Zhengzhixue Yanjiu" (*CASS Journal of Political Science*), „Meiguo Yanjiu" (*American Studies*), „Ouzhou" (*Chinese Journal of European Studies*), „Guoji Zhanwang" (*World Outlook*) und „Guoji Guancha" (*International Review*), in denen insgesamt bis zum Jahr 1987 über 60 Artikel zu Theorien der Internationalen Beziehungen erschienen (Ni, Shixiong / Xu, Jia 1997:12; s. auch Tabelle 1). Auch halten Ni Shixiong und Xu Jia fest, dass es schließlich gegen Ende dieser ersten Entwicklungsphase zur Verankerung der IB-Theorielehre im Curriculum der führenden universitären IB-Einrichtungen (u.a. Peking Universität; Fudan Universität in Shanghai; Nanjing Universität; Renmin Universität in Peking; Nankai Universität; Diplomatische Akademie Peking) kam.

---

[46] Diese Darstellung ist stark selektiv und schließt andere zeitgleich erschienene Studien (u.a. Hu, Shaohua 1988; Zhang, Yahang 1988) aus dem Kanon aus. Hier wird also nur eine von vielen möglichen teleologischen Rekonstruktionen des chinesischen IB-Feldes unternommen.

Tabelle 1

Artikel zur IB-Theorie in chinesischen Journals (1980-1997)

Zeitraum	Anzahl der Artikel
1980-1987	64
1987-1993	122
1993-1997	176
1980-1997	362

(nach der Tabelle bei Ni, Shixiong / Xu, Jia 1997:13)

Die bei Ni Shixiong und Xu Jia angeführten absoluten Zahlen geben noch keinen Aufschluss über die inhaltlichen Schwerpunkte der Theoriebetrachtungen in chinesischen IB-Journals. Zudem wird nicht differenziert zwischen Artikeln der damals führenden IB-Journals und solchen, die eher in unbeachteten Randorganen erschienen sind. Die von He Zhongyi vorgenommene quantitative Analyse der gegenwärtig sehr einflussreichen IB-Zeitschrift *Shijie Jingji yu Zhengzhi* (engl.: World Economics and Politics) liefert ein etwas kritischeres Bild des Entwicklungsstandes der chinesischen Disziplin in den 80er Jahren (He, Zhongyi 2004). Denn nach dieser Aufstellung sind Artikel mit Theoriebezug vor 1987 eher die Ausnahme (vergl. Tabelle 2). Die Vermutung liegt nahe, dass sich auch in den von Ni Shixiong und Xu Jia herangezogenen Journals nur sehr vereinzelt Studien zu IB-*Theorien* finden, wenngleich sich die Gesamtzahl über die Jahre und die Gesamtheit der ausgewerteten Journals hinweg schlussendlich auf über 60 Artikel beläuft.

He Zhongyis quantitative Aufarbeitung bestätigt allerdings die in der chinesischen Debatte weithin vertretene rückblickende Bewertung, dass die erste Phase der chinesischen Theoriesuche zum einen weitgehend nicht schriftlich erfasst wurde und die frühe chinesische IB-Forschung zum anderen auf die rezeptive Wiedergabe der „westlichen" Debatte und einzelner IB-Ansätze beschränkt blieb. Dass sich die innerchinesischen Debatten eher zögernd und mit vielen Vorbehalten diesen Themenblöcken annäherten, und somit wider Erwarten nach 1978 keine schlagartige Liberalisierung der chinesischen IB-Disziplin eintrat, ist nur eine Einsicht, die sich aus He Zhongyis Daten gewinnen lässt. Noch überraschender ist, dass erst in den Jahren 1987-1989 die Zahl der Artikel, die sich mit dem Aufbau der chinesischen IB-Disziplin beschäftigen, erkennbar zunimmt. Nach 1989 geht die Anzahl der Artikel zurück, doch trotz der Ereignisse auf dem Tian'anmen wird eine Neuausrichtung der chinesischen IB-Disziplin nicht grundsätzlich unterbunden (He, Zhongyi 2004: 66-74).

Tabelle 2

„Shijie Jingji yu Zhengzhi"(engl. Tietl: World Economics and Politics) (1982-1990)

Analysen zu…	1982	1983	1984	1985	1986	1987	1988	1989	1990
Aufbau der Disziplin					1	3	4	4	1
Internationale Politik u. Ökonomie			1			2			
Interdependenz				1		1		1	
Krieg / Konflikt / Frieden			1		2		1	3	1
US-amerikanische IB-Theorien		1			1	1			1
Ideologie u. IB						1		2	1
IB-Theorien der SU						1		2	1
Nationale Interessen							1	1	

(nach He, Zhongyi 2004)

Der Eintritt in die zweite Entwicklungsphase (1987-1993) der chinesischen IB-Forschung erfolgte laut Ni Shixiong und Xu Jia mit der Konferenz in Shanghai 1987.[47] Neben Übersetzungen und Kommentaren zu „westlichen" Theorien ist diese zweite Phase von dem immer lauter werdenden Ruf nach der Definition einer „chinesischen" Theorie geprägt. In dieser zweiten Phase erschienen unzählige chinesischsprachige IB-Werke und IB-Artikel, darunter sowohl Diskussionen der „westlichen" als auch Ansätze zur Entwicklung einer „chinesischen" IB-Theorie (u.a. Wang, Jianwei et al. 1986; Lin, Zhimin 1988; Shi, Lin 1989).

Diese zweite Phase endet mit dem Jahr 1993, so dass den Ereignissen auf dem Tian'anmen von 1989 keine unmittelbare Bedeutung für die Entwicklung der chinesischen Forschung im Sonderbereich der Internationalen Beziehungen zugeschrieben wird. Dies geschieht allenfalls sehr indirekt, wenn Ni Shixiong und Xu Jia mit dem Jahr 1993 die dritte Phase beginnen lassen und darauf verweisen, dass 1992 Chinas Reform- und Öffnungspolitik erfolgreich ausgebaut worden sei. Dies ist als Verweis auf Deng Xiaopings Reise in den Süden zu verstehen, die als symbolische Bekräftigung des Festhaltens an der chinesischen Reformpolitik bewertet wird und eine Normalisierung der chinesischen Außenbeziehungen und eine weitgehende Aufhebung der infolge der Entwicklungen von 1989 verhängten Sanktionen zur Folge hatte (Ni, Shixiong / Xu, Jia 1997:12).

In der dritten Entwicklungsphase (1993-) hat der Bereich der chinesischen Forschung zu den Internationalen Beziehungen bereits eine inhaltliche Ausdifferenzierung erfahren. Die von Ni Shixiong und Xu Jia aufgelisteten Forschungsthemen und Forschungsschwerpunkte – wie z.B. „Charakteristika der Zeit", „gegenwärtige, zentrale Widersprüche", „internationales System", „internationale Ordnung", „globales Umfeld", „Krieg und Frieden", „nationale Interessen", „nationale Sicherheit", „Nord-Süd-Beziehungen", „Technologie und Internationale Beziehungen", „Menschenrechte", Souveränität" (Ni, Shixiong / Xu, Jia 1997:13) – spiegeln zugleich gewissermaßen eine Synthese „westlicher" und „chinesischer" Theoriemodelle wider.[48]

Die wichtigste Neuerung in dieser dritten Entwicklungsphase sehen die Autoren nicht in der Professionalisierung des Theoriebereichs, sondern insbesondere in dessen partieller Sinisierung, die mit der Forderung nach der Formulierung einer Theorie der Internationalen Beziehungen mit „chinesischen Charakteristika" ihren Ausdruck findet. Ni Shixiong und Xu Jia weisen darauf hin,

---

[47] Als weitere richtungsweisende Folgekonferenzen werden zudem die IB-Konferenz der IB-Abteilung der Peking Universität im Juni 1991 und die IB-Konferenz in Yantai im August 1993 aufgelistet (Ni, Shixiong / Xu, Jia 1997:12).
[48] Zur Herausbildung und Funktion „partikular" chinesischer IB-Konzepte vergl. Kapitel 2.4.

dass die Gruppe der chinesischen Forscher hinsichtlich des Inhalts und der Funktion dieser „chinesischen Charakteristika" noch sehr gespalten sei. Daher beschränken sie sich darauf, drei grundlegende Quellen dieser „chinesischen Charakteristika" zu skizzieren: Ideen und Modelle chinesischer Politiker von Mao Zedong bis hin zu Jiang Zemin; Ordnungskonzeptionen der klassischen chinesischen Staatsphilosophie; sowie sinisierte Formen westlicher Theoriemodelle (Ni, Shixiong / Xu, Jia 1997:13; Xu, Jia 1997:17).

Dass sich die chinesische Forschung zu den Internationalen Beziehungen zu einem eigenständigen Bereich entwickelt hat und gegenüber westlichen Modellen selbstbewusst auch kritische Standpunkte bezieht, illustriert nach Ni Shixiong und Xu Jia die Tatsache, dass chinesische Forscher in über 40 Artikeln (Stand 1997) mit heftiger Kritik auf Samuel Huntingtons „Clash of Civilizations" (1996) reagierten (Ni, Shixiong / Xu, Jia 1997:13). Der abschließende Verweis auf den von Wang Jisi herausgegebenen Sammelband „Kultur und Internationale Politik" (*wenming yu guoji zhengzhi*) (Wang, Jisi 1995) verdeutlicht, dass chinesische Experten der Internationalen Beziehungen die Welt nicht mehr passiv beobachten und allenfalls auf Entwicklungen reagieren, sondern bereits aktiv mit eigenen Modellen in den Dialog mit „westlichen" Wissenschaftlern eintreten.

2.1.3. Fünf-Phasen-Modell (Wang Yizhou)

Wang Yizhou schließlich nimmt eine von den oben zusammenfassend skizzierten Periodisierungsansätzen durchaus abweichende Gliederung der historischen Entwicklung der chinesischen IB-Forschung vor. In seinem 2006 als Kurzfassung in „Shijie Jingji yu Zhengzhi" erschienenen Übersichtsartikel zum Stand der Disziplin bis 2005 konstruiert er rückblickend in Abhängigkeit von innen- und außenpolitischen Konstellationen insgesamt fünf Entwicklungsphasen. Die erste Phase, und dies scheint zunächst ein radikaler Bruch mit der maoistisch-geprägten offiziösen Darstellung, liegt vor 1949 und somit vor Gründung der VR China. Bereits in diesem Zeitraum gab es, und hierbei verweist Wang Yizhou auch auf andere chinesische Aufarbeitungen der prämaoistischen IB-Forschung, eine ganze Reihe chinesischer Fachzeitschriften, welche Aspekte der Außenpolitik und der Internationalen Beziehungen wissenschaftlich beleuchteten. Allerdings erfolgte, auch nach Wang Yizhous Interpretation, erst in der zweiten Phase (1949-1963) der allmähliche Aufbau einer systematisch strukturierten IB-Disziplin. In diesem Zusammenhang kam es 1955 zur Einrichtung einer ersten Forschungsabteilung zur Außendiplomatie an der Renmin Universität. Wang Yizhou kritisiert an dieser zweiten Phase nicht nur die einseitige Ausrichtung an sowjetischen Modellen und Themen (Kapitalismuskritik; Imperialismuskritik; Analysen von proletarischen Bewegungen und Arbeiteraufständen; Aufarbeitung der Beziehungen der kommunistischen Parteien untereinander etc.), sondern auch die Fokussierung der politikwissenschaftlichen Forschung auf außenpolitische Strategien. Eine allgemein zugängliche Veröffentlichung der Ergebnisse war nicht erlaubt; die Forschung hatte ausschließlich im Dienste der Politik der KPCh zu stehen (Wang, Yizhou 2006a:8).

Die dritte Phase (1963/4-1978) schließlich stellt nach Wang Yizhou inhaltlich weitgehend eine Fortsetzung der zweiten Phase dar. Allerdings überschneidet sich diese dritte Entwicklungsphase mit der Kulturrevolution (1966-1976), die bei Wang Yizhou mehrfach referiert wird. Geprägt ist die IB-Forschung somit vom Linksextremismus dieser Phase und dem sino-sowjetischen Disput. Zwar verweist auch Wang Yizhou auf die Institutionalisierung der Forschung durch die Einrichtung entsprechender universitärer Zentren und Institute, doch sieht er hierin noch keine wesentliche Fortentwicklung der chinesischen IB-Disziplin, die sich weiterhin auf die sozialistische Staatenwelt und Lateinamerika ausrichtete (vergl. Wang, Yizhou 2006a:8-9). Erst in der vierten Entwicklungsphase (1978 - 90er Jahre) erfolgte, so Wang Yizhou, mit dem Übergang zu einer pragmatischeren Außenpolitik unter Deng Xiaoping eine komplette Neuausrichtung der chinesischen Forschung durch die Orientierung an Europa und den USA. Die maoistischen Ideen von „Revolution, Widerstand, Umsturz der alten Ordnung" wurden durch „innenpolitische Reform, Öffnung gegenüber dem Ausland, Eintritt Chinas in die Welt" abgelöst (vergl. Wang, Yizhou 2006a:9). Die fünfte Phase (Ende des Kalten Krieges – Gegenwart (Stand 2006)) steht bei Wang für den aktiven Aufbau einer modernen chinesischen IB-Forschung, die sich einerseits mit den aktuellen westlichen Forschungsansätzen auseinandersetzt, andererseits aber auch Schritte in Richtung einer partikular chinesischen Modellbildung unternimmt.

Die hier von Wang Yizhou skizzierte Entwicklung spiegelt sich auch in der Wahl der Themenschwerpunkte der IB-Zeitschrift „Shijie Jingji yu Zhengzhi" (*World Economics and Politics*) wider (vergl. He, Zhongyi 2004). Gewissermaßen als Lesehilfe seiner quantitativen Aufstellung betont He Zhongyi zwar, dass es noch nicht angebracht sei, von einer „chinesischen IB Forschung" zu sprechen. Vielmehr könne man nur den Stand der „IB-Forschung *in* China" analysieren, wobei dieser natürlich auch „chinesische" Modellbildungen umfasst. Grundsätzlich aber belegt auch He Zhongyis Untersuchung, dass der Theorie-Forschung eine zentrale Funktion für den weiteren Aufbau der chinesischen IB-Forschung zugeschrieben wird (He, Zhongyi 2004; Tabelle 3).

Tabelle 3

"Shijie Jingji yu Zhengzhi"(1998-2004)

Jahr	Kolumnen	Gesamtzahl der veröffentlichten Artikel	Anteil Artikel zu den IB (Anzahl Artikel/ in %)	Anteil Artikel zur IB-Theorie (Anzahl Artikel/ in %)	Artikel zur Weltwirtschaft / Artikel zur Verbindung Weltwirtschaft und IB (Anzahl Artikel/ in %)
1998	23	197	48 / 24.4	8 / 4.6	60 / 30.4
1999	27	206	124 / 60.2	38 / 18.4	44 / 21.4
2000	21	174	110 / 63.2	50 / 28.8	47 / 27.0
2001	22	180	104 / 58.9	40 / 22.2	56 / 31.1
2002	25	152	108 / 71.0	55 / 36.2	36 / 23.7
2003	20	178	139 / 78.1	83 / 46.6	28 / 15.7
2004	12	91	67 / 73.6	53 / 58.2	17 / 18.7

(nach He, Zhongyi 2004)

2.1.4. Institutionalisierung

Die oben umrissenen Periodisierungsmodelle lösen allesamt die Entwicklung der IB-Forschung aus dem Wissenschaftskontext der maoistischen Phase heraus. Selbst Wang Yizhou (2006a), der frühere Entwicklungsphasen in sein Periodisierungsmodell einbindet, blendet die Ebenen der formellen und informellen Institutionalisierung der chinesischen Forschung zur internationalen Politik und den Außenbeziehungen der VR China während der 60er und 70er Jahre aus. Doch gerade der Aspekt der Institutionalisierung verdeutlicht, dass die Verortung der „modernen" chinesischen IB-Forschung in der Phase nach 1978 mit Blick auf die historischen und institutionellen Hintergründe der IB-Forschung in der VR China nicht haltbar ist. Zwar wird erst für die Phase der Reform und Öffnung eine Professionalisierung der chinesischen IB-Forschung angenommen; die Internationalen Beziehungen als eigenständige Disziplin wurden jedoch bereits 1964 bzw. 1955 – und somit früher als viele andere Sozialwissenschaften – im akademischen Kontext der VR China (re)etabliert.

Dieser Wiederbegründung vorangegangen war das Dokument des ZK zur „Stärkung der Forschung zu auswärtigen Angelegenheiten" (*Jiaqiang waiguo wenti yanjiu wenjian*) aus dem Dezember 1963, dem schließlich, auch auf Betreiben des damaligen chinesischen Außenministers Zhou Enlai, im Mai 1964 der „Beschluss des ZK zur Stärkung der Forschung zu den internationalen Angelegenheiten" (*Guanyu jiaqiang guoji wenti yanjiu de jueding*) folgte (vergl. Zhao, Kejin / Ni, Shixiong 2007: 54; Li, Jingzhi 2004:1).

An der Peking Universität, der Renmin Universität in Peking und der Fudan Universität in Shanghai wurden daraufhin Institute für Internationale Beziehungen gegründet, denen jeweils ganz bestimmte Forschungsbereiche zugeteilt wurden. Die Renmin Universität in Peking untersuchte internationale kommunistische Bewegungen, die Sowjetunion und die sozialistischen osteuropäischen Staaten(systeme) (vergl. Li, Jingzhi 2004:1). Die Peking Universität wiederum widmete sich den nationalen Befreiungsbewegungen in Asien, Afrika und Lateinamerika. Die Fudan Universität schließlich beschäftigte sich mit den USA, Europa, Japan und anderen kapitalistischen Staaten der westlichen Welt (Zhao, Kejin / Ni, Shixiong 2007: 54-55). In dieser frühen Phase umfasste die Theoriediskussion allein marxistisch-leninistische Modelle zum internationalen Kommunismus, zur nationalen Befreiungsbewegung und nicht zuletzt auch zum Imperialismus – so kommt es, dass Yu Zhengliang und Chen Yugang (1999) die Theorieansätze der maoistischen Ära als nicht-wissenschaftliche Konstrukte einordnen, da diese sowjetisch inspirierten Ansätze als hochgradig ideologisch eingestuft werden.

Wenngleich es also durchaus auch in der Frühphase der chinesischen IB-Forschung Modellbildungen gab, verlief die eigentliche Forschung doch weitgehend losgelöst von Theorie und Weltbildern. Die chinesischen Politikwissenschaftler setzten sich zumeist mit konkreten politischen Themen auseinander, die sie nach dem Muster „Hintergrund, Entwicklung, Aussicht" untersuchten. Im Dienste der chinesischen Politik orientierten sie sich an den Überlegungen der politischen Führung und definierten politisch korrekte Definitionen für Imperialismus, Kolonialismus, Krieg und Frieden – jedoch ohne hierbei eine philosophische, metatheoretische Betrachtung vorzunehmen. Wenngleich die Definition dieser Begriffskonzepte nicht das Ergebnis einer selbstbestimmten wissenschaftlichen Modellbildung war, wurden diese „Modelle" doch als „politikwissenschaftlich" eingestuft. In den 70er Jahren wurden diese „politikwissenschaftlichen" Ausführungen dann jedoch – so die gegenwärtige innerchinesische Darstellung – durch das „politische" „Drei-Welten-Modell" und das „Strategische Dreieck" abgelöst (vergl. Zhao, Kejin / Ni, Shixiong 2007:55). Diese Darstellung ist insofern erstaunlich, als doch eigentlich anzunehmen ist, dass auch die beiden letzteren Modelle nicht ohne Einbindung von beziehungsweise in Rücksprache mit chinesischen Fachexperten entwickelt worden sein können. Spätestens an dieser Stelle wird deutlich, dass die kargen und spärlichen Informationen zur informellen und formellen Institutionalisierung der chinesischen IB ebenso wie die Periodisierungsmodelle auf die Konstruktion und Definition einer „modernen" chinesischen IB-Disziplin abzielen. Diese kann ohne ihre historischen Wurzeln und Vorläufermodelle nicht existieren. Allerdings werden problematischere Entwicklungen der IB-Disziplin ausgeblendet. Immer dann, wenn es sich um Themen und Begriffskonzepte handelt, die ideologisch gefärbt erscheinen, werden diese aus dem wissenschaftlichen Bereich ausgelagert und der Ebene der Politik allein zugeschrieben.

So fassen Zhao Kejin und Ni Shixiong schließlich zusammen, dass in dieser frühe Phase der chinesischen Forschung zu den Internationalen Beziehungen die IB-Diskussion rein auf die innerchinesischen Expertenkreise begrenzt war. Dass dies damals nicht zur Konzeption „chinesischer" Analysemodelle und Theorien führte, wird mit dem Verweis darauf begründet, dass es das alleinige und offiziell vorgegebene Ziel der Forschung war, die politischen Beschlüsse der chinesischen Führung wissenschaftlich zu untermauern und zu legitimieren und so zum Aufbau des chinesischen Sozialismus beizutragen (Zhao, Kejin / Ni, Shixiong 2007:55). Einmal klassifiziert als konstituierendes Element der nationalen Entwicklungs- und Modernisierungspläne der VR China profitierte die chinesische IB-Disziplin jedoch auch von ihrer Einbettung in die konkrete politische Strategieplanung. Immer wieder ging die Initiative zur Weiterentwicklung der Disziplin direkt von der politischen Führungselite aus. Wird dies für die maoistische Phase als negativer Aspekt vermerkt, ist es nun doch eben diese politische Förderung und Unterstützung, welche paradoxerweise die Freiräume der „modernen" chinesischen IB-Forschung konstruierte.

Eine informelle Institutionalisierung der chinesischen IB-Forschung lässt sich für die Jahre 1983-85 festhalten. Denn im Oktober 1983 formulierte Deng Xiaoping, dass sich die chinesische (Aus-)Bildung an den Erfordernissen der Modernisierungspläne zu orientieren und an der „Welt" und der „Zukunft" auszurichten habe. Isolationistische und revisionistische Tendenzen der IB-Forschung waren damit ausgeschlossen. Die ZK-Mitteilung des Jahres 1985 zur Reform des Bildungswesens und Stärkung der politischen Theorielehre (ZK 1985) beförderte diese Neuausrichtung der IB-Forschung zusätzlich. Eine Folge des ZK-Dokuments war die Einrichtung des zuvor bereits erwähnten universitären Pflichtkurses zu „Weltpolitik, Weltwirtschaft und den Internationalen Beziehungen" (Feng, Tejun 2005:3) [49].

Die Relevanz, welche der Forschung im Bereich der Internationalen Beziehungen nach 1978 aus Sicht der politischen Führung zugeschrieben wird, offenbarte sich nicht zuletzt infolge der Ereignisse von 1989. Im Unterschied zu den meisten anderen Bereichen der chinesischen Sozialwissenschaften konnte sich die chinesische IB-Forschung ungeachtet dieser Geschehnisse weitgehend ungehindert weiterentwickeln. Auch zuvor während der 80er Jahre war der IB-Bereich nach Aussagen der chinesischen Forscher im Gegensatz zu anderen Teildisziplinen der chinesischen Sozialwissenschaften von politischen Kam-

---

[49] Feng Tejuns Darstellung beruht fast ausschließlich auf chinesischen Quellen – die meisten Daten und Fakten entstammen den *Cankao Xiaoxi*. Bei diesen handelt es sich um chinesische Übersetzungen der westlichsprachigen Presse, welche höheren Kadern und ausgewählten Insider-Kreisen vorbehalten waren. Die Interpretationen werden auf die Schriften chinesischer Politiker gestützt. Mit gewissen Einschränkungen ist Fengs Lehrwerk somit als Teil der frühen post-maoistischen IB-Forschung einzuordnen.
Neben diesem finden sich mittlerweile auch erste chinesische Monographien, die sich von Modellen der maoistischen Phase weitgehend gelöst haben und zugleich Abstand von einer reinen Kopie der „westlichen" Modellbildung nehmen. So stellen Zhao Kejin und Ni Shixiong, beide Politikwissenschaftler an der Fudan-Universität in Shanghai, in ihrem 2007 erschienenen Lehrbuch eine Synthese der westlichen und chinesischen IB-Forschung und Theoriebildung vor. Die Kapitel beginnen jeweils mit einem allgemeinen einführenden Teil, bei dem nicht zwischen „chinesischen" und „westlichen" Modellen differenziert wird. Doch umfassen alle Kapitel auch Ausführungen zur Diskussion und Erscheinungsform dieser Modelle im *chinesischen* Kontext (Neue Weltordnung, Multipolarität etc.). Die Genese und die Entwicklung der chinesischen Theoriesuche werden allerdings nicht aufgegriffen. Doch werden mit dem Lehrbuch von Zhao Kejin und Ni Shixiong bereits die ersten Ergebnisse dieser chinesischen Theoriedebatte aufgenommen und mit dem Kanon der „westlichen" und der „chinesischen" Theoriebildung zusammengeführt (Zhao, Kejin / Ni, Shixiong 2007).

pagnen, u.a. gegen „geistige Verschmutzung" und „bourgeoisen Liberalismus", verschont geblieben (Song, Xinning / Chan, Gerald 2000:15-16).

2.2. Strömungen der chinesischen IB-Forschung

Eine weitere Annäherung an eine Systematisierung und Kanonisierung der chinesischen IB-Forschung erfolgt mittels der Identifizierung von thematischen Schwerpunkten und den um diese gruppierten Forschergruppen. Fang Changping geht von der Existenz dreier chinesischer IB-Forschergruppen aus (Fang, Changping 2005). Als konstituierende Kriterien seiner kategorisierenden Einteilung dienen die beiden Aspekte Generationszugehörigkeit und die inhaltliche, methodologische Orientierung der IB-Wissenschaftler.[50]

Die erste IB-Forschergruppe setzt sich aus Vertretern der älteren Generation zusammen, deren Qualifizierung in erster Linie auf politisch-ideologischen Aspekten beruht. Diese IB-Forscher haben während ihrer Ausbildung in der maoistischen Phase nicht Englisch, sondern Russisch gelernt. Zugleich haben viele Vertreter dieser IB-Generation den Bruch mit den sowjetischen Paradigmata und den Übergang zu einer sinisierten Form des Marxismus-Leninismus als anleitende Idee der politischen und politikwissenschaftlichen Theorie und Praxis selbst miterlebt. Thematisch und auch methodologisch hält diese Gruppe weiterhin an marxistischen Modellbildungen fest (Fang, Changping 2005:47; Li, Bin 2006:75). Zumeist stehen Vertreter dieser ersten Generation der chinesischen IB-Forscher in engem Kontakt mit der Parteielite, wodurch sie unmittelbar in die politischen Strukturen eingebunden sind. Die Studien dieser maoistisch geprägten IB-Forscher werden daher als Teil der offiziösen Interpretation eingeordnet, die im Wesentlichen nicht über die Interpretationsvorgaben der Partei hinausgeht. Aufgrund der politischen Einflussmöglichkeiten dieser Gruppe ist eine wissenschaftliche Widerlegung oder eine kritische Auseinandersetzung mit diesen Studien von Seiten der nachfolgenden Generationen chinesischer IB-Experten kaum möglich. Genau dies aber wird als ein Haupthindernis für den Aufbau einer „modernen" chinesischen IB-Disziplin gesehen (vergl. Fang, Changping 2005:47).

---

[50] Im Prinzip wird mit dieser Klassifizierung eine Verortung der Forschergruppen im Spannungsfeld von *telos* und *techne*, also von Ideologie und fachlicher Expertise, vorgenommen. Für den Bereich der Parteihistoriographie vergl. hierzu die Ausführungen zur Hierarchisierung der Forschergruppen in Weigelin-Schwiedrzik (1984:108-110). Auch in diesem benachbarten Feld bestimmen Generationszugehörigkeit, Ausbildungshintergrund und Erfahrungshorizont über den Umgang der Forschergruppen mit methodologischen und metatheoretischen Aspekten (vergl. Weigelin-Schwiedrzik 1984:94-99).

Zu den wichtigsten Vertretern dieser marxistischen Strömung zählen chinesischen Darstellungen zufolge u.a. Liang Shoude (Beida), Fan Lianqing (Beida), Feng Tejun (Renda) und Li Jingzhi (Renda). Auch der Mitte der 80er Jahre eingerichtete universitäre Pflichtkurs wird von seinen Inhalten und Methoden her dieser marxistischen Ausrichtung zugeordnet (Li, Bin 2006:75).

Die zweite Gruppe, chinesische Politikwissenschaftler „mittleren" Alters, richtet sich bedingt durch ihren Ausbildungshintergrund an der westlichen IB-Forschung aus und verfügt bereits über hinreichende Kenntnisse westlicher Fremdsprachen. Geprägt sind viele Mitglieder dieser zweiten Gruppe durch die gemeinsame Erfahrung der als Umerziehungsmaßnahme konzipierten Landverschickung. Dies erklärt, so zumindest der Ansatz Fang Changpings, die Fokussierung dieser zweiten Gruppe auf „reale" Probleme. Grundlagenforschung und Theorieentwicklung finden sich allenfalls als wenig beachtete Randthemen. Mitunter sind die Mitglieder dieser Gruppe, bei denen es sich um die Schüler der ersten Gruppe handelt, direkt in die außenpolitischen Entscheidungsprozesse eingebunden (Fang, Changping 2005:47).

Die chinesischen Verfechter der Übernahme „westlicher" Theorien dieser zweiten Forschergeneration haben jedoch – ihrer eigenen Darstellung zufolge – mittlerweile immer seltener die Gelegenheit, sich mit ihrer Kritik an der innerchinesischen Expertendebatte zu beteiligen (vergl. Song, Xinning 2001). Denn dadurch, dass sich die Befürworter einer „Theorie mit chinesischen Charakteristika" auf Deng Xiaoping berufen, gilt die innerchinesische Theoriedebatte weiterhin als hochgradig politisch. So sieht sich diese zweite Generation gefangen zwischen marxistischen und maoistischen Dogmen der älteren Generation und zugleich herausgefordert durch die sich mehr und mehr formierende Gruppe der dritten Forschergeneration, die sich als Befürworter einer Sinisierung der Theoriemodelle positioniert.

Diese dritte Gruppe wird allgemein der post-maoistischen IB-Forschung zugeordnet. Die Gruppenmitglieder haben sich endgültig von verabsolutierenden marxistischen Grundannahmen sowjetischer Prägung, aber auch von als dogmatisch eingestuften Konzepten der maoistischen Ära gelöst. Fang Changping führt dies auf den generationsabhängigen Erfahrungs- und Ausbildungshintergrund der chinesischen IB-Experten zurück. Die jüngere Generation stützt sich aufgrund ihrer Fremdsprachenkenntnisse (und Auslandserfahrung) zunächst ausschließlich auf Modelle der westlichen IB-Forschung. Für die Analyse der chinesischen Außenpolitik und der Internationalen Beziehungen dienen Makrotheorien wie Neorealismus, Neoliberalismus und mittlerweile auch der Konstruktivismus. Diese Gruppe hat oftmals einen rein akademischen Werdegang durchlaufen und verfügt nur bedingt über Kontakte zur Ebene der politischen Entscheidungsfindung. Durch die Distanz zur „realen" Politik aber fehlt dieser Gruppe, so die Kritik Fang Changpings, ein entsprechendes Bewusstsein für die aktuellen (außen-) politischen Probleme und Herausforderungen (vergl. Fang, Changping 2005:46-47). Vertreter dieser jüngeren Forschergeneration arbeiten weitgehend an der Übertragung der „westlichen" Makrotheorien auf den chinesischen Kontext und oft auch an einer Sinisierung der Theoriebildung. Die Suche nach den entsprechenden Pendants zur westlichen Theoriebildung in der chinesischen Geschichte manifestiert sich beispielsweise in der Parallelkonzeption von Westfälischem Staatensystem und den Interaktionsstrukturen der Streitenden Reiche. Darüber hinaus werden „westliche" Theorien wie der Liberalismus oder der Institutionalismus bemüht, um Chinas Rolle und Position in Internationalen Organisationen zu beschreiben. Selbst der Aspekt der chinesischen Identität und der Partikularismus-Anspruch der VR China werden mittels „westlicher" Theorien, hier bietet sich der Sozialkonstruktivismus an, erörtert (vergl. Qin, Yaqing 2008a:80).

Mit Blick auf die Theorieorientierung wird diese jüngere Generation der chinesischen IB-Forscher nach Li Bin zusammenfassend untergliedert in Vertreter ...

- eines modernen, westlichen Marxismus: Wang Zhengyi (Beida), Li Bin (Nanjing Universität), Guo Shuyong (Shanghai Jiaotong Universität)
- des Liberalismus: Wang Yizhou (CASS), Pang, Zhongying (Nankai Universität), Su Changhe (Fudan Universität);
- des Realismus: Shi Yinhong (Renda), Yan Xuetong (Qinghua), Zhang Ruizhuang (Nankai Universität);
- des Konstruktivismus: Qin Yaqing (Diplomatische Akademie Peking), Yuan Zhengqing (CASS)
- einer selektiven, eklektischen Mischform verschiedener westlicher IB-Theorien und IB-Methoden: Li Shaojun (CASS), Guo Shuyong[51] (Shanghai Jiaotong Universität)

---

[51] Dass Guo Shuyong in der Einstufung Li Bins zwei Strömungen zugerechnet wird, zeigt bereits die Probleme einer derartigen Kategorisierung von Forschung und Forschern der chinesischen Gegenwart. Es ist zu erwarten, dass sich Ausrichtungen und Schwerpunktsetzungen der einzelnen Forscher in laufenden und zukünftigen Forschungsprojekten auch verschieben können, so dass eigentlich ein solcher Überblick erst rückblickend vorgenommen werden kann. Etwas problematisch ist auch die Tatsache, dass IB-Forscher, deren Einfluss als eher gering einzustufen ist oder deren Ideen nicht dem Kanon entsprechen, ausgeblendet werden. Eine derartige Einordnung und Auflistung führender IB-Forscher spiegelt somit nicht notwendigerweise auch das wirklich vorhandene Forschungsfeld wider, das weitaus komplexer und vielgestaltiger erscheint. Ein weiteres Problem besteht darin, dass, wie Gespräche mit Vertretern der chinesischen IB-Forschung ergeben haben, nicht alle IB-Forscher Li Bins Einstufung mit Blick auf sich oder auf andere IB-Kollegen zustimmen würden.

Neben Vertretern der politischen Führungselite der VR China, chinesischen Think Tanks und IB-Forschern könnten möglicherweise auch chinesische IB-Forscher der Diaspora in die chinesische Theoriesuche eingebunden werden (vergl. Pang, Zhongying 2005:20).

2.2.1. Marxistische Strömungen

Mit Blick auf den Forschungsstand der marxistischen IB-Forschung in China werden weniger besondere Leistungen in der Theorieentwicklung als vielmehr Mängel und Rückstände diskutiert. Dabei wird pauschal bemängelt, dass keine systematische und strukturierte Theoriekonzeption der marxistischen Forschung in China vorliege (Li, Bin 2006:77). Auch griffen die Vertreter marxistischer Ansätze die Ansichten der politischen Führung beziehungsweise der KPCh-Regierung auf, um diese unhinterfragt in ihren Studien wiederzugeben (Li, Bin 2006:77; 78). Mit Blick auf den akademischen Kontext wiederum wird angemerkt, dass Grundannahmen konkurrierender IB-Theorien fälschlicherweise gleichgesetzt würden. Denn auch wenn beispielsweise realistische wie auch marxistische Modelle beide die Kategorie „Konflikt" umfassten, unterlägen dieser Kategorie doch voneinander abweichende Grundannahmen und Bewertungen. Für den Realismus resultierten Konflikte aus der anarchischen Beschaffenheit des internationalen Systems, für die marxistische Modellbildung hingegen aus den Produktionsverhältnissen (Li, Bin 2006:77; 78).

Andere Studien wiederum konstatieren, dass die „marxistische" Strömung der chinesischen IB-Forschung nicht aus einer Weiterschreibung des sinisierten Marxismus-Leninismus resultiere, sondern sich auf die moderne „marxistische" Theoriebildung der „westlichen" Welt berufe. Unbemerkt sind damit auch Elemente des Post-Marxismus in die chinesische Debatte integriert worden. Auf terminologischer Ebene lässt sich dieser Schritt unter anderem daran ablesen, dass nunmehr anstelle des Marxismus-Leninismus mit Blick auf die chinesische IB-Forschung der Begriff Marxismus isoliert verwendet wird (u.a. Guo, Shuyong 2006).

Der „westliche" Post-Marxismus umfasst eine Vielzahl divergierender Modellkonzeptionen, denen jedoch allesamt die kritische Distanzierung vom Dogmatismus des Marxismus-Leninismus gemein ist. Zusätzlich werden der Reduktionismus und der ökonomische Determinismus des althergebrachten Marxismus angeprangert und die Ideen von Revolution und Klassenkampf als anachronistisch zurückgewiesen. Diese „marxistischen" Grundmuster – Basis-Überbau; Antagonismus sozialistische vs. kapitalistische Staatensysteme; Politikökonomie – sind nun auch aus den innerchinesischen Debatten weitgehend verschwunden. Die Schriften post-marxistischer Denker der westlichen Welt, zu denen u.a. Adorno, Arendt, Habermas und Laclau gezählt werden, liegen weitgehend auch in chinesischer Übersetzung vor. Doch werden diese Theorieansätze unabhängig von der innerchinesischen Theoriesuche analysiert.

Doch ungeachtet aller Vorwürfe und Kritik gewähren die in der marxistischen Tradition stehenden Studien chinesischer IB-Forscher doch durchaus unerwartete Einblicke in die chinesische Theorie- und Strategiebildung zur Außenpolitik der VR China. Denn scheinbar in Fortsetzung der in Lenins Imperialismustheorie[52] dargelegten Grundannahmen gehen marxistische chinesische Politikwissenschaftler davon aus, dass das Hegemoniestreben westlichkapitalistischer Staaten letztendlich einen Weltkrieg bedingen werde. Die Überwindung kapitalistischer und imperialistischer Strukturen und der weltweite Aufbau sozialistischer Systemstrukturen gelten als einziger Weg, den Klassenantagonismus zu überwinden und einen langfristigen Frieden zu erzielen (Hu, Zongshan 2005a; Li, Bin 2005). Auf dem Weg dahin sind militärische Mittel und gewaltsame Revolutionen nicht ausgeschlossen (Hu, Zongshan 2005a:70), doch halten es chinesische Politikwissenschaftler nicht für ausgeschlossen, dass nicht auch die Option der Kooperation und Verhandlung zur Konfliktbeilegung führen kann (Li, Bin 2005).

Als Triebkräfte der Weltpolitik werden nicht nationale Interessen und das Profitstreben der Staaten-Akteure, sondern Produktionsverhältnisse und Klassenkampf identifiziert (Hu, Zongshan 2005a; Li, Bin 2005). Hieraus folgt, dass als Hauptakteure der Weltpolitik nicht Staaten, sondern vielmehr Klassen in Erscheinung treten. Auch gehen (neo-) marxistische Analysen der internationalen Politik nicht von einem vereinheitlichten Staatskonzept aus. Es findet sich vielmehr die Klassifizierung in sozialistische, kapitalistische oder kolonialisierte Staaten (Hu, Zongshan 2005a:71-72).

Übertragen auf die gegenwärtige chinesische IB-Theoriesuche ergeben sich die folgenden Anknüpfungspunkte: Im Mittelpunkt der Analyse sollten, so Hu Zongshan, die internationalen Produktionsbeziehungen und die politische Ökonomie stehen. Auch könnte eine Integration marxistischer Grundannahmen zu einer verstärkten Einbindung innerstaatlicher Faktoren in die Analyse außenpolitischer und internationaler Handlungsmuster beitragen (Hu, Zongshan 2005a:73-74).

Zudem erfolgt eine rückblickende Einbettung der außenpolitischen Ideen Mao Zedongs und Deng Xiaopings in den allgemeinen Kanon marxistischer

---

[52] Die Theorien der Sowjetunion werden oftmals isoliert von ihrer Weiterentwicklung und Modifikation in der VR China beschrieben. Auch gegenwärtig liegt der Schwerpunkt dieser Darstellungen auf den theoretischen Schriften von Marx, Lenin und Stalin, vergl. hierzu die Studie von Li Aihua et al. (2006).

Theoriebildung (Guo, Shuyong 2006:158-193; 196-228; 229-243; 244-264). Mit Blick auf die gegenwärtige Diskussion „politischer" IB-Modelle kommt Yu Li sogar zu dem Schluss, dass das Konzept des „Friedlichen Aufstiegs" als Resultat der Weiterentwicklung und Aktualisierung marxistischer IB-Annahmen zu sehen sei (Yu, Li 2004).

Das offizielle Festhalten an der „marxistischen" Leitidee ist weniger als Rückgriff auf die Modellbildung der maoistischen Ära, sondern vielmehr als Betonung eines vom „westlichen" Mainstream abgegrenzten Entwicklungsweges zu lesen. Chinesische Studien betonen in diesem Zusammenhang, dass der Marxismus als solcher keine IB-Theoriebildung umfasst. Es liegt also in den Händen der IB-Theoretiker, gestützt auf die marxistische Philosophie ein entsprechendes Theoriemodell abzuleiten. Die Fehler der maoistischen Phase, die darin gesehen werden, dass die damalige Theoriebildung den realen Gegebenheiten und Erfordernissen diametral entgegenstand, sollen in Zukunft vermieden werden. Hierzu ist – wie der Slogan „Praxis ist das einzige Kriterium der Wahrheit" zum Ausdruck bringt – ein Abgleich zwischen Modellbildung und politischer Realität zwingend erforderlich (vergl. auch Weigelin-Schwiedrzik 1988:93, Fn 63). Unter „Marxismus" wird folglich kein statisches, stur auf die Schriften von Marx und Engels gestütztes Modell angenommen. Die chinesischen Überlegungen gehen vielmehr davon aus, dass dieses Modell in Abhängigkeit von den Veränderungen der realen Welt einem ständigen Wandel unterworfen ist.

2.2.2. Realistische Strömungen[53]

Der Bestandsaufnahme Pan Zhongqis nach weist die chinesische Forschung zu IB-Modellen des Realismus einige partikulare Züge auf. Einerseits sei die anfängliche Rezeption und unmodifizierte Übernahme des (Neo-) Realismus bereits in den 90er Jahren durch eine Rekonfiguration und Variation der theoretischen Grundprämissen durch chinesische IB-Forscher abgelöst worden (vergl. Pan, Zhongqi 2006:89). Andererseits aber wirkten Grundstrukturen der IB-Forschung der maoistischen Zeit auf die Rezeption und Diskussion „westlicher",

---

[53] Zu den wichtigsten chinesischen Einführungen in die „westliche" Theorie des Realismus werden gerechnet:
Ni, Shixiong / Feng, Shaolei / Jin, Yingzhong (1989); Jin, Yingzhong / Ni, Shixiong (1992); Wang, Yizhou (2007 [1998]); Ni, Shixiong et al. (2001). Zudem liegen die Klassiker des Realismus und Neorealismus (Morgenthau; Waltz; Mearsheimer; Gilpin etc.) in chinesischer Übersetzung vor. Daneben finden sich chinesische Studien zu einzelnen Bausteinen und Kategorien der realistischen Theorie, beispielsweise zu den Themen Souveränität oder nationale Interessen (vergl. Pan, Zhongqi 2006:87-88).

in diesem Fall realistischer Modelle ein. Die Vorgabe, dass weiterhin der Marxismus als Leitidee der chinesischen IB-Forschung und Theoriebildung zu dienen habe, führe dazu, dass die chinesische Perspektive auf den Realismus durch marxistische Grundannahmen und Kritik geprägt sei und somit keine wertungsfreie Rezeption der Theorie erfolgen könne. Auch sei die Auseinandersetzung mit Theorien durch ideologische Vorgaben und Steuerung durch die politische Ebene der VR China belastet.[54] Aus diesen beiden Prägungen wiederum leite sich ein instinktiver Vorbehalt chinesischer IB-Forscher gegenüber realistischen Theoriemodellen ab. Pan Zhongqi behauptet sogar, dass sich kein chinesischer IB-Forscher freiwillig der realistischen Schule zuordnen würde (Pan, Zhongqi 2006:104-105). Sun Xuefeng hingegen stuft den Realismus als Hauptströmung der chinesischen IB-Theorie ein (Sun, Xuefeng 2003:28). Pan Zhongqi widerspricht dieser Darstellung, indem er zwischen chinesischen Studien über realistische Theorien und der Neuschöpfung von Theorien in der Tradition realistischer Annahmen durch chinesische Forscher unterscheidet und festhält, dass die Mehrzahl der vorliegenden chinesischen Studien der ersten Form, also der Diskussion und Kritik der realistischen Theorie, zuzurechnen sei (Pan, Zhongqi 2006:105).

Zusammenfassend wird mit Blick auf die chinesische Forschung zur Theorie des Realismus festgehalten, dass weitgehend die Ausrichtung an US-amerikanischen Modellen erfolge, es zwar zum Aufbau akademischer Austauschbeziehungen zwischen der VR China und der westlichen Welt gekommen sei, die Vermittlung von IB-Konzepten aber weiterhin nur in einer Richtung stattfinde. Theorieexport, ein systematischer Umgang mit realistischen Modellen und deren Weiterentwicklung werden hierbei als noch zu erfüllende Zielsetzungen der zukünftigen chinesischen Forschung benannt. Ähnlich wie bereits die Kritik an der Aufnahme marxistischer Ideen wird auch mit Blick auf den Realismus bemängelt, dass chinesische Forscher diesen zumeist mit Elementen anderer Theorien vermischten (Pan, Zhongqi 2006:105-106).

---

[54] Es ist auf den ersten Blick erstaunlich, dass in dem 2006 erschienenen Sammelband zum Stand der IB-Forschung in China so direkt Kritik an der Einflussnahme der politischen Führung auf die sozialwissenschaftliche Forschung geübt wird. Andererseits zeugt dies davon, dass sich im Zuge des Aufbaus einer professionellen IB-Forschung durchaus neue Freiräume eröffnet haben, deren Tolerierung durch die Erklärungen des ZK zur Weiterentwicklung der sozialwissenschaftlichen Forschung (ZK 05-01-2004) derzeit auch garantiert wird.

2.2.3. Konstruktivismus

Die Einführung des Sozialkonstruktivismus (Wendt 1987; Onuf 1989) in die chinesische IB-Forschung wird mit dem Jahr 1998 datiert, in welchem Liu Yongtao in der chinesischen Fachzeitschrift „World Economics and Politics" (*Shijie Jingji yu Zhengzhi*) einen Artikel zu Neorealismus und Sozialkonstruktivismus veröffentlichte (Liu, Yongtao 1998 (11), vergl. Yuan, Zhengqing 2006:143). Es folgten weitere Diskussionen des Theoriekonzepts in führenden chinesischen IB-Journals. Nach der Darstellung Yuan Zhengqings lagen bis zum Jahr 2005 insgesamt vier Schlüsselwerke der westlichen Theoriebildung des Sozialkonstruktivismus in chinesischer Übersetzung vor, darunter Wendts „Social Theory of International Politics" (Wendt 1999) und der von Katzenstein herausgegebene Sammelband „The Culture of National Security" (Katzenstein 1996) (Yuan, Zhengqing 2006:143-144).

Die Integration sozialkonstruktivistischer Ansätze gilt chinesischen IB-Forschern als Beleg dafür, dass China seit der Reform- und Öffnungspolitik aufmerksam die globalen Theoriediskurse mitverfolge und sich an diesen auch aktiv beteilige. Während in der Frühphase der modernen chinesischen IB-Forschung, also in den 80er Jahren, zunächst noch die „westliche" IB-Forschung der Jahre bis 1970 aufgearbeitet werden musste, erfolgte die Aufnahme des Sozialkonstruktivismus verhältnismäßig rasch bereits in der zweiten Hälfte der 90er Jahre, also zu einem Zeitpunkt da die Theoriediskussion auch in der „westlichen" Welt noch nicht zu einem Abschluss oder einer standardisierten Kanonisierung gekommen war (vergl. Yuan, Zhengqing 2006:159).

Die Attraktivität der sozialkonstruktivistischen Theoriebildung für die chinesische Forschung besteht unter anderem darin, dass es sich hierbei im ein „neues" Theoriemodell handelt, das sich erst in der Zeit nach Ende des Kalten Krieges formierte und folglich keine direkte Verknüpfung zu ideologischen Ausrichtungen der Theoriebildung während der Zwei-Lager-Konfrontation (USA / SU) aufweist. Wendts zentrale Annahme der Ko-Determination von Akteuren und Struktur erlaubt eine stärkere Verankerung von Ideen und politischer Kultur in der Konzeption und Analyse der internationalen Politik. Dies impliziert, dass die Diversität der Akteure und die damit korrelierende Komplexität des internationalen Systems, das die Summe dieser partikularen Akteure darstellt, stärker berücksichtigt werden. Und genau hier wiederum bietet sich ein Anknüpfungspunkt für die Suche nach einer „chinesischen" Theorie der Internationalen Beziehungen, da die Interaktionsstrukturen nicht länger als unveränderbar gelten, sondern vielmehr das Ergebnis sozialer beziehungsweise übertragen gesehen staatlicher Interaktionen darstellen.

Auch Qin Yaqings Modellkonzepte zu Chinas Aufstieg, dessen Implikationen und Optionen (Qin, Yaqing 2005b) werden auf die innerchinesischen Überlegungen zur Theorie des Sozialkonstruktivismus zurückgeführt (vergl. Yuan, Zhengqing 2006:146-147). Eine Neugestaltung der sozialkonstruktivistischen Prämissen ist hierfür nicht erforderlich, so dass diese Studien eher eine Anwendung des Modells auf den chinesischen Kontext darstellen.

Yuan Zhengqings Bestandaufnahme der chinesischen Forschung zum Sozialkonstruktivismus über den Zeitraum 1995-2005 kommt abschließend zu dem Ergebnis, dass eine umfassende Weiterschreibung dieser Theorieannahmen im chinesischen Kontext noch nicht stattgefunden habe. Als möglicher Ansatzpunkt wird die Wiederaufnahme des *tianxia*-Konzepts als Weltordnungsmodell vorgeschlagen (Yuan, Zhengqing 2006:165-166).

2.2.4. Neoinstitutionalismus und Regime-Theorie

Als besondere Erscheinungsform liberaler IB-Ansätze greift der von Wang Yizhou editierte Sammelband (Wang, Yizhou 2006) zu Entwicklung und Stand der chinesischen IB-Forschung (1995-2005) isoliert den Aspekt des Neoinstitutionalismus auf und verknüpft diesen mit Ansätzen der Regimetheorie[55]. Zu den chinesischen Vertretern des Neoinstitutionalismus werden unter anderem Wang Yizhou, Liu Jie und Men Honghua[56] gezählt, auch Su Changhe, der diese Zuordnung vornimmt, rechnet sich dieser Gruppe zu (vergl. Su, Changhe 2006:118).

Derzeit weist diese Strömung der chinesischen IB-Theorie noch einige Schwachpunkte auf. So kommt es in den chinesischen Weiterentwicklungen und Übertragungen des Neoinstitutionalismus immer wieder zu einer Überschneidung oder Vermischung der Begriffskonzepte „internationales Regime", „internationale Organisation" und „internationale Ordnung" (Su, Changhe 2006:118).[57] Auch ist die Trennung zwischen (Neo-) Realismus und (Neo-) Institutionalismus im chinesischen Kontext weit weniger klar erkennbar als in der „westlichen" Theoriekontroverse (Su, Changhe 2006:119). Dies aber ist insofern nachvollziehbar, als beide Theorieströmungen erst in die chinesische

---

[55] Etwa seit Mitte der 90er Jahre wird der Ausdruck „Regime" im Chinesischen mit *guoji jizhi* übersetzt, alternativ findet sich aber auch der Ausdruck *guoji guize*, welcher verstärkt den Aspekt eines internationalen Regelwerkes widerspiegelt (Su, Changhe 2006:117-118).
[56] Men Honghua wird nicht nur dieser Gruppe zugerechnet, sondern hat auch 2003 einen Übersichtsartikel vorgelegt, der den Stand und die Zukunft der Regime-Forschung in China behandelt. Hierbei handelt es sich um den Versuch, nicht das gesamte Feld der chinesischen IB, sondern nur eine sehr spezielle Teilströmung normativ zu fixieren (Men, Honghua 1999:17-22).
[57] Eine ausführliche Diskussion der Übersetzungsproblematik liefert Li, Shaojun (2003:38).

Debatte übernommen wurden, nachdem die konfrontativen Theoriedebatten in der westlichen Welt, aus welcher diese Entwürfe stammten, zu einem vorläufigen Abschluss gelangt waren.

Eigentlich wäre zu vermuten, dass die Regime-Theorie in der chinesischen Debatte durchaus positiv aufgegriffen werden und einen hohen Verbreitungsgrad aufweisen müsste. Denn schließlich konzipiert die Regime-Theorie ein Modell der Kooperation in Abwesenheit einer hegemonialen Macht. Im Unterschied zum Neorealismus ist Kooperation nicht notwendigerweise auf einen Hegemon angewiesen, der andere Staaten zur Teilnahme an Kooperationsstrukturen zwingt, da die Regime-Theorie davon ausgeht, dass allein die zunehmende Interdependenz Staaten zur Kooperation bewegen wird. Im Unterschied zu neorealistischen Überlegungen werden internationale Institutionen und Regime hierbei nicht länger als Instrument eines Hegemon angesehen, da schließlich die Entwicklungen seit den 70er Jahren auch empirisch belegt haben, dass auch nach Wegfall des hegemonialen Kooperationszwanges vorhandene Strukturen fortbestanden und weitere internationale Regelwerke ungeachtet des Machtverfalls der USA in den 70er Jahren aufgebaut wurden (Zangl 2003:117-118).

Die Anwendung der Regimetheorie würde demnach die theoretisch-abstrakte Dekonstruktion der US-amerikanischen Hegemonialmachtsstellung und die normative Neukonzeption von Formen der internationalen Kooperation ermöglichen. Die als Forschungsergebnis referierten und dem Bereich der chinesischen Regimeforschung zugeordneten Studien allerdings fokussieren hiervon abweichend überwiegend auf die Ebene des „internationalen Systems" (*guoji zhidu*). Hierbei wird einerseits die Frage untersucht, welche Beziehung zwischen dem Hegemon und der Ausformung des internationalen Systems besteht (Su, Changhe 2006:124-125), andererseits aber auch erörtert, ob nicht vielleicht ein kulturell-traditionell begründeter Unterschied zwischen „westlichen" und „östlichen" Organisationsformen besteht (Su, Changhe 2006:125-126).

Des Weiteren widmen sich chinesische Studien des Neoinstitutionalismus den Erfahrungen und der außenpolitischen Praxis der VR China im Rahmen bestehender internationaler Kooperationsformen. Hierunter fallen allgemein Untersuchungen zu multilateralen Strukturen in den Bereichen Sicherheit / Rüstungskontrolle, Handel, Umwelt, Menschenrechte, UN und regionale Integration (Su, Changhe 2006:127). Weiterführend erfolgen Überlegungen, welche Rolle die VR China bei der regionalen Integration Ost- und Südostasiens spielt beziehungsweise in Zukunft spielen könnte (Su, Changhe 2006:137-139).

2.2.5. Internationale Politische Ökonomie

Die Prägung der chinesischen Forschung durch marxistisch-leninistische Methoden und Sichtweisen legt nahe, dass von den „westlichen" Strömungen der IB-Forschung die Internationale Politische Ökonomie (IPÖ) zu den akzeptiertesten Ansätzen gehört. Kritiker der Suche nach einer „chinesischen" Theorie sehen in der Internationalen Politischen Ökonomie einen Weg, ein Forschungsparadigma aufzugreifen und weiterzuentwickeln, das einen Bruch mit und zugleich auch eine Kritik an *mainstream*-Modellen der US-amerikanischen IB-Forschung bietet. Das Wiederaufkommen der in der westlichen Welt bereits in den späten 60er Jahren entworfenen IPÖ-Ansätzen in den 80er Jahren erlaubte eine etwa zeitgleiche Diskussion der modifizierten Modelle im Rahmen der modernen chinesischen IB-Forschung (vergl. Chen, Yugang 2006:169).

Die Werke von Robert Gilpin[58] und Susan Strange[59] haben die chinesische IPÖ-Forschung in ihrer ersten Phase während der frühen 90er Jahre nachhaltig geprägt. In chinesischen Fachzeitschriften wie beispielsweise „World Economics and Politics" (*Shijie Jingji yu Zhengzhi*) erschienen seit Ende der 80er Jahre Übersichtsartikel zur westlichen IPÖ-Forschung. In der anschließenden zweiten Phase erfolgte neben der Einführung und Rezeption der westlichen Literatur auch die kritischen Diskussion der Theoriewerke Gilpins und Stranges (vergl. Chen, Yugang 2006:170-171; 171 Fn1).

Die zweite Rezeptionsphase bestand laut Chen Yugang in der Übersetzung und Diskussion von speziellen Themenfelder und Unteraspekten der IPÖ-Forschung, wobei er hierzu Studien zu Interdependenz und Weltsystemfor-

---

[58] Referenzwerk chinesischer Darstellungen: Gilpin, Robert (1987), *The Political Economy of International Relations*. Princeton: Princeton UP.

[59] Susan Strange (1923-1988), deren Werke die chinesische Debatte dominieren, wird auch in den westlichen Standardwerken als führende Theoretikerin der Internationalen Politischen Ökonomie der 80er Jahre angeführt. Eine systematische Zusammenführung der einzelnen Konzepte und IPÖ-Ansätze hat Strange nicht unternommen, was dazu führt, dass sich in ihren Überlegungen zu Staaten und Märkten verschiedene Stränge und Konzepte anderer IB-Theorien wiederfinden und überschneiden, eine klare Entflechtung dieser Theorien scheint äußerst schwierig. Vielleicht bedingt aber gerade diese fehlende Kanonisierung und Entwicklung zur Großtheorie die Integration und Adaption der Ansätze an den chinesischen Kontext. Das zentrale Referenzwerk ist für chinesische Forscher hier weiterhin: Strange, Susan (1988), *States and Markets*. London; New York: Pinter.
Spätere Analysen (Strange, Susan (1998), *Mad Money. When Markets Outgrow Governments*. Manchester; New York: Manchester UP / Strange, Susan (1996), *The Retreat of the State. The Diffusion of Power in the World Economy*. Cambridge: Cambridge UP) sind zwar auch in China bekannt, doch erfolgte die Rezeption dieser Werke zu einem Zeitpunkt, da die chinesische IPÖ-Forschung bereits eine eigene Entwicklung genommen hatte und sich nunmehr in erster Linie auf die eigenständige Konfiguration von IPÖ-Modellen konzentrierte.

schung ebenso rechnet wie solche zu hegemonialer Stabilität oder regionaler Integration (Chen, Yugang 2006:172).

Ein Blick in Chen Yugangs Auflistung der referierten Quellen (Chen, Yugang 2006:193-195) verdeutlicht, dass die chinesische IPÖ-Forschung noch nicht in die Suche nach einer dezidiert „chinesischen" Theorie eingebunden worden ist; die Diskussion der IPÖ orientiert sich an der westlichen Forschung und vermeidet eine Um- oder Einschreibung der abstrakten Annahmen auf den chinesischen Sonderfall. Damit erfolgt sowohl eine Distanzierung von „chinesischen" beziehungsweise „sinisierten" IB-Konzepten wie auch von Ansätzen der maoistischen Zeit, da im allgemeinen kein Rückgriff auf die damaligen Ideen marxistisch-leninistischer Prägung, sondern eine Weiterführung der aktuellen IPÖ-Modelle erfolgt, die seit den späten 80er Jahren konzipiert worden sind.

2.3. Vor-, Gegen- und Zerrbilder der chinesischen IB-Theorie

Die chinesische IB-Debatte ist im Unterschied zu anderen „chinesischen" Theoriemodellen kein sinozentristischer, isolationistischer Erklärungsansatz. Die hier entwickelten Grundmuster und Paradigmata reflektieren zwar die politische und diplomatische Praxis Chinas, doch darüber hinaus erfolgt auch eine kritische Rezeption und Integration nicht-chinesischer IB-Modelle. Das Vor- und auch Gegenbild der chinesischen IB-Modelle sind in der post-maoistischen Phase zunächst „westliche" IB-Ansätze, welche weitgehend dem US-amerikanischen Theoriediskurs zugeschrieben werden (Zhang, Jiming 2005:72-76).[60] Allein mit der kritischen Diskussion dieser Modelle und ihrer Adaption an den chinesischen Kontext lässt sich jedoch noch keine „chinesische" Schule der IB begründen. Auch die Negation der gemeinhin etablierten Theoriemodelle und die Orientierung an diesen sich de facto antagonistisch gegenüberstehenden Spiegelbildern würde kaum zur Konzeption einer alternativen IB-Theorie führen, welche den Grundanforderungen an die chinesische Theorie genügen könnte. Denn zuallererst hat diese „chinesische" Theorie, wie auch immer sie letzten Endes konfiguriert sein sollte, eine Analyse der internationalen Konstellationen und die Formulierung einer auf dieser fußenden außenpolitischen Strategie zu ermöglichen.

---

[60] Als chinesische Standardwerke zu (westlichen) IB-Theorien gelten allgemein die 2003 von Jin Yingzhong und Ni Shixiong in überarbeiteter Fassung vorgelegte Übersichtsstudie, welche verschiedenen IB-Schulen nicht isoliert betrachtet, sondern unter Oberbegriffen wie „Gegenstand der IB", „Methoden" oder Schlüsselkategorien wie „Macht", „Nationale Interessen" kontrastierend nebeneinander stellt (Jin, Yingzhong / Ni, Shixiong 2003), sowie Wang Yizhous Monographie zu Theorie und Praxis der internationalen Politik des „Westens" (Wang, Yizhou 2007).

Vorbild oder auch mitunter Zerrbild der Suche nach einer alternativen IB-Theorie sind unter anderem Russland, Japan und Lateinamerika. Dabei sind es jeweils sehr spezifische Gründe, welche die Diskurse dieser Staaten zu Orientierungsmodellen und Wegweisern der chinesischen Theoriesuche werden lassen. Mit der Beobachtung und Analyse der russischen Theorie- und Strategiediskurse wird ein ehemals sozialistischer, im Transformationsprozess befindlicher Staat untersucht. Der Vorgängerstaat, die Sowjetunion, diente der VR China bis zur ideologischen Konfrontation infolge der Entstalinisierungspolitik als Vorbild. In den 60er Jahren, nach dem sino-sowjetischen Disput, wiederum erfolgte eine Distanzierung, welche die Entwicklung eigenständiger chinesischer Modelle (Zwischenzonen; Drei-Welten-Theorie) zur Folge hatte. Die Sowjetunion wurde so vom Vorbild zum Gegenbild der VR China. Die Entwicklung Russlands nach dem Zusammenbruch des Ostblocks und nach der Auflösung der Sowjetunion wird von chinesischen Intellektuellen im In- und Ausland mit großem Interesse verfolgt (u.a. Liu, Binyan 1991). Die Analyse der strategischen Grundlagen der russischen Außenpolitik nach 1989/ 1991 soll dabei zugleich Aufschluss über die zukünftige Orientierung des Konkurrenten und strategischen Kooperationspartners sowie die Entwicklung der sino-russischen Beziehungen geben.

Mit Japan untersucht die chinesische IB-Forschung die Entwicklung und Orientierung eines anderen ostasiatischen Staates, ebenfalls Konkurrent und strategischer Gegenspieler der VR China bei der Positionierung im ost- und südostasiatischen Raum. Die Prägung durch das asiatische, ursprünglich chinesisch-konfuzianische Wertesystem und die erzwungene Öffnung durch und für den Westen im 19. Jahrhundert sind gemeinsame Grundlagen Japans und Chinas. Doch unterscheidet sich die Modernisierungsstrategie Japans grundlegend von der chinesischen, wie nicht zuletzt die Ausrichtung der IB-Theorierezeption und Theoriekonzeption in Japan verdeutlicht.

Die Region Lateinamerika und die VR China teilen zwar keine gemeinsamen kulturellen Wurzeln, doch sind beide von den Erfahrungen der kolonialen Vergangenheit und der Positionierung am Rande des internationalen Systems geprägt.

2.3.1. Chinesische Betrachtungen der russischen Theorie- und Strategiebildung

In den späten 80er Jahren erschienen in führenden IB-Zeitschriften der VR China eine ganze Reihe von Artikeln zur IB-Theoriemodellbildung in der Sowjetunion (u.a. Yang, Chuang 1987; Yang, Chuang 1989; Feng, Shaolei 1989), die sich mit dem Stand der sowjetischen IB-Forschung, ihrer Periodisierung und ihren Inhalten auseinandersetzten. Ganz offensichtlich wurde die Sowjetunion als Spiegel- und Gegenbild der VR China angenommen. Infolge des Zusammenbruchs der Sowjetunion und der Auflösung des osteuropäischen Blocks kam die chinesische Diskussion der sowjetischen Modelle weitgehend zum Erliegen. Mit der Neuausrichtung der russischen IB-Forschung allerdings begannen einzelne chinesische Studien sich mit post-marxistischen russischen Modellbildungen zu beschäftigen. Dabei wurden Strömungen und Schulen der „russischen" IB-Forschung ebenso beleuchtet wie die Möglichkeit, dass Russland in Nachfolge der Sowjetunion über eine eigene, vom Westen abgegrenzte Modellbildung verfügen könnte (vergl. u.a. Liu, Jun / Qiang Xiaoyun 2005:24-30; Zhang, Shuhua / Kang, Yanru 2007:26-29). Allerdings wird auch festgehalten, dass die sowjetischen Modelle für den Aufbau einer modernen russischen IB-Theorie nur sehr wenig Orientierung und Anknüpfungspunkte bieten (Liu, Zaiqi 2007:20), die Möglichkeiten der Konzeption einer alternativen Modellbildung sind im chinesischen Kontext, in dem neben Elementen der traditionellen chinesischen Philosophie auch moderne Modelle der politischen Führung vorliegen, deutlich erfolgsversprechender.

Eine weitere Gruppe chinesischer IB-Forscher wiederum sucht nach Parallelen in der chinesischen und russischen Theoriebildung zur Außenpolitik (u.a. Yuan, Shengyu 2007; Cheng, Wei 2006). Es fällt auf, dass der Beginn der modernen IB-Forschung in Russland mit den 90er Jahren, also der Zeit nach dem Zusammenbruch der SU und der Transformation Osteuropas datiert wird – und so im Grunde erst etwa zehn Jahre nach der Initiierung der chinesischen Theoriesuche einsetzt (vergl. Liu, Zaiqi 2007:15).

Cheng Wei fasst die Grundlagen der russischen Außenpolitik in drei Punkten zusammen: Großmachtsanspruch; Primat der ökonomischen Entwicklung; außenpolitischer Pragmatismus (Cheng, Wei 2006). Bereits auf den ersten Blick scheint es hier Konvergenzen zwischen der russischen Außenpolitik, beschrieben aus der Sicht chinesischer IB-Experten, und der post-maoistischen chinesischen Außenpolitik zu geben. Dieser Eindruck wird dadurch noch verstärkt, dass auch auf terminologischer Ebene die Begriffskonzepte zur Bestimmung der russischen außenpolitischen Strategie herangezogen werden, die sich bereits im chinesischen IB-Kontext behaupten konnten. So verwendet Chengs Studie unter anderem den Terminus „sich zur einen Seite neigen" (*yi bian dao*), um Russlands Ausrichtung am Westen zu beschreiben, die in den 90er Jahren, so Cheng, darauf abzielte, Unterstützung für den russischen Transformationsprozess zu gewinnen. Auch das Friedenskonzept, das die gegenwärtige chinesische Außenpolitik zumindest auf der Theorieebene bestimmt, wird auf Russland übertragen. Die Systemtransformation in Osteuropa und der Zerfall der Sowjetunion werden als „friedliche Auflösung" (*heping jieti*) bezeichnet, also als ein Transformationsprozess, der allen Annahmen etablierter IB-Theorien zum Trotz nicht primär mit militärischen Mitteln herbeigeführt wurde und der wider Erwarten auch keine weltpolitischen Konfrontationen bedingte (Cheng, Wei 2006). Die indirekte kausale Parallele zur chinesischen Situation ist hierbei kaum zu übersehen: Die „friedliche" Auflösung der Sowjetunion vollzog sich entgegen aller theoriegestützten Prognosen; der von China immer wieder propagierte „Friedliche Aufstieg" widerspricht ebenfalls den theoretischen Annahmen, ist aber analog zum Beispiel der Sowjetunion nicht kategorisch auszuschließen.

Zugleich ist die von Putin gezielt unternommene Positionierung Russlands als weltpolitische Großmacht ein Testmodell für die chinesischen Aufstiegspläne. Obgleich Russland durch seine Transformation auf der Systemebene eine Annäherung an die westliche Staatenwelt vollzogen hat, sind die russisch-amerikanischen Beziehungen alles andere als reibungs- und konfliktfrei – an der Entwicklung dieser Interaktionen können chinesische Experten die Handlungsspielräume eines aufsteigenden Staaten-Akteurs und die Reaktionen der USA exemplarisch mitverfolgen (vergl. Shi, Ze 2007:35).

Die chinesische Forschung widmet sich zudem speziell der Ausgestaltung der Außenpolitik unter Putin, womit sie eine Interrelation von außenpolitischer Praxis und den Ideen der politischen Führung dokumentiert – die im chinesischen Kontext gleichfalls vorliegt. Im Unterschied zur chinesischen Diplomatie werden Putins außenpolitische Orientierungen durchaus als offensiv-konfrontativ gegenüber der „westlichen" Staatenwelt eingestuft. Es ist durchaus aufschlussreich, dass dieses Vorgehen nicht kritisiert wird. Im Gegenteil, hierdurch bietet sich Russland als Kooperationspartner der VR China beim Aufbau einer neuen, multipolaren Weltordnung an (vergl. Yuan, Shengyu 2007:42-43). Aufschlussreich ist auch der chinesische Versuch, eine Pfadabhängigkeit (*lujing yilai*) der russischen Außenpolitik aufzuzeigen und die sich daraus ableitenden außenpolitischen und strategischen Grundkonstanten nachzuvollziehen. Pfadabhängigkeit bedeutet in diesem Zusammenhang nicht notwendigerweise, dass sich eine Kontinuität der Außenpolitik des Zarenreiches, der Sowjetunion und des modernen Russlands nachzeichnen lassen muss. Es genügt hierbei, wenn Entwicklungen und Orientierung der russischen Außenpolitik nach 1989 / 1991 ihren Ursprung in der Endphase der Sowjetunion haben. Diese Pfadabhängigkeit manifestiert sich nicht zuletzt an dem Selbstbild Russlands als „Großmacht" (*daguo*) und der Begleiterscheinung des russischen Nationalismus. Jedoch kann Russland nach Einschätzung chinesischer Experten keine ausschließlich offensive Außenpolitik verfolgen. Ziel sei es vielmehr, die Unterstützung des westlichen Auslands für den Transformationsprozess zu gewinnen oder aber wenigstens die Tolerierung des russischen Sonderweges zu erzielen (Cheng, Wei 2006). Von zentraler Bedeutung für die Entwicklung Russlands scheint aus chinesischer Sicht auch die Einflussnahme externer Akteure auf den Transformationsprozess. Eben dieser externe Druck schränkt den Handlungsfreiraum der russischen Außenpolitik stark ein und erzwingt deren pragmatische Ausgestaltung.

2.3.2. Bedingungslose Übernahme „westlicher" IB: Japan

Die chinesische Expertendebatte kennt den Stand der japanischen IB-Forschung und sieht hierin offiziell kein Orientierungsmodell für die VR China. Die chinesische IB-Zeitschrift „World Economics and Politics" (*Shijie Jingji yu Zhengzhi*) druckte zwar 2004 eine aus dem Japanischen übersetzte Studie zum Stand der japanischen IB-Disziplin ab (Miura, Kenichi 2004:39-43), eine Diskussion durch chinesische Experten blieb jedoch aus. Denn nur einmalig und ausnahmsweise widmete sich genau diese Ausgabe der „World Economics and Politics" Randfeldern der Theoriemodellbildung, beispielsweise den *„gender studies"*, der „deutschen" oder eben auch der „japanischen" IB-Disziplin (vergl. *Shijie Jingji yu Zhengzhi* 2004 (10)). Das Erscheinen dieses Artikels zur japanischen IB-Forschung ist aber insofern bemerkenswert, als dass dieser die These aufstellt, dass die japanische IB-Forschung unmittelbar nach dem Zweiten Weltkrieg die Theoriemodelle der USA übernommen habe, dass diese ursprünglichen Modelle aber in den USA selbst mittlerweile überdacht und um Aspekte und Elemente nicht primär aus den USA stammender IB-Konzepte ergänzt worden seien. Es wird festgehalten, dass es zu einer „zweiten" Phase des Exports von „westlichen" IB-Theorien nach Japan gekommen sei, so dass der Vorwurf, dass Japan uneingeschränkt dem Kalten-Kriegs-Denken aus den unmittelbaren Dekaden nach Ende des Zweiten Weltkrieges folge, nicht länger haltbar ist. Zugleich impliziert diese von japanischer Seite aufgestellte These, dass die Konstruktion eines Antagonismus US-amerikanischer und alternativer Modelle wissenschaftlich betrachtet nicht länger haltbar ist, da sich die „westliche" Theorielandschaft längst gewandelt hat.

2.3.3. Lateinamerika als Vorbild der Peripherie?

Der Carlos Escudé zugeschriebene Theorieansatz des „peripheren Realismus" (vergl. Escudé 1998) übt auf einige chinesische IB-Forscher durchaus einen gewissen Reiz aus, denn hier handelt es sich um ein Modell, das vor dem Hintergrund bestehender IB-Theorien jedoch in Abgrenzung hierzu in dem nationalen historischen und politischen Kontext Lateinamerikas, also aus der Perspektive der Peripherie heraus, konzipiert und mittlerweile relativ erfolgreich in der transnationalen und globalen Theorielandschaft verankert worden ist. Den Kanon der chinesischen Einführungswerke und Unterrichtsmaterialien dominieren zwar weiterhin die klassischen IB-Theorien wie (Neo-) Realismus und Liberalismus, dennoch wird dem Theorieansatz des „peripheren Realismus" eine nicht zu vernachlässigende Vorbild- und Orientierungsfunktion für die weitere Ausrichtung der chinesischen Theoriesuche zugeschrieben. Im Jahr 2003 veröffentlichte die im Bereich der IB-Forschung einflussreiche und richtungsweisende Fachzeitschrift „World Economics and Politics" (*Shijie Jingji yu Zhengzhi*) eine immerhin fünf Seiten füllende Vorstellung und Diskussion des „peripheren Realismus" (Sun, Ruoyan 2003:25-30). Diese Studie bespricht die historischen Voraussetzungen und den Einfluss von politischer Kultur sowie von Tradition und Geschichte auf die Ausformung der sogenannten Lateinamerikanischen IB-Schule. Drei Faktoren werden herausgestellt, die in abstrakter Form auch in der innerchinesischen Debatte wiederzufinden sind. Ganz zentral ist der Einfluss zuvor bereits bestehender regionaler Theoriemodelle auf die moderne Lateinamerikanische Theorieformulierung, d.h. die Weiterschreibung der Grundannahmen der Dependenztheorie (vergl. Sun, Ruoyan 2005; 2006), aber auch das Streben nach Autonomie und die kritische Betrachtung einer möglichen Einflussnahme durch die USA (vergl. Sun, Ruoyan 2003:26). Dem chinesischen Leser, der mit der meta-theoretischen innerchinesischen Debatte vertraut ist, erschließen sich hier Parallelen. Denn die offiziell deklarierte „halbkoloniale" Vergangenheit Chinas resultiert ähnlich wie im Fall Lateinamerikas in einer mitunter übertriebenen Fokussierung auf die Wahrung und Sicherstellung nationaler Autonomie und Souveränität. Auch im Falle der VR China wird der Amerika-Faktor als bestimmendes Störelement der chinesischen Außenbeziehungen gesehen, da die Konfrontation aus chinesischer Sicht nicht auf die sino-amerikanischen Beziehungen begrenzt bleibt, sondern auch andere bi- und multilaterale Strukturen in Relation zu den jeweiligen Beziehungen der an diesen Strukturen teilnehmenden Staaten-Akteure zu den USA zu sehen sind.

Im Wesentlichen stützt sich Sun Ruoyan auf englische oder spanische Quellen, doch liegt wider Erwarten nun auch eine chinesische Übersetzung des Standardwerks zur IB-Forschung Lateinamerikas, herausgegeben von Ruben Perina (Perina 1985) vor, das Sun ebenfalls anführt (Sun, Ruoyan 2003). Die chinesische Auseinandersetzung mit dieser Gruppe der Theoriebildung ist eher neueren Datums, doch sind die Grundkonzepte im Rahmen der chinesischen Lateinamerika-Forschung schon seit längerem diskutiert worden (vergl. z.B. Cao, Lin 1995). Zudem dient die Lateinamerikanische Schule auch als mögliches Vorbild für die gelungene Synthese „westlicher" und indigener IB-Modellbildungen (Zhang, Jianxin 2009). Genau wie im chinesischen Fall steht nicht die Theorie-Innovation, sondern die Rezeption und Modifikation am Beginn der nationalen IB-Forschung.

2.3.4. „Westliche" Alternative: Die Englische Schule der IB

Zhang Yongjin untersucht die Frage, welchen Einfluss die Englische Schule, die gemeinhin als Gegenkonzept der konventionellen, in Augen der Kritiker durch die USA dominierten IB-Forschung angeführt wird, auf die Formulierung einer chinesischen IB-Theorie oder zumindest auf die Ausrichtung der IB-Disziplin der VR China ausübt. Grundsätzlich sprechen einzelne Ausprägungen der Englischen Schule dafür, dass diese als direktes Leitbild der chinesischen Theoriesuche dienen könnte. Die Einbindung der historischen Entwicklung der internationalen Beziehungen, die Verknüpfung historischer und philosophischer Elemente wie auch die durch eine Etablierung und Standardisierung der Englischen Schule möglich gewordene Überwindung von Parochialismus und Hegemonie in der politikwissenschaftlichen Forschung und Analyse sind hierbei nur die offensichtlichsten Anknüpfungspunkte (Zhang, Yongjin 2003:91).

Die Einbindung der Ebene der internationalen Gesellschaft in die althergebrachten IB-Konzeptionen würde aus Sicht Zhang Yongjins bereits genügen, um hier die Begründung einer „IB-Theorie mit englischen Charakteristika" zu proklamieren (Zhang, Yongjin 2003:95). Obwohl Studien zur Englischen Schule auch auf Chinesisch vorliegen, kommt dieser in der chinesischen Debatte nur eine nachgeordnete Rolle zu. Zhang Yongjin sieht die Ursache hierfür in der durch den Ausbildungshintergrund der derzeit führenden chinesischen IB-Experten und Herausgeber der Fachzeitschriften vorgegebenen Ausrichtung an den USA. Diese Orientierung werde zudem durch sino-amerikanische Forschungskooperationen sowie durch Konferenzen, Workshops und Vorträge amerikanischer IB-Analysten in China bestärkt. Vertreter der Englischen Schule sind in China vergleichsweise selten präsent gewesen. Und auch das „EU-China Higher Education Programme" der 90er Jahre hat nach Zhang Yongjins Untersuchung die Popularität europäischer, insbesondere englischer Konzepte nicht nachhaltig steigern können (Zhang, Yongjin 2003:102-104).

Inzwischen zeichnet sich hier aber auch eine Veränderung ab. Denn auf der 2004 in Shanghai abgehaltenen IB-Konferenz wurde allein die Englische Schule, wie nicht zuletzt der im darauffolgenden Jahr erschienene Konferenzband illustriert (Guo, Shuyong 2005a), als mögliches Vorbild für eine Theoriebildung mit chinesischen Charakteristika angeführt. Diese Argumentation wurde im Rahmen zweier Einzelbeiträge gesondert dargelegt (Zhou, Guiyin 2005:133-143; Song, Dexing 2005:151-162).[61]

Neben einer Einführung in die Grundannahmen und Methodik der Englischen Schule, der chronologischen Aufarbeitung ihrer Entwicklung und der Vorstellung ihrer Hauptvertreter benennen Zhou Guiyin wie auch Song Dexing konkrete Orientierungspunkte für die chinesische Modellbildung. Zhou Guiyin kommt in seiner Übertragung der abstrahierten Hauptcharakteristika der Englischen Schule auf den chinesischen Sonderfall zu dem Schluss, dass sich die chinesische Modellbildung den Bedürfnissen des eigenen Staates zu widmen habe (chin.: *bentu guanhuai*, der Begriff Nationalismus wird vermieden!), dass sie aber analog zum englischen Muster ein historisches Bewusstsein mit einer globalen Perspektive zusammenführen müsse. Wie dies geschehen mag, bleibt unausgeführt. Abschließend verweist Zhou Guiyin darauf, dass ein Mittelweg zwischen der Wahrung traditioneller chinesischer Werte und der Übernahme fortschrittlicher Ideen gefunden werden müsse, auch wenn diese nicht ursprünglich aus China stammen sollten (Zhou, Guiyin 2005:142).

Auch Song Dexings Darstellung endet mit drei Punkten der abstrakten Übertragbarkeit der Erfahrungen der „Englischen Schule", die sich jedoch terminologisch und teils auch inhaltlich nicht mit den Formulierungen Zhou Guiyins decken. Dies legt nahe, dass die meta-theoretische Debatte zur Englischen Schule jüngeren Datums ist und bislang noch keine vereinheitlichte, standardisierte Stellungnahme zur Englischen Schule in den chinesischen Kanon integriert worden ist, selbst wenn seit Mitte der 90er Jahre zahlreiche Einzelstudien und Abhandlungen zur Englischen Schule in chinesischen IB-Zeitschriften erschienen sind (vergl. Zhou, Guiyin 2005:133 Fn 2). Song Dexing leitet aus dem englischen Vorbild ab, dass sich die chinesische Modellbildung auf die bereits vorhandenen politisch-philosophischen Konzepte Chinas stützen, dann aber weitergehend einen Abgleich mit Beispielen der Geschichte anstreben müsse. Die Modellbildung wird somit in einem konkreten Raum-Zeit-System verankert. Abschließend plädiert Song ebenso wie Zhou Guiyin für eine Zusammenführung chinesischer und außerchinesischer Modelle, wobei die zukünftige weltpolitische Rolle Chinas unbedingt in Betracht gezogen werden müsse (vergl. Song, Dexing 2005:162).

---

[61] vergl. ergänzend die Studien von Ren Xiao (2003: 70-71; 2009) und Peng Shaochang (1999:12-15).

2.3.5. Hintergrund Parochialismus-Vorwurf

Die Legitimierung der Forderung nach einer „chinesischen" IB-Theorie geschieht zunächst intern durch entsprechende Erklärungen der politischen Ebene (vergl. 2.5) und durch die Eingliederung der IB-Forschung in die Implementierungsstrategie der chinesischen Modernisierungspläne. Um aber den Eindruck zu vermeiden, dass die chinesische politikwissenschaftliche Forschung im Prinzip nur Akklamationsfunktion gegenüber den Modellen und Strategien der politischen Führungsriege der KPCh ausübt, bedarf es einer „wissenschaftlichen" Rechtfertigung der Theoriesuche. In Form einer externen Legitimation findet sich diese in den Studien und Debatten über die Dominanz US-amerikanischer Erklärungsmuster im Bereich der Sozialwissenschaften, die zusammenfassend unter dem Stichwort „Parochialismus" bekannt geworden ist. Dokumentiert wurde die Dominanz amerikanischer Perspektiven in den 70er Jahren mit Stanley Hoffmans Studie, welche die IB-Forschung als „American Social Science" identifizierte (Hoffman 1977). Hoffmans Artikel hat eine ganze Reihe von Konferenzen und Folgestudien nach sich gezogen, mit dem Erfolg, dass bestehende IB-Modelle zwar nicht entwertet, aber doch ihre „nationale Perspektive"[62] stärker berücksichtigt wurde. In den 80er Jahren wies Holsti nach, dass die Standardlehrbücher der IB weltweit allesamt der US-amerikanischen Narrative und Modellbildung folgten (Holsti 1985). Dass Ideen und Analysen US-amerikanischer Forscher mit Abstand den höchsten Verbreitungsgrad aufweisen hat Waever in Ergänzung zu Holsti mit seiner Analyse der führenden politikwissenschaftlichen Journals in den 90er Jahren nachgewiesen (Waever 1998).

Der hier von „westlichen" Forschern aufgebrachte Paraochialismus-Vorwurf[63] wird als Bezugspunkt der chinesischen IB-Debatte gewählt, um die Forderung nach alternativen Modellen nicht als Ausdruck eines übertriebenen Nationalismus oder gar zukünftiger Machtbestrebungen erscheinen zu lassen. Dies ermöglicht es, die chinesische Theoriesuche nicht nur in ihrem nationalen Kontext der politischen, gesellschaftlichen Stabilisierung und der Modernisierungsanliegen zu betrachten, sondern diese als Baustein einer globalen Debatte auszugeben. Diese Entwicklung korreliert mit einer Hinwendung der „westlichen" IB-Forschung zu Modellen und Ideen des nicht-westlichen Kulturraumes. Dabei werden auch Kernelemente der etablierten IB-Theorie kritisch hinter-

---

[62] Eine Analyse zur nationalen Perspektive der IB-Theoriebildung liegt mit Wang Yiweis vergleichender Untersuchung der chinesischen und US-amerikanischen IB-Disziplin vor (Wang, Yiwei 2004b:86-118).
[63] hierzu auch Holsti, Ole R. (1984), „The Bifurcation of American and Non-American Perspectives in Foreign Policy", in *PS* 3 (Summer 1984), 553-557.

fragt.[64] Zudem wurde die abstrakte Vorstellung des Internationalen Systems, die weder historische Einzelheiten noch die politische Kultur der einzelnen Akteure einbezog, durch die Annahme abgelöst, dass sich die Struktur und die Beschaffenheit dieses System änderten, je nachdem, aus welcher Position heraus dieses betrachtet wurde. Staaten der Peripherie hatten somit eine andere Perzeption als die im und um das Machtzentrum des internationalen Systems gruppierten Akteure (vergl. auch Neuman 1998).

Der Wandel des Systems sollte aus Sicht der Parochialismus-Kritiker nicht länger losgelöst von dem jeweiligen regionalen und historischen Kontext erfolgen. Dies führte zu Analysen, in denen den Theoriebegründern der modernen IB-Forschung eher eine Randposition zugewiesen wurde, da nun Staaten und Imperien in den Mittelpunkt rückten, die wie Persien oder China lange vor der europäischen Moderne regionalen und globalen Einfluss ausgeübt hatten (s. Buzan / Little 1994).

Immer wieder auch überprüfte die „westliche" Forschung, ob sich die Dominanz US-amerikanischer Modelle weiterhin behaupten konnte (Krippendorff 1989:28-39). Die Suche nach Strategien zur Überwindung parochialistischer Prägungen bewirkte die erneute Diskussion normativer Modelle (Dyer 1989:172-185) und die Übertragung von Ansätzen der Kritischen Schule auf die IB-Forschung (Hoffman 1989:60-86).

Das Bestreben, eine eurozentrische oder parochialistische Modellbildung auszuschließen, ließ China als eines der klassischen Gegenbilder des Westens von einem Analyseobjekt der IB zu einem möglichen aktiven Mitspieler in der Ausgestaltung der IB-Disziplin werden. In den späten 80er Jahren stellte sich damit für westliche Beobachter erstmals die Frage, ob China vielleicht über eine eigenständige IB-Konzeption verfügen könnte. Doch kommt Yahuda mit seiner Studie, einer der ersten in dieser Fragestellung, zu folgendem Schluss:

> In so a brief survey, it is not possible to do justice to the variety subtlety of the already voluminous Chinese writings on International Relations. *However, there is still a long way to go toward developing an approach that is distinctively Chinese and Marxist* (...) (Yahuda 1987:322). (Hervorhebungen hinzugefügt)

---

[64] vergl. die "zweite Agenda" zur Interrelation von Staat und Gesellschaft in den Internationalen Beziehungen, entwickelt in der Studie von Halliday (1989:40-59).

2.3.6. Wettstreit der hundert Schulen?

Äußerst bedenklich erscheint Wang Yizhou die fehlende Streitkultur der chinesischen Experten. Denn auch wenn mittlerweile eine Vielzahl chinesischer Institute für Internationale Beziehungen eingerichtet worden sei, komme es weiterhin eher selten zu einem Austausch zwischen den verschiedenen Einrichtungen und Schulen. Streitgespräche und Kritik fehlten somit im chinesischen akademischen Kontext. Diese seien aber eine notwendige Grundvoraussetzung für die inhaltliche und methodologische Weiterentwicklung der Disziplin. Das „Blühen von 100 Blumen" (*bai hua qi fang*), also die Konkurrenz divergierender Ansätze, müsse an die Stelle einer unreflektierten Übernahme und Nachahmung bestehender Theoriemodelle treten, damit sich eine eigene chinesische Schule entwickeln könne (Wang, Yizhou 2003: 19-20).

Der hier bei Wang Yizhou erfolgende Verweis auf die Politik der Hundert Blumen findet sich in ähnlicher Form auch bei Xu Jia. Denn im Rahmen der wissenschaftlichen Forschung zu den Internationalen Beziehungen und der dazugehörigen Theoriebildung plädiert dieser für die Konkurrenz vielgestaltiger Ansätze, den „Wettstreit der hundert Schulen" (*bai jia zheng ming*). Für die Ausbildung nachfolgender Studenten- und Forschergruppen allerdings fordert er die Entwicklung eines landesweiten Standardwerkes zur (chinesischen) IB-Disziplin (Xu, Jia 1999:30). In Variation findet sich die politische Parole auch in dem von Guo Shuyong herausgegebenen Sammelband mit „Wettstreit der Theorien" (*lilun zhengming*) als Überschrift des zweiten Teils der Artikelsammlung (Guo, Shuyong 2005a).

Das Zitat der „Hundert-Blumen-Bewegung" wird zumeist positiv belegt, da Theorien- und Methodenpluralismus als notwendiger Zwischenschritt für die Entwicklung einer „chinesischen" IB-Forschung gesehen werden. Grundsätzlich verweist diese Parole auf die Zeit der Streitenden Reiche, also die Zeit vor der ersten Reichseinigung, während der es zur Herausbildung einer Vielzahl konkurrierender philosophischer Schulen kam. Allerdings erfolgte mit der Begründung der Qin-Dynastie und auch in den späteren Dynastien eine Unterbindung des staatsphilosophischen Pluralismus. Anstelle der „hundert Schulen" wurde jeweils genau ein Ideengebäude als orthodoxes Fundament des Kaiserreiches festgelegt.

Erneut aufgegriffen wurde der Slogan (*bai hua qi fang, bai jia zheng ming*) mit der „Hundert-Blumen-Kampagne" von 1956. [65] Somit wäre vorstellbar,

---

[65] Da mögliche Analogien zur Entwicklung von 1956/57 nicht ausformuliert, diese aber mit dem Slogan für die innerchinesische Leserschaft offensichtlich sind, muss an dieser Stelle ein kurzer Rückblick auf die chinesische Geschichte und die „Hundert-Blumen-Bewegung" erfolgen:

dass mit der Erwähnung dieses Aufrufs auch gewisse Vorbehalte und Bedenken der chinesischen IB-Forscher zum Ausdruck kommen. Die chinesischen Politikwissenschaftler berufen sich bei ihrem Unternehmen, die bestehenden IB-Entwürfe durch eine neue Theorie abzulösen, mittels derer die realen außenpolitischen Konstellationen und die jeweiligen Kooperationspartner abgeschätzt und eine erfolgreiche Umsetzung der chinesischen Interessen erzielt werden soll, auf Deng Xiaoping und seine Reform- und Modernisierungsstrategie der 80er Jahre. 2004 wurde die Unterstützung dieser Theorie-Neuformulierung durch ein ZK-Dokument erneut bekräftigt (vergl. Liang, Shoude 2005:23). Ein Widerruf der politischen Aufforderung zur akademischen Kritik am Stand der IB-Forschung und zur Weiterentwicklung der theoriegestützten Modellbildung ist damit bislang noch nicht erfolgt. Grundsätzlich ist auch davon auszugehen, dass in absehbarer Zukunft der Bereich der chinesischen IB-Forschung eher weiter ausgebaut werden wird, da die VR China in Internationale Organisationen eingebunden ist und spätestens seit 2002/03 auch aktiv am globalen Geschehen teilnimmt. Eine Einstellung der chinesischen IB-Konzeptionen wäre somit nur bei einem Abbruch der chinesischen Außenkontakte und einer erneuten Isolierung vorstellbar. Anders verhält es sich, wenn man an die Situation der chinesischen IB-Forscher während der Kulturrevolution zurückdenkt. Denn obwohl in den frühen 60er Jahren die ersten Forschungsinstitute zu den Internationalen Beziehungen durch entsprechende Beschlüsse des chinesischen ZK erneut eingerichtet worden waren und die Auseinandersetzung mit Themen der Internationalen Politik somit in einem offiziell institutionalisierten Rahmen erfolgte, sahen sich die chinesischen IB-Forscher bereits in den späten 60er Jahren wiederholt der politischen Verfolgung ausgesetzt. Vor

---

Am 2. Mai 1956 formulierte Mao in einer Rede vor dem obersten Staatsrat die politische Parole „Lasst hundert Blumen blühen, lasst hundert Schulen miteinander wettstreiten", mit welcher er die Intellektuellen zu einer offenen Kritik an der Partei und ihrer bisherigen Politik aufforderte. Am 2. Februar 1957 bekräftigte und erweiterte Mao seine „Hundert-Blumen-Politik" in seiner Rede „Zur richtigen Behandlung der Widersprüche im Volk". Die daraufhin in der VR China einsetzende Kritikäußerung der chinesischen Intellektuellen an dem Bürokratismus der Partei blieb jedoch nicht auf Diskussionsrunden beschränkt, sondern erreichte mit der Peking Universität auch das Zentrum der 4.-Mai-Bewegung. Am 19. Mai 1957 begannen Studenten der Peking Universität Wandplakate mit ihrer Kritik auf dem Campus aufzuhängen („Mauer der Demokratie"). Angeprangert wurden nicht mehr ausschließlich die Strukturen der Partei, die Mao möglicherweise gestützt auf die Intellektuellen neu zu strukturieren plante, in Frage gestellt wurden zunehmend auch die Grundlagen des politischen Systems und die Alleinherrschaft der KPCh. Der „Hundert-Blumen-Bewegung" (1. Mai – 7. Juni 1957) wurde von der Partei schließlich mit der 8. Juni einsetzenden „Anti-Rechts-Kampagne" ein abruptes Ende gesetzt. Etwa 500.000 Intellektuelle, die zuvor der Aufforderung Maos folgend offene Kritik geübt hatten, wurden als Rechtsabweichler verfolgt, in Arbeitslager gesteckt oder in entlegene Gebiete zur Umerziehung und Landarbeit verbannt, wenn sie nicht hingerichtet wurden oder Selbstmord begingen (Mackerras 2001:113).

dem Hintergrund dieser Erfahrung scheint verständlich, dass sich viele der chinesischen IB-Forscher derzeit eher bedeckt halten. Es ist somit anzunehmen, dass kritische Konzeptionen der modernen chinesischen IB-Modelle eher durch die Wissenschaftlergeneration erfolgen können, welche die Erfahrung der 60er und 70er Jahre nur aus Erzählungen kennt. Andererseits ist auch zu bedenken, dass der Aufstieg eines „Entwicklungslandes" der Peripherie zum Status einer Großmacht durchaus kein einfaches Unterfangen ist. Dass dieser Prozess friedlich vollzogen werden kann, wird von der politischen Ebene der VR China postuliert. Die chinesischen IB-Forscher stellen dies nicht in Frage, allerdings zeigen sie sich eher zögerlich, wenn es darum geht, diese diplomatischen Stellungnahmen auch theoretisch zu untermauern. Dies zeigt, dass sich im Feld der chinesischen IB-Forschung bereits Strukturen und Mechanismen einer „professionellen" Politikwissenschaft formiert haben, welche bewirken, dass die chinesischen Forscher vor einer Theoriebildung zurückschrecken, die sich als „nichtwissenschaftlich" und „ideologisch" erweisen könnte.

2.4. Partikulare Analysemodelle der chinesischen IB-Forschung?

Obgleich die chinesische Forschung zu den Internationalen Beziehungen seit Mitte der 80er Jahre eine Professionalisierung und in diesem Zusammenhang zugleich eine Ausrichtung an den international anerkannten Wissenschaftsmaßstäben erlebt hat, finden sich in der chinesischen Konzeptionalisierung der IB-Theorien durchaus Elemente, welche in der „westlichen" IB-Debatte allenfalls am Rande diskutiert werden. Zumeist handelt es sich hierbei um Theorieaspekte, welche sich grundsätzlich auf marxistisch-leninistische Vorstellungen stützen, jedoch im chinesischen Kontext eine Weiterentwicklung erfahren haben.

2.4.1. Chinesische Analyse-Einheit: shidai

Für die Kategorisierung der internationalen Beziehungen – und damit verbunden der Strukturen des internationalen Systems, der Beschaffenheit der Akteure und der Interessen der Staaten-Akteure – findet sich in chinesischen Studien mitunter der Verweis auf die Analyse-Einheit der „Zeit" beziehungsweise „Epoche" (*shidai*). Wie Gerald Chan bereits ausgeführt hat, geht das *shidai*-Konzept grundsätzlich auf leninistische respektive stalinistische Vorstellungen zur Struktur der internationalen Konstellationen zurück.⁶⁶ Chans Analyse chinesischer Materialien der späten 90er Jahre zufolge stand aus chinesischer Sicht der Zeitraum von 1917, dem Jahr der russischen Revolution, bis zu den 60er Jahren des 20.Jahrhunderts für die Phase des Imperialismus. Als Thema der Zeit (*shidai zhuti*) galt das Begriffspaar „Krieg und Revolution". In der darauffolgenden Phase des Neoimperialismus jedoch verschob sich, zumindest in der Sicht chinesischer Experten, der Fokus auf das Aspektpaar „Frieden und Entwicklung". Grundsätzlich jedoch konstatiert Chan für den chinesischen Forschungsstand der 90er Jahre das Fehlen einer genauen Definition des *shidai*-Konzepts (Chan, Gerald 1999a:104).

Rao Yinhua liefert zwar ebenfalls keine Begriffsdefinition, doch ermöglicht die Kategorisierung der außenpolitischen Ideen chinesischer Politiker unter Heranziehung des *shidai*-Begriffs durchaus einen gewissen Einblick in die Funktion dieses partikularen Analysekonzepts. In Rao Yinhuas einleitenden Vorbetrachtungen heißt es:

> Jede historische Epoche hat ihre eigenen Themen. Die sogenannten Themen der Epoche (*shidai zhuti*) verweisen auf die Probleme, welche innerhalb eines bestimmten Zeitraums durch die Hauptwidersprüche der Welt und das Verhältnis ihrer Hauptkräfte bestimmt werden, welche zudem die grundlegenden Merkmale der Welt widerspiegeln und zugleich umfassenden Einfluss und strategische Bedeutung für die weitere Entwicklung der Weltsituation besitzen (Rao, Yinhua 2006:3).

Die Bewertung der zentralen Themen der jeweiligen Epoche (*shidai zhuti*) unterliegt Rao Yinhua zufolge der Ausgestaltung der Innen- und Außenpolitik eines jeden Staates (Rao, Yinhua 2006). Eine Fehleinteilung der Epochen und ihrer grundlegenden Strukturen führt folglich zum Scheitern der politischen Projekte. Die Irrungen der maoistischen Zeit werden mitunter auf eine derartige Fehlinterpretation zurückgeführt – so sei die damalige Epoche anders als von Mao prognostiziert weder durch weltweite Revolutionen noch durch den Niedergang des Kapitalismus gekennzeichnet gewesen. Eben diese Missperzeption aber habe zu innen- und außenpolitischen Fehlentscheidungen und letztendlich verheerenden Folgen für die Entwicklung der VR China geführt (Huang, Jiashu 1998:37).

Das Verständnis der chinesischen *shidai*-Konzeption wird jedoch dadurch erschwert, dass sich die gegenwärtige IB-Debatte weniger durch eine terminologische und konzeptionelle Vereinheitlichung als vielmehr durch das Fehlen

---

⁶⁶ In aktuellen chinesischen Studien wird der *shidai*-Ansatz nicht als leninistisch-stalinistisches, sondern ausschließlich als marxistisch-leninistisches Konzept referiert (s. Chen, Yue 2002:23). Dies erlaubt die Fortschreibung und Adaption des Modells für die chinesische IB-Forschung, welche offiziell weiterhin an Grundideen des Marxismus-Leninismus und den Mao-Zedong-Ideen festhält.

einer Leittheorie und standardisierter Fachtermini auszeichnet. Mit Blick auf die Strukturen der internationalen Politik werden die Termini „Themen der Epoche" (*shidai zhuti*), „Charakteristika der Epoche" (*shidai tezheng*), „Hauptströmungen der Epoche" (*shidai zhuliu*), „zentrale Entwicklungsgesetze der Epoche" (*shidai zhu xuanlü*) und „Themen der Welt" (*shijie zhuti*) synonym verwendet. Diese Tautologie-Bildung führt schließlich auch unter chinesischen IB-Experten zu Missverständnissen und Irritationen.

Chen Yue schlägt für die chinesische IB-Forschung eine Fokussierung auf das Begriffskonzept der „Weltthemen" vor. Diesem stellt er die „Charakteristika der Epoche" entgegen. Jeder Epoche und jedem Unterabschnitt einer Epoche sind demnach jeweils ganz bestimmte Charakteristika zuzuordnen, die ihrerseits aus den grundlegenden Widersprüchen der Welt (*shijie jiben maodun*) resultieren. Grundsätzlich werden unter dem Begriffskonzept „Charakteristika einer Epoche" keine idealisierten, subjektiven Wunschperzeptionen, sondern nur objektive Gegebenheiten subsumiert (vergl. Chen, Yue 2002:24-25). Allen Unteraspekten des *shidai*-Ansatzes – sei es die Definition der Hauptthemen oder die Analyse der zentralen Charakteristika – ist gemein, dass diese nur für eben diese bestimmte Epoche (*shidai*) oder einen ausgewählten Entwicklungsabschnitt bestimmt werden können (Chen, Yue 2002:24).

Das Begriffspaar „Frieden und Entwicklung" jedoch, welches in der postmaoistischen Phase das leninistische Paradigmenpaar „Krieg und Revolution" ablöste, gilt weiterhin unabhängig von der Wahl der Terminologie als Grundlage der chinesischen Außenpolitik. Nicht zuletzt hat dieses auch Eingang in die Reden Jiang Zemins und Hu Jintaos gefunden (vergl. Feng, Tejun 2005:93). Chen Yue argumentiert daher, dass „Frieden und Entwicklung" nicht den oben aufgelisteten *shidai*-Ansätzen zugeordnet, sondern eher als zeitlose „Weltthemen" eingestuft werden sollten. Denn obgleich es nach 1989/1991 zu einem Ende der Ost-West-Konfrontation gekommen sei, habe sich die Friedens- und die damit verbundene Konfliktthematik doch nur auf neue Bereiche verschoben (Chen, Yue 2002:25-28).

Während sich grundsätzlich wertfrei argumentieren lässt, dass konventionelle und nicht-konventionelle Sicherheitsaspekte und Entwicklungsdisparitäten zu den zentralen globalen Herausforderungen gezählt werden können, kann der *shidai*-Ansatz nicht als universelles und zeitloses Analyse-Modell herangezogen werden:

> Das Theorem der „Charakteristika der Epoche" und die Einteilung einer Epoche sind unmittelbar mit der Analyse der grundlegenden Weltwidersprüche innerhalb eines bestimmten Zeitabschnittes verbunden. Da die Grundlagen und Maßstäbe für die Einteilung

einer Epoche nicht einheitlich sind, kann man zu keiner vereinheitlichten Kenntnis bezüglich der Einteilung der Epoche und ihrer jeweiligen Beschaffenheit gelangen (Chen, Yue 2002:28).

Übersichtsdarstellungen zum Stand der chinesischen Politikwissenschaft bedienen sich dessen ungeachtet durchaus dieser „chinesischen" Analysemodelle und IB-Terminologie. So eröffnen beispielsweise Tang Guanghong und Zhu Kaibing ihre Bestandsaufnahme der chinesischen Forschung zu Konzepten der „internationalen Strategiebildung" (*guoji zhanlüe*) mit einem Kapitel zu den „Themen der Epoche" (*shidai zhuti*). Als zentrale „Themen" werden der offiziösen Auslegung folgend hierbei weiterhin „Krieg und Revolution" als Schwerpunkt der maoistischen Zeit, sowie „Frieden und Entwicklung" für die anknüpfende Reformperiode benannt (Tang, Guanghong / Zhu, Kaibing 2003:3-39). Die „Charakteristika" (*tezheng*) allerdings analysieren Tang Guanghong und Zhu Kaibing unabhängig von dem *shidai*-Konzept, indem sie den Begriff ausschließlich auf die Struktur der Welt und die Entwicklungstendenzen der internationalen Konstellationen beziehen.

Das *shidai*-Konzept wird insbesondere von marxistischen Strömungen der chinesischen IB-Forschung verwendet. Es ist aber nicht als Relikt längst vergangener maoistischer Zeiten einzustufen – auch in der post-marxistischen Modellbildung zu Globalisierung und Regionalisierung wird dem *shidai*-Ansatz eine Schlüsselfunktion zugeschrieben (vergl. Kapitel 7).

2.4.2. Konstruierte Pfadabhängigkeit

Ein mögliches Differenzierungskriterium, das die chinesische IB-Theorie von anderen IB-Modellen abgrenzt, ist nach Fu Yaozu die Fixierung und Konzeption orthodoxer IB-Ansätze durch chinesische Politiker, Diplomaten und Parteistrukturen (Fu, Yaozu 2005b:63). Wenn neuere Ansätze in der chinesischen IB-Forschung auch diese Abhängigkeit der politikwissenschaftlichen Forschung von Regierungs- und Parteivorgaben zu überwinden versuchen, lässt sich doch grundsätzlich eine Kontinuität politischer Ideen und Strategien innerhalb der außenpolitischen Kategorisierungsmodelle der VR China feststellen. Nicht immer werden diese Ideen auch in der außenpolitischen Praxis umgesetzt, doch werden sie nach jedem Generationenwechsel in der chinesischen Politik formelhaft wiederholt oder auch um neue Konzepte ergänzt. Chinesische Studien zu den außenpolitischen Konzeptionen der chinesischen Führungselite konstruieren dabei eine Pfadabhängigkeit, die impliziert, dass auch die vierte Führungsgeneration um Hu Jintao und Wen Jiabao in ihrer Außenpolitik Grundaspekte maoistischer Modelle perpetuiert.

Ein Beispiel hierfür findet sich mit dem Konzept „Die Wahrheit in den Tatsachen suchen" (*shi shi qiu shi*)[67], das in den 40er Jahren von Mao formuliert und in den 70er Jahren von Deng Xiaoping erneut aufgegriffen wurde. Aktuelle Analysen bewerten dieses Konzept als Sinisierung des Marxismus-Leninismus, d.h. als Adaption des dialektischen Materialismus marxistisch-leninistischer Prägung an den chinesischen Kontext. Jiang Zemins Formel „mit der Zeit gehen und neue Wege erschließen" (*yu shi jujin, kaituo chuangxin*) gilt als Iteration dieses Grundkonzepts, ebenso wie Hu Jintaos Konzept „nach dem Wahren suchen und sich mit konkreten Dingen befassen" (*qiu zhen, wu shi*) (s. Fu, Yaozu 2005b). Somit zieht sich in chinesischen Studien zu IB-Konzepten der politischen Führung ein roter Faden von den Ideen Mao Zedongs bis zur gegenwärtigen Konzeption der Außenpolitik unter Hu Jintao und Wen Jiabao. Dabei werden jeder Führungsgeneration spezifische Grundmodelle und IB-Modelle zugeordnet, die entweder von der nachfolgenden Generation unverändert perpetuiert werden oder aber als Ausgangspunkt einer die Veränderungen der internationalen Konstellationen einbindenden Modellkonfiguration dienen. Dieser Schritt ist auch ohne eine Entwertung maoistischer Ideen möglich, da die oben skizzierten Ausführungen Maos entsprechende Theoriemodelle nicht als absolute Wahrheiten konzipieren, sondern diese allein aus der jeweiligen Praxis ableiten und an dieser überprüfen. Fu Yaozu zitiert daher bei seinen Betrachtungen zu modernen Theorie-Praxis-Konstellationen auch die hier relevante Passage aus Maos Schrift „Über die Praxis" (Fu, Yaozu 2005b).

Die systematisierende Darlegung maoistischer Beiträge zur chinesischen IB-Theoriebildung erfolgt zumeist chronologisch und unter Einbeziehung der jeweiligen außenpolitischen Konstellationen. Für die erste Phase nach Gründung der VR China 1949 werden Mao zwei formelhafte außenpolitische Grundsatzerklärungen zugeschrieben, die jedoch weit mehr den Charakter politischer Slogans als den einer politischen Theorie aufweisen. Es handelt sich um die Formel „einen neuen Herd errichten" (*ling qi luzao*), welche die Annullierung aller von der GMD-Regierung geschlossenen außenpolitischen Abkommen und Partnerschaften beinhaltete, und die Formel „das Haus aufräumen, bevor man die Gäste einlädt" (*dasao ganjing wuzi, zai qing ke*), welche vorsah, dass erst nach der endgültigen Überwindung imperialistischer Strukturen in China die Aufnahme diplomatischer Kontakte erfolgen sollte (vergl. Fu, Yaozu 2005b:60; Gong, Li 2004:4; Li, Baojun 1992:12-14). Daneben werden Mao auch die weiterhin Gültigkeit besitzenden Grundprinzipien chinesischer Außenpolitik – Unabhängig-

---

[67] Diese Formel wird auch den methodologischen Grundprämissen der chinesischen Theoriebildung zugeordnet (vergl. *Zhongguo Da Baike Quanshu* 1987:203).

keit (*duli*), Souveränität (*zizhu*) und Vertrauen auf die eigene Stärke (*zili gengsheng*) - zugeordnet (Gong, Li 2004:4).

Mit der Strategie der außenpolitischen Ausrichtung der VR China am sozialistischen Lager unter Führung der Sowjetunion, umschrieben mit der Politik des „sich zur einen Seite Neigens" (*yi bian dao*), sind für die Zeit zwischen 1949 und 1956 die Grundkonstanten der chinesischen Außenbeziehungen zunächst ideologisch bedingt festgelegt. Doch die Abwendung von der Sowjetunion, die Übernahme des ständigen Sitzes im UN-Sicherheitsrat durch die VR China und schließlich auch die Normalisierung der sino-amerikanischen Beziehungen waren nicht mehr mit allen in den ersten Jahren der VR China etablierten außenpolitischen Grundpfeilern vereinbar. Allerdings waren diese Grundideen bereits in den 50er Jahren erweitert und modifiziert worden. So schlossen die „Fünf Prinzipien der friedlichen Koexistenz" - in der chinesischen Diplomatiegeschichte Mao zugeordnet, offiziell deklariert jedoch durch Zhou Enlai im Rahmen der Bandung-Konferenz 1955 - unerwarteterweise die Möglichkeit einer friedlichen Existenz kapitalistischer und sozialistischer Staaten bereits nicht mehr kategorisch aus (Gong, Li 2004:11; Pu, Ning 2004:28-29). Auch Maos „Weltmodelle", also Zwischenzonentheorie, Zwei-Zwischenzonen-Theorie und Drei-Welten-Theorie, finden Erwähnung im Rahmen der chinesischen Diplomatiegeschichte (vergl. Pu, Ning 2004:20-25; Wen, Shangqing / Wei, Qingyuan 2004:51-52; Jia, Jianghua 2004:64-65). Darüber hinaus listet die retroperspektivische Aufarbeitung der außenpolitischen Ideen Mao Zedongs auch den Aspekt des Friedens als zentrales Grundprinzip auf (Gong, Li 2004:8).

Die Ausrichtung der chinesischen Außenpolitik in der Reform-Ära nach 1978 wirkt zunächst wie eine nüchterne Absage an ideologische Grundprinzipien der maoistischen Phase und Hinwendung zum außenpolitischen Pragmatismus. Doch der Paradigmenwechsel von „Krieg und Revolution" (*zhanzheng he geming*) zu Deng Xiaopings Begriffspaar „Frieden und Entwicklung" (*heping yu fazhan*) (s. Yuan, Chengzhang 2004:38) ist möglicherweise nur ein scheinbarer. Denn wenn Gong Li schon bereits der maoistischen Phase der VR China eine Friedensorientierung attestiert, wobei die Kriege in der chinesischen Geschichte nach 1949 elegant übergangen werden, wird eine Konkretisierung und Verankerung bereits zuvor gepflegter Orientierungen angenommen, so dass mit dem Übergang von Mao zu Deng die Kontinuität und Kausalität der chinesischen Außenpolitik gewahrt wird. Dies könnte auch der Grund sein, weshalb einige chinesische Studien „Frieden und Entwicklung" als Ergebnis der „wissenschaftlichen Analyse" (*kexue panduan*) der „internationalen Strukturen" (*guoji xingshi*), der „Themen der Zeit" (*shidai zhuti*) und der „Themen der Welt" (*shijie zhuti*) einstufen (Yuan, Chengzhang 2004:38), nicht jedoch als Paradigmenwechsel.

Daneben werden auch die außenpolitischen Grundprinzipien der maoistischen Phase – Unabhängigkeit, Souveränität und territoriale Integrität – von Deng Xiaoping, wie chinesische Studien unterstreichen, offiziell beibehalten. Eine Fortschreibung dieser Grundkonstanten und zugleich die Anpassung dieser an die veränderten außenpolitischen und internationalen Konstellationen liefert die Absage an jegliche Allianzenbildung und die entschiedene Zurückweisung jedweder Hegemoniebestrebungen der VR China. Doch werden Deng Xiaoping auch neue außenpolitische Ideen zugeschrieben, die zusammen mit den ursprünglichen maoistischen Konzepten von den folgenden Führungseliten fortgeführt wurden. Hier sind insbesondere der Ansatz der Multipolarität und Dengs Forderung der 80er Jahre nach einer neuen Weltordnung hervorzuheben (vergl. Yuan, Chengzhang 2004:42-52; Jin, Zhengkun 2004:287-289).

Dass das Konzept „Ein Land, zwei Systeme" (*yi guo, liang zhi*) in Übersichtswerken der chinesischen IB-Forschung aufgegriffen und Deng Xiaopings Modellen der Außendiplomatie zugerechnet wird, ist zunächst nicht nachvollziehbar, da dies zumeist ohne jede weitere Erklärung geschieht (u.a. Zhao, Kejin / Ni, Shixiong 2007). Hintergrund dieser Zuordnung ist die innerchinesische Diskussion darüber, dass Dengs Modell der friedlichen Konfliktbelegung und Wiedervereinigung auch auf andere Regionen übertragen werden könnte. In dieser Hinsicht wird Deng Xiaopings Ansatz als Weg zur Beilegung intra- und internationaler territorialer Streitigkeiten konzipiert (vergl. Jin, Zhengkun 1999:272-273). Jiang Zemin schließlich erweiterte, so die chinesische Darstellung, diesen konzeptionellen „maoistischen" Rahmen durch die Definition eines „Neuen Sicherheitskonzepts" (*xin anquanguan*), das als Grundprinzipien bi- oder multilateraler Strukturen wechselseitiges Vertrauen, den wechselseitigen Nutzen, Gleichberechtigung und Kooperation statt Konfrontation postuliert (Jin, Zhengkun 2004:289-295).

Alle diese Begriffskonzepte werden auch von der gegenwärtigen politischen Führung der VR China im Rahmen der Parteitagsreden aber auch in offiziellen diplomatischen Erklärungen immer wieder betont. Darüber hinaus ist dieser offiziöse Kanon bereits um neue Konzepte erweitert worden (vergl. Kapitel Theoriebausteine).

2.5. Freiräume und Rahmenvorgaben

Die innerchinesische Theoriedebatte der 80er Jahre leitet sich offiziell her von Deng Xiaopings Ausführungen zum Aufbau eines „Sozialismus mit chinesischen Charakteristika" und erhebt damit den Anspruch, ein unverzichtbares Element der chinesischen Modernisierungspläne zu verkörpern. Die seit nunmehr fast 30 Jahre andauernde IB-Debatte ist von den nachfolgenden Führungsgenerationen grundsätzlich gefördert worden, wenngleich politische Grundsatzerklärungen und Reden dieser nicht nur einen erlaubten Entwicklungsfreiraum zugewiesen, sondern zugleich auch feste Grenzen gesetzt haben.

Die „Kanalisierung" der chinesischen Theoriedebatte lässt sich auf Jiang Zemins Rede anlässlich seines Besuchs an der Chinesischen Akademie für Sozialwissenschaften (CASS) am 16. Juli 2002 zurückführen. Anlässlich des 25-jährigen Bestehens der Akademie betonte Jiang Zemin die Notwendigkeit einer Professionalisierung der chinesischen Philosophie und Sozialwissenschaften, um den Aufbau eines „Sozialismus mit chinesischen Charakteristika" voranzutreiben und die chinesischen Modernisierungspläne erfolgreich zu implementieren. Im Mittelpunkt der Forschung sollte folglich nicht die wissenschaftliche Dokumentation des historischen Wandels der Gesellschaft, sondern vielmehr die Analyse der Entwicklungsgesetze der jeweils aktuellen gesellschaftlichen Konstellationen stehen. Die Konzeption neuer Methoden, Analyseelemente und Theorien hatte somit der Umsetzung der nationalen Entwicklungsziele der VR China zu dienen, da die sozialwissenschaftliche Forschung einerseits zum Verständnis der Weltkonstellationen (*liaojie shijie*) beitragen, andererseits aber auch eine aktive Veränderung der Welt (*gaizao shijie*) ermöglichen sollte. Auf dieser Grundlage formulierte Jiang Zemin im Jahr 2002 fünf Aktionspunkte zur Förderung und Stärkung der sozialwissenschaftlichen Forschung der VR China. Der erste Punkt legt fest, dass weiterhin der Marxismus in seiner sinisierten und an der politischen Praxis der VR China ausgerichteten Form als Leitidee zu fungieren habe, womit jedoch kein statisches Konzept der marxistischen Philosophie, sondern eine dynamische Weiterentwicklung ihrer Grundlagen angestrebt wird. Dies verdeutlicht auch der zweite Punkt in Jiangs Ausführungen, der die im ersten Punkt indirekt zitierten Mao-Zedong-Ideen um Deng Xiaopings Theorien ergänzt, indem die Deng zugeschriebenen Formeln „sich von alten Denkmustern befreien" (*jiefang sixiang*), „die Wahrheit in den Tatsachen suchen" (*shi shi qiu shi*) und „mit der Zeit gehen" (*yu shi ju jin*) referiert werden. Der dritte Punkt schreibt der sozialwissenschaftlichen Forschung ihre Rolle und Verpflichtungen im politischen System vor. So hat diese den Festlegungen Jiang Zemins zufolge dem chinesischen Volk und dem Sozialismus zu dienen (*wei renmin fuwu, wei shehuizhuyi fuwu*; abgekürzt ‚*er wei*') und dem Grundmotto „Lasst hundert Blumen blühen, lasst hundert Schulen miteinander wettstreiten" (*bai hua qi fang, bai jia zhengming*; kurz ‚*shuang bai*') zu folgen. In diesem Zusammenhang findet sich auch die Schlüsselformel, die auch gegenwärtig die theoretischen und metatheoretischen Studien der chinesischen IB-Forschung wie ein roter Faden durchzieht: Ziel ist es, „sich zu bemühen, Sozialwissenschaften aufzubauen, die chinesische Charakteristika, einen chinesischen Stil, und einen chinesischen Habitus aufweisen (*nuli jianshe juyou Zhongguo tese, Zhongguo fengge, Zhongguo qipai de zhexue shehui kexue*) (vergl. RMRB 17-07-2002). Der vierte Punkt wiederum thematisiert erneut den Aspekt der Wissenschaftlichkeit der sozialwissenschaftlichen Forschung und fordert eine wissenschaftlichen Grundprinzipien und Arbeitsweisen verpflichtete Ausgestaltung der chinesischen Forschungsdisziplinen. Der fünfte Punkt schließlich lässt keinen Zweifel daran, dass eine bedingungslose Autonomie der chinesischen Forschung nicht intendiert ist. Weiterhin wird der KPCh sowie untergeordneten Partei- und Staatsorganen eine Führungsrolle auch im Bezug auf die Ausrichtung und Ausgestaltung der chinesischen Forschung zugeschrieben. Allerdings wird mit diesem fünften Punkt auch festgehalten, dass die chinesische Führungselite der Partei „auf die Meinungen und Empfehlungen (der chinesischen Sozialwissenschaftler) zu hören und ihre wissenschaftlichen Ergebnisse zu respektieren habe" (vergl. RMRB 17-07-2002).

Im Vorfeld dieser Rede an der Akademie für Sozialwissenschaften hatte Jiang Zemin bereits im Rahmen parteiinterner Gespräche und Stellungnahmen einzelne der hier skizzierten Punkte angesprochen. In der rückblickenden Aufarbeitung zur Funktion und Rolle der chinesischen Sozialwissenschaften verweisen chinesische Forscher insbesondere auf Jiang Zemins Rede vom 7. August 2001 in Beidaihe und seine Rede an der Renmin-Universität vom 28. April 2002, die als erste Schritte in Richtung einer Aufwertung und Förderung der Sozial- und Politikwissenschaften durch die politische Führung verstanden werden und gemeinsam mit der oben angeführten Rede vom 16. Juli das „Grundprogramm" (*jiben gangling*) der sozialwissenschaftlichen Forschung fixieren.

Der Beidaihe-Rede wird rückblickend zugeschrieben, die Sozialwissenschaften auf eine Stufe mit den zuvor im Sinne der Modernisierungsstrategie diesen vorangestellten Bereichen der Naturwissenschaften und der Technik gehoben zu haben. Natur- und geisteswissenschaftliche Forschung sollten nun in Zukunft parallel ausgebaut werden. Vier Punkte verdeutlichten dabei die wechselseitige Interdependenz und Gleichwertigkeit von Natur- und Sozialwissenschaften (chinesisches Stichwort: *sige tongyang zhongyao*), wobei die beiden Disziplinen nicht als einander ausschließend, sondern als einander ergänzend gesehen wurden. Ihre zukünftige Synthese galt folglich als notwendige Voraussetzung zur Umsetzung der chinesischen Modernisierungsanliegen (RMRB 20-08-2002).

Die Renmin-Rede, deren Hauptaussage mit der Formel „Fünf Aspekte, auf die besonderer Wert gelegt werden muss" (*wuge gaodu zhongshi*) referiert wird, nimmt viele Kernaspekte der CASS-Rede bereits vorweg. Die zentralen Punkte, die in der offiziösen Auslegung der CASS-Rede zur Entwicklung der chinesischen Sozialwissenschaften hervorgehoben werden, betreffen die „unersetzbare und zentrale Funktion" (*bu ke tidai de zhongyao zuoyong*) der Sozialwissenschaften; den Aufbau einer Disziplin mit chinesischer Prägung (*Zhongguo tese / Zhongguo fengge / Zhongguo qipai*); die Formierung einer chinesischen Forschergruppe und die Wahrung und Stärkung der Führungsrolle der Partei auch in Bereichen der sozialwissenschaftlichen Forschung (RMRB 20-08-2002). Darüber hinaus wird die Ausrichtung der chinesischen IB-Forschung auch durch die Berichte der Parteitage inhaltlich vorgegeben. Mitunter wird dieser Bezug von den chinesischen IB-Forschern auch direkt formuliert, bisweilen auch bereits in der Überschrift eines Beitrags (z.B. Liang, Shoude 2003:1-15; Yang, Chengxu 2003:16-28; Miao, Huashou 2003:45-52; Ye, Zicheng et al. 2003:81-97).

Im Prinzip hat die vierte Führungsgeneration der VR China unter Hu Jintao nach der Machtübertragung 2002/03 diese Grundbekenntnisse zur Förderung der sozialwissenschaftlichen Disziplinen erneut bekräftigt, wobei allerdings über die Iteration zentraler Begriffskonzepte der drei Reden Jiang Zemins hinausgehend auch eine Aktualisierung der Förderungskriterien vorgenommen wurde. Am 5. Januar 2004 veröffentlichte das Zentralkomitee der KPCh eine „Erklärung zur Förderung der weiteren Entfaltung und Entwicklung der Philosophie und Sozialwissenschaften" (*Guanyu jin yi bu fanrong fazhan zhexue shehui kexue de yijian* 2004)[68]. Dieses in sieben Abschnitte unterteilte Dokument gilt als Orientierung und Richtlinie der gegenwärtigen Ausgestaltung der chinesischen sozial- und insbesondere auch der politikwissenschaftlichen Forschung, sowohl in empirisch-analytischen wie auch in theoretisch-methodologischen Themenfeldern. Mittlerweile liegen zahlreiche Leseanleitungen parteinaher und staatlicher Einrichtungen (z.B. *Xinhua* 20-03-2004) sowie Analysen zur Implementierung der mit der Erklärung offiziell verankerten Ausrichtung und Organisation der chinesischen Sozialwissenschaften vor. Zudem hat eine kritische Selbstbetrachtung der chinesischen Forschergruppen und ihrer Disziplin begonnen, die sich unmittelbar aus der Diskussion der ZK-Erklärung von 2004 ableitet. Diskutiert wird vor allem die Frage, ob eine professionelle Ausrichtung der chinesischen Sozialwissenschaften einen Bruch mit marxistischen Ideen voraussetzt oder aber ob den Forderungen der ZK-Erklärung entsprechend diese Leitideen auf gar keinen Fall aufgegeben werden dürfen (vergl. *Guangming Ribao* 30-12-2006).

Das erste der sieben Unterkapitel der ZK-Erklärung von 2004 nimmt die bisherigen Vorgaben der sozialwissenschaftlichen Forschung auf und erklärt diese zur unverzichtbaren Voraussetzung für den Aufbau eines „Sozialismus mit

---

[68] Forthin abgekürzt als ZK (05-01-2004). Das chinesische Dokument findet sich online unter: http://www.qysk.gov.cn/E_ReadNews.asp?NewsID=92 (14.11.2008).

chinesischen Charakteristika". Hierauf aufbauend widmet sich das zweite Unterkapitel der Frage nach der richtigen Leitidee beziehungsweise der korrekten theoretischen und methodologischen Ausrichtung der chinesischen Forschung. Hier werden im Prinzip die Vorgaben Jiang Zemins wiederholt, indem neben marxistischen Grundannahmen der altbekannte Kanon der Mao-Zedong-Ideen, der Deng-Xiaoping-Theorien und der „Drei Vertretungen" Jiang Zemins aufgelistet werden. Das dritte Unterkapitel konkretisiert die Zielsetzungen der Stärkung der chinesischen Philosophie und Sozialwissenschaften und skizziert ausgehend von der Zielvorgabe, dass es um die Erkenntnis der objektiven Entwicklungsgesetze gesellschaftlicher und ökonomischer Konstellationen gehen müsse, einzelne Zwischenschritte zur Zielerreichung. Erstmals wird anerkannt, dass eine Rekonzeptionalisierung der Theoriemodelle vonnöten ist, welche die chinesische Tradition und Kultur mit fortschrittlichen Modellen der nichtchinesischen Welt zusammenführt. Das vierte Kapitel nimmt erneut den Gedanken des Festhaltens an der marxistischen Theoriebildung auf und fordert eine zeitgemäße Reinterpretation und Überprüfung der Grundkonzepte gestützt auf die Werke der marxistisch-leninistischen Philosophie und ihre Übertragung auf den chinesischen Kontext. Der fünfte Themenbereich fordert eine institutionelle und organisatorische Reform der Forschungsstrukturen im Bereich der Sozialwissenschaften, wobei dies neben universitären Organen und Einrichtungen auch staatliche und parteiinterne Strukturen betrifft. Da somit die thematische und theoretisch-methodologische Grundausrichtung festgelegt ist, kann sich das sechste Unterkapitel der Forderung nach der Formierung hochqualifizierter chinesischer Forschungsgruppen widmen, bevor das siebente Kapitel abschließend der freien Ausgestaltung der Sozialwissenschaften erneut die bereits unter Jiang Zemin beschlossenen Grenzen der Forschungsfreiheit aufzeigt, indem abermals die Führungsrolle der Partei explizit erklärt wird (ZK 05-01-2004).

Bereits im Juni 1991 war es zudem zur Einrichtung des „Nationalen Planungsbüros für Philosophie und Sozialwissenschaften" unter Leitung der zuständigen Arbeitsgruppe des ZK gekommen.[69] Das bedeutet, dass die Organisation und Gestaltung der sozialwissenschaftlichen Forschung einerseits mit der ZK-Erklärung von 2004 inhaltlich ausgerichtet wird, andererseits mit der Institutionalisierung auch eine mittel- bis langfristige Ausgestaltung erfolgt. Willkürliche und kurzfristige Eingriffe in die Forschung sind zunächst verglichen mit der maoistischen Phase weniger häufig zu erwarten. Für den Zeitraum 2006-2010 liegt ein offizieller Plan für die chinesische Forschung in den Bereichen

---

[69] vergl. die chinesische Homepage des „Nationalen Planungsbüros für Philosophie und Sozialwissenschaften" (*Quanguo Zhexue Shehui Kexue Guihua Bangongshi*) unter: http://www.npopss-cn.gov.cn/institution/index.htm (14.11.2008).

der Philosophie und der Sozialwissenschaften vor (*Guojia zhexue shehui kexue yanjiu 2006-2010 nian guihua*)[70]. Die Notwendigkeit, die Richtlinien zur Ausgestaltung der sozialwissenschaftlichen Forschung der VR China zu überarbeiten, ohne jedoch die Vorlage Jiang Zemins zu entwerten, ergibt sich chinesischen Darstellungen zufolge aus den mittlerweile veränderten nationalen und internationalen Konstellationen und Herausforderungen. Beispielsweise ist mit dem Konzept der „Gesellschaft des bescheidenen Wohlstandes" (*xiaokang shehui*) und dem „Wiederaufstieg des chinesischen Volkes" (*Zhonghua minzu de weida fuxing*) (vergl. *Xinhua* 20-03-2004) eine neue Terminologie in die offizielle politische Diskussion integriert worden, die es nun auch mit den Formulierungen der Forschungsrichtlinien in Deckung zu bringen gilt. Zugleich ist nur allzu augenfällig, dass die vierte Führungsgeneration grundsätzlich sehr bemüht ist, sich in die Tradition der bisherigen politischen Führungsgenerationen zu stellen und sich doch zugleich von diesen mit neuartigen oder zumindest modifizierten Konzepten abzusetzen. Eine Gegenüberstellung der CASS-Rede Jiang Zemins und dem ZK-Dokument lässt erkennen, dass Jiangs ursprünglicher Fünf-Punkte-Plan mit der Erklärung von 2004 inhaltlich wie terminologisch lediglich weitergehend ausdifferenziert worden ist, so dass nun ein Sieben-Punkte-Dokument als Wegweiser der chinesischen sozialwissenschaftlichen Forschung dient. Neben der Einbindung politischer Leitgedanken, die erst unter Hu Jintao als offiziöse Konzepte in die chinesische Diskussion eingebracht worden sind, hat der Aspekt der Theoriebildung eine deutliche Aufwertung erfahren. Während Jiang Zemins Rede zugeschrieben wird, die Stellung der Philosophie und Sozialwissenschaften und den Status der diesen zugehörigen Forschergruppen maßgeblich aufgewertet zu haben, wird mit Blick auf das ZK-Dokument von 2004 der Aspekt der innovativen Neukonzeption von Theoriemodellen unterstrichen. Dass hier ein weiterer Schritt in Richtung einer systematischen und professionellen chinesischen Forschung angelegt ist, zeigt auch der neu aufgenommene Unterpunkt 5 zur Reform der entsprechenden theoriebezogenen Forschungsstrukturen.

---

[70] Das chinesische Dokument ist vielfach über die Homepages der Fakultäten / Institute für Sozialwissenschaften als Volltext oder in zusammengefasster Kurzform verlinkt. Ebenso ist es über die Seiten der Parteihochschulen abrufbar, beispielsweise unter:
http://www.ahdx.gov.cn/zxjyb/dt2111111426.asp?DocID=2111114189 (14.11.2008).

2.6. Selbstbetrachtungen des Feldes

Die diversen eingangs skizzierten Periodisierungsansätze der chinesischen IB-Theoriebildung vermitteln das Bild einer in sich geschlossenen, selbstreferentiellen Entwicklung der chinesischen Theorieforschung. Chronologisch gesehen folgte auf die Phase der Rezeption „westlicher" Modelle, die als Grundlage einer „wissenschaftlichen" Analyse der internationalen Konstellationen und somit als Voraussetzung zur Entwicklung der außenpolitischen Strategie angesehen wurden, die graduelle Emanzipation von nicht-chinesischen Maßstäben und die Rückbesinnung auf die nationale politische Kultur der VR China (Yu, Zhengliang / Chen, Yugang 1999; Ni, Shixiong / Xu, Jia 1997; Wang, Yizhou 2006a).

Diese linearen Periodisierungsansätze sind jedoch weit mehr als eine objektive Darstellung der kausalen Entwicklung der chinesischen IB-Forschung. Die hier entworfene Chronologie und die Ansätze der Systematisierung der IB-Disziplin spiegeln eindeutig eine teleologische Rekonstruktion des chinesischen IB-Feldes wider. Das chinesische Feld der modernen IB-Forschung ist seinem Anspruch nach autonom. Diese Autonomie wird als notwendige Voraussetzung für den Aufbau einer professionellen IB-Wissenschaft angenommen. Der Aufbau der IB-Forschung wurde von der politischen Ebene angestoßen, die konkrete Ausgestaltung blieb aber den IB-Forschern überlassen. Hieraus leitet sich ab, dass das Feld der chinesischen IB-Forschung zumindest hinsichtlich seines Soll-Zustandes aus Sicht seiner Akteure durch die Kriterien der Selbstorganisation, partiellen Selbststeuerung und Unbeeinflussbarkeit der Systemstrukturen beschrieben werden kann. Diese Strukturen sind unverzichtbar, wenn es darum gehen soll, eine eigenständige innovative Theoriebildung zu betreiben.

Ein derart beschaffenes autopoietisches Feld der IB-Forschung ist einerseits strukturdeterminiert, andererseits aber auch durch seine Umwelt perturbierbar (vergl. Roth 1987:272). Doch ist ein autonomes, autopoietisches Feld diesen Perturbationen nicht passiv-reaktiv ausgeliefert. Das Feld selbst legt, zumindest dem Anspruch nach, fest, wann es in einen neuen Zustand übergeht und einen Strukturwandel vollzieht. Genau dieser Aspekt kommt in den eingangs skizzierten Periodisierungsmodellen deutlich zum Ausdruck. Denn interessanterweise werden in diesen Modellen die Anweisungen und Rahmenerklärungen der politischen Ebene weitgehend ausgeblendet; die IB-Modelle der vorangegangenen maoistischen Zeit, die offiziell nicht im Rahmen der politikbezogenen Wissenschaft entstanden sind, bleiben ebenfalls unerwähnt. Die Feldstrukturen – worunter neben dem institutionellen Feldaufbau auch Ideen, Vorstellungen und Überzeugungen fallen – entstehen den Periodisierungsmodellen zufolge allein aus den Interaktionen und Interrelationen der Feld-Akteure.

Auch wenn sich für die Entwicklung der chinesischen IB-Forschung sowohl endogene als auch exogene Faktoren ausmachen lassen, erfolgt die chronologische Darstellung des Feldes stark selbstreferentiell. Die Umwelt des Feldes bedingt dabei dessen Entwicklungsoptionen, regiert diese jedoch nicht. Die ersten Jahre nach der Einleitung der Reform und Öffnung erlaubten erstmals nach der entschiedenen Zurückweisung wertgebundener „imperialistischer" Ideen in der maoistischen Phase wieder die Beschäftigung mit Theorien, Modellen und kulturellen Konzepten der „westlichen" Welt. Nach der euphorischen Übernahme dieser „westlichen" IB-Modelle allerdings, die anfangs als objektive Erklärungsmodelle gefeiert worden waren, folgte nach und nach eine kritische Distanzierung von den diesen zugeschriebenen Wertvorstellungen. Analog zum Konzept des „Sozialismus mit chinesischen Charakteristika" trat auch die chinesische IB-Forschung in eine „neue" Phase ein, in welcher nicht mehr die Nachbildung der „westlichen" IB-Disziplin, sondern eine reflektierte Modifizierung dieser Modelle auf dem Programm stand. Diese Orientierung fand bereits vor 1989, d.h. vor den Sanktionsmaßnahmen und Kritikäußerungen der „westlichen" Staatenwelt, statt. Der Vorwurf beispielsweise, dass es sich bei den „westlichen" IB-Theorien um „ideologische", wertgebundene Konstrukte handelte, die mit sozialistischen Ansichten unvereinbar wären, wurde bereits 1987 auf der Shanghaier IB-Konferenz von Hu Menghao konstatiert (vergl. Song, Xinning 2001:64).

Wenn aber Yu Zhengliang und Chen Yugang ihre zweite Entwicklungsphase der chinesischen IB-Disziplin mit dem Jahr 1989 beginnen lassen und dies damit begründen, dass die Entwicklungen von 1989 die Wertgebundenheit der westlichen Ideen und Modelle und somit deren mangelnde universelle Validität gezeigt hätten (Yu, Zhengliang / Chen, Yugang 1999), ist die Neuausrichtung in der zweiten Entwicklungsphase Ausdruck einer freien und selbstbestimmten Umstrukturierung des IB-Feldes. Denn ausschlaggebend hierfür sind dem Anspruch der chinesischen IB-Forscher nach weniger innenpolitische Entwicklungen und offizielle Anordnungen als vielmehr Konstellationsverschiebungen der internationalen Beziehungen und deren Bewertung durch die chinesische IB-Forschung.

Noch deutlicher wird die Konstruktion eines autonomen Feldes der chinesischen IB-Forschung in den Periodisierungsansätzen von Ni Shixiong und Xu Jia. Denn hier beginnt die zweite Phase mit der ersten chinesischen IB-Konferenz in Shanghai (1987), das Jahr 1989 wird nicht herausgestellt. Der Beginn der dritten Entwicklungsphase fällt auf das Jahr 1993, wodurch ein Bezug zur Renormalisierung der chinesischen Außenbeziehungen im Jahr 1992 indirekt besteht, jedoch nicht explizit gemacht wird (Ni, Shixiong / Xu, Jia 1997).

Auch diese Betrachtungen verdeutlichen, dass die Periodisierungsansätze der chinesischen IB-Forscher teleologisch angelegt sind. Jeder Ansatz stellt für sich genommen hierbei nur eine der möglichen Narrativen der chinesischen IB-Forschung dar. Ziel dieser Narrativen ist die Konstruktion eines autonomen IB-Feldes, wobei die Positionierung des Verfassers innerhalb des Feldes über dessen architektonische Beschaffenheit – d.h. die Strukturen, Interaktionsmechanismen und Zugangskriterien – entscheidet.

Es wäre durchaus eine Gegennarrative vorstellbar, welche die Entwicklung der chinesischen IB-Forschung in Abhängigkeit von Beschlüssen und Anweisungen der politischen Ebene beschriebe. Eine derartige Rekonstruktion spräche dem chinesischen IB-Feld seine Autonomie ab und würde es vollkommen der Steuerung des chinesischen Partei-Staates unterwerfen. In der post-maoistischen Zeit ist eine derartige hierarchische Steuerung allerdings höchst unwahrscheinlich. Denn infolge der 1978 eingeleiteten Wirtschaftstransformation ist es zu einer Diversifizierung und Fragmentarisierung auf subsystemischer Ebene gekommen, welche die Steuerungsmöglichkeiten der Zentralregierung zu überlasten drohen. Die Komplexität gesellschaftlicher, ökonomischer oder auch politischer Prozesse ist in einem solchen Maße gestiegen, dass die Zentralregierung gleichsam gezwungen ist, auf die Expertise von externen Beratern zurückzugreifen und eine arbeitsteilige Administration aufzubauen. Dies aber bedeutet, dass der chinesische Zentralstaat, um die Gefahr eines Steuerungs- und Staatsversagens abzuwenden, diesen Beratern weitgehende Freiheiten einräumen und garantieren muss. Denn diesen kommt die Aufgabe zu, effiziente und realisierbare Lösungsmodelle zu erarbeiten, wobei möglicherweise auch die etablierten Grundprinzipien der Politik respektive der Außenpolitik neu moduliert werden müssen. Eine Kanalisierung der Expertendiskussionen über etwaige Lösungsmodelle würde zwar die Kontrolle des Zentralstaates wieder herstellen, doch wäre nicht mit der Konzeption pragmatischer, problemorientierter Lösungsmodelle zu rechnen.

So erklärt sich, dass die gegenwärtige Politikwissenschaft im Unterschied zur maoistischen Phase durch Ideenpluralismus gekennzeichnet ist. Das Fehlen einer inhaltlichen Leitidee hat zur Folge, dass eine Vielzahl von Modellansätzen aufgekommen ist, die sich oftmals überschneiden, zum Teil jedoch aber auch antagonistisch entgegenstehen. Selbst innerhalb einer „Strömung" der chinesischen Theoriebildung koexistieren die diversesten Theorieannahmen. Ein Blick in die seit Mitte der 80er Jahre vorliegenden chinesischen IB-Artikel eröffnet gleichsam den Blick auf ein riesiges, unstrukturiertes Experimentierfeld, das lediglich durch einige Grundprinzipien eingegrenzt wird, jedoch ohne dass hierdurch grundsätzlich der Methoden- und Theorienpluralismus eingedämmt wäre. Mit der Unterteilung der „chinesischen" IB-Theoriebildung in Strömungen, denen jeweils spezielle Schlüsselwerke und Grundtendenzen zugeschrieben werden, erfolgt zwar eindeutig der Versuch einer Standardisierung und zugleich auch einer inhaltlichen Ausrichtung der chinesischen IB-Disziplin. Die möglichen „Quellen" beziehungsweise „Strömungen" der chinesischen Theoriesuche – marxistische Philosophie; „westliche" IB-Theorien; Elemente und Modelle der chinesischen Philosophie (vergl. Song, Xinning 2001:68)[71] – werden pflichtbewusst in den meisten chinesischen IB-Metastudien angeführt, jedoch ohne dass hier eine kritische inhaltliche Analyse vorgenommen würde. Die nach nunmehr 30 Jahren vorliegenden ersten inhaltlichen Ansätze der „chinesischen" IB-Modellbildung greifen sehr selektiv und eklektisch entweder einzelne Elemente einer dieser Strömungen auf oder entwickeln eine Synthese dieser Strömungen, welche auf den chinesischen Kontext um- und fortgeschrieben wird.

Die Reduzierung dieser Theoriedebatten auf die drei Grundströmungen, die durch die ZK-Erklärung von 2004 als unverzichtbare, beizubehaltende Grundelemente der sozialwissenschaftlichen Theoriebildung festgeschrieben worden sind (ZK 05-01-2004), blendet diese akademischen Kontroversen und die inhaltliche Neuausrichtung der chinesischen IB-Forschung komplett aus. Diese Vereinheitlichung lässt sich jedoch teilweise auch dekonstruieren, da mittlerweile anlässlich des dreißigjährigen Bestehens der modernen chinesischen IB-Forschung erste Artikel vorliegen, die ein etwas differenzierteres Bild entwerfen. Beispielsweise lässt sich nachweisen, dass die zusammenfassend mit „Marxismus" betitelte Ausrichtung der chinesischen IB genau genommen Elemente der marxistischen Philosophie in ihrer Weiterentwicklung in der VR China, aber eben mittlerweile auch moderne marxistische IB-Modelle westlicher Wissenschaftler umfasst. Zudem aber übernimmt der „Marxismus" auch die Funktion eines Leitprinzips der chinesischen IB-Modellbildung, wobei dahingestellt bleibt, in welcher Form dieses Prinzip in der Konzeption neuer Theorien zum Ausdruck kommen soll (vergl. Chen, Yugang 2008:47).

Der messbare Einfluss traditioneller chinesischer Konzepte auf die chinesische Außenpolitik und die chinesische Konzeption der internationalen Bezie-

---

[71] Zhao Kejin und Ni Shixiong verankern in ihrem aktuellen IB-Lehrbuch drei Quellen der chinesischen IB-Theorie: Marxistische IB-Ideen; moderne „westliche" IB-Theorien; klassische und moderne „chinesische" IB-Konzepte (Zhao, Kejin / Ni, Shixiong 2007:54-60). Oftmals wird der Aspekt der marxistischen Ideen auch noch stärker in den Vordergrund gerückt, indem dieser als Leitgedanke der IB-Theoriesuche herausgestellt wird (Yu, Zhengliang 2005:1).
Ren Xiao hingegen klammert genau diesen Bezug aus, indem er allein auf Konzepte der klassischen chinesischen Kultur und Tradition, die diplomatischen und internationalen Erfahrungen der VR China und die durch chinesische Wissenschaftler rezipierten Modellvorstellungen der westlichen IB-Forschung als Grundlagen der „chinesischen" IB-Theorie verweist (Ren, Xiao 2001:11).

hungen ist weiterhin umstritten. Chinesische Studien stellen diesen Punkt jedoch nicht in Frage, sondern listen einige der offiziell anerkannten klassischen Bausteine – *tianxia*, *li* (Riten), *lizheng* (ritengestützte Herrschaft), *ren* (Humanität), *renzheng* (moralische Herrschaft), *he* (Harmonie), *wangdao* (Königsweg des Regierens) – auf, die als zeitlose Grundprinzipien der politischen Kultur Chinas konzipiert werden. Allerdings merkt Zhang Zhizhou hierzu an, dass all diese Konzepte dem Policy-Bereich zugerechnet werden müssten und eine abstrakte Grundlagentheorie der chinesischen IB weiterhin ausstehe (Zhang, Zhizhou 2005:193).[72]

Die Möglichkeit einer Orientierung und Ausrichtung an „westlichen" IB-Konzepten spaltet die chinesische Forschergemeinde weiterhin. Gegenwärtig bleibt dieser Aspekt zwar in chinesischen Studien immer häufiger unerwähnt, so dass anzunehmen wäre, dass zumindest offiziell keine Nachbildung der „westlichen" IB im chinesischen Kontext angestrebt wird. In der politikwissenschaftlichen Praxis der VR China sieht dies jedoch etwas anders aus, da hier durchaus starke Einflüsse der „westlichen" Makrotheorien auszumachen sind. Dabei ist auch zu bedenken, dass zwischen China und der westlichen Welt seit über 150 Jahren ein reger Austausch von Ideen stattfindet. Die präjudizierte Trennung der beiden Kulturräume und Ideenwelten durchzuhalten hieße demnach, diese real bestehenden wechselseitigen Einflüsse wider besseres Wissen zu leugnen und die „chinesische" Theorie somit auf „zweifelhaften Grundannahmen basieren" zu lassen (vergl. Shi, Yinhong 2008:75).

Aus diesen Betrachtungen ergibt sich, dass jede einzelne Strömung in eine Vielzahl von Unterströmungen zerlegt werden kann. Aus der Gesamtzahl aller Strömungen und Nebenströmungen wird sich, so die Vorgabe der ZK-Erklärung (ZK 05-01-2004), eine Hauptströmung herauskristallisieren. Die anderen Strömungen werden damit jedoch nicht aufgegeben, vielmehr ist im Sinne der marxistischen Dialektik ein dynamisch chaotischer Wandel des IB-Feldes und seiner Grundmodelle jederzeit vorstellbar.

Ungelöst bleibt auch die Frage nach den Inhalten und Ausgangspunkten einer IB-Theorie mit „chinesischen Charakteristika". Der von einigen chinesischen Politikwissenschaftlern vorgebrachte Gedanke, hierunter eine marxistische IB-Forschung verstehen zu wollen, stößt mitunter auf harte Kritik. Su

---

[72] Die konkreten philosophischen Grundlagen dieser Begriffskonzepte scheinen hierbei weniger relevant; es erfolgt vielmehr mit dem betonten Rückgriff auf die chinesische Kulturtradition eine bewusste Abgrenzung gegenüber der politischen Philosophie der „westlichen" Welt. Denn im Unterschied zur „westlichen" Staatsphilosophie, die den Staat als Grundeinheit und Hauptakteur der internationalen Beziehungen entwirft, wird in der chinesischen Philosophie (im Unterschied zur chinesischen IB-Theoriebildung!) das *tianxia* weit über dem *guojia* angesetzt (Chen, Yugang 2008:48).

Changhe bringt diese zusammenfassend auf den Punkt. Wenn von *„chinesischen Charakteristika"* die Rede sei, so Su Changhe, könnten diese nicht auf marxistische Ideen und Ansätze reduziert werden, da die Definition marxistischer IB-Theorien bereits durch „westliche" IB-Forscher erfolgt sei (wenngleich auch nicht ausgeschlossen werden könne, dass Unterschiede zwischen der „westlichen" und der „chinesischen" marxistischen IB-Forschung existierten). Auch eine exklusive Fokussierung auf partikulare Aspekte der nicht-europäischen politischen Kultur, wodurch die asiatische und speziell die „chinesische" Kultur zum Ausgangspunkt und zum Charakteristikum der zu definierenden IB-Theorie erklärt werden, erscheint Su Changhe problematisch, denn hier könnte neben China auch Japan oder Korea theoriegenerierend wirken (Su, Changhe et al. 1999:35).

Anstatt einer konkreten Definition versuchen die chinesischen Politikwissenschaftler oftmals, das chinesische Theoriekonzept in Analogie und Abgrenzung zu westlichen Theorieschulen zu fassen. Mit Blick auf die Englische und die Lateinamerikanische Theorieschule wird dabei argumentiert, dass sich diese Theorieentwürfe erstens in ihren zentralen *Annahmen*, somit dem Ausgangspunkt der Theorie, von den Hauptströmungen der „westlichen" Modelle unterschieden. Zweitens aber kämen die verschiedenen Theorieschulen aufgrund partikularer historisch-kultureller Faktoren zu divergierenden und mitunter auch zu antagonistischen *Interpretationen* der internationalen Konstellationen (Ni, Shixiong / Zhao, Kejin 2007:73-74).

Wird das Konzept der „chinesischen Charakteristika" als Abgrenzung von oder auch als Überwindung einer US-amerikanisch dominierten Theoriebildung der IB eingestuft, bleibt aber hierbei weiterhin dahingestellt, ob dies eine Modifikation bestehender IB-Konzepte oder die Konzeption eines komplett neuen Analyserahmens erfordert. Betont wird, dass die Ablehnung einer US-amerikanischen Theorie-Hegemonie nicht allein von chinesischen IB-Forschern artikuliert wird. Dies wird mit dem Verweis auf Stanley Hoffmans Studie (Hoffman 1977:41-66) von chinesischen Forschern immer wieder besonders hervorgehoben (u.a. Su, Changhe et al. 1999:36; Su, Yunting / Jin, Jidong 2008:47; Pang, Zhongying 2005:21). Mittels dieser Argumentation soll die chinesische Skepsis gegenüber bestehenden IB-Modellen in die globale Diskussion eingefügt und jede Kritik an der chinesischen IB-Ausrichtung – insbesondere der Verdacht, die chinesischen Debatten könnten auf den Umsturz der bestehenden Strukturen und Theorien hinarbeiten – entkräftet werden.

Andere Autoren warnen jedoch davor, zuerst den Begriff der „IB-Theorie mit chinesischen Charakteristika" einzuführen und dann erst mit der Suche nach partikularen Definitionen, Inhalten, Analyse-Ebenen und der Methodologie zu beginnen. Denn sowohl die Englische als auch die Lateinamerikanische Schule seien erst rückwirkend als eigenständige IB-Strömungen identifiziert worden, nachdem es zur Entwicklung von neuen Theoriemodellen abseits des etablierten *mainstreams* des Neorealismus gekommen sei (vergl. Zhang, Senlin / Wu, Shaoyu 2005:98-99).

Ni Shixiong, Jin Yingzhong und Feng Shaolei schließlich definieren die IB-Theorie mit „chinesischen Charakteristika" als eine Theorie, die „auf der Seite aller friedliebenden Völker der Welt stehe", die „Chinas Fünf Prinzipien der friedlichen Koexistenz propagiere" und sich durch eine „chinesische Terminologie, Ausdrucksweise, Denkweise und Methodik" auszeichne (nach Ni, Shixiong / Zhao, Kejin 2007:73). Wang Yizhou bleibt sogar noch abstrakter und beschreibt die Theorie mit „chinesischen Charakteristika" als eine Theorie, welche „von einer chinesischen Perspektive ausgehend über eine chinesische Analyse zu einer chinesischen Schlussfolgerung komme" (Wang, Yizhou 2004, nach Ni, Shixiong / Zhao, Kejin 2007:73). An anderer Stelle unternimmt Wang den Versuch, die Notwendigkeit einer Theorie mit „chinesischen Charakteristika" nachzuweisen, indem er formuliert, dass nicht von einer weltweit einheitlichen Perzeption und Interpretation zentraler IB-Konzepte auszugehen sei. So hebt er hervor, dass der Einfluss nationaler Kultur, Tradition und Geschichte die Wahl der Terminologie, die Methodik und auch die Denkmuster mitsteuere (Wang, Yizhou 1995:11-12).[73]

Die Formel „IB-Theorie mit chinesischen Charakteristika" (*you Zhongguo tese de guoji guanxi lilun*) wird mitunter auch als Tautonym für den Ausdruck „chinesische Schule" (*Zhongguo xuepai*) herangezogen (vergl. Shi, Bin 2006:518-545). Beide Formulierungen entbehren einer klaren inhaltlichen Ausdifferenzierung. Es lässt sich lediglich festhalten, dass der Ausdruck der „chinesischen Charakteristika" auf Deng Xiaopings Formulierung des „Sozialismus mit chinesischen Charakteristika" zurückverweist und sich auf den von Deng Xiaoping gegenüber der chinesischen Politikwissenschaft formulierten Auftrag beruft, ein professionelles Analyseinstrumentarium der IB (mit chinesischen Charakteristika) zu entwickeln. Somit reflektiert diese Formulierung die Verflechtung der chinesischen Politikwissenschaft mit der politischen Ebene. Der Begriff einer „chinesischen Schule" der IB hingegen integriert die chinesische IB-Thematik stärker in den globalen Kontext, sowohl hinsichtlich der terminologischen als auch mit Blick auf die inhaltliche Dimension. Denn die „chinesische Schule" steht dem Anspruch nach auf einer Ebene mit der „Lateinamerikanischen Schule" um Carlos Escudé, der „Englischen Schule" und auch der, öfter in chinesischen als in westlichsprachigen Studien referierten „Singapur Schu-

---

[73] Der Rückbesinnung und stärkere Einbindung der politischen Kultur widmet sich exemplarisch Wang Zhen (2005:140-145). Das Positivismus-Argument als Untermauerung der Kritik an der Suche nach „chinesischen Charakteristika" bespricht Wang Yong (1994:34-40).

le" der IB. Während der Verweis auf die „chinesischen Charakteristika" zudem den innenpolitischen Bezugsrahmen und somit einen gleichsam nach innen gerichteten Blick der chinesischen IB-Forschung aufweist, also stark mit dem Selbstimage der VR China und ihrer Positionierung im internationalen Geschehen verhaftet ist, zielt die Errichtung einer „chinesischen" IB-Schule auf die gleichberechtigte Mitgestaltung der internationalen Konstellationen und der diesen unterliegenden Theoriemodelle ab.

Dass die „chinesischen Charakteristika" und die „chinesische IB-Schule" paradoxerweise die Konzeption einer „nationalen IB-Theorie" bedingen, stellt für Qin Yaqing grundsätzlich keinen Widerspruch dar, da seiner Ansicht nach alle sozialwissenschaftlichen Theorien einen Ortsbezug aufweisen. In Anbetracht der Kultur, Tradition und historischen Partikularität Chinas formuliert Qin die Entstehung einer „chinesischen Schule" nicht nur als Möglichkeit, sondern sogar als Notwendigkeit (Qin, Yaqing 2006:7-13).

Doch wird die Grundannahme der Existenz „chinesischer Charakteristika" und „einer" auf diesen aufbauenden Modellkonzeption durchaus auch kritisch beäugt. Denn wenn das Ziel vorgegeben ist, „eine" chinesische IB-Schule beziehungsweise „eine" Theorie mit chinesischen Charakteristika zu entwickeln, müssten konsequenterweise abweichende Theorieströmungen eliminiert oder aber in den Einheitsrahmen der „einen" allein gültigen IB-Theorie eingepasst werden. Li Wei kritisiert eine derartige Vereinheitlichung durch einen Vergleich mit der Englischen Schule der IB. Unter dieser werden eben nicht sämtliche IB-Konzepte englischer Politikwissenschaftler subsumiert, im Gegenteil, die Englische Schule beschreibt nur einen ausgewählten Teilbereich der englischen IB-Forschung (Li, Wei 2007:29-30).

Qin Yaqings Vorstoß, dass eine „chinesische" IB-Theorie die friedliche Integration eines aufsteigenden sozialistischen Staates in die internationalen Konstellationen erklären sollte (Qin, Yaqing 2005b), wird 2008 bereits nicht mehr als „der" Ursprung einer „chinesischen" Theoriebildung zitiert. Vielmehr werden nun einzelne Theoriebausteine gesondert diskutiert, die einerseits einen konkreten Bezug zur chinesischen Außenpolitik haben, andererseits aber auch eine abstrakte Erklärungskraft und Übertragbarkeit auf den internationalen Theoriediskurs aufweisen. Allerdings handelt es sich bei diesen Bausteinen um keine rein wissenschaftlichen Theoriemodelle, sondern oftmals um Konzepte, die dem politisch-diplomatischen Kontext der VR China entstammen. Zu diesen Ausgangsfragestellungen der chinesischen Theoriebildung zählen chinesische IB-Forscher derzeit u.a. die Konzepte „Frieden und Entwicklung", den Wandel der Strukturen und Mechanismen des internationalen Systems, die „Harmonische Welt", die Interrelation und Korrespondenz von postmodernen IB-Theorien und Konzepten der chinesischen Philosophie, die Formulierung einer marxistischen

IB-Theorie und nicht zuletzt die Konzeption einer Theorie des „Sozialismus mit chinesischen Charakteristika" (Chen, Yugang 2008:48-49; Zhang, Senlin / Wu, Shaoyu 2005:98; Niu, Jusheng 2005:119).

An dieser Stelle ist auch zu überlegen, wer zur Zielgruppe der Theorieentwicklung mit „chinesischen Charakteristika" zählen soll. Naheliegend wäre, dass sich eine entsprechende Theorie zunächst auf die nationale Ebene ausrichtet, da sie auch in einem nationalen Kontext konzipiert wird. Möglicherweise aber könnte sich eine entsprechende Theorie auch auf die gesamte Welt übertragen lassen. Denn der Adressat der im chinesischen Kontext entworfenen Theorie kann aus Sicht chinesischer Experten schon allein deshalb nicht ausschließlich die VR China sein, da postuliert wird, dass die Anerkennung der Wissenschaftlichkeit der chinesischen Theorie durch die internationale Expertengemeinschaft ein zentrales Anliegen der chinesischen Modellbildung darstellen solle. Dass erneut eine Theorie aufgestellt werde, die rein aus chinesischer Sicht die Welt erklärt, ohne jedoch auf die internationalen Entwicklungen und Konstellationen einzugehen, sei grundsätzlich nicht akzeptabel, so Fang Changping (2005:120).

Andere Studien halten fest, dass die Reichweite der zu definierenden „chinesischen" Theorie auch deshalb nicht auf die VR China begrenzt sein könne, da die VR China als unverzichtbarer Mitspieler der internationalen Politik deutlich an Einflussmöglichkeiten gewonnen habe – und die „chinesische" Theorie somit unausweichlich auch auf die internationalen Diskurse einwirken werde (Ren, Xiao 2001:11). Bisher aber wird die gezielte Einflussnahme auf die internationalen und globalen Debatten dadurch erschwert, dass schon allein auf der metatheoretischen Ebene kein gemeinsamer Ausgangspunkt „einer" chinesischen IB-Theorie verankert werden konnte. Dies hat zur Folge, dass die bereits vorliegenden thematischen Bausteine der chinesischen IB-Theorie auf einem sehr instabilen und uneinheitlichen metatheoretischen und methodologischen Fundament fußen (vergl. Lu, Peng 2006: 52-59).

2.6.1. Konzeption einer eigenständigen chinesischen IB-Theorie?

Mit Blick auf die konzeptionelle und inhaltliche Entwicklung der Modellbildung zu den Internationalen Beziehungen durch chinesische Politikwissenschaftler stellt sich die Frage, inwiefern diese Ansätze und Fragmente die Grundvoraussetzungen und Grundfunktionen einer abstrakten Theorie erfüllen können. Zieht man als Beurteilungsmaßstab die Grundkriterien der (in der westlichen Welt anerkannten) Wissenschaftstheorie heran, wäre die Antwort auf diese Frage vermutlich negativ beschieden. Denn gesetzt den Fall, dass das Feld der chinesischen IB-Forschung auch Strömungen umfasst, die sich gegen eine Kopie der „westlichen" IB-Theorien verwahren, müsste diese bewusste Abgrenzung als Rückstand auf die allgemeine wissenschaftstheoretische Entwicklung bewertet werden. Die Möglichkeit eines abweichenden Wissenschaftsverständnisses, dessen Grundannahmen unvermeidlich mit der allgemein anerkannten Wissenschaftstheorie konfligierten, würde noch nicht einmal in Erwägung gezogen werden (vergl. Ma, Bo 2008:81). Demzufolge würde eine Verankerung der „westlichen" Wissenschaftstheorie als einziges Bewertungskriterium für den Theoriegehalt eines Modells eine Absage an alle Ansätze erfordern, die abweichende ontologische, epistemologische und methodologische Tendenzen aufweisen.

Damit aber wäre weitergehend auch auf globaler Ebene der Stillstand der IB-Modellbildung vorprogrammiert. Allenfalls wäre noch eine selektive Erweiterung bestehender Theoriemodelle durch die Einbindung von Begrifflichkeiten und Konzepten der nicht-westlichen Welt, für die eine partiell eigenständige politische Kultur angenommen wird, zu erwarten. Eine Rekonfiguration oder kritische Dekonstruktion der Theoriedimensionen der „westlichen" Wissenschaftstheorie aber wäre nicht vorgesehen. Wenn aber konstatiert werden muss, dass IB-Modelle grundsätzlich nationale Charakteristika aufweisen, dürfen die chinesischen Theorieansätze eben auch nicht nach den „westlichen" Maßstäben beurteilt werden (vergl. Zhang, Senlin / Wu, Shaoyu 2005:97).

Geht man hingegen von einer autonomen, inhärenten Logik und Wissenschaftskonzeption der chinesischen Theoriebildung aus, ohne hierbei in den Bereich der verklärenden Esoterik abzugleiten, müssen die einzelnen Theoriedimensionen im chinesischen Kontext zunächst unabhängig von „westlichen" Vorgaben betrachtet werden. Es ist also zu untersuchen, inwiefern in chinesischen IB-Studien nun bereits eigenständige Konzepte vorliegen, die eine Ausgestaltung oder aber sogar einen Bruch mit bestehenden Theorieannahmen der außerchinesischen Welt zum Inhalt haben. Bei dieser bewertenden Betrachtung ist zu berücksichtigen, aus wessen Perspektive heraus diese vorgenommen wird. Ein westlicher Betrachter könnte dazu tendieren, seine Außensicht auf die innerchinesische Debatte als allgemeingültige Interpretation der Wirkungszusammenhänge und Kausalitäten zu setzen. Auch wenn dieser außenstehende Betrachter sich des möglichen Einflusses seiner lokalen Verankerungen und kulturellen Prägung auf die Einordnung der chinesischen Theoriediskussionen bewusst sein sollte und gezielt auf die Heranziehung „westlicher" Maßstäbe verzichten würde, wäre doch nicht auszuschließen, dass Diskrepanzen zwischen der „Außenperspektive" und der „innerchinesischen" Darstellung auftreten. Bei der Betrachtung der Dimensionen der chinesischen Theoriebildung sollten daher zuallererst die chinesischen Argumentationen und Ansichten über das Feld der

IB-Forschung berücksichtigt werden, bevor diese dann in einem weiteren Schritt aus verschiedenen Perspektiven heraus kommentiert werden können.

Die Zielsetzung, eine „IB-Theorie mit chinesischen Charakteristika" zu formulieren, wird seit Ende der 80er Jahren unter chinesischen IB-Forschern äußerst kontrovers erörtert. Eine neue Dynamik entfaltet diese Debatte seit der Verabschiedung des ZK-Dokuments zur Rolle der Theoriebildung und Funktion der chinesischen Sozialwissenschaften im Jahr 2004 (vergl. Kapitel 2.3.5 dieser Arbeit). Seitdem sind eine Vielzahl wissenschaftlicher Artikel erschienen, die sich mit der Notwendigkeit, der Möglichkeit oder auch der Funktion einer „chinesischen" Theorie auseinandersetzen (u.a. Qin, Yaqing 2005b:165-176; Wu, Zhengyu 2005:49-52; Shi, Bin 2004: 8-13).

Gingen chinesische Wissenschaftler 2005 der Frage nach, „weshalb es keine chinesische IB-Theorie gibt" (Su, Changhe 2005), ist diese 2008 bereits durch die Frage, „ob es eine chinesische IB-Theorie gibt" (Ma, Bo 2008), abgelöst worden. Während die erste Frage nach Gründen für die Nichtexistenz einer „chinesischen" Theorie sucht, führt letztere gewissermaßen einen Existenzbeweis, indem nicht nach den Möglichkeiten und Voraussetzungen der Formulierung einer chinesischen Theorie gefragt wird, sondern die vorhandenen Ansätze bereits als erste Ergebnisse der Theorie-Innovation (*lilun chuangxin*) bewertet werden. Ein weiterer Unterschied dieser beiden Ausgangspunkte besteht darin, dass im Zusammenhang mit dem Fehlen einer „chinesischen" IB-Theorie doch zumindest die Möglichkeit einer „chinesischen" Theoriemodellbildung angesprochen wird, wohingegen der Nachweis ihrer Existenz diese zusätzlich mit dem Verweis auf ihre „Notwendigkeit" (*biyao*) legitimiert.

Die Annahme, dass eine „chinesische" Theorie bereits vorliegt, setzt voraus, dass die zuvor bestehenden Kontroversen hinsichtlich der „Kernfrage" (*hexin wenti*) einer Theorie mit „chinesischen Charakteristika" und ihrer ontologischen, epistemologischen und methodologischen Grundlagen zumindest vorerst gelöst worden sind. Die Thematisierung der „Kernfrage" bindet hierbei erneut die Ebene der Legitimierung der chinesischen Theoriekonzeption ein. Denn die chinesischen Untersuchungen basieren auf der Annahme, dass Theorien der Internationalen Beziehungen in einem nationalen Kontext konstruiert werden und folglich auf divergierenden „Kernfragen" aufbauen. Chinesische Studien gehen hierbei davon aus, dass die US-amerikanische Theoriebildung im Dienste der Sicherung der Hegemonie stehe; Großbritannien jedoch aufgrund abweichender Interessen mit der Englischen Schule stärker den Aspekt der internationalen Einbindung, also auch die Ebene der internationalen Gesellschaft, betone. Wenn aber die nationalen Interessen der VR China von denen dieser beiden theoriedefinierenden Staaten-Akteure abweichen, ist konsequenterweise die Konzeption einer „chinesischen" Theorie mit einer „chinesischen" Kernfrage *notwendigerweise* erforderlich (Ma, Bo 2008:80). Diese „Kernfrage" muss ihrerseits neben nationalen Interessen auch internationale und globale Anliegen reflektieren, um als universelle Theorie anerkannt zu werden. Ein Ansatz der aktuellen innerchinesischen Diskussionen geht davon aus, dass das Begriffskonzept „Frieden und Entwicklung", das zentrale Thema der Zeit (*shidai zhuti*), als Kern der chinesischen IB-Modellbildung fungiert. Da der Aspekt der Entwicklung, ein Grundanliegen der Staaten der sogenannten Zweiten und Dritten Welt, in den Hauptströmungen der „westlichen" Modellbildung vernachlässigt wird, könnte dieser Ansatz eine Lücke in der bestehenden, aus Sicht der (chinesischen) Kritiker US-amerikanisch dominierten, Theoriemodellbildung schließen, womit der universelle Erklärungsanspruch der „chinesischen" Theorie gerechtfertigt wäre (Ma, Bo 2008:81).

2.6.2. Dimensionen

Grundsätzlich werden alle drei Theoriedimensionen der „westlichen" Wissenschaftstheorie in der innerchinesischen Diskussion kritisch analysiert und teilweise auch einer Neubewertung unterzogen. Der Schwerpunkt der chinesischen Forschung allerdings liegt auf der Ebene der Ontologie. Die „Schlüsselstudie" hierzu hat Li Yihu im Jahr 2005 vorgelegt (Li, Yihu 2005:51).[74] Um zu beweisen, dass die Ebene der Ontologie im Mittelpunkt der chinesischen Theoriebildung stehen sollte, untersucht Li Yihu zunächst die Funktion und Relevanz ontologischer Grundannahmen in der „westlichen" Theoriebildung. Als zentrales Ergebnis dieser Betrachtungen hält Li Yihu fest, dass der Ausgangspunkt der „westlichen" Makrotheorien der IB in der Struktur des internationalen Systems zu finden sei. Der Ontologiebaustein „Anarchie des internationalen Systems" ist Li Yihus Darstellung zufolge eine gemeinsam vertretene Grundannahme von Neorealismus, Neoliberalismus und auch der Englischen Schule. Die einzelnen Theorieschulen unterscheiden sich jedoch, wie Li betont, hinsichtlich ihrer im Schatten der Anarchie entworfenen Lösungswege und Kooperationsmodelle (Li, Yihu 2005:52).

Nach Ansicht Li Yihus hängt der Erfolg einer „chinesischen" Theorie der Internationalen Beziehungen ausschließlich davon ab, ob China mit Blick auf

---

[74] Die folgende Aufarbeitung der chinesischen Konzeption der Theoriedimensionen versucht, die Logik der innerchinesischen Debatte nachzuvollziehen. Ein Abgleich der chinesischen Diskussion mit Annahmen der „westlichen" Wissenschaftstheorie unterbleibt, da dieser zwar die Trennungsunschärfe der IB-Dimensionen in der chinesischen Diskussion herausstellen würde, sich hieraus aber nur bedingt Einsichten in die Intentionen und Funktionen der innerchinesischen Argumentationsketten ableiten ließen.

die Ebene der Ontologie einen „Durchbruch" erzielen kann, indem ontologische Bausteine konzipiert und exportiert werden, die sich primär auf chinesische Ansichten und Wertvorstellungen stützen, welche in den bisherigen „westlichen" Theorien keine Berücksichtigung gefunden haben (Li, Yihu 2005:56-57). Die Grundprämisse der Anarchie des Handlungsumfeldes könnte somit auch zum Ausgang der „chinesischen" Modellbildung werden. Dabei würde die Modellbildung auf dem bereits definierten Ontologiebaustein der internationalen Politikwissenschaft fußen und sich somit gleichberechtigt auf eine Ebene mit den bestehenden IB-Theorien stellen. Die Abgrenzung würde allein durch die Formulierung divergierender Wege zur Überwindung beziehungsweise der Zähmung der Anarchie erfolgen. Allerdings warnt Li Yihu vor der unreflektierten Übernahme „westlicher" Theorien und der diesen unterliegenden ontologischen, epistemologischen und methodologischen Grundannahmen. Solange die chinesische Forschung zu den Internationalen Beziehungen keine eigenständige „Essenz" (*ti*) aufweise und somit einer ontologischen Grundlage entbehre, bleibe der Bereich der Theorien der Internationalen Beziehungen ein leerer Körper ohne „Seele" (*hun*) (Li, Yihu 2005:57).

Folgestudien chinesischer IB-Experten erörtern, aus welchen theoretisch-philosophischen und kulturell-traditionellen Bausteinen sich eine „chinesische" Ontologie zusammensetzen könnte. Dabei werden Grundprämissen und ontologische Annahmen der „westlichen" IB-Theorien daraufhin überprüft, ob zu diesen auch Pendants – oder auch zeitlich gesehen Vorläufer – in der chinesischen Geschichte vorhanden sind. Als Standardbeispiele werden zwei Grundprämissen der etablierten IB-Theorien – Anarchie des internationalen Systems; die Annahme von souveränen Nationalstaaten als Hauptakteure der internationalen Interaktionen – referiert. Die Anarchie des internationalen Systems wird hierbei im Zusammenhang mit den Konstellationen der *Chunqiu-Zhanguo*-Zeit diskutiert (Lei, Jianyong 2008:2). Die Implikationen und Intentionen dieser Ausführungen sind offenkundig: Im chinesischen Kontext liegt ein aus der historischen Praxis abgeleitetes Anarchie-Konzept vor, das unabhängig von der „westlichen" Debatte analysiert und weiterentwickelt werden kann. Es wäre auch anzunehmen, dass eine modifizierte Fassung dieses „chinesischen" Anarchie-Konzepts in die globale Debatte exportiert werden könnte (der Export der chinesischen Friedensmodelle in die akademischen Diskurse hat bereits seinen Einfluss auf die modernere „westliche" Modellbetrachtung entfaltet, vergl. Kapitel 5).

Und auch wenn weiterhin den chinesischen Betrachtungen zufolge der „Nationalstaat" als Hauptakteur der internationalen Politik fungiert, kommt in den Ausführungen chinesischer Politikwissenschaftler doch die Ansicht zum Ausdruck, dass neben dem undifferenzierten Staatsbegriff der konventionellen "westlichen" IB-Theorie für andere Kulturräume von einem abweichenden Staatsmodell (u.a. China; Afrika) auszugehen sei (Lei, Jianyong 2008:2; Liang, Yijian / Li, Xinggang 2008). Dieses Staatsverständnis speist sich *nicht* notwendigerweise allein aus philosophischen Ordnungskonzepten (wie z.B. *tianxia*; Tributsystem). Chinesische Studien gehen davon aus, dass auch die Konstellationen des internationalen Handlungsumfeldes das Selbstverständnis und die nationale Identität eines Staaten-Akteurs mitbestimmen. Die Konstruktion eines neuen chinesischen Selbstverständnisses resultiert diesem Ansatz zufolge aus der Interaktion eines aufsteigenden Chinas mit der internationalen Staatengemeinschaft (Qin, Yaqing 2003:61-64).

Epistemologie und Methodologie betrachtet Li Yihu in Abgrenzung von der Ebene der Ontologie als zwei eigenständige Aspekte, die er dem Bereich der „Anwendung" (*yong*) zuordnet und von der eigentlich „Essenz" (*ti*) der (chinesischen) Theorie getrennt sieht. Indem Li Yihu hierbei auf Zhang Zhidongs im Rahmen der chinesischen Selbststärkungspolitik des 19. Jahrhunderts formulierten Ausspruch „Die chinesische Wissenschaft als Essenz, die westliche Wissenschaft zur praktischen Anwendung" (*Zhongxue wei ti, Xixue wei yong*) anspielt, stellt er eine indirekte Verbindung der chinesischen Theoriesuche mit der Neupositionierung Chinas nach der durch die Opiumkriege erzwungenen Öffnung her.[75] Dadurch dass Li Yihu die *ti-yong*-Terminologie erneut aufgreift, stellt er somit die Überlegungen chinesischer Intellektueller der späten Kaiserzeit und die der gegenwärtigen Forscher der Internationalen Beziehungen auf eine Stufe. In beiden Konstellationen sieht sich China mit westlichen Ideenkonzepten konfrontiert und muss einen Weg zwischen „vollkommener Verwestlichung" (vergl. Hu Shis *quanpan Xihua*) und Abschottung gegenüber dem Westen finden. Da die VR China in das internationale System integriert ist und aktiv am Weltgeschehen teilnimmt, verbietet sich eine Ausblendung der „westlichen" Theorien. Einerseits sind Kenntnisse dieser „westlichen" Theorien, an denen sich die außenpolitische Entscheidungsfindung des „Westens" orientiert, auch für die chinesische Seite notwendig, um das Verhalten und mögliche Reaktionen der Koo-

---

[75] Die Idee, nur die fortschrittlichen Technologien des Westens zu übernehmen, dabei jedoch an den chinesischen Ideen festzuhalten, wurde jedoch nach der Niederlage der Chinesen im Krieg gegen Japan 1894/95, die zugleich ein Scheitern der chinesischen Selbststärkungsbewegung markierte (Grießler 2004:111), nach und nach aufgegeben. Reformorientierte chinesische Intellektuelle sahen den Grund für die Schwäche Chinas in der Struktur des politischen Systems. Die 100-Tage-Reform und die Idee der Errichtung einer konstitutionellen Monarchie scheiterten jedoch am Widerstand der Kaiserinwitwe Cixi, selbst wenn auch Cixi in den letzten Jahren der Qing-Dynastie grundsätzlich bereit schien, partielle Reformen umzusetzen. 1905 wurde zunächst das konfuzianische Beamtenprüfungssystem abgeschafft, erste Schritte in Richtung einer konstitutionellen Monarchie wurden eingeleitet. Doch statt einer Reform von oben resultierte schließlich die sogenannte Xinhai-Revolution des Jahres 1911 in der Ablösung der Monarchie und der Gründung der chinesischen Republik (Grießler 2004:112-113).

perationspartner abschätzen zu können. Andererseits aber kann eine „chinesische" Theorie der Internationalen Beziehungen, insbesondere, wenn sie Anspruch auf universelle Gültigkeit erhebt, nicht umhin, Grundannahmen der „westlichen" Theorie zu reflektieren.

Der Methodologie-Aspekt wird auch oftmals separat von den sonstigen Diskussionen der chinesischen Theoriebildung betrachtet. Die Mehrzahl dieser Studien, insbesondere wenn diese von Vertretern der jüngeren Forschergeneration verfasst worden sind, orientiert sich an den methodologischen Ansätzen, die auch westlich(sprachig)en Analysen unterliegen.[76]

Yan Xuetong führt aus, dass die zur kategorisierenden Darstellung und Analyse der internationalen Politik herangezogenen Methoden ein wert- und ideologiefreies Werkzeug darstellten, ohne welches eine wissenschaftlich abstrakte IB-Forschung nicht umsetzbar sei. Zugleich verwahrt sich Yan gegen die Entwicklung einer Einheitsmethode zur Analyse der IB, da jeder Teilaspekt der IB eine andere Methode erfordere und auch die speziell im IB-Bereich entwickelten Ansätze nicht unbedingt Universalkonzepte darstellten. Darüber hinaus habe eine abstrakte IB-Forschung grundsätzlich unabhängig von nationalen oder ideologischen Zugehörigkeiten zu erfolgen. Die Übertragung gesellschaftlichen Klassendenkens auf die IB-Forschung, welche dann die westliche Theorie und Methodologie als Instrument der kapitalistischen Klasse einstufen würde, ist in den metatheoretischen Betrachtungen Yan Xuetongs nicht vorgesehen (Yan, Xuetong 2001b:34-36). Ein hohes wissenschaftliches Niveau der chinesischen IB-Forschung ließe sich zudem Yan Xuetong zufolge nur durch einen Methodenmix erzielen, da nur dieser eine zu einseitige, oberflächliche Analyse verhindern könne (Yan, Xuetong 2001b:38). Fehlinterpretationen, die das Ergebnis einer oberflächlichen Analyse durch chinesische IB-Experten seien, gelte es zu unterbinden, da diese unmittelbare Konsequenzen für die Entwicklung außenpolitischer Strategien und politischer Richtlinien hätten. Schlussendlich würde damit auch das Ziel einer pragmatischen, effektiven Ausgestaltung der Außenpolitik verfehlt werden. Den Hauptgrund dafür, weshalb selten Kritik an der Wahl einer offensichtlich inadäquaten beziehungsweise unpassenden Forschungsmethode und den hieraus resultierenden außenpolitischen Fehlleistungen geübt wird, sieht Yan Xuetong in der Angst der chinesischen IB-Forscher vor einem Konflikt mit der politischen Ebene oder einflussreichen Forschergruppen (Yan, Xuetong 2001b:40).

---

[76] vergl. hierzu den Tagungsbericht des Nachwuchsforums für Doktoranden der „Chinesischen Vereinigung für IB-Forschung" (2006), dessen Beiträge im wesentlichen eine Bestandsaufnahme der westlichen Methodologie und Ontologie darstellen.
Als Standardreferenzwerk fungiert in der chinesischen Debatte weiterhin Lakatos (1978).

Wie Yan Xuetong und Sun Xuefeng propagiert auch Ren Xiao die Anwendung „wissenschaftlicher Methoden" (*kexue fangfa*) in der IB-Forschung. Dieser Begriff umfasst jedoch, so Ren Xiao, zwei Bedeutungsebenen. Einerseits wird die „wissenschaftliche Methode" der marxistisch-leninistischen und mitunter auch der sozialistischen Theoriebildung zugeordnet, wobei diese Methode für die Suche nach den „wahren Prinzipien" (*zhen li*), also den objektiven Wirkungsprinzipien und Wirkungszusammenhängen, steht. Andererseits kann der chinesische Begriff der „wissenschaftlichen Methode" auch für naturwissenschaftliche Methoden und Modellbildungen stehen. Die relative Macht eines Staates im internationalen System (*CNP*) ließe sich möglicherweise mittels quantitativer Modelle und Statistiken ermitteln; der Grad der Anarchie des internationalen Systems aber eher weniger. Daher fordert auch Ren Xiao einen Methodenpluralismus, bei dem Ansätze verschiedener Disziplinen herangezogen und modifiziert werden (Ren, Xiao 2001b:46-47).

Qin Yaqings methodologische Betrachtungen spiegeln ähnliche Überlegungen wider, die sogar so weit gehen, die Notwendigkeit einer Synthese der in der westlichen Debatte zumeist strikt getrennten natur- und kulturwissenschaftlichen Methoden zu postulieren (Qin, Yaqing 2004b:47-50). IB-Analysten hingegen, die stärker mit der politischen Ebene in Kontakt stehen oder sich in der Tradition einer marxistischen Theoriebildung sehen, treten für die Fortschreibung marxistischer Methoden und Sichtweisen, hier insbesondere des historischen und dialektischen Materialismus, ein. Zusätzlich ist durch Hu Jintao infolge des 17. Parteitages (Herbst 2007) das Begriffskonzept der „wissenschaftlichen Entwicklung" (*kexue fazhanguan*) in die Theoriedebatte eingebracht und in den Parteistatuten verankert worden. Auch dieses Konzept führt Grundannahmen der marxistischen Modellbildung fort.

Die Grundüberlegung, dass am Ende der Betrachtungen ein methodologischer Neuanfang stehen sollte, welcher für die innerchinesische IB-Forschung wie auch für die globale Debatte neue Ansätze und Erkenntnisse beinhalten würde, vertritt u.a. Wang Zhengyi. Wang bezweifelt die Übertragbarkeit von Grundkategorien und Modellen, welche ursprünglich aus einem „westlichen" Kontext stammen und in diesem weiterhin verwurzelt sind. Die „chinesische" Methodologie der IB-Forschung habe von einem dezidiert chinesischen Kontext auszugehen und den Unterschied zwischen „chinesischer" und „westlicher" Wissenstradition in angemessener Form zu berücksichtigen (Wang, Zhengyi 2005b:50-52). Offensichtlich findet hier die Kontroverse zwischen Traditionalisten und Modernisten (Wang, Fan 2008) ihre Fortsetzung auf der Ebene der Methodologie. Beide Ansätze existieren weitgehend isoliert voneinander nebeneinander. Eine Synthese, die in den Erklärungen der politischen Ebene als Grundforderung an die chinesische Theoriebildung artikuliert wurde, ist im meta-theoretischen Bereich der chinesischen IB-Modellbildung noch nicht erfolgt.

Pang Zhongying schließlich, Professor für Globalstudien an der Nankai-Universität, vertritt den Standpunkt, dass die Wahl und Konzeption der jeweiligen Analysemethoden eigentlich kein zentraler Aspekt der chinesischen IB-Debatte sein sollte. Nicht die Frage, „wie" die internationalen Beziehungen zu analysieren seien, sondern auf welche Paradigmata zurückzugreifen sei, stehe zur Diskussion. Denn der eigentliche Schwachpunkt der chinesischen IB-Theorie und Analyse resultiere aus dem Umstand, dass die chinesische Forschung seit der Auseinandersetzungen mit „westlichen" IB-Ansätzen in den 80er Jahren fast ausschließlich realistischen Kategorien und Annahmen folge (Pang, Zhongying 2003:52-58).[77]

Hinsichtlich der epistemologischen Theoriedimension scheint augenscheinlich kein Unterschied zwischen der chinesischen und der westlichen Darstellung vorzuliegen. D.h. dass die beiden „epistemologischen Perspektiv-Traditionen" (Meyers 2000a:423) – das naturwissenschaftliche und das historisch-geisteswissenschaftliche Erkenntnisideal – auch die chinesischen Theoriedebatten durchziehen. Zunächst wäre die Vermutung naheliegend, dass die chinesischen Theoriemodelle aufgrund des offiziell fixierten und in chinesischen Artikeln immer wieder betonten Festhaltens an der marxistischen Philosophie eher in Richtung eines naturwissenschaftlichen Erkenntnisideals tendieren würden. Ein Bekenntnis zum Szientizismus würde jedoch die Notwendigkeit einer „chinesischen" Theorie stark in Frage stellen beziehungsweise schlussendlich die Einstellung der chinesischen Theoriesuche bedeuten (vergl. Qin, Yaqing 2004b:47-50).[78] Denn der Szientizismus blendet Werturteile, da diese nicht empirisch nachweisbar und messbar sind, aus der Theoriekonzeption aus. Da aber die Legitimierung der chinesischen Theoriesuche darauf beruht, dass den bestehenden IB-Theorien eine eindeutige ideologische Wertgebundenheit und eine Verankerung in einem zeitlich-räumlichen Kontext zugeschrieben wird, treten die epistemologischen Grundannahmen der Traditionalisten verstärkt in den Vordergrund der chinesischen Überlegungen.

---

[77] Dass trotz der aus der Peripherie an der Dominanz „westlicher" Theoriemodelle geübten Kritik (neo-) realistische Modelle paradoxerweise von den Kritikern selbst als Analyserahmen herangezogen werden, ist auch für die Staaten der Dritten Welt (Afrika; Lateinamerika) nachgewiesen worden: „Non-Western members of the ‚international system', comprising some three-quarters of its membership, are generally considered objects of Great Power policies rather than independent, autonomous players in the system (...) Ironically, like the realist theorists they often condemn, Third World thinkers have adopted realism's basic premise" (Neuman 1998:13).
[78] Nach Qin Yaqing bietet die Formulierung einer partikular chinesischen Methodologie und Epistemologie den Ausgangspunkt der „chinesischen" Modellbildung (Qin, Yaqing 2005b).

Abschließend ist festzuhalten, dass die Entschlüsselung der Theoriedimensionen im chinesischen Kontext dadurch erschwert wird, dass die Grunddimensionen der „westlichen" Theoriekonzeption oft nicht klar voneinander abgegrenzt werden und beispielsweise der Begriff der Methodologie auch stellvertretend für Epistemologie gesetzt wird. Ersatzweise wird als alternatives Differenzierungskriterium, abgeleitet aus der chinesischen Rezeption der Parochialismus-Debatte, verstärkt der Gegensatz zwischen wertgebundener und empirischer Theoriebildung thematisiert (Wang, Yong 1994:34-40).

Um Exotismus vorzubeugen, ist an dieser Stelle ein Verweis auf das Dilemma der „westlichen" Suche nach IB-Modellen in einer und für eine Welt nach dem Kalten Krieg angebracht. Auch diese Debatte muss eine kritische Dekonstruktion der Hierarchie-Ebenen der einzelnen Theoriedimensionen vornehmen, wenn denn eine erfolgreiche Lossagung von überkommenen Theoriegebäuden erfolgen soll, welche ursprünglich durch die ideologischen Fronten der bipolaren Blockkonfrontation geformt worden sind. Gegenwärtig wird angenommen, dass die epistemologische Ebene in der aktuellen Theoriemodellbildung eindeutig über der ontologischen Dimension einzustufen sei (Griffiths 2007:6). Gleichsam wie die „chinesische" widmet sich zudem auch die „westliche" Debatte nun verstärkt der Differenzierung zwischen Epistemologie und Methodologie (vergl. Griffiths 2007:5).

2.6.3. Funktionen

Neben den Theoriedimensionen ist zu beleuchten, welche Funktionen der „chinesischen" IB-Theorie zugeschrieben werden und welche hiervon diese – ihre Existenz vorausgesetzt – derzeit zu erfüllen vermag. An dieser Stelle hüllen sich die chinesischen Studien weitgehend in Schweigen, so dass sich hier nur erste Vermutungen anstellen lassen.

Gegenwärtig werden in den Reden chinesischer Politiker immer wieder normative Grundprinzipien der chinesischen Politik referiert, womit der Anspruch erhoben wird, dass die chinesische Politik auf moralischen Überlegungen beruhe. Es ließe sich also argumentieren, dass die innerchinesischen Theoriediskurse durchaus als handlungsanweisende und zugleich handlungslegitimierende Modelle für die Ausgestaltung der chinesischen Außenpolitik herangezogen werden und insofern ähnliche Funktionen übernehmen wie beispielsweise das Modell des „Demokratischen Friedens" in der westlichen Staatenwelt.

Fraglich ist jedoch, ob die vorhandenen chinesischen Theoriebausteine in ihrer derzeitigen Konzeption bereits eine Erklärungs- und Prognosefunktion übernehmen können, da doch dieser *normative* Aspekt die Theorieformulierung sehr dominiert. Auf der rein abstrakten meta-theoretischen Ebene hingegen rückt für chinesische IB-Forscher die Problemlösungsfunktion der Theorie in den Mittelpunkt. Die Zielvorgabe der chinesischen Theoriebildung besteht hiernach in der Entwicklung von Modellen, welche Wege zur Lösung des sicherheitspolitischen Dilemmas, mit dem sich die VR China bei der Umsetzung ihrer Aufstiegspläne konfrontiert sieht, vorgeben (Qin, Yaqing 2006:12). Die vorliegenden Theoriebausteine, die einige chinesische Forscher als Beleg für die erfolgreiche Etablierung einer „chinesischen" IB-Theorie anführen (u.a. Ma, Bo 2008), fallen damit ebenfalls größtenteils in den Bereich der „handlungsanleitenden Theorie" (*xingdong daoxiang lilun*), Theorien des rein abstrakten wissenschaftlichen Bereichs sind weiterhin eher die Ausnahme (Wang, Fan 2008:52).

Welche Funktionen der „chinesischen" IB-Theoriemodellbildung zugerechnet werden (können), hängt aber auch von den Zielvorgaben ab, auf denen diese aufbaut. Wang Fan unterscheidet hier – in Abgrenzung von den oben skizzierten handlungsanleitenden Theorien der chinesischen Außenpolitik – weitergehend zwischen einer IB-Theorie, die Verständnis für China und sein nationales Entwicklungsprogramm generieren soll, und einer abstrakten Theorie der *Welt*politik (Wang, Fan 2008:53).

Ein entsprechender Entwurf einer „chinesischen" Theorie der Weltpolitik aber verlangt eine Überwindung des Antagonismus von Universalität und Partikularität. Solange die Integration „chinesischer Charakteristika" ein notwendiges Kriterium der offiziell sanktionierten chinesischen Modellbildung darstellt, handelt es sich bei der chinesischen IB-Debatte um einen partikularen Zugang zu internationalen und globalen Themenkomplexen. Die 2008er-Materialien dokumentieren derzeit allerdings eine zunehmende Distanzierung von partikularen IB-Modellen. Eine Verankerung von IB-Modellen im nationalen Kontext wird zwar grundsätzlich angenommen, doch soll dies nicht die Übertragbarkeit und die universelle Gültigkeit von IB-Theorien in Frage stellen (Wang, Junsheng 2008:106-113). In Abhängigkeit von dieser Vorgabe werden nun der „chinesischen" Theoriebildung auch allgemeine, universelle Aspekte zugeschrieben. Als Referenzen hierfür werden die von der chinesischen Theorie thematisierten Weltfragen „Frieden und Entwicklung", die „Fünf Prinzipien der Friedlichen Koexistenz" in ihrer Funktion als allgemeine internationale Interaktionsprinzipien und nicht zuletzt mit den Ideenkonzepten Frieden-Harmonie-Einheit auch Elemente der chinesischen Staatsphilosophie angeführt (Ma, Bo 2008:83). Etwas anders verhält es sich, bezieht man aktuelle chinesische Studien zur Analyse der chinesischen Außenbeziehungen ein. Denn im Unterschied zu IB-Artikeln halten diese weiterhin die Forderung nach einer Sinisierung

(*Zhongguohua*) und Indigenisierung (*bentuhua*) der Theoriemodellbildung aufrecht (Xiao, Jialing 2008:1-15).

2.6.4. „Chinesische" IB-Modelle: Contra und Pro

Auch wenn die chinesischen IB-Experten grundsätzlich darin übereinzustimmen scheinen, dass sich die chinesische Forschung zu den internationalen Beziehungen in den vergangenen 20 Jahren durchaus positiv entwickelt hat, wird doch der gegenwärtige Entwicklungsstand als unzureichend empfunden. Die Bilanz der bisherigen Entwicklung erfüllt zwei Funktionen. Zum einen erfolgt eine vereinheitlichte Konstruktion des Feldes der chinesischen IB-Forschung, indem die historischen Entwicklungsphasen, die wichtigsten Vertreter und Schlüsselwerke benannt und Erfolge wie auch Fehlentwicklungen aufgearbeitet werden.

Dies ist gewissermaßen der erste Schritt zu einer Kanonisierung und Institutionalisierung der chinesischen IB-Disziplin. Zum anderen aber werden hieraus Vorschläge für die zukünftige Ausgestaltung der chinesischen IB-Forschung abgeleitet. Hierbei wird auch eine Verortung der chinesischen Theoriesuche im Spannungsfeld zwischen Theorieperpetuierung und Theorieneuschöpfung unternommen. Die Rezeption „westlicher" IB-Theorien ist, wie bereits die Periodisierungsansätze der chinesischen IB-Disziplin gezeigt haben, nur ein erster Schritt auf dem Weg hin zur Konfiguration einer „chinesischen" Theorie. Denn sollte sich die Mehrheit der chinesischen IB-Forscher auf das Studium und die Anwendung „westlicher" Modellbildungen beschränken und auf eine Weiterentwicklung der chinesischen IB-Disziplin verzichten, würde dies letztendlich die Hegemonie dieser etablierten Theoriegebäude sogar noch befördern, womit das offiziell erklärte Ziel der chinesischen Theoriesuche verfehlt wäre (vergl. Qin, Yaqing 2008a:80).

Die Bemühungen chinesischer IB-Forscher, den Vorgaben der politischen Ebene folgend „eine" chinesische IB-Theorie zu konzipieren, welche einerseits als Handlungsanleitung und Analyserahmen für die außenpolitische Entscheidungsfindung und strategische Orientierung der VR China herangezogen werden kann, zugleich aber auch so abstrakt und universal erscheint, dass sie als Alternative zu bestehenden Makro-Theorien der IB durchgehen kann, haben aus Sicht chinesischer Kritiker bislang zu keinem greifbaren Ergebnis geführt. Zhang Ruizhuang, Leiter der Abteilung für Internationale Politik an der Nankai Universität, konstatiert in seinem polemischen Übersichtsartikel zur IB-Disziplin in der VR China, dass der Entwicklungsstand der chinesischen IB-Forschung weiterhin nicht nur mit Blick auf die USA, Großbritannien, Australien, Frankreich und andere westliche Staaten als rückständig eingestuft werden müsse, sondern dass die chinesische Forschung zudem bislang auch hinter dem Entwicklungsstand der IB-Disziplin in „Japan, Südkorea und anderen Staaten, die sich die USA zum Vorbild nehmen" zurückbleibe. Selbst mit der IB-Forschung in Hongkong und Singapur könne sich die VR China nicht messen (Zhang, Ruizhuang 2003:21).

Die innerchinesische Kritik sieht die Ursache für diese Rückständigkeit einerseits in der Struktur der chinesischen IB-Disziplin, andererseits wird die Schuld auch bei den IB-Forschern selbst gesucht. Mangelnde Wissenschaftlichkeit und fehlende Methodenkenntnisse sind, so zumindest Yan Xuetongs Einschätzung, die Hauptursache dafür, dass es noch nicht zu einer Standardisierung und Systematisierung der chinesischen IB-Forschung gekommen ist. (Yan, Xuetong 2001b:42). Sein Schüler, Sun Xuefeng, spitzt diese Kritik noch weiter zu, indem er darlegt, dass es vielen Studien und Analysen der chinesischen IB-Forschung an einem systematischen Forschungsplan und einem logischen konzeptionellen Design mangele (Sun, Xuefeng 2004: 43-44).

Mit Blick auf den Aufbau der IB-Forschung hält Zhang Ruizhuang fest, dass es durch den „Einfluss nicht-wissenschaftlicher Faktoren" in der VR China zur Untergliederung der Disziplin in die beiden eigenständigen Bereiche der „Internationalen Beziehungen" (*guoji guanxi*) und der „Internationalen Politik" (*guoji zhengzhi*) gekommen sei, was bedingt, dass das Forschungsfeld selbst ungenau definiert und nur diffus nach außen abgegrenzt erscheint. Da aber, nach Zhang Ruizhuang, weder das Bildungsministerium noch die Universitäten die genauen Unterscheidungsmerkmale dieser beiden Disziplinen benennen könnten, plädiert Zhang dafür, die Unterteilung wenigstens insofern aufzuheben, dass die „Internationale Politik" als Sonderbereich den „Internationalen Beziehungen" untergeordnet werden sollte (Zhang, Ruizhuang 2003:21). Einige Jahre zuvor hatte Xu Jia bereits bemängelt, dass die chinesische Forschung nicht nur durch die unklare Trennung zwischen den Bereichen der „IB-Forschung" und der „IB-Theorien" behindert werde, sondern dass auch die Trennung von „IB-Theorie" und „Außenpolitik" / „Diplomatie" eine umfassende, eigenständige chinesische Theoriekonzeption unterbinde (Xu, Jia 1999:29-30).

Die durch die rückständige Struktur des Feldes bedingte fehlende Anerkennung der IB-Forschung als eigenständige Wissenschaftsdisziplin und die damit verbundene Zusammenlegung diverser Forschungsthemen unter dem Überbegriff der „Internationalen Beziehungen" hat laut Zhang Ruizhuang dazu geführt, dass viele der Artikel in chinesischen IB-Journals nicht von Experten der Internationalen Beziehungen verfasst würden. Oft stammten die Autoren dieser IB-Publikationen aus den Fachbereichen Geschichte, Philosophie, Wirtschaft oder sogar der Literaturforschung (Zhang, Ruizhuang 2003:22).

Die fehlende Positionierung der chinesischen IB-Forschung als eigenständige Fachdisziplin führt Zhang aber auch auf die chinesischen Politikwissenschaftler selbst zurück. Da sich diese nicht auf den einen Bereich der IB-Forschung beschränkten, sondern eine Vielzahl von Themen wie beispielsweise Vergleichende Politikwissenschaft, Weltwirtschaft, USA- / EU- / Osteuropa- oder Taiwanstudien gleichzeitig behandelten, weise die chinesische IB-Forschung einen mangelnden Spezialisierungsgrad auf. Die Oberflächlichkeit und die fehlende Systematisierung führten dazu, dass die chinesischen IB-Studien im Ausland als „Nachrichtenmeldungen" und nicht als wissenschaftliche Analysen wahrgenommen würden (Zhang, Ruizhuang 2003:22). Die hier von Zhang angesprochene fluktuierende Zusammensetzung der Gruppe der chinesischen IB-Forscher zeigt sich nicht zuletzt daran, dass in den 80er und 90er Jahren viele Forscher oftmals nur einen einzigen Artikel in einer chinesischen IB-Zeitschrift publizierten und sich dann völlig anderen Themen zuwandten, so dass sich kein stabiles, geschlossenes Forscherteam herausbilden konnte (Su, Changhe 2005:27).

Aus diesen Betrachtungen ergibt sich für chinesische Betrachter die Frage, inwiefern eine professionelle IB-Forschung in China aufgebaut werden könnte. Neben den Befürwortern einer stärkeren Abgrenzung des IB-Feldes gegen die anderen Sozial- und Geisteswissenschaften finden sich durchaus auch Verfechter eines interdisziplinären Ansatzes (Wang, Yizhou 2003:18-19). So hat der Versuch, eine systematisch strukturierte IB-Forschung aufzubauen, so Zhang Ruizhuang, zu heftigen Protesten der IB-Laien geführt, deren Artikel das Feld dominierten. Diese IB-„Eklektizisten" (*zajia*), „Universalgenies" (*tongcai*) und „Freizeit-Experten" (*yeyu zhuanjia*) stellten aber kein unüberwindbares Hindernis für den Aufbau einer professionellen chinesischen IB-Forschung dar. Lediglich müsse verhindert werden, dass diese „Freizeittruppe" (*yeyu jtuan*) die eigentliche Expertengruppe ersetze (Zhang, Ruizhuang 2003:23). Diese Kritik an dem Fehlen einer geschlossenen Expertengruppe teilt auch Xu Jia (Xu, Jia 1999:30). Zhang Ruizhuang sieht die Rückständigkeit der chinesischen Forschung auch in der veralteten Methodik der chinesischen Disziplin begründet. So stehe die chinesische Disziplin noch in der „vor-positivistischen Phase" und sei damit normativ und zugleich subjektiv begründet (Zhang, Ruizhuang 2003:26). Auch Ren Xiao kritisiert das Niveau der gegenwärtigen IB-Forschung, doch führt er diesen Missstand darauf zurück, dass das Augenmerk seit den 80er Jahren auf der inhaltlichen Theoriebildung gelegen habe, der Unteraspekt der Methodologie jedoch vernachlässigt worden sei (Ren, Xiao 2001b:45).

Neben der inhaltlichen Ebene der IB-Theorie sieht auch Xu Jia auf der Ebene der Methodologie noch Aufholbedarf. Er plädiert für eine Methodenvielfalt und warnt vor einer exklusiven Beschränkung auf die Methodik des Marxismus-Leninismus, da diese mit ihrer auf die Wirtschaftsstrukturen ausgerichteten Analyse die Perspektive der chinesischen IB-Forschung stark verengten und das bisherige Verständnis dieser Theorieansätze in der VR China nur eine sehr simplifizierende und eklektische Lesung der marxistisch-leninistischen Konzepte sei (Xu, Jia 1999:28-29).

Ein weiteres Problem besteht hinsichtlich der fehlenden Standardisierung und Vereinheitlichung der chinesischen Fachtermini im Bereich der IB-Forschung. Da bisher noch keine umfassende chinesische Schule der IB zu bestehen scheint, beschränkt sich dieser Kritikpunkt auf die unreflektierte Übernahme der Schlüsselbegriffe der westlichen IB-Forschung, die seit Mitte der 80er Jahre über Übersetzungen im chinesischen akademischen Kontext verankert worden sind. Die Integration der westlichen Begriffskonzepte ist alles dabei alles andere als eindeutig. Für den Begriff „Institution", der dem Konzept des „Institutionalismus" unterliegt, finden sich u.a. die Übersetzungen „Mechanismus" (*jizhi*), „System" (*zhidu*) sowie „Institution / Organ"(*jigou*). Auch wenn alle diese Begriffe divergierende Bedeutungsspektren aufweisen, ließe sich die Existenz mehrerer chinesischer Begriffe für den westlichsprachigen Ausdruck grundsätzlich akzeptieren, wenn denn alle diese chinesischen Begriffe im Umkehrschluss auf genau einen Standardterminus der westlichen Literatur zurückgeführt werden könnten. Dies ist allerdings nicht der Fall, da auch der Begriff des politischen „Regimes" neben „Organisationssystem" (*tizhi*) und „Regelwerk" (*guizhi*) sowie mit „System" (*zhidu*) oder „Mechanismus" (*jizhi*) übersetzt wird (Zhang, Ruizhuang 2003:26). Die Überschneidung der chinesischen Begriffe verhindert eine eindeutige Übersetzung der Standardtermini und könnte infolgedessen leicht zu einem Missverständnis der westlichsprachigen Literatur und ihrer Theoriekonzepte führen, so dass letztendlich auch der Austausch mit nicht-chinesischen Wissenschaftlern behindert wird. Zudem erschwert die fehlende einheitliche Fachsprache auch die Kommunikation der chinesischen Wissenschaftler untereinander. Die chinesischen Studien zur „westlichen" IB-Theorie wiederum beschränkten sich, so kritische innerchinesische Stimmen, nur auf Übersetzungen und Übersichtswerke, eine kritische Bewertung, die einer Neudefinition der Theorie im chinesischen Kontext vorangehen müsste, findet nicht statt (Xu, Jia 1999:28-29).

Die Formierung des Feldes und die Entwicklung eigenständiger Paradigmata der chinesischen IB-Forschung hängen zudem von der Ausgestaltung des Verhältnisses von IB-Forschung und politischer Ebene, vertreten durch die jeweilige chinesische Führungselite, ab. Eine weitere Positionsbestimmung ist nach außen, d.h. gegenüber der internationalen Politikwissenschaft, erforderlich.

Xu Jia hält fest, dass es bislang nicht zur Aufstellung einer „chinesischen" Theorie gekommen sei, da sich die chinesischen Analysen zu Theorien der chinesischen Staatsmänner oder zu den Theorieaspekten der traditionellen chinesischen politischen Philosophie auf eine rein deskriptive Zusammenfassung beschränkten (Xu, Jia 1999:28-29).

Zu diesen Theoriemodelle der politischen Führung zählen u.a. die Mao-Zedong-Ideen, die Deng-Xiaoping-Theorien, und Jiang Zemins Theorie der „Drei Vertretungen" (Fang, Changping 2005; Fu, Yaozu 2005b).[79] Fang Changping kritisiert, dass den chinesischen Politikwissenschaftlern in der maoistischen Phase lediglich die Aufgabe zugekommen sei, die Konzepte der politischen Führung nachwirkend wissenschaftlich zu untermauern und zu systematisieren. Allen diesen Theorien sei gemein, dass sie in erster Linie als normative Anleitung für die Realisierung aktueller Anliegen wie z.B. der sozialistischen Revolution, des sozialistischen Aufbaus oder der Politik der Reform und Öffnung fungiert hätten. In Abgrenzung hierzu, so Fang Changping, müsse die Entwicklung einer „wissenschaftlichen" IB-Theorie nun in den Händen der chinesischen IB-Forscher liegen (Fang, Changping 2005:150). Auch Zhang Ruizhuang kritisiert abschließend die Einflussnahme der politischen Ebene auf die chinesische IB-Forschung. Denn auch wenn es von außen betrachtet eine fast unüberschaubare Fülle an chinesischen IB-Journals gibt, sind laut Zhang nur etwa zehn davon wirklich „offen" für wissenschaftliche Analysen. Mehr als 50% der Artikel in chinesischen IB-Journals stammten von den übergeordneten politischen Abteilungen, die wissenschaftliche Qualität dieser Beiträge werde nicht überprüft (Zhang, Ruizhuang 2003:26-27).

Ein weiteres Argument der Kritiker betrifft die Tatsache, dass die „chinesische" Schule nicht am Ende einer intensiven wissenschaftlichen Kontroverse diverser Theoriegruppen steht, sondern bereits vor der inhaltlichen Konzeption der „chinesischen" Theorie als solche ausgerufen wurde. Als „wissenschaftliches" Gegenmodell zu dieser als „ideologisch" eingestuften chinesischen IB-Konzeption werden die Englische und auch die Lateinamerikanische Schule angeführt. Bei beiden erfolgte die Benennung als solche erst, nachdem jeweils eine Vielzahl von Modellbildungen und Theoriekonzeptionen vorlag, die in der allgemeinen Forschungsliteratur rückblickend ungeachtet ihrer Diversität unter einer Überschrift als „Schule" zusammengefasst wurden. Divergenzen und Widersprüche zwischen der chinesischen IB-Debatte und anderen „nationalen" Offensiven gegen Hegemonie und Parochialismus lassen sich auch mit Blick auf die Genese der Theoriesuche festhalten. Ausgangspunkt ist nicht die

---

[79] Genau diese Dominanz der Vertreter des Partei-Staates in der Modellbildung stellt nach Fu Yaozu eines der wesentlichen Charakteristika der chinesischen IB-Forschung dar (Fu, Yaozu 2005b:69).

Entdeckung eines „conceptual misfit" bestehender Theorien, sondern die Forderung nach Entwicklung einer dezidiert „chinesischen" Theorie. Ähnlich wie bei der formelhaften Wortwahl „Sozialismus mit chinesischen Charakteristika" stellt sich hier erneut die Frage nach der Beschaffenheit eben dieser partikular chinesischen Strukturen und Modelle.

Als Ziel der Konstruktion einer „chinesischen" Theorie halten Kritiker die Formulierung „einer" chinesischen IB-Theorie der post-maoistischen Zeit fest, die schlussendlich nur der Entwicklung eines offiziösen Erklärungsrahmens entspräche, welcher als Standardmodell die reale außenpolitische Praxis und die akademische Diskussion des 21. Jahrhunderts in enge Schranken verweisen würde. Eine Abschaffung eben dieser Verflechtung von Grundlagentheorie und policy-legitimierender Theorie gilt es aber, so die innerchinesische Kritik, zu überwinden, damit von einer eigenständigen chinesischen Theorie überhaupt die Rede sein könne (vergl. Wang, Fan 2008:51). Der hier implizite Vorwurf, dass die Suche nach „chinesischen Charakteristika" keine ernstzunehmende wissenschaftliche Modellbildung darstelle, wird in erster Linie von Forschern der mittleren und jüngeren Generation chinesischer Politikwissenschaftler vorgebracht (vergl. Wu, Zhengyu 2005:49). Diese streben nach der Überwindung der weisungsgebundenen Abhängigkeit der politikwissenschaftlichen Forschung von der politischen Führungselite, so dass die Übernahme von jeglicher Auftragsarbeit zurückgewiesen wird. Diese Zurückweisung geschieht nicht in Form offener Pamphlete, sondern äußert sich durch die heftige Kritik, die bezüglich einer Theorie mit „chinesischen Charakteristika" und der „chinesischen" Schulbildung geübt wird. Die pauschale Diskreditierung „der" chinesischen IB-Theorie kann jedoch nicht mehr uneingeschränkt aufrechterhalten werden. Denn akademische Studien geben immer öfter als Ziel der Theoriesuche den Aufbau eines „Systems der IB-Theorie" (*guoji guanxi lilun tixi*) an. Dies zeugt von einer entschiedenen Abgrenzung bestimmter Forschergruppen von der Idee einer einzigen (*weiyi*), vereinheitlichten (*tongyi*) IB-Theorie (Yu, Zhengliang 2005:2). Unter diesem „System" werden sämtliche Theoriemodelle der innerchinesischen Debatte zusammengefasst, eine Einheitstheorie aber soll – zumindest derzeit – nicht abgeleitet werden. An dieser Stelle ist aber auch zu bedenken, dass die politikwissenschaftliche Theorieforschung seit 1989/1991 auch in der „westlichen" Welt alles andere als homogen auftritt. Denn auch hier konkurrieren Befürworter einer geschlossenen „Einheitstheorie" mit Verfechtern eines Methoden- und Theorienpluralismus (vergl. Langlois 2007:146-156).

Abschließend bleibt die Frage, ob die Konstruktion eines unüberwindbaren Antagonismus zwischen der zu definierenden „chinesischen" und „der" etablierten westlichen IB-Theorie in sich vertretbar und wissenschaftlich nachweisbar ist. Denn schließlich existieren in der „westlichen" Forschung neben den *mainstream*-Konzepten auch zahlreiche weitere IB-Modelle, so dass insbesondere im Zuge der postmodernen Theoriebildung nicht von einer kanonisierten Standardtheorie ausgegangen werden kann. Mittlerweile nehmen auch chinesische Studien darauf Bezug, dass die „westliche" IB-Debatte nicht auf die „US-amerikanische" Theoriebildung reduziert werden dürfe und grundsätzlich mehr vergleichende Theoriestudien vonnöten seien (Wang, Fan 2008:51). Wenn chinesische Studien im Zuge der Konzeption einer „chinesischen" Theorie diese so explizit von der westlichen Debatte abgrenzen, wäre jeweils eine genaue Erläuterung erforderlich, welche der „westlichen" Debatte zugeschriebenen IB-Elemente hier konkret dekonstruiert werden sollen.

Ein zentrales Problem der chinesischen Theoriesuche besteht schließlich auch darin, dass sich die Ausführungen chinesischer Politikwissenschaftler vielfach auf die Ebenen der Metatheorie und der Methodologie beschränken, wodurch die eigentliche Theorie*bildung* oftmals zu kurz kommt. Dieses Ungleichgewicht zwischen Theorie und Metatheorie könnte allerdings darin begründet liegen, dass es sich bei dem Bereich der chinesischen IB-Forschung um ein neueres Forschungsfeld handelt, das sich noch in seinem Formierungsprozess befindet, beziehungsweise nach 1978 erneut einer umfassenden Umstrukturierung unterworfen war. Weiterhin herrscht unter chinesischen IB-Forschern einerseits eine gewisse Unsicherheit, wie weit die garantierten Forschungsfreiräume wirklich respektiert werden, andererseits fehlt einfach die Erfahrung in der Konzeptionalisierung und Konfiguration einer eigenständigen Theorie. Wie mittlerweile vorliegende Bestandsaufnahmen zur IB-Forschung in der VR China belegen, rührt aus Sicht chinesischer Experten zudem das gegenwärtige Dilemma der chinesischen Theoriebildung paradoxerweise von dem Fehlen einer Vereinheitlichung und Standardisierung des Faches. Denn an die Stelle der früheren maoistischen Weltmodelle und außenpolitischen Strategien ist in den 80er Jahren zunächst ein effizienzfokussierter außenpolitischer Pragmatismus getreten, welcher von den chinesischen IB-Experten nicht die Konzeption einer neuen Leitidee, sondern die Analyse der „realen" Handlungsspielräume und die Einschätzung der jeweiligen Kooperationspartner einforderte. Um die nationalen Interessen der VR China im internationalen Kontext umsetzen zu können, schien die Entwicklung „neuer" politikwissenschaftlicher Analysemodelle und Strategiekonzepte erforderlich. Der Blick auf das internationale Geschehen und die Bewertung der außenpolitischen Handlungsoptionen der VR China musste dabei frei von ideologischen Grundprämissen erfolgen; die Gefahr von Missperzeptionen und Fehlinterpretationen sollte reduziert werden. Pluralismus und Fragmentarisierung, aber auch Orientierungslosigkeit waren letztendlich die Folge der in den 80er Jahren zur Diskussion freigegebenen Modellbildung.

Von der Existenz einer „chinesischen" IB-Theorie, die nicht nur einer unilateralen Erklärung gleichkommt, kann nur die Rede sein, wenn diese auch in den globalen Theoriedebatten Berücksichtigung findet. China dient als illustrierendes Beispiel und exotische Referenz, wenn es darum geht, die transkulturelle Validität und Universalität von Grundelementen der internationalen Beziehungen (Relevanz des Friedens; Konzeption souveräner Staatenakteure) zu belegen. China, worunter in diesen westlichen Studien zumeist das chinesische Kaiserreich und nicht die VR China subsumiert wird, ist damit ein Objekt, jedoch weiterhin kein theoriegenerierendes Subjekt der internationalen Beziehungen.

Dass die „chinesische" IB-Debatte als geschlossener Theoriekomplex keinen Eingang in den globalen Kanon der postmodernen IB-Modellbildung nach Ende des Kalten Krieges gefunden hat, liegt primär darin begründet, dass die „chinesische" IB-Modellbildung als hochgradig politisch-ideologisch gebrandmarkt wird. Dieser Vorwurf stützt sich auf die Annahme des Fehlens jeglicher wissenschaftlicher Forschungs- und Meinungsfreiheit im chinesischen Kontext. Zusätzlich erfolgt der Verweis, dass die chinesische Theoriesuche in den 80er Jahren durch die politische Ebene initiiert worden und somit nicht „wissenschaftlich" sei. Die Möglichkeit, dass es hierbei im Vorfeld zu einem Austausch zwischen der politischen und der politikwissenschaftlichen Ebene der VR China gekommen sein könnte, bleibt bei diesem Pauschalvorwurf unbeachtet. Aufgrund der personellen Verflechtungen der beiden Ebenen scheint diese Überlegung nicht ganz abwegig, lässt sich jedoch mit dem seither veröffentlichten Material auch nicht belegen.

Dabei wäre eine gleichberechtigte Integration der modernen chinesischen IB-Theoriesuche in die internationalen IB-Debatten doch grundsätzlich vorstellbar. Denn der Beginn der „modernen" chinesischen IB-Forschung fällt in den Zeitraum der dritten Großdebatte der IB-Theorie. Die chinesischen IB-Forscher treten mit der globalen Diskussion damit zu einem Zeitpunkt in Kontakt, da diese einen allmählichen Übergang zur postmodernen Modellbildung vollzieht. Die IB-Theorien der Postmoderne brechen mit dem starren Analyserahmen konventioneller Theorien, indem sie die räumlich-zeitliche und auch die sprachliche Kontextabhängigkeit der Modellbildung unterstreichen und eine universelle, zeitlose Gültigkeit und inhaltliche Persistenz von Theorien verneinen. Zentrales Anliegen der postmodernen IB-Debatten sind die Dekonstruktion und die kritische Betrachtung etablierter Weltbilder und Begrifflichkeiten:

> International Relations remains a battlefield of contending representations, where some representations attain hegemony over others. The point of postmodernism is not to provide the „true" representation of international relations, but to provide a critical account of how particular representations circulate and take hold to produce practical political effects (Devetak 1996:185).

Diese neue Unübersichtlichkeit der fragmentarisierten „westlichen" Forschung müsste eigentlich auf außenstehende Beobachter, welche die früheren Großdebatten nur als passive Beobachter aus weiter Entfernung mitverfolgt hatten, eher abschreckend wirken. Doch das Gegenteil ist der Fall. Chinesische Studien betonen, dass der Aufbruch der starren Theoriestrukturen und die Anpassung der Modellbildung an die veränderten internationalen und globalen Konstellationen chinesischen Forschern die Gelegenheit biete, eigene Konzepte in die aktuelle globale Modellneukonzeption einzubringen (Yu, Zhengliang / Chen, Yugang 2005:6-7). Dabei könnte diese mittlerweile dokumentierte Diversifizierung und Fragmentarisierung der „westlichen" Theoriebildung im Vergleich zum Parochialismusargument als neutraler Ausgangspunkt für die Forderung nach einer Integration „chinesischer" Modelle in die globalen Diskurse dienen (Zhao, Jixian 2007:102-107). Denn der in den meisten chinesischen Studien noch ausgeklammerte Eintritt der Theoriekonzeption in die Postmoderne erlaubt es, dem Hegemonieanspruch der klassischen IB-Modelle unter Verweis auf eben diese postmoderne „westliche" Theoriedebatte ein Ende zu setzen, ohne bei der Konstruktion alternativer IB-Modelle sogleich einer ideologischen Zielsetzung verdächtigt zu werden. Wie oben gezeigt, ist dies aber nur mit geringem Erfolg umgesetzt worden.

Der eigentlichen inhaltlichen Theoriebildung der Postmoderne wird weniger Aufmerksamkeit geschenkt, so dass die chinesischen Studien der 80er und 90er Jahre weitgehend den Theorien der ersten (!) Großdebatte verhaftet blieben, deren Vertreter und Hauptwerke seit Mitte der 80er Jahre des 20. Jahrhunderts ins Chinesische übersetzt worden sind. Aber auch die westlichsprachigen Standardwerke unternehmen kaum einen Versuch, die eigene Verankerung in Raum und Zeit zu überwinden und auf eine globale IB-Theoriebildung hinzuarbeiten, die auch die Perspektive der bisherigen Theorie-Peripherie einbinden würde.

2.7. Zwischenbilanz

Die oben referierten Studien zur Periodisierung und Institutionalisierung lassen deutlich die Spannungsfelder erkennen, innerhalb derer sich die chinesische IB-Forschung zu etablieren versucht. Die chinesische IB-Disziplin ist zunächst einmal ein Subfeld der chinesischen Politikwissenschaft. Aus der Perspektive der chinesischen IB-Forscher wird das Forschungsfeld insofern nicht nur durch die politischen Rahmenvorgaben und Interventionen, sondern auch durch die Strukturen und Regelwerke des übergeordneten Makrosystems, der chinesischen Politikwissenschaft, determiniert. Dies kommt nicht zuletzt in den Periodisierungsmodellen zum Ausdruck. Mit Ausnahme des Drei-Phasen-Modells, welches die IB-Konferenz in Shanghai als einen Wendepunkt konstruiert, korrespondieren die Entwicklungsphasen der chinesischen IB-Periodisierung mit den Periodisierungsmodellen der chinesischen Politikwissenschaft. Beginn der „modernen" Forschung ist in beiden Fällen das Jahr 1978; zu einer weiteren Neuausrichtung des Feldes kommt es erst infolge der Ereignisse von 1989. Allgemein wird für die chinesische Politikwissenschaft, nicht nur für den IB-Bereich, eine anfängliche Übernahme und Kopie der Modelle der „westlichen" Wissenschaftswelt dokumentiert (1986-1989).

Einhergehend mit der Erkenntnis, dass diese Modelle mit einem „westlichen" Wertesystem behaftet seien, folgte dann jedoch die Rückbesinnung auf chinesische Interessen, Wertvorstellungen und eine damit verbundene „chinesische" Modellbildung (1989-1991). Die letzte und weiterhin andauernde Entwicklungsphase beginnt für das Feld der Politikwissenschaft wie auch für das Feld der IB-Forschung mit der Normalisierung der chinesischen Außenbeziehungen nach 1992 (vergl. Yang, Haijiao 2008).

Die Auflistung exogener Einflussfaktoren (1989; 1992) unterstreicht den Anspruch der chinesischen Politikwissenschaft, als ein Forschungsfeld angesehen zu werden, welches auf die Veränderungen der Außenwelt reagiert, jedoch keiner direkten Steuerung durch die politische Ebene unterworfen ist. Eben dieser Punkt dominiert auch die Darstellung der chinesischen IB-Forschung. Allerdings findet sich darüber hinaus auch der Ansatz, eine eigenständige, von anderen sozialwissenschaftlichen Bereichen weitgehend unabhängige IB-Disziplin zu konstruieren. Einen deutlichen Vorstoß in diese Richtung hat die Nankai-Universität mit der Einrichtung eines Webportals zur chinesischen IB-Forschung unternommen. Das in einer englisch- und einer chinesischsprachigen Version aufrufbare Portal[80] umfasst biographische Angaben und Schriftenverzeichnisse zu den, laut „IR China", führenden Vertretern der IB-Forschung in China. Es finden sich aber auch Angaben zu westlichen Forschern und Schlüsselwerken der westlichsprachigen IB. Das Portal bestimmt zudem maßgeblich die Wahrnehmung der chinesischen IB-Forschung im In- und Ausland, indem ausgewählte Studien chinesischer Wissenschaftler verlinkt werden, die zusammengenommen einen Kanon der gegenwärtigen Forschung repräsentieren. Im Mittelpunkt steht allerdings nicht die chinesische Theoriesuche, sondern die Entwicklung einer professionellen chinesischen IB-Forschung und die Formierung einer in sich geschlossenen IB-Expertengruppe.

Aussagen über die chinesische Theorieforschung lassen sich aus den subsystemischen Interrelationen der beiden Wissenschaftsfelder (Politikwissenschaft / IB) aber nur bedingt ableiten. Die Theoriedynamik ergibt sich nicht aus

---

[80] www.IRChina.org

den endogenen Faktoren, sondern aus der Interrelation von IB-Forschung und Außenwelt. Dies geschieht parallel auf zwei Ebenen. Zum einen sind es die sich dynamisch wandelnden Systemstrukturen, und damit die politische Realität, welche immer wieder eine Überarbeitung der Theorie hervorrufen, zum anderen aber erhält die innerchinesische IB-Diskussion auch Impulse durch die oftmals konfrontative Auseinandersetzung mit nicht-chinesischen Modellen.

Die Periodisierungsmodelle der chinesischen IB-Forschung unterstreichen die Relevanz exogener Einflussfaktoren und führen den Wandel der chinesischen IB-Forschung somit auf die Dynamik des internationalen Systems zurück. Bedenkt man, dass die chinesische Forschung weiterhin zumindest offiziell an der marxistischen Dialektik festhält (ZK 2004), ist dies auch geradezu naheliegend. Denn dann fordert die Feststellung einer Veränderung der Außenkonstellationen eine Neubestimmung des Hauptwiderspruchs, was im Umkehrschluss auch eine Adaption der bisherigen Modellbildung zur Folge hat.

Die Fokussierung auf die Theoriedimension der Internationalen Beziehungen korreliert mit einer verstärkten Abgrenzung des Forschungsfeldes gegenüber anderen sozialwissenschaftlichen Teilfeldern, in denen diese Theorien keine Gültigkeit besitzen. Mit der Formulierung eines entsprechenden Theoriegebäudes könnte sich die chinesische IB-Forschung somit einerseits im subsystemischen Rahmen positionieren und andererseits auch ihrerseits versuchen, auf die internationale Debatte gestaltend einzuwirken. Voraussetzung aber wäre, dass partikular chinesische Theoriemodelle überhaupt vorliegen. Keines der drei Periodisierungsmodelle postuliert diesen Punkt, es wird lediglich ein Übergang von Rezeption zu Neukonzeption im Bereich der IB-Theorie vermerkt, Ergebnisse dieses Wandels, der immerhin vor mehr als 20 Jahren erfolgte, werden nicht aufgelistet.

Zu betonen bleibt, dass die chinesische Suche nach einer möglichen alternativen „chinesischen" IB-Formulierung sich derzeit weniger auf die konkreten Inhalte als vielmehr auf die Struktur und Beschaffenheit des Forschungsfeldes konzentriert. Der Aufbau der IB-Disziplin wäre folglich in den Augen der chinesischen IB-Forscher noch nicht als abgeschlossener Prozess einzustufen. Dieser Umstand verdeutlicht zugleich die unter chinesischen IB-Forschern weithin vorhandene Skepsis und Ungewissheit bezüglich der „Wissenschaftlichkeit" der eigenen Forschung die eng mit der Vorstellung einer weitergehenden Entflechtung von Politik und Politikwissenschaft verbunden zu sein scheint. Zwar zeichnet sich eine zunehmende Ausrichtung der Forschungsthemen an der politischen Realität ab, zugleich aber vermeiden die chinesischen IB-Artikel den Entwurf handlungsanweisender Policy-Kataloge. Gerade dies aber wird im Tausch gegen die durch das ZK-Dokument zugesicherten Forschungsfreiheiten von Seiten der politischen Eliten mehr oder weniger explizit erwartet.

Einigen Forschergruppen ist es bereits erfolgreich gelungen, sich von den Themengebieten der gegenwärtigen chinesischen Außenpolitik dadurch fernzuhalten, dass sie als Bezugspunkt nicht die realpolitischen Konstellationen und Herausforderungen, mit denen sich die VR China in internationalen Verhandlungskontexten konfrontiert sieht, wählen, sondern in eine Grundlagendiskussion über abstrakte Elemente der Ontologie und Methodologie eingetreten sind, wobei sie sich hierbei zumeist Themen und Ideenkonzepten der internationalen Politikwissenschaft widmen.

Das Feld der chinesischen IB-Forschung entpuppt sich als äußerst inhomogen. Im Theoriebereich erfolgt die Rezeption „westlicher" IB-Modelle zeitgleich, wenn auch räumlich und personell getrennt, mit der Perpetuierung traditioneller und moderner chinesischer Ideen. Zur Konzeption einer vereinheitlichten Standardtheorie ist dabei aber ebenso wenig gekommen wie zu dem offiziell intendierten „Wettstreit der hundert Schulen". Als wesentliches Zwischenergebnis sei aber festgehalten, dass zentrale IB-Aspekte innerhalb des bestehenden Forschungsfreiraumes durchaus kontrovers diskutiert werden. Eine eigenständige chinesische Theorie- oder Schulbildung kann, zumindest mit Blick auf den derzeitigen Stand des Forschungsfeldes, hieraus aber noch nicht abgeleitet werden.

Theoriebausteine: Zwischen Ontologie und Epistemologie

Der Grad der Institutionalisierung und der Autonomie des Feldes der chinesischen IB-Forschung allein sagt noch nichts über die Existenz einer eigenständigen wissenschaftlichen Modellbildung im chinesischen Kontext aus. Und der Begriff der „chinesischen IB-Theorie" beziehungsweise einer „IB-Theorie mit chinesischen Charakteristika" steht zunächst nur für eine abstrakte Zielvorgabe der chinesischen IB-Forschung; über den gegenwärtigen Zwischenstand, die einzelnen Schritte und Strategien zur Zielerreichung wird hiermit noch keine Aussage getroffen.

Obwohl die chinesischen Theorie-Aventuren nunmehr seit über zwanzig Jahren andauern, ist allem Anschein nach hieraus bislang noch keine in sich geschlossene Theoriemodellbildung hervorgegangen. Weiterhin verharren die innerchinesischen Debatten bei epistemologischen und methodologischen Fragestellungen und konzipieren in Kenntnis des ZK-Dokuments von 2004 (ZK 05-01-2004; vergl. 2.5.) Rahmenbedingungen für die Konstruktion einer „chinesischen" IB-Theorie. Wenn aber der Theoriemodellbildung eine derart zentrale Funktion innerhalb der chinesischen Forschung wie auch von Seiten der Politik zugeschrieben wird, ist es kaum vorstellbar, dass die bisher geführten innerchinesischen Debatten allesamt ergebnislos geblieben sein sollen. Ein Blick in die chinesischen IB-Fachzeitschriften zeigt, dass dies auch nicht der Fall ist: Es existieren durchaus Ansätze und Fragmente einer „chinesischen" IB-Modellbildung, die jedoch dem uneingeweihten Leser eventuell entgehen mögen, da sie nicht unter dem Label „chinesische Theorie" geführt werden, sondern sich ausgewählten Teilsegmenten und ontologischen Grundkonzepten der IB-Forschung widmen und weitgehend auf die Erwähnung einer Dichotomie von „westlicher" und „chinesischer" Modellbildung verzichten.

Um Aussagen über den gegenwärtigen Theoriefortschritt der chinesischen IB-Forschung treffen zu können, müssen diese Fragmente aus den chinesischen Studien herausseziert, in thematischen Gruppen zusammengeführt und mit Blick auf ihre Funktion und Stellung in der „chinesischen" IB-Modellbildung analysiert werden. Sollte sich hierbei herausstellen, dass das Feld der chinesischen IB-Forschung bereits über Ansätze und Teilmodelle einer „eigenständigen" Modellbildung verfügt, würde dies im Umkehrschluss auch den Autonomiegewinn des IB-Feldes gegenüber der „westlichen" IB-Modellbildung unterstreichen. Um einen qualitativen Vergleich zwischen der „chinesischen" und der „westlichen" IB-Modellbildung vornehmen zu können, müssen Kategorisierungskriterien gewählt werden, die es erlauben, die beiden Theoriesysteme auf Konvergenz, Divergenz und Äquivalenz zu untersuchen.

In der „westlichen" Forschung erfolgt die vergleichende Kategorisierung der etablierten IB-Theorien nach ontologischen und epistemologischen Klassifizierungskriterien.[81] Auf ontologischer Ebene zählen zu diesen die Fragen nach der Beschaffenheit der zentralen Akteure, nach der Struktur des internationalen Handlungsumfeldes, nach den Zielsetzungen und Mitteln zur Zielerreichung und nicht zuletzt nach der „Kernfrage" der jeweiligen Theorie. Anhand dieser Merkmale wird deutlich, dass beispielsweise Realismus und Idealismus von ihren ontologischen Grundannahmen her unvereinbar sind (vergl. Tabelle IV). Die „westliche" IB-Modellbildung und die ihr unterliegenden metatheoretischen Vorstellungen werden als Vor- und Gegenbild der chinesischen Theoriemodellbildung aufgegriffen. Damit sind die Terminologie und Ontologie der „westlichen" IB-Forschung Ausgangspunkt und zugleich „Bausteine" der innerchinesischen Theorie-Experimente. Somit dienen die obigen Klassifizierungsmerkmale auch als Strukturprinzipien der innerchinesischen Debatten. Es ist grundsätzlich möglich, diese „Bausteine" in ihre weiteren Bestandteile zu zerlegen, doch besteht hier die Gefahr, dass dies auf Kosten der Komparabilität geschieht. Denn schließlich macht es nur Sinn, für die chinesische IB-Modellbildung Kategorien und Klassifizierungskriterien zu konfigurieren, die grundsätzlich auch in der westlichen Theoriekomparatistik angewandt werden (können).

Der Rückgriff auf die Kategorien der „westlichen" IB-Forschung ist folglich insofern zulässig, als dass sich die chinesischen IB-Theoretiker in Kenntnis dieser und zugleich in Abgrenzung von dieser an die Theoriekonstruktion begeben. Dabei müssen einzelne „Bausteine" der Ontologie der „westlichen" IB-Forschung, also beispielsweise das „Internationale System", gesondert herausgegriffen und isoliert betrachtet werden. Wenn es das erklärte Ziel sein sollte, eine IB-Theorie zu konzipieren, welche auf einer Stufe gleichberechtigt mit den etablierten IB-Modellen der „westlichen" Welt stehen soll, ist diese Vorgehensweise nur allzu naheliegend. Denn anstelle eines revolutionären Umsturzes der bestehenden Kategorien und Regelwerke steht bei diesem Ansatz die Syn-

---

[81] Es ist an dieser Stelle wichtig darauf hinzuweisen, dass die Reduzierung der Schlüsseltexte der „westlichen" IB-Schulen auf diese Klassifizierungsmerkmale nicht durch die Theoretiker selbst erfolgte, sondern als das Ergebnis einer rückblickenden Bewertung der Theorieströmungen und ihrer Antagonismen zu sehen ist.

these aus „westlicher" Ontologie und partikularen Aspekten der politischen Kultur Chinas im Mittelpunkt. Es ist dabei durchaus vorstellbar, dass die chinesische IB-Modellbildung auf der Ebene der Terminologie zunächst augenscheinlich mit einem der „westlichen" IB-Modelle übereinstimmt (vergl. Li, Yihu 2005:56-57; Yan Xuetong 1996a). Dies aber sagt noch nichts über eine mögliche inhaltliche Kongruenz oder auch Divergenz der ontologischen „Theoriebausteine" aus. Das mittels einer „chinesischen" IB-Theorie entworfene Weltbild kann durchaus mit den Terminologiebildungen der „westlichen" Forschung operieren, ohne die diesen unterliegenden Wertesysteme zu übernehmen.[82] Die Aufschlüsselung der Ergebnisse und Grundprämissen der „chinesischen" Modellbildung mit der Einordnung in das internationale Klassifizierungsmodell auf sich beruhen zu lassen, würde folglich mit der Gefahr verbunden sein, dass irrtümlich von einer terminologischen Kongruenz ohne weitere Analyse auf die inhaltliche Äquivalenz der Theoriebausteine geschlossen werden könnte. Die Möglichkeit äquivalenter Theoriebausteine und Grundprämissen ist durchaus gegeben, doch genauso gut kann es sein, dass einem Begriffskonzept im chinesischen Kontext eine abweichende inhaltliche Ausdifferenzierung zugrunde liegt. Denn es sollte nicht vergessen werden, dass die innerchinesische Theorielandschaft derzeit „offiziell" durch den „Wettstreit der hundert Schulen" (vergl. Kapitel 2.3.6.) gekennzeichnet ist, so dass in der chinesischen IB-Literatur diese „Bausteine" in den vielgestaltigsten Variationen anzutreffen sind. Sollte die chinesische IB-Modellbildung es mit der Modifizierung der IB-Ontologie auf sich beruhen lassen, könnte dieser Ansatz noch nicht als eigenständige Theoriebildung eingestuft werden. Hierfür ist neben der inhaltlichen Konzeption der „Theoriebausteine" eine Syntax der chinesischen Modellbildung erforderlich. Erst aus der systematischen Anordnung der „Bausteine" kann ein Gebäude der IB-Theorie entstehen, wobei der Bauplan dieses Theoriegebäudes mit den „westlichen" Vorlagen grundsätzlich korrespondieren sollte, diese jedoch nicht notwendigerweise auch kopieren muss.

Für den Bauplan der „westlichen" Theorien soll im Folgenden stark vereinfacht angenommen werden, dass dieser auf dem Fundament der ontologischen Grundkategorien Akteure – Systemstrukturen – Kernfragen aufbaut. Die konkurrierenden „westlichen" IB-Theorien unterscheiden sich hinsichtlich ihrer Gewichtung dieser einzelnen ontologischen Grundpfeiler. Beispielsweise führt der klassische Realismus das Sicherheitsdilemma auf das Machtstreben des Individuums zurück (Jacobs 2003:53), wohingegen der Neorealismus als Ursache des Dilemmas die anarchische Beschaffenheit des internationalen Systems

---

[82] vergl. hierzu die Konzeption des Begriffskonzepts der „Menschenrechte" im chinesischen Kontext (Weigelin-Schwiedrzik 2001:25-53) und auch die Diskussion eines asiatischen Wertekanons (*Asian values*) (Sandschneider 2001:5-24).

anführt (Schörnig 2003:63). Der Sozialkonstruktivismus setzt an diesem Punkt an und stellt die Frage nach der wechselseitigen Bedingtheit von Akteuren und Systemstrukturen (Ulbert 2003:399-400), womit der zuvor angenommene Antagonismus zwischen ontologischem Individualismus und ontologischem Strukturalismus zeitweilig aufgehoben wurde.

Es ist wie bereits oben ausgeführt davon auszugehen, dass die chinesischen IB-Theoretiker ihre ontologischen Theoriebausteine grundsätzlich in Kenntnis der „westlichen" Debatten bearbeiten. Wenn diese Annahme stimmt, müsste die Bestimmung des Verhältnisses von Akteuren und Strukturen eine zentrale Rolle in der Theorieformulierung spielen. Wider Erwarten wird dieser Aspekt jedoch nicht thematisiert – die „Akteure" der internationalen Beziehungen werden somit in der chinesischen Debatte als gegeben vorausgesetzt, ihre mögliche funktionelle Binnendifferenzierung wird nicht beleuchtet. Dies bedeutet noch nicht, dass diese Akteure den internationalen Strukturen ontologisch vorausgehen. Die chinesischen Studien wählen zunächst einmal die bestehenden Interaktionsmuster und Regelsysteme des internationalen Handlungsumfeldes als Ausgangspunkt ihrer Betrachtungen. Daneben allerdings wird auch eine Aufarbeitung „chinesischer" Systemvorstellungen der dynastischen wie auch der maoistischen Zeit unternommen, womit Ansätze einer „chinesischen" Ontologie des internationalen Systems in die Expertendiskussion eingebracht werden. Die post-maoistische Debatte greift teilweise auf diese Konzepte zurück, doch drängt sich der Eindruck auf, dass es die bestehenden Systemstrukturen und die etablierten Interaktionsmechanismen sind, welche den „Akteuren" – insbesondere denen, die wie die VR China neu in diese Strukturen eintreten – ontologisch vorangehen und diese determinieren.

Aufgrund dieser Annahme wird im folgenden Materialteil der Arbeit der „Baustein" Systemstrukturen als Ausgangspunkt der kategorisierenden und zusammenfassenden Aufarbeitung der chinesischen IB-Ontologie gewählt. Gesucht werden Äquivalente oder Pendants zum Systembaustein der „westlichen" IB-Modellbildung. Da keine vereinheitlichte chinesische IB-Theorie vorliegt, müssen hierzu die Hauptströmungen und Grundelemente der innerchinesischen Debatten aufgezeigt und in sich hierarchisiert werden.

Aus diesen Strukturbetrachtungen ergibt sich die Frage nach den Ordnungs- und Interaktionsprinzipien des internationalen Systems. Abstrakt gesehen lassen sich die „westlichen" Makro-Theorien der IB im Spannungsfeld zwischen Nullsummenspiel und Nichtnullsummenspiel einordnen. Realistische Modelle folgen der ersten Variante, idealistische und liberale Ansätze nehmen im Unterschied hierzu an, dass sich das Sicherheitsdilemma und die Machtkonkurrenz kooperativ beziehungsweise über die Einrichtung internationaler Institutionen und Organisationen lösen lassen. Beide Ansätze sind den chinesischen

IB-Theoretikern durchaus vertraut. Ausgehend aber von dem individuellen Sicherheitsdilemma, mit dem sich die VR China in Form der gegen den chinesischen Aufstieg gerichteten Containment-Maßnahmen anderer Staaten konfrontiert sieht, stellen chinesische Studien eine alternative Ordnungskonzeption zur Debatte, die sowohl stark normativ als auch idealistisch inspiriert zu sein scheint. Gerade weil es die VR China selbst ist, die mit dem „Harmonie"-Konzept den Vorstoß in der Konzeption alternativer Erklärungsmodelle unternimmt, wird dieser „Baustein" in der internationalen Debatte zumeist als Täuschungsmanöver der VR China bewertet, das von den eigentlichen Macht- und Expansionsinteressen ablenken und der Staatenwelt gewissermaßen Sand in die Augen streuen soll, so dass diese erst dann aus ihrer Täuschung erwacht, wenn die VR China ihre Aufstiegspläne ungehindert zum Abschluss gebracht hat. Diese Kritik ist bei der Evaluation des Harmonie-Bausteins selbstverständlich zu berücksichtigen; allerdings ist zuvor eine inhaltliche Aufarbeitung der politikwissenschaftlichen und politischen Harmonie-Modellbildung vorzunehmen. Des weiteren ist das Harmonie-Element innerhalb der chinesischen IB-Debatte zu verorten, um Aussagen über dessen möglichen Theoriegehalt beziehungsweise seine Wertigkeit in der chinesischen Theoriebildung, deren Theoriegehalt selbstverständlich auch einer kritischen Betrachtung zu unterziehen ist, treffen zu können.

Unverfänglicher mit Blick auf die mögliche Rezeption in der internationalen Politikwissenschaft scheint hingegen zunächst die Thematisierung von Krieg und Frieden, die als Ausgangspunkte der modernen „westlichen" IB-Modellbildung gelten.[83] Zugleich ist dies ein Theoriebaustein, für den mit Gewissheit eine Divergenz zwischen der „westlichen" und der „chinesischen" IB-Ontologie anzunehmen ist. In den chinesischen Studien wird darauf verzichtet, die Übertragbarkeit der Annahmen und Bewertungen der beiden Weltkriege, welche der „westlichen" IB-Modellbildung unterliegen, auf China und die Region Ostasien zu überprüfen. Auch wenn sich durchaus Parallelen konstruieren ließen – das Versagen des Völkerbundes bei dem Einmarsch Japans in der Mandschurei; die Einordnung des sino-japanischen Krieges als Teil des Zweiten Weltkrieges in Ostasien – werden diese doch nicht bemüht. Die Darstellungen zu Krieg und Frieden in den internationalen Beziehungen erfolgt ausschließlich aus einer heutigen Perspektive und vor dem Hintergrund möglicher Sicherheitsdilemmata der chinesischen Außenpolitik. Hier offenbart sich zugleich eine der möglichen „Kernfragen" der chinesischen Modellbildung: Unter welchen Um-

---

[83] Die erste IB-Großdebatte zwischen Idealisten und Realisten ereignete sich vor dem Hintergrund des Versagens des Völkerbundes und der Expansionspolitik Japans, Italiens und NS-Deutschlands. Als Ausgangspunkt der modernen IB-Forschung wiederum werden die Erfahrungen des Ersten Weltkrieges angenommen – die ersten Modellbildungen zielten darauf ab, eine Wiederholung derartiger Kriege in Zukunft zu vermeiden (vergl. u.a. Menzel 2001).

ständen ist der (Wieder-) Aufstieg eines Staatenakteurs der Peripherie, in diesem konkreten Fall der VR China, ohne militärische Konfrontation umsetzbar? Neorealistische Szenarien schließen diese Option kategorisch aus; liberale oder auch konstruktivistische Ansätze hingegen halten kooperative Lösungen für möglich, wenn diese über die interdependente Einbindung der Akteure in internationale Regelwerke erfolgen.

Beide Szenarien sind aus chinesischer Sicht abzulehnen, das erste, weil es den chinesischen Aufstiegszielen entgegentritt, letzteres hingegen, weil es die Transformation und Eingliederung in internationale Regelwerke zu den Bedingungen der „westlichen" Staatenwelt zur notwendigen Voraussetzung erklärt. Die chinesischen Entwicklungspläne, welche die internationale Positionierung Chinas ohne einen vorangegangenen Systemwandel zum Inhalt haben, werden in diesen Modellbildungen nicht berücksichtigt. Da der chinesische Aufstieg aber als Resultat der objektiven Entwicklungsgesetze der Weltpolitik mit Blick auf den Aufstieg und Fall von Großstaaten und Großreichen betrachtet wird, müssen die chinesischen Studien entweder die düsteren Zukunftsprognosen der „westlichen" IB-Modelle annehmen und von einem bevorstehenden militärischen Konflikt der VR China mit der internationalen Staatenwelt ausgehen, oder aber Alternativmodelle vorschlagen, die zumindest auf theoretischer Ebene eine Lösung dieses Sicherheitsdilemmas erlauben.

Neben dieser sicherheitspolitischen Herausforderung birgt der chinesische Aufstieg aus Sicht der westlichen Welt, wie auch chinesische Studien festhalten (u.a. Qin, Yaqing 2005b; 2006), ein weiteres Dilemma: Wie beziehungsweise unter welchen Grundvoraussetzung ist die friedliche Integration eines (den eigenen Ansprüchen nach) „sozialistischen" Staaten-Akteurs in das internationale Staatensystem möglich? Diese Frage leitet gedanklich weiter zur Frage der Bestimmung der zentralen Akteure der internationalen Beziehungen und ihrer inneren Strukturierung. Bedingt durch die Strukturen des politischen Systems der VR China ist naheliegend, dass aus chinesischer Sicht als Hauptakteur zunächst souveräne Nationalstaaten angenommen werden. Internationale Beziehungen sind demnach gleichzusetzen mit den Beziehungen der nationalen Regierungen dieser Staaten. Dieser Ansatz leitet sich nicht aus den chinesischen Beobachtungen der internationalen Beziehungen ab, sondern spiegelt die Transposition des nationalen Selbstbildes der VR China auf die internationale Ebene wider. Die Binnendifferenzierung anderer Staaten-Akteure und das Aufkommen nicht-staatlicher Akteure der IB sind kein Gegenstand der innerchinesischen IB-Modellbildung. Wenn sich chinesische Studien im weiteren Umfeld der IB-Disziplin mit dem „Staat" beschäftigen, geschieht dies zumeist nur mit Blick auf die VR China als Akteur der internationalen Beziehungen. Dieser Umstand könnte auf den ersten Blick dazu verleiten, diese Studien von den ontologischen „Theoriebausteinen" auszuschließen. Wenn aber die nationale Identität der VR China in aktuellen chinesischen IB-Lehrbüchern als eigenständiger Themenblock behandelt wird (Zhao, Kejin / Ni, Shixiong 2007), muss diesem „Baustein" eine ganz zentrale Funktion in der chinesischen IB-Modellbildung zugeschrieben werden. Auch ist zu überlegen, wie die VR China auf die Formierung neuer nicht-gesellschaftlicher doch zugleich nicht-staatlicher Akteure in Form regionaler Zusammenschlüsse reagiert und wie diese in die Modellbildung eingeordnet werden.

Auch das Phänomen der Globalisierung muss in diesem Kontext beleuchtet werden, einerseits als Problemfeld der internationalen Beziehungen, andererseits auch als Hintergrund eines konzeptionellen Wandels nationalstaatlicher Souveränität. Regionalisierung und Globalisierung bedingen beide jeweils auf ihre Weise eine strukturelle Veränderung des außenpolitischen Handlungsumfeldes und der Kooperationspartner der VR China. Aber auch diese ist diesen Strukturveränderungen unterworfen, so dass nicht ausgeschlossen werden kann, dass sich nicht hieraus schlussendlich ein Wandel in dem chinesischen Selbstbild als Akteur der IB ergibt. Damit kehren die Betrachtungen zu den ontologischen „Theoriebausteinen" zu ihrem Anfangspunkt zurück und somit zu der Frage der wechselseitigen Bedingtheit von Akteur und Struktur im Rahmen der IB-Modellbildung.

Tabelle IV: Arbeitsmodell – Theorien und Grundprämissen

Theorie	Akteursbestimmung	Annahmen zum Handlungsumfeld	Kernfrage
Realismus (Morgenthau)	Staaten; Staatsmänner	Anarchie	Sicherheitsdilemma Lösungsoption: Gleichgewichtspolitik *Nullsummenspiel*
Neorealismus	Staaten (= like units)	Anarchie	Anarchie, Selbsthilfe, Machtgleichgewicht *Nullsummenspiel*
Idealismus	Individuum	Weltstaat; Weltgemeinschaft	universal.Verfassung; Friedensordnung *Nichtnullsummenspiel*
Konstruktivismus	Politische Eliten; Vielzahl von Akteuren	Welt als soziales Konstrukt	Normen; Regeln; Diskurse
Chinesische Theorie(n)	???	???	???

(eigene Darstellung in Orientierung an Krell 2000; Meyers 2000a)

III. Systemstrukturen

Die chinesische Diskussion zu Natur, Beschaffenheit und grundlegenden Charakteristika des internationalen Systems setzt sich aus drei Themensträngen zusammen, welche oftmals so dicht miteinander verwoben sind, dass eine konsequente Trennung und Entflechtung der Argumentationsstränge nur bedingt möglich ist. Denn die chinesische Theoriebildung beschränkt sich nicht auf die Interaktionsmatrix der bi- und multilateralen Beziehungen, sondern schließt zugleich auch Konzeptionen einer übergeordneten Weltordnung oder mitunter auch Weltstruktur mit ein. Zudem sind mit Blick auf die voranschreitende Globalisierung auch Konzepte einer globalen Weltstruktur erneut thematisiert worden, welche die bestehenden nationalen Grenzen und somit auch die internationalen Beziehungen überschreiten und letztendlich ablösen würde (vergl. auch 6.4.). Es ist anzunehmen, dass ein kausaler Zusammenhang zwischen der Konzeption dieser Systemstrukturen, der chinesischen Perzeption der internationalen Konstellationen sowie den außenpolitischen Zielsetzungen der VR China besteht.

3.1. Weltmodelle chinesischer Politiker

Im Unterschied zu denjenigen „westlichen" IB-Theorien, welche wie z.B. der Realismus die Struktur des internationalen Systems als Ausgangspunkt wählen, steht die Beschaffenheit des *internationalen* Systems bis in die 80er Jahre nicht im Mittelpunkt des Forschungsinteresses der chinesischen Politikwissenschaft. Die Modellbildung der maoistischen Phase orientierte sich zwar einerseits an den real gegebenen internationalen Konstellationen, andererseits aber brachten diese Modelle, deren Blick auf die internationalen Konstellationen und das internationale System durch „ideologische" Grundprämissen determiniert war, nicht nur die chinesische Perzeption und Interpretation, sondern, wie die rückblickende Betrachtung zeigt, oftmals eine idealisierte und stark normative Vision dieser Strukturen zum Ausdruck (vergl. Friedrich 2000:220). Die Grundlagen dieser kategorisierenden Einordnung und Klassifizierung der Welt und der einzelnen Staatenakteure wurden bis in die 80er Jahre nicht von chinesischen IB-Forschern, sondern durch die politische Führung formuliert. Offiziell vorgestellt und dargelegt wurden diese Modelle zumeist nicht in der innerchinesischen Debatte, sondern im Rahmen formeller und informeller diplomatischer Gespräche. Mao Zedong entwickelte seine Überlegungen zu Weltordnungsmodellen gegenüber zumeist westlichen Gesprächspartnern (vergl. 3.1.1.; 3.1.2.), Deng Xiaoping – also interessanterweise nicht der chinesische Außenminister – wiederum wählte als Adressat die Weltöffentlichkeit (UNO). Diese offiziell vorgestellten Weltmodelle wiederum gaben rückwirkend als orthodoxe Interpretationen der globalen Konstellationen der chinesischen Forschung zur Außenpolitik und zu den Internationalen Beziehungen einen festen Regelrahmen vor. Zugleich formulierten diese, auch wenn dies erst in der rückblickenden Betrachtung deutlich wird, auch ein Positionierungsanliegen der VR China. Doch spiegeln diese Modelle nicht nur partikulare Ansichten und Ideen der VR China wider – vielmehr wird eine Terminologie (Zonen, Erste und Dritte Welt) benutzt, die den jeweils aktuellen Debatten entnommen ist und nach ihrer Erweiterung durch die Einbettung in die Modellbildung der chinesischen Seite in diese zurücktransportiert wird. Damit ist die VR China nur bedingt rezeptiver Beobachter des Geschehens. Denn mit der inhaltlichen Ausdifferenzierung und Umschreibung der in der internationalen Debatte bereits vorliegenden Konzepte übernimmt sie sehr gekonnt und ohne dass dies offensichtlich wäre bereits in der maoistischen Ära Steuerungsfunktionen. Die von chinesischer Seite mitgeprägte oder teils auch eingeführte Terminologie lenkt nicht nur die Perzeption der VR China durch andere Staaten-Akteure, sondern gibt – bereits seit der maoistischen Phase – auch eine Orientierung für die Bewertung der weltpolitischen Konstellationen vor.

Mit Blick auf die gegenwärtige chinesische Suche nach einer eigenen IB-Theorie stellt sich die Frage, inwiefern diese „maoistischen" Weltmodelle in die moderne chinesische IB-Ontologie integriert werden. Zur Beantwortung dieser Fragen reicht es nicht, die Modellbildung der politischen Führung der VR China aus der Außensicht heraus zu bewerten und mit den „westlichen" Konzeptionen der Weltordnung und des internationalen Systems zu kontrastieren. Vielmehr ist zu untersuchen, wie diese Modelle der politischen Führungselite der VR China von einem heutigen Standpunkt aus in der innerchinesischen Expertendebatte eingestuft werden. Denn wenngleich auch das ZK-Dokument von 2004 erneut festhält, dass die Mao-Zedong-Ideen, die Theorien Deng Xiaopings und Jiang Zemins „Drei Vertretungen" bei der Theoriemodellbildung ebenso wie die außenpolitischen Erfahrungen der VR China zu berücksichtigen sind (ZK 05-01-2004), bleiben die Auslegung und Umsetzung dieser Anweisung doch den IB-Theoretikern überlassen. Diese stehen vor dem Problem, dass eine Einbindung der Modelle der maoistischen Phase gerade im Austausch mit der internationalen Wissenschaftsgemeinschaft als ein Festhalten an „ideologischen" Grundmustern missverstanden werden könnte (vergl. Yu, Zhengliang / Chen, Yugang 1999, 2.1.1.). Eine offensive Distanzierung von diesen Modellen jedoch sähe sich im Gegenzug mit der Kritik innerchinesischer Gruppierungen, insbesondere der Neuen Linken, konfrontiert, die in diesem Schritt eine Anpassung der chinesischen Forschung an die „westlichen" Normen und somit einen Bruch mit der chinesischen Partikularität vermuten würden. Die chinesischen IB-Forscher finden sich damit in der heiklen Situation, bei der rückblickenden historischen Bestandsaufnahme der chinesischen IB-Konzepte und bei der Konzeption neuer IB-Modelle die Erwartungen der inner- ebenso wie die der internationalen Gesellschaft zu berücksichtigen. Grundsätzlich besteht ein offensichtlicher Antagonismus zwischen den Forderungen der Neuen Linken und denen der internationalen Staatengemeinschaft, welcher nicht endgültig überwunden, sondern nur vorsichtig ausbalanciert werden kann.

Diese Hintergrundkonstellationen beeinflussen den wissenschaftlichen Umgang mit dem Erbe der Modellbildung der maoistischen Ära. Eine eher unverfängliche Lösung ist der Ansatz, die maoistischen Weltmodelle in den Bereich der Geschichte der chinesischen IB-Modellbildung zu verweisen, womit an die Stelle einer integrierenden Theoriebildung die isolierte historische Rekonstruktion und kritische Reinterpretation tritt. Diese soll in den folgenden Ausführungen skizziert werden, da sich hieran exemplarisch die Positionierungsstrategien der chinesischen IB-Forscher im Spannungsfeld von innenpolitischen und internationalen Einflussfaktoren nachvollziehen lassen.

3.1.1. Lager- und Zonenbildung

Die chinesischen Aufarbeitungen der IB-Konzepte Mao Zedongs beginnen einheitlich mit einer Schilderung der historischen Entwicklung dieser Modelle. Diese Diskussion, die insbesondere von jüngeren Vertretern der chinesischen IB-Forschung betrieben wird, erfolgt jedoch losgelöst von der eigentlichen Suche nach Grundlagen und Orientierungsmustern einer möglichen chinesischen Theoriebildung, indem die Aufarbeitung der Modelle der maoistischen Phase in den Kontext der Historiographie und Diplomatiegeschichte verwiesen wird.

Grundsätzlich wird in chinesischen Darstellungen immer wieder besonders die anfängliche Übernahme sowjetischer Modelle und die allmähliche Loslösung der VR China aus der sowjetischen Sphäre durch die Formulierung der maoistischen Weltordnungsmodelle hervorgehoben. Auch wenn als Vorläufer der maoistischen Weltmodelle Stalins beziehungsweise Zhdanows „Zwei-Lager-Modell" gilt, an welchem sich die VR China bis in die 50er Jahre orientierte, betonen aktuelle chinesische Studien doch auch, dass es in China bereits in der Phase der Politik des „Sich zur einen Seite Neigens" (*yi bian dao*), also noch vor dem sino-sowjetischen Disput, zu ersten Modifizierungen dieses Weltmodells kam. Denn bereits im August 1946[84] entwarf Mao Zedong in seinen Betrachtungen der internationalen Konstellationen eine zwischen den beiden Supermächten USA und SU gelegene Zone, die sich aus den kapitalistischen Staaten, Kolonien und Halbkolonien in Europa, Asien und Lateinamerika zusammensetzte. Auch China wurde als „Halbkolonie" den Staaten der „Zwischenzone" zugerechnet (Ye, Zicheng 2001:128; Pu, Ning 2004:20-21; Jia, Jianghua 2004:64-65).

Während noch in der maoistischen Phase die Diskussion und Interpretation dieser Ordnungsmodelle ein Tabu darstellte, werden Modelle wie das der Zwischenzone(n) nun im Zuge der Suche nach einer „chinesischen" IB-Theorie durchaus einer kritischen Re- und Dekonstruktion unterworfen. So wird in der modernen chinesischen IB-Forschung rückblickend formuliert, dass die Dekonstruktion des bipolaren Systems als chinesischer Abgrenzungsversuch gegenüber dem sowjetischen Modell zu lesen sei, insbesondere da die Sowjetunion kurz vor der Formulierung der Zonentheorie ihre Befürchtungen geäußert und entsprechende Warnungen artikuliert habe, dass die Positionierung der VR China einen Konflikt mit den USA evozieren könnte (vergl. Pu, Ning 2004:21). Demnach würde die in der Zonentheorie angedachte Aufspaltung des sozialistischen Lagers – der von der Sowjetunion dominierte sozialistische Block verblieb, im Gegensatz zur VR China, außerhalb der intermediären Zone – belegen, dass bereits in dieser frühen Phase Spannungen zwischen der Sowjetunion und der VR China bestanden. Interessanterweise wurde die Idee einer Positionierung der VR China außerhalb der beiden Einfluss-Sphären erst infolge der sino-sowjetischen Kontroversen der späten 50er Jahre erneut aufgegriffen, so dass diese anfänglichen Diskrepanzen innerhalb des sozialistischen Lagers allem Anschein nach bis dahin ausgeglichen werden konnten.

Wenn die Sowjetunion hiernach also den „Schlüsselfaktor" für die Entwicklung des Zonenmodells darstellt, wäre das Zonenmodell nicht primär als Ordnungskonzept der Weltkonstellationen, sondern als Versuch einer strategischen Abgrenzung des chinesischen Sozialismus von dem Modell der Sowjetunion zu verstehen. Die Lossagung von der sowjetischen Hegemonie gibt rein theoretisch den Weg für ein alternatives „chinesisches" Modell frei, sowohl mit Blick auf die nationale Entwicklung wie auch hinsichtlich der Ausgestaltung der Außenpolitik. Diese Überlegungen verdeutlichen, dass das Zonenmodell nur

---

[84] Die aktuelle chinesische Rekonstruktion der Zwischenzonentheorie korrigiert damit den westlichsprachigen Forschungsstand, nach dem die Konzeptgenese mit dem Jahr 1964 (vergl. Friedrich 2000:27 Fn 25) angenommen wird.

bedingt außenpolitische und internationale Relevanz besitzt und möglicherweise, zumindest dieser Lesung zufolge, eher in den Bereich der Strategie- und Modellbildung zum „Staatsaufbau" eingeordnet werden sollte. Andere Studien chinesischer Politikwissenschaftler wiederum kommen zu dem Schluss, dass der Kernaspekt des Zonenmodells in der Verschiebung des Hauptwiderspruchs von den zwei Machtblöcken (USA/SU) hin zu einem Antagonismus zwischen den USA und den Staaten der neu etablierten Zwischenzone bestehe. Belegt wird dies mit dem Verweis auf das Gespräch Maos im Jahr 1946 mit der US-amerikanischen Reporterin Anna Louise Strong, in welchem Mao chinesischen Studien zufolge erstmals das Zonenmodell skizzierte. Mao führte damals aus, dass ein offener militärischer Konflikt zwischen den beiden Machtblöcken dereinst nicht zu erwarten sei. Dies begründete er mit der „Theorieannahme", dass das Hauptinteresse der USA nicht in einer direkten Auseinandersetzung mit der Sowjetunion, sondern primär in der Ausweitung des US-amerikanischen Herrschaftsanspruchs auf die in der intermediären Zone befindlichen Staaten liege.[85] Im Unterschied zum Modell der „Zwei Lager", nach dem ein Krieg der beiden Machtblöcke als unvermeidlich angenommen wurde, führte die Konstruktion einer „Zwischenzone" vorerst zu einem Aufschub dieses Konfliktszenarios. Erst wenn es den USA gelungen sein würde, ihren imperialistischen Machtanspruch auf die Staaten der Zwischenzone auszuweiten, könnte es, so die Argumentation Mao Zedongs, zu einer direkten Konfrontation zwischen den beiden Lagern kommen (vergl. Ye, Zicheng 2001:128-129).[86] Dieser Interpretation zufolge bezog sich das Zonenmodell durchaus auf die Ebenen der Weltordnung und der internationalen Machtkonstellationen. Zugleich aber unterlag dem Modell auch in dieser Auslegung ein deutlicher Bezug zu den nationalen Interessen der VR China. Dies verdeutlichen Studien zur Geschichte der KPCh, welche anmerken, dass die Zonentheorie auf den offenen Machtkampf zwischen KPCh und GMD nach 1945 zurückgehe. Folglich hatte die KPCh durchaus ihre Gründe, den Ausbruch eines Dritten Weltkrieges, der nach dem Zwei-Lager-Modell unvermeidlich schien, herauszuschieben, wenigstens bis zur

---

[85] 1957 unterstrich Mao Zedong, dass sich die USA nicht nur in die Belange der sozialistischen Staaten, sondern auch in die innenpolitischen Angelegenheiten der zwischen den beiden Lagern zu verortenden Staaten einmischten. Die Suez-Krise von 1956 stützte diese chinesische Perzeption eines wachsenden Widerspruchs innerhalb des imperialistischen Lagers (vergl. Pu, Ning 2004:22).

[86] Chinesische Darstellungen gehen zumeist kaum über eine rückblickende Auflistung der Entwicklung der Weltordnungsmodelle Mao Zedongs hinaus. Die Frage, ob die Ausführungen zur Theorie der Zwischenzone vielleicht auch eine Appellfunktion an die außenpolitischen Orientierungen der USA darstellten und welche strategischen Zielsetzungen den Ausführungen Maos unterlegen haben könnten, stellt sich aus Sicht chinesischer Betrachter anscheinend nicht oder aber wird aus anderen Gründen (den formellen und informellen Rahmenvorgaben der chinesischen IB-Forschung) nicht untersucht.

Konsolidierung ihrer innenpolitischen Herrschaftsansprüche (vergl. Liu, Jianping 1998:77). Wieder andere chinesische Interpretationen formulieren, dass bereits den frühen Entwürfen des Zonenmodells der Gedanke unterlegen habe, die Staaten der Zwischenzone[87] als Verbündete Chinas im Kampf gegen die imperialistische Staatenwelt und den US-amerikanischen Hegemonieanspruch zu gewinnen (vergl. Ye, Zicheng 2001:129; Jia, Jianghua 2004:65). Danach wiederum wäre das Zonenmodell eindeutig als rein strategisches Instrument der chinesischen Außenpolitik identifiziert, das auf die Positionierung der VR China als eigenständige Macht in den internationalen Konstellationen abzielte. Dieser Positionierungsaspekt lässt sich noch deutlicher aus den Annahmen der „Zwei-Zwischenzonen-Theorie" ableiten, welche Anfang der 60er Jahre[88] aus der „Zwischenzonen-Theorie" hervorging. Mit diesem Modell wurden die Staaten nicht nach ideologischer Ausrichtung, sondern nach ihrem Entwicklungsstand eingeteilt, indem die erste Zwischenzone die entwickelten Staaten Europas, Japan und Australien umfasste, die andere hingegen die Entwicklungsländer Asiens, Afrikas und Lateinamerikas. Es liegt nahe, dass die VR China, die für sich eine Führungsrolle der Entwicklungsländer entwarf, auch einen Export ihrer sozialistischen Idee chinesischer Prägung andachte, zumindest innerhalb der Zwischenzone, in der sie sich dem Modell zufolge selbst positionierte.

Die Ausrichtung an der Sowjetunion wurde infolgedessen durch das Prinzip einer „unabhängigen und souveränen Außenpolitik des Friedens" substituiert (Jia, Jianghua 2004:66-67). Zudem diente die Weiterentwicklung des Zonenmodells der Legitimierung der Annäherung der VR China an Staaten außerhalb des sozialistischen Machtblocks. Dabei stützte sich die VR China auf die auf der Konferenz von Bandung offiziell proklamierten „Fünf Prinzipien der friedlichen

---

[87] Auch Japan war Teil dieser Zwischenzone. Noch in den 50er Jahren unterlag dem Zonenmodell rückblickenden Betrachtungen chinesischer Parteihistoriker zufolge die Idee, durch Kooperation mit der KPJ und anderen Gruppen der Opposition einen geeinten Widerstand gegen die Kontrolle durch die USA zu organisieren (vergl. Liu, Jianping 1998:75-83).

[88] Ye Zicheng führt Belege aus den Gesammelten Schriften Mao Zedongs an, welche besagen, dass eine weitergehende Differenzierung der Zwischenzone bereits gegen Ende der 50er Jahre angedacht war. Im Unterschied zu den später unter dem Konzept der Zwischenzonen subsumierten Grundannahmen gingen die ursprünglichen Überlegungen auch von einer Trennung zwischen den Staaten Ost- und Westeuropas aus. Grundsätzlich aber benennt Ye die Jahre 1963-64 als Entstehungszeitraum der „Zwei-Zwischenzonentheorie" (Ye, Zicheng 2001:130).

Pu Ning datiert in seiner zusammenfassenden Darstellung außenpolitischer Modellbildungen die Entstehung der Theorie mit September 1963 (Pu, Ning 2004:22).

Fu Yaozu wiederum führt die Genese des ursprünglichen Zonenentwurfs sehr unbestimmt auf die Zeit unmittelbar „nach Ende des Zweiten Weltkrieges" zurück und fixiert die Weiterentwicklung der Zonen mit „Anfang der 60er Jahre" (Fu, Yaozu 2005a:60).

Koexistenz" (vergl. Kapitel 5.4.), die auch gegenwärtig weiterhin als Grundpfeiler der chinesischen Außenpolitik gelten.[89]

3.1.2. Drei-Welten-Theorie

Eine weitere Fortschreibung der Zonentheorie und Adaption an die veränderten außenpolitischen Konstellationen der VR China findet sich mit der „Drei-Welten-Theorie". In offiziellen Darstellungen der Grundkonzepte chinesischer Außenpolitik wird diese den Theoriemodellen Mao Zedongs zugeschrieben (vergl. Ye, Zicheng 2001; Yee 1983: 239, Fn 1; Tang, Guanghong / Zhu, Kaibing 2003:46).[90] Dass dem Modell Konsultationen innerhalb der KPCh vorangingen, welche auch chinesische Experten des Bereichs der Internationalen Politik einbezogen, ist jedoch anzunehmen (vergl. Hamrin 1994: 89).

Der Weltöffentlichkeit wurde das neue Ordnungsmodell am 9. April 1974 von Deng Xiaoping in einer Rede vor den Vereinten Nationen vorgestellt, weshalb diese Datierung und Zuordnung in der westlichsprachigen Forschung weithin übernommen wurde (u.a. Möller 2005:35). Dabei werden allerdings innerchinesische Diskurse zur Konstruktion der sogenannten Dritten Welt ausgeblendet, welche im Vorfeld der offiziellen Formulierung geführt worden waren. Chinesische Rekonstruktionen der „Drei-Welten-Theorie" zeigen, dass Mao ursprünglich angedacht hatte, unter dem Begriff der „Dritten Welt" alle diejenigen Staaten zu subsumieren, welche sich selbst als Opposition zu den beiden Lagern positionierten. Erst die Erkenntnis, dass sich die Selbstverortung der europäischen Staaten mit diesem Ansatz nicht verbinden ließ, führte zu einer alternativen Konstruktion dieser „Dritten Welt" (vergl. Ye, Zicheng 2001:24).

War die Zwischenzonentheorie zunächst noch davon ausgegangen, dass sich die Interessen der Sowjetunion weitgehend mit denen der in der Zwischenzone befindlichen Staaten vereinbaren ließen und der Hauptkonflikt zwischen den USA und der Zwischenzone zu verorten sei, wurde mit der „Drei-Welten-Theorie" nun auch die Sowjetunion offiziell als imperialistische, nach Hegemonie strebende Macht eingestuft. Nachdem mit der „Zwischenzonen-Theorie" zunächst offiziell nur eine theoriegestützte Herauslösung der europäi-

---

[89] Das von Zhou Enlai vorgestellte Konzept formulierte in fünf Punkten – Respektierung nationaler Souveränität und territorialer Integrität; Verzicht auf Angriffskriege; Verzicht auf Einmischung in die inneren Angelegenheiten anderer Staaten; Gleichberechtigung und wechselseitiger Nutzen; friedliche Koexistenz – Grundvoraussetzungen für die Kooperation mit nicht-sozialistischen Staaten, wobei das chinesische Modell im Unterschied zum sowjetischen Koexistenzmodell zunächst keine friedliche Koexistenz mit den USA vorsah (vergl. Möller 2005:54).
[90] Fu Yaozu benennt als Begründer der „Drei-Welten-Theorie" Mao Zedong und Zhou Enlai, ohne allerdings entsprechende Belege oder Quellenverweise anzuführen (Fu, Yaozu 2005a:60).

schen Staaten aus dem US-amerikanischen Block stattgefunden hatte, erfolgte mit dem Modell von 1974 damit nun auch die Einführung eines unüberwindlichen Antagonismus zwischen der Sowjetunion und den Staaten Osteuropas (Tang, Guanghong / Zhu, Kaibing 2003:47; Ye, Zicheng 2001:131).

Als Reaktion auf diese Neubewertung des einstigen Vorbildes und ideologischen Weggefährten der VR China wurde auch die außenpolitische Zielsetzung überarbeitet. Es galt nun, eine internationale Einheitsfront gegen die sowjetischen Machtansprüche aufzustellen, und zwar ungeachtet der systemisch-ideologischen Differenzen, die doch weiterhin zwischen der VR China und vielen Staaten der westlichen Welt vorhanden waren (vergl. Ding, Shichuan et al. 2005:78-79).[91]

Die USA und die Sowjetunion bildeten nach den Annahmen der „Drei-Welten-Theorie", und gewissermaßen als Weiterschreibung der Zonenmodelle, gemeinsam die erste Welt. Die zweite Welt umfasste die entwickelteren Staaten, d.h. Europa, Japan und Australien. Die dritte Welt schließlich bestand aus den Entwicklungsländern Asiens, Afrikas und Lateinamerikas. Die VR China rechnete sich eben dieser dritten Welt zu und beanspruchte wie zuvor, innerhalb dieser eine Führungsrolle zu übernehmen.[92]

Das „Drei-Welten-Modell" entwarf die Beziehungen zwischen den USA und der Sowjetunion zwar weiterhin als antagonistisch, jedoch wurde beiden gleichermaßen ein mit den Interessen der zweiten und dritten Welt unvereinbares Hegemonialmachtsstreben zugeschrieben. Insbesondere die Staaten der dritten Welt, unter Führung der VR China, galten als Zentren des Widerstands gegen die Machtbestrebungen der ersten Welt. Die Existenz einer zweiten Welt, deren Staaten sich durch ihren Entwicklungsstand von denen der dritten Welt unterschieden, kam – so die rückblickende Bewertung durch chinesische Politikwissenschaftler – nur eine nachgeordnete Funktion zu (Ye, Zicheng

---

[91] In der jüngeren chinesischen Geschichte war es zwei Mal zur Bildung einer ideologische Trenngräben überspringenden Kooperationsstruktur, der sogenannten Einheitsfront, zwischen der KPCh und der GMD gekommen. Erstmals mit dem Ziel der Wiederherstellung der Reichseinheit und der Entmachtung der Warlords; dann ein weiteres Mal in Form des geeinten chinesischen Widerstandes gegen die japanische Expansion nach China. Der Rückgriff auf das strategische Vorläufermodell kommt allerdings ohne genauere Ausarbeitungen der historischen Vorgeschichte aus. Anknüpfungspunkt ist allein der Ansatz, ein auf die Erlangung eines konkreten Zieles ausgerichtetes und determiniertes Kooperationsbündnis anzustreben, wobei ideologische, historische oder sonstige Diskrepanzen zumindest zeitweilig zurückgestellt werden (Ding, Shichuan et al. 2005:70-84).

[92] vergl. auch Feng Tejuns Analyse der internationalen Konstellationen der 50er und 60er Jahre, welche das Ende der „Zwei-Lager"-Struktur konstatiert und dies auf das Aufkommen nationaler Befreiungsbewegungen in der Dritten Welt; die Fragmentierung der kapitalistischen Staatenwelt in Abhängigkeit von dem Kriterium der Wirtschaftskraft; und die aus den sowjetischen Hegemonieansprüchen folgende Aufspaltung des sozialistischen Lagers zurückführt (Feng, Tejun 2005:26-27).

2001:135), obwohl doch der neue Ansatz der Weltentheorie in der Idee bestand, dass die Staaten der Zweiten Welt früher oder später in einen Konflikt mit ihrem jeweiligen Hegemon geraten würden und damit als Verbündete der Dritten Welt gewonnen werden könnten.

Neuere chinesische Rekonstruktionen der innen- und außenpolitischen Einflussfaktoren, welche zur Formulierung der „Drei-Welten-Theorie" führten, unterstreichen die Bedeutung der Kulturrevolution (1966-1976). Innenpolitisch war diese aus heutiger Sicht der chinesischen Analysten durch Linksradikalismus gekennzeichnet; außenpolitisch aber beanspruchte die VR China, die Sowjetunion, welche sich aus chinesischer Perspektive als revisionistische und imperialistische Macht entpuppt hatte, in ihrer Rolle als Führungszentrum der Weltrevolution abzulösen (Ding, Shichuan et al. 2005:72). So war die VR China bereits während der ersten Phase der Kulturrevolution dazu übergegangen, ihre Unterstützung für nationale Befreiungsbewegungen der Dritten Welt offiziell zu bekunden, wobei diese nicht notwendigerweise finanzielle und materielle Leistungen beinhaltete, sondern teils auf ideologische Beistandsbekundungen beschränkt blieb.[93]

Diese Bewertung weist bei genauerer Betrachtung jedoch einige Unstimmigkeiten auf. Denn die „Drei-Welten-Theorie" wurde schließlich nicht auf dem Höhepunkt der Kulturrevolution und auch nicht als Element der revolutionären Außenpolitik in die internationale Debatte eingebracht. Vielmehr löste sie die in der Hochphase der Kulturrevolution von Lin Biao vertretene Volkskriegsdoktrin ab, nach welcher das chinesische Modell der kommunistischen Machtübernahme auf die internationale Ebene übertragen und eine Einkreisung der „Welt-Städte" durch die „Welt-Dörfer" erfolgen sollte (vergl. Möller 2005).[94] Somit fand die Formulierung der „Drei-Welten-Theorie" vor dem Hintergrund der kulturrevolutionären Erfahrungen statt und leitete eine Phase der Renormalisierung und Entideologisierung der chinesischen Außenbeziehungen ein. Denn ideologische Konfliktlinien schienen mit der unkommentierten Verortung der USA und der Sowjetunion in einer Zone und durch den Verzicht auf eine ideologiebedingte Trennung von West- und Osteuropa, die beide der zweiten Welt angehörten, wenn nicht überwunden, so doch zumindest relativiert. Damit bot sich der VR China erstmals auch ein Weg zur Aufnahme diplomatischer Kontakte mit kapitalistischen Staaten, ohne dass dies einen Bruch mit Grundprinzipien der chinesischen außenpolitischen Strategie bedingt hätte (Tang, Guanghong / Zhu, Kaibing 2003:46).

---

[93] Für den westlichen Forschungsstand zu den chinesischen Außenbeziehungen während der Kulturrevolution vergl. Peter Van Ness (1970); Barnouin / Yu (1998).
[94] Zur Einordnung der „Volkskriegstheorie" in die allgemeinen Betrachtungen zu Krieg und Frieden der maoistischen Phase vergl. Grobe (1980:339-341).

Der Wandel der chinesischen Weltperzeption und die Neuformulierung der außenpolitischen Strategie in Form der Drei-Welten-Theorie waren nicht zuletzt eine notwendig erscheinende Adaption an die veränderten Konstellationen innerhalb der chinesischen Außenbeziehungen. Einerseits bedingte der Konflikt zwischen der Sowjetunion und der VR China, der mit dem Grenzkonflikt 1969 seinen vorläufigen Höhepunkt fand, das Ende des sino-sowjetischen Lagers. Andererseits war 1971 der ständige Sitz im UN-Sicherheitsrat von der GMD auf die KPCh-Regierung in Peking übergegangen, wodurch die nationalchinesische Regierung der GMD auf Taiwan ihre Anerkennung als alleinige Vertretung Chinas weitgehend einbüßte. Die VR China avancierte somit zum einzigen offiziell legitimen „chinesischen" Kooperationspartner der internationalen Staatenwelt und somit auch der kapitalistischen Staaten. Nachdem die europäischen Staaten nacheinander diplomatische Beziehungen mit der KPCh-Regierung in Peking aufgebaut hatten, dokumentierte das *Shanghai Communiqué* von 1972 schließlich die Annäherung zwischen den USA und der VR China.[95]

Die obigen Ausführungen zum gegenwärtigen chinesischen Forschungsstand verdeutlichen, dass die Modellbildung Mao Zedongs rückblickend zwar weiterhin als Element der strategischen Positionierung der VR China und damit auch als Grundorientierung der chinesischen Außenpolitik bewertet wird, dass aber als eigentliche Motivation und Zielsetzung dieser Modellformulierung nun verstärkt die Aspekte der Systemstabilisierung und der Machtkonsolidierung der KPCh angenommen werden. Damit relativieren diese chinesischen Studien die überkommene Lehrmeinung, wonach das Zonen- und Weltenmodell Mao Zedongs ein chinesisches Analysemodell der Weltordnung verkörperte. Aus dieser Bilanz resultiert, dass die maoistischen Konzepte in der historiographischen Forschung durchaus Einblicke in die innen- und außenpolitischen Ziele der damaligen Zeit eröffnen können. Die Ergebnisse dieser rückblickenden Betrachtungen werden zumeist in die Parteihistoriographie und die chinesische Diplomatiegeschichte integriert, wodurch sie indirekt auch als „diplomatische Erfahrungen" der VR China in dem Kanon der chinesischen IB-Forschung verankert werden (vergl. u.a. Li, Baojun 1992; Jin, Zhengkun 1999).

Sie sind jedoch kein inhaltlicher Grundbaustein der modernen chinesischen IB-Modellbildung. Das architektonische Grundmuster dieser Modelle, deren partikulare hybride Struktur – dem ersten Anschein nach handelt es sich um Weltordnungsmodelle, ihrem eigentlichen Wesen nach sind sie jedoch strategische Modelle der Außenpolitik – sich nicht mit den Standardkategorien der

---

[95] für die historischen und politischen Hintergründe der sino-amerikanischen Normalisierung und die folgende Entwicklung vergl. u.a. Harding (1992); Ross (1995); Jia Qingguo (2001).

„westlichen" IB-Forschung fassen lässt, hingegen wirkt auch in der gegenwärtigen Theoriekonzeption weiterhin fort (vergl. Kapitel Harmonie).

3.2. Internationales System

Chronologisch betrachtet wurde mit dem Eintritt in die post-maoistische Phase diese konzeptionelle Pfadabhängigkeit – d.h. die Perpetuierung maoistischer Weltmodelle – zunächst temporär aufgehoben. Als Bezugsebene der Modellbildung diente nicht länger die globale Welt, sondern das internationale System. Die infolge der Reformbeschlüsse eingeleitete Professionalisierung der chinesischen Politikwissenschaft hatte zur Folge, dass in der post-maoistischen Phase sowohl „westliche" Konzeptionen des internationalen Systems diskutiert als auch, vor allem seit den späten 90er Jahren des 20.Jahrhunderts, chinesische Modellansätze entwickelt wurden (vergl. Kap. II).

Moderne chinesische Studien zur derzeitigen Beschaffenheit und der potentiellen Idealkonzeption des „internationalen" Systems lassen sich nach zwei Themengruppen untergliedern. Die quantitativ gesehen vorherrschende Form der Auseinandersetzung mit dem internationalen System beschränkt sich auf eine kontrastierende Gegenüberstellung unipolarer, den USA zugeschriebener, und multipolarer Weltordnungskonzeptionen. Diese Argumentation geht von wachsenden Spannungen und womöglich auch direkten Konfrontationen zwischen den USA und der VR China aus. Diese wachsenden Spannungen spiegeln aus chinesischer Sicht keinen Kampf um Hegemonie und keine rein chinesischen Interessen wider, sondern sind ausschließlich Ausdruck eines im Wandel befindlichen Weltsystems, dessen alte Machtzentren ihre Position um jeden Preis zu erhalten denken. Obgleich uni-, bi- und multipolare Strukturen erneut die Ebene der Weltordnung berühren, reflektieren diese Ansätze zugleich auch die Ebene der internationalen Politik. Denn auch im Zeitalter der Globalisierung verbergen sich unter dem Begriff der Pole weiterhin eigenständige, souveräne Nationalstaaten. Die Beschaffenheit dieser Pole und ihre relativen Machtressourcen schließlich bestimmen die Grundstrukturen der internationalen Beziehungen.

Während diese erste Artikelgruppe zu uni- und multipolaren System vielfach auf neorealistischen Annahmen aufbaut, findet sich im Rahmen der chinesischen Theoriesuche ein alternativer Analyseansatz, welcher für die bewusste Rückbesinnung auf Ordnungskonzeptionen der klassischen Kaiserzeit und eine retrosperspektivische Neubewertung des *tianxia*-Modells steht.

Eine weitere Artikelgruppe schließlich versucht, die in der chinesischen IB-Debatte aufgestellten terminologischen und meta-theoretischen Grundannahmen als Grundlage einer zukunftsorientierten globalen Modelldiskussion im transnationalen und transkulturellen Dialog zu verankern (vergl. 3.6.).

3.2.1. Multipolarität

Zeichnet man die „chinesische" Modellbildung in ihrem zeitlichen Ablauf nach, tritt an die Stelle der maoistischen Weltordnungsmodelle zunächst das Modell einer multipolaren Weltordnung. Dieses sollte jedoch nicht als „chinesisches" Theorieprodukt überbewertet werden, denn mit dem Bekenntnis zum Prinzip der Multipolarität wird eigentlich nur eine bereits bestehende Terminologiebildung, die in den 70er und 80er Jahren in der internationalen Politikwissenschaft erörtert wurde, in die chinesische Diskussion eingegliedert. Multipolarität wurde dabei als Alternativmodell zu der damals noch bestehenden bipolaren Machtstruktur des Internationalen Systems begriffen. Bei diesem Begriffskonzept handelte es sich nicht um eine rein visionäre Modellbildung der zukünftigen Weltstruktur, im Gegenteil, vielmehr wurde angenommen, dass sich bereits eine Umstrukturierung der bipolaren Machtverhältnisse abzeichnete, weshalb das Phänomen der Multipolarisierung nicht als Struktur, sondern als ein eigendynamischer Prozess bewertet wurde.

Da dieses Konzept seit den späten 80er Jahren auch Eingang in die offiziellen außenpolitischen Erklärungen chinesischer Politiker fand, wurde die Idee einer multipolaren Weltordnung von westlichen Beobachtern als normative Zielsetzung der chinesischen Außenpolitik bewertet (z.B. Möller 2005:35; Friedrich 2000:220-221). Es wurde damit angenommen, dass sich die außenpolitischen Verhandlungs- und Entscheidungsprozesse der VR China weitgehend als strategische Schritte in Richtung einer neuen, multipolaren Weltordnung erklären ließen. Allerdings basierte die chinesische Außenpolitik auch in den späten 80ern und den 90er Jahren zunächst weiterhin auf der Annahme einer triangulären Struktur des Internationalen Systems (Friedrich 2000:226); die Idee der Multipolarität schien zunächst wider Erwarten ein rein normativ-visionäres Ordnungskonzept zu bleiben. Im Zuge der Auflösung der bipolaren Machtverhältnisse scheint das Konzept der Multipolarität, weiterhin offiziell als Grundprinzip der chinesischen Ordnungsvorstellungen referiert, jedoch erneut eine flexible Neuauslegung erfahren zu haben.

3.2.2. Polare Weltkonzeptionen: Strukturvergleich

Auch wenn in offiziellen Dokumenten der VR China immer wieder das Festhalten an der Errichtung einer multipolaren Ordnung betont wird, ist es im Verlauf der 90er Jahre im chinesischen Expertendiskurs nicht zum Entwurf einer Umsetzungsstrategie des multipolaren Modells, sondern vielmehr zu dessen partieller Relativierung gekommen. Waren chinesische Analysen zuvor in ihren rein theoretisch-abstrakten Ausführungen von einer pentapolaren Struktur – bestehend aus den Polen China, USA, Russland, Japan, Europa – ausgegangen, stellte sich in Anbetracht der Möglichkeit einer neuen Weltordnung nach 1989/1991 die Frage, weshalb die Vision eines multipolaren Systems bereits mit der Errichtung dieser fünf exklusiven Pole abgeschlossen sein sollte. Doch nicht nur die Finalität des Multipolarisierungsprozesses wurde kontrovers erörtert, es galt zudem festzuschreiben, wie sich Pole zu Nicht-Polen verhalten sollten. Der amerikanische Chinawissenschaftler Womack kommt daher bei seiner kritischen Betrachtung des Multipolaritätsgedankens zu dem Schluss, dass dieses Modell nur zusammen mit der chinesischen Strategie der „strategischen Partnerschaften" und der Annahme der auch nach Ende des Kalten Krieges fortbestehenden Asymmetrie des Internationalen Systems zu denken sei (Womack 2001[2004]). Folgt man dieser Argumentation, so bedingt die angenommene Asymmetrie, dass die Partnerschaftspolitik der VR China durchaus strengen Hierarchien unterliegt, da eine eindeutige Staffelung der Partnerschaften in Abhängigkeit von außenpolitischen Prioritäten erfolgt (vergl. Cheng, Joseph / Zhang, Wankun 2004:181-186). Als potentielle Pole der multipolaren Ordnung können demzufolge nur die Staaten konstruiert werden, die aus chinesischer Sicht als Kooperationspartner unverzichtbar sind.

Die „Konstruktion" der Pole setzt zudem eine Positionsbestimmung der VR China voraus. Definiert sich China als Entwicklungsland, wäre eine Konstruktion als ein Pol im Weltgefüge kaum denkbar, da die Asymmetrie des Internationalen Systems die Unterteilung in Pole und Nicht-Pole voraussetzt und demzufolge als Hauptakteure nur entsprechend hochentwickelte, einflussreiche Staaten angenommen werden. Die Selbstpositionierung der VR China ist jedoch nicht statisch, sondern bewegt sich situations- und konstellationsbedingt zwischen den beiden Extremen Entwicklungsland und moderne Großmacht. Dabei spiegelt das chinesische Selbstverständnis sowohl universelle Aspekte der modernen Staatsphilosophie als auch partikulare Strukturen der chinesischen Staatskonzeption wider (vergl. Kap. VI).

Eine komplexe Analyse der innerchinesischen Multipolaritätskontroverse liefert der Pekinger Politikwissenschaftler Ye Zicheng. Zwar hält dieser fest, dass die Idee der Multipolarität weiterhin die „zentrale Grundlage der chinesischen Analyse und Kenntnis der internationalen Lage sei und als Grundlage der Formulierung der chinesischen außenpolitischen Richtlinien und Strategien diene"[96] (Ye, Zicheng 2004). Doch weist Ye Zicheng auch nach, dass die Errichtung multipolarer Strukturen nicht notwendigerweise von Vorteil für die VR China wäre. Unter Heranziehung historischer Beispiele aus dem Kontext der westlich-europäischen und der chinesischen Außenbeziehungen analysiert Ye Zicheng uni-, bi- und multipolare Machtgefüge. Einerseits kommt er zu dem Schluss, dass alle drei Machtstrukturen nicht als einander ausschließend, sondern nur als einander antagonistisch entgegenstehend gedacht werden müssen. Es kann somit nicht ausgeschlossen werden, dass neben multipolaren Strukturen weiterhin uni- oder bipolare Systeme fortbestehen. Zugleich weisen nach Ye Zicheng alle diese Strukturen Vor- und Nachteile für die VR China auf. Denn denkt man das multipolare Modell nicht als globale Struktur des 21. Jahrhunderts, sondern als Machtstruktur in der chinesischen Geschichte, so wären nach Ye Zicheng auch die sieben um Hegemonie konkurrierenden Reiche der Zeit der Streitenden Reiche (*Zhanguo*: Zeitraum zwischen Ende des 5. Jhr. v. Chr. bis zur Reichseinigung 221 v. Chr.) als „Pole" zu interpretieren (Ye, Zicheng 2004:71).

Diese unipolaren Strukturen sind jedoch, wie das chinesische Beispiel illustriert, nicht von unbegrenzter Dauer. Auf Phasen der Reichseinigung folgten immer wieder Phasen der Machtfragmentarisierung und der Reichsspaltung, wodurch wiederum ein Zustand „multipolarer" Strukturen eintrat. Im chinesischen Argumentationskontext ist der Aspekt der Reichseinigung von zentraler Bedeutung, so dass eigentlich in der innerchinesischen Debatte ein Plädoyer für die Errichtung unipolarer Machtstrukturen zu erwarten wäre. Mit Blick auf die nationale Ordnung der VR China ist dies, wie am Beispiel Taiwans, Tibets oder Xinjiangs deutlich wird, auch durchaus der Fall.

Die Struktur des internationalen Systems jedoch kann, zumindest derzeit, nicht analog zu diesen nationalen Ordnungsmustern konzipiert werden. Denn dies würde implizieren, dass die Errichtung unipolarer Strukturen mit den USA als Machtzentrum des internationalen Systems als Endergebnis der Machtkonkurrenz der „Neuen Streitenden Reiche" anerkannt und begrüßt werden müsste. Das aber hieße, dass die restliche Staatenwelt, die VR China eingebunden, die

---

[96] Mit Blick auf den Ausgangspunkt der Entwicklung einer außenpolitischen Strategie herrscht große Uneinigkeit unter den chinesischen IB-Forschern. Nach Chen Yue beispielsweise ist ein umfassendes Verständnis der zentralen „Weltthemen" (*shijie zhuti*) die Grundlage für den Entwurf einer effektiven außenpolitischen Strategie (Chen, Yue 2002:29). Huang Jiashu wiederum nimmt die genaue Kenntnis der zentralen Charakteristika der jeweiligen Epoche (*shidai zhuti*) zum Ausgangspunkt außenpolitischer Strategieentwürfe (Huang, Jiashu 1998:37). Einen Überblick zum Stand der chinesischen Strategie-Forschung hat Xu Jia 2004 vorgelegt (Xu, Jia 2004:413-423).

Peripherie dieses Machtzentrums darstellte – was aus Sicht der VR China inakzeptabel ist und scharf zurückgewiesen wird (vergl. Li, Yangfan 2005a:56-77).[97] Mit Blick auf die internationalen Konstellationen ist folglich aus chinesischer Sicht für das internationale System zunächst ein multipolares Modell zu präferieren. Um diesen Schritt auch gegenüber der chinesischen Bevölkerung zu legitimieren, ist die Differenzierung zwischen polaren Modellen im chinesischen und im globalen Kontext unverzichtbar. Während auf nationaler Ebene „multipolare" Strukturen als zentrale (negative) Faktoren der Destabilisierung und Fragmentarisierung klassifiziert werden, eröffnen sie im globalen Rahmen Möglichkeiten der staatlichen Partizipation und Mitbestimmung in internationalen oder auch globalen Fragestellungen.

Die Vorstellung, dass sich eine multipolare Welt langfristig als stabil und friedlich herausstellen würde, wird im wissenschaftlichen Diskurs jedoch mitunter angezweifelt. Denn in der westlichen Welt, die als bedingt multipolar strukturiert angenommen wird, ist es auch in der jüngsten Vergangenheit immer wieder zu Konflikten und Kriegen gekommen – die doch eigentlich in der Multipolaritätstheorie, zumindest in ihrer gegenwärtig in China diskutierten Fassung, ausgeschlossen werden (Ye, Zicheng 2004:71).

Wenn die Sicherstellung von Frieden und Stabilität das oberste Ziel in der Entwicklung von globalen Ordnungsmodellen darstellt und dies in der realen Ausgestaltung einer multipolaren Ordnung nur sehr bedingt garantiert ist, muss ein alternatives Modell entwickelt werden, das diese Funktion eher erfüllen könnte. Um ein solches Modell zu konzipieren, unternimmt Ye Zicheng einen polaren Strukturvergleich, bei dem er die positiven Aspekte uni- und bipolarer Konstellationen herausstellt. Neben dem vielzitierten unipolaren Machtmodell des *Imperium Romanum* führt Ye Zicheng auch die Position des chinesischen Kaiserreichs als Zentrum in Ostasien als Beispiel einer weitgehend unipolaren Machtkonstellation an. Er betont in seinem Vergleich der unipolaren Modelle, dass es, im Unterschied zum westlich-europäischen Modell, dem chinesischen Kaiserreich über die Tributbeziehungen gelungen sei, Stabilität und Frieden innerhalb des ostasiatischen Systems zu wahren (Ye, Zicheng 2004:69). Auch wenn Ye Zicheng den direkten Verweis auf das *tianxia*-Modell an dieser Stelle unterlässt, wäre doch seiner Argumentation zufolge nicht eine multipolare, sondern eine unipolare Struktur der Weg zur Wiedergewinnung Chinas verlorener Zentrumsfunktion. Dass sich dieser Weg jedoch im Zeitalter der Globalisierung und wechselseitigen Interdependenz nicht einschlagen lässt, räumt er schließlich in seiner Zusammenfassung ein (Ye, Zicheng 2004:86).

---

[97] Grundlegende Betrachtungen zur komplexen Interdependenz von Zentrum und Peripherie finden sich u.a. bei Shils (1981); Eisenstadt (2000) und Arnason (2002). Für die Anwendung auf China vergl. Wiethoff (1971) und Weigelin-Schwiedrzik (2004).

Das sogenannte „strategische Dreieck", die triangulären Beziehungen zwischen den USA, der Sowjetunion und der VR China, führt Ye Zicheng als Variation des bipolaren Modells ein. Grundsätzlich stuft er das bipolare (USA/ SU) System als stabil ein, allerdings nur solange ein Kräftegleichgewicht der beiden Pole angenommen werden konnte. Denn zu Konflikten und Konkurrenz der beiden Pole kam es nicht auf dem Territorium der Superpole, sondern in und um die jeweiligen Einflusszonen. In diesem Zusammenhang erfolgten von beiden Polen Übergriffe und Einmischungen in chinesische Interessen wie die US-amerikanische Einflussnahme auf Taiwan; die Mongolei-Strategie der SU oder die sino-sowjetischen Grenzkonflikte. Zugleich aber hatte diese Struktur auch Vorteile für die VR China, da sie beide Pole gegeneinander ausspielen und sich wechselnd an dem einen oder anderen ausrichten konnte. So profitierte die VR China zunächst von der Unterstützung der SU; und nach dem sino-sowjetischen Bruch ermöglichte die Annäherung an die USA die Integration der VR China in die internationale Staatengemeinschaft (Ye, Zicheng 2004:70).

Während Ye Zicheng somit vor einer einseitigen Fixierung auf multipolare Strukturen auf normativ-visionärer Ebene der Außenpolitik warnt, legt er andererseits auch dar, dass die realen Strukturen des Internationalen Systems Mischformen uni-, bi- und multipolarer Machtgefüge darstellten. Die Frage bleibt, nach welchen Kriterien die Einteilung der Staaten-Welt in Pole und Nicht-Pole erfolgen soll (vergl. auch Li, Yangfan 2005a:61-63). Denn möglicherweise müsste, je nach Festlegung der Bewertungsmaßstäbe, auch Indien in das Modell, das somit zu einem sextapolaren mutiert wäre, integriert werden. Eine Konkurrenz zwischen Indien und der VR China wäre anzunehmen; denkbar wäre aus chinesischer Sicht aber auch die Bildung einer anti-chinesischen Koalition aus den USA, Japan und Indien. Sollte sich zudem Japan zu einem unabhängigen Pol mit eigenständigen Forderungen entwickeln, wäre ungewiss, wie sich die Spannungen in den sino-japanischen Beziehungen auf das globale penta- beziehungsweise sextapolare System auswirken könnten (vergl. Ye, Zicheng 2004).[98]

Zusammenfassend ist festzuhalten, dass das Konzept der Multipolarität in der gegenwärtigen Diskussion der chinesischen Experten entschieden von den Konstellationen der westlich-europäischen Geschichte, somit von der Konkurrenz der Großmächte um Hegemonie und die Aufteilung von Interessenssphären, abgegrenzt wird.

---

[98] Vertreter der ersten Generation chinesischer IB-Forscher hingegen halten an dem pentapolaren Modell als Blaupause der modernen internationalen Beziehungen fest, welche von der Formierung wechselnder Interessensgruppen innerhalb dieser pentapolaren Struktur ausgeht (Feng, Tejun 2005:37).

Wenn bei der Konstruktion einer alternativen globalen Ordnung die – eigentlich auf die Zeiten des Kalten Krieges zurückgehende – Pol-Terminologie weiterhin beibehalten werden soll, ist eine inhaltliche Überarbeitung dieser Begriffskonzepte notwendig. Zunächst gilt es, den Begriff des „Pols" als Akteur der internationalen Beziehungen neu zu bestimmen. Dazu muss der Begriff deutlich von den bipolaren Strukturen des Kalten Krieges abgegrenzt werden. Denn bis in die späten 90er Jahre ersetzten chinesische Studien zu den durch den amerikanisch-sowjetischen Antagonismus geprägten bipolaren Strukturen den „Pol"-Begriff durch den Ausdruck „Hegemonie-Zentrum" (*baquan zhongxin*) und leiteten damit eine inhaltlich Reduktion und ideologisch bedingte einseitige Ausrichtung des polaren Ordnungsmodells ein (u.a. Li, Jingzhi 2002:3). Da das auch im 21. Jahrhundert offiziell weiterhin angestrebte pentapolare System auch die VR China als Pol konzipiert, muss eine abstrakte und wertfreie Definition der Pole erfolgen. Um dabei das Modell einer multipolaren Welt nicht grundsätzlich aufzugeben, argumentieren chinesische IB-Forscher, dass jedes System – also ein unipolares, bipolares oder multipolares – eine spezielle Form der „Pole" ausbilde. So ist es mit Blick auf die Konstellationen des Kalten Krieges weiterhin möglich, die beiden Pole als hegemonielle Zentren zu identifizieren, da diese Ausprägung der Pole als ein spezielles Merkmal der bipolaren Ordnungsstrukturen gesehen werden kann. Ein Pol im Rahmen einer unipolaren Ordnung, wie ihn aus chinesischer Sicht die USA darstellen, ist ebenso als eine Sonderform polarer Macht- und Ordnungsstrukturen zu bewerten. Ein Pol im unipolaren System strebt nach Wahrung seiner Hegemonialstellung und somit nach Kontrolle über regionale und globale Angelegenheiten. Zugleich ziele diese Kontrolle, so die Ausführungen chinesischer IB-Forscher, auf die Realisierung der nationalen Interessen der Hegemonialmacht ab. Im Gegensatz zu diesen beiden Sonderformen wird eine multipolare Struktur als Gegenstück zu hegemonialen Machtordnungen konstruiert. Nicht zuletzt das in den 90er Jahren unterzeichnete Abkommen über eine strategische Partnerschaft zwischen der VR China und Russland formuliert, dass die Systemstrukturen des Kalten Krieges durch eine multipolare, „faire und gerechte Ordnung der internationalen Politik" abgelöst werden sollen (Li, Jingzhi 2002:3).

Als Bewertungsmaßstab zur abstrakten Einordnung eines Pols im multinationalen Modell führt Li Jingzhi die drei Kriterien „Anziehungskraft, Einfluss- und Wirkungsvermögen" des jeweiligen Staaten-Akteurs an. Die USA sollen ausdrücklich nicht als Bewertungsmodell für den „Pol"-Begriff der gegenwärtigen internationalen Politik herangezogen werden (Li, Jingzhi 2002:3-4), denn dies würde bedeuten, dass auch der chinesische „Pol" dem US-amerikanischen Vorbild folgend hegemoniale Ansprüche erheben müsste – und dies ist mit den offiziellen Grundprinzipien der chinesischen Außenpolitik unvereinbar.

Im Rahmen des 16. Parteitages 2002 wurden die Grundaspekte der Multipolarität an die veränderten endo- und exogenen Rahmenbedingungen und Konstellationen angeglichen. Die Spuren maoistischer Weltordnungsmodelle, welche in den chinesischen Studien der außenpolitischen Theorie- und Modellbildung nachgezeichnet werden, verschwimmen dadurch zusehends. Die bis dahin iterierte Grundforderung, mittels Multipolarisierung Hegemoniebestrebungen zunichte zu machen, wurde hierbei substituiert durch das Ziel, mit der Errichtung einer multipolaren Ordnung im Interesse der Weltgesellschaft zu handeln. Darüber hinaus wurde das Begriffskonzept der Multipolarisierung in einen direkten Zusammenhang mit den weiterführenden Konzepten der „Pluralisierung", der „Diversität" und der „Demokratisierung" der internationalen Beziehungen gebracht. Statt der Aufgabe eines Modells, das in gewisser Hinsicht auch als Relikt spät-maoistischer Ideen gesehen werden kann, kam es damit zu einer pragmatisch-flexiblen, eklektischen Neuauslegung des Begriffs der Multipolarisierung. Der Eindruck, von der VR China in ihrer Funktion als Pol im internationalen Geschehen könnte eine Gefahr für die anderen Pole und Staaten-Akteure ausgehen, soll vermieden werden, indem eine Loslösung des Multipolaritätskonzepts von den Modellen der Phase vor 1978 vorgenommen wird (vergl. Li, Yangfan 2005a:74-75).

Das Ordnungskonzept der Multipolarität wird somit grundsätzlich weiterhin als Idealzustand der internationalen Beziehungen gesehen. Hatte dieses Ordnungsmodell in den 80er und 90er Jahren zwar nicht die politische Realität beschrieben, orientierten sich doch die offiziellen chinesischen Analysen an dieser stark normativen Grundkonzeption des internationalen Systems und bewerteten Entwicklungen der internationalen Politik unter der Fragestellung, ob diese eine Stärkung oder Schwächung multipolarer Strukturen bewirkten. Mit dem Übergang zu einer aktiven Formulierung der chinesischen Außenpolitik und zugleich zu einer aktiven Teilnahme der VR China an der internationalen Politik wäre eine Aufgabe der Idee der Multipolarität naheliegend gewesen, da dieses Modell die bestehenden Strukturen nicht zu fassen vermochte. Wenngleich das Begriffskonzept der Multipolarität als chinesischer Analyseansatz weitgehend aufgegeben wurde, erfolgt doch immer wieder von chinesischer Seite der Verweis auf das Konzept der Multipolarität als ein den bestehenden unipolaren Strukturen entgegenstehendes zukünftiges Weltordnungsmodell. Somit hat das Konzept gewissermaßen eine Transformation von einem chinesischen „Analyseansatz" und Element der artikulierten Perzeption zu einer normativen, idealisierten Zukunftsvision erfahren.

3.3. Wandel des internationalen Systems?

Als Zukunftsvision beschreibt das Begriffskonzept der Multipolarität eine Struktur der internationalen Staatenwelt. Es findet sich in der chinesischen Forschung jedoch auch der Versuch, Multipolarität als Prozess aufzufassen. Demnach hat nach 1989/1991 eine Phase des allmählichen Übergangs von der „alten" zu einer „neuen" Ordnung begonnen, in welcher unipolare und multipolare Strukturen nach der Formel „eine Supermacht, viele Großmächte" (*yi chao, duo qiang*) oder „eine Supermacht, vier Großmächte" (*yi chao, si qiang*) koexistieren (Feng, Tejun 2005:32-33; Chen, Yue 2001:30).

Ob und in welchem Zeitraum die Realisierung einer multipolaren Ordnung von chinesischen IB-Analysten prinzipiell als möglich angesehen wird, hängt nicht allein von der Selbstverortung der VR China innerhalb der als gegeben angesehenen internationalen Machtstrukturen ab, sondern korreliert mit der Bewertung und Prognose der außenpolitischen Zielsetzungen und der realen Machtposition der anderen Staaten-Akteure. Obgleich sich die Positionierung eines Staaten-Akteurs aus einer Vielzahl von Faktoren ableitet, sind in chinesischen Studien rückblickend für die Zeit des Kalten Krieges militärische und politische Stärke als die bestimmenden Faktoren herausgestellt worden, welche über Aufstieg und Fall eines Akteurs entscheiden. Nach dem Ende des Kalten Krieges werden in der gegenwärtigen chinesischen IB-Forschung Technologie und Wirtschaft als zentrale strukturgebende Faktoren bewertet. Ein Wandel des internationalen Systems ist demnach vorstellbar, da im Zuge der Globalisierung und der regionalen Integration eine durch technologische und ökonomische Entwicklungen bedingte Machtverschiebung bereits eingeleitet worden ist. Diese impliziert aus Sicht chinesischer Analysten eine Schwächung der alten hegemonialen Machtzentren und erlaubt den Übergang zu einer multipolaren Struktur (Li, Jingzhi 2002:4-5).

Dass dieser Entwicklungstrend jedoch keine abstrakte, objektive Bewertung der internationalen Konstellationen widerspiegelt, verdeutlicht die Diskrepanz zwischen den normativen Forderungen und der politischen Praxis der VR China. Die mit Blick auf die internationalen Konstellationen entworfenen Grundprinzipien (Demokratisierung; Pluralisierung) stehen mitunter in scheinbar eklatantem Widerspruch zu innenpolitischen Normen und Praktiken der VR China.

Es ist hierbei zu berücksichtigen, dass ein und demselben Begriff in der chinesischen Modellbildung divergierende Inhalte zugeordnet werden können, je nachdem, ob es sich um innen- oder außenpolitische Angelegenheiten handelt. Auf die internationale Ebene zielend ist der Ruf nach Demokratie gleichzusetzen mit der Forderung nach Einbindung neuer Staaten-Akteure als gleichberechtigte Partner. Innenpolitisch jedoch ist der Demokratie-Begriff auch die innerparteilichen Strukturen beschränkt. Gesellschaftlicher Pluralismus wird nicht angestrebt.

Somit stehen den von chinesischer Seite für eine multipolare Welt artikulierten Grundprinzipien – die Wahrung von Pluralität und Diversität, also die Koexistenz diverser politischer und ökonomischer Ordnungsstrukturen auf nationaler Ebene (vergl. Li, Jingzhi 2002:6)) – in direktem Zusammenhang zur außenpolitischen Strategie der VR China. Partikulare Interessen werden als scheinbar universelle Interessen in die IB-Modellbildung eingefügt und „exportiert", d.h. im internationalen Rahmen (UNO) vorgestellt. Im Grunde aber spiegeln diese Modelle nationale Interessen der VR China – wie z.B. die Wahrung des politischen Systems und die Verteidigung dieser Strukturen gegen mögliche Versuche, einen Demokratisierungsprozess nach westlichem Vorbild zu initiieren – wider.

Im Unterschied zu Weltmodellen der maoistischen Zeit positioniert sich die VR China nicht länger ausschließlich als Mitglied und Sprecher der sogenannten Dritten Welt, sondern entwirft mit dem aktualisierten Multipolaritätskonzept nun Modelle, die auch von Staaten der ehemals „Zweiten Welt", vor allem Japan und Europa, akzeptiert und befürwortet werden können. Die Zurückdrängung des US-amerikanischen Einflusses wird in chinesischen Studien als gemeinsames Ziel der vier „Pole" China, Japan, Russland und Europa / EU angenommen. Die angedachten Pole des zukünftigen pentapolaren Weltsystems werden somit einerseits hinsichtlich ihrer Ausrichtung gegenüber der VR China anderseits aber auch unter dem Aspekt der möglichen Steuerung und Beeinflussung durch die USA diskutiert.[99]

Japan strebt demnach eine politische Großmachtsrolle an, deren (Wieder-)Erlangung symbolisch mit einem ständigen Sitz im UN-Sicherheitsrat zum Ausdruck kommen würde.[100] Auch wenn die japanisch-amerikanische Koopera-

---

[99] Eine Kompilation der derzeitigen Schlüsselstudien zu Chinas bilateralen Beziehungen findet sich in Wang Jisi (2006/2007). Zu den sino-europäischen Beziehungen vergl. hier insbesondere Fang, Lexian (2004); Huo, Zhengde (2005). Die Beziehungen zwischen Russland und der VR China in Abhängigkeit von der außenpolitischen Strategiekonzeption unter Putin wird diskutiert in Xu, Zhixin (2004) und Chen, Qiaozhi / Wang, Wen (2005). Eine zusammenfassende Darstellung der außenpolitischen Orientierung Japans findet sich bei Yao, Wenli (2003); Liu, Shilong (2003); Li, Jianmin (2004).

[100] Im Februar 2005 wurde eine chinesische Online-Petition initiiert, die auf Chinesisch und Englisch zur „Unterschrift" gegen einen ständigen Sitz Japans im UN-Sicherheitsrat aufrief, und die in kurzer Zeit über 22 Millionen Unterschriften verzeichnen konnte. Die Petition soll ursprünglich von Chinesen in den USA initiiert worden sein. Bereits vier Tage nach ihrem Erscheinen war diese Onlinepetition auf den Seiten der staatlichen Nachrichtenagentur *Xinhua* verschwunden, während sie auf Sina.com unter den „Brennpunktthemen" gelistet wurde. Berichten aus Hongkong und Taiwan zufolge waren zudem die festlandchinesischen Journalisten aufgefordert worden, sich mit

tion ausgebaut worden sei, zeige zudem die Erhöhung der japanischen Militärausgaben und der Aufbau der Sicherheitsstrukturen, dass sich Japan aus dem Abhängigkeitsverhältnis zu den USA zu lösen gedenke. Auch der Wandel der transatlantischen Beziehungen zwischen den USA und der EU deutet, so Yin Chengde, auf eine Schwerpunktverschiebung und Fragmentarisierung und somit zugleich Multipolarisierung in der internationalen Politik hin. Für die Phase nach dem Ende des Kalten Krieges halten chinesische Studien eine allmähliche Loslösung der EU von den USA fest und verweisen auf den voranschreitenden europäischen Integrationsprozess, welcher zu einem Aufstieg der EU und somit zu deren Positionierung als neuer, unabhängiger globaler Akteur beitrage (Yin, Chengde 2003:15-19). Das Interesse Russlands an multipolaren Strukturen, welche nach dem chinesischen Modell mit einer Eingrenzung unipolarer Machtbestrebungen der USA einhergehen würden, gilt nicht zuletzt durch die bipolaren Konfrontationen des Kalten Krieges bedingt (vergl. Li, Jingzhi 2002:6).

Der einzige „Pol", welcher sich einer Etablierung multipolarer Strukturen entgegensetzen könnte, sind aus chinesischer Sicht somit die USA, von deren Orientierung und Positionierung die zukünftigen Strukturen der internationalen Politik abhängen werden, wenngleich in der Phase nach Ende des Kalten Krieges die Positionierung der USA auch durch transnationale und globale Herausforderungen mitbestimmt wird. Eine Transformation der Strukturen des internationalen Systems ist folglich nur möglich, wenn interne oder externe Faktoren eine Standpunktänderung der USA erfordern. Nicht primär das Ende des Kalten Krieges, sondern vielmehr die unerwartete terroristische Bedrohung der USA und die daran anknüpfende Neuausrichtung der bestehenden bilateralen und internationalen Beziehungen lassen eine partielle Neubestimmung des internationalen Systems möglich erscheinen (s. Liu, Jianfei 2000:221).

Berichten zur Ablehnung der japanischen UN-Bestrebungen durch die VR China zurückzuhalten und zu verhindern, dass es zu offenen anti-japanischen Protestbekunden komme, die leicht in Proteste gegen die KPCh umschlagen könnten (vergl. *YaleGlobal* 04-04-2005).
Auch Pu Zhiqiang argumentiert in der New York Times am Beispiel der chinesischen „Arbeitscamps", dass die „Kriegsverbrechen" der Japaner und die Politik der VR China gegenüber der eigenen Bevölkerung frappierende Parallelen aufweisen. So kritisiert auch er den ambivalenten Beurteilungsmaßstab der VR China, die Japan im „Schulbuchstreit" scharf angreife, in ihrer eigenen Geschichtsschreibung aber mitunter gleichermaßen selektiv beschreibe und die historischen Tatsachen in ihrem Sinne interpretiere (*New York Times* 28-04-2005).

3.3.1. Chinesischer Blick auf die Rolle der USA: Struktureller Konservatismus

Die Bewertung des globalen Engagements und der Funktion der USA im internationalen System erfolgt entweder gestützt auf den als systemimmanent angenommenen sino-amerikanischen Antagonismus oder aber in Form einer Verifizierung und Exemplifizierung der chinesischen IB-Theorien und Modelle. Letzterer Ausrichtung folgend führt die chinesische Betrachtung der „zentralen Widersprüche" – welche eine partikular chinesische Analyseeinheit der IB-Forschung darstellen (vergl. 2.4.1) – zu folgendem Ergebnis: Der Hauptwiderspruch in der internationalen Politik besteht demnach in dem Widerspruch zwischen US-amerikanischen Hegemonialmachtsansprüchen und diesen entgegenstehenden Bewegungen, welche zusammenfassend unter dem Begriff des „internationalen Terrorismus" subsumiert werden. Zuvor hatte der Hauptwiderspruch aus Sicht der USA, laut chinesischer Darstellung, in dem systemgebundenen Widerspruch zwischen den USA auf der einen sowie Russland und VR China auf der anderen Seite bestanden (Yin, Chengde 2003:15). Die Konfliktlinien und Widersprüche, welche zuvor als prägende Faktoren des internationalen Systems gegolten hatten, bestehen nach 9/11 zwar weiterhin fort, jedoch werden diese in dem globalen Bedrohungsszenario nun als vergleichsweise nachrangige Konflikte eingestuft. Aus Sicht chinesischer Experten ist diese Neubewertung des West-West- und des Nord-Süd-Konflikts wie auch der Widersprüche zwischen Sozialismus und Kapitalismus oder Multipolarität und Unipolarität die notwendige Grundvoraussetzung für die Entspannung der bestehenden Interaktionsbeziehungen der Großmächte. Denn da bestehende Rivalitäten und Systemkontroversen hinter den globalen Kampf gegen den Terror zurückgestellt würden, seien die internationalen Beziehungen in eine neue Entwicklungsphase eingetreten (Yin, Chengde 2003:15-16).

Aus der Haltung und Rolle der USA resultieren diesen Einschätzungen zufolge die Strukturen und Interaktionsmechanismen des internationalen Systems:

> Die globale Strategie der USA für das kommende Jahrhundert ist das Endergebnis der US-amerikanischen Kenntnis und Konzeption der Welt nach dem Ende des Kalten Krieges. Die internationalen Strukturen werden durch diese nachhaltig beeinflusst; zugleich ist diese auch ein zentraler Faktor, welchen jeder Staat bei der Bestimmung seiner außenpolitischen Strategie auf jeden Fall zu bedenken hat (Wang, Jie 2000:211).

Möglicherweise könnte sich auch die VR China erfolgreich als globaler Akteur und Konkurrent der USA positionieren, so dass diese beiden potentiellen Machtzentren, die USA sowie die VR China, durch ihre bilateralen Interaktionsmuster die zukünftigen Strukturen des internationalen Systems bestimmen und langfristig ausrichten würden (vergl. Yang, Jiemian 2000:270).

3.3.2. Strategie als Strukturelement

Derzeit entwirft die VR China laut den offiziellen Stellungnahmen für sich die Rolle eines kooperationsbereiten Staaten-Akteurs, welcher bereit ist, sich in bestehende Regelsysteme einzufügen. Die Zukunft, der Fortbestand oder der Wandel des internationalen Systems hängen somit von den Strategien und außenpolitischen Orientierungen der USA ab.

Die Chinastrategie der Bush-Regierung wird dabei als eine Doppelstrategie perzipiert, bei welcher die Elemente Engagement und Containment kontextabhängig zum Einsatz kommen. Hierbei ziele die US-amerikanische Strategie, so kritische chinesische Stimmen, einerseits auf die Kontrolle über den Pazifik und die Region Ostasien ab. Andererseits aber sei das eigentliche geostrategische Ziel, über die Einrichtung von Sicherheits- und Kooperationsbündnissen mit den (süd-)ostasiatischen Inselstaaten und die Erweiterung der NATO die Kontrolle über den europäischen und asiatischen Kontinent sicherzustellen. In der Anwendung auf die VR China bedeute die Einbindungsstrategie den Versuch, über Dialog und Kooperation einen Systemwechsel, d.h. eine „Verwestlichung" Chinas, herbeizuführen und die VR China in das von den USA angeführte und gelenkte internationale System zu integrieren. Der in den Bereich der Einbindungsstrategie fallende Ausbau der sino-amerikanischen Wirtschafts- und Handelskontakte sei ein zentrales nationales Interesse der USA; auch in globalen und sicherheitspolitischen Fragen befürworteten die USA die Kooperation mit der VR China. Auf der Ebene der „Ideologie" wiederum versuchten die USA, ihr System der „Freiheit, Demokratie und Menschenrechte" in China zu verankern. Da aber die VR China zugleich auch eine Bedrohung für die US-amerikanische Hegemonie darstelle, betrieben die USA parallel zur Politik der Einbindung auch eine Eingrenzung des chinesischen Einflusses mittels Kontrolle und Beschränkungen des Technologietransfers nach China ebenso wie mittels der Einrichtung strategischer Allianzen wie beispielsweise mit Japan, Südkorea und Australien (vergl. Shao, Feng 2004:253-254).

Da die Stabilität und der Fortbestand der wirtschaftlichen und sicherheitsstrategischen Kooperation mit der VR China als ein Grundanliegen der US-amerikanischen Außenpolitik identifiziert werden, gehen chinesische Analysten davon aus, dass der Taiwanaspekt zwar als Störfaktor der bilateralen Beziehungen erhalten bleibe, eine direkte Unterstützung einer Unabhängigkeitserklärung Taiwans durch die Bush-Administration jedoch auszuschließen sei (Shao, Feng 2004:255-256).

Nicht der von außenstehenden Beobachtern prognostizierte und in der innerchinesischen Debatte normativ formulierte Aufstieg der VR China, sondern die außenpolitische Strategie der USA, insbesondere die nach 9/11 ergriffenen

Maßnahmen, führen chinesischen Interpretationen zufolge zu einer Destabilisierung des internationalen Systems. Grund dafür seien das permanente Hegemoniestreben und die Verteidigung des US-amerikanischen Machtmonopols. Dabei werden nicht nur der Irak- und Afghanistankrieg, sondern auch der Kosovo-Krieg in diesem Kontext von chinesischen Analysten als Folgen des unipolaren Machtanspruches der USA angeführt (Yang, Chuang 2004:96-97; Wang, Jie 2000:211). Diese scheinbare Fehlzuschreibung beruht auf einer stark verkürzten Darstellung. Liu Jianfei löst dieses Rätsel, indem er den Kosovo-Krieg nicht nur den USA zuordnet, sondern auch ausführt, dass die USA die NATO für ihre nationalen Interessen instrumentalisierten und infolge des Strebens nach Macht- und Systemerhalt über die NATO in den Kosovo-Konflikt eingetreten seien (Liu, Jianfei 2000:213).

Der von chinesischen Beobachtern in diesem Zusammenhang konstatierte strukturelle Konservatismus der US-amerikanischen Strategie, welcher sich in dem Festhalten an den alten Strukturen und Machtverteilungen des internationalen Systems abzeichne, führt zu einer stark vereinfachten Interpretation der Akteure und ihrer Grundorientierungen im internationalen System. Dieser zufolge ist die Hauptmotivation der US-amerikanischen Außenpolitik die Wahrung der Hegemonialstellung im internationalen Kontext. Der auf die USA angewandte Begriff der „Hegemonie" (*baquan*) ist dabei unter chinesischen IB-Forschern nicht unumstritten. In der modernen Lesung wird der Hegemonie-Begriff auf die Weltherrschaftspläne Nazi-Deutschlands oder die globalen Kolonialisierungspläne des britischen Empires angewandt; chinesische IB-Studien halten eine Heranziehung des Begriffs zur Beschreibung der US-amerikanischen Strategie mitunter für problematisch, da sich die USA im Unterschied zu dem damaligen NS-Deutschland und dem britischen Empire nicht als alleinige Weltmacht definierten, sondern die parallele Existenz „vieler Großmächte" anerkannt hätten und vielmehr eine ausgleichende, vermittelnde Führungsrolle unter diesen mächtigen Staaten einzunehmen gedächten. Liu Jianfei verteidigt jedoch die offizielle Terminologie, wonach die US-amerikanische Politik unter das Hegemonie-Konzept fällt, indem er auf die etymologische Grundlage des chinesischen Begriffs verweist. Denn der auf die Frühlings- und Herbstperiode und die Zeit der Streitenden Reiche zurückdatierte Hegemonie-Begriff hätte schon damals nicht ausschließlich konkrete, unmittelbare Formen der Machtausübung und Dominanz über die anderen Staaten, sondern zumeist die indirekt hegemoniale Führungsposition eines Staates bezeichnet (vergl. Liu, Jianfei 2000:213 (Fn1)). Angewandt wurde der Begriff zudem im Rahmen der Drei-Welten-Theorie auf die USA und später auch auf die SU.

Auch die Globalisierung, mit welcher neue Herausforderungen und Probleme für die nationale und internationale Politik verbunden sind, begünstige die

Wahrung des von den USA präferierten status quo des internationalen Systems. Denn im Zuge der Globalisierung könnten die USA ihre Wirtschaftsziele im globalen Rahmen verwirklichen und zugleich strategische Ziele – den Demokratieexport, Ausbau der Kooperationsbeziehungen mit den westlichen Staaten, Sicherung der weltweiten Führungsrolle und Wahrung der militärtechnologischen Überlegenheit – realisieren (Liu, Jianfei 2000:218-220). Doch wird auch überlegt, inwiefern der Globalisierungsprozess langfristig betrachtet eine potentielle Ablösung der den USA zugeschriebenen unipolaren Machtstrukturen implizieren könnte. Grundsätzlich wird angenommen, dass die voranschreitende Globalisierung nicht unbedingt zu einer Harmonisierung, sondern vielmehr zu einer stärkeren Diversifizierung und Ungleichheit der Staaten-Akteure führen könnte. Hinzu kommt die nachholende Entwicklung der Staaten der vormals Zweiten und Dritten Welt. Hieraus könnte in längerfristiger Perspektive eine Multipolarisierung der Welt und auf wirtschaftlicher Ebene eine Schwächung der USA folgen. Denn die zunehmende weltweite ökonomische Interdependenz der Staaten-Akteure bedinge, dass die USA nach und nach von ihrer früheren Politik der Eindämmung, welche eine Ausweitung von konkurrierenden ideologischen Einflussbereichen und die Entstehung alternativer Machtzentren unterbinden sollte, Abstand nehmen müssten. Eine derartige Entwicklung zeichne sich deutlich an den Modifikationen der US-amerikanischen Handelspolitik gegenüber der VR China ab. Angesichts der neuen globalen Herausforderungen seien die USA verstärkt an internationaler Kooperation interessiert. Der mit der Globalisierung einhergehende transnationale Austausch begünstige zudem die Abnahme der alten ideologisch oder kulturell begründeten Konfliktlinien (Liu, Jianfei 2000:218-219; vergl. auch Kap. VIII).

Offen bleibt jedoch die Frage, ob jenseits der themenbezogenen Kooperation auch die Ordnungsvorstellungen der USA und der VR China konvergieren. Prinzipiell lässt der immer häufiger erfolgende Verweis chinesischer Politikwissenschaftler auf eine eigenständige politische Kultur vermuten, dass sich im Rahmen der chinesischen Theoriebildung IB-Konstrukte herausbilden, welche nicht notwendigerweise mit denen der USA deckungsgleich sind. Eine offensichtliche Diskrepanz scheint mit Blick auf Chinas traditionelle Ordnungskonzeptionen der „Welt" vorzuliegen. Es stellt sich allerdings in diesem Zusammenhang die Frage, ob hier wirklich eine vergessene beziehungsweise zwischenzeitlich abgesetzte politische Tradition wiederbeschworen wird, oder aber ob nicht vielleicht vielmehr eine Legitimation umstrittener politischer Prozesse und Entscheidungen der Gegenwart – wie das Projekt des chinesischen „Aufstiegs" – unter Bezugnahme auf die chinesische Vergangenheit erfolgt.

3.4. Ordnungsideale des alten China

Die traditionelle chinesische Staatsphilosophie entwarf das chinesische Kaiserreich als Zentrum der zivilisierten Welt, die von den vier Ozeanen gegen die Barbaren, d.h. die nicht-sinisierten Völker und Stämme, abgeschirmt wurde. Im Mittelpunkt des weltlichen Systems stand der chinesische Kaiser, der als Sohn des Himmels durch das „Himmlische Mandat" (*tianming*) in seiner Herrschaft legitimiert war. Alle Staaten und Völker, die symbolisch mittels Kotau und über Tributabgaben ihre Anerkennung der Autorität des chinesischen Kaisers zum Ausdruck brachten, wurden als Teile der zivilisierten Welt, des *tianxia* („Alles unter dem Himmel") angesehen (Fairbank 1968:2). Das Territorium des chinesischen Kaiserreiches war somit nicht deckungsgleich mit dem *tianxia*, dennoch ging das staatsphilosophische Konzept von einer symbolischen Herrschaftsausübung des chinesischen Kaisers über die anderen Teilelemente des *tianxia*-Systems aus, die sich in konzentrischen Kreisen um das chinesische kulturelle und politische Zentrum gruppierten. Im innersten konzentrischen Ring waren dabei die direkten, weitgehend sinisierten Nachbarstaaten des chinesischen Reiches – Korea, Vietnam, Ryukyu und in der Mingzeit kurzfristig auch Japan – angesiedelt. Der zweite Ring umfasste die nomadischen und semi-nomadischen Volksstämme in der Mongolei, Tibet und Zentralasien. Der äußerste Ring, auf den das Amtscharisma des chinesischen Kaisers wenn, dann nur sehr geringen Einfluss ausüben konnte, setzte sich aus Russland und denjenigen europäischen Staaten, welche zur Realisierung ihrer Handelsinteressen in formale Tributbeziehungen eingetreten waren – Portugal, die Niederlande und England – zusammen. Die Ausgestaltung der Tributbeziehungen ergab sich aus der jeweiligen Distanz zum chinesischen Zentrum. Fairbank konstatiert neben den auf den kulturell-moralischen Werten beruhenden Beziehungen des chinesischen Kaiserreichs mit den sinisierten Staaten auch die Existenz von Herrschafts- und Kontrollstrukturen, die nicht auf der Ausstrahlung der chinesischen Kultur, sondern auf militärischen und administrativen Strukturen und Maßnahmen fußten. Teilweise, wie im Sonderfall Nordvietnam, folgte auf die militärische Eroberung und direkte administrative Herrschaftsausübung aber auch die Überführung der Strukturen in abstrakte Tributbeziehungen. Die Verortung westlicher Staaten im Modell der chinesischen Tributbeziehungen schließlich zielte nach Fairbank auf Steuerung und Manipulation der ausschließlich an materiellen Werten orientierten „Barbaren der Außenwelt" ab (vergl. Fairbank 1968:13).

Die konfuzianisch geprägte chinesische Staatskonzeption ging somit nicht von Beziehungen gleichberechtigter Kooperationspartner aus. Lediglich mit dem russischen Zarenreich war es mit den Verträgen von Nerschinsk und Kjachta zur Aufnahme de facto gleichberechtigter Beziehungen gekommen.

Grundsätzlich aber waren die traditionellen chinesischen Außenbeziehungen auf formell-abstrakter Ebene streng hierarchisch konzipiert. Auf informeller Ebene jedoch konnte es durchaus zur Herausbildung symmetrischer Interaktionsstrukturen gleichberechtigter Partner kommen (Kang 2003a:164).

Die chinesischen Außenbeziehungen stützten sich damit nicht auf ein Vertragssystem, sondern bezogen sich auf die in der konfuzianischen Staatsphilosophie vorgesehenen rituellen Beziehungsstrukturen. Auch westliche Handelsmissionen wurden in diesem klassischen System der chinesischen Außenbeziehungen wie chinesische Vasallenstaaten behandelt. Nur wenn sich diese mit dem Kotau symbolisch dem chinesischen Kaiser unterordneten, konnten im Gegenzug Tributbeziehungen eingegangen werden – welche für die westlichen Missionen einer, wenn auch sinisierten Form der Handelsbeziehungen gleichkamen. Die Macartney-Mission 1793, bei welcher der Versuch erfolgte, die chinesische Seite zur Aufnahme von Handelsbeziehungen nach westlichen vertragsrechtlichen Vorstellungen und ohne symbolische Unterordnung zu bewegen, scheiterte mit der Zurückweisung durch den chinesischen Kaiser.[101] Das Tributsystem war damit kein Pendant zu den internationalen Beziehungen der nicht-chinesischen Welt, sondern primär ein Regelwerk des intraregionalen Handels, in welches durch die symbolische Unterordnung auch der Westen einbezogen werden konnte (u.a. Osterhammel 1989).

Erst mit der erzwungenen Öffnung Chinas in den Opiumkriegen wurde das Tributsystem durch ein Regelwerk „moderner" Außen(handels)beziehungen abgelöst. Die im Vertrag von Nanjing festgeschriebenen materiellen Forderungen der Westmächte – Entschädigungszahlungen in Höhe von 21 Mio. Dollar; die Beendigung des Cohong-Systems; die Öffnung von fünf chinesischen Häfen für den internationalen Handel; die Abtretung Hongkongs; und die Gewährung des Residenzrechts für westliche Händler – waren weit weniger einschneidend als die symbolisch-ideelle Niederlage des chinesischen Kaiserreiches. Denn aus der mit der Niederlage einhergehenden erzwungenen Integration Chinas in das internationale System folgte die Ablösung des chinesischen Staats- und Selbstverständnisses als *tianxia* durch das Begriffskonzept der Nation (*guojia*). China verlor seine Zentrumsfunktion; die Tributstaaten gerieten in koloniale Abhängigkeit von den westlichen Großmächten (Levenson 1958).

---

[101] für die Darstellung der historischen Ereignisse und der Hintergründe vergl. den offiziellen Gesandtschaftsbericht (Staunton 1797), für eine rückblickende Bewertung aus Sicht des 20. Jahrhunderts vergl. Pritchard (1943:163-203).
In der modernen westlichen Diplomatiegeschichtsschreibung wird diese Episode der sino-europäischen Beziehungen, bei der mit der britischen und der chinesischen zwei unvereinbare diplomatische Traditionen aufeinander trafen, zitiert, um die Notwendigkeit des transkulturellen Dialogs zu untermauern (Cooper 2003:88-89).

So wird den Opiumkriegen eine dem Westfälischen Frieden vergleichbare Schlüsselfunktion für die Konzeption der modernen – in diesem Fall der chinesischen – Außenpolitik zugeschrieben. Es ist allerdings zu bedenken, dass die hier skizzierte Periodisierung, welche das Jahr 1840 als Jahr des radikalen Übergangs von den Strukturen und Mechanismen des Tributsystems zu einem auf Verträgen beruhenden System der Interaktionsstrukturen zwischen China und dem Westen festlegt, erst rückwirkend in dieser Form konstruiert wird. Fairbank vertritt die These, dass es in dem Zeitraum von 1840 bis 1880 der chinesischen Seite zunächst gelungen sei, das von den westlichen Staaten eingeforderte Vertragssystem in die alten Strukturen des Tributsystems einzubetten. Denn die Vertragsstrukturen hätten, so Fairbank, aus chinesischer Sicht den Handlungsspielraum der westlichen Akteure in einen festen Regelrahmen verwiesen. Auch sei der Handel der westlichen Staaten in China mit den Ungleichen Verträgen nicht auf das gesamte Gebiet des chinesischen Kaiserreichs ausgeweitet worden, sondern vielmehr weiterhin auf ausgewiesene Handelshäfen beschränkt gewesen. Zudem hätte das Vordringen der westlichen Staaten und die erzwungene Einführung vertraglicher Strukturen infolge der Opiumkriege nicht zum Sturz der Qing-Dynastie geführt, woraus folge, dass die chinesische Seite zunächst erfolgreich eine Einbindung der „äußeren Barbaren" als neue „innere Barbaren" praktizierte (Fairbank 1968:259-263).[102]

Gleichsam erfuhr das *tianxia*-Konzept, das auf die Zeit vor der ersten Reichseinigung (221 v.Chr.) zurückgeführt wird, bereits während der Herrschaft von Fremdvölkern, in der Yuan- und der Qing-Dynastie, eine flexible Ausgestaltung. Die mongolischen und mandschurischen Herrscher übernahmen die chinesischen Herrschaftskonzeptionen und positionierten sich damit als legitime Nachfolger der vorangegangenen chinesischen Kaiserdynastien. Mit Blick auf die VR China wird diskutiert, inwiefern das moderne chinesische Selbstverständnis weiterhin in der Tradition des *tianxia*-Modells stehen könnte. Benjamin Schwarz kommt in seiner Analyse der maoistischen Zeit zu dem Schluss, dass die über viele Dynastien fortgesetzte Tradition des *tianxia*-Modells mit dem 20.Jahrhundert schließlich ein Ende gefunden habe. Denn bereits die Reformansätze der ausgehenden Kaiserzeit ließen deutlich eine Akzeptanz des westlichen Modells der internationalen Staatenwelt erkennen. Und für die VR China unter Mao habe das Modell, so Schwartz, keinerlei Relevanz gehabt (Schwartz 1968:285; 287).

Auch die Konstruktion des „Westfälischen Friedens" als Wendepunkt der westlichen IB-Geschichte ist mittlerweile nicht mehr unumstritten. Denn Kras-

---

[102] Für die Hintergründe und Implikationen des Zusammentreffens zwischen dem chinesischen Kaiserreich und der westlichen Welt vergl. Franke (1962); Hsu (1960); Osterhammel (1989).

ner zeigt auf, dass die Konstruktion des sogenannten „Westfälischen Staatensystems" rückblickend erfolgte und nicht wirklich einen Wandel der Interaktionsmechanismen der internationalen Beziehungen implizierte. Der Schlüsselbegriff des „Westfälischen Staatensystems", das Konzept der nationalen Souveränität, lässt sich beispielsweise bereits auf die Zeit vor 1648 zurückführen. Mit Blick auf die Gegenwart aber kann dieses Konzept der nationalen Souveränität wiederum aufgrund der fortschreitenden Globalisierung und Interdependenz die Ordnung des internationalen Systems auch nicht mehr hinreichend beschreiben (Krasner 1993:236-237).

3.4.1. Das Tianxia-Modell im 21. Jahrhundert

Das *tianxia*-Modell, das auch in der innerchinesischen Expertendebatte zuvor ausschließlich als Modell der klassischen chinesischen Kaiserzeit behandelt worden war, wurde infolge des Zusammenbruchs des bipolaren Weltsystems und nach dem Ende des Kalten Krieges erneut diskutiert und einer kritischen Reinterpretation unterzogen. Denn erstmals schien ein Neuentwurf der internationalen Beziehungen und zugleich eine theoriegestützte Neukonzeption des internationalen Systems möglich. Nachdem in der maoistischen Phase und auch während der ersten Dekaden der Reform- und Öffnungspolitik eine entschiedene Abgrenzung von chinesischen Staatskonzeptionen der Kaiserzeit erfolgt war, griff nun die Mitte der 80er Jahre initiierte und bis in die Gegenwart fortdauernde innerchinesische Theoriedebatte zu den Internationalen Beziehungen verstärkt auf eben diese Theoriekonzepte der chinesischen Staatsphilosophie zurück.

Dabei wurden diejenigen Aspekte des *tianxia*-Gedankens wie der Kotau oder auch die Tributabgaben, welche mit den Konstellationen und politischen Handlungsnormen des späten 20.Jahrhunderts unvereinbar schienen, aus der Diskussion ausgeklammert. Im Mittelpunkt des neuen Forschungsinteresses der chinesischen Seite stand vielmehr die Frage, ob beziehungsweise unter welchen genauen Voraussetzungen das klassische chinesische Ordnungsmodell auf eine Welt nach dem Kalten Krieg übertragen werden könnte.

Qin Yaqing entwirft das chinesische *tianxia*-Modell als Gegenstück zum Westfälischen Staatensystem (Qin, Yaqing 2005a). Während letzteres von der Existenz gleichberechtigter souveräner Nationalstaaten ausgeht, beruht das chinesische Modell auf hierarchischen Strukturen und schließt die Existenz symmetrischer Beziehungen kategorisch aus. Zugleich war, und hier verweisen auch die chinesischen Analysen auf Fairbanks Studie zur klassischen chinesischen *tianxia*-Konzeption (Fairbank 1968), das chinesische Modell kein Ordnungsmodell der internationalen Beziehungen, sondern vielmehr ein globales Weltordnungsmodell. Die Durchsetzung der hierarchischen Strukturen des chinesischen Modells wird in der modernen chinesischen Interpretation aber nicht auf machtpolitische Mechanismen, sondern auf die Struktur des chinesischen Modells zurückgeführt. Dieses ist demnach als hierarchisch einzustufen, weil es nicht auf der Gleichheit der Akteure, sondern auf deren bewusster Trennung und Unterscheidung beruht. Das klassische chinesische Ordnungsmodell war im Grunde ein innenpolitisches Modell, das durch die Differenzierung zwischen Chinesen (*hua*) und Barbaren (*yi*) gewissermaßen einen die zivilisierte sinisierte Welt umfassenden chinesischen Herrschaftsbereich, das *tianxia*, annahm, innerhalb dessen die chinesischen Rangordnungen galten. Die Vorstellung eines anarchischen internationalen Systems oder die Möglichkeit zwischenstaatlicher Antagonismen waren in dem klassischen chinesischen Ordnungskonzept nicht vorgesehen. Vorstellungen des in der westlichen Welt konstruierten internationalen Systems, beispielsweise die Ideen von Hobbes (antagonistische Beziehungen zwischen den Staaten), Locke (Konkurrenzstrukturen) oder Kant (gleichberechtigte Strukturen), lassen sich demnach nicht für die Beschreibung des chinesischen Modells heranziehen (vergl. Qin, Yaqing 2005a:14).

Zugleich betont die gegenwärtige innerchinesische Neubewertung des *tianxia*-Modells, dass dieses nicht mit westlichen Begriffskonzepten zu fassen sei. Das idealisierte *tianxia*-Modell sei ein Ausdruck der partikular chinesischen Kultur. Als Kernaspekte gelten konfuzianische Werte, womit das chinesische Modell für eine Form der rituellen Herrschaft (*lizhi*) steht. Im Mittelpunkt dieser rituellen Herrschaftsordnung steht der klassisch konfuzianische Begriff *ren*, zumeist übersetzt als Humanität, welcher den moralisch-ethischen Herrschaftsanspruch der chinesischen Seite unterstreicht. In genau dieser für das idealisierte *tianxia*-Modell angenommenen moralisch-ethischen Dimension liegt chinesischen Studien zufolge der wesentliche Unterschied zu westlichen Ideenkonzepten wie Realismus oder dem rationalen Erkenntnisinteresse der westlichen Wissenschaftsphilosophie (Qin, Yaqing 2005a:15).

Dass es in der chinesischen Geschichte immer wieder auch zu militärischen Maßnahmen des chinesischen Reiches gegenüber anderen Gebieten gekommen ist, stellt die praktische Umsetzbarkeit des chinesischen Herrschafts- und Ordnungsmodells aus chinesischer Sicht nicht grundsätzlich in Frage. Denn da das Modell auf die Herstellung von Harmonie und Gemeinschaft (*hexie yu datong*) abziele, wird der Einsatz militärischer Mittel in Form von Strafexpeditionen (*zhengtao*) oder zur Beendigung von Unruhen (*pingluan*) als legitim angesehen (vergl. Kap. V, insbesondere 5.3).

Zu einem ersten Aufeinandertreffen des chinesischen und des westlichen Ordnungsmodells kam es infolge der Opiumkriege. Das chinesische Modell wurde offiziell auch nach der Niederlage in den Opiumkriegen zunächst noch nicht aufgegeben. Doch hatte sich in den Opiumkriegen gezeigt, dass das *tianxia*-Konzept ein bedingt realitätsfremdes, unilaterales Ordnungskonzept darstellte, das nur so lange aufrechterhalten werden konnte, wie der Herrschaftsanspruch der chinesischen Kaiser nicht durch Forderungen anderer Staaten in Frage gestellt wurde. Die chinesische Niederlage führte daher im Verlauf der zweiten Hälfte des 19. Jahrhunderts nicht nur zu kritischen Bewertungen und Reformentwürfen für die Bereiche der chinesischen Technologie, des chinesischen Systems und schließlich auch der chinesischen Kultur, sondern bewirkte letztendlich die Übernahme der Grundprinzipien des Westfälischen Staatensystems – Souveränitätsprinzip und Gleichberechtigung der Akteure – durch China. Wenn auch das *tianxia*-Modell somit seit jenem Zeitpunkt in der politischen Praxis nicht mehr herangezogen wird, betont Qin Yaqing doch, dass dies nicht notwendigerweise mit der endgültigen Aufgabe des abstrakten, theoretischen Strukturmodells gleichzusetzen sei (Qin, Yaqing 2005a:15).

In der gegenwärtigen chinesischen Expertendebatte zur Übertragung des *tianxia*-Konzepts auf die gegenwärtigen und zukünftigen Strukturen des internationalen Systems gilt die 2005 von Zhao Tingyang vorgelegte Studie als Standardreferenzwerk (Zhao, Tingyang 2005b). In dieser rekonstruiert Zhao rückblickend die philosophischen Grundlagen des *tianxia*-Modells und arbeitet in der Gegenüberstellung mit den Ordnungsmöglichkeiten der UN die, aus chinesischer Sicht gegebene, abstrakte Übertragbarkeit des chinesischen Modells auf eine globalisierte Weltordnung heraus. Auch wenn eine konkrete Definition des modifizierten und eklektisch rekonstruierten *tianxia*-Modells vermieden wird, spiegelt Zhaos Studie doch die Bedeutung des Konzepts in der gegenwärtigen chinesischen Theoriesuche deutlich wider:

> ...die heutige Welt braucht möglicherweise keine Imperien mehr; vor allem braucht sie kein gefährliches Imperium wie die USA, und vielleicht braucht sie auch kein friedliches Imperium wie das klassische chinesische *tianxia*-Imperium. Doch könnte das *tianxia*-Modell unter Umständen durch gewisse Umänderungen zu einem Weltsystem werden, das (den Anforderungen) der Zukunft entspricht...
> (Zhao, Tingyang 2005b:35).

3.5. Ordnungsideale des „neuen" China

Ausgehend von Deng Xiaopings 1988 vorgebrachter Forderung nach einer neuen politischen und wirtschaftlichen Weltordnung erfolgt in der gegenwärtigen innerchinesischen IB-Debatte einerseits eine kritische Auseinandersetzung mit bestehenden Theoriemodellen einer möglichen neuen Weltordnung und andererseits zugleich die Kontrastierung eben dieser Ansätze mit alternativen „chinesischen" Weltordnungskonzepten. In der rückblickend erfolgenden Interpretation wird das von Deng Xiaoping in die Debatte eingeworfene, von Jiang Zemin und Hu Jintao erneut aufgegriffene Begriffskonzept als Ausdruck einer Orientierung der politischen Führung in Richtung „realistischer Idealismus" beziehungsweise „idealistischer Realismus" bewertet (vergl. Zhao, Kejin / Ni Shixiong 2007:366). Diese Klassifizierung, welche zwei grundsätzlich als antagonistisch konzipierte, unvereinbare IB-Traditionen zusammenführt, verdeutlicht exemplarisch das Dilemma der chinesischen Theoriesuche. Zwar haben sich neorealistische Ansätze seit den 80er Jahren auch in der chinesischen IB-Forschung behaupten können, doch besteht zugleich der Anspruch, eine alternative „chinesische" IB-Theorie zu konzipieren, welche sich möglicherweise durch alternative moralisch-ethische Vorstellungen, die aus der chinesischen Staatsphilosophie abgeleitet werden, von bestehenden Ordnungskonzeptionen abgrenzt. Das Ideal einer neuen, harmonischen Weltordnung darf jedoch nicht losgelöst von den real gegebenen Konstellationen betrachtet werden, wenn die chinesischen Modelle nicht nur eine idealisierte, jedoch nicht realisierbare Weltordnung entwerfen, sondern eine Blaupause für die zukünftige Ausgestaltung der internationalen Beziehungen liefern sollen.

Die chinesische Version einer „Neuen Weltordnung" schließt hegemoniale oder machtpolitische Ordnungskonzeptionen kategorisch aus. Als Ziel wird die Schaffung einer friedlichen, stabilen, gerechten und vernünftigen Weltordnung angegeben (vergl. Zhao, Kejin / Ni, Shixiong 2007:366). Nachdem das Begriffskonzept des „Neuen Weltordnung" auch in Reden Jiang Zemins innerhalb bilateraler Konstellationen immer wieder Erwähnung gefunden hatte, erfolgte eine weitergehende inhaltliche Auslegung des Begriffskonzepts am 28. Mai 2003 durch Hu Jintao. Dieser definierte fünf Aspekte als Voraussetzung und Grundausrichtung einer anzustrebenden „Neuen Weltordnung". Alle fünf Aspekte spiegeln deutlich erkennbar Grundinteressen und Leitlinien der chinesischen Außenpolitik wider, wenngleich die einzelnen Punkte doch abstrakt genug gehalten sind, um auch von anderen Staaten übernommen zu werden. Die fünf Punkte, die wie zuvor auch die Darstellungen Deng Xiaopings und Jiang Zemins auf den „Fünf Prinzipien der friedlichen Koexistenz" aufbauen, umfassen die Demokratisierung der internationalen Beziehungen; die Wahrung und Respektierung der „Vielfalt"; die Einführung eines neuen Sicherheitskonzepts; die ausgeglichene Entwicklung der Weltwirtschaft und schließlich auch die Stärkung der globalen Rolle der UN (vergl. Zhao, Kejin / Ni, Shixiong 2007:366).

3.5.1. Demokratisierung der internationalen Beziehungen

Der erste Punkt, die Forderung nach „Demokratisierung der internationalen Beziehungen", ist ein Grundanliegen der chinesischen Seite. Dabei wird unter dem Begriff der Demokratisierung nicht die Übernahme demokratischer Wertvorstellungen oder der Transformationsprozess von Staaten in Richtung demokratisch verfasster Strukturen verstanden. Demokratietheorien und die Diskussion der „dritten Welle" der Demokratisierung (Huntington) sind auch den chinesischen Wissenschaftlern bekannt; die in diesem Zusammenhang in der westlichen Welt erfolgten Debatten werden auch nicht in Frage gestellt. Vielmehr scheint die Bewertung und theoriegestützte Verarbeitung nationaler Demokratisierungsprozesse gewissermaßen als Ausgangspunkt der chinesischen Forderung nach der Demokratisierung des internationalen Systems zu dienen. Denn wenn Demokratisierung auf Ebene der Nationalstaaten als legitim und erstrebenswert gilt, stützt dies auch die Forderung nach einer Übertragung des Demokratiegedankens auf die globale Ebene. Analog zu innerstaatlichen demokratischen Prozessen sollen, so der chinesische Ansatz, auch auf internationaler respektive globaler Ebene eine Vielzahl von diversen nationalen, transnationalen und gesellschaftlichen Akteuren gleichberechtigt in die Entscheidungsfindung eingebunden werden. Mit der Demokratisierung werden die bestehenden Strukturen des internationalen Systems zunächst nicht angetastet, allein die Zulassung von zuvor ausgeschlossenen Akteuren wird angestrebt. In den offiziösen chinesischen Darstellungen wird die „Demokratisierung" als eine notwendige Voraussetzung zur Wahrung des Weltfriedens angeführt (*RMRB* 12-06-2005). Die Reform der UN – nicht zu vergessen die hierzu vorliegende chinesische Blaupause – werden in der chinesischen Debatte als erste Schritte in diese Richtung referiert (*Sina.com* 12-06-2005). Erneut tritt die VR China damit als Vertreter und Fürsprecher der Interessen der Entwicklungsländer und ehemaligen Kolonialstaaten Asiens, Afrikas und Lateinamerikas auf. Wie bereits mit den maoistischen Weltmodellen der „Zwischenzonen" (vergl. 3.1.1.) und der „Drei Welten" (vergl. 3.1.2.) positioniert sich die VR China damit selbst als Entwicklungsland und Teil der Dritten Welt (vergl. Kap. VI). Indem das chinesische Modell auf Schlüsselbegriffe der internationalen Debatte – Demokratie, Rechtstaatlichkeit – zurückgreift, diese jedoch rein auf den internationalen Kontext anwendet, soll diese Forderung nicht als primär chinesisches Interesse, sondern als legitime Forderung zur Wahrung des Weltfriedens verkauft werden. Die Demokratisierung der internationalen Beziehungen ist somit kein eigenständiges Theoriekonzept, wohl aber Teil einer Umsetzungsstrategie der chinesischen Anliegen, die in der innerchinesischen Theoriedebatte als Kerninteressen identifiziert worden sind.

3.5.2. Wandel des chinesischen Sicherheitsbegriffs

Die Konzeption des neuen chinesischen Sicherheitsbegriffs wird auf den 12. Parteitag von 1982 zurückgeführt. Der Neubewertung des Sicherheitsaspekts ging dabei der offizielle Paradigmenwechsel von „Krieg und Revolution" zu „Frieden und Entwicklung" voran, welche auf dem 13. Parteitag 1987 schließlich als gegenwärtige „Hauptthemen der Welt" (*shijie zhuti*) identifiziert wurden. Damit erfolgte erstmals in der postmaoistischen Phase eine Aktualisierung und Erweiterung der seit den 70er Jahren offiziell proklamierten Grundzüge der KPCh-Außenpolitik – Unabhängigkeit, Souveränität, Ablehnung von Allianzen und Bündnissen, Ablehnung von Hegemonie, Wahrung des Weltfriedens (vergl. Zhao, Kejin / Ni, Shixiong 2007:305).

Seit der zweiten Hälfte der 90er Jahre dient der Verweis auf den „neuen Sicherheitsbegriff" einer symbolischen Abgrenzung von Macht- und Sicherheitsstrukturen des Kalten Krieges. Dem Begriff wird nun eine Vielzahl von Aspekten nicht-konventioneller Sicherheit zugeordnet. Dieser „umfassende Sicherheitsbegriff" beinhaltet damit neben der militärischen auch die Sicherheit in den Bereichen Wirtschaft, Politik, Technologie, Information und Umwelt (Yan, Jin 2002:603-607). Im März 1997 wurde der „neue Sicherheitsbegriff" in die ASEAN+1-Gesprächen eingebracht. Im April 1997 kam es zur Verabschiedung der gemeinsamen sino-russischen Erklärung zur „Multipolarisierung der Welt und dem Aufbau einer neuen Weltordnung", der ebenfalls ein erweiterter „neuer Sicherheitsbegriff" unterlag (Li, Baojun 2001:513). Eine Darlegung der inhaltlichen Aspekte des chinesischen „neuen Sicherheitsbegriffs" liefert das im Juli 1998 veröffentlichte Weißbuch zur Landesverteidigung. In diesem wird erläutert, dass ein dauerhafter Frieden nur möglich sei, wenn das „Kalte-Kriegs-Denken" überwunden und durch ein neues Sicherheitskonzept ersetzt worden sei (vergl. Zhao, Kejin / Ni,Shixiong 2007:308).

In einer Stellungnahme der VR China im Rahmen der ASEAN von 2002 wird der Sicherheitsbegriff mit den vier Grundkonzepten „wechselseitiges Vertrauen, wechselseitiger Nutzen, Gleichberechtigung, Verhandlungen" umrissen. Mit der Betonung des „wechselseitigen Vertrauens" wird eine deutliche Distanzierung von den Konfliktstrukturen des Kalten Krieges unternommen, der ideologische und systembedingte Feindbilder stilisierte, so dass auf wechselseitigem Vertrauen beruhende Kooperationsbeziehungen nicht umsetzbar schienen. Der „wechselseitige Nutzen" wiederum schreibt vor, dass bei der Realisierung der eigenen nationalen Sicherheitsinteressen stets auch die Sicherheitsinteressen anderer Staaten berücksichtigt und gewahrt werden sollen. Die Dominanz eines einzelnen Staatenakteurs und die Umsetzung spezifischer Sicherheitsinteressen auf Kosten kleinerer Staaten werden dadurch, dass alle Staaten als gleichberechtigte Akteure betrachtet werden, ausgeschlossen. Konflikte und Kriege sollen, so das chinesische Sicherheitskonzept, durch friedliche Verhandlungen beigelegt werden. Diese offizielle Definition des Sicherheitskonzepts ist schließlich auch in den Beschlüssen des 16.Parteitages verankert worden. Ausgehend von diesen Beschlüssen finden sich in der gegenwärtigen chinesischen Darstellung vier weiterführende Betrachtungen zur chinesischen Sicherheitskonzeption: Mit Blick auf die Konstellationen des internationalen Umfeldes stellen chinesische Studien fest, dass destabilisierende und friedensgefährdende Faktoren zugenommen haben. Allerdings wird angenommen, dass die Errichtung einer „harmonischen Welt des langfristigen Friedens und der gemeinsamen Prosperität" allgemein angestrebt werde und somit langfristig realisierbar sei. Andererseits wird betont, dass die Sicherheitsinteressen der VR China durch Hegemoniestreben, Machtpolitik, die Unabhängigkeitsbestrebungen Taiwans, Terrorismus, nationalen Separatismus und religiösen Fanatismus bedroht seien.

Der Realisierung des chinesischen Weltmodells, das Frieden und Sicherheit in den Mittelpunkt stellt, stehen zudem negative Chinaperzeptionen („China-Threat-Theory"; „Gelbe Gefahr") durch das Ausland entgegen. Ein dritter Aspekt, der im Zusammenhang mit dem erweiterten, neuen Sicherheitsbegriff diskutiert wird, ist die chinesische Definition von Sicherheit auf innenpolitischer Ebene. Der innenpolitische Sicherheitsbegriff umfasst dabei die Wahrung der nationalen Einheit; die Abwehr von Invasion und den Erhalt der nationalen Souveränität; territoriale Integrität und Seerechte. Diesen Grundkonstanten nationaler Sicherheit unterliegen einerseits die negativen Erfahrungen Chinas während der Opiumkriege, welche den Verlust der nationalen Souveränität und der territorialen Integrität bedeuteten, andererseits aber auch die Konfrontation mit Japan während des ersten und zweiten sino-japanischen Krieges.

Ein zweiter Aspekt nationaler Sicherheit ist die stabile, nachhaltige Wirtschaftsentwicklung. Der erweiterte Sicherheitsbegriff umfasst aber neben dem Aufbau einer modernen Landesverteidigung auch die Wahrung der gesellschaftlichen Stabilität. Die Verknüpfung nationaler und globaler Sicherheitsinteressen erfolgt abschließend durch die Betonung des Festhaltens an einem „friedlichen Entwicklungsweg".[103]

Ergänzende Leseanleitungen zu den Hintergründen und Umsetzungsstrategien des Konzepts liefern Artikel der *Renmin Ribao*. Dieser offiziösen Interpretation zufolge resultiert aus der Einführung eines umfassenden Sicherheitsbegriffes, der auch globale und transnationale Probleme einschließt, dass diese nur in Form „internationaler Kooperation" gelöst werden können (*RMRB* 10-25-

---

[103] vergl. „China's Position Paper on the New Security Concept" (31-07-2002) http://www.fmprc.gov.cn/eng/wjb/zzjg/gjs/gjzzyhy/2612/2614/t15319.htm (10.05.2008)

1995, nach Li, Baojun 2001:514). Dass hier von „internationaler Kooperation" die Rede ist, verdeutlicht, dass Lösungswege, die einen anderen Akteur als den Nationalstaat, vertreten durch seine Regierung, annehmen oder aber eine Relativierung nationaler Souveränität bedingen würden, nicht akzeptiert werden können (vergl. Kap. VI). Der KPCh-Regierung kommt demnach die zentrale Rolle in der Umsetzung der Sicherheitsstrategie zu, wodurch eine unmittelbare Verkettung der Sicherheit der innen- und der außenpolitischen Ebene gegeben ist (vergl. Li, Baojun 2001:514).

Die offiziösen chinesischen Darstellungen postulieren, dass Chinas Machtzuwachs keine Bedrohung für die internationale Sicherheit darstelle (*RMRB* 24-04-1997, nach Li, Baojun 2001:514). Eine Bedrohung ergebe sich erst, wenn ein über die entsprechenden Machtressourcen verfügender Staat eine Hegemoniestellung anstrebe, Expansionspläne verfolge, Schritte zur Invasion anderer Staaten oder zur Einmischung in deren innere Angelegenheiten unternehme. Der Verweis auf die Rolle der USA und die sino-amerikanischen Beziehungen ist an diesen Argumentationsketten nur allzu deutlich ablesbar und durchzieht die Ausführungen zur Weltsicherheit wie ein roter Faden. Nicht die relativen Machtverschiebungen im internationalen System, d.h. der Aufstieg der VR China, sondern allein das Handeln der Staaten, die militärische Schritte unternehmen oder aber den Wandel des internationalen Systems gewaltsam verhindern wollen, gilt demnach als Hauptbedrohung des Weltfriedens (vergl. Li, Baojun 2001:515).

Der Neue Sicherheitsbegriff entstammt zwar der innerchinesischen Debatte, richtet sich jedoch gezielt, wie das offizielle auf Englisch veröffentlichte chinesische Positionspapier und die Weißbücher zur Landesverteidigung belegen, an die Kooperationspartner der VR China. Es scheint, dass die chinesische Seite die Akzeptanz der chinesischen Ordnungsideale dadurch generieren möchte, dass sie in einer groß angelegten internationalen Öffentlichkeitskampagne immer wieder die Kooperationsbereitschaft der VR China betont und deren Anliegen nicht als partikulare Interessen, sondern als universelle Werte präsentiert.[104]

---

[104] Daneben widmen sich chinesische Studien auch dem „westlichen" Konzept der nicht-traditionellen Sicherheit (Wang, Yizhou 2004:20-29; Li, Bin 2004:30-38). Im Unterschied zum „neuen Sicherheitsbegriff" ermöglicht dieses importierte Modell die Eingliederung chinesischer Konzepte und Modelle in den globalen Diskurs.

3.6. Post-Westfälisches Staatensystem?

Mit dem Ende des Kalten Krieges geht, wie sowohl die „chinesische" als auch die westlich(sprachig)e IB-Forschung festhalten, ein Strukturwandel der internationalen Beziehungen einher, welchem eine ähnlich zentrale Funktion für die Neuausrichtung der internationalen Ordnung zukommt wie dem „Westfälischen Frieden" von 1648 (Cooper 2003:3).[105] Ein neues Standardmodell oder ein neuer einheitlicher Erklärungsansatz für die Phase nach dieser Zäsur ist jedoch noch nicht konzipiert worden. Bislang wird der Eintritt in eine „postwestfälische" Staatenwelt nach 1989/1991 rein abstrakt debattiert. In der chinesischen Diskussion erfolgt eine kontrastierende Gegenüberstellung von *tianxia* und Westfälischem Staatensystem. Diese Argumentation ist jedoch mit Vorsicht zu betrachten. Das hier entworfene chinesische *tianxia* ist eine stark idealisierte Fassung der Ordnungskonzeption des chinesischen Kaiserreiches vor 1840. Das Vergleichsmodell jedoch ist zumeist die westliche Welt der Gegenwart des 20. und 21. Jahrhunderts, gleichsam eine moderne Lesung des Westfälischen Staatenmodells, die sich wiederum nicht automatisch mit dem Westfälischen Ordnungsmodell des 19. Jahrhunderts deckt.

Der Systemantagonismus, der zwischen China und dem Westen angenommen wird, ließe sich auch zwischen dem Modell des *Imperium Romanum* und der Westfälischen Ordnung konstruieren. Der römische Kaiser beanspruchte, die Oberhoheit über die gesamte „Welt" auszuüben. Ähnlich wie das *tianxia* war auch diese „Welt" der römischen Kaiser nicht deckungsgleich mit der real vorhandenen Welt (vergl. Kleinschmidt 1998:16; 64). Und gleichsam wie das sinozentrische „Welt"-Modell beruhte das antike „Welt"-Bild auf der Vorstellung einer vom Okeanos umschlossenen „Oikumene" (Kleinschmidt 1998:16; 64) und somit einer Trennung in die zivilisierte Welt und die umliegenden barbarischen Völker.

Die chinesische Debatte sucht jedoch nicht nach den Parallelen und Gemeinsamkeiten in der chinesischen und der westlichen Staatswissenschaft, sondern kreist um die Frage nach der Möglichkeit eines alternativen globalen Ordnungsmodells. Dazu wiederum ist auch die Aufarbeitung des westlichen Forschungsstandes erforderlich (vergl. Chen, Yugang / Yuan, Jianhua 2004).[106] Die

---

[105] Dass die Zurückführung der Genese des internationalen Systems auf die Westfälische Ordnung für eine sehr selektive, anglo-amerikanische Sicht der Dinge steht, hat Gerald Chan bereits erörtert, indem er dieses Modell des 17. Jahrhunderts mit dem weitaus älteren Konzept „internationaler" Beziehungen der chinesischen Reiche während der „Frühlings- und Herbstperiode" und der Zeit der „Streitenden Reiche" kontrastiert hat (Chan, Gerald 1999b:147-166).

[106] Chen, Yugang / Yuan, Jianhua (eds.) (2004), *Chaoyue Weisitefaliya? 21 shiji guoji guanxi de jiedu* (engl. Titel: Beyond Westphalia?). Beijing: Shishi Chubanshe.

IB-Abteilung der Fudan-Universität[107] in Shanghai hat 2004 eine Auswahl dieser Studien in einem Sammelband veröffentlicht. Dieser Band ist in drei thematische Teile untergliedert. Der erste widmet sich (westlichen) Theorien und Modellen, die eine Weltordnung nach 1989 /1991 einfordern oder mögliche Strukturen aufzeigen, die sich von neorealistischen Theorieannahmen absetzen. Hier werden u.a. feministische Ansätze (He, Peiqun 2004:40-58), Demokratietheorien (Jian, Junbo 2004:77-100), Interdependenz (Yu, Qiang / Wang, Li / Zhang, Jianxin 2004:101-115) aber auch Makrotheorien wie beispielsweise der Idealismus (Yu, Yixuan 2004:59-76) vorgestellt.[108] Den Ausführungen der „westlichen" Theoriemodelle vorangestellt findet sich ein Beitrag zu marxistischen Theorien, welcher den Theorieteil des Sammelbandes gleichsam eröffnet und betont, dass marxistische Modelle weiterhin als Grundorientierung der chinesischen Theorien zu dienen haben (Ni, Shixiong / Zhao, Kejin 2004:4-5).

Das eigentliche Anliegen der chinesischen Diskussion über eine postwestfälische Welt ist die Einbindung „chinesischer" Ordnungsmodelle in die globale Debatte. Um diesen Ideenexport erfolgreich umsetzen zu können, müssen sich die chinesischen Analysen zunächst mit den bestehenden „westlichen" Theoriegebäuden auseinandersetzen und die Punkte herausarbeiten, an denen eine Synthese „chinesischer" und „westlicher" Konzepte möglich erscheint. In den chinesischen Betrachtungen zu den „westlichen" Modellen einer postwestfälischen Ordnung laufen damit die Fäden der zuvor voneinander getrennt aufgeschlüsselten chinesischen Welt- und Staatskonzeptionen zusammen. Der chinesische

---

Für die Post-Westphalia-Debatte in der westlich(sprachigen) IB-Forschung vergl. Lyons, Gene M. / Mastanduno, Michael (eds.) (1995), *Beyond Westphalia? State Sovereignty and International Intervention*. Baltimore.

[107] Das IB-Institut der Fudan-Universität gehört zu den ersten drei chinesischen IB-Einrichtungen der VR China. Eingerichtet in den frühen 60er Jahren hatte sich das Shanghaier Institut mit den westlichen, kapitalistischen Staaten zu beschäftigen. Als mit den Beschlüssen zu Reform und Öffnung von 1978 der Aufbau einer professionellen und pragmatischen IB-Forschung eingeleitet wurde, hatte dieses Institut aufgrund seiner Erfahrung mit der westlichen Staatenwelt, deren Mechanismen, Strukturen und Modellbildungen, die nun in den Mittelpunkt des Forschungsinteresses rückten, einen Wissensvorsprung gegenüber anderen chinesischen IB-Instituten (Gespräch mit Jin Canrong August 2007).
Auch in aktuellen Veröffentlichungen der Fudan-Universität dominieren Studien, die sich auf „westliche" Theoriemodelle stützen.

[108] Der zweite Themenbereich des Sammelbandes widmet sich hauptsächlich der Frage nach den potentiellen Akteuren einer postwestfälischen Weltordnung. Dabei werden das Aufkommen regionaler Zusammenschlüsse (Pang, Zhongying 2004:224-242; Chen, Zhimin 2004:243-266) ebenso berücksichtigt wie transnationale und globale Akteursformen (Zhang, Zhizhou 2004:281-306; Tang, Xianxing / Zhou, Xiaofei 2004:307-343). Teil drei des Sammelbandes widmet sich der Überprüfung der Theorieannahmen und Überlegungen zu einer möglichen post-westfälischen Staatenwelt an der politischen Realität. Untersucht werden Formen regionaler Integration und Vernetzungen subnationaler Akteursstrukturen, eine Anwendung auf die VR China selbst findet sich jedoch nicht.

Beitrag zur globalen „postwestfälischen Welt" ist folglich von Ordnungskonzepten geprägt, die oftmals weit weniger global sind als ihr Geltungsanspruch.[109]

3.7. Zwischenbilanz

In der historischen Analyse der internationalen Beziehungen werden die Strukturen des internationalen Systems zumeist in Abhängigkeit von den ihnen zugrundeliegenden „Weltbildern" beleuchtet. Unter dem Begriff des Weltbildes werden dabei die „zeittypischen bildlichen und verbalen Repräsentationen der gesamten Welt" (Kleinschmidt 1998:11) subsumiert, wobei sich diese weitergehend in universale und globale Weltbilder differenzieren lassen. Das chinesische *tianxia*-Modell ist ein solches Universalmodell, und mit Einschränkungen setzt auch dessen modifizierte Adaption auf die Konstellationen der Gegenwart, die zumindest theoretisch-abstrakt von chinesischen IB-Forschern erörtert wird, diesen universalistischen Anspruch fort.

Die Ordnungsmodelle der maoistischen Phase hingegen fungierten in erster Linie als normativer Analyserahmen der Welt, der eine Soll-Struktur der internationalen Konstellationen fixierte, wobei zugleich auch eine Positionierung der VR China in diesem Gefüge vorgenommen wurde. Die flexible Ausgestaltung dieser maoistischen Modelle ermöglichte es, Präferenzverschiebungen bei der Wahl der Kooperationspartner zu legitimieren und folglich einen Bruch mit den theoretischen Fundamenten der chinesischen Außenpolitik zu vermeiden.

Die Modellbildung der post-maoistischen Ära basiert im Unterschied zu diesen beiden ersten Phasen auf einem globalen Weltbild, das von der Existenz einer Vielzahl von Akteuren ausgeht, deren weltweite Interaktionen es in ein Ordnungsmodell einzugliedern gilt. Die post-maoistische Theoriebildung erfolgt demnach nicht länger isoliert und ohne Kenntnis des außenpolitischen Handlungsumfeldes der VR China, sondern berücksichtigt auch die nationalen Interessen, Ordnungsmodelle und Zielsetzungen anderer Staaten-Akteure. Das Bei-

---

[109] Eine Integration der „chinesischen" und der „westlichen" Theoriedebatten zu globalen Ordnungsmodellen setzt voraus, dass die Modelle und die verwendete Terminologie abstrakt und losgelöst von konkreten nationalen Konstellationen konzipiert werden. Robert Coopers Studie zur Weltstruktur des 21. Jahrhunderts (Cooper 2003) beispielsweise stützt sich auf die beiden Extreme „Ordnung" und „Chaos", Begriffskonzepte, die auch in der chinesischen Debatte von zentraler Bedeutung sind und in der klassischen chinesischen Staatsphilosophie verankert sind. Eine Einbettung chinesischer Ideen in wertgebundene „westliche" Konzepte, die im Widerspruch zu proklamierten Grundprinzipien der politischen Kultur der VR China stehen, ist weniger wahrscheinlich.

spiel des „Friedlichen Aufstiegs" verdeutlicht, dass auch die Perzeption der VR China durch andere Akteure in die Kalkulationen einbezogen wird.

Die chinesischen Theoriebausteine thematisieren im Wesentlichen die Entwicklung und Positionierung Chinas (Friedlicher Aufstieg; Friedlicher Entwicklungsweg), und die Interaktionsprinzipien der internationalen Beziehungen (Harmonie; 5PFK; Neuer Sicherheitsbegriff). Der Aufbau einer „Neuen Weltordnung" schließlich vereint diese Überlegungen und verdeutlicht den Anspruch der chinesischen Seite, auf den Wandel der Strukturen nach 1989 / 1991 mitgestaltend Einfluss zu nehmen. Die zentrale Frage nach der normativen strukturellen Beschaffenheit der Welt nach 1989 / 1991 bleibt durch die abstrakte Forderung nach Multipolarität weiterhin offen für Interpretationen.

IV. Ordnungsprinzip: Harmonie

4.1. Harmonische Gesellschaft

Auf dem 6. Plenum des 16. ZK der KPCh, das vom 8. bis 11. Oktober 2006 in Peking stattfand, wurde eine Resolution zu „Zentralen Fragen beim Aufbau einer harmonischen Gesellschaft" verabschiedet, welche zentrale *governance*-Aspekte auf theoretischer Ebene behandelt (*Jueding* 11-10-2006). Die „harmonische Gesellschaft" (*hexie shehui*) entspricht einer chinesischen Version von *good governance*, wobei die Partikularität des Theoriekonzepts dadurch zum Ausdruck gebracht wird, dass von einer dezidiert „sozialistischen harmonischen Gesellschaft" die Rede ist, welche, so die offiziöse Darstellung, durchaus in der Tradition des Marxismus-Leninismus, der Mao-Zedong-Ideen und der Theorien Deng Xiaopings stehe.

Das Konzept der „Harmonischen Gesellschaft" war auf dem 16. Parteitag im Jahr 2002 aufgekommen (*Xinhua* 11-10-2006). Auf dem 4. Plenum des 16. ZK im Jahr 2004 wurde bereits der aktive „Aufbau" einer „harmonischen Gesellschaft" angedacht (*China Daily* 24-09-2004), doch erst im Rahmen des 5. Plenums im November 2005 erfolgte – im Zusammenhang mit dem damals verabschiedeten 11. Fünf-Jahres-Plan, dessen oberstes Ziel eine ausgeglichene und nachhaltige Wirtschaftsentwicklung war – eine Debatte über die Inhalte des Konzepts (Zheng, Yongnian 2005:8).

Grundlage auch der gegenwärtigen Definition der „Harmonischen Gesellschaft" ist die Rede, die Hu Jintao am 19. Februar 2005 auf einer Kaderversammlung an der Parteihochschule gehalten hatte: „Die harmonische sozialistische Gesellschaft, die wir aufzubauen versuchen, umfasst die Aspekte Demokratie, Rechtsstaat, Fairness, Gerechtigkeit, Aufrichtigkeit, Brüderlichkeit, Dynamik, Stabilität, Ordnung und Harmonie zwischen Mensch und Natur" (Hu Jintao, 19-02-2005, nach *Xinhua* 20-02-2005). Die hier verwendeten Schlüsselbegriffe lassen erkennen, dass es sich bei der „Harmonischen Gesellschaft" um ein inhaltlich weiter auszugestaltendes und den jeweiligen politischen Erfordernissen anzugleichendes Modell handelt, das ähnlich wie das Konzept der *governance* einen weitgefassten Anwendungsbereich besitzt. Aus der Grunddefinition Hu Jintaos lassen sich allein drei Ebenen der Harmonie herauslesen. Die Begriffe Demokratie und

Rechtsstaat beziehen sich auf den Aufbau des Staates und betreffen damit zugleich die Grundstrukturen der Interaktion zwischen Staat und Gesellschaft. Auch die Aspekte der Fairness und Gerechtigkeit sind zunächst der staatlich-gesellschaftlichen Harmonie zuzurechnen. Denn der Staat tritt als Garant von Rechten (des einzelnen Arbeiters oder einer gesellschaftlichen Gruppe) gegenüber kapitalistischen Marktstrukturen auf und versucht, die infolge des Modernisierungsprozesses der chinesischen Wirtschaft entstandenen Spannungen zu schlichten. Die Regierung der KPCh verteidigt somit weiterhin ihr Monopol der Koordination gesellschaftlicher Interessen. Die Beziehungen zwischen Staat/Regierung und Gesellschaft werden in diesem chinesischen Modell somit nicht als antagonistische Interessenskonfrontation, sondern als harmonische Kooperation konzipiert. Aufrichtigkeit und Brüderlichkeit wiederum legen normativ die Interaktionsformen der gesellschaftlichen Akteure untereinander fest. Anstelle der harten Konkurrenz gesellschaftlicher Akteure auf dem chinesischen Markt wird wechselseitige harmonische Unterstützung propagiert. Dass jedoch die Politik der Reform und Öffnung nicht zurückgenommen werden soll, verdeutlicht der Begriff der Dynamik. Ein dynamischer wirtschaftlicher Wandel des Systems ist soweit zulässig, wie er nicht die politische Machtstellung der Partei gefährdet. Die weitere Entwicklung der chinesischen Wirtschaft soll auf keinen Fall unterbunden werden, lediglich wird versucht, mit dem Konzept der „Harmonischen Gesellschaft" auf theoretischer Ebene ein Auffangmodell für die Verlierer der Reformen zu entwerfen. Stabilität und Ordnung verweisen auch an dieser Stelle auf die Rolle der Partei bei der Wahrung eben dieser. Mit der Harmonie zwischen Mensch und Natur reagiert das Modell der „Harmonischen Gesellschaft" auf weitere negative Externalitäten des bedingungslosen chinesischen Wirtschaftsbooms, indem es für eine nachhaltige Entwicklung plädiert (vergl. Bo, Guili 2005:2).

Das Nachrichtenportal sina.com hat wenige Tage nach Veröffentlichung der Resolution eine Liste mit zentralen Schlüsselbegriffe des Dokuments veröffentlicht und zugleich Definitionen geliefert, wie diese zu lesen seien. Sina.com identifiziert sechs zentrale Punkte der Resolution – Stärkung der administrativen Kapazitäten der Regierung; gerechte Einkommensverteilung; Interessenskoordination; Fairness und Gerechtigkeit; Ausbildungsgerechtigkeit; Gesundheitsreform. Dass neben administrativen Aspekten und Strategien der Minimierung sozialer Konflikte, die aus Einkommensdisparitäten und fehlender Chancengleichheit der verschiedenen Bevölkerungsgruppen entstehen, der Resolution auch abstrakte Überlegungen zum Verhältnis von Staat und Gesellschaft unterliegen, verdeutlicht die Überschrift des Artikels „Schlüsselbegriffe des Aufbaus einer harmonischen Gesellschaft: Verbreiterung der Kanäle ziviler Meinungsäußerung" (vergl. sina.com 19-10-2006). Dass die Verabschiedung der Resolution jedoch nicht mit einem Kontrollverzicht der KPCh-Regierung gleichzusetzen ist, verdeutlichen die Erläuterungen in der *Jiefang Ribao*. Die Beseitigung administrativer Defizite auf der Ebene der KPCh-Regierung und der Ausbau der Dienstleistungen, welche die Regierung der KPCh für die Gesellschaft beispielsweise in den Bereichen Ausbildung, Kultur, Gesundheit, Arbeitsmarkt erbringt, sind nur in Kooperation mit gesellschaftlichen Gruppen zu realisieren, wobei eine Organisation gesellschaftlicher Interessen ohne Autorisierung und ohne Beteiligung des Staates nicht angedacht ist:

> Beim Ordnen der Beziehungen zwischen Regierung und Markt, Regierung und Gesellschaft, Regierung und Öffentlichkeit sollte die Regierung mehr Funktionen in verschiedenen Formen an nicht-staatliche und nicht-profitorientierte Organisationen übertragen. Die Regierung sollte die zivile Gesellschaft zur aktiven Teilnahme anspornen und leiten....
> (*Jiefang Ribao* 30-10-2006).

Im Unterschied zu „westlichen" *governance*-Modellen, welche auf theoretischer Ebene die Rolle der Zivilgesellschaft für die Gestaltung effektiver und legitimer Strukturen betonen, steht die chinesische Regierung der KPCh in Peking im Mittelpunkt der chinesischen Entwürfe. Bo Guili argumentiert, dass der Regierung die Rolle zukomme, den Aufbau einer harmonischen Gesellschaft zu ermöglichen und die Rechte der Bürger zu garantieren. Im chinesischen Kontext wird damit der Konflikt nicht zwischen Staat/ Regierung und Gesellschaft konzipiert, vielmehr kann es nur zu Spannungen der gesellschaftlichen Gruppen untereinander kommen, welche die Partei jedoch schlichten wird, um die gesamtgesellschaftliche Stabilität und Harmonie zu bewahren. Nur politische und gesellschaftliche Stabilität wiederum ermöglichen eine positive Entwicklung der chinesischen Wirtschaft, wovon wiederum ein großer Teil der chinesischen Gesellschaft profitiert. Analog zu diesen Überlegungen ist sich die chinesische Regierung durchaus bewusst, dass die Stabilität ihrer Herrschaft in zunehmendem Maße davon abhängt, dass sie eben diese gesellschaftliche Harmonie aufrechterhält (Bo, Guili 2005:3). Da der Partei eine Schlüsselfunktion beim Aufbau der „Harmonischen Gesellschaft" zukommt[110], ist die Stärkung der Parteimoral aus chinesischer Sicht notwendige Voraussetzung für den Erfolg des Harmonie-Modells. Denn Korruptionsskandale und Steuerungsdefizite beim Ausgleich gesellschaftlicher Spannungen hatten die Reputation und somit die Anerkennung der Legitimität

---

[110] Das ZK hat verschiedentlich in Stellungnahmen und Erklärungen hervorgehoben, dass ein unmittelbarer Zusammenhang zwischen dem Aufbau einer Harmonischen Gesellschaft, der Führungsrolle der Partei und der Stärkung der Regierungsfähigkeit angenommen werden muss. Vergl. hierzu die Dokumentation und Erläuterung zur Policy der Harmonischen Gesellschaft, herausgegeben von der *Xinhua*-Agentur (2005).

der Partei innerhalb der chinesischen Bevölkerung deutlich sinken lassen (Zheng, Yongnian et al. 2005:8-9).

4.2. Harmonische Welt

In der gegenwärtigen politischen Debatte hat sich eine weitere Anwendungsebene des Modells etabliert – die „Harmonische Gesellschaft" ist nicht nur auf den Bereich der chinesischen Innenpolitik beschränkt, sondern längst zu einer chinesischen Vision der internationalen Beziehungen geworden. Das Modell knüpft dabei an dynastische Ordnungsvorstellungen an und kann als Antwort auf die Frage nach postnationalen Weltordnungsentwürfen interpretiert werden.

Zhao Kejin und Ni Shixiong führen die Übertragung des innenpolitischen Konzepts der „Harmonischen Gesellschaft" auf die Weltgesellschaft und das internationale Geschehen auf die Rede Hu Jintaos vom 22. April 2005 im Rahmen des Asien-Afrika-Gipfeltreffens zurück. Das Begriffskonzept der „Harmonischen Welt" ist seit April 2005 zudem im Rahmen von Gipfeltreffen und bilateralen Konsultationen immer wieder von chinesischen Politikern zitiert worden (vergl. Zhao, Kejin / Ni, Shixiong 2007:253). Dennoch werden die Vorstellung des Konzepts und seine Integration in die internationale Debatte zumeist mit September 2005 datiert (u.a. Xu, Jian et al. 2007a). Damit wird ein direkter Bezug zu Hu Jintaos Harmonie-Rede anlässlich des 60. Jahrestages der UN konstruiert (Hu Jintao 15-09-2005).[111]

Zwanzig Jahre zuvor, im Jahr 1985, hatte der damalige chinesische Generalsekretär, Jiang Zemin, ebenfalls anlässlich des Jahrestages der UN (des 40.) eine Rede zur weiteren Ausgestaltung der Weltordnung gehalten. Unter dem Motto „nach einer schönen Welt streben" hatte Jiang damals auf die Aspekte Frieden, Entwicklung und Gleichberechtigung verwiesen. Zehn Jahre später, anlässlich des 50. Jahrestages der UN griff Jiang Zemin diese Formulierung erneut auf, diesmal mit einer Rede mit dem Titel „Lasst uns gemeinsam eine bessere Welt aufbauen" (Jiang, Zemin 24-10-1995). Dabei artikulierte Jiang auch explizit die Forderung nach dem Aufbau einer neuen Weltordnung (Li, Qiecheng 2007: 288-289).

---

[111] Lu Xiaohong weist darauf hin, dass die Formel der „Harmonischen Welt" erstmals in gemeinsamen Stellungnahmen der VR China und Russlands im Oktober 2004 auftaucht und im Juli 2005 auch in die sino-russische „Erklärung zur Weltordnung des 21. Jahrhunderts" aufgenommen wurde. Neben der UN-Rede, auf welche die offizielle Konzeptgenese zumeist zurückgeführt wird, lieferte auch Hu Jintaos Neujahrsrede zum 31.12.2005 ein erneutes Bekenntnis zum Konzept der „Harmonischen Gesellschaft", der „gemeinsamen Entwicklung" und des „langfristigen Friedens" (vergl. Lu, Xiaohong 2007:235).

Hu Jintaos Folge-Rede zum 60. Jahrestag der UN „Mit allen Kräften eine harmonische Welt des dauerhaften Friedens und der gemeinsamen Prosperität aufbauen" (Hu Jintao 15-09-2005) legt abstrakte Leitlinien einer zukünftigen Weltordnung fest. Die Referenz zu den „Fünf Prinzipien der friedlichen Koexistenz" ist dabei weiterhin Grundlage der chinesischen Außenpolitik und somit auch des Konzepts der „Harmonischen Welt" (s. auch Xu, Jian 2005). Zugleich aber werden Grundideen, die zuvor in der innerchinesischen Debatte bereits diskutiert worden waren, auch im Rahmen der internationalen Politik verankert. Hierzu zählt neben der Diskussion über den Aufbau einer „Neuen Weltordnung" auch der Entwurf eines neuen, globalen Sicherheitsbegriffs[112], welcher dem Weltmodell zugrunde liegen soll.[113]

Im August 2006 soll zudem eine Konferenz der ZK-Abteilung für auswärtige Angelegenheiten stattgefunden haben, welche die „Harmonische Welt" zu einem Leitprinzip der Theorie sowie auch der praktischen Ausgestaltung der chinesischen Außenpolitik erklärt habe (vergl. Xu, Jian 2007a:1). Am 23. August 2006 folgte schließlich gewissermaßen als Abschluss des Arbeitstreffens der ZK-Gruppe eine erneute Erläuterung Hu Jintaos zum Konzept der Harmonischen Welt, in welcher er dieses als Grundvoraussetzung für die Umsetzung der chinesischen Aufstiegspläne vorstellte (Lu, Xiaohong 2007:236).[114]

Seit der UN-Rede 2005 ist die „Harmonische Welt" integraler Bestandteil chinesischer Erklärungen zu bi- und multilateralen Strukturen geworden. Dass sich die Harmonieforderung und -beteuerung nicht auf die westliche Welt oder die direkten Nachbarstaaten der VR China beschränkt, verdeutlicht die Aufnahme des Konzepts in Hu Jintaos Erklärung gegenüber Saudi-Arabien (23. April 2006) (vergl. Fan, Tining 2007:231).

Von unmittelbarer Relevanz für die Bewertung der chinesischen Harmoniebeteuerungen sind insbesondere die Beziehungen der VR China mit Japan. Bedingt durch die beiden sino-japanischen Kriege (1894/95; 1931-1945) sind die bilateralen Strukturen aus historischer Sicht nicht gerade harmonisch angelegt. Trotzdem integrierte Hu Jintao in seiner Rede zum Jahrestag des Anti-

---

[112] Im Zeitraum 1998-2004 sind insgesamt vier Weißbücher zur chinesischen Landesverteidigung vom ZK vorgelegt worden, welche die inhaltliche Dimension des „neuen Sicherheitsbegriffs" zusammenfassend mit den vier Punkten wechselseitiges Vertrauen, wechselseitiger Vorteil / Reziprozität, Gleichberechtigung und Kooperation (mitunter ersetzt durch den Ausdruck „Verhandlungen" (*xiezuo*)) umreißen (vergl. Liu, Changmin 2007:214; vergl. auch 3.4.2.).
[113] Auffällig ist auch, dass partikulare Modelle der innerchinesischen Theoriediskussion in der UN-Rede aufscheinen, beispielsweise mit dem Verweis, dass Frieden, Entwicklung und Kooperation die „zentralen Themen der Epoche" (*shidai zhuti*) darstellten.
[114] Daneben finden sich solche Studien, welche in der chronologischen Übersicht über Genese und Entwicklung des Konzepts der „Harmonischen Welt" auch die Veröffentlichung des Weißbuchs zu „Chinas friedlichem Entwicklungsweg" (2005) oder den „Friedlichen Aufstieg" einbeziehen (z.B. Fan, Tining 2007:231; Liu, Changmin 2007:214).

Japanischen Widerstandskrieges (Hu, Jintao 03-09-2005) diese Beziehungen in die chinesische Harmonie- und Friedensstrategie. Erneut wurde der chinesischen Seite offiziell attestiert, Widerstand gegen den japanischen – und damit auch den weltweiten – Faschismus geleistet zu haben. Der Widerstandskrieg stellt also das offizielle Bekenntnis der VR China zu einer Außenpolitik des Friedens nicht in Frage. Zugleich aber appellierte die Rede unter Verweis auf den Widerstandskrieg an die Geschlossenheit des chinesischen Volkes, die eine unverzichtbare Voraussetzung zur Umsetzung der nationalen Entwicklungspläne der VR China darstellt. Denn Voraussetzung der ökonomischen Modernisierung der VR China ist zuallererst ein stabiles und friedliches Entwicklungsumfeld. Jede militärische Konfrontation mit den Nachbarstaaten würde diese Zielsetzung zunichte machen.

Ein Scheitern der harmonischen Interaktionen im regionalen Kontext könnte aber auch – und gerade mit Blick auf Japan – eine Gefährdung der Harmonie im chinesischen Kontext nach sich ziehen. Denn während der anti-japanischen Demonstrationen 2005, die als Reaktion auf die „Klitterung" der sino-japanischen Kriege in damals neu verlegten Schulbüchern begannen, spekulierten verschiedene Gruppen chinesischer Systemkritiker durchaus darauf, dass es gelingen könnte, die anti-japanischen Proteste in Demonstrationen gegen die KPCh-Regierung überzuleiten. Die *Dacankao*[115] beispielsweise widmete den antijapanischen Protestmärschen ihre Tagesausgabe (*Dacankao* 16-04-2005) und erklärt nicht die japanische Außenpolitik zum eigentlichen Problem Chinas, sondern vielmehr die Einparteienherrschaft der KPCh. Zunächst betont der Artikel die kulturelle und historische Verbundenheit zwischen China und Japan, um dann die Kritik an den Kriegsverbrechen der Japaner durch die Kontrastierung mit den blutigen innerchinesischen Bürgerkriegen oder aber den Ereignissen von 1989 zu relativieren.

Es ist also mehr als verständlich, dass eine andauernde Konfrontation mit Japan auch von der chinesischen Regierung nicht angestrebt werden kann. Gerade das Beispiel der sino-japanischen Beziehungen verdeutlicht, dass das Bekenntnis zu Harmonie und Frieden weniger als Ausdruck einer theoriegestützten Analyse, sondern vielmehr als strategische Orientierung zur Zielerreichung eingestuft werden sollte.

---

[115] Der Name *Dacankao* (VIP Reference) spielt auf die *Cankao*, die internen Nachrichten für ranghohe Kader der KPCh an. Hier handelt es sich jedoch um eine über Email verteilte Dissidentenpublikation, die auch eine Internetseite unterhält, auf der die Tagesausgaben im schnell ladbaren Textformat nach Kalendersystem (Monat/ Tag) verlinkt sind. Erklärte Ziele der Herausgeber sind das „Vorantreiben der politischen Reformen", das „Durchbrechen der Nachrichtensperre" und die „Förderung der freien Meinungsäußerung". Vergl. Nachrichtenarchiv der Dacankao: www.bignews.com.

4.3. Harmonie-Kontroversen chinesischer Politikwissenschaftler

Wenngleich der Begriff der „Harmonischen Gesellschaft" spätestens seit Hu Jintaos UN-Rede in der innerchinesischen Debatte als zentraler Beitrag der VR China zum Aufbau einer Neuen Weltordnung zitiert wird, steht eine inhaltliche Ausgestaltung des Begriffskonzepts weiterhin aus. Die Interpretation und Ausgestaltung bleibt somit den einzelnen Studien und Analysen chinesischer IB-Forscher überlassen, jedoch nur solange diese mit ihren Ausführungen Grundannahmen der chinesischen Außenpolitik nicht in Frage stellen.

Zhao Kejin und Ni Shixiong widmen der „Harmonischen Welt" sogar ein eigenes Unterkapitel in ihrem 2007 erschienen Lehrbuch der internationalen Beziehungen, wiewohl eine allgemein verbindliche Lesung des Begriffskonzepts bislang nicht vorliegt. Dies bedeutet, dass hier der Versuch einer inhaltlichen Standardisierung des Harmonie-Begriffs in der chinesischen IB-Forschung angestrebt wird. Dabei werden Grundlagen der chinesischen IB-Forschung mit Aspekten der „westlichen" Forschung zusammengeführt. Nach Zhao und Ni ist die „Harmonische Welt" nicht als Zustand, geschweige denn als status quo, des internationalen Systems, sondern vielmehr als langfristiger Prozess zu verstehen. Eine Vielzahl von sogenannten „Widersprüchen" (*maodun*), womit indirekt auf die Schrift Maos „Über den Widerspruch" (1937b) angespielt wird, sehen Zhao und Ni in ihrer Modellannäherung als gegeben an. Eine endgültige Ausräumung der Widersprüche der internationalen Politik sei dabei nicht möglich, da einzelne Widersprüche und Probleme zwar gelöst werden könnten, daraufhin oder möglicherweise gleichsam auch als Folge neue Widersprüche entständen. Da sich die realen Welt-Konstellationen und die damit verbundenen Widersprüche zudem über die Zeit hinweg veränderten, existiere keine statische, monolithische Vorstellung der „Harmonischen Welt". Die von Zhao und Ni hiermit vorgenommene Unterscheidung zwischen Struktur und Prozess liefert somit rückwirkend eine mögliche Begründung für die fehlende inhaltliche Ausformulierung des chinesischen Harmonie-Modells. In einem weiteren Schritt führen sie aus, dass die Auseinandersetzung mit den realen Gegebenheiten und die Entwicklung von Lösungsstrategien zur Überwindung der zentralen Widersprüche nicht mit einer Absage und Aufgabe des Harmonie-Konzepts gleichzusetzen sei. Grundkonzepte der chinesischen Außenpolitik und die von chinesischer Seite proklamierten Grundprinzipien der internationalen Politik – wie beispielsweise die Forderung nach gleichberechtigten Interaktionsbeziehungen und das Konzept der friedlichen Koexistenz – reflektierten demnach Kerngedanken des chinesischen Harmonie-Konzepts. Wenn somit die Gleichheit und Gleichberechtigung der am internationalen Geschehen beteiligten Akteure als Tendenz in Richtung einer „Harmonischen Welt" angenommen werden kann, sind Kooperationsbeziehungen folglich das einzige Mittel, sich der übergeordneten Idee von Frieden und Entwicklung, hier von den Autoren von der innerchinesischen auf die globale Ebene projiziert, anzunähern (Zhao, Kejin / Ni, Shixiong 2007:255-256).

Der bei Zhao Kejin und Ni Shixiong nur indirekt integrierte Verweis auf die marxistisch-leninistische oder in modifizierter Form auch maoistische Lehre von der dialektischen Einheit der Widersprüche wird bei Xu Jian zum Hauptargument dafür, dass die westliche Kritik und Skepsis an Chinas Harmonie-Modell von falschen Annahmen ausgehe. Xu Jian beginnt seine Ausführungen mit einer übersichtsartigen Interpretation und Fortschreibung des dialektischen und historischen Materialismus. Dabei unterstreicht Xu Jian den Aspekt der Allgemeinheit der Widersprüche. Auch das Konzept der „Harmonischen Welt" geht Xu Jians Ausführungen zufolge, in der dialektischen Tradition stehend, von der Existenz dieser allgemeinen Widersprüche aus (Xu, Jian 2007a:2). Es wäre demnach eine Missinterpretation, die „Harmonische Welt" allein deshalb als Propaganda oder leere Sprachhülse einzustufen, weil gegenwärtig und auch zukünftig regionale Spannungen und Konflikte an der Tagungsordnung sind und vermutlich auch weiterhin sein werden. Diese Realitäten werden mit der Formulierung der „Harmonischen Welt" nicht geleugnet. Der wesentliche Ansatz des chinesischen Harmonie-Gedankens ist nach Xu Jian nur zu verstehen, wenn man davon ausgeht, dass dieses Modell auf Grundannahmen der marxistischen Philosophie aufbaut. Mit Blick auf die festgestellten Widersprüche der Weltpolitik ist die zentrale Frage dann nicht die nach der endgültigen Überwindung und Lösung, sondern nach der Beschaffenheit und den sich aus diesen ableitenden Lösungsmodellen der Widersprüche. Auf der Ebene der Weltpolitik können die Widersprüche der maoistischen Zeit, die unter dem Paradigmen-Paar „Krieg und Revolution" subsumiert werden, als antagonistische Widersprüche eingestuft werden. Die Widersprüche der Reformzeit, für welche das Begriffspaar „Frieden und Entwicklung" die Hauptausrichtung festlegt und beschreibt, werden als nicht-antagonistische eingeordnet (Xu, Jian 2007a:2-3). Es gilt also, ein Umschlagen der gegenwärtigen Konstellationen in antagonistische Konfrontationen zu verhindern. Wenn, und auch damit dies gelingt, legt die „Harmonische Welt" in ihrer Lesung durch Xu Jian Verhaltensregeln für die internationalen und globalen Interaktionen fest. Diese umfassen den Abbau von Konfrontationen, die friedliche Konfliktbeilegung, den Aufbau einer neuen faireren und gerechteren Weltordnung, sowie das Prinzip der gemeinsamen Entwicklung und des gemeinsamen Wohlstandes (Xu, Jian 2007a:3).

Auch wenn die Verankerung dieser Agenda als internationaler Verhaltenskodex gelingen sollte, wenngleich dies auch in Anbetracht der dominierenden Skepsis und Vorbehalte gegenüber Chinas „wahren" Intentionen eher unwahrscheinlich ist, werden die weltweiten Widersprüche persistieren. Dies wird jedoch nicht als grundsätzlich negativer Aspekt bewertet, denn diesen Widersprüchen wird zugleich zugeschrieben, eine Erstarrung und Stagnation der internationalen Konstellationen und Interaktionsstrukturen zu verhindern. Xu Jian geht sogar so weit, den Begriff des Widerspruchs (*maodun*) mit dem des Unterschieds (*chayi*) gleichzusetzen. Aus diesen systemimmanenten Unterschieden leitet er den Begriff der Diversität (*duoyangxing*) ab (Xu, Jian 2007a:3), der wiederum auf die chinesische Diskussion über die mögliche Beschaffenheit der zukünftigen Weltordnung verweist. Die Wahrung der Diversität, d.h. die harmonische Einheit der Welt, nicht jedoch ihre Gleichheit (*he er bu tong*), ist dieser Interpretation zufolge eines der Kernziele der chinesischen Idee der „Harmonischen Welt" (Xu, Jian 2007a:5).

Xu Jians Konzept der „Harmonischen Welt" ist zusammenfassend betrachtet der Versuch, den Interessenskonflikt, der sich aus Chinas Modernisierungsprogramm und den Entwicklungsplänen der restlichen Welt ergibt, zu entspannen. Die Kopplung und Verflechtung der innenpolitischen Harmonie, der „Harmonischen Gesellschaft", und der Harmonie in den internationalen und globalen Interaktionen, der „Harmonischen Welt", ist nicht zuletzt auch offiziell durch das 6. Plenum des 16. ZK festgehalten worden (vergl. Xu, Jian 2007a:4). Denkt man Xu Jians Modellkonzeption weiter, so wäre das Harmonie-Element nicht nur als Bekenntnis der chinesischen Seite zu einer friedlichen Entwicklung und Positionierung als verantwortungsbewusste Großmacht (*daguo*) zu sehen, sondern käme auch einer verschlüsselten Aufforderung an die Außenwelt Chinas gleich, den chinesischen Entwicklungsplänen und Interessen harmonisch, offenkonstruktiv entgegenzutreten.

Ein konkreter Handlungskatalog der „Harmonischen Gesellschaft" liegt, zumindest offiziell, nicht vor. Dennoch finden sich in fast allen seit 2005 erschienenen Artikeln die immer gleichen „Formeln", wenngleich auch trotz allem ein gewisser Interpretationsspielraum weiterhin zu bestehen scheint, da abgesehen von der Verwendung einer vereinheitlichten Terminologie doch voneinander abweichende Auslegungen erfolgen. Ein ganz wesentlicher Punkt, der stets zitiert wird, ist das Bekenntnis zu Kooperation und *win-win*-Konstellationen (vergl. Huo, Zhengde 2006:33). Angeführt werden zudem auch die harmonische und friedliche Ausgestaltung der Nachbarschaftspolitik (vergl. Huo, Zhengde 2006:33) und Chinas Rolle beziehungsweise das Image Chinas als verantwortungsbewusste Großmacht (vergl. Huo, Zhengde 2006:34; Xu, Jian 2007a:6).

Song Yimin kombiniert diese im Zusammenhang mit der „Harmonischen Welt" entwickelten Grundprinzipien mit den strategischen Überlegungen des „Friedlichen Aufstiegs". Dabei kommt er zu dem Schluss, dass den Aspekten der Entwicklung und der Sicherheit eine zentrale Funktion für die Umsetzung dieser Friedens- und Harmoniemodelle zukommt. Hier greift Song auf den in der chinesischen Debatte weiterentwickelten Begriff der neuen und reziproken Sicherheit (*xin anquan guan*) zurück, welcher ausgehend von der chinesischen Sicht auf die bi- und multilateralen Kooperationsmuster des internationalen Systems normative Grundprinzipien der Interaktion fixiert: Wechselseitiges Vertrauen, wechselseitiger Nutzen, Gleichberechtigung, Verhandlungen (*huxin, huli, pingdeng, xiezuo*) (vergl. Song, Yimin 2004:10). Dieser komplexe, nicht-traditionelle Sicherheitsbegriff zwingt die VR China, zur Lösung dieser Fragen und Konflikte in Kooperationsstrukturen und multilaterale Verhandlungen einzutreten und einzuwilligen. In gewissem Zusammenhang mit der Thematik der Sicherheit und Stabilität sieht Song Yimin das chinesische Modernisierungs- und Entwicklungskonzept. Dieses umfasst einerseits das Ziel einer ausgeglichenen ökonomischen und sozio-politischen Entwicklung der VR China, andererseits wird postuliert, dass ein prosperierendes und stabiles China auch einen Beitrag zur weltweiten Entwicklung und Stabilisierung leisten werde (vergl. Song, Yimin 2004:10-11 ; vergl. auch 3.4.2.). Um diese Ziele zu erreichen, soll der Ausbau der bilateralen Beziehungen mit anderen Staaten-Akteuren ungeachtet ihrer ideologischen oder politischen Ausrichtung angestrebt werden. Auch multilaterale Foren werden nicht ausgegrenzt. Das komplexe Zusammenspiel von Globalisierung und Regionalisierung wird ebenfalls in die strategischen Überlegungen zur Ausrichtung der chinesischen Außenpolitik integriert (Song, Yimin 2004:11). Diese Überlegungen spiegeln eine indirekte Korrespondenz zwischen dem oben angeführten Harmonie-Diskurs und dem Modell der „Friedlichen Entwicklung" wider, besonders auffällig ist hierbei, dass beide Modelle die Positionierung der VR China als verantwortungsbewusste Großmacht einfordern und zur Grundlage der erfolgreichen Ausgestaltung der chinesischen Außenbeziehungen erklären (vergl. Song, Yimin 2004:11).

Das Ziel einer neuen Weltordnung wird indirekt (vergl. Xu, Jian 2007a) oder auch direkt eingebunden (vergl. Huo, Zhengde 2006:34). Dass zwischen dem Konzept der „Friedlichen Entwicklung", der „Harmonischen Welt" und der innerchinesischen Theoriebildung für eine neue, möglicherweise auch alternative Weltordnung ein unmittelbarer Zusammenhang besteht, verdeutlicht nicht allein die Tatsache, dass diese beiden Themen in dem chinesischen Journal „Guoji Wenti Yanjiu" seit 2005 die Theorielandschaft rein quantitativ gesehen dominieren und in den dazugehörigen Artikeln selbst immer wieder Querverweise und Interrelationen der beiden Themenbereiche konstruiert werden.

Grundsätzlich aber hat sich die VR China auch mit den Erklärungen des 16. und 17. Parteitages zu einer Integration in die bestehenden Strukturen bekannt. Unter dem Motto „Frieden, Entwicklung, Kooperation" soll, so die offizielle

Aussage, an dem Prinzip einer unabhängigen, souveränen Außenpolitik festgehalten und ein „friedlicher Entwicklungsweg" gewählt werden. Jeder Hegemonieverdacht wird von chinesischer Seite kategorisch zurückgewiesen (Liu, Zhenmin 2005:6).

4.4. Beijing Consensus

Im Unterschied zum innerchinesischen Diskurs ist die westliche Debatte von einer ganz anderen China-Terminologie geprägt, die einen weit weniger harmonischen Eindruck hinterlässt. Auf den ersten Blick scheint es hierbei, als sei die Existenz einer abweichenden chinesischen Modellbildung bereits von der westlichen Welt zur Kenntnis genommen worden. Denn in den vergangenen Jahren hat sich der Ausdruck „Beijing Consensus" in der allgemeinen Medienberichterstattung als übergeordneter Sammelbegriff für eine von westlichen, im besonderen von US-amerikanischen Modellen abweichende Ausgestaltung der außenpolitischen Praxis der VR China durchgesetzt.[116] Wenn es auch zunächst nahe liegt, hier ähnlich wie bei dem Konzept des „Friedlichen Aufstiegs" oder der „Harmonischen Gesellschaft" und der „Harmonischen Welt" den Ursprung des Begriffskonzepts in der innerchinesischen Debatte zu vermuten, handelt es sich doch ausnahmsweise um ein der westlichen Außenperspektive auf China entstammendes Konstrukt. Dessen Besonderheit besteht nun darin, dass sowohl die innerchinesischen Debatten über Chinas außenpolitische Optionen, Präferenzen und Strategien als auch die „westlichen" Diskurse und Modelle zur weiteren Entwicklung der VR China hierin zusammengeführt werden. Das namensgebende Werk lieferte Joshua Cooper Ramo, der im Jahr 2004 eine Studie des Londoner „Foreign Policy Center" mit dem Titel „The Beijing Consensus" vorlegte (Ramo 2004). In dieser argumentierte Joshua Cooper Ramo, dass die VR China ein Entwicklungskonzept verfolge, dass dem „Washington Consensus"[117] diametral entgegenstehe, sich folglich neoliberalen Wirtschaftsmo-

---

[116] Eine substantiellere Aufarbeitung des „Beijing Consensus" im Rahmen der Medienberichterstattung zu China liefert die *Le Monde Diplomatique* (November 2008); ansonsten findet sich in den Printmedien das Schlagwort zumeist ohne konkrete Definition.
[117] Die Konzeption des „Washington Consensus" wird gemeinhin John Williamson, Ökonom am „Peterson Institute for International Economics" in Washington, zugeschrieben. Ausgehend von einer Konferenz zu den Wirtschaftsreformen Lateinamerikas, die 1989 in Washington stattfand, veröffentlichte Williamson 1990 seine Policy-Vorschläge in Form eines 10-Punkte-Plans (Williamson 1990). In seiner gegenwärtigen Ausgestaltung sind dem ursprünglichen Konzept allem Anschein nach Elemente zugeschrieben worden, die von Williamson nicht angedacht waren (vergl. Kennedy 2008:4). Hieraus folgt, dass die dem „Washington Consensus" entgegengebrachte Kritik eigentlich nicht auf das Grundkonzept, sondern nur auf seine Ausprägung als Instrument der Wirtschafts- und Finanzpolitik von IWF und Weltbank gemünzt ist. Der Antagonismus zwischen „Washington Con-

dellen und normativen „westlichen" Konzepten wie beispielsweise Demokratie und freie Marktwirtschaft entschieden verweigere (Ramo 2004:11). Somit stelle die VR China für viele andere Staaten ein alternatives Orientierungsmodell dar, das zu belegen scheine, dass nationale Entwicklung und Entwicklungskooperation auch ohne einen vorhergehenden Systemwandel in Richtung westlicher Demokratie möglich sein können. Die Werte, die der außenpolitischen Praxis der VR China unterliegen, werden von Ramo in Abhängigkeit von gesellschaftlichen, politischen und natürlich auch ökonomischen Faktoren beleuchtet.

Grundsätzlich greift Ramo viele Argumente und Ansichten der innerchinesischen Debatte auf und führt diese Elemente unter dem Dachbegriff „Beijing Consensus" zusammen. Allerdings wird auch deutlich, dass die Argumentation zwar in Kenntnis der chinesischen Argumentation doch zugleich aus einer nichtchinesischen Perspektive erfolgt. Wenn der „Beijing Consensus" als Gegenmodell des „Washington Consensus" eingeführt wird, wird hiermit gleichsam ein Antagonismus der Ideen und Institutionen konzipiert. Diese kontrastierende Gegenüberstellung erinnert an die Erklärungsmuster der Zeit des Kalten Krieges, die ausgehend von der Machtkonkurrenz zwischen den USA und der Sowjetunion insbesondere die Konkurrenz der Sicherheitsbündnisse (NATO / Warschauer Pakt) hervorhoben. Dass nun eine Konkurrenz zwischen den USA und der VR China an die Stelle der Kalten-Krieges-Konstellationen tritt, lässt sich aus westlichen wie auch chinesischen Analysen der gegenwärtigen Weltpolitik ableiten. Zusätzlich kommt hier aber auch ins Spiel, dass sich die Befürchtung chinesischer Analysten, dass nach dem Zusammenbruch der Sowjetunion die VR China in das Zentrum der westlichen Kommunismuskritik rücken würde, allem Anschein nach bewahrheitet hat.

Wenn Ramo also seine Modellkonzeption auf Gespräche mit chinesischen IB-Analysten und Mitarbeitern chinesischer Think Tanks stützt, liegt es nahe, dass die Suche nach alternativen Entwicklungsmodellen auf die Modelle der beiden Hauptkonkurrenten reduziert wird. Andere Nationalstaaten oder Staatengruppen, die ebenfalls alternative politische Wertesysteme vertreten wie beispielsweise Teile der arabischen Welt oder die neuen Linksregime Lateinamerikas, werden in der chinesischen Diskussion weitgehend ausgeklammert und treten somit auch nicht in westlichen Studien in Erscheinung, welche wie Ramo eine Synthese der chinesischen und der globalen Debatte unternehmen. Die Reduzierung der Parallelexistenz und Kontroverse politischer Wertesysteme auf die sino-amerikanische Konkurrenzkonstellation ist insofern kein Ergebnis einer rein abstrakten Analyse. Hintergrund ist die Diskussion über die Beschaffenheit

---

sensus" und „Beijing Consensus" beruht somit auf stark simplifizierenden und interpretativen Grundprämissen.

und Möglichkeiten des chinesischen Aufstiegs, die gleichermaßen den Fokus auf die Entwicklung der VR China richtet und andere Staaten wie Indien, Lateinamerika oder Teilstaaten Afrikas nicht als Entwickler eines autonomen Modernisierungsprogramms sieht.

Es stellt sich die Frage, ob der „Beijing Consensus" – d.h. das chinesische Entwicklungs- und Modernisierungsmodell, wie es sich in den Augen außenstehender Betrachter darstellt – ein exportfähiges Modell ist. Wenn die kontrastierende Gleichsetzung mit dem „Washington Consensus" berechtigt sein sollte, ergibt sich zunächst hieraus ein Dilemma für die theoretische wie auch die realpolitische Konzeption der chinesischen Außenpolitik, wenngleich sich dieses doch zu lösen lassen scheint. Der „Washington Consensus" hatte als neoliberales ökonomiezentriertes Entwicklungsmodell im Rahmen der internationalen Wirtschaftskooperation einen normativen Forderungskatalog dargestellt, den Staaten zu erfüllen hatten, wenn sie auf finanzielle und materielle Hilfsleistungen beispielsweise durch den IWF oder die Weltbank zurückgreifen mussten. Wenn dieser Consensus somit ein Katalog desjenigen Staates ist, der die Strukturen und Spielregeln Internationaler Organisationen maßgeblich bestimmte, ist er zugleich Ausdruck machtpolitischer Steuerung der internationalen Interaktionen und macht dabei teilweise auch von Hard-Power-Mechanismen Gebrauch. Der sogenannte „Beijing Consensus" fasst das Regelwerk eines noch im Aufsteigen begriffenen Staates zusammen, dessen Einfluss in Internationalen Organisationen und multilateralen Kooperationsforen sukzessive gewachsen ist, der sich jedoch bislang in die bestehenden Interaktionsregeln einzufügen hat. Die Möglichkeiten, eine Umsetzung des „Beijing Consensus" durch andere Staaten zu erzielen, sind somit stark begrenzt. Denn schließlich gibt es keine Sanktionsmöglichkeiten oder Hard-Power-Instrumente, die dieses erlauben würden. Hieraus ergibt sich, dass die unter dem Sammelbegriff „Beijing Consensus" zusammengeführten Prinzipien und Mechanismen darauf abzielen müssen, dass die Übernahme des Modells in wechselseitigem Einverständnis und in freiwilliger Kooperation erfolgt. Dass dies erfolgt, wird dadurch ermöglicht, dass der Consensus keine wertgebundenen Forderungen aufstellt.

Ramo identifiziert drei Dimensionen des „Beijing Consensus": Innovation; Nachhaltigkeit und Ausgewogenheit der Entwicklung; Selbstbestimmung (Ramo 2004:11). Es ist selbstevident, dass es sich hierbei um Kerninteressen und Grundprämissen der chinesischen Politik handelt, wobei allerdings nicht die chinesische Terminologie, sondern rein abstrakte Begriffe gesetzt werden. Grundsätzliche Charakteristika des Consensus sind nach Ramo einerseits die Konzeption gradueller, experimenteller Entwicklungsschritte (Ramo 2004:4) und andererseits die Aufgabe eines rein wachstums- und effizienzorientierten Entwicklungskonzepts (Ramo 2004:5). Somit handelt es sich zunächst einmal um ein Modell der nationalen Entwicklung, das erst in einem zweiten Schritt auch eine internationale Dimension aufweist, nämlich dann, wenn die VR China auf der Grundlage dieses Modells in Kooperationen und Projekte mit anderen Staaten, weitgehend hier den Staaten der sogenannten Dritten Welt, eintritt.

Auf nationaler Ebene führt die erste Dimension des Consensus, um Ramos Klassifizierung zu folgen, zu einer Stärkung der Forschung und Technologieentwicklung. Ziel ist es, nicht nur die Technologie anderer Industriestaaten zu übernehmen und das bestehende Technologiegefälle zu überwinden, weitergehend soll in Zukunft die Entwicklung neuartiger Technologien direkt von China ausgehen. Damit würde die VR China einen Entwicklungsvorsprung erzielen, der wiederum auch dem nationalen Wirtschaftswachstums zugute käme. Die zweite Dimension resultiert aus der Erkenntnis der Notwendigkeit, den negativen Externalitäten der Wirtschaftstransformation entgegenzutreten, aus denen soziale Spannungen resultieren, welche letztendlich die Legitimität des chinesischen Partei-Staates zur Disposition stellen. Hieraus folgt, dass die KPCh mittlerweile eine Strategie des sozialen Ausgleichs in ihre Überlegungen zur Sicherstellung eines stabilen, positiven Wirtschaftswachstums einbezieht. Der Unterschied zum neoliberalen Wirtschaftsansatz des „Washington Consensus" ist hier nur allzu offenkundig. Jedoch sollte der Fehler vermieden werden, die Konfiguration dieses chinesischen Modells mit moralischen Grundprinzipien oder Wertvorstellungen zu begründen. Da der Prozess der politischen Entscheidungsfindung im Spannungsfeld zwischen Effektivität und Legitimität abläuft, ist der Versuch der Schlichtung sozialer Spannungen eher im Zusammenhang mit der Aufrechterhaltung des politischen Systems und somit des Machtmonopols der KPCh zu sehen. Wenn diese fürchten muss, dass sich der Legitimitätsanspruch gegenüber der Bevölkerung mit einer Politik des effizienzorientierten Wirtschaftspragmatismus nicht aufrechterhalten lässt, da einige Bevölkerungsgruppen von diesem Programm nicht profitieren, müssen folgerichtig Schritte zur Wiederherstellung der eingebüßten Legitimität unternommen werden.

Obgleich der „Beijing Consensus" seit der Veröffentlichung der Studie von Joshua Cooper Ramo in Berichten und Debatten den zuvor gebräuchlichen Ausdruck des „chinesischen Modells" mehr und mehr ersetzt hat, wird der Consensus in der wissenschaftlichen Debatte eher skeptisch beäugt. Kritiker werfen Ramo vor, seine Modellbildung nicht an der innerchinesischen Realität auszurichten, sondern mit seinen drei Dimensionen des Consensus ein Konzept zu entwerfen, das allenfalls als realitätsfremdes Wunschdenken eingestuft werden könne (vergl. Dirlik 2006; Kennedy 2008).

Dirlik kommt am Ende seiner kritischen Evaluation der von Ramo vorgelegten Studie zu dem Schluss: „The Beijing Consensus appears (...) to be a sales gimmick – selling China to the world, while selling certain ideas to the Chinese leadership" (Dirlik 2006:2). Als wissenschaftliches Analyseinstrument oder als normativer Modellansatz ist der Consensus nach Dirlik somit nicht anzusehen. Auch meint Dirlik nachweisen zu können, dass der Begriff des "Beijing Consensus" bereits Mitte der 90er Jahre aufgekommen sei. Dieser Einschätzung allerdings widerspricht wiederum Kennedy, da die von Nafis Sadid (*UN Population Fund*) vorgebrachte Bewertung der 4.Weltfrauenkonferenz (Peking 1995), auf die Dirlik Bezug nimmt, zwar von einem in Beijing getroffenen Consensus gesprochen – diesen jedoch nicht als terminus technicus entworfen habe (Kennedy 2008:10 Fn5)[118].

Scott Kennedy sieht den „Beijing Consensus" als eine Fehlinterpretation und Mythenbildung der chinesischen Wirtschaftsreformen. Alle drei von Ramo dem Consensus zugeschriebenen inhaltlichen Elemente zeugten von einer fehlgeleiteten Analyse der politischen Ökonomie der VR China. Denn weiterhin gehe der Innovationsfortschritt, der für Ramo die erste und zentrale Dimension verkörpert, nicht von China aus. Auch sei die Nachhaltigkeitsfrage noch längst nicht gelöst worden, denn selbst wenn die absolute Armut in China reduziert worden sei, hätten sozio-ökonomische und regionale Disparitäten eher zugenommen. Damit wäre nach Kennedy das chinesische Modell der Wirtschaftsentwicklung weitaus weniger positiv einzustufen als dies die Ausführungen von Joshua Cooper Ramo nahe legen. Auch Ramos Argument, dass China ein grundlegend neuartiges, alternatives Entwicklungsmodell umsetze, sieht Kennedy als falsch an. Vielmehr setze sich dieses Modell aus Elementen zusammen, die den verschiedensten schon bestehenden nationalen Modellen entlehnt seien und zu keinen neuen Erkenntnissen führten (Kennedy 2008:12-14).

Auch unter chinesischen Politikwissenschaftlern und Politikberatern wird Ramos Studie zum „Beijing Consensus" kontrovers erörtert (vergl. *Xinhua* 13-06-2004; *RMRB* 18-06-2005). Ganz offensichtlich ist der von London in die globale Debatte eingeworfene Begriff erst rückwirkend auch in die innerchinesische Diskussion eingebunden worden. Der Beginn der innerchinesischen Auseinandersetzung mit dem „Beijing Consensus" wird auf den Mai 2004 zurückge-

---

[118]Auch in anderen Zusammenhängen findet sich die Formulierung „Beijing Consensus", die dann aber inhaltlich nichts mit dem oben erörterten Entwicklungsweg der VR China zu tun hat, vergl. z.B.
FAO Fisheries Technical Paper 402 (2000), „Asia regional technical guidelines on health management for the responsible movement of live aquatic animals and the *Beijing consensus* and implementation strategy". Rome: FAO.
Food and Agriculture Organization of the UN (2005), „The *Beijing Consensus* on the future of global agriculture and rural areas: A blueprint for action." Rome: FAO.
Auch ein internationales Treffen der nationalen Gewerkschaftsverbände, welches im Oktober 2004 in Peking stattfand, formuliert als Ergebnis einen „Beijing Consensus". Dieser allerdings scheint bereits Grundannahmen des zuvor von Joshua Cooper Ramo entworfenen Modells aufzugreifen und auf die Ebene der trans- und internationalen Gewerkschaftskontakte zu übertragen (vergl. *Xinhua* 11-10-2004).

führt, in welchem im Rahmen von Studienseminaren des ZK die Perzeption und Interpretation des chinesischen Entwicklungsweges durch die nicht-chinesische Öffentlichkeit analysiert wurden (*Xinhua* 13-06-2004), wobei das „chinesische Entwicklungsmodell" als Synonym für „Beijing Consensus" gesetzt wird. Dieser wurde damit zwar in seiner chinesischen Übersetzung als „*Beijing Gongshi*" auch in die chinesische Diskussion übernommen, doch herrscht unter chinesischen Experten weder Einigkeit über die Existenz eines solchen Consensus noch über seine inhaltliche Dimension:

> Participants of the „Washington Consensus" reached their consensus on the basis of actual acceptance of Neoliberalism, while the „Beijing Consensus" was brought forward spontaneously by international opinions against the background of China's fast economic development since the reform and opening up and considerable raise in people's living standard. It does not have universally recognized documents and its content is still under debate. What is more, its presenter and those participating in its debate do not necessarily all accept the theoretical basis of the „Consensus". For this reason, it is not yet a fully established „consensus" in precise terms. On the other hand, because of its theoretical scientificity and practical superiority it will be a „consensus" accepted by more and more people and of growing influence in the world particularly among developing countries (Wu, Shuqing, in *RMRB* 18-06-2005).

Ungeachtet der uneinheitlichen, divergierenden Terminologie, die zur deskriptiven und normativen Beschreibung des chinesischen Modells herangezogen wird, scheinen die chinesischen Experten jedoch in dem Punkt übereinzustimmen, dass die chinesische außenpolitische Praxis eines abstrakten Theoriemodells bedarf, das Handlungsanleitungen und normative Werte vorgibt. Erst wenn eine sozialwissenschaftliche Modellbildung zur chinesischen Entwicklung erfolgt ist, kann dieses Entwicklungsmodell in abstrakter Form zu einem Orientierungsmodell für andere Staaten oder Regionen (erklärt) werden.

Scott Kennedy vertritt den Standpunkt, dass der „Beijing Consensus" von den meisten chinesischen Wissenschaftlern nicht besonders positiv aufgenommen worden sei. Die von Kennedy ausgewählten chinesischen Studien, die infolge der Rezeption und Diskussion von Ramos „Beijing Consensus" publiziert wurden, kritisieren, dass zentrale Missstände der sozio-ökonomischen Entwicklung zu wenig berücksichtigt worden und wesentliche Elemente der chinesischen Wirtschaftsreformen, die sich in Ramos Argumentation nicht einfügten, ausgelassen worden seien (vergl. Kennedy 2008:17). Auch kommen andere von Kennedy herangezogene chinesische Darstellungen zu dem Schluss, dass sich die chinesische Entwicklung durchaus an zentralen Aspekten des „Washington Consensus" ausgerichtet habe und demzufolge eher eine Fortschreibung und Weiterentwicklung desselben darstelle (vergl. Kennedy 2008:17).

Der „Beijing Consensus", der zunächst primär das chinesische Entwicklungsmodell beschreiben sollte, ist in der internationalen Chinabetrachtung mehr und mehr auf ein Modell der chinesischen Außenpolitik reduziert worden. Dazu wurde das aus „westlicher" Sicht skizzierte Sondermodell der nationalen ökonomischen Entwicklung der VR China zu einem Modell chinesischer Entwicklungspolitik in Afrika fortgeschrieben. Dies war gleichsam die logische Konsequenz der zuvor vorgenommenen kontrastierenden Gegenüberstellung von „Washington Consensus" und „Beijing Consensus". Denn wenn ersterer einer mit Auflagen und normativen Konditionen behafteten Entwicklungspolitik zugeschrieben wurde, musste letzterer als Gegenmodell auch konkurrierende Vorstellungen der Entwicklungshilfe umfassen. Es ist jedoch festzuhalten, dass diese Argumentation nicht von Peking ausging, sondern wiederum die Perspektive eines außenstehenden Chinabeobachters reflektiert. Die Afrikapolitik der VR China wird unter Heranziehung des um eine internationale Ebene erweiterten „Beijing Consensus" in ein theoriegestütztes Regelwerk eingepasst, das sich nicht aus chinesischen Theorie- und Strategiemodellen ableitet, sondern eigentlich eine Interpretation und Kritik der westlichen Staatenwelt an Chinas Außenpolitik enthält. Die Missachtung von moralisch-ethischen Grundwerten und den Menschenrechten in sogenannten Schurkenstaaten (Sudan) stellt, wie die „westlichen" Konzeptionen des „Beijing Consensus" unterstreichen, kein Hindernis für den weiteren Ausbau der sino-afrikanischen Kooperation dar. Wenn aber die sino-afrikanischen Handelskontakte ausgebaut werden, da die VR China die Sicherstellung des Zugangs zu Ressourcen, die für ein stabiles Wirtschaftswachstum erforderlich sind, über moralisch-ethische Prinzipien (des „Washington Consensus") stellt, ergibt sich hieraus eine Konkurrenzsituation mit der restlichen Staatenwelt. Denn wenn es eine Alternative zu den Entwicklungskrediten des Westens gibt, deren Gewährung von der Umsetzung sozioökonomischer Vorgaben abhängt, könnte die VR China ihre Position in Afrika ausbauen und westliche Einflüsse und Wertvorstellungen zurückdrängen. Der chinesische Ansatz, die sino-afrikanischen Beziehungen nicht allein auf konkrete Handelsbeziehungen zu reduzieren, sondern auch Fortbildungs- und Austauschprogramme zu initiieren und Ärzteteams zu entsenden, stellt für viele afrikanische Staaten ein attraktiveres Entwicklungsprogramm dar (Thompson 2005).

Zusammenfassend ist also festzuhalten, dass der „Beijing Consensus", auch wenn dies die Terminologie nahe legt, kein Element der chinesischen Theoriebildung zu den Internationalen Beziehungen darstellt. Zwar hat auch die innerchinesische Diskussion das Konzept aufgenommen, doch im Rahmen der Analyse „westlicher" Chinaperzeptionen. Die Kenntnis und Interpretation dieser Perzeptionen ist ein wesentlicher Ausgangspunkt für die Konfiguration der chinesischen Außenpolitik, so dass die zahlreichen chinesischen Artikel zum „Beijing Consensus" nicht als dessen Adaption und Integration in die chinesische Modellbildung missverstanden werden sollten. Es wäre somit auch irreführend, die Ausgestaltung der chinesischen Afrikapolitik als Umsetzung des von westlichen Studien entworfenen „Beijing Consensus" zu lesen. Denn der „Beijing Consensus" steht nicht für ein Theoriegebäude, sondern für die Gesamtheit aller perzipierten Orientierungen und Instrumente des chinesischen Engagements in Afrika und stellt den Versuch dar, die sino-afrikanischen Interaktionen in einen theoriegeleiteten Erklärungsrahmen einzuordnen und somit vorhersagbar zu machen. Analog zu dem Entwurf des „Beijing Consensus" als Modell der nationalen Wirtschaftsentwicklung ohne Systemwandel wird der Consensus in der internationalen Entwicklungskooperation als Kooperation ohne Ansehen der jeweiligen nationalen Systemstrukturen und Werte konzipiert.

4.5. Exkurs: Modelle der ausgehenden Kaiserzeit und ihre Spiegelbilder in der Gegenwart

Die Diskussion über Chinas Positionierung in der „Welt" setzt bereits infolge der Opiumkriege gegen Mitte des 19. Jahrhunderts ein. Die konfuzianisch geprägte intellektuelle Elite debattierte über die Ursachen für die Niederlage(n) des chinesischen Kaiserreiches und formulierte Lösungsmodelle, mit deren Hilfe die nationale Schwäche überwunden werden sollte. Da der Fokus auf der Restauration der verlorenen Zentrumsposition Chinas und nicht auf der Neustrukturierung der bestehenden Interaktionsmuster lag, stand die Formulierung einer chinesischen Theorie der internationalen Politik allerdings damals nicht auf der Agenda.

Die Politikwissenschaft als wissenschaftliche Disziplin entstand erst nach Ende der chinesischen Kaiserzeit.[119] Da es sich bei der IB-Forschung als Teil der Politikwissenschaft nun jedoch – nicht nur in China, sondern auch in der „westlichen" Welt – um eine stark interdisziplinäre Wissenschaft handelt, die ihre Modelle und Theorien u.a. aus den Bereichen der Staats-, Verwaltungs-, Rechts- und Geschichtswissenschaft zieht, ist es durchaus vorstellbar, dass traditionelle philosophische Ideen und historiographische Modellbildungen der chinesischen Kaiserzeit in die „moderne", postmaoistische chinesische Politikwissenschaft eingeflossen sein könnten. Es ist folglich bei einem Vergleich der Modelle des späten 19. und des späten 20. Jahrhunderts zu überprüfen, ob es

---

[119] vergl. hierzu die englische Kompilation von Zhao Baoxus Lesungen zum Stand der frühen chinesischen Politikwissenschaft während der Republikzeit (Zhao, Baoxu 1983).

Grundkonzepte gibt, welche die politikwissenschaftliche Modellbildung bis in die Gegenwart hinein beeinflussen. Dabei ist zu beachten, dass diese nicht notwendigerweise unter dem Begriff der „politikwissenschaftlichen" IB-Modelle subsumiert, sondern oftmals scheinbar von diesen vollkommen losgelöst im Rahmen der chinesischen Geschichtswissenschaft dokumentiert werden. So ist zu erwarten, dass sich durchaus Parallelen zwischen den Konstellationen und Debatten des späten 19. Jahrhunderts und den letzten Dekaden des 20. Jahrhunderts nachzeichnen lassen, welche die Pfadabhängigkeit der chinesischen Modellbildung unterstreichen. Die Diskussionen der ausgehenden Kaiserzeit sind eher philosophisch als politikwissenschaftlich angelegt, dennoch nehmen auch sie bereits zur Frage der Partikularität und Universalität Stellung, indem sie beispielsweise das Verhältnis der chinesischen Geschichte und der Weltgeschichte thematisieren (vergl. hierzu Weigelin-Schwiedrzik 2005).

Die intellektuellen Diskurse der späten Kaiserzeit gehören in die Bereiche der politischen Philosophie und, mit Blick auf die kritischen Textstudien (*kaozheng*) der späten Qing-Zeit, auch der Philologie (Elman 1984). Der philologische Ansatz intendierte eine Rückkehr zu den eigentlichen Kernaussagen der chinesischen Klassiker und kam demzufolge einer Absage an Interpretationen und Umschreibungen gleich, welche oftmals von herrschaftslegitimierenden Überlegungen geleitet waren. Die chinesischen Intellektuellen der späten Kaiserzeit entwarfen ihre staatsphilosophischen Konzepte folglich zwar unter dem Einfluss konfuzianischer, daoistischer und teils auch buddhistischer Ideen, doch brachen sie dabei – wie beispielsweise die Neubewertung des Konfuzianismus durch Kang Youwei verdeutlicht – auch mit deren bislang vorherrschenden Lesungen und Auslegungen.

Im weitesten Sinne spielt die Neuauslegung doktrinärer Schlüsseltexte auch in der Gegenwart eine nicht unbedeutende Rolle. Denn das ZK-Dokument von 2004 (ZK 05-01-2004) fordert eine interpretative Auslegung und Adaption der marxistischen Schriften und der Modelle der chinesischen Führungselite an die veränderten Umfeldkonstellationen. Offiziell wird eine Pertinenz und Kontinuität der offiziösen Staatsideen angestrebt. Auf der Ebene der Terminologie besteht diese realiter fort, hingegen hat auf inhaltlicher Ebene bereits ein Austausch der Leitideen stattgefunden. Eine 2008 von der Diplomatischen Akademie in Peking vorgelegte Studie zu zentralen Ideen der chinesischen Außenpolitik (Zhu, Liqun / Zhao, Guangcheng 2008) dokumentiert diesen Wandel. Dazu untergliedert die Studie die Außenpolitik der VR China in vier Phasen (1. Phase: vor 1978; 2. Phase: 1978-1992; 3.Phase: 1992-2002; 4. Phase: 2003-), wobei die Leitideen der einzelnen Phasen in die fünf Kategorien Beschaffenheit der Welt, Hauptbedrohung, Einsatz von Gewalt / Machtmittel, nationale Interessen und schließlich Maßnahmen zu deren Realisierung im internationalen Kontext eingeteilt werden. Ein Wandel in der Präferenzverschiebung in der außenpolitischen Entscheidungsfindung und der außenpolitischen Praxis erfordert dieser Studie (Zhu, Liqun /Zhao, Guangcheng 2008) zufolge einen Austausch der Leitidee, nicht jedoch einen Bruch mit den dieser bislang unterliegenden Grundannahmen. Die Einführung inhaltlich im Grunde „neuer" Ideenkonzepte ist somit nur möglich, wenn diese sich entweder durch eine Neuauslegung marxistischer oder maoistischer Schriften herleiten lassen – beispielsweise betonen aktuelle chinesische Studien zur politischen Ideengeschichte, dass Mao entgegen der vorherrschenden Lehrmeinung stets eine Politik des Friedens angestrebt hätte, weshalb der Paradigmenwechsel von „Krieg und Revolution" zu „Frieden und Entwicklung" genau genommen gar kein solcher ist (u.a. Ye, Zicheng 2001) – oder aber in die bestehende Terminologie eingefügt werden, ohne dass dieser Schritt gesondert Erwähnung findet. Letztere Strategie beschreibt u.a. bereits Kuhn, der davon ausgeht, dass das alte und das neue Paradigma prinzipiell inkommensurabel seien, was lediglich mitunter dadurch verschleiert werde, dass die „neue" Theorie die gleichen Ausdrücke und Schlüsselbegriffe wie die vorangegangene enthalte (vergl. Stegmüller 1975:503).

Thematisch betrachtet lassen sich die intellektuellen Debatten der ausgehenden Kaiserzeit zusammenfassend auf drei Strömungen zurückführen, die im Grunde mit den drei Hauptströmungen der chinesischen IB-Theoriedebatten korrespondieren. So wurde der Neokonfuzianismus als Staatsdoktrin und philosophische Hauptlehre während des ausgehenden 19. Jahrhunderts verdrängt durch eklektische Ansätze einer isolierenden Synthese westlicher und chinesischer Elemente und schließlich durch Modelle, die einer weitgehenden Verwestlichung Chinas gleichkamen.

Die in der traditionellen chinesischen Kultur verhafteten neokonfuzianischen Beamtengelehrten fungierten als Bewahrer der alten Systemordnung und ihrer Werte. Ihr Weltbild datierte noch aus der Phase vor der erzwungenen Integration Chinas in das internationale, Westfälische Staatsystem und beruhte auf dem Selbstverständnis Chinas als *tianxia*. Obgleich diese Position infolge der Opiumkriege zunächst aufgegeben werden musste, folgten weite Teile der traditionellen chinesischen Beamtenelite doch weiterhin der Idee, dass diese Stellung wiedererlangt werden könnte. Es ist kaum festzustellen, ob und wann diese Idee aufgegeben wurde. Zwar wird sie im Rahmen der aktuellen chinesischen IB-Diskussion erneut aufgegriffen (u.a. Zhao, Tingyang 2005b), doch spielt sie rein quantitativ betrachtet eher eine nachgeordnete Rolle. Aber auch wenn das *tianxia*-Modell in einen Nebendiskurs verbannt worden sein sollte, zeugt jedoch allein die Wiederaufnahme dieses traditionellen Ordnungskonzepts in der gegenwärtigen Theoriesuche von dem Bemühen der chinesischen Wissenschaftler, an der (Re-) Konstruktion einer eigenständigen chinesischen Identität mitzuwirken. Wie Zhao Tingyang betont, kann das *tianxia*-Modell nicht unmodifiziert auf die Konstellationen des 21. Jahrhunderts übertragen werden. Es wird in erster Linie, und hier zeichnet sich erneut die Parallele zum späten 19. Jahrhundert ab, als Gegenmodell zum Westfälischen Staatenmodell entworfen.

Der Rückgriff auf Elemente der traditionellen chinesischen Philosophie wird gegenwärtig vor allem von jüngeren IB-Forschern unternommen, die einerseits nicht länger von marxistisch-leninistischen und maoistischen Modellen geleitet werden und andererseits eine unreflektierte Übernahme der „westlichen" Konzepte ablehnen.

Neben dieser inhaltlich-konzeptionellen Kontinuität, die erst durch die Rehabilitierung des konfuzianischen Gedankenguts und dessen Integration in die IB-Debatte während der letzten Jahre erfolgte, wäre eine direkte Parallelität der Akteursgruppen eher zwischen den neokonfuzianischen Intellektuellen der späten Kaiserzeit und der ersten Generation der chinesischen IB-Forscher anzunehmen, welche weiterhin an einer marxistisch-leninistischen Modellbildung festhalten und folglich die althergebrachten Systemstrukturen und Ideen – ungeachtet der veränderten Rahmenkonstellationen – zu bewahren versuchen.

Die eklektische Zusammenführung chinesischer und westlicher Elemente wurde in der späten Qing-Zeit u.a. von Zhang Zhidong gefordert, der hierin einen Weg sah, die Selbststärkung Chinas zu betreiben, ohne die Grundlagen der kulturellen Identität Chinas aufzugeben. Übernommen werden sollten lediglich die fortschrittlichen Technologien des Westens, nicht jedoch sein Wertesystem. Dieser während der Tongzhi-Restauration (1860-1872) zur Handlungsdoktrin erhobene *ti-yong*-Ansatz ist jedoch als stark idealisiertes Modell zu sehen, da die chinesische Welt zum damaligen Zeitpunkt bereits deutlich in die Einfluss-Sphäre „westlicher" Gedankengebäude[120] geraten war und somit die als „chinesisch" präsentierten Ideen genau genommen „westliche Ideen in konfuzianischen Gewande" (Bauer 1974:413) darstellten.

Da es trotz der Einleitung der Selbststärkungsbewegung zu erneuten Niederlagen Chinas kam, musste dieser Ansatz schlussendlich jedoch als gescheitert eingestuft werden. Als alternativer Ansatz blieb somit nur noch eine umfassende Orientierung an „westlichen" Ideen und Staatskonzepten. Ziel war damit nicht länger eine Reform bei gleichzeitigem Fortbestand der Systemstrukturen, sondern die Orientierung an „westlichen" Staatsmodellen. Gegen Ende der Qingzeit reisten daher chinesische Delegationen durch die westliche Welt, um deren Staatswesen und Verfassungen kennenzulernen, mit dem Ziel, geeignet erscheinende Elemente in das chinesische System zu integrieren. Die zu Beginn

---

[120] Besonders einflussreich scheinen sozialdarwinistische Ansätze gewesen zu sein. Die chinesische Übersetzung von Huxleys „Evolution and Ethics" erschien 1896; 1903 folgte Spencers „Study of Sociology". Ebenso lagen Darwins Schriften in chinesischer Fassung vor (vergl. Bauer 1974:413).

des 20. Jahrhunderts von Seiten des chinesischen Kaiserhofs initiierten Reformen kamen jedoch zu spät, das imperiale System war dadurch nicht langfristig stabilisierbar. Mit der Ausrufung der chinesischen Republik (1912) wurden sowohl die Resttrümmer der traditionellen chinesischen Staatsideen als auch die in den letzten Dekaden der Qing-Dynastie entworfenen alternativen Staatsmodelle weitgehend ad acta gelegt. An ihre Stelle traten politisch-philosophische Ideen der republikanischen Staatslenker. Auch wenn Sun Yatsen nur als provisorischer Präsident der chinesischen Republik fungierte und sein Amt an Yuan Shikai abtrat, werden dennoch seine Überlegungen zum inkrementellen Aufbau einer Demokratie und seine Theorie der „Drei Volksprinzipien" zu den Schlüsselkonzepten der chinesischen politischen Ideengeschichte gerechnet, und zwar nicht ausschließlich der Republikzeit (vergl. u.a. Jin, Zhengkun 1999: 262-265).

Aber auch die ontologischen Wurzeln der gegenwärtigen IB-Debatte reichen bis in die späte Kaiserzeit zurück. Von zentraler Bedeutung ist in diesem Zusammenhang das von Liang Qichao entwickelte Begriffskonzept der chinesischen Nation. Im Unterschied zu neokonfuzianischen und reformkonfuzianischen Modellen zur Selbststärkung und Rettung Chinas stützte sich Liang Qichao auf „westliche" Modellbildungen, wobei er dieses Vorgehen damit zu legitimieren versuchte, dass er den kulturalistischen Aspekt der Identität eines Staatswesens durch einen modernen Nationalismus substituierte, womit auch die Vergleichbarkeit der Entwicklung der chinesischen und der westlichen Welt postuliert wurde (vergl. Näth 1976:37-41). Liang Qichao unternimmt damit gegen Ende des 19. Jahrhunderts den Versuch einer Integration der „westlichen" Historiographie-Tradition in den chinesischen Kontext (Weigelin-Schwiedrzik 2005).

Auch der Rückgriff auf konfuzianische Ideen ist beiden Diskursen, ausgehende Kaiserzeit und Gegenwart, gemeinsam. Während sich Liang Qichao zeitweise stark an der „westlichen" Wissenschaft und Methodologie ausrichtet, unternimmt Kang Youwei den Versuch, konfuzianische Ansätze als Staatstheorie und moralische Richtlinien politischen Handelns zu rehabilitieren. Das (neo)konfuzianische Gedankengut war zuvor mehr und mehr kritisch betrachtet worden, da die konfuzianische Beamtenelite es nicht vermocht hatte, die Ming-Dynastie zu stabilisieren und die Errichtung der mandschurischen Fremddynastie zu verhindern. Auch die Niederlage Chinas zunächst gegen die Westmächte in den Opiumkriegen und darauf 1894/95 gegen Japan wurden von Teilen der chinesischen Intellektuellen auf das erstarrte konfuzianische Staatssystem zurückgeführt. Mit seinen Schriften zu „Konfuzius als Reformer" (Kang, Youwei 1886) und zur „Fälschung der Klassiker in der Xin-Periode" (Kang, Youwei 1891) stellte sich Kang Youwei auf die Seite der Vertreter der sogenannten

Neu-Text-Schule[121] und unterstrich, dass die „Verfehlungen", welche von den Kritikern gegenüber der konfuzianischen Staatstheorie und Staatspraxis formuliert worden waren, darauf zurückzuführen seien, dass in der unmittelbaren Vergangenheit die „falschen" Schriften als Orientierung gedient hätten. Somit war nicht der Konfuzianismus als solcher grundsätzlich abzulehnen, sondern nur seine neokonfuzianische Variante. Auch betonte Kang Youwei, dass Konfuzius zu seiner Zeit durchaus reformistische Gedanken vertreten habe und seine Schriften keinesfalls allein auf die Legitimation bestehender Strukturen reduziert werden sollten. Das Grundanliegen Kang Youweis tritt hier ganz deutlich hervor: Ein Wandel des chinesischen Systems ist im Sinne der Selbststärkungsbewegung notwendig, jedoch sind hierfür graduelle Reformen vorgesehen, die chinesischen Wertvorstellungen sollen hierbei nicht aufgegeben werden (vergl. Kang, Youwei 1898).

Auch die gegenwärtige IB-Debatte umfasst Strömungen, welche auf traditionellen konfuzianischen Ideen beruhen. Dies geschieht jedoch ohne den direkten Rückgriff auf die konfuzianischen Klassiker; ebenso vermieden wird eine Rechtfertigung, weshalb es nun wieder als „korrekt" gelten soll, zur Herrschaftslegitimierung auf das konfuzianische Erbe zurückzugreifen. Vielmehr beschränkt sich die Bezugnahme auf konfuzianische Ideen auf die selektive Eingliederung von Begriffskonzepten der konfuzianischen Klassiker in die aktuellen Theoriedebatten. Es handelt sich allerdings nicht um beliebige Fragmente, sondern erneut um diejenigen Passagen, die bereits in der ausgehenden Kaiserzeit eine Schlüsselfunktion gespielt haben.

Beispielsweise haben sich drei philosophische Ordnungskonzepte bislang als Leitideen der Strategie der „Harmonischen Welt" behaupten können. Zwei Formulierungen, wobei die erste das Primat der Harmonie betont (*he wei gui*) und die zweite Harmonie entschieden von einer Vereinheitlichung und Aufhebung der Diversität abgrenzt (*he er bu tong*), gehen dabei auf den Ritenklassiker (*Liji*) zurück.[122] Im Kapitel „Die Entwicklung der Riten" (*liyun*) wird eine ge-

---

[121] Die sogenannte Neu-Text-Schule bezieht sich auf die Rekonstruktion der Klassiker nach der Bücherverbrennung im Jahr 213 v. Chr., die auf Anordnung des Kaisers Qin Shihuang stattfand. Als überzeugter Anhänger der legalistischen Schule war diesem an der Vernichtung der konfuzianischen Schriften gelegen. Während der anschließenden Han-Dynastie konnte sich jedoch der Konfuzianismus als Staatsdoktrin durchsetzen. Während der Interimsherrschaft Wang Mangs (Xin-Periode, 46 v. – 25 n. Chr.) tauchten jedoch in altertümlichen Zeichen verfasste Schriften auf, die als die „wahren" konfuzianischen Texte identifiziert wurden und als Grundlage der „Alt-Text-Schule" herangezogen wurden. Später jedoch, und dieser Punkt wird insbesondere bei Kang Youwei ausgeführt, wurden die Schriften der „Alt-Text-Schule" als Fälschung eingestuft, die nur dazu Ziel verfolgt habe, die Thronusurpation durch Wang Mang rückwirkend zu legitimieren (Bauer 1974:129-132).
[122] Dass die „modernen" chinesischen staatsphilosophischen Konzepte auf die Terminologie der chinesischen Klassiker zurückgreifen, hat Ames exemplarisch anhand seiner Analyse des *Huainanzi* nachgewiesen (Ames 1994; 1994:xx).

ordnete, geeinte Gesellschaft (*datong*) entworfen, deren Interaktionen auf Harmonie basieren.[123] Erneut findet sich das *Datong*-Konzept im 19. / 20. Jahrhundert in den Schriften Kang Youweis. Dieser konzipiert eine Weltgesellschaft ohne Staatengrenzen oder andere Restriktionen und Beschränkungen. Die gegenwärtige Rekonstruktion einer chinesischen Tradition harmonischer Interaktionsstrukturen überspringt jedoch die *Datong*-Diskussion der späten Kaiserzeit. Ebenso werden in der politikwissenschaftlichen Debatte rein utopische Weltkonzepte entschieden von der gegenwärtigen Interpretation der „Harmonischen Gesellschaft" abgegrenzt. Diese ist keine Einheitsgesellschaft, sondern setzt das friedlich-harmonische Nebeneinander divergierender Elemente voraus (*he er bu tong*) (Xu, Jian 2007a:5). Die offizielle Re-Integration dieser philosophischen Konzepte erfolgte bereits im Oktober 2002 durch Jiang Zemin, d.h. noch vor der Übertragung der politischen Führungsverantwortung an die vierte Generation chinesischer Politiker.

Die dritte Formulierung, die einer Ermahnung zur Beibehaltung der Camouflage-Politik gleichkommt (*tao guang yang hui*), gilt eigentlich als Grundprinzip der außenpolitischen Strategie der Reformzeit.[124] Hintergrund dieser Camouflage-Taktik war auf der einen Seite die Blockbildung des internationalen Systems und die damit verbundene Problematik, sich in diesem Spannungsfeld der Machtkonkurrenz zu positionieren, ohne in Konflikt mit dem einen oder dem anderen Machtzentrum zu geraten. Die VR China erklärte, keinen Hegemoniestatus und keine Vormachtstellung in Asien oder Ostasien anzustreben. Auch unterstrich sie, nicht auf den Aufbau einer internationalen und gegen einzelne Staaten-Akteure gerichteten Einheitsfront hinzuarbeiten (vergl. Song, Yimin 2004:9-10). Zusammenfassend werden diese philosophischen Grundprinzipien auch mit „Harmonie und Integration" angeführt (vergl. Yu, Xintian 2007:7).[125] Sun Fulin (2006) identifiziert zudem die klassische Formel „Einheit von Mensch und Natur" (*tian ren he yi*) als Orientierungsmodell für die gegenwärtige (Welt-) Entwicklung. Durch den Verweis auf das klassische Konzept wird der Aspekt der Nachhaltigkeit in den Rahmen der chinesischen Philosophie eingeordnet, wodurch der Einwand, dass es sich bei der nachhaltigen Entwicklung um ein importiertes westliches Modell handeln könnte, das abzulehnen

---

[123] Für eine englische Übersetzung s. de Bary (1999 (1960):342-343).
[124] Guo Zhenyuan hingegen setzt als dritten Begriff die „auf Riten basierenden Interaktionen" (vergl. Guo, Zhenyuan 2005:10):
[125] für eine weiterführende Aufschlüsselung der klassischen Grundlagen vergl. Guo Shuyong (2004:194-204); zum Zusammenhang zwischen chinesischer Kultur, Diplomatie und den internationalen Beziehungen vergl. auch Chen Jianfeng (2004:205-221).

wäre, entkräftet wird.[126] Zusätzlich aber führt Sun Fulin auch konkrete Entwürfe einer harmonisierten Gesellschaftsordnung ein, indem auch er die entsprechende Stelle aus dem Ritenklassiker (*Liji*) zitiert und somit als Vorläufer der nunmehr offiziell „sozialistischen" harmonischen Gesellschaft, hier bezogen auf die Harmonie zwischen Mensch und Natur, identifiziert.

Yu Zhengliang (1996:313) wiederum analysiert *governance*-Konzepte der klassischen chinesischen Philosophie und plädiert dafür, dieses philosophisch-kulturelle Erbe als Grundlage der modernen chinesischen Außenpolitik heranzuziehen. Nur so könne das *tianxia* harmonisiert (*hexie tianxia*) werden (Yu, Zhengliang 2000). Kerngedanke seiner Ausführungen ist die chinesische Vorstellung der Harmonie als politisches Ordnungskonzept. Die von Yu Zhengliang gewählten Fragmente chinesischer Staatsphilosophie stellen zusammengenommen einen moralischen Regelrahmen für die Außenpolitik von Staaten-Akteuren und somit weitergehend auch für die internationalen Beziehungen auf. Dieser umfasst Mozis Modell der „allumfassenden Liebe" (*jian'ai*, auch modern als Humanität übersetzt) und die konfuzianischen Ausführungen zu korrekten, rituell bestimmten Regierungshandlungen. Harmonie gilt zugleich als Ziel und Instrument einer guten Regierungsführung – und diese erstreckt sich auf das gesamte *tianxia*, wobei offen bleibt, auf welche Gebiete und Grenzen sich dieses in Anbetracht der vorangeschrittenen Globalisierung bezieht.[127] Diese philosophischen Grundkonzepte stellten zudem, so Yu Zhengliang, idealiter nicht nur die Grundlage der modernen chinesischen Außenpolitik, sondern gewissermaßen auch die Grundpfeiler einer Neuen Weltordnung dar (Yu, Zhengliang 1996:313). Ergänzend hierzu führt Yan Shengyi aus, dass es in einer Welt nach

---

[126] zur Rückführung der Nachhaltigkeitsdebatte auf Grundkonzepte der chinesischen Philosophie vergl. die Sammelbände: Girardot / Miller / Liu, Xiaogan (eds.) (2001); Tucker / Berthrong (eds.) (1998).
Unabhängig von den Konzepten der Harmonischen Gesellschaft und der Harmonischen Welt finden sich ausführliche Analysen zu den klassischen Grundlagen der modernen Nachhaltigkeitsdebatte u.a. bei:
Chen, Yong / Chen, Xia: *Daojiao kechixu fazhan sixiang* (Der Nachhaltigkeitsgedanke im Daoismus).http://www.taoism.org.hk/religious-studies/gb/art7.htm (03.01.2004).
Meng, Peiyuan, *Zhongguo de tian ren he yi zhexue yu kechixu fazhan* (Die chinesische Philosophie der Einheit von Mensch und Natur und nachhaltige Entwicklung).
http://www.qinghistory.cn/qinghistory/history/Index.aspx?id=171&articleid=1282 (14.11.2004).
Ren, Junhua, *Tianxing you chang yu shengtai lunli – Xun Qing de shengtai lunli sixiang xin tan* (Die Prinzipien der Abläufe des Kosmos und ökologische Ethik – Neue Untersuchungen zu der Idee der ökologischen Ethik bei Xunzi). http://www.confucius2000.com/confucian/txcystllxqdstllsxxt.htm (14.11.2004).
Yu, Mouchang, *Ruxue yu huanjing baohu ji kechixu fazhan* (Konfuzianismus, Umweltschutz und Nachhaltige Entwicklung). http://www.ica.org.cn/explore/explore-12_09.htm (01.11.2004).
[127] Vergl. hierzu die konfuzianische Ordnungskonzeption „sich selbst vervollkommnen, die Familie ordnen, das Land regieren, das *tianxia* befrieden" (*xiu shen, qi jia, zhi guo, ping tianxia*).

Ende des Kalten Krieges gelte, ein neues kulturelles Wertesystem aufzubauen. Wie selbstverständlich gehen Yans Ausführungen dabei von einer Integration chinesischer Ordnungskonzepte in diesen Wertekanon aus (Yan, Shengyi 1996:322-329).

Auf einer etwas abstrakteren Ebene begibt sich Xu Jian auf die philosophisch-theoretische Spurensuche nach Harmonie-Konzepten im chinesischen Kontext. Die konfuzianische Lehre von Maß und Mitte (*Zhongyong*) ist der Ausgangspunkt seiner Betrachtungen. Die „Mitte" (*zhong*) symbolisiert für ihn Harmonie, Gleichgewicht und Verzicht auf radikale Orientierungen (Xu, Jian 2006:6). Darüber hinaus sieht er den Menschen im Mittelpunkt dieser philosophischen Betrachtungen (*yi ren wei ben*), wenn auch dieses Konzept insofern schwer zu erfassen ist, als der Begriff „Mensch" hier in klassischer Lesung für die Gesellschaft, in moderner Adaption aber auch für das Individuum gesetzt wird (Xu, Jian 2006:7).

Grundsätzlich konstatiert Xu Jian einen Antagonismus „westlicher" und „chinesischer" IB-Theorien. Stark simplifizierend schreibt er ersterem die Theorie des politischen Realismus und das Konzept des Machtgleichgewichts zu, welche er mit dem chinesischen Harmoniekonzept, dem *Zhongyong*-Ansatz und dem damit korrelierenden minimalen Einsatz militärischer oder machtpolitischer Mittel kontrastiert. In seinem Schlussplädoyer tritt Xu für die Zusammenführung westlicher und chinesischer Konzepte als Grundlage einer neuen Weltordnung ein, die nicht auf Machtpolitik, sondern moralisch-ethischen Normen basiert (Xu, Jian 2006:7).

Auch das anlässlich des 16. Parteitages 2002 formulierte Ziel, bis zum Jahr 2020 eine Gesellschaft des mittleren Wohlstandes errichtet zu haben (*xiaokang shehui*), kann ebenso wie die „Harmonische Gesellschaft" direkt auf die konfuzianischen Schriften zurückgeführt werden. Andere Konzepte wie beispielsweise die im Zuge der Nachhaltigkeitsdebatte angeführte Formel der „Einheit von Mensch und Natur" (*tian ren he yi*) stellen eine rückblickende zusammenfassende Interpretation klassischer Gedanken dar, ohne aber auf eine konkrete Textstelle Bezug zu nehmen. Mitunter werden sowohl im akademischen wie auch im diplomatischen Kontext Aussagen zitiert, die eigentlich eine Verfremdung oder Variation der ursprünglichen Passage darstellen. Das Zitat, dass man, „wenn die (vom Machtzentrum weiter) entfernten Menschen nicht gehorchten, diese Kraft der chinesischen Kultur und Tugend hierzu bewegen könne" (*yuan ren bu fu, ce xiu wen de yi lai zhi*) beispielsweise wird in aktuellen Studien nur in seiner positiven Fassung angeführt. Die kausale Abfolge wird dadurch vertauscht. Nicht erst der Verlust der symbolischen Macht und der politischen Legitimität führt zum Einsatz nicht-militärischer Instrumente, vielmehr soll ein Gefolgschafts- und Legitimitätsverlust vorausschauend vermieden werden.

Überprüft man diesen Anspruch an der außenpolitischen Realität der VR China, wird fragwürdig, ob diese Situation derzeit in dieser idealisierten Form gegeben ist. Endgültig ließe sich das nur entscheiden, wenn eindeutig definiert wäre, welche Gebiete der chinesische Herrschaftsanspruch umfassen soll und ob dieser rein symbolischer Natur bleiben sollte. Momentan ist der Anspruch einer kulturellen, moralischen Führungsrolle der VR China insoweit erfolgreich, als dass das Interesse für die chinesische Sprache und Kultur nicht zuletzt begünstigt durch die Einrichtung von Konfuziusinstituten weltweit zugenommen hat.

4.6. Zwischenbilanz

Die chinesischen Studien zum Ordnungskonzept „Harmonie" verweisen auf eine moderne Rekonstruktion der politischen Kultur der VR China. Grundlage dieser von einem heutigen Standpunkt konzipierten politischen Kultur sind Aspekte der chinesischen Staatsphilosophie – und somit weniger daoistische oder buddhistische Texte als vielmehr konfuzianische Schriften. Der Rückgriff auf konfuzianische Staatskonzeptionen der Kaiserzeit wird oftmals mit der Machtübertragung an die vierte Generation chinesischer Politiker um Hu Jintao und Wen Jiabao in Verbindung gebracht, hatten diese doch mit der „Harmonischen Welt" und dem „Friedlichen Aufstieg" alternative, philosophisch begründete Ordnungsmodelle vorgestellt. Doch belegen Beiträge chinesischer Politikwissenschaftler zur Prägung der modernen chinesischen Politik durch traditionelle Ordnungsmodelle, dass die Rückbesinnung auf prämaoistische philosophische Konzepte schon vor dem Regierungswechsel 2002/03 erfolgte. Es ist somit anzunehmen, dass in der frühen Phase der post-maoistischen Politikwissenschaft zunächst eine strikt pragmatische Modellbildung dominierte, welche sich in Kenntnis von und teilweise unter direkter Bezugnahme auf „westliche" Theoriemodelle entwickelte. Doch bedurfte die post-maoistische Politik neben dem politischen und wirtschaftlichen Pragmatismus, welcher zur Effizienzlegitimierung des Systems beitrug, auch eines philosophischen, konzeptionellen Rahmens. Das durch die Abgrenzung von der maoistischen Ideologie entstandene Vakuum wurde nach und nach durch eine Neubewertung traditioneller Ordnungskonzeptionen der VR China gefüllt. Dies geschah infolge des Endes des Kalten Krieges, aufgrund dessen eine Differenzierung der Staaten nach ihrer ideologischen Ausrichtung hinfällig wurde. Die neuen Konfliktlinien der internationalen Beziehungen resultierten aus der zunehmenden Diversifizierung der Staatenwelt nach religiösen, nationalen oder ethnischen Zugehörigkeiten. Es wurde auch von chinesischen Wissenschaftlern angenommen, dass der Aspekt der politischen Kultur einen weitaus stärkeren Einfluss auf das politische Handeln von Staaten hatte als bislang vermutet worden war (vergl. Yu, Zhengliang 1996:313; Yan, Shengyi 1996:322).

Die Handlungen der KPCh-Regierung gegenüber der chinesischen Bevölkerung werden nun legitimiert, indem sie als Fortsetzung traditioneller, moralisch begründeter Herrschaftsmuster präsentiert werden. Aber auch nach außen gerichtet trägt die Neubewertung der politischen Kultur zu einer Stärkung der Handlungs- und Verhandlungsposition der VR China im internationalen Kontext bei. So unterstreicht Yan Shengyi die Ausstrahlungs- und Anziehungskraft, welche die chinesische Kultur auf die westliche Welt ausgeübt habe (Yan, Shengyi 1996:326; s. auch Xu, Jian 2006).

V. Krieg und Frieden

Die antagonistischen und doch zugleich komplementären Begriffskonzepte Krieg und Frieden gelten gemeinhin als Ausgangspunkt der philosophischen und theoretischen Betrachtungen zu den internationalen Beziehungen. Nicht zuletzt bedingt durch die Erfahrung zweier Weltkriege widmet sich die politikwissenschaftliche Theoriebildung der Frage, unter welchen Voraussetzungen Kooperation und Frieden im internationalen System erzielt und Kriege verhindert werden können.[128]

Kants Schrift „Zum ewigen Frieden" (1795), die als Ursprung der idealistischen IB-Theorie referiert wird, geht davon aus, dass sich Kriege im Zeitalter der Aufklärung nicht mit der moralischen Verantwortung des Menschen vereinbaren lassen. Hierbei setzt Kant die Lernfähigkeit des aufgeklärten Menschen voraus, der als vernunftbegabtes Wesen die Fehler der Vergangenheit – Kriege und Expansionismus – nicht wiederholen wird.

---

[128] In der internationalen Politikwissenschaft liegen keine Einheitsdefinitionen von Krieg und Frieden vor. Die inhaltliche Ausdifferenzierung der Begriffskonzepte leitet sich einerseits aus dem jeweiligen historischen und ideengeschichtlichen Kontext ab, andererseits formuliert jede Disziplin (Politische Philosophie; Völkerrecht etc.) jeweils eigene Grundkriterien zur Bestimmung von Krieg und Frieden (vergl. Wette 1971:13-16; Bonacker / Imbusch 1999:73-116). Somit existieren eine Vielzahl von Theorien und Modellen zu Krieg und / oder Frieden, die jeweils nur ein sehr begrenztes Begriffskonzept diskutieren. Die Kriegsursachentheorie beispielsweise blendet die philosophischen Grundüberlegungen weitgehend aus; hingegen untersucht die philosophische Kriegstheorie die abstrakten Modelle weitgehend ohne ihre Anwendung in der Praxis zu berücksichtigen. Vielfach werden Kriegstheorien mit einer bestimmten Weltanschauung verknüpft wie z.B. in Wettes Untersuchung zu sozialistischen Kriegstheorien (Marx / Engels; Lassalle; Bernstein; Kautsky; Luxemburg) (Wette 1971) bzw. mit den politischen Führungspersönlichkeiten, die entweder einer solchen Theorie folgten oder aber selbst eine solche konzipierten (vergl. Joost 1962). Da unter „Krieg" viele Einzelphänomene subsumiert werden, welche sich nur schwer mit einer Standarddefinition fassen lassen, hat sich mit der „Friedens- und Konfliktforschung" Mitte des 20. Jahrhunderts ein neues Forschungsfeld formiert. Begründet wurde dieses in Europa vor dem Hintergrund der Erfahrungen des Zweiten Weltkrieges und des Ost-West-Konflikts, wobei eine starke Anlehnung an die bereits zuvor eingerichtete US-amerikanische Konfliktforschung erfolgte. Im Unterschied zum übergeordneten Feld der IB-Forschung ist die Friedens- und Konfliktforschung von einem normativen Anspruch – der Errichtung und Sicherstellung des Friedens – gekennzeichnet (vergl. u.a. Koppe 1999). Eine weitere Sonderform der Theoriebildung zur Friedenssicherung findet sich mit den Modellbildungen zur regionalen Integration (zu Theorien der europäischen Integration vergl. insbesondere Nelson / Stubb 1998; Rosamond 2000).

Realistische Modelle hingegen, ebenso wie auch der Strukturalismus, postulieren, dass Kriege und Konflikte zwangsläufig aus der anarchischen Beschaffenheit des internationalen Systems resultieren, weshalb das Hauptanliegen eines jeden Staaten-Akteurs weniger in einer idealistisch verklärten Friedensfixierung als vielmehr in der Wahrung und Verteidigung der eigenen Sicherheit zu bestehen habe.

Beide IB-Theorien haben die Thematik von Krieg und Frieden als gemeinsamen Ausgangspunkt. Ihre Lösungsmodelle und Handlungsimperative weichen jedoch deutlich voneinander ab. Es wäre grundsätzlich vorstellbar, dass in der chinesischen IB-Theoriesuche eine weitere, von diesen beiden IB-Strömungen abgegrenzte Antwort auf die Frage nach den determinierenden Faktoren von Krieg und Frieden formuliert wird.[129] Es ist also zu überprüfen, wie Krieg und Frieden im chinesischen Kontext behandelt werden und inwiefern sich ihre theoriegestützte Diskussion, wenn denn eine solche vorliegen sollte, auf Chinas Annahmen zum internationalen System und die Einschätzung anderer Staaten-Akteure auswirkt.

5.1. Friedlicher Aufstieg: Strategie oder Theorie?

Der Themenkomplex Krieg und Frieden wird im chinesischen Kontext sowohl von der IB-Forschung als auch von der politischen Ebene beleuchtet. Erneut stellt sich hier die anfangs aufgeworfene Frage nach der von chinesischen IB-Forschern immer wieder für die Theoriemodellbildung proklamierten Forschungsfreiheit. Es wäre zu einseitig, die Darstellung der chinesischen IB-Forscher ungeprüft zu übernehmen. Zur objektiven Bestimmung der Beziehungen zwischen politischer Ebene und IB-Forschung ist vielmehr zu überlegen, wer über das Definitionsmonopol der IB-Bausteine verfügt und wer somit das Initiativrecht bei der Begründung „neuer" Theoriekonzepte besitzt.

Exemplarisch lässt sich diese Überlegung am Beispiel des „Friedlichen Aufstiegs" (*heping jueqi*) nachvollziehen. Einerseits findet dieses Begriffskonzept in diplomatischen Erklärungen der VR China Verwendung, andererseits wird es auch im politikwissenschaftlichen Kontext thematisiert. Es kann sich

---

[129] Denn hier zu ist bedenken, dass der Faktor „politische Kultur" einen maßgeblichen Einfluss auf die Modellbildung zu Krieg und Frieden ausübt. Kagan beispielsweise ordnet die Politik der USA in die Tradition der machtpolitischen Ideen von Thomas Hobbes ein, wohingegen er die europäische Politik auf Kantianische Prinzipien zurückführt (Kagan 2003). In der Sekundärliteratur wird zumeist nicht dieser philosophische Abgrenzungsversuch angeführt, sondern Kagans eher polemisches Modell, wonach die USA auf dem Mars, die Europäer hingegen auf der Venus leben (vergl. Kagan 2003). Fragt sich nur, welche Planeten für die weiteren, neu aufsteigenden Staaten und Regionen reserviert sind.

damit sowohl um ein strategisches Instrument der politischen Ebene handeln als auch um ein Element der politikwissenschaftlichen Theoriebildung.

Eingeführt wurde das Begriffskonzept des „Friedlichen Aufstiegs", hier stimmen innerchinesische und westliche Dokumentation überein, durch Zheng Bijians[130] Rede auf dem Bo'ao-Forum im Jahr 2003 (Zheng, Bijian 2003). Zheng Bijian, Altkader und bis 2002 Vize-Leiter der Parteischule auf der Ebene der Zentrale, trat mit dieser Formulierung aktiv der von den ost- und südostasiatischen Staaten angesichts des chinesischen Wirtschaftsbooms aber auch in Hinblick auf die militärische Aufrüstung perzipierten Bedrohung durch die VR China entgegen und formulierte Grundstrukturen eines „friedlichen" chinesischen Aufstiegs bei gleichzeitiger Wahrung der regionalen und globalen Stabilität. Die Tatsache, dass die Konzeptformulierung mit Zheng Bijian durch einen Parteitheoretiker erfolgte, legt die Vermutung nahe, dass mit dem „Friedlichen Aufstieg" kein Theoriemodell, sondern ein politisches Steuerungselement vorliegt. Allerdings wird dieser Eindruck wiederum dadurch durchbrochen, dass Zheng Bijian in seiner Rede selbst darauf verweist, dass dieses Begriffskonzept nicht erst 2003 erfunden wurde (Zheng, Bijian 2002:80).[131] Erst nachdem das Begriffskonzept erstmals im November 2003 durch Zheng Bijian der nichtchinesischen Öffentlichkeit in einem unverfänglichen Rahmen vorgestellt worden war, folgte mit der Harvard-Rede Wen Jiabaos am 10. Dezember 2003 die Integration des Konzepts in die offizielle außenpolitische Strategie der VR China (Wen, Jiabao 10-12-2003). Auffällig an der Harvard-Rede sind die zahlreichen Rückbezüge Wen Jiabaos auf Konzepte der chinesischen Staatsphilosophie. Bedenkt man den radikalen Bruch mit der traditionellen Kultur in der maoistischen Ära und die „Anti-Konfuzius, Anti-Lin Biao" Kampagne, wird der Versuch einer offiziellen Neuorientierung der gegenwärtigen politischen Führung nur allzu offenkundig. Wen Jiabaos direkte und indirekte Verweise auf philosophische und literarische Texte bringen den immer offener artikulierten Anspruch der VR China, über eine partikulare Zivilisation und politische Kultur zu verfügen, die entsprechend von der internationalen Öffentlichkeit anzuerkennen ist, deutlich zum Ausdruck. Es werden jedoch nur abstrakte philosophische Konzepte und solche Werke der chinesischen Literatur zitiert, welche zur Konstruk-

---

[130] Zheng Bijian (*1932 in Sichuan): Während der 50er Jahre Studium der Politischen Ökonomie an der Renmin Universität in Peking; danach Arbeit in ZK-Abteilungen (keine genaueren Angaben verfügbar). In den frühen 80er Jahren Sekretär von Hu Yaobang und in Nachfolge auch von Zhao Ziyang. 1988 Ernennung zum Vizepräsidenten der CASS; 1992 Wahl in das ZK und Leitung der Propaganda-Abteilung; 1992-2002 Vizepräsident der Zentralen Parteischule; derzeit Vorsitzender des „China Reform Forum".

[131] Internen Informationen nach hatte Zheng Bijian ein Forschungsprojekt initiiert, bei dem chinesische Doktoranden aus Shanghai in etwa 40 Fallstudien die Konditionen und Implikationen des Aufstiegs ausgewählter Großmächte in verschiedenen Epochen untersuchten (Leonard 2008:90).

tion einer Kontinuität der chinesischen Orientierung an Frieden und Harmonie beitragen. Die militärstrategischen Schriften (Sunzi, Hanfeizi) oder die der chinesischen Legalisten (Shang Yang etc.), welche in der nicht-chinesischen Welt bereits in den Kanon der interkulturellen und transdisziplinären Strategiebildung eingebunden worden sind, werden in Wen Jiabaos Rede nicht erwähnt. Dass damit die Möglichkeit einer Zusammenführung der chinesischen Modellbildung mit den bereits international akzeptierten chinesischen Modellen im Strategiebereich ungenützt bleibt, lässt vermuten, dass die strategische Komponente des „Friedlichen Aufstiegs" durchaus eine zentrale Rolle spielt, die es jedoch zu verbergen gilt.

Wenn diese Beweisführung stimmt, wird mit dem „Friedlichen stieg" ein Element der außenpolitischen Strategie – in der Terminologie der Chinakritiker als „Ideologie" und „Propaganda" klassifiziert – vorgestellt, das einen Freiraum für die nachholende Entwicklung der VR China generieren und eine Zuspitzung der Spannungen in den sino-amerikanischen Beziehungen verhindern soll. Dieser Vorstoß verdeutlicht, dass sich die chinesische Seite durchaus bewusst ist, dass ihre Entwicklungsoptionen im internationalen Kontext von den Theoriemodellen abhängen, aus welchen die strategischen Reaktionen und Handlungsoptionen der „westlichen" Staatenwelt abgeleitet werden. Es handelt sich offensichtlich um einen Versuch, die internationale Meinung zu Chinas Gunsten auszurichten.

Erster Adressat des strategischen Friedensmodells waren die chinesischen Nachbarstaaten. An diesen wurde das Modell gewissermaßen abgetestet, wobei zugleich auf dem Bo'ao-Forum auch erste Reaktionen der Vertreter der internationalen Staatengemeinschaft überprüft werden konnten. Da es von keiner Seite zu massiven Protesten und auch nicht zu Kritikäußerungen externer Beobachter gegen den chinesischen Modellversuch kam, konnte Wen Jiabao den nächsten Schritt wagen und in seiner Funktion als Ministerpräsident und Vorsitzender des Staatsrates den „Friedlichen Aufstieg" in die chinesische Außendiplomatie integrieren. Es ist sicherlich kein Zufall, dass die Rede nicht auf einem multilateralen Forum wie den UN, sondern in den USA (wenn auch im universitären Rahmen) gehalten wurde. Dies zeigt, dass der Entwicklung der sino-amerikanischen Beziehungen eine Schlüsselrolle für die internationalen Handlungsoptionen der VR China zugeschrieben wird. Es gilt, Entwicklungsszenarien zu formulieren, welche die Duldung der Realisierung der chinesischen Interessen durch die USA grundsätzlich ermöglichen würden. Allem Anschein nach wird angenommen, dass es zu keiner konzertierten Aktion der restlichen Staatenwelt gegen die chinesischen Aufstiegspläne kommt, solange die sino-amerikanischen Beziehungen ausbalanciert werden können.

Yan Xuetong skizziert drei Konstellationen einer nicht-konfrontativen sinoamerikanischen Interaktion (Yan, Xuetong 2004). Eine real-existierende oder auch nur angenommene externe (globale) Bedrohung beispielsweise würde nach Yan Xuetong eine Kooperation zwischen der VR China und den USA begünstigen(Yan, Xuetong 2004:14). Zur Bildung einer solchen kam es in den 70er und 80er Jahren des 20. Jahrhunderts, als die größte Gefahr für die USA (und eventuell auch für die VR China) von der Sowjetunion auszugehen schien. Auch die sogenannte Allianz gegen den Terror, die nach 2001 etabliert wurde, stellt eine derartige Kooperationsstruktur dar (vergl. Li, Jingzhi 2003: 60-62). Wenn diese Strukturen bereits einen fortgeschritteneren Grad der Institutionalisierung erreicht haben und die Kooperation auch für die USA von Vorteil ist, kann eine Behinderung des chinesischen Aufstiegs durch die USA als eher unwahrscheinlich eingestuft werden.

Aus chinesischer Sicht nicht wünschenswert, doch sicherlich konfliktverhindernd wäre, so Yan Xuetong, eine Einstellung der chinesischen Aufstiegspläne. In dem Augenblick, da endogene oder exogene Faktoren die chinesischen Pläne durchkreuzen würden (Yan, Xuetong 2004:14), wäre die Gefahr einer gegen die VR China gerichteten Politik der USA gebannt. Welche Konsequenzen eine Destabilisierung Chinas für die internationalen Konstellationen haben würde, erörtert Yan Xuetong aber an dieser Stelle ebenso wenig wie die Frage, ob die USA eigentlich ein wirkliches Interesse daran haben könnten, eine Schwächung Chinas herbeizuwünschen.

Die dritte Überlegung wäre die, dass die USA nicht bereit oder nicht in der Lage wären, die Kosten und Verluste zu tragen, die mit einer militärischen Eindämmung des chinesischen Aufstiegs verbunden wären. Aus diesen Überlegungen leitet Yan Xuetong die Empfehlung an die politischen Entscheidungsträger der VR China ab, dem dritten Szenario entsprechend eine defensive Aufrüstung umzusetzen und, den Ergebnissen des zweiten Szenarios folgend, stabile und friedliche Außenbeziehungen zu unterhalten. Letzteres diene als vertrauensbildende Maßnahme, mittels derer die *China-Threat*-Diskussion beendet und die Unterstützung anderer Staaten gegen eine chinakritische Politik der USA gewonnen werden könnte. Als ein positives Beispiel hierfür verweist Yan Xuetong darauf, dass beispielsweise Frankreich den chinesischen Wünschen entsprechend versucht habe, die anderen EU-Staaten zu einer Aufhebung des 1989 verhängten Waffenembargos zu bewegen (Yan, Xuetong 2004:14).

Der chinesischen Öffentlichkeit wurde das Begriffskonzept des „Friedlichen Aufstiegs" erst rückwirkend einige Wochen nach Wen Jiabaos Harvard-Rede durch Hu Jintao anlässlich des 110ten Geburtstages Mao Zedongs vorgestellt. Präsentiert wurde es als neues Element der chinesischen Außenpolitik, das auf einer Stufe mit den zentralen außenpolitischen Grundprinzipien der Unabhängigkeit und Souveränität stehen sollte (vergl. Hu, Zongshan 2006:5; 2005b). Durch die symbolische Referenz an Mao wurde mit der Formulierung des „Friedlichen Aufstiegs" kein offener Bruch mit den bisherigen Prinzipien, sondern eine legitime Weiterschreibung der Grundprinzipien konstruiert. Das Bemühen um eine pfadabhängige Verankerung des Begriffskonzepts und die Tatsache, dass der „Friedliche Aufstieg" erst so spät in die innerchinesische Diskussion re-integriert wurde, lässt vermuten, dass zuvor innerhalb der politischen Führungselite oder aber auch zwischen den verschiedenen Faktionen der KPCh keine Einigung das Begriffskonzept betreffend erzielt werden konnte. Frieden und Krieg sind weiterhin hochgradig politisch belegte Konzepte. Es ist nicht zu vergessen, dass das Militär im politischen System der VR China nicht dem Staatsapparat, sondern über die Militärkommission des ZK direkt den Parteistrukturen unterstellt ist.[132] Diese Hierarchie setzt sich gewissermaßen in dem Monopolanspruch der Partei über die Theoretisierung von Themenkomplexen, welche mit nationalen Kerninteressen wie Krieg und Frieden verbunden sind, fort. Dies lässt sich nicht zuletzt daran erkennen, dass die politikwissenschaftliche Bearbeitung des „Friedlichen Aufstiegs" erst nach der öffentlichen Vorstellung des Konzepts durch die politische Führungselite begann, auch wenn im Vorfeld möglicherweise ein Austausch zwischen Policy-Bereich und Politikwissenschaft erfolgt sein könnte. Das Dilemma der chinesischen IB-Forschung besteht nun darin, dass ein Instrument der außenpolitischen Strategie seiner theoretischen Ausdifferenzierung und Einbeziehung in eine mögliche „chinesische" IB-Modellbildung harrt. Dieser Versuch einer theoriegestützten Einbettung des „Friedlichen Aufstiegs" mag durchaus das Ergebnis eines vorauseilenden Gehorsam der chinesischen Politikwissenschaft sein, denn entsprechende Anweisungen der politischen Ebene sind nicht dokumentiert. Vielmehr drängt sich der Eindruck auf, dass verschiedene Vertreter der chinesischen IB-Forschung darauf hinarbeiten, das Definitionsmonopol der Partei zu durchbrechen, wenn auch erst im Zuge der sekundären Ausdifferenzierung des Begriffskonzepts.

---

[132] Auch wenn nach Mao in der Phase der revolutionären Machteroberung die „politische Macht aus den Gewehrläufen kommt", wurde im Zuge der Machtkonsolidierung die Kontrollbefugnis der Partei nicht zuletzt durch die Ernennung politischer Kommissare, die in den Militärstrukturen die höchste Entscheidungsgewalt innehaben, sichergestellt. Krieg und Frieden fallen damit in den Aufgabenbereich der KPCh.

5.1.1. Politische und politikwissenschaftliche Definitionen

Inhaltlich werden nur wenige Eckpunkte des „Friedlichen Aufstiegs" fixiert. In politischen wie politikwissenschaftlichen Darstellungen wird der „Friedliche Aufstieg" gemeinhin als strategische Reaktion der VR China auf die Chinaskepsis des westlichen Auslandes angeführt, die unter dem Begriff der „China Threat Theory"[133] subsumiert wird. Als ein weiteres Gegenbild zu den chinesischen Aufstiegsplänen, das ebenfalls entkräftet werden soll, gilt der von Gordon Chang (Chang, Gordon 2001) prophezeite Kollaps des chinesischen Systems (vergl. Zheng, Bijian 2004a:29).[134] Inhaltlich ist der „Friedliche Aufstieg" somit ein Gegenmodell zu westlichen Chinaszenarien; auf terminologischer Ebene aber nimmt die chinesische Modelldebatte die „westliche" Diskussion auf, wenn auch nur um die Schlüsselbegriffe umzudefinieren und in den chinesischen Kontext einzugliedern. Niu Jun hält fest, dass das Begriffskonzept des Aufstiegs genau genommen ein „Importprodukt" sei, welches aus der „westlichen" Diskussion übernommen und dann zur Theorie des „Friedlichen Aufstiegs" weiterentwickelt worden sei (Niu, Jun 2003:96).

Eine standardisierte, verbindliche Definition des Konzepts des „Friedlichen Aufstiegs" ist auf wissenschaftlicher Ebene allerdings noch ausstehend. Übereinstimmung besteht unter chinesischen Experten nur in dem Punkt, dass es sich bei diesem Entwicklungskonzept um einen langfristigen Prozess handelt, an

---

[133] In seiner Studie zu Theorie, Geschichte und Strategie des „Friedlichen Aufstiegs" führt Hu Zongshan die „China-Threat"-Theorie auf das Jahr 1992 zurück. Diesem Jahr kommt im chinesischen Kontext eine hochgradig symbolische Bedeutung zu, da es den Beginn der Normalisierung der bilateralen Beziehungen der VR China markiert, die infolge der Ereignisse auf dem Tian'anmen 1989 zunächst stark zurückgefahren worden waren. Der chinesischen Interpretation zufolge setzt die „China-Threat-Theory" zu genau dem Zeitpunkt ein, da nach Deng Xiaopings Reise in den Süden der ökonomische und politische Aufstieg der VR China seinen Anfang nimmt. Als Begründer des negativen China-Images identifiziert Hu Zongshan neben den USA auch Japan und Taiwan (Hu, Zongshan 2006:2-3).
Bereits in den 90er Jahren hatten chinesische IB-Experten wie Yan Xuetong und Huang Renwei Perspektiven und Strategien des „chinesischen Aufstiegs" untersucht (vergl. Hu, Zongshan 2006:5). In der ersten Phase der strategischen Allianz im Kampf gegen den Terror, die infolge der Ereignisse von 9/11 zwischen den USA und der VR China vereinbart wurde, dominierte, so chinesische Analysen, der Aspekt der Zusammenarbeit die mediale China-Berichterstattung des westlichen Auslands. Im Anschluss an die chinesische SARS-Krise allerdings trat die „China Threat Theory" aus Sicht chinesischer Experten in ihre zweite, bislang noch nicht abgeschlossene Phase ein.
[134] Darüber hinaus wird in der westlichsprachigen Forschungsliteratur auch erörtert, inwiefern ein nachhaltiger Aufstieg der VR China angesichts der Konstellationen auf innenpolitischer Ebene überhaupt möglich ist. Pei Minxin und Yang Guangbin vertreten die Ansicht, dass politische Reformen und die Einführung demokratischer Strukturen notwendig seien, um eine Destabilisierung der VR China zu verhindern, welche den chinesischen Aufstiegsplänen ein abruptes Ende setzen würde (Pei, Minxin 2006; Yang, Guangbin 2004).

dessen Ende der abgeschlossene Aufstieg zum „daguo" (Großmacht), jedoch nicht zum „diguo" (Imperium), steht (vergl. Guo, Shuyong 2005b:31-32; Qin, Hui 2007).

Die offiziöse Auslegung des Strategiemodells, auf die in der gegenwärtigen Diskussion chinesischer IB-Wissenschaftler inhaltlich wie auch terminologisch Bezug genommen wird, formulierte Wen Jiabao am 14. März 2004. Von zentraler Bedeutung ist die Verankerung des „Friedlichen Aufstiegs" als neues Grundprinzip der außenpolitischen Strategie, durch welches die Elemente Unabhängigkeit und Souveränität, die auf die Konsolidierung und Sicherstellung politischer Macht innerhalb der nationalen Grenzen ausgerichtet sind, um ein die internationale Dimension einbindendes Entwicklungsmodell erweitert wurden. Der chinesische Aufstieg setzt jene Entwicklungsmöglichkeiten voraus, welche ein stabiles und friedliches internationales Umfeld bietet. Zugleich ist die VR China im Zuge der Globalisierung und ökonomischen Interdependenzen zu einem integralen Bestandteil des internationalen Systems geworden. Der chinesische Aufstieg ist folglich isoliert von dieser Welt nicht denkbar; die Rückkehr zu einer Abschottungs- oder Isolationspolitik ist ausgeschlossen. Um das Aufstiegsmodell nicht als Strategie zur Umsetzung nationaler Interessen erscheinen zu lassen, betont die normativ-offiziöse Darlegung, dass der Aufstieg Chinas zur Wahrung des Weltfriedens beitrage. Hegemonialbestrebungen werden kategorisch abgelehnt (vergl. auch Hu, Zongshan 2006).

Grundlage dieser politischen Darlegungen wiederum sind nach Aussage chinesischer Politikwissenschaftler primär die Ausführungen Zheng Bijians; den IB-Forschern kommt bei der Konzeptgestaltung nur eine nachgeordnete Rolle zu. Während Wen Jiabao den Faktor Interdependenz betont und damit die Notwendigkeit von *win-win*-Konstellationen begründet, formuliert Zheng Bijian verstärkt die außenpolitischen Verzichtserklärungen und Verpflichtungen des „Friedlichen Aufstiegs". Explizit führt er hierbei den Verzicht auf territoriale Expansion und militärische Konfrontation mit anderen Staaten an. Zheng unterstreicht, dass das chinesische Aufstiegsmodell primär im Dienste der chinesischen Innenpolitik und ihrer Modernisierungsvorhaben stehe und nur nachrangig als außenpolitische Strategie zu lesen sei (Zheng, Bijian 2004b:39). Wenn die erfolgreiche Ausgestaltung des Modernisierungsprojekts und der damit verbundene Einflussgewinn der VR China in globalen Konstellationen von außenstehenden Betrachtern als Bedrohung eingestuft wird, handelt es sich, folgt man den Ausführungen Zheng Bijians, um eine Missperzeption der chinesischen Interessen, da der Aufstieg grundsätzlich nicht gegen andere Staaten oder Staatenbündnisse gerichtet sei (Zheng, Bijian 2003; 2004a).

Die hier konstatierte „Missperzeption" des chinesischen Aufstiegs beruht darauf, dass neorealistische IB-Theorien, welche den „westlichen" China-

Diskurs prägen, den Aufstieg eines neuen Staaten-Akteurs in direkten Zusammenhang mit militärischer Expansion oder Kolonialisierungspolitik setzen. Wenn man davon ausgeht, dass Staaten als rationale Akteure nach Wahrung ihrer relativen Macht und Sicherheit streben, muss der relative Zugewinn an ökonomischer, militärischer und auch politischer Macht eines ursprünglich außerhalb des Systems positionierten Staates konsequenterweise zu Spannungen oder sogar zu offen ausgetragenen Konflikten führen (vergl. Mearsheimer 2004).

Wenn die VR China ein Anrecht auf nachholende nationale Entwicklung beansprucht und sich somit als neuer Akteur des internationalen Geschehens positioniert, scheint ein Interessenskonflikt mit anderen Staaten-Akteuren somit unvermeidbar. Zheng Bijian muss folglich, um die Bedenken und Befürchtungen anderer Staaten-Akteure zu zerstreuen, das Modell des „Friedlichen Aufstiegs" stärker auf innenpolitische Belange hin konzipieren.

Um entsprechende Bedrohungsszenarien zu entkräften, führt Zheng Bijian bei seiner „inhaltlichen" Ausformulierung des „Friedlichen Aufstiegs" die Interdependenz innen- und außenpolitischer Konstellationen an. Mit dem Verweis auf drohende Ressourcenknappheit, die voranschreitende Umweltzerstörung und die zunehmenden sozialen Disparitäten benennt er drei zentrale negative Begleiterscheinungen des chinesischen Modernisierungsprojekts (Zheng, Bijian 2005:3), die dazu führten, dass das Hauptaugenmerk der chinesischen Politik auf innerchinesischen Herausforderungen ruhe. Zugleich handelte es sich bei diesen negativen Entwicklungen, wie Zheng Bijian mehrfach betont, um Herausforderungen, mit denen sich auch andere Staaten konfrontiert sehen und zu deren Lösung die Entwicklung transnationaler, kooperativer Strategien erforderlich ist.

Zheng Bijian konzipiert den „Friedlichen Aufstieg" damit konsequenterweise als innenpolitischen Aktionsplan, der eine nachhaltige Entwicklung der VR China gewährleisten soll. Umgelegt auf die innenpolitische Ebene steht der „Friedliche Aufstieg" für eine neue Form der Industrialisierung, welche sich entschieden von der ressourcenintensiven Industriellen Revolution der westlichen Welt abgrenzt und die negativen Begleiterscheinungen der westlichen Modernisierung vermeiden soll. Zudem betont das chinesische Konzept die Idee der Reform, Öffnung und Kooperation und stellt diese dem militärischen Expansionsbestreben der alten Großmächte und der konfrontativen Politik der Blockstaaten während des Kalten Krieges entgegen.

Die von Zheng Bijian durchaus angesprochene außenpolitische Herausforderung – die Konkurrenz der VR China mit den USA – kann diesem theoriebasierten Entwurf zufolge nicht zu einer militärischen Konfrontation führen, jedwede Eskalation in den bilateralen sino-amerikanischen Beziehungen müsste vielmehr durch Kooperation und Verhandlungen verhindert werden. Denn nur in einem stabilen und friedlichen außenpolitischen Umfeld lassen sich die von der VR China angestrebten Entwicklungs- und Modernisierungsziele verwirklichen, jede Form der außenpolitischen Konfrontation würde im Gegenzug möglicherweise das Wirtschaftswachstum schwächen. Da die Legitimationsstrategie der KPCh sich jedoch nicht mehr primär auf Ideologie und Massenmobilisierung, sondern zunehmend fast ausschließlich darauf stützt, dass die Partei ein Umfeld garantiert, das ein stabiles positives Wirtschaftswachstum ermöglicht, würde dies letztendlich die Akzeptanz der Legitimität des politischen Systems und somit die Einheit und Stabilität der VR China in Frage stellen (Pei, Minxin 2006).

Um schließlich den sozialen Spannungen entgegenzutreten, die als negative Externalitäten des chinesischen Reformprozesses in Erscheinung treten, führt Zheng Bijian als letzten Aspekt des „Friedlichen Aufstiegs"[135] den Aufbau einer Harmonischen Gesellschaft an. Innenpolitisch tritt der Aspekt des Friedens somit als sozialer Friede, mit Fokus auf der ausgleichenden Vermittlung zwischen konkurrierenden gesellschaftlichen Interessen, außenpolitisch als Weltfriede in Erscheinung.

5.2. Der „Friedliche Aufstieg":
Legitimierungsstrategie im internationalen Kontext

Im Unterschied zu den diplomatischen Versuchen Zheng Bijians, die Chancen und Gefahren des chinesischen Aufstiegs an innenpolitische Entwicklungen zu koppeln, sind die Untersuchungen chinesischer IB-Theoretiker zumeist von der Frage geleitet, welche Auswirkungen der chinesische Aufstieg – der unabhängig vom „Friedlichen Aufstieg" beleuchtet wird – auf die Struktur des internationalen Systems haben könnte. Hierzu werden die Strukturen des internationalen Systems und die strategischen Positionierungsoptionen der VR China innerhalb dieser untersucht. Die Reden des 16. Parteitages der KPCh verdeutlichen, dass die ersten beiden Dekaden des 21. Jahrhunderts, d.h. der Zeitraum von 2000 bis 2020, als strategische Positionierungsphase betrachtet werden (Li, Jingzhi

---

[135] Eine geradezu plakative mediale Stilisierung der westlichen Expansion findet sich mit der 2006 auf CCTV ausgestrahlten Filmreihe „Daguo Jueqi" (engl. Titel: „The Rise of Great Nations"), in welcher die historischen Entwicklungen und Expansionskriege dargestellt werden, welche nach Argumentation der Filmreihe zum Weltmachtstatus Portugals, Spaniens, Hollands, Großbritanniens, Frankreichs und Deutschlands beigetragen haben sollen (für eine mögliche weitergehende Lesung der Filmreihe vergl. Green, Stephen 2007:41-45). Eine Weiterführung dieser wissenschaftlich untermauerten Aufstiegsthematik wurde 2007 von CCTV unter dem Titel „Fuxing zhi lu" („The Road to Revival") ausgestrahlt. Diese sechsteilige Filmreihe untersucht die Optionen und Faktoren des „Aufstiegs" beziehungsweise des „Wiederaufstiegs" in Abhängigkeit von der Geschichte Chinas.

2003:59). Die chinesische Modellbildung geht grundsätzlich von drei Entwicklungsphasen des chinesischen Aufstiegs aus. Auf die Vorbereitungsphase, welche mit Gründung der VR China ihren Anfang nimmt und mit der Normalisierung der Kontakte zu den USA sowie der internationalen diplomatischen Anerkennung der VR China ihren vorläufigen Abschluss gefunden hat, folgt die Startphase des Aufstiegs, welche nach dieser Darstellung insbesondere durch die Verfassungsreform von 1982 und den Neunten Fünf-Jahres-Plan befördert wurde. Bis 2040 sollen schließlich die Modernisierungs- und Aufstiegspläne Chinas realisiert sein (vergl. Guo Shuyong 2005b:33).

Die Entwicklungsoptionen, die sich der zunehmend in das internationale Geschehen eingebundenen VR China bieten, versprechen die erfolgreiche Umsetzung der chinesischen Modernisierungspläne, worunter derzeit in erster Linie der Aufbau einer Wohlstandsgesellschaft bei gleichzeitiger Wahrung eines stabilen, nachhaltigen Wirtschaftswachstums subsumiert werden. Die Realisierbarkeit dieser Pläne wird insbesondere durch exogene Faktoren determiniert. Vier Aspekte werden hierbei besonders hervorgehoben: Die Entwicklung und Struktur des internationalen Systems; die Rolle der USA und die zukünftigen Interaktionsstrukturen zwischen der VR China und den USA; die Entwicklungen in der Region Ostasien und die chinesische Nachbarschaftspolitik; wie nicht zuletzt die Taiwanfrage. Mit Blick auf das internationale System prognostizieren chinesische Analysen, dass sich die internationale Politik an den Themen „Frieden und Entwicklung"[136] ausrichte, weshalb von einer Konfliktvermeidung und der Einrichtung langfristiger und friedlicher Interaktions- und Kooperationsmuster ausgegangen werden könne (Li, Jingzhi 2003:59-64).

Konkretes Konfliktpotential besteht aus Sicht der VR China hingegen in der Region Ost- und Südostasien. Wenngleich mit der gemeinsamen sinorussischen Erklärung über die Einrichtung einer strategischen, auf Dialog basierenden Partnerschaft und über die Kooperations- und Austauschstrukturen der Shanghai Cooperation Organization (SCO) die nördlich angrenzenden Nachbarstaaten gewissermaßen in die chinesischen Modelle der regionalen und globalen Entwicklung eingebunden worden sind, scheint doch weiterhin die Entwicklung Indiens und Pakistans ungewiss. Diese beiden Staaten zählen zu den neuen Atommächten und befinden sich in unmittelbarer Nachbarschaft zu China. Zugleich konstatieren chinesische Studien mit Besorgnis, dass Indien die VR China als Bedrohung perzipiere und somit auch ein Anhänger der „China-Threat-Theory" geworden sein könnte. Mögliche Interessenskonflikte mit den anderen Staaten der Region ergeben sich aus ungelösten territorialen Streitigkeiten, Kontroversen hinsichtlich des Grenzverlaufs oder aber hinsichtlich der geostra-

---

[136] Hier erfolgt die Anwendung des eingangs diskutierten *shidai*-Ansatzes (vergl. 2.4.1.).

tegischen Konkurrenz um den Zugang zu endlichen Ressourcen. Zu direkten Konfrontationen kommt es dabei mit Japan im Zuge der Auseinandersetzung um die Hoheitsrechte über die Diaoyu-Inseln. Aus chinesischer Sicht gehören diese zum Territorium der VR China, weshalb der japanische Standpunkt als Verletzung der chinesischen Rechte und Interessen bewertet wird. Die Nordkoreaproblematik und die diesbezügliche Politik der USA gelten als weitere destabilisierende Faktoren für die Region Ostasien. Der letzte bestimmende Faktor, die Taiwanfrage, wird als Schlüsselaspekt der chinesischen Entwicklungsstrategie gesehen. Eine Unabhängigkeitserklärung Taiwans würde, so Li Jingzhi, ein sofortiges Ende der strategischen Positionierungsphase und eine Modifikation der außenpolitischen Strategie der VR China zur Folge haben. Jedoch geht Li Jingzhi davon aus, dass eine Lossagung Taiwans von der VR China nur mit Unterstützung der USA erfolgen könne. Solange diese aber einen Konflikt mit der VR China verhindern wolle, habe die VR China Zeit, sich im Rahmen der „strategischen Phase" zu positionieren und formieren (Li, Jingzhi 2003:63-64).

Es fällt auf, dass alle der genannten Faktoren, von welchen die Dauer der „strategischen Phase" abhängt, direkt oder indirekt auf die außenpolitischen Zielsetzungen und Aktionen der USA zurückgeführt werden. Offensichtlich ist dies im Falle der Taiwanfrage gegeben, aber auch die Indien zugeschriebene „China-Threat-Theory" verweist auf US-amerikanische Bewertungen der VR China, da diese von chinesischen Analysten als Begründer dieses Bedrohungsszenarios identifiziert worden sind (Hu, Zongshan 2006). Doch bedingt die alleinige Rückführung der negativen Entwicklungen auf die USA die Ausblendung alternativer Erklärungsansätze. Die indigenen Bewegungen auf Taiwan und die damit verbundene Herausbildung eines pluralistischen Parteiensystems seit Mitte der 80er Jahre werden komplett vernachlässigt. Auch fehlen Erklärungen, weshalb Taiwan (zeitweise) nicht mehr eine Wahrung des status quo, sondern die Loslösung und Unabhängigkeit anstrebt(e). Indem die innertaiwanesischen Konstellationen und die Interessen anderer Staaten-Akteure an Taiwan (z.B. Japan oder die EU) aus der Betrachtung ausgeklammert werden, wird die Taiwanfrage zu einem symbolisch stark überhöhten Spielball der sino-amerikanischen Machtkonkurrenz. Die chinesische Strategie, welche sich aus den Betrachtungen dieser vier Faktoren ergibt, kann somit auch als Versuch einer Abgrenzung der VR China gegen die USA bewertet werden.

Alle Überlegungen zur Formulierung der außenpolitischen Zielsetzungen fußen auf der Ebene der politischen Theorie. Die Theorie gilt weiterhin als Anleitung für die politische Praxis, wobei betont wird, dass es sich hierbei um kein ausschließlich auf die VR China beschränktes Phänomen handelt. Auch die US-amerikanische Außenpolitik wird von chinesischen Beobachtern als Ausdruck einer an die jeweilige Präsidentschaftsperiode gebundenen „Theorie" oder auch außenpolitischen Ideologie gesehen. Im Unterschied zur US-amerikanischen Strategie wird die außenpolitische Strategiebildung der VR China als ein langfristiger Prozess gesehen, bei dem bestehende Konzepte nicht aufgrund personeller Umstrukturierungen auf den Ebenen der Partei beziehungsweise der Regierung aufgegeben, sondern vielmehr die bestehenden Konzepte jeweils übernommen, perpetuiert und unter Berücksichtigung veränderter Konstellationen modifiziert werden (Li, Jingzhi 2003:66; vergl. 2.4.2.).

Der Aufstieg Chinas stellt dem Westen gewissermaßen die Systemfrage und entkräftet zugleich Theorieansätze der IB, welche von Interaktionen demokratisch verfasster Staatensysteme beziehungsweise von einem unüberwindbaren Systemantagonismus sozialistischer und kapitalistischer Staaten ausgingen. Nicht genug, dass eine erfolgreiche Umsetzung der chinesischen Aufstiegspläne eine Veränderung der Machtstrukturen bedingt, eine besondere Herausforderung sehen chinesische Politikwissenschaftler gerade darin, dass sich mit der VR China ein „sozialistischer" Staat zu einem dominanten Akteur entwickelt, der mit den etablierten Großmächten in Konkurrenzbeziehungen eintritt (vergl. Zhao. Kejin / Ni, Shixiong 2005:269-270). Der „Friedliche Aufstieg" Chinas setzt daher voraus, dass sich die westliche Welt mit der Koexistenz divergierender Systemstrukturen zufrieden gibt und weitere Schritte, welche auf die Herbeiführung eines Systemwandels abzielen würden, unterlässt.

Ganz entscheidend, und lange Zeit in der chinesischen Politikbetrachtung vernachlässigt, ist zudem die Frage, wie die chinesischen Zielsetzungen gegenüber der internationalen Staatengemeinschaft als legitime Anliegen präsentiert werden können. Dazu muss die westliche Staatenwelt davon überzeugt werden, dass die außenpolitischen Handlungen der VR China konform mit den bestehenden Grundprinzipien und Regeln der internationalen Beziehungen sind. Auf der Ebene der IB-Theorie stellt sich hiermit die Frage nach der Legitimität (*hefaxing*)[137] staatlichen Handelns im internationalen Kontext, oder genauer gesagt die Frage, welche Schritte ein Staat unternehmen muss, um Unterstützung für seine Anliegen zu gewinnen oder diese wenigstens ungehindert verfolgen zu können. Zhao Kejin und Ni Shixing sehen in der gezielten Konstruktion

---

[137] Zhao Kejin und Ni Shixiong wählen hier für Legitimität nicht den chinesischen Begriff „zhengdangxing", sondern „hefaxing" , der zwar im chinesischen Kontext oftmals synonym verwendet wird, genaugenommen aber „Legalität" bedeutet. Dass es sich hierbei nicht um einen Übersetzungsfehler handelt, hat Zhang Jian nachdrücklich betont. Er tritt für die Verwendung des Begriffs *zhengdangxing* ein und argumentiert, dass mit *hefaxing* lediglich der Bereich des Rechtlichen berücksichtigt werde. Zudem aber werde in vielen Studien chinesischer Politikwissenschaftler unter *hefaxing* auch nicht abstrakt der „legale" Aspekt von Herrschaft verstanden, als „legal" gelte vielmehr das unter den jeweiligen politischen Strukturen erlaubte Verhalten, unabhängig von allgemeinen moralischen Wertekategorien (Zhang, Jian 2005).

eines exportfähigen nationalen Images der VR China die einzige Möglichkeit, einer „Missperzeption" chinesischer Interessen durch die internationale Staatengemeinschaft vorzubeugen. Der chinesische Aufstieg erfordert demnach eine Korrektur des negativen China-Images, das sich aus chinesischer Perspektive in der sogenannten „China-Threat-Theory" manifestiert. Als Adressat eines „optimierten nationalen Images" (*youhua de guojia xingxiang*) ist die internationale Öffentlichkeit (*guoji gongzhong*), d.h. die Bevölkerung und explizit nicht die Regierungen der anderen Staaten-Akteure, vorgesehen (vergl. Zhao, Kejin / Ni, Shixiong 2005:272-273; vergl. auch 7.2.; 7.3.).

Nach Zhao Kejin und Ni Shixiong ist somit ein unmittelbarer Zusammenhang zwischen nationalen Interessen, dem außenpolitischen Image und dem Aufstiegsmodell der VR China zu konstatieren. Denn das zentrale Anliegen des „Friedlichen Aufstiegs" ist zunächst die Realisierung nationaler Interessen der VR China. Nationale Interessen wiederum unterliegen der Formulierung von außenpolitischen Strategien sowie auf übergeordneter Ebene auch von IB-Theorien (vergl. Zhao, Kejin / Ni, Shixiong 2005:271). Um diffuse Systemunterstützung im internationalen Kontext zu erzielen und diese nationalen Interessen umzusetzen, muss die VR China in einem ersten Schritt ein Selbst-Image als unverzichtbarer, verlässlicher Kooperationspartner entwerfen, das von den jeweiligen Adressaten auch angenommen werden kann. Weitergehend ist aber, so Zhao und Ni, die Entwicklung einer alternativen IB-Theorie erforderlich, welche auch chinesische Interessen berücksichtigt und Theoriemodelle, die größtenteils auf die Zeit des Kalten Krieges zurückgehen, ersetzen könnte (vergl. Zhao, Kejin / Ni, Shixiong 2005:275).

Während auf diplomatischer Ebene unablässig betont wird, dass die VR China weder eine Vormachtsrolle noch den Status einer Weltmacht anstrebe, spielen chinesische Politikwissenschaftler im Zusammenhang mit Aufstiegsszenarien durchaus Möglichkeiten einer regionalen, internationalen oder globalen chinesischen Führungsrolle durch. Der Ausgangspunkt dieser Überlegungen ist die der chinesischen Theoriesuche unterliegende Erkenntnis, dass mit dem Ende des Kalten Krieges nicht nur die realen Machtstrukturen im Umbruch befindlich sind, sondern auch die zuvor herangezogenen Theoriemodelle einer Überarbeitung bedürfen.

Noch 1974 hatte Deng Xiaoping für die Errichtung einer Neuen Weltordnung plädiert, mit dem Eintritt in die Phase der Reform- und Öffnungspolitik 1978 war die VR China jedoch dazu übergegangen, sich in die gegebenen Strukturen des internationalen Systems einzufügen. Die Forderung nach einer Neuordnung und Demokratisierung der internationalen Beziehungen ist nach Ende des Kalten Krieges erneut aufgegriffen, jedoch erst 2002/03 offiziell von der chinesischen Führung als strategisches Ziel benannt worden (Men, Honghua

2004:237-238). Dabei arbeite die VR China, so zumindest die Einschätzung Men Honghuas, weder auf einen gewaltsamen Umsturz der bestehenden Systemstrukturen hin noch strebe sie die Errichtung vollkommen neuer Interaktionsstrukturen an (Men, Honghua 2004:239).[138]

Der Anspruch der chinesischen Seite, auf die Neugestaltung der internationalen Strukturen und Prozesse nach 1989/1991 auf realpolitischer und theoretischer Ebene Einfluss zu nehmen, wird in chinesischen Studien nicht als Angriff auf die alten Systemstrukturen, sondern als aktiver Beitrag der VR China am internationalen Geschehen gesehen. Denn die Transformation der früheren bipolaren Strukturen resultiere nicht aus dem Aufstieg Chinas, vielmehr bilde sie dessen Hintergrund und zugleich notwendige Voraussetzung. Es sind somit, und hier ist die chinesische Argumentation offensichtlich von dialektischen Mustern geprägt, die objektiven Entwicklungsgesetzmäßigkeiten beziehungsweise der Übergang von Haupt- in Nebenwiderspruch, durch welche die chinesische Entwicklung bedingt und legitimiert wird. Danach ermöglicht erst der Wandel des internationalen Systems die Neupositionierung der VR China im internationalen Geschehen, wodurch diese die Möglichkeit erhält, an der Konzeption neuer Systemstrukturen mitzuwirken. Dabei gehen chinesische Politikwissenschaftler davon aus, dass es im Wesentlichen „Ideen" (*guannian*) sind, welche die Interaktionsstrukturen und die Beschaffenheit des internationalen Systems bestimmen. Als Chinas bislang wichtigster Beitrag zu diesen strukturbestimmenden Ideen gelten die „Fünf Prinzipien der friedlichen Koexistenz" (Men, Honghua 2004:239-243; vergl. 5.4.).

Die oben skizzierten chinesischen Ausführungen zum Modell des „Friedlichen Aufstiegs" als Teil einer internationalen Legitimierungsstrategie der VR China haben nur von außen betrachtet die internationalen Beziehungen zum Inhalt. Genau genommen diskutieren sie die Rolle und das Selbstverständnis der VR China als internationaler Akteur. Verfolgt man den Subtext dieser Diskussion, besteht die zentrale Frage nicht in der Realisierbarkeit des „Friedlichen Aufstiegs", sondern in der Frage der Systemlegitimierung durch die Formulierung eines Friedenskonzepts. Hier aber gerät die theoretische Grundlage des nach außen projizierten Selbstbildes der VR China als ein Staaten-Akteur unter vielen beziehungsweise als Entwicklungsland ins Schwanken (vergl. Kap. VI). Denn der Topos der Friedenssicherung zur Legitimierung politischer und symbolischer Herrschaft wird eigentlich als Element imperialer Ordnung ange-

---

[138] Men Honghua verwendet hier die Formulierung „lingqi luzao" (wörtlich: einen neuen Herd einrichten; sinngemäß: noch einmal komplett von vorne anfangen), welche als Grundprinzip der frühen maoistischen Außenpolitik die Aufkündigung aller durch die GMD-Regierung zuvor etablierten diplomatischen Kontakte beinhaltete. Indirekt erfolgt hier eine deutliche Abgrenzung der gegenwärtigen chinesischen Außenpolitik von maoistischen Orientierungen.

nommen (Münkler 2005: 127-128). Im Unterschied zu Staatensystem, die einen Zusammenschluss gleichberechtigter Akteuren verkörpern und Sicherheits- wie Friedenskonzeptionen miteinander aushandeln müssen, können Imperien selbst ordnungsstiftend wirken. Der Versuch der Machtlegitimierung von Imperien geht im Unterschied zu Staaten und Hegemonialmächten einher mit der Formulierung imperialer Missionen, mittels derer die Ordnungsziele des Imperiums als weltgeschichtliche Aufgabe konstruiert werden. Adressat dieser Mission ist in erster Linie die eigene Bevölkerung (Münkler 2005:132), doch wäre zu überlegen, dass im Zuge der Globalisierung und der beginnenden Formierung einer Weltgesellschaft imperiale Strukturen auch einer Rechtfertigung gegenüber der Außengesellschaft bedürfen. Dann aber ist der „Friedliche Aufstieg" nicht als Aktionsplan aufzufassen, sondern als Element symbolischer Politik gegenüber der innerchinesischen wie auch der internationalen Öffentlichkeit.

5.3. Kritik und Gegenkritik

Während chinesische Analysen den „friedlichen Aufstieg" zwar kontrovers diskutieren, mehrheitlich aber an der theoretischen Möglichkeit des Modells festhalten, sind westliche Bewertungen weitaus skeptischer. Als zentraler Kritikpunkt findet sich der Verweis auf die militärischen Aktionen, die scheinbar im Widerspruch zu der immer wieder betonten friedliebenden Politik der VR China stehen. Die Krisen in der Taiwanstraße, die militärischen Konflikte in der Südchinesischen See und auch die Grenzstreitigkeiten der VR China werden als Beleg für ein immanentes Schisma zwischen den offiziellen außenpolitischen Bekundungen und der realen Ausgestaltung der chinesischen Außenpolitik angeführt (Kondapalli 2005).[139]

Die Skepsis westlicher Chinabeobachter spiegelt sich auch auf der Ebene der verwendeten Terminologie wider. In Studien nicht-chinesischer Analysten

---

[139] Die Kritik westlicher Beobachter hinsichtlich der Glaubwürdigkeit des von China vorgebrachten Konzepts des „Friedlichen Aufstiegs" bezieht sich neben den Manövern in der Südchinesischen See insbesondere auf die Politik der VR China gegenüber Xinjiang, Tibet und Taiwan. Aus chinesischer Sicht jedoch ist eine diesbezügliche Skepsis und Kritik in keiner Hinsicht berechtigt, da es sich hier um innere Angelegenheiten der VR China handelt, in welche keine äußere Einmischung erwünscht geschweige denn erlaubt ist. Da eine konkrete Definition des „Friedlichen Aufstiegs" nicht vorliegt, gibt es von chinesischer Seite auch keine offizielle Erklärung, auf den Einsatz militärischer Mittel gegenüber diesen Randregionen grundsätzlich verzichten zu wollen (vergl. Hu, Zongshan 2005b:200). Der „Friedliche Aufstieg" basiert folglich nicht auf einem absoluten, sondern einem relativen Friedensbegriff. Kriegsähnliche Konfrontationen sind nicht auszuschließen, sofern sie der Wahrung nationaler Kerninteressen dienen, von der VR China ausgehende Expansionskriege oder die bewusste Herbeiführung eines neuerlichen Weltkrieges werden jedoch ausgeschlossen (vergl. Hu, Zongshan 2005b:220).

findet sich derzeit fast ausschließlich die reduzierte Formel des „Aufstiegs Chinas" (zur Weltmacht), wobei die Analyse weitgehend auf ökonomische oder militärstrategische Aspekte beschränkt ist (vergl. z.B. die Studien von Brown et al. 2000; Sutter 2005).[140] Diese Formulierung impliziert eine teleologische Bewertung des Konzepts, die sich nicht mit der grundsätzlich erklärten Friedfertigkeit der VR China zufrieden gibt, sondern der Frage nachgeht, welches Endziel und welche Endstrukturen das chinesische Entwicklungsmodell anstrebt. Dies aber stößt auf Unverständnis der chinesischen Beobachter – denn aus chinesischer Sicht ist das Aufstiegskonzept ein Synonym für die infolge der Opiumkriege immer wieder artikulierte Forderung nach einer *Wieder*erlangung der verlorenen Stellung Chinas; zugleich steht das Aufstiegskonzept für ein modernes nationales „Selbstbild" (*ziwo xingxiang*), welches der Formulierung der gegenwärtigen chinesischen Außenpolitik unterliegt. Dies wird auch am Beispiel der offiziellen Terminologie in Parteidokumenten deutlich, welche das Phänomen des chinesischen Aufstiegs als „großartige Renaissance des chinesischen Volkes" (*Zhonghua minzu de weida fuxing*) und als „Umsetzung der Modernisierungspläne" (*shixing xiandaihua*) aufgreifen (Niu, Jun 2003:96-97). Mit

---

[140] Gewissermaßen als Widerlegung und Entkräftung der *China-Threat-Theory* führen verschiedene westliche und chinesische Analysten das Argument an, dass sich der chinesische Aufstieg in einem Umfeld und unter Rahmenbedingungen vollziehe, die nicht mit denen Japans oder Deutschlands vergleichbar seien, weshalb die bisherigen Prognosen von nicht haltbaren Grundthesen ausgegangen seien. Denn die bisherigen Prognosen, welche Implikationen die Entwicklung der VR China für das internationale System, seine Strukturen und Interaktionsregeln haben könnte, basieren weitgehend auf Grundannahmen klassischer IB-Theorien. Allgemein gehen Analysen im Sinne des (Neo-)Realismus dabei davon aus, dass der Aufstieg eines neuen Akteurs zwangsläufig zu einem Konflikt mit der bisherigen Hegemonialmacht führen wird, da diese mit allen Mitteln versuchen wird, ihr Machtmonopol zu verteidigen. Interdependenzansätze hingegen konstatieren, dass aufgrund transnationaler oder auch globaler Vernetzungen und wechselseitiger Abhängigkeiten eine offene Konfrontation eher unwahrscheinlich sei. Beide Ansätze berücksichtigen jedoch nicht, dass das außenpolitische Agieren eines Staates auch in Abhängigkeit von seinem jeweiligen regionalen Umfeld und seiner internationalen Positionierung zu betrachten ist. Einen möglichen Ansatz, der die externen Faktoren, welche bi- und multilaterale Interaktionen prägen, einbindet, entwirft Womack in seiner Studie „How Size Matters" (Womack 2001 [2004]). Womack geht davon aus, dass sich die für die bisherigen Prognosen herangezogenen Umfeldkoordinaten verändert haben könnten, wenn die VR China ökonomische Parität mit den USA erreicht haben wird. Während Ansätze der realistischen IB-Theorie an diesem Punkt die Konfrontation zweier gleichwertiger Machtzentren voraussehen würden, stellt Womack die These auf, dass die Beziehungen der Machtzentren weiterhin asymmetrisch angelegt seien. Wenn diese These stimmen sollte, und wenn sich zumindest eines der Machtzentren dieser Asymmetrie bewusst würde, müssten wechselseitige Perzeptionen und Interpretationen einen wesentlichen Faktor für die Ausgestaltung der Interaktionen darstellen (Womack 2001 [2004]:73-75).
Im Gegensatz zu den neorealistischen Bedrohungsperzeptionen, die als rationale Gegenmaßnahme *Containment*- und *Balancing*-Ansätze nahe legen, nimmt das EU-Strategiepapier von 2006 einige der chinesischen Anliegen, welche der Formulierung des Modells des Friedlichen Aufstiegs unterliegen, aktiv auf und verwendet die Formulierung „re-emergence" (COM (2006) 631).

dem Terminus „Renaissance" spielt die chinesische Darstellung darauf an, dass der gegenwärtige Aufstieg Chinas mittlerweile der vierte seiner Art ist. Als Vorläufer gelten die Dynastien Qin, Tang und Ming, denen eine weitreichende symbolische Ausstrahlung auf die restliche Welt zugeschrieben wird. Indem diese Referenz indirekt erfolgt, kann die Frage, wie und weshalb es jeweils zu einem Niedergang Chinas kam, vermieden werden. Lediglich der in der Chronologie letzte Abstieg und Machtverlust Chinas ist eindeutig dokumentiert und mit einer Standarderklärung belegt. Es handelt sich um die Niederzwingung Chinas in den Opiumkriegen während des 19. Jahrhunderts. Der gegenwärtige „Wiederaufstieg" ist folglich nichts anderes als eine Wiedergewinnung der verlorenen Position Chinas. Die Tolerierung des chinesischen Aufstiegs durch die internationale Staatengemeinschaft präsentiert sich vor diesem Hintergrund als eine geradezu bescheidene und legitime Forderung.

Ende 2005 reagierte die chinesische Seite auf die westliche Skepsis hinsichtlich des „Friedlichen Aufstiegs". Am 22. Dezember 2005 veröffentlichte der chinesische Staatsrat ein Weißbuch mit dem Titel „China's Peaceful Development Road"[141] (*heping fazhan daolu*). Die chinesischen Weißbücher gelten als Instrument der auf das Ausland abzielenden chinesischen Image-Kampagnen und dienen der Steuerung der China-Perzeption der ausländischen Kooperationspartner (Wang, Hongying 2005). Dieser Hintergrund legt den Schluss nahe, dass durch die Wahl des neutralen Begriffs „Entwicklungsweg" die möglicherweise mit dem zuvor verwendeten Begriff „Aufstieg" verbundenen Bedenken und Befürchtungen des Auslands zerstreut werden sollten (vergl. Zheng, Bijian 2004c:54).

Das Weißbuch zu Chinas „Friedlichem Entwicklungsweg", herausgegeben vom Informationsbüro des chinesischen Staatsrats, entwirft auf insgesamt 32 Seiten Grundlagen der Positionierung der VR China im internationalen Kontext. Die „Friedliche Entwicklung" wird dabei als einzige und unausweichliche Entwicklungsrichtung Chinas konzipiert, welche auf Kooperation, gemeinsamer Entwicklung, Frieden und Harmonie zu beruhen habe. Konkrete Beispiele für eine integrative und kooperative Ausgestaltung der chinesischen Außenpolitik werden nur im Bereich der Wirtschafts- und Finanzinteraktionen angeführt. Besonderer Nachdruck wird auf die Kooperationsbereitschaft der VR China und deren Einbindung in multilaterale und internationale Organisationen (ASEAN, UN, WTO) gelegt. China, das in diesem Weißbuch für sich die Rolle eines Entwicklungslandes (!) beansprucht, ist bei der Umsetzung seiner Entwicklungspläne, so der Tenor der Gesamtdarstellung, in erster Linie mit der Lösung von

---

[141] http://www.chinadaily.com.cn/english/doc/2005-12/22/content_505678.htm (10.05.2006).

sozio-ökonomischen Spannungen und Problemen im nationalen Kontext beschäftigt. Außenpolitische Ambitionen werden damit indirekt zurückgewiesen. Zudem wird eine Interdependenz zwischen Chinas nationaler Entwicklung und den globalen Entwicklungen angenommen. Chinas Entwicklung ist somit nur im internationalen Kontext möglich, trägt aber auch zugleich zur Stabilisierung der internationalen Konstellationen und Entwicklungen bei. Der hier zunächst auf wirtschaftliche Aspekte ausgerichtete Aufstieg wird bereits in den ersten Abschnitten des Weißbuches als völlig „neuartiges" Modell konzipiert, womit die Argumentation, dass der Aufstieg Chinas ebenso wie der Aufstieg jedes anderen Staates in der Geschichte unausweichlich in kriegerische Konfrontationen münden werde, als einseitig zurückgewiesen wird. Der letzte Abschnitt des Weißbuchs greift das Modell der „Harmonischen Welt" auf und stellt so eine inhaltlich-kausale Verknüpfung zwischen den Konzepten „Friedlicher Aufstieg" und „Harmonische Welt" her. Für den Fall, dass trotz dieser Beteuerungen der chinesischen Friedensabsichten die Skepsis des Westens noch immer nicht ausgeräumt sein sollte, zeichnet das Weißbuch die pazifistischen Grundprägungen der chinesischen Politik über die Jahrhunderte hinweg nach und „belegt" mit dem Verweis auf die Expeditionen des chinesischen Admirals Zheng He (1371-1435) während der Ming-Dynastie, dass China niemals in seiner Geschichte mit der westlichen Kolonialpolitik vergleichbare Expansionspläne verfolgt habe. Grenzkonflikte und bewaffnete Konfrontationen nach 1949 allerdings werden unauffällig ausgeklammert.[142] Scheinbar synonym wird für den Ausdruck „Friedlicher Entwicklungsweg" auch das von Hu Jintao im Rahmen des 17. Parteitages 2007 formulierte Konzept der „wissenschaftlichen Entwicklung" verwendet (s. Zhao, Kejin / Ni, Shixiong 2007:201-213). In der innerchinesischen Debatte wird jedoch weiterhin der Begriff des „Friedlichen Aufstiegs" dem der „friedlichen Entwicklung" vorgezogen (vergl. Hu, Zongshan 2006).

Während die politische Führung Abstand von der Formulierung „Friedlicher Aufstieg" genommen hat und sich statt dessen nach 2003 erneut auf Deng Xiaopings Paradigmenpaar „Frieden und Entwicklung" zurückzog[143], halten einzelne Vertreter der chinesischen IB-Forschung weiterhin an dem Gedanken fest, dass das Dilemma der „westlichen" Theoriebildung in der Analyse und

---

[142] http://www.chinadaily.com.cn/english/doc/2005-12/22/content_505678.htm (10.05.2006).
[143] Die Parteitagserklärungen von 1992 und 1997 iterierten das Begriffspaar „Frieden und Entwicklung" als zentrale Paradigmata der chinesischen Außenpolitik. Auch Jiang Zemins normative Interpretation einer zukünftigen Weltordnung griff auf die Theorievorgaben Deng Xiaopings zurück – und selbst Hu Jintao hat sich letztendlich von dem Konzept des „Friedlichen Aufstiegs" distanziert und stattdessen in seiner Rede vor der französischen Nationalversammlung die Formel von „Frieden und Entwicklung" reaktiviert (Feng, Tejun 2005:93).

Bewertung des chinesischen Aufstiegs bestehe und hier folglich ein Phänomen vorliege, von dem ausgehend eine „chinesische" Modellbildung erfolgen könnte. Explizit findet sich diese Überlegung bei Qin Yaqing, der festhält, dass das zentrale Forschungsinteresse der chinesischen Theoriedebatte darin zu bestehen habe, den friedlichen Aufstieg eines sozialistischen Staates und seinen Wandel von einem außenstehenden Beobachter zu einem aktiven Mitspieler im internationalen System theoretisch zu begründen (Qin, Yaqing 2005b:168). Dabei verwahrt sich Qin Yaqing dagegen, den „Friedlichen Aufstieg" ausschließlich als nationale Entwicklungsstrategie zu entwerfen. Seinen Ausführungen zufolge hat die VR China kein Interesse an einer Camouflage-Politik, welche den Kooperationspartnern unter falschen Auspizien ein grundlegendes Bekenntnis zum Frieden vorgaukeln und am Ende doch hegemoniale Machtansprüche erheben würde. Grundlage dieser Argumentation ist interessanterweise hier nicht die innerchinesische Theoriebildung, sondern der von Wendt begründete Sozialkonstruktivismus. Anknüpfend an Wendt lässt sich mit Qin Yaqing argumentieren, dass die Ausgestaltung der modernen chinesischen Außenpolitik – wie die Teilnahme an regionalen und internationalen Zusammenschlüssen und die Vermittlerrolle Chinas im Rahmen der Sechs-Parteien-Gespräche illustriert – auf Kooperationsstrukturen beruht und die VR China aufgrund der zunehmenden weltweiten wirtschaftlichen Interdependenz und der aktiven Einbindung in die bestehenden Strukturen des internationalen Systems nicht gewillt sein wird, die derzeitige Position im internationalen Gefüge durch provokative Handlungen zu gefährden (vergl. u.a. Qin, Yaqing 2005b).

Indem jedoch der „Friedliche Aufstieg" von chinakritischen Beobachtern als „leeres Konzept" (*Washington Post* 23-04-2005) decouvriert wird, erfolgt eine gezielte Ausgrenzung des chinesischen Begriffskonzepts und seiner möglichen Theorievariation aus der globalen Debatte. Dass chinesische Politikwissenschaftlern auf abstrakter Ebene die Entwicklung chinesischer Ordnungsmodelle für eine Welt nach dem Kalten Krieg diskutieren und den Anspruch erheben, dass diese Modelle in die globale Debatte integriert werden sollten, um eine „neue", nicht-hegemoniale IB-Theorie zu begründen, wird entweder ignoriert oder aber indirekt abgelehnt.

5.4. Chinesische Stellungnahmen zu den westlichen Friedensmodellen[144]

Die Kritik westlicher Beobachter an Chinas „Friedlichem Aufstieg" wird von chinesischer Seite gezielt gekontert mit einer Kritik an „westlichen" Friedenskonzeptionen. Drei Ansätze werden dabei gesondert diskutiert – Friedenssicherung durch Machtgleichgewicht; hegemonial induzierter Frieden; Demokratischer Frieden. Dem Ansatz des Machtgleichgewichts wird vorgeworfen, die Herstellung von Frieden allein den großen Staaten-Akteuren zuzuschreiben und zu rechtfertigen, dass zur Wahrung des strategischen Gleichgewichts der Aufstieg schwächerer und kleinerer Staaten unterbunden werden müsse. Um den objektiven Erklärungsgehalt dieses Friedensmodells zu widerlegen, ohne dass dies als ideologischer Blick Chinas auf die Welt gelesen werden könnte, werden kritische Stellungnahmen westlicher Wissenschaftler als Beleg für diese Aussage ins Feld geführt (vergl. Yang, Fan 2006:128-130).

Die Idee, dass die Durchsetzung und Wahrung des Weltfriedens einem Hegemon obliegen könnte, wird ebenfalls zurückgewiesen. Yang Fan argumentiert, dass das Beispiel der USA nach dem Kalten Krieg zeige, dass ein einzelner Hegemon die unzähligen Weltprobleme nicht allein zu lösen vermöge. Im Gegenteil, die Aktionen dieses Hegemons und die durch diesen gegebenen asymmetrischen Systemstrukturen erst führten zur Entstehung neuer Konflikte und Widersprüche (Yang, Fan 2006:132). Auch widerspricht dieses Modell den Grundprinzipien der chinesischen Außenpolitik – Hegemoniekritik und Führungsverzicht – so dass eine Umschreibung auf die VR China oder eine Integration in die chinesische Modellbildung schier unvorstellbar bleibt.

Der Demokratische Frieden wiederum, dessen derzeitiges Erscheinungsbild den Strategieentwürfen der Clinton-Administration zugeschrieben wird (Yang, Fan 2006:133), steht, so Yang Fan, im Widerspruch zur tatsächlichen Ausgestaltung der Weltpolitik durch die USA. Auch wenn es möglicherweise nach Ende des Zweiten Weltkrieges zu keinen größeren Konflikten zwischen den westlichen Demokratien gekommen sei, stelle sich doch zudem generell die Frage, wie eigentlich „Demokratie" systematisch kategorisiert werden könne (Yang, Fan 2006:134-135).[145] Dieser Punkt ist insofern überlegenswert, da es

---

[144] An dieser Stelle sollen die von chinesischen Wissenschaftlern vorgebrachten Kritikpunkte umrissen werden. Eine Überprüfung der Kritik und ein Vergleich mit dem westlichen Forschungsstand, der im Rahmen der Vergleichenden Politikwissenschaft naheliegend erscheinen könnte, ist nicht Sinn und Zweck dieses Teilkapitels der Arbeit, da nicht die „Richtigkeit" der chinesischen Studien ermittelt werden soll, sondern es vielmehr darum geht muss, die Schritte, die zur Legitimierung „chinesischer" IB-Ansätze unternommen werden, nachzuvollziehen.

[145] Die „Harmonische Welt" tritt dem Szenario einer Bedrohung der restlichen Welt durch ein aufsteigendes China entgegen. Damit fungiert das Konzept als strategische Antwort auf die „China Threat Theory". Wenn aber die „Harmonische Welt" auch als Baustein der Konstruktion einer

allein von dieser Grunddefinition der „Demokratie" abhängt, ob ein kriegerischer Akt als gerechtfertigt gelten kann, indem er als Konflikt zwischen Demokratien und Nicht-Demokratien beziehungsweise als Krieg im Namen der Demokratie eingestuft wird.

Ein normatives Modell wie der „Demokratische Frieden", das die Transformation sozialistischer Staatensysteme voraussetzt und intendiert, muss zudem zwangsläufig von chinesischer Seite zurückgewiesen werden. Denn hier liegt nicht nur ein Friedenskonzept vor, dessen theoretische Grundprämissen die Gegenseite zu chinakritischen Maßnahmen verleiten könnten, sondern zugleich auch ein Instrument der Einmischung in die inneren Strukturen und Angelegenheiten der VR China. Der Ideologievorwurf, welcher gegenüber dem „Friedlichen Aufstieg" vorgebracht wird, findet sich in gespiegelter Form als chinesische Kritik an dem Modell des „Demokratischen Friedens" wieder.

Chinesische Studien gehen prinzipiell gestützt auf Kants Schrift zum „Ewigen Frieden" durchaus von einem moralisch fundierten Friedensstreben der westlichen Welt aus. Ein Problem besteht jedoch, so Yang Fan, darin, dass die jeweiligen Friedensmodelle normativ verankert sind und strategische Ziele verfolgen:

> In der westlichen Welt sind die Theorien und Ideen des Friedens (mit Eintritt in das 20. Jahrhundert) noch vielfältiger geworden. Unter diesen mangelte es nicht an Theorien, welche Imperialismus, Machtpolitik und Hegemonialismus verteidigten. Mit allen Kräften sollte die eigentliche Strategie hinter einer sogenannten Friedenstheorie verdeckt werden, doch in Realität war dies nur ein Expansionsinstrument der auf Invasionsstrategien bedachten kapitalistischen Klasse (Yang, Fan 2006:127).

Aus den in chinesischen Studien damit nachgewiesenen Unzulänglichkeiten „westlicher" Friedensmodelle wird die Notwendigkeit und Existenzberechtigung alternativer Friedenskonzepte abgeleitet. Aus chinesischer Sicht liegt mit dem „chinesischen" Modell der „Fünf Prinzipien der Friedlichen Koexistenz" (5PFK)[146] bereits ein international anerkanntes Gegenkonzept vor (vergl.

„chinesischen" IB-Theorie begriffen wird, muss das Begriffskonzept auch hinsichtlich seiner abstrakt-theoretischen Bedeutungsebene beleuchtet werden. Hierbei ist zu berücksichtigen, dass einige der immer wieder zitierten Grundmodelle globaler Interaktionen wie beispielsweise die Idee des „Demokratischen Friedens" nicht mit den Systemstrukturen und Grundprinzipien der VR China zu vereinbaren sind, weshalb sich hieraus aus chinesischer Sicht die Notwendigkeit ergibt, alternative Modelle vorzuschlagen, welche keinen Systemwandel der VR China voraussetzen oder zur Folge haben. Die „Harmonische Welt" stellt insofern auch eine theoretisch-abstrakte Betrachtung der globalen Interaktionsoptionen dar, die sowohl dem Modell des „Demokratischen Friedens" als auch Huntingtons Ansatz des unausweichlichen „Kampfs der Kulturen" widerspricht (vergl. Liu,Changmin 2007:220).

[146] Erstmals fixiert im Chinesisch-Indischen Grenzvertrag von 1954, mit dem die indische Seite die chinesische Oberhoheit über Tibet anerkannte, obgleich die Grenzfrage offen blieb, haben sich die

Yang, Fan 2006:141;127-128). Die 5PFK werden in diesem Zusammenhang als friedenspolitische Leitprinzipien der Weltpolitik referiert, die laut chinesischer Interpretation als inhaltlich deckungsgleich mit den Prinzipien der UN-Charta angenommen werden (vergl. Yang, Fan 2006:242-263) und einen wesentlichen Beitrag zum Völkerrecht darstellen (Hamrin 1994:104). Einerseits könnten die 5PFK damit als Expansionsverzicht der VR China gelesen werden. Andererseits aber war es immer wieder die VR China selbst, die auf diese zurückverwies, um das Verhalten anderer Staaten als ein Abweichen von diesen normativen Grundprinzipien zu kritisieren (Levine 1994:39). Lange vor der Initiierung der chinesischen IB-Theoriesuche in den 80er Jahren gab es somit bereits Ansätze, die Interaktionsprinzipien und Spielregeln der internationalen Politik von chinesischer Seite aus mitzugestalten. In den späten 80er Jahren wurden die 5PFK erneut herangezogen, diesmal um die Forderung nach einer „Neuen Weltordnung" mit einem normativen Fundament zu versehen und im Rahmen der internationalen Politik zu legitimieren. Mit der programmatischen Konzeption eines „Friedlichen Aufstiegs" knüpft die VR China erneut mit ihrer Außenpolitik des 21.Jahrhunderts an die 5PFK an (Yang, Jiemian 2004). Analog zu diesen soll nun auch das Konzept des „Friedlichen Aufstiegs" als universelles Modell in der internationalen Debatte verankert werden. Die Fortschreibung der 5PFK und ihre Überschreibung auf den „Friedlichen Aufstieg" erfordert, folgt man diesem Ansatz, durchaus eine Modifikation und Eingliederung des Koexistenz-Modells in den realpolitischen Kontext. Beispielsweise muss nunmehr von einem erweiterten Souveränitätskonzept ausgegangen werden, das auch Formen geteilter oder gemeinsam ausgeübter Souveränität (EU) einschließt. Die Punkte nationale Souveränität und territoriale Integrität werden weiterhin beibehalten, mit der Begründung, dass die Wahrung dieser Prinzipien entscheidend dazu beitrage, Hegemonialansprüchen entgegenzutreten, im internationalen Kontext für Fairness und Gerechtigkeit zu sorgen und nicht zuletzt auch die Demokratisierung der internationalen Beziehungen vorantreibe. Die Notwendigkeit, auf symmetrische *win-win*-Konstellationen hinzuarbeiten wiederum ergibt sich, so die Erläuterung des „Friedlichen Aufstiegs", aus der durch die Globalisierung bedingten wachsenden Interdependenz der Staaten-Akteure. Eine unausgeglichene asymmetrische Entwicklung hätte direkte Auswirkungen auf alle Staaten-Akteure, so

---

5PFK nicht nur als zentrale Grundlage der chinesischen Außenpolitik, sondern auch als allgemeiner völkerrechtlicher Grundsatz behaupten können. Obgleich die 5PFK vor dem Hintergrund nationaler Befreiungsbewegungen und der Entkolonialisierungsprozesse in Asien formuliert worden waren, wurden und werden diese doch trotz veränderter Konstellationen weiterhin als Grundlage der bi-und multilateralen Beziehungen der VR China iteriert. Auch die Grundprinzipien der SCO lassen sich auf diese zurückführen (vergl. Sutter 2008:316; vergl. auch 5.4.).

dass davon auszugehen wäre, dass diese im Falle eines Falles allesamt an einem Ausgleich interessiert sein müssten (vergl. Yang, Jiemian 2004:55). Die These jedoch, dass die 5PFK alle die in „westlichen" Friedensmodellen nachgewiesenen Schwächen überwinden könnten (s. Yang, Fan 2006:141), wäre nun natürlich gleichermaßen zu überprüfen. Dies geschieht in Yang Fans Studie jedoch nur sehr bedingt, da lediglich die Modifikationen der 5PFK im Zusammenhang mit dem Wandel der außenpolitischen Orientierungen der VR China über die Dekaden hinweg diskutiert werden (Yang, Fan 2006:159-183). Nur am Rande wird die Anwendung der 5PFK gegenüber Taiwan, den chinesischen Nachbarstaaten und den USA erörtert (Yang, Fan 2006:209-241).

5.5. Fixpunkte der chinesischen Friedensentwürfe[147]

Aus den obigen Ausführungen wird deutlich, dass es in den vergangenen dreißig Jahren zu keiner von der politischen Anwendung losgelösten und abstrahierten Modellbildung durch die chinesische IB-Forschung gekommen ist. Den wenigen chinesischen Studien, die sich mit dem Bereich der Friedenskonzeptionen auseinandersetzen, kommt lediglich ex post die Funktion einer Legitimierung der Ausführungen und Vorgaben der politischen Führung zu. Dass der Bereich der Friedens- und Konfliktforschung derart kontrolliert und abgeschottet geblieben ist, hängt direkt mit den Strukturen des chinesischen Systems und der Positionierung der KPCh zusammen. Diese hat ein grundlegendes Interesse daran, die Interpretation von Kriegen, Krisen und Konflikten unter ihrer Kontrolle zu halten. Der innerchinesische Bürgerkrieg (GMD vs. KPCh) ist ebenso von der Modelldiskussion zu Krieg und Frieden ausgenommen wie die Massenkampagnen der maoistischen Zeit oder aber die separatistischen Bewegungen in den Randregionen der VR China. Damit bleibt die Kategorisierung von Kriegen auf das klassisch-konventionelle Modell beschränkt, wonach der Krieg als Instrument zur Durchsetzung machtpolitischer, ökonomischer oder weltanschaulicher Ziele (Clausewitz 1973) dient und als Akteure allein Nationalstaaten beziehungsweise deren Regierungen in Betracht gezogen werden. Eine Diversifizierung der Akteure – ethnisch-nationale Gruppen, Partisanen, Privatarmeen etc. – wie sie in der internationalen Politikwissenschaft seit dem Ende des Kalten Krieges dokumentiert ist, wird nicht erörtert. Innerstaatliche oder innergesellschaftliche Konflikten, bei denen Machterhalt und Interessenssicherung nichtstaatlicher Akteure im Mittelpunkt stehen, sind ebenfalls nicht Gegenstand der

---

[147] vergl. hierzu die „Friedens"-Terminologie in Feng Tejuns IB-Lehrbuch (2005:340-341).

chinesischen Modelldiskussion. Derartige Grundannahmen widersprechen den chinesischen Konzeptionen von staatlicher Ordnungsmacht und der Monopolstellung der KPCh. Auch Konflikt- und Kriegsszenarien im transnationalen Bereich, welche von der Existenz neuartiger Netzwerkstrukturen ausgehen, die auf flachen Hierarchien miteinander agieren und moderne „Kriege" führen, stehen ihrerseits in einem unüberwindbaren Widerspruch zum chinesischen Staatskonzept (zur allgemeinen Kategorisierung von Krieg und Frieden vergl. Meyers 2000b:244-248).

Im Mittelpunkt der chinesischen Kategorisierungsversuche von Friedensmodellen steht das heute rückblickend als „negativer Friede" definierte Friedenskonzept, das in den 50er und 60er Jahren zunächst grundsätzlich die Abwesenheit von Krieg, d.h. die Abwesenheit direkter militärischer Gewaltanwendung beschrieb. Das weiterentwickelte, zumeist als „positiver Friede" bezeichnete Begriffskonzept, welches darüber hinausgehend auch Aspekte wie das Fehlen von Ausbeutung, die Verwirklichung der Menschenrechte und das Anrecht auf wirtschaftliche und soziale Entwicklung als Grundvoraussetzung einfordert, fehlt in der innerchinesischen Debatte.[148]

Gegenwärtige Studien zu den Internationalen Beziehungen blenden die Kategorie „Krieg" sowohl bei der Darstellung der historischen Entwicklung der Außenbeziehungen der VR China als auch bei den metatheoretischen Debatten im Rahmen der Suche nach einer „chinesischen" Theorieschule der Internationalen Beziehungen weitgehend aus. Da die chinesische Theoriedebatte nur bis zum Jahr 1978, in welchem der Aufbau einer modernen und professionellen Politikwissenschaft eingeleitet wurde, zurückgeht, werden militärische Konflikte in der zeitlich davor liegenden Geschichte der VR China zumeist nicht in die Überlegungen einbezogen. Als innere Angelegenheiten der VR China eingestufte Konfliktherde – Tibet, Xinjiang und Taiwan – werden ebenfalls nicht im Zusammenhang mit Theorien zu Krieg und Frieden oder allgemein Theorien der Internationalen Beziehungen thematisiert.

Um die Zweifel der chinesischen Nachbarstaaten und der restlichen Welt an Chinas Friedfertigkeit zu zerstreuen, muss jedoch innerhalb der chinesischen Theoriesuche auch das Problem gelöst werden, wie die chinesischen Kriege, zu denen es in der Vergangenheit gekommen ist, mit dem Image eines friedenbe-

---

[148] Ein grundlegender Unterschied zwischen „negativem" und „positivem Frieden" besteht darin, dass „Krieg" als der Gegenbegriff zu „negativem Frieden" gilt, wohingegen nicht „Krieg", sondern „Gewalt" als Gegenpol zu „positivem Frieden" referiert wird. In den späten 80er und 90er Jahren erfolgte eine weitere Modifizierung des Friedensbegriffs, der nicht mehr einen Endzustand, sondern vielmehr einen Prozess beschrieb. Durch Verrechtlichung und Aufbau von Kooperationsstrukturen sollte Frieden durch gewaltfreie Konfliktlösungsmechanismen gewahrt werden (Meyers 2000b:253).

wahrenden, verantwortungsbewussten Staates vereint werden können. Die Argumentation beschränkt sich dabei nicht allein auf die Zeit seit Gründung der VR China, sondern bezieht auch die Konstellationen der klassischen Zeit mit ein, was zunächst erstaunt. Dieser Schritt zurück in die chinesische Kaiserzeit ist jedoch notwendig, um die chinesischen Territorialansprüche auf die in das chinesische Herrschaftsgebiet eingebundenen Grenzregionen zu legitimieren. Die Tatsache, dass es in der chinesischen Kaiserzeit – erwähnt werden die Perioden der Reichseinigung Sui/ Tang und Ming/ Qing – zu kriegerischen Auseinandersetzungen mit den angrenzenden Gebieten gekommen ist, wird nicht geleugnet. Jedoch werden gegenwärtige Befürchtungen der chinesischen Nachbarstaaten, welche sich auf die Ereignisse der Kaiserzeit stützen, in der chinesischen Interpretation als unbegründet zurückgewiesen. Denn diese Kriege gelten ausschließlich als „innere Kriege" des chinesischen Kaiserreichs, da es sich um Territorien handelte, welche dem chinesischen Kaiserreich zugerechnet wurden (Hu, Zongshan 2006:241) – wobei die chinesische Darstellung allerdings verschweigt, dass zumindest anfänglich eine direkte Einnahme und zumindest eine symbolische Eingliederung dieser Territorien in das chinesische Herrschaftsgebiet erfolgt sein muss, bevor die Herrschaftsansprüche von den später folgenden Dynastien weitergeführt werden konnten.

Die „Strafexpeditionen" der chinesischen Kaiser gegen die angrenzenden Staaten, beispielsweise Han Wudis Expedition gegen Korea, welches aus chinesischer Sicht die Regeln des Tributsystems verletzt hatte, werden zudem als letzter Lösungsweg dargestellt, der erst eingeschlagen wurde, so Hu Zongshan, nachdem alle friedlichen Lösungsvorschläge gescheitert waren. Diese kriegerischen Maßnahmen der chinesischen Kaiser gelten in der chinesischen Forschungsliteratur damit grundsätzlich als legitime Formen der „Selbstverteidigung" (Hu, Zongshan 2006:239-241), wobei allerdings chinesische Studien mitunter auch einräumen, dass es in sehr seltenen Fällen auch zu einer Invasion durch das chinesische Kaiserreich gekommen sei (Hu, Zongshan 2006:241).

Neben den Defensivkriegen, welche der Wahrung der Interaktionsregeln und der territorialen Integrität des chinesischen Tributsystems dienten, nennt Hu Zongshan als eine weitere Sonderform des „Krieges" die Interventionen des chinesischen Kaiserreichs bei Konflikten zwischen den chinesischen Tributstaaten. Allerdings existiert hier neben der militärischen Intervention auch eine Alternative zu konventionellen Mitteln der Kriegsführung. Als eine solche werden die Expeditionen Zheng Hes zu Beginn der Ming-Dynastie bewertet, die ohne Expansion und Kolonialisierung erfolgten und im wesentlichen, so die heutige Sicht chinesischer Wissenschaftler, eine symbolische Maßnahme zur Ordnungswiederherstellung und Konsolidierung des chinesischen Tributsystems darstellten (Hu, Zongshan 2006:242). Eben diese historische Referenz wird bemüht, um den Unterschied zwischen der Politik des chinesischen Kaiserreichs gegenüber den Tributstaaten und der Politik der westlichen Großmächte zu belegen (u.a. Hu, Zongshan 2006: 243).[149]

Analog zu diesen kategorisierenden Ausführungen zur grundlegenden Natur der „chinesischen" Kriege der dynastischen Zeit erfolgt die Interpretation der Kriege, in welche die der VR China seit ihrer Gründung im Jahr 1949 involviert war.

Der Korea-Krieg[150] ist demnach als Teil der Konfrontationen zwischen der SU und den USA in Ostasien zu sehen, wobei die chinesische Teilnahme auf Seiten Nordkoreas einerseits als Unterstützung der nordkoreanischen „Selbstverteidigung" und andererseits als eine Form der (Selbst-)Verteidigung Chinas gegen die potentielle Bedrohung durch die vorrückenden US-amerikanischen Truppen beschrieben wird (Hu, Zongshan 2006:246).

Die Grenzstreitigkeiten mit Indien (1962)[151] und Vietnam (1979)[152] wiederum werden in die Kategorie „Verteidigung der territorialen Integrität" eingeordnet, wobei dies zusätzlich mit dem Verweis auf die Bestimmungen der UN-Charta als legitime Reaktion dargestellt wird. Das Vorgehen gegen Vietnam (1979) weist, so die chinesische Darstellung, Parallelen zu den klassischen Konstellationen auf, da „China" erneut als Schlichter und Richter in einen Konflikt zwischen (ehemaligen) Tributstaaten eintrat (vergl. Hu, Zongshan 2006:247).

Der „Krieg" mit der Sowjetunion wird nur knapp angeführt (vergl. Hu, Zongshan 2006:247). Denn der Grenzkonflikt zwischen der VR China und der Sowjetunion beruhte aus chinesischer Sicht nicht zuletzt darauf, dass die Sowjetunion weiterhin an den Territorialansprüchen festhielt, die auf die „ungleichen" Verträge zwischen dem chinesischen Kaiserreich und dem russischen Zarenreich zurückgehen.[153]

Diese interpretative Einordnung der Kriege der VR China, welche die Realisierbarkeit des „Friedlichen Aufstiegs" gegen die Vorbehalte der China-Kritiker verteidigt, weicht von den Argumentationsketten außerhalb der VR

---

[149] Auch die chinesischen Studien stützen sich auf Paul Kennedys Studie zum Aufstieg und Fall der Großmächte (Kennedy 1979).
[150] Westlicher Forschungsstand zum Eintritt der VR China in den Korea-Krieg: Whiting (1960); Chen, Jian (1994); Cumings (1981; 1990); Goncharov / Lewis / Xue, Litai (1993).
[151] Die Studie von Maxwell (1970) ist weiterhin eines der „westlichen" Standardwerke zum chinesisch-indischen Konflikt. Allerdings ist die Darstellung insofern nicht unumstritten, als dass Maxwell die Schuld am Kriegsausbruch der indischen Seite zuschreibt.
[152] Westliche Studien zur chinesischen Strafexpedition gegen Vietnam: Chen, King C. (1987); Mulvenon (1995).
[153] zum sino-sowjetischen Grenzkonflikt vergl. u.a. Ginsburgs / Pinkele (1978); Whiting (1975); Robinson (1970); Wich (1980).

China deutlich ab. Denn mit Blick auf die VR China werden in der westlichsprachigen Literatur neben den sino-sowjetischen, sino-indischen und sino-vietnamesischen Grenzkonflikten der Korea-Krieg, der chinesische Einmarsch in Tibet und die militärischen Konfrontationen in der Taiwanstraße unter dem Oberbegriff „Kriege der VR China" subsumiert (vergl. z.B. Zhao, Quansheng 1996:42-46). Dies zeigt, dass die Argumentationslinien der chinesischen Darstellungen bislang nicht als allgemeingültige Sichtweise in der globalen Debatte verankert werden konnten und somit auch die erfolgreiche Verteidigung des durch die VR China proklamierten Modells des „Friedlichen Aufstiegs" nur bedingt möglich ist.

Bei der chinesischen IB-Konzeption von Krieg und Frieden handelt es sich eindeutig um eine Theoriebildung zweiter Ordnung. Denn die Theorie-Diskussion hält sich an die Vorgaben der politischen und diplomatischen Ebene, indem die Begriffskonzepte und deren inhaltliche Fixierung übernommen werden. Auch erfolgt die Kategorisierung von Krieg und Frieden im politikwissenschaftlichen Kontext unter Heranziehung anderer Teilbausteine der chinesischen Theoriesuche, die diesen damit übergeordnet sind. Ergänzt um die Annahme dialektischer Widersprüche wird das *shidai*-Konzept herangezogen, um eine chronologische und doch zugleich argumentative Aufarbeitung der Konzeptionalisierung von Krieg und Frieden in der politischen Geschichte der VR China vorzunehmen. Gegenstand dieser retroperspektivistischen Betrachtungen sind die politischen und diplomatischen Ideen der jeweiligen politischen Führungselite. Die „chinesischen" Konzeptionen von Krieg und Frieden werden damit dem politischen und nicht dem politikwissenschaftlichen Bereich zugeordnet.[154]

Die Ideen der Führungspersönlichkeiten werden dabei losgelöst von ihrem zeitpolitischen und nationalen Kontext betrachtet. Heraus kommt eine sehr selektive und extrem pauschalisierende Übersichtsdarstellung, deren Ziel die Konstruktion einer pfadabhängigen Friedensorientierung der VR China ist. Hierzu werden drei Phasen der Konzeptionalisierung von Krieg und Frieden unterschieden (Phase 1: vor Gründung der VR China; Phase 2: 1949-1978; Phase 3: 1978 - ?).

In Anlehnung an die Modellbildung und Phaseneinteilung der SU wurden „Krieg und Revolution" als „Hauptthemen" und somit als normative Leitideen

---

[154] Mit der Auflösung der politikwissenschaftlichen Forschungseinrichtungen in den 50er Jahren ist dieses Phänomen nur unzureichend erklärt – denn die IB-Forschung wurde als Sonderbereich getrennt von der allgemeinen Politikwissenschaft bereits Mitte der 50er Jahre erneut institutionell verankert. Wenn dessen ungeachtet die systematische Zusammenstellung chinesischer „Friedenskonzeptionen" auf die Ideen der politischen Führungspersönlichkeiten der VR China fixiert ist, muss es hierfür eine andere Erklärung geben.

der KPCh in den ersten beiden Phasen identifiziert. Folglich konstruierten die chinesischen Studien der 50er Jahre einen unausweichlichen Konflikt zwischen den imperialistischen, kapitalistischen Staaten und den der Idee der Weltrevolution folgenden proletarischen Kräften (Feng, Tejun 2005:92). Vom heutigen Standpunkt aus formulieren chinesische Studien, die der offiziösen Darstellung zuzurechnen sind, dass das Paradigmenpaar „Krieg und Revolution" sowie die Prognose eines bevorstehenden weiteren Weltkrieges allein ein Produkt der sowjetischen Phaseneinteilung gewesen sei und hieraus keinerlei Rückschlüsse auf die Friedens- beziehungsweise Kriegsorientierung der VR China gezogen werden dürften (Feng, Tejun 2005). In diesen Darstellungen werden die politischen Ideen der sowjetischen Führung und die Theoriemodelle des Marxismus, welche dem Paradigmenpaar unterliegen, vollkommen ausgeklammert.[155]

In der ersten Phase wurde darüber hinaus angenommen, dass der Zweite Weltkrieg der letzte Krieg des Weltkapitalismus und der imperialistischen Mächte sein würde. Auf den Niedergang des Imperialismus sollte letztendlich durch die Durchsetzung des Sozialismus eine Phase des „ewigen Friedens" (*yongjiu heping*) folgen (Ye, Zicheng 2001:79-83). Ebenso wie die Phasenbewertung entstammt auch diese Einschätzung ganz offensichtlich dem sowjetischen Kontext. Denn wie die Einträge in der „Großen Sowjetenzyklopädie" belegen, werden Kriege durch Klassenwidersprüche beziehungsweise den Klassencharakter von Staaten ausgelöst. Die marxistisch-leninistische Kriegstheorie schreibt somit den als imperialistisch identifizierten Staatensystemen eine systembedingte Kriegsfixierung zu, wohingegen sie dem sozialistischen System eine grundlegende Friedensfixierung attestiert. Eine Überwindung der Kriege ist folglich nur durch die Auflösung von Klassen, Nationen und Staaten möglich (Wette 1971:41).

Da die These vom Untergang des Imperialismus durch die politische Realität nach 1949 widerlegt worden war, setzte im chinesischen Kontext doch allmählich im Laufe der zweiten Phase eine Neubewertung der internationalen Konfliktpotentiale ein. Zwar wurde weiterhin ein antagonistischer Gegensatz zwischen dem friedensbewahrenden sozialistischen und dem nach Krieg und Expansion strebenden kapitalistisch-imperialistischen Block konstruiert. Ein erneuter Weltkrieg wurde allerdings als unwahrscheinlich eingestuft, da die

---

[155] Die Ausführungen von Marx und Engels – wonach Kriege als Fortsetzung des Klassenkampfes zu sehen sind und damit nicht anthropologisch (Hobbes) begründet sind, sondern aus den ökonomischen Produktionsbeziehungen resultieren – werden ebenso wenig referiert wie Lenins Ansatz zur Rechtfertigung von (revolutionären) nationalen Befreiungskriegen.
Zur kontrastierenden Gegenüberstellung der Kriegstheorie von Thomas Hobbes und den Annahmen von Marx und Engels vergl. Wette (1972:23-24). Lenins Kriegskonzeption ist nachzulesen in seiner Schrift „Sozialismus und Krieg" (1950 [1948]).

bisherigen Weltkriege jeweils in der Niederlage der Angreifer geendet hätten, so dass kein Staat erneut einen solchen vom Zaun brechen würde. Chinesische Studien erklärten, dass die USA zwar nach Hegemonie strebten, einen offenen Konflikt jedoch zu vermeiden suchen würden. Diese Einschätzung kam den chinesischen Zielsetzungen nach 1949 sehr gelegen, denn für diese besaß in dieser zweiten Phase – zumindest den retroperspektivistischen Studien zufolge – der nationale Aufbau Priorität. Diese Phase ist somit dadurch charakterisiert, dass die Gefahr eines erneuten Krieges und das Streben nach einer Friedensphase zur Umsetzung der Pläne des nationalen Aufbaus parallel bestehen. Die Hauptströmung „Krieg und Revolution" wird dadurch indirekt relativiert. Eine erneute Rückkehr zu dem ursprünglichen Paradigma „Krieg und Revolution" zeichnete sich jedoch mit dem Beginn der Kulturrevolution (1966-1976) ab. Mit den Konflikten, Machtkämpfen und der Fortsetzung der Revolution auf innenpolitischer Ebene ging damals zugleich der Versuch eines Exports der chinesischen Revolution und des Klassenkampfes einher (Ye, Zicheng 2001:79-83). Die VR China unterstützte nationale Befreiungsbewegungen, die zwar nach Lenin als Formen des gerechten Krieges einzustufen waren – doch differierten die chinesischen und die sowjetischen Ansichten darüber, welche Bewegungen als solche eingestuft und gefördert werden sollten. Erste Diskrepanzen in den sino-sowjetischen Beziehungen kamen auch hinsichtlich der Bewertung von Revolution und Klassenkampf zutage. Der sino-sowjetische Disput der 60er Jahre wird in den chinesischen Studien zwar angedeutet (u.a. Ye, Zicheng 2001:83), jedoch fehlt in diesen Studien eine Erläuterung, inwiefern diese wechselseitige Distanzierung mit der sino-sowjetische Kontroverse über die Vermeidbarkeit respektive die Unvermeidbarkeit des Krieges (und der Revolution) korreliert. Auch thematisieren die chinesischen Studien in diesem Zusammenhang weder die nationale Entwicklung der VR China noch ihre außenpolitische Neuausrichtung in Richtung der westlichen Staatenwelt. Wenn aber die Hauptströmungen der Zeit und ihre Hauptwidersprüche nicht anthropogenetisch sind, sondern aus den objektiven Gesetzmäßigkeiten des Weltgeschehens resultieren, sieht alles danach aus, dass es bis in die 70er Jahre gedauert hat, bis der Wandel dieser Strukturen schließlich seinen Eingang in die paradigmatische Dokumentation der chinesischen Außenpolitik gefunden hat. Denn erst infolge der von Deng Xiaoping initiierten Reformpolitik kam es in den 80er Jahren zur Substitution des sowjetischen Paradigmenpaares „Krieg und Revolution" durch „Frieden und Entwicklung".

Krieg und Frieden bilden, wie auch Mao in seiner Schrift „Über den Widerspruch" (Mao, Zedong 1937b) betont, ein dialektisches Widerspruchspaar.[156] Die Formel „Krieg und Revolution" steht für die eine, zunächst dominante Seite des Widerspruchpaares. „Revolution" als nationale Befreiungsbewegung oder anti-imperialistischer Kampf setzt die Möglichkeit des Krieges voraus. Sie ist somit eine Variation, wenn nicht gar der marxistisch-leninistischen Theorie zufolge ein Ziel der „kriegerischen" Aktionen.

Während der Krieg stark vereinfachend dem Imperialismus und die Revolution dem Sozialismus zugerechnet wird, wird mit dem Konzept „Frieden und Entwicklung" der Systemkonflikt zwar nicht aufgegeben, jedoch erweitert und differenziert. „Entwicklung" wird in der Phase von Reform und Öffnung als oberstes Ziel konzipiert. Nur wenn ein friedliches Umfeld gewährleistet ist, scheint eine stabile Entwicklung möglich. Die Entwicklungsthematik bezieht sich auf das Nord-Süd-Gefälle, der Aspekt des Friedens hingegen auf den Ost-West-Konflikt, (Feng, Tejun 2005:91-93).

Das reformpolitische Paradigmenpaar wird in Abgrenzung von den vorangegangenen Modellen der sowjetisch beeinflussten maoistischen Zeit dezidiert aus dem chinesischen Kontext heraus entworfen, folglich handelt es sich zunächst um ein partikulares, national verankertes Begriffskonzept. Indem dieses nicht nur als Teil des chinesischen Modernisierungsprojekts, sondern auch als Grundlage der außenpolitischen Strategie der VR China nach 1978 angeführt wird, erfolgt seine Umschreibung zu einer universellen, pragmatischen und doch zugleich normativen Entwicklungsblaupause.

5.6. Zwischenbilanz

Folgt man den Ausführungen Zhao Kejins und Ni Shixiongs, ist die Idee des „Friedlichen Aufstiegs" als strategischer Aspekt einer seit dem politischen Führungswechsel im Jahr 2003 erneut intensivierten außenpolitischen Imagekampagne zu interpretieren. Der Entwurf eines friedlichen außenpolitischen Images verfolgt dabei das Ziel, negativen Wahrnehmungen und Bedrohungsperzeptio-

---

[156] Zur Untermauerung seiner These, dass Krieg und Frieden einen dialektischen Widerspruch bilden, führt Mao Beispiele aus der chinesischen Geschichte an. Indem er dabei das Umschlagen der („friedlichen") zweiten innerchinesischen Einheitsfront in einen offenen Konflikt zwischen GMD und KPCh (1927) hervorhebt, stärkt er sein Argument, dass trotz der Rückkehr zum Frieden nach Ende des 2. Weltkrieges in Analogie zur Einheitsfront die Gefahr eines erneuten Konflikts durchaus fortbestehe und jederzeit mit einem dynamischen Umschlagen der zwei Seiten des Widerspruchspaares zu rechnen sei (Mao, Zedong 1937b).

nen, welche aus der verstärkten außenpolitischen Präsenz der VR China resultieren, aktiv entgegenzutreten.

Die VR China ist somit von der passiven Beobachtung des Geschehens auf internationaler Ebene einerseits und der weltweiten Chinaperzeption andererseits übergegangen zu einer aktiven, visionären Ausgestaltung der internationalen Beziehungen, sowohl auf theoretischer Ebene als auch in der außenpolitischen Praxis.

Es gibt bislang zwei historische Entwicklungen, die das chinesische Argument, dass im Zeitalter der Globalisierung ein friedlicher Wandel des internationalen Systems grundsätzlich verwirklicht werden kann, zu belegen scheinen. Die Auflösung der Sowjetunion und die Transformation Osteuropas beispielsweise verliefen ohne direkte militärische Einmischung externer Akteure. Doch liegt es nahe, dass dies kein Argument ist, das sich uneingeschränkt in die chinesische Argumentation integrieren ließe. Denn die Idee eines Systemwandels in Richtung westlicher Demokratie und westlichen Systemstrukturen gehört nicht zu den Zielen der chinesischen Modellbildung, so dass das Beispiel der Sowjetunion eher selten angeführt wird. Die Integration der europäischen Staaten jedoch dient chinesischen IB-Forschern als erste Umsetzung eines „Friedlichen Aufstiegs", dem auch eine „friedliche" Umverteilung der Machtverteilungen im internationalen System zugeschrieben wird (vergl. Song, Xinning 2008:174-186).

VI. Akteursebene

Auf den ersten Blick scheint die Akteursbestimmung im Rahmen der chinesischen IB-Forschung eher nachrangig behandelt zu werden. Die Verfasstheit der anderen Staatenakteure steht nicht zur Diskussion, sie wird als gegeben angenommen. Die systematische Analyse der Binnendifferenzierung der Akteure obliegt den auf einzelne Länder oder Regionen spezialisierten Instituten und fällt nicht in den Bereich der IB-Theorie. Hieraus folgt, dass die Systemstrukturen der anderen Staaten-Akteure aus chinesischer Sicht – im Sinne des Prinzips der Nichteinmischung in innere Angelegenheiten – weder kritisiert noch im Rahmen der Theoriebildung normativ ausgerichtet werden sollen. Dies steht durchaus im Einklang mit den von chinesischer Seite angeführten Grundkonzepten der „friedlichen Koexistenz" und der „gemeinsamen Entwicklung". Im Unterschied hierzu wird mit Blick auf die VR China von den anderen Staaten-Akteuren mehr oder weniger explizit die Forderung nach einem Systemwandel formuliert, wodurch erneut sichtbar wird, dass die internationalen Konstellationen in Theorie und Praxis asymmetrisch angelegt sind.

Während die Binnenstruktur anderer Staaten nicht zur Diskussion steht, werden Struktur und innere Verfasstheit des chinesischen Akteurs in der chinesischen IB-Modellbildung jedoch sehr wohl thematisiert. Diese „Selbstbestimmung" mit der altbekannten These zu erklären, dass die chinesische Außenpolitik weiterhin eine Fortsetzung der Innenpolitik darstellt, verkennt die eigentliche Bedeutung, die der Akteursbestimmung im Kontext der IB-Forschung zukommt.[157] Denn dass allein der chinesische Akteur gesondert diskutiert wird, zeugt davon, dass die im nationalen aber mehr noch die im internationalen Kontext für die Akteursbestimmung vorliegenden Kategorisierungs- und Bewertungsmodelle mit den chinesischen Vorstellungen und Zielsetzung konfligieren und damit auch im Widerspruch zur „chinesischen" IB-Modellbildung stehen.

---

[157] Dass die Akteursbestimmung im Rahmen der chinesischen IB-Forschung eine zentrale Rolle spielt, verdeutlicht die Tatsache, dass das von Zhao Kejin und Ni Shixiong 2007 vorgelegte IB-Lehrbuch dem Themenkomplex der chinesischen Staatstheorie ein eigenes Teilkapitel einräumt. Betrachtet werden dabei die Aspekte Staatsaufbau und Reichseinheit; Nationalismus und Patriotismus; nationale Souveränität und Globalisierung; sowie der Aspekt der relativen und absoluten nationalen Machtressourcen (Zhao, Kejin / Ni, Shixiong 2007:92-159).

Es ist zu erwarten, dass in der innerchinesischen Expertendiskussion zu Modellen des chinesischen Staatsaufbaus und zur „chinesischen" Bestimmung der Akteursidentität der VR China einer der Schlüssel zum Verständnis der partikular chinesischen Elemente der IB-Theoriesuche zu finden ist.

Wenn die sozialkonstruktivistische Annahme stimmt, dass sich das Selbstbild eines Akteurs in Abhängigkeit von seiner (Macht-) Position im internationalen System aber auch durch die Interaktion mit anderen Staaten verändert, muss der chinesische „Akteur" nicht isoliert, sondern in globalen und regionalen Strukturzusammenhängen betrachtet werden. Auch ist zu berücksichtigen, dass das gegenwärtig entworfene Bild der VR China als Staaten-Akteur – weder das „Selbstbild" noch das von außenstehenden Beobachtern perzipierte und konstruierte Bild – nicht unverändert auf die Phase nach einem vollendeten „Aufstieg" übertragen werden kann. Die Formel „daguo jueqi" ist einer der wenigen Anhaltspunkte zu den Zielsetzungen der chinesischen Aufstiegspläne. Oftmals wird diese Formel mit „rise of great powers" wiedergegeben. Damit beschriebe sie aber in erster Linie den Aufstieg und Fall von Großmächten in längst vergangenen Zeiten. Nimmt man aber einen genitivus subjectivus an, wäre diese Formel als Zielvorgabe, also als Aufstieg zum Status eines „daguo" zu lesen. Die Bestimmung der chinesischen Terminologie zum Akteur-Baustein der IB-Modellbildung, insbesondere das *daguo*-Konzept, ist somit von zentraler Bedeutung zur Einschätzung und Prognose der Selbstverortung der VR China im internationalen System.

Da sich die chinesische Modellbildung zu den internationalen respektive globalen Systemstrukturen nicht auf eine einzelne Standarddefinition reduzieren lässt, ist zu erwarten, dass analog hierzu auch eine Vielzahl divergierender Akteursmodelle vorliegt. In den folgenden Betrachtungen werden einerseits die multiplen Akteursidentitäten der VR China nachzuzeichnen, andererseits aber auch die Implikationen dieser Identitäten für die außenpolitischen Handlungsfreiräume und Handlungsimperative der VR China zu diskutieren sein. Auch ist zu bedenken, dass in der Akteursbestimmung Stränge der politikwissenschaftlichen IB-Theoriebildung und solche der „Diplomatie-Theorie" (*waijiaoxue lilun*)[158] zusammenlaufen, woraus eine komplexe Interdependenz nationaler und internationaler Aspekte resultiert. Dies bedingt, dass die Diskussion der Akteursbestimmung automatisch Aspekte der Strategie sowie auch nationale Positionierungsabsichten einschließt (Li, Jingzhi / Luo, Tianhong 2003).

---

[158] Dies verdeutlicht auch der 2004 erschienene Sammelband der Renmin-Universität, welcher den zweiten Themenkomplex mit „Internationale Politik und Theorien zur Diplomatie" überschreibt (Liu, Liyun / Bao, Jianyun / Fang, Lexian 2004).

6.1. Akteurs-Konzeptionen:
Chinesische[159] Alternativen zu „westlichen" Kategorisierungsmodellen?

Mit Blick auf die internationale Politikwissenschaft gehen chinesische IB-Studien von der Existenz einer Vielzahl von Akteuren im internationalen System aus. Doch wird der souveräne Nationalstaat weiterhin unhinterfragt als die zentrale Grundanalyseeinheit der IB-Forschung betrachtet (vergl. Chan, Gerald 1999a:75; 89).[160] Die chinesische IB-Forschung stellt den Systemmodellen der Globalisierung und des Kosmopolitismus einen staatszentristischen Akteursansatz entgegen, wodurch deutlich wird, dass eine Aufgabe und Transformation der innerchinesischen Strukturen, welche der Übergang zu globalen

---

[159] Vielfach orientieren sich auch die chinesischen Betrachtungen zu Chinas Selbstverständnis als moderner „Staat" an der westlichen Forschungsliteratur (u.a. Shi, Yinhong 2006).

[160] Strukturen einer Zivilgesellschaft, wie sie für den modernen westlichen Nationalstaat angenommen werden, sind im chinesischen Staatsbegriff nicht vorgesehen. Zwar findet sich der Begriff der „Zivilgesellschaft" auch in politikwissenschaftlichen Studien und vereinzelt in Reden chinesischer Politiker, doch kommt diesem Begriffskonzept eine von der westlichen Staatskonzeption abweichende Funktion zu. Nicht die abstrakte gesellschaftliche Pluralisierung und die Diversifizierung nationaler Souveränität sowie staatlicher Ordnungsfunktionen, sondern die Steigerung der Effektivität politischer Steuerung und die daraus resultierende Stabilisierung der politischen Legitimität der chinesischen Führung unterliegen dem chinesischen Begriffskonzept der „Zivilgesellschaft": Infolge der 1978 eingeleiteten Politik der Reform und Öffnung begann sich seit den 80er Jahren ein zunehmend diversifiziertes Verbändesystem herauszubilden, das neben die von der Partei in der maoistischen Zeit etablierten Massenorganisationen trat, diese jedoch nicht endgültig abzulösen vermochte. Grundbestimmungen der staatlichen Regulierung ziviler Strukturen wurden landesweit erstmals als Reaktion auf die Ereignisse von 1989 festgelegt. Vereinigungen bedurften der offiziellen Zulassung und Registrierung unter einer staatlichen Bürgschafts- und Aufsichtseinheit (vergl. Heilmann 2004). Primär dienen diese Verbändestrukturen der Vermittlung und Kooperation zwischen Staat und gesellschaftlichen Organisationen, eine Opposition zum Staat in Form der Aufstellung von Forderungskatalogen ist nicht angedacht. Und dennoch wäre ein Verzicht auf Einbindung in parastaatliche Verbändestrukturen auch nicht im Sinne der zivilen Akteure, da diese Strukturen die einzige Möglichkeit darstellen, im Dialog mit der Partei möglicherweise graduelle Veränderungen zu erzielen. So erklärt sich, dass der chinesische Begriff der *gongmin shehui* wortwörtlich übersetzt „Gesellschaft des öffentlichen Volkes" bedeutet und nicht Strukturen ziviler Interessensorganisationen in Abgrenzung von staatlichen Strukturen umfasst, sondern ausschließlich für die Verantwortung des einzelnen Bürgers im Umgang mit öffentlichen Gütern und für dessen staatskonformes Verhalten steht (vergl. Heberer 2006). Die staatlich initiierte Einrichtung von zivilen Organisationsstrukturen im administrativen Bereich ist jedoch im Unterschied zu „westlichen" Modellen des Korporatismus durch die personelle Verflechtung mit Organen der Partei, die ihr Führungs- und Entscheidungsmonopol nicht ausgelagert hat, auf allen Organisationsebene oberhalb der Dorfebene charakterisiert. Opposition und Konfrontation mit staatlichen Strukturen soll dadurch unterbunden werden. Dickson wählt aufgrund der partikularen chinesischen Strukturen nicht den Begriff des (Neo-) Korporatismus, sondern bezeichnet das chinesische Modell als „Einbindungsstrategie mit korporatistischen Zügen". In diesem Zusammenhang verweist er insbesondere auf die für sozialistische Staatensysteme undenkbare Integration chinesischer Unternehmer in die KPCh, die auf dem 16. Parteitag 2002 offiziell beschlossen wurde (Dickson 2004:146-149).

Interaktionsmustern bedingen würde, derzeit nicht intendiert sind. Eine Pluralisierung und Diversifizierung des „chinesischen" Akteurs auf internationaler oder weltpolitischer Ebene bleibt ausgeschlossen. Zwar können Freundschaftsgesellschaften, Gewerkschaften, akademische oder vergleichbare Strukturen internationale Kontakte knüpfen und ausbauen, doch tritt keiner dieser nichtstaatlichen Akteure als völkerrechtlich anerkanntes Subjekt auf.

Aus dem staatszentristischen Ansatz folgt, dass die internationalen Interaktionsstrukturen ihrem Charakter nach intergouvernemental angelegt sind. Wäre dies der einzige „chinesische" Beitrag zur Akteursbestimmung, würde sich der Eindruck aufdrängen, dass die VR China die Grundelemente des „Westfälischen Staatensystems" – wie u.a. die Prinzipien der nationalen Souveränität und territorialen Integrität – internalisiert und sich in die „westlichen" Regelwerke der internationalen Beziehungen einfügt hat. Mit Blick auf die ontologische Ebene des „Akteur"-Bausteins wäre dann keine wesentliche Diskrepanz „westlicher" und „chinesischer" Theoriemodelle anzunehmen.

Wenn nun aber eine Interrelation von Akteur und Struktur besteht, müsste ein Wandel der internationalen oder globalen Strukturen auf den Akteur einwirken und eine kontextabhängige Neubewertung seiner Selbstverortung im internationalen System erfordern. In der chinesischen Geschichte liegen gleich mehrere solcher Strukturveränderungen vor, deren Einfluss auf die chinesischen Beziehungen zur internationalen Staatenwelt und die Selbstbestimmung des chinesischen Akteurs weiterhin fortbesteht. Den Dreh- und Angelpunkt bildet hierbei die Niederlage Chinas in den Opiumkriegen. Mit den Ungleichen Verträgen wurde die Ablösung des *tianxia*-Modells und des Tributsystems durch ein Netzwerk internationaler Verträge eingeleitet. Das chinesische Kaiserreich hatte sich als „Staat / Nation" in die internationalen Regelwerke, und somit in das „Westfälische Staatensystem", einzugliedern. Die Zeit zwischen den Opiumkriegen und der Gründung der VR China ist infolgedessen aus Sicht chinesischer Historiker durch eine anhaltende Identitätskrise Chinas geprägt. Neben den Diskursen chinesischer Intellektueller über die Zukunft Chinas gegen Ende des 19. Jahrhunderts, spiegelt sich diese Krise auch in der Parallelexistenz divergierender Bezeichnungen für „China" wider.[161] Der Terminus

---

[161] Zwar findet sich in dem Vertrag von Nerschinsk von 1689, der zwischen dem russischen Zarenreich und der Qing-Dynastie geschlossen wurde, die Bezeichnung „China", doch wurde der Vertrag nur auf Russisch, Latein und Mandschurisch verfasst. Somit handelt es sich, so der Pekinger Politikwissenschaftler Li Yangfan, hier noch nicht um eine (han-chinesische) Bezeichnung, die wirklich als Grundlage des „chinesischen" Selbstverständnisses" herangezogen werden konnte. Im Vertrag von Nanjing (1842) wiederum finden sich parallel die Bezeichnungen „die große Qingdynastie" (*da Qing*), der Ausdruck „hua", der die kulturelle Dimension des Reichsgedanken zum Ausdruck bringt, und der auch gegenwärtig gebräuchliche Ausdruck „Zhongguo" (Reich der Mitte) (vergl. Li, Yangfan 2005b:348).

„Zhongguo" (Reich der Mitte), der allerdings grundsätzlich aus viel früheren Zeiten datiert, verweist durch den Teilbegriff „guo" (Staat / Nation) auf die durch die Verträge auferlegte „staatliche" Akteursidentität des chinesischen Kaiserreiches, das daneben allerdings weiterhin die Dynastiebezeichnung als identitätsstiftendes Konzept beibehielt. Hieraus lässt sich eine hybride chinesische Akteursidentität in der späten Kaiserzeit ableiten. Als „Staat" ist „China" in die internationalen Strukturen zu den Konditionen der „westlichen" Welt eingebunden. Als dynastisches Zentrum des *tianxia* hingegen entscheidet es selbst über die Interaktionsregeln. Es liegen damit zwei Akteursidentitäten und diesen zugehörig auch zwei unterschiedliche Systementwürfe vor.

Auch gegenwärtig weist die VR China eine hybride Akteursidentität auf. Der offiziellen Definition nach versteht sie sich als ein „derzeit im Aufstieg befindliches sozialistisches Entwicklungsland" (*zhengzai jueqi de fazhan zhong shehuizhuyi guojia*) (Yang, Jiemian 2000:272; Wen, Jiabao 2009). In dieser Selbstbestimmung laufen drei Stränge der gegenwärtigen nationalen und internationalen Positionierungsstrategie der VR China zusammen. Zum einen betont der Verweis auf den Sozialismus (mit chinesischen Charakteristika) die Partikularität der VR China, welche ein von bestehenden Konzepten abweichendes Nation-Building-Programm verfolgt. Zum anderen aber wird die nachholende Entwicklung, sozusagen die Aufholjagd Chinas, thematisiert, welche eine anhaltende positive Entwicklung voraussetzt und möglicherweise schlussendlich aufgrund der damit verbundenen globalen Machtverschiebungen einen Wandel der internationalen Strukturen bedingen könnte. Weiterhin reiht sich die VR China selbst unter die Entwicklungsländer ein – wie zuvor auch in den maoistischen „Zwischenzonen"- und „Drei-Welten"-Theorien.

Wie aber lässt sich die Positionsbestimmung des Akteurs beziehungsweise des Machtzentrums klassifizieren? Die Annäherung an das chinesische Kaiserreich erfolgt in der internationalen Forschung zumeist durch den Vergleich mit Machtstrukturen der nicht-chinesischen Welt. Parallelen werden zwischen dem chinesischen Kaiserreich, besonders gerne der Qin- und Han-Dynastie, und dem Imperium Romanum gezogen (u.a. Mutschler / Mittag 2008). Trotz aller Unterschiede – das Militär spielte im chinesischen Fall im Unterschied zu Rom keine derart entscheidende Rolle – lassen sich gemeinsame Grundstrukturen und Handlungsmuster nachweisen, so dass oftmals beide Systeme ungeachtet ihrer Differenzen unter dem Oberbegriff des „Imperiums" subsumiert werden.

Eine Fokussierung der Untersuchungsperspektive auf das chinesische Kaiserreich hingegen bringt Aspekte zum Vorschein, welche die Partikularität des chinesischen Systems stärker hervortreten lassen. Beispielsweise diskutiert Weber-Schäfer (1968) das Staats- und Reichskonzept der frühen chinesischen Kaiserzeit nicht nur in Relation zu dem Begriffskonzept des Imperiums, sondern auch in seiner Funktion als Oikumene, also primär als ein philosophisches und kulturelles Konstrukt, das integrative Funktionen übernimmt und im Unterschied zum „Imperium" keine offensive Machtpolitik verfolgt.

In chinesischen Studien wird der Begriff des „Imperiums" (*diguo*) zwar diskutiert, findet sich aber primär in seiner Anwendung auf Japan, NS-Deutschland, Großbritannien, die USA und später zudem auch die SU. In Abgrenzung von der internationalen Chinabeobachtung, welche den proklamierten chinesischen „Wiederaufstieg" (*fuxing*) als Rückkehr zu imperialen Strukturen liest, welche mit territorialer Expansion und militärischen Konfrontationen verbunden werden, klassifiziert die chinesische Theoriebildung den chinesischen Akteur als *daguo* (Großstaat) und eben gerade nicht als *diguo* (Imperium) (Qin, Hui 2007). Mit dem Begriff „Imperium" ist das Phänomen des Imperialismus verknüpft. Derartige Tendenzen der expansionistischen Herrschaftsetablierung werden in der chinesischen Modellbildung und Selbstbestimmung als Akteur jedoch ganz offiziell abgelehnt. Der Hegemonie-Begriff, mit welchem die Machtposition der USA nicht nur im chinesischen Diskurs bestimmt wird, ist ebenfalls negativ konnotiert.[162] Denn nicht zuletzt stehen diese Konzepte im Widerspruch zu dem erklärten Verzicht der VR China auf jegliche Führungsambitionen (chin. Prinzip: *bu dang tou*) und der dezidierten Ablehnung hegemonialer Machtstrukturen. Bei diesen beiden handelt es sich um Grundprinzipien der chinesischen Außenpolitik, so dass hier den Möglichkeiten der theoriegestützten Akteurskonzeption deutliche Grenzen gesetzt werden.

Der Begriff *daguo* bringt ein weiteres Mal den artikulierten Anspruch der VR China, ein von westlichen Aufstiegsmodellen abweichendes Entwicklungsszenario zu verfolgen, zum Ausdruck. Definiert wird dieses einerseits als Gegenmodell zum *diguo*, somit als Negation der „westlichen" Klassifizierungs- und Prognosemodelle. Andererseits aber werden dem *daguo* Grundannahmen der chinesischen IB-Modellbildung eingeschrieben: Unter dem *daguo* wird ein Akteur verstanden, welcher seine Entwicklung und Modernisierung nicht auf Kosten der anderen Staaten betreibt, sondern *win-win*-Konstellationen anstrebt. Die „gemeinsame Entwicklung", die aus dem Paradigmenpaar „Frieden und Entwicklung" abgeleitet und fortgeschrieben wird, steht hierbei im Mittelpunkt. Expansion und Konfrontation sind kategorisch ausgeschlossen. Darüber hinaus wird die moralische Verpflichtung des *daguo* betont – ganz offensichtlich erfolgt hier die Umschreibung der chinesischen Selbstdefinition als verantwortungsbewusster, kooperativer Staaten-Akteur auf ein abstraktes, den „westli-

---

[162] Probleme ergeben sich mit Blick auf die Einordnung des Qin-Reiches. Denn zur ersten Reichseinigung kam es 221 v. Chr. doch nur dadurch, dass Qin Shihuang im Kampf um die Hegemonie erfolgreich gewesen war. Zumeist wird diese Episode aus den chinesischen Betrachtungen zu den internationalen Beziehungen und zur „Hegemonie"-Definition ausgeklammert.

chen" Annahmen entgegengesetztes Kategorisierungsmodell (vergl. Qin, Hui 2007). Dieses fügt sich sowohl in die chinesischen Annahmen des „Friedlichen Aufstiegs" als auch in die Forderung nach einer „Demokratisierung der internationalen Beziehungen" ein – somit liegt hier erneut ein hybrides Konstrukt vor, in welchem diplomatische und politikwissenschaftliche Überlegungen sowie partikulare und universelle Konzepte aufeinandertreffen.

Das Verhältnis von Imperium und Staat als zwei Seiten einer hybriden Akteursidentität wird durchaus auch von chinesischen Forschern untersucht, wenn auch im Umweg über Russland (vergl. Liu, Jun 2006:5-10). Der Übergang Russlands von Imperium zu Nationalstaat, beziehungsweise auch umgekehrt von Nation zu Imperium, ist in der westlichsprachigen Literatur, die auch den chinesischen Forschern hinreichend bekannt ist, umfassend erörtert worden (vergl. Liu, Jun 2007:5).[163] Um so mehr erstaunt, dass sich die chinesische Forschung dieses bereits erforschten Themenkomplexes nach 2003 erneut angenommen hat. Doch erklärt sich dieser Schritt schon bei einem ersten Blick in die betreffenden chinesischen Studien: Motivation und Ausgangspunkt sind, wenn dies auch nicht explizit gemacht wird, die Parallelen in der chinesischen und der russischen Entwicklung. Mit Blick auf Russland können auch Kategorien nationaler Macht und Identität erörtert werden, die auf die VR China nicht angewandt werden dürfen. Dieser Analogieschluss scheint insofern möglich, als dass beide Staaten den Verlust ihrer Zentrumsrolle erlebt und den Übergang zu einer neuen nationalen Identität durchlaufen haben, wenn auch mit einer Zeitdifferenz von mehr als 100 Jahren (Opiumkriege 1840; Zusammenbruch der SU 1989 / 1991), und es sich in beiden Fällen um Vielvölkerreiche handelt.

Die internationale Debatte hingegen nimmt gegenwärtig, insbesondere wenn sie sich auf neorealistische Annahmen stützt, die Identitätsbestimmung des chinesischen Akteurs in Analogie zu den Grundstrukturen des US-amerikanischen Machtzentrums vor. Ausgangspunkt dieser Analogieschlüsse ist die vom Realismus abgeleitete Annahme, dass Staaten unabhängig von ihrer inneren Verfasstheit nach den immer gleichen Mustern agieren und folglich die ewig gleichen Herrschaftsstrukturen etablieren. Allerdings wird der Begriff des Imperiums bedingt durch die Veränderungen der Strukturen des internationalen Systems im 19. und 20. Jahrhundert nun durchaus komplexer und vielschichtiger konfiguriert. Es wird angenommen, dass sich zwar imperiale Grundmuster perpetuieren, dass die als „Imperien" eingestuften Akteure jedoch durchaus über eine weitere Identität, im Normalfall die eines „Staaten"-Akteurs, verfügen (Münkler 2005:17-18).

---

[163] Zur Frage der russischen Identität und der Thematik von Imperium, Staat, Nation vergl. Hosking (2000 [1997]); Petro / Rubinstein (1997); Billington (2004).

Diese hybride, dualistische Akteursidentität äußert sich in der Bestimmung der Außengrenzen: Ein Imperium im klassischen Sinne ist in seinem Machtanspruch deterritorial; ein Staat im Sinne des Völkerrechts hingegen hat eindeutig fixierte Außengrenzen, so dass sein Handeln auf ein bestimmtes Territorium beschränkt wird. Erstrecken sich seine Ordnungsfunktionen jedoch auf Gebiete, die außerhalb dieses völkerrechtlich abgesteckten Territoriums liegen, folgt dies der Handlungslogik und den Handlungsimperativen eines „Imperiums", für das innerhalb seiner Machtsphäre Interventionszwang besteht. Die Grenzen des US-amerikanischen „Imperiums" beispielsweise sind nicht deckungsgleich mit denen des Staaten-Akteurs USA. Des weiteren gilt für die Außengrenzen eines Imperiums, dass diese semipermeabel sind, d.h. einerseits eine Abschottung des Imperiums gegenüber der Außenwelt, zugleich aber auch ein einseitiges Aus- und Eingreifen des Imperiums in eben diese Außenwelt vorliegt (vergl. Münkler 2005:30).[164]

Wendet man allerdings diesen erweiterten Imperiumsbegriff auf die VR China an, wird deutlich, dass der chinesische Akteur zumindest derzeit Verhaltensmuster und Grundprinzipien aufweist, die sich nicht in das obige Kategorisierungsschema moderner Imperien einfügen. Beispielsweise kam es 2007 und 2008 zu keiner Intervention oder externer Einflussnahme seitens der VR China auf die Ereignisse in Burma. Ein Eingreifen hätte einen Bruch mit den Grundprinzipien der chinesischen Außenpolitik bedeutet und womöglich Erinnerungen an die Interaktionsstrukturen des Tributsystems wachgerufen.

Während sich die VR China aus dem Geschehen heraushielt, wäre ein chinesisches Eingreifen, wie die internationalen Debatten nahe legen, von der internationalen Staatengemeinschaft durchaus toleriert, wenn nicht sogar begrüßt worden.[165] Diese Erwartungshaltung ist insofern paradox, als dass zeitgleich das Szenario einer Bedrohung der Welt durch eine expansionistische, dem revisionistischen Imperialismus verpflichtete VR China beschworen wird. Würde die VR China eine imperiale Akteursidentität aufweisen, hätte grundsätzlich ein Zwang zur Intervention bestanden. Die VR China hat sich damit ganz bewusst eine „neue" Akteursidentität zugelegt – denn der Krieg gegen Vietnam (1979) war in chinesischen Studien sehr wohl als Fortsetzung der imperialen Ordnungsverpflichtung des chinesischen Machtzentrums dargestellt und legitimiert worden (vergl. 5.3.).

---

[164] Für eine systematische Erschließung diverser Ausprägungen imperialer Herrschaft in verschiedenen Räumen und Zeiten vergl. Doyle (1986).
[165] bpb (10-05-2008), „Birma nach dem Zyklon"; bpb (24-09-2007), „Proteste in Myanmar." http://www.bpb.de/themen/5ZUURY,0,0,Birma_nach_dem_Zyklon.html (10.03.2009).

Gegenwärtig hingegen ist die VR China sehr darum bemüht, in keiner Hinsicht den Eindruck imperialer Machtbestrebungen aufkommen zu lassen. Das chinesische Engagement in Afrika – in der internationalen Debatte als „Beijing Consensus" (vergl. auch 4.4.) betitelt – wird in offiziellen chinesischen Stellungnahmen als Kooperationsbeziehung zum beidseitigen Nutzen entworfen, wodurch der Neokolonialismus-Vorwurf, der imperialistische Tendenzen dokumentieren würde, im Vorfeld entkräftet werden soll.

In Abgrenzung vom „Washington Consensus" werden Asymmetrien in den Machtrelationen der sino-afrikanischen Beziehungen, so die chinesische Sichtweise, dadurch ausgeglichen, dass die Interaktionen doch auf dem Prinzip des beidseitigen Nutzens basieren und die Aufnahme von Kooperationsbeziehungen an keinerlei normative Forderungen oder Bedingungen geknüpft ist. Auch in diesem Punkt distanziert sich die VR China entschieden von dem Imperiumskonzept, welches auf hierarchischen und nicht auf symmetrischen Grundstrukturen beruht.

Zhao Tingyang schließlich bringt mit seinem Gedanken der Verankerung eines modifizierten *tianxia*-Modells als Ordnungsstruktur der Welt des 21. Jahrhunderts eine weitere Akteurskategorie ins Spiel. Ebenso wie der Begriff des *daguo* wird dieses dem Konzept moderner Imperien antagonistisch entgegengesetzt. Es geht jedoch über den *daguo*-Gedanken insofern hinaus, als es eine „Welt"-Ordnung beschreibt, die nicht notwendigerweise auf der Interaktion von Staaten beruhen muss (Zhao, Tingyang 2005a).

Callahan sieht in eben dieser chinesischen Konzeption einer harmonischen Weltgemeinschaft die Möglichkeit einer Zusammenführung „chinesischer" und „westlicher" Ordnungs- und Klassifizierungsmodelle, da das *tianxia*-Modell seiner Interpretation nach viele Gemeinsamkeiten mit dem von Hardt und Negri entwickelten Konzept des „Empire"[166] aufweist (Callahan 2004:569-601).

Wie die hier umrissenen Kategorisierungsansätze zeigen, wird die Akteursbestimmung im innerchinesischen wie im internationalen Kontext gegenwärtig einer kritischen Neubewertung unterzogen. Die etablierten Makro-

---

[166] Nach Hardt und Negri beschreibt das Konzept des „Empire" eine (zunächst kapitalistische) Herrschaftsform, die keine Grenzen kennt und sich über die gesamte „zivilisierte" Welt erstreckt. Im Unterschied zum Imperialismus kennt das „Empire" kein territoriales Machtzentrum und gilt damit als dezentriertes und deterritorialisierendes Modell der „Welt"-Herrschaft. Zudem konstatieren Hardt und Negri, dass das „Empire" sich nicht darauf beschränke, die bestehenden Territorien zu organisieren und zu verwalten, sondern sich seine eigene „Welt" konstruiere. Ein wichtiger Aspekt ist nicht zuletzt der Umgang des „Empire" mit der Thematik von Krieg und Frieden. Laut Hardt und Negri ist das „Empire" in Kriege verwickelt beziehungsweise bricht diese möglicherweise auch vom Zaun, nach außen aber wiederholt es gebetsmühlenartig sein Interesse und seine Orientierung an dem Ideal eines allumfassenden Frieden. Im Unterschied zum chinesischen *tianxia* allerdings legen Hardt und Negri mit der Konzeption der „Multitude" die Möglichkeit der Formierung eines „Gegen-Empire" vor (Hardt / Negri 2002 [2000]: 12-13).

theorien der IB vollziehen diese Rekonzeptionalisierung nicht nach, die chinesischen Betrachtungen zu Grundelementen der chinesischen IB-Bausteine jedoch sehr wohl.

6.2. Nationale Interessen und Positionierungsstrategien

Grundlage der nationalen Positionsbestimmung und des Entwurfs eines nationalen Selbstbildes ist die diplomatische Anerkennung eines Staates durch die anderen Staaten-Akteure des internationalen Systems. Die VR China hat in den Dekaden nach 1949 den Übergang von einem revolutionären Staat außerhalb des internationalen Systems zu einem international anerkannten und integrierten Akteur der internationalen Politik vollzogen. Die Übertragung des ständigen chinesischen Sitzes im UN-Sicherheitsrat an die VR China steht hierbei für den entscheidenden Wendepunkt in der innerchinesischen Konkurrenz zwischen der bis dahin offiziell anerkannten GMD-Regierung mit temporärem Regierungssitz auf Taiwan und der KPCh-Regierung in Peking um den Alleinvertretungsanspruch und die hiermit einhergehende internationale diplomatische Anerkennung (vergl. Qin, Yaqing 2004a:68).

Seitdem aber hat die VR China Strategien zu entwickeln, die es ihr erlauben, sich innerhalb dieser Systemstrukturen zu positionieren. Als Grundlage dieser Strategie außenpolitischen Handelns und nicht zuletzt auch als Ausgangspunkt der chinesischen IB-Theoriedebatte werden „nationale Interessen" identifiziert (Zhao, Kejin / Ni, Shixiong 2007:147). Das Verständnis dieser strategischen und theoretischen Positionierungsanliegen wird für den außenstehenden Betrachter allerdings dadurch erschwert, dass die Übersetzung des englischen Begriffs *national interests* mit dem chinesischen Terminus *guojia liyi* im chinesischen Kontext nicht eindeutig bestimmt ist. Denn unter *guojia liyi* lassen sich sowohl nationale Interessen im Unterschied zu internationalen Interessen oder auch Weltinteressen verstehen, andererseits kann der identische chinesische Begriff auch verwendet werden, um die „Interessen des Staates" (*interests of the state*), also laut offiziöser chinesischer Interpretation gesamtgesellschaftliche Interessen, welche regionalen, partikularen beziehungsweise individuellen Interessen entgegengestellt werden, zu beschreiben (vergl. Yan, Xuetong 1996b:3-4).

Eben diese Begriffsunschärfe verleitet zu der Annahme, dass nationale Interessen im internationalen Rahmen einen Klassenbezug aufweisen und grundsätzlich jeweils die Interessen der international herrschenden Klasse repräsentieren, da die Interessen des Staates mit der Regierung und somit auch mit Formen der Herrschaftsausübung in Verbindung stehen (vergl. Yan, Xuetong 1996b:4).

In der gegenwärtigen chinesischen Expertendebatte erfolgt die Begriffsbestimmung und Analyse nationaler Interessen zunächst allgemein vor dem Hintergrund der Globalisierung. Wenngleich hierbei nationale Interessen als ein universelles Begriffskonzept konzipiert werden, welche die Ausgestaltung nationaler Außenpolitik maßgeblich vorbestimmen, wird doch zugleich ein permanent fortbestehender Unterschied zwischen den nationalen Interessen der VR China und denen der nicht-chinesischen Welt angenommen. Guo Shuyong weist in diesem Kontext darauf hin, dass zwischen nationalen Interessen, politischer Kultur und Chinas Aufstieg ein unmittelbarer Zusammenhang besteht. Denn im Zuge des chinesischen Aufstiegs auf internationaler Ebene gelte es, einen Weg zwischen Verwestlichung und Abschottung zu finden. Ein radikaler Bruch mit der chinesischen Tradition und Kultur, würde nach Guo zu einer zweiten Kulturrevolution führen, was nicht mit den nationalen Interessen der VR China zu vereinbaren sei (Guo, Shuyong 2003:130).[167] Eine ausschließliche Rückbesinnung auf die chinesische Kultur bei gleichzeitiger Zurückweisung aller kulturellen Fremdeinflüsse in Form eines radikalen Kultur-Nationalismus (*wenhua minzuzhuyi*) wiederum würde die Perzeption einer von China ausgehenden Bedrohung bestärken und die Debatte über den „Kampf der Kulturen" (*clash of civilizations*) befördern und so auch die Realisierung der chinesischen Interessen gefährden (Guo, Shuyong 2003:131). Ohne dies genauer auszuführen, nimmt Guo damit den chinesischen Aufstieg als primäres nationales Interesse an. Die Unteraspekte, sozusagen die notwendigen Voraussetzungen einer erfolgreichen Umsetzung des chinesischen Aufstiegs, werden allerdings nicht aufgelistet.

Der mit dem „Kampf der Kulturen" bereits bei Guo Shuyong angedeutete Interessenskonflikt zwischen der VR China und der westlichen Welt erweitert die chinesische IB-Diskussion um den Aspekt der möglichen Dichotomie chine-

---

[167] Guo führt nicht im Detail weiter aus, welche innen- und außenpolitischen Konsequenzen ein neuerlicher radikaler Ikonoklasmus haben könnte. Er scheint somit davon auszugehen, dass der informierte chinesische Leser an dieser Stelle eine Art Standardinterpretation der Kulturrevolution mitliest, die alle weiteren Ausführungen überflüssig macht. Eine Standardbewertung der Kulturrevolution findet sich vor allem in chinesischen IB-Artikeln, die einen historischen Überblick über die Genese und Entwicklung der chinesischen Politikwissenschaft liefern. Als wohl wichtigster Aspekt mit Blick auf die außenpolitische Ebene erscheint dabei die Abschottung, Isolation und damit verbunden die weitgehende Einstellung einer professionellen Außenpolitik während der Hochphase der Kulturrevolution. Ein damit vergleichbarer, erneuter Rückzug der VR China aus dem internationalen Geschehen wäre gegenwärtig weder im Sinne der wirtschaftlichen noch im Interesse der politischen Zielsetzungen der VR China. Schließlich beruft sich die KPCh bei ihren Legitimationsstrategien immer wieder auf das stabile, positive Wirtschaftswachstum, welches ohne die internationalen Kooperationen und Handelsbeziehungen nicht zu erreichen wäre, und auf die erfolgreiche Ausgestaltung der chinesischen Außenpolitik und die Behauptung der VR China als gleichberechtigter Kooperationspartner im internationalen Geschehen.

sischer und westlicher Konzeptionen nationaler Interessen. Die chinesische Konzeption nationaler Interessen wird dabei auf Grundsätze der konfuzianischen Staatsphilosophie, teilweise erweitert um daoistische und buddhistische Elemente, zurückgeführt. Die westliche Konzeption wiederum wird fast ausschließlich auf die machtpolitischen Grundorientierungen des bei Morgenthau beschriebenen politischen Realismus reduziert. Gestützt auf diese antagonistischen Interessenskonzeptionen findet sich die normative Interpretation, dass die Wahrung der nationalen Interessen der VR China zugleich zur Wahrung des Weltfriedens beitrage, da die chinesische Konzeption nationaler Interessen auf moralisch-ethischen Grundpfeilern aufbaue und anstelle eines Konflikts um harmonischen Ausgleich bemüht sei. Im Kontrast hierzu wird die Umsetzung der westlichen nationalen Interessen mit Machtpolitik und Hegemonialbestrebungen gleichgesetzt (vergl. Hong, Bing 2007:294).

Als nationale Kerninteressen der VR China identifiziert Chu Shulong die chinesischen Modernisierungsanliegen in den Bereichen Ökonomie, Außenpolitik und Sicherheitsstrategie. Im Mittelpunkt stehen dabei die Verwirklichung der Vier Modernisierungen, die Wahrung nationaler Souveränität und territorialer Integrität sowie die Sicherung des internationalen Einflusses der VR China (Chu, Shulong 1999:256-260). Die gegenwärtig in der westlichen Politikwissenschaft geführten Kontroversen über neue Formen der Souveränität und das Ende des Nationalstaats im Zeitalter der Globalisierung ist von chinesischen Politikwissenschaftlern durchaus mitverfolgt und kommentiert worden (s. Yu, Keping 2004:133-157). Eine geteilte Ausübung von Souveränität auf innen- oder außenpolitischer Ebene, die in der westlichen Politikwissenschaft durchaus thematisiert wird, weisen chinesische Politikwissenschaftler jedoch entschieden zurück (Wang, Jun 2004: 76-93). Die hier zum Vorschein kommende Zentralität von Souveränität und territorialer Integrität für die chinesische Akteurskonzeption wird in chinesischen Studien nicht strategisch, sondern historisch begründet. Hierzu werden die Konstellationen der Opiumkriege bemüht, welche, wie chinesische Studien immer wieder betonen, dazu geführt hätten, dass der nach 1840 sukzessiv modulierte chinesische „Akteur" seine nationale Souveränität und politischen Herrschaftsrechte eingebüßt habe und zu einem halb-feudalen, halb-kolonialen Gebilde mutiert sei. Die Überwindung dieser Krise gelang, hier nun übernimmt die chinesische IB-Forschung die offiziöse Darstellung der chinesischen Parteihistoriographie, erst mit der Etablierung der VR China durch die KPCh (1949). Lediglich Taiwan wird weiterhin als ungelöstes Souveränitäts- und Integritätsproblem angeführt (Zhao, Kejin / Ni, Shixiong 2007:93). Aber auch hier zeichnet sich eine „chinesische" Lösung ab. Mit dem Modell „Ein Land, zwei Systeme" (*yi guo, liang zhi*), das Deng Xiaoping als Lösungsoption für die Integration Taiwans in die politischen

Strukturen der VR China formuliert hatte und das bereits für Hongkong und Macao umgesetzt wird, sollen potentielle innerchinesische Konfliktlinien entschärft werden, welche die politischen Herrschaftsansprüche und Einheitsgedanken der KPCh-Regierung in Frage stellen würden (vergl. DeGolyer 2001:165).

Wenn nun die Formel „Ein Land, zwei Systeme" in chinesischen IB-Übersichtswerken auftaucht, sind hierfür zwei Erklärungen vorstellbar. Zum einen werden Theorien und Modelle zum Staatsaufbau, wie oben bereits erwähnt, auch im IB-Kontext mitbehandelt, da sie Grundlage der „chinesischen" Akteursbestimmung sind. Zum anderen aber liegt auch hier ein prinzipiell exportfähiges chinesisches Interaktions- und Ordnungsmodell vor, das in der „westlichen" IB-Theorie kein Pendant findet. Denn da die Formel „Ein Land, zwei Systeme" auf der friedlichen Koexistenz antagonistischer Systemstrukturen beruht, findet sich hier ein Modell, das rein von der Theoriebildung her gesehen auch als Ordnungsideal einer globalen Welt funktionieren könnte.

Auch wenn chinesische Studien grundsätzlich zu der Bewertung kommen, dass die Errichtung eines modernen chinesischen Nationalstaates weitgehend erfolgt sei, wird doch betont, dass Chinas Souveränität und territoriale Einheit nicht in allen Punkten gesichert seien. Weiterhin könnten für China negative geostrategische Entwicklung in der Südchinesischen See oder im Umfeld der Diaoyu-Inselgruppe oder nicht zuletzt offene Konflikte mit Taiwan die chinesischen Aufstiegspläne behindern, wenn nicht sogar zunichte machen. Um das Ziel der gesamtgesellschaftlichen Unterstützung des Herrschaftsmonopols der KPCh zu erreichen, sollen nun gezielt patriotische Tendenzen gestärkt werden (vergl. Zhao, Kejin / Ni, Shixiong 2007:125). Dieser Forderung unterliegt die Erkenntnis, dass die chinesische Wirtschaftstransformation zu einer Fragmentierung und Pluralisierung der chinesischen Gesellschaft geführt hat. Zusätzlich zeichnen sich am Beispiel der Regionen Tibet und Xinjiang regionale, ethnische und bedingt auch religiöse Konfliktlinien ab, welche gleichsam einen Kontrollverlust der chinesischen Zentralregierung über weite Teile der chinesischen Peripherie implizieren. Um den offenen Ausbruch dieser Konflikte zu verhindern, wäre ein Appell an den chinesischen Nationalismus nur bedingt geeignet. Denn im Unterschied zur Frühphase der chinesischen Republik und die Zeit des Anti-Japanischen Widerstandskrieges (1937-1945) gibt es derzeit keine konkrete innen- oder außenpolitische Bedrohung, gegen welche die chinesische Bevölkerung mobilisiert und geeint werden könnte. Denn der halb-koloniale, halb-feudale Status Chinas gilt spätestens mit der Ausrufung der VR China als überwunden. Somit steht nicht die Wiederherstellung nationaler Souveränität und der territorialen Reichseinheit im Mittelpunkt, vielmehr soll nun eine abstrakte und diffuse Systemunterstützung generiert werden. Um dabei auch die nationalen Minderheitenvölker einzubinden, bietet sich nicht der (Han-) Nationalismus, sondern ein universeller Patriotismus an. Die in den 80er Jahren und erneut 2005 erfolgten sogenannten anti-japanischen Demonstrationen sind nur ein Beispiel dafür, wie eine patriotisch begründete Mobilisierung der chinesischen Bevölkerung aussehen kann. Allerdings hat die auf Anweisung der chinesischen Regierung schnell erfolgte Unterbindung weiterer anti-japanischer Proteste gezeigt, dass eine einmalige Mobilisierung erwünscht ist, beziehungsweise toleriert wird, eine Eigendynamik, welche derartige Demonstrationen in Proteste gegen das politische System und die Herrschaftselite der VR China umschlagen lassen könnte, jedoch kategorisch ausgeschlossen werden soll.[168]

Neben endogenen Faktoren der Systemdestabilisierung rechnen chinesische Analysten mit einer gezielten Schwächung der VR China durch die Einmischung externer Akteure in die inneren Angelegenheiten der VR China (vergl. Men, Honghua 2003:273; Li, Jingzhi 2003:68). Um der westlichen Einflussnahme und den westlichen Forderungen entgegenzutreten, wird nun eine Soft-Power-Gegenoffensive der VR China gefordert, welche gewissermaßen die Richtung des Ideen- und Werteexports umkehrt und gleichermaßen nun Begriffskonzepte der chinesischen Kultur in der westlichen Debatte zu verankern sucht (vergl. Men, Honghua 2003:273).

Hierzu aber muss erst einmal definiert werden, was genau die „chinesischen" Ideen und Wertvorstellungen beinhalten sollen. Zunächst gilt es, das in der chinesischen IB-Thematik immer wieder angeführte Dilemma der kulturellen Orientierungslosigkeit zu überwinden. Diese wird nicht auf die innerchinesischen Entwicklung wie die Kulturrevolution, sondern allein auf exogene Einflussfaktoren – insbesondere, aber nicht ausschließlich den imperialistischen und kapitalistischen Westen – zurückgeführt:

> Seit den Opiumkriegen, als der Westen mit seinen Kanonenbooten die Öffnung Chinas erzwang, stellt die westliche Kultur für die chinesische eine enorme Herausforderung dar. Die Kulturdebatte und das Ringen, das Vaterland vor seinem Untergang zu retten und seinen Fortbestand zu sichern, sind miteinander verflochten; und dies führt dazu, dass die Chinesen nur schwer ruhig und nüchtern über diese kulturellen Fragen nachdenken (...) Und nach Gründung der VR China wiederum waren es die Verehrung des Marxismus und die Annäherung an das sozialistische Lager, die Sowjetunion, welche dem kulturellen Bewusstsein Chinas einen neuen Anstrich gaben (Yu, Xintian 2004:87).

In Kenntnis und vor dem Hintergrund der „westlichen" Kultur- und Wertekonzepte sollen daher nun Grundkonzepte der traditionellen chinesischen Kultur an

---

[168] zu den Protesten vergl. insbesondere Barmé (2005); Buruma (2005); Wasserstrom (2005a; 2005b).

die Erfordernisse der Gegenwart angepasst und in überarbeiteter Form auf der Ebene der Weltpolitik verankert werden:

> Zuerst müssen die Essenz der westlichen Kultur und ihre Wertanschauungen studiert und absorbiert werden. Denn das Image eines Staates kann nur ausgehend von der Kritik der Außenwelt festgesetzt werden. Das gegenwärtige internationale System ist ursprünglich aufbauend auf der westlichen Kultur und dem westlichen System errichtet worden. Nach dem Ende des Zweiten Weltkrieges sind auch einige kulturelle Konzepte der Entwicklungsländer integriert worden. Nationalstaat, gleichberechtigte Souveränität, Verzicht auf wechselseitige Aggression, internationales Recht, und die Vereinten Nationen sind bereits zu einem von der internationalen Gesellschaft angenommenen Gemeingut geworden. China ist noch nicht lange in das internationale System eingetreten. Um das Image (der VR China) aufzupolieren, müssen die chinesischen Wertvorstellungen und die von der Welt allgemein anerkannten Wertvorstellungen zusammengeführt werden (...) (Yu, Xintian 2004:87).

Dass aber eine selektive Adaption des kulturellen Erbes der VR China sehr umsichtig und mit Blick auf die Perzeption durch die „westliche" Außenwelt erfolgen muss, zeigt das Begriffskonzept der „Einheit von Mensch und Kosmos" (*tian ren he yi*). Wenn dieses auch als chinesisches Pendant zum Konzept der nachhaltigen Entwicklung präsentiert wurde, könnte hierbei doch die Frage aufkommen, weshalb die VR China mit massiven Umweltschäden und Externalisierungsfolgen konfrontiert ist, wenn doch ein anscheinend vergleichbares wertgebundenes Entwicklungskonzept auch im chinesischen Kontext vorlag (Yu, Xintian 2004:88).

Damit es überhaupt zu einer Umsetzung chinesischer Interessen im globalen Rahmen kommen könne, muss China, so die Meinung chinesischer IB-Analysten, sich als verlässlicher Kooperationspartner präsentieren und „das Bild eines *daguo* aufbauen, welches die internationalen Moralvorstellungen und Rechtsnormen bewahrt" (*shuli weihu guoji daoyi de shijie daguo xingxiang*). Um zu verhindern, dass sich andere Staaten-Akteure zu einer anti-chinesischen Front zusammenschließen, soll die VR China verstärkt weltpolitische Aufgaben übernehmen (Men, Honghua 2003:276). Dieses bewusste internationale Engagement soll verhindern, dass der Aufstieg der VR China als Bedrohung perzipiert wird und es zu einem Konflikt mit den etablierten Staaten-Akteuren kommt.

Während sich die chinesische IB-Bildung auf die Frage beschränkt, wie sich rein abstrakt betrachtet ein Konflikt zwischen einem aufsteigenden Staaten-Akteur und den bisherigen Machtzentren vermeiden ließe, klingen in der außenpolitischen Strategieforschung ganz andere Zielsetzung an. In der Umsetzungsstrategie des chinesischen Aufstiegs heißt es, dass die gegebenen Strukturen und Regeln des internationalen Systems zunächst zu respektieren und zu befolgen

257

(*zunshou*) sind. Zugleich aber soll die VR China diese Strukturen im Sinne der chinesischen Interessen zu nutzen (*liyong*) wissen, und sich dann in einem weiteren Schritt aktiv an der Reform und Perfektionierung (*xiugai wanshan*) der Systemstrukturen beteiligen (Men, Honghua 2003:276-277). Die nationalen Interessen der VR China auf wirtschaftlicher, außenpolitischer und sicherheitspolitischer Ebene sollen nicht nur gewahrt (*weihu*), sondern nun auch erweitert (*kuozhan*) werden (Men, Honghua 2003:261-278). Die „Ausweitung" der chinesischen außenpolitischen Strategie ist jedoch, folgt man diesen formelhaften Ausführungen, nicht mit Expansion gleichzusetzen. Vielmehr hält die VR China an den altbekannten nationalen Interessen und den damit verbundenen strategischen Grundorientierungen der Außenpolitik fest – allerdings positioniert sie sich nun als aktiver Mitspieler der internationalen Politik und entwirft in den akademischen und regierungsoffiziellen Erklärungen für sich selbst die Rolle eines verantwortungsbewussten Staaten-Akteurs und tritt schlussendlich, zumindest derzeit, als eine den status quo wahrende Macht auf.

6.3. Machtbegriff

In der IB-Theorie bleibt der „Macht"-Begriff zumeist sehr abstrakt. Das aber bedeutet, dass die Betrachtung der internationalen Machtrelationen zumeist eher psychologisch als quantitativ-analytisch bedingt ist. Chinesische IB-Forscher hingegen suchen nach einer quantitativen Bewertungsmethode und diskutieren in diesem Zusammenhang einen erweiterten Machtbegriff, der die Macht eines souveränen Nationalstaates nicht nach rein ökonometrischen oder militärstrategischen Ressourcen bemisst, sondern die komplexe Gesamtheit sämtlicher Konfigurationen von Hard und Soft Power[169] beschreibt – und zwar unter Berücksichtigung innen- und außenpolitischer Faktoren.[170] Damit fällt auch die Befriedigung gesellschaftlicher Anliegen und die Lösung innenpolitischer Konflikte in das weitgefasste Begriffsspektrum der sogenannten Comprehensive National Power (CNP, chin. *zonghe guoli*). Aus der Summe dieser Machtressourcen wiederum wird ein weltweites Ranking der wichtigsten Staatenakteure berechnet.

Die chinesischen Analysten nehmen an, dass der Handlungsspielraum eines Staates im Wesentlichen durch den CNP-Faktor festgelegt wird (vergl. Zhan, Jiafeng 2005:21-27). Die Berechnung der Machtrelationen dient somit dazu, die

---

[169] Als Standardwerk zur Soft-Power-Konzeption gilt Nye, Joseph (1990). Weiterentwicklungen und Präzisierungen des Konzepts liefern die Folgestudien Nye (2002; 2004).
[170] Auch Russland stellt vergleichbare auf CNP-Faktoren basierende Rankinglisten der Hauptakteure der Weltpolitik auf (vergl. Zhang, Shuhua / Kang, Yanru 2007:29).

eigenen Positionierungsoptionen und Handlungsspielräume abzuwägen und mögliche Reaktionen der internationalen Staatenwelt zu antizipieren. Der Machtbegriff wird in China aber auch normativ diskutiert. Dabei wird angenommen, dass der qualitative Machtaspekt als Grundlage der Kategorisierung des internationalen Agierens von Staaten dient. Von der Definition nationaler Macht hängt es folglich ab, ob der Aufstieg eines Staates als Bedrohung perzipiert wird. Aufgrund dieser Erkenntnis wird derzeit in China mit Blick auf die chinesische Außenpolitik an einer Definition gearbeitet, die einerseits die Bereitschaft zur Übernahme internationaler Verantwortung betont, andererseits aber auch versichert, keinen Machtmissbrauch und keine Machtwillkür zuzulassen. Die hieraus resultierende offizielle Ausrichtung der außenpolitischen Strategie an Soft-Power-Modellen ist allerdings keine ausschließlich chinesische Entwicklungstendenz.

Im Jahr 2007 hat die US-amerikanische CSIS Kommission einen Leitfaden für die strategische Ausgestaltung der amerikanischen Außenpolitik vorgelegt, der zu dem Schluss kommt, dass die USA ihrerseits eine neue machtpolitische Strategie entwickeln müssen. Der Bericht vermerkt, dass es der VR China durch ihre neue Soft-Power-Strategie bereits gelungen sei, das Machtvakuum auszufüllen, das sich durch das Engagement der USA in der arabisch-islamischen Welt in der Region Ostasien ergeben habe (CSIS 2007:25).

Da das Macht- und Ordnungsmodell der USA durch die chinesische Theorie- und Strategiebildung nicht nur abstrakt herausgefordert worden ist, sondern sich Tendenzen abzeichnen, dass sich das „chinesische" Modell in der internationalen Politik durchsetzen könnte, fordert der Bericht eine Überarbeitung des US-amerikanischen Machtbegriffs im Bereich der Außendiplomatie. Dazu entwirft der CSIS Report eine „Smart-Power"-Alternative, welche in fünf Punkten – „alliances, partnership, institutions"; „global development"; „public diplomacy"; „economic integration"; „technology and innovation" – ein Modell der US-amerikanischen Diplomatie für die nächste Präsidentschaftsperiode konzipiert. Der Smart-Power-Begriff verbindet dabei Grundorientierungen der US-amerikanischen Außenpolitik mit konstruktivistischen Steuerungsinstrumenten:

> Smart power is neither hard nor soft – it is the skillful combination of both. Smart power means developing an integrated strategy, resource base, and tool kit to achieve American objectives, drawing on both hard and soft power. It is an approach that underscores the necessity of a strong military, but also invests heavily in alliances, partnerships, and institutions at all levels to expand American influence and establish the legitimacy of American action. Providing for the global good is central to this effort because it helps America reconcile its overwhelming power with the rest of the world's interests and values (CSIS 2007:7).

An dieser Stelle zeigt sich, dass der Machtbegriff als solcher, zumindest in der Form, wie er den etablierten Makrotheorien der IB unterliegt, zu überdenken ist. Allerdings sind zwei Ebenen des Machtbegriffs zu unterscheiden. Auf der ersten Ebene prägt die jeweilige Definition des Machtbegriffs – relative vs. absolute Macht; *hard power*, *soft power*, *smart power* oder *comprehensive national power* – die Sichtweite eines Staates auf die Außenwelt, seine Analyse der außenpolitischen und internationalen Konstellationen und nicht zu vergessen auch seine Selbstverortung im internationalen System. Auf der zweiten Ebene aber dient die öffentliche Diskussion des nationalen Machtbegriffs auch der Steuerung der Perzeption durch andere Staaten. Negative Perzeptionen und daraus resultierende Containment-Maßnahmen sollen über die kommunikative Vermittlung alternativer Erklärungsmodelle und den Entwurf eines kooperativen Machtbegriffs gewissermaßen entkräftet werden. Wenn beispielsweise neorealistische Machtkonzeptionen eine wachsende Konkurrenz um die weltweite Hegemonialstellung prognostizieren, legt dies eine Abwehrhaltung der um ihren Machterhalt besorgten Staaten-Akteure nahe. Besonders bedrohlich erscheint ein derartiges Szenario, wenn der Machtbegriff primär auf militärischen Aspekten beruht. Ein erweiterter Machtbegriff – wie beispielsweise CNP oder Smart Power – entschärft die Situation. Denn da diese Ansätze das reale Machtpotential eines Staates aus einer Vielzahl diverser Faktoren zusammensetzen, wird die Konkurrenz der Staaten-Akteure auf viele Teilbereiche ausgeweitet.

Abgeleitet von den Überlegungen zum Machtkomplex sind die bilateralen Außenbeziehungen der VR China auf Kooperation angelegt. Auf abstrakt-theoretischer Ebene gibt die chinesische Definition der Partnerschaftsdiplomatie den bilateralen Interaktionen einen konkreten, normativen Handlungsrahmen vor. Der abstrakt-normative Regelrahmen der chinesischen Partnerschaftsdiplomatie benennt Grundprinzipien, welche die jeweiligen Kooperationspartner zu respektieren haben: Der Begriff der Partnerschaft beinhaltet zunächst den Aspekt der Gleichberechtigung (*pingdeng*) der Akteure, deren Interaktion allein auf symmetrischen Kooperationsstrukturen (*hezuo*) zu beruhen hat. Hinzu kommt, dass diese Kooperationsbeziehungen nur bestehen können, wenn beide Kooperationspartner daraus einen Nutzen ziehen (*huli*). Grundsätzlich wird von einer zunehmenden Interdependenz der Akteure ausgegangen, welche ihre strategischen Interessen vor dem Hintergrund der voranschreitenden Globalisierung nicht mehr im Alleingang, sondern nur in gemeinsamen Aktionen realisieren können (vergl. auch 6.4.).

Aus chinesischer Sicht sind folglich Partnerschaften nur denkbar, wenn die (außen)politischen Interessen und Grundprinzipien der VR China respektiert werden. Diese umfassen innenpolitische und außenpolitische Zielsetzungen. Zunächst einmal ist die Anerkennung und Einhaltung des sogenannten Ein-

China-Prinzips unverzichtbare Voraussetzung für die Aufnahme diplomatischer Beziehungen und die Einrichtung partnerschaftlicher Interaktionsstrukturen. Hinzu kommen die weiteren Grundkonstanten der Außenpolitik der VR China wie Unabhängigkeit und Selbstbestimmung; nationale Souveränität; territoriale Integrität. In erweiterter Form sind diese Grundkonstanten in den „Fünf Prinzipien der friedlichen Koexistenz", auf welche sich die chinesische Außenpolitik weiterhin beruft, verankert. Die Wahrung der Stabilität und die Sicherung eines friedlichen Entwicklungsumfeldes, ein anhaltendes positives Wirtschaftswachstum und – insbesondere seit dem Führungswechsel 2002/03 – ein positives internationales Image der VR China zählen zu den zentralen Leitgedanken der gegenwärtigen chinesischen Außenpolitik.

Es lässt sich jedoch durchaus auch eine Art Hierarchie der verschiedenen bilateralen Partnerschaften der VR China nachzeichnen, die sich nicht zuletzt an der terminologischen Einstufung – „Partnerschaft" (*huoban guanxi*), „strategische, auf Kooperation basierende Partnerschaftsbeziehungen" (*zhanlüe xiezuo huoban guanxi*) und „gutnachbarschaftliche Partnerschaftsbeziehungen" (*mulin huoban guanxi*) – ablesen lässt (vergl. Jin, Zhengkun 2000; Ning, Sao 2000). In der realen Ausgestaltung der chinesischen Außenbeziehungen zeigt sich, dass diese differenzierte Auslegung des „Partnerschaftskonzepts", die grundsätzlich eine Partnerschaft der VR China mit jedem kooperationswilligen Staat ermöglicht, nicht zum Einsatz kommt. Denn „strategische Partnerschaften" werden nur mit als gleichrangig eingestuften Partnern aufgebaut (vergl. Kahl 2004:10).

Die chinesischen Ausführungen betonen, dass die kooperative Partnerschaftspolitik der VR China auch eine Selbstverpflichtung des chinesischen Akteurs beinhaltet. So wird immer wieder hervorgehoben, dass die chinesische Außenpolitik keine Allianzenbildung und auch keine gegen dritte Staaten-Akteure gerichtete Blockformation anstrebe (Jin, Zhengkun 2000:20; Li, Jingzhi / Luo, Tianhong 2003:410-414). Hegemoniebestrebungen und Machtpolitik gelten in diesem Entwurf der chinesischen Akteursidentität als unvereinbar mit deren außenpolitischen Grundprinzipien und moralischen Handlungsverpflichtungen. Als weltpolitisches Ziel werden der Aufbau einer multipolaren Struktur des internationalen Systems und die Wahrung des Weltfriedens angegeben (Yuan, Chengzhang 2002:73-75). Allerdings ist nicht zu vergessen, dass diese Beteuerungen in der außenpolitischen Strategie und Diplomatie der VR China zum Tragen kommen, jedoch kein eigenständiges Theorieelement verkörpern.

6.4. Globalisierung

Wenn man davon ausgeht, dass Akteur und Struktur (des internationalen Systems) sich wechselseitig bedingen, wäre anzunehmen, dass die VR China durch ihre interdependenten Beziehungen mit den kapitalistischen Staatensystemen früher oder später auch eine politische Transformation durchlaufen und damit einen radikalen Bruch in ihrer Akteursidentität als sozialistischer Staat erleben müsste. Dieser Punkt wird von chinesischen IB-Forschern zumeist in Zusammenhang mit der Globalisierungsthematik erörtert. Chinesische Studien konstatieren, dass es sich bei dem Phänomen der Globalisierung grundsätzlich um eine „objektive Entwicklung" (*keguan fazhan*) und „historische Strömung"(*lishi chaoliu*) (Wang, Yonggui 2008:6) handelt. Die voranschreitende Globalisierung gilt, nachdem mit der Auflösung der SU und der Transformation Osteuropas die ideologische Blockkonfrontation als Erklärungsmuster weggefallen ist, als Auslöser und Motor des dynamischen Strukturwandels der internationalen Machtverhältnisse (vergl. Yu, Zhengliang 2000:56).

Marxistischen Denkmustern folgende Analysen chinesischer IB-Forscher kritisieren, dass die globalen Prozesse und Interaktionsstrukturen von den kapitalistischen Staaten gesteuert und ausgestaltet würden (Cai, Tuo 2002:289), also alles andere als wertfrei seien. Somit würde allein die Akzeptanz der aus „westlicher" Perspektive konzipierten Globalisierungsmodelle über kurz oder lang auch Auswirkungen auf Chinas gesellschaftliche und politische Strukturen haben und einen Systemwandel einleiten. Eine unmodifizierte Rezeption der „westlichen" Globalisierungstheorien ist zudem prinzipiell aus dem Grunde abzulehnen, dass die „westlichen" Modelle von einem Übergreifen der anfänglich auf den Wirtschafts- und Finanzsektor ausgerichteten Globalisierung auf sämtliche politischen und gesellschaftlichen Teilbereiche ausgehen – eine Wirtschaftsglobalisierung ohne entsprechende politische Strukturveränderungen ist nicht vorgesehen. Eigentlich müsste nun aus dieser Annahme folgen, dass die chinesische IB-Forschung das Begriffskonzept der Globalisierung kategorisch zurückzuweisen hätte. Damit aber würde sie sich wiederum selbst isolieren und außerhalb der aktuellen globalen Debatten positionieren. Denn schließlich steht die Globalisierungsproblematik für ein Themenfeld, das erst nach Ende des Kalten Krieges in umfassender Form untersucht und konzeptionalisiert wurde. Die Theorie- und Modellbildung sind weder abgeschlossen noch auf einen rein „westlichen" Kontext reduzierbar, da es sich schließlich um ein globales Phänomen handelt, das den nationalen Rahmen längst überschritten hat. Hierin wiederum liegt auch der Reiz für chinesische Wissenschaftler, die Globalisierungsthematik mit der Suche nach einer „chinesischen" IB-Theorie zu verbinden. Denn wenn die Modellbildung sich diesmal auf den globalen Kontext bezieht, wäre es unverantwortlich, hierbei nur von einer „westlichen" Perspektive auszugehen, welche Entwicklungen und Perzeptionen anderer Akteure, die in diese globalen Prozesse ebenso involviert sind, ausblenden würde. Sofern es der chinesischen IB-Forschung gelingt, ein Globalisierungsmodell zu entwerfen, das über das „westliche" Konzept hinausginge, könnte dieses möglicherweise auch in die globale Theoriedebatte eingebracht werden.

Im Zuge der chinesischen IB-Debatte müssen chinesische Politikwissenschaftler somit nach einer Lösung suchen, um den Globalisierungsprozess, der als „westliches" Theoriemodell eingestuft wurde, weiterhin als Hintergrund der gegenwärtigen Entwicklungen und weitergehend auch als einen möglichen Ausgangspunkt einer sinisierten IB-Theorie anführen zu können.

Die chinesischen Studien halten einstimmig fest, dass die VR China infolge der Politik der Reform und Öffnung, also bereits seit den späten 70er Jahren, an einer eigenen Strategie und Modellbildung arbeite, welche den Erhalt der sozialistischen Strukturen bei gleichzeitiger Einbindung in den Globalisierungsprozess ermöglichen soll. Der Beginn der chinesischen Forschung zum Themenkomplex der Globalisierung allerdings wird auf die 90er Jahre datiert (u.a. Dan, Xingwu 2006:460). Diese zeitliche Diskrepanz ist nicht als Ausdruck der divergierenden Sichtweisen zweier konkurrierender chinesischer IB-Gruppierungen zu sehen, vielmehr spiegelt diese die Arbeitsteilung zwischen politikwissenschaftlichem Feld und der Ebene der Politik wider. In den 70er und 80er Jahren des 20. Jahrhunderts oblag die Definition und Bewertung der Globalisierungsthematik der Parteielite und den mit ihr unmittelbar verbundenen Think Tanks. Erst mit der von Li Shen, damals stellvertretender Vorstand der CASS, in den frühen 90er Jahren vorgelegten Übersichtsstudie wurde der Globalisierungskomplex in die Expertendebatte eingebunden (vergl. Dan, Xingwu 2006:460). Seit Mitte der 90er Jahre liegen neben den Artikeln Li Shens auch diverse chinesischsprachige Einzelstudien und Einführungen vor (u.a. Wang, Yizhou 1995; 2003 / Yu, Zhengliang 2000).[171] Die Integration dieser Globalisierungsdebatten in die Konzeption einer möglichen chinesischen IB-Theorie wurde u.a. durch die Studien von Wang Yizhou, Yu Zhengliang und Cai Tuo erörtert (vergl. Dan, Xingwu 2006:475), wobei Yu Zhengliang so weit geht, für die Erarbeitung einer abstrakten Theorie einer globalen Welt jenseits des Nationalstaates zu plädieren (Yu, Zhengliang et al. 2005). Dass das ZK im Jahr 1998 seinerseits eine achtbändige Reihe zum Stand der westlichen und chinesischen

---

[171] vergl. auch Wang Yizhous Monographie zu den Internationalen Beziehungen vor dem Hintergrund der Globalisierung. In dieser untersucht Wang Yizhou gestützt auf chinesische und westliche Studien den Wandel der internationalen und globalen Konstellationen. Aus diesen Betrachtungen wiederum zieht Wang Schlüsse für die zukünftige Ausrichtung der „globalen" wie auch der „chinesischen" Theoriebildung (Wang, Yizhou 2005).

Theorie- und Modellbildung zu Globalisierungsphänomenen herausgegeben hat (vergl. Dan, Xingwu 2006:461; 461 Fn1), verdeutlicht, dass die KPCh noch in den 90er Jahren nicht bereit war, ihr Definitionsmonopol an die IB-Forschung abzutreten.

Der Begriff „Globalisierung" (*quanqiuhua*) taucht in chinesischen IB-Studien zumeist als „Wirtschaftsglobalisierung" (*jingji quanqiuhua*) auf. Chinesische IB-Analysen gehen von einer wachsenden Interdependenz der Akteure und einer zunehmenden Verflechtung der nationalen Märkte aus, so dass die „Wirtschaftsglobalisierung" für eine Tendenz in Richtung einer stärkeren Vereinheitlichung, wenn nicht sogar Integration steht.

Meist wird der „Wirtschaftsglobalisierung" der Begriff der politischen „Multipolarisierung" (*duojihua*) an die Seite gestellt, wodurch der politische Bereich in der chinesischen Debatte isoliert von dem Globalisierungsaspekt betrachtet wird. Im Unterschied zur Wirtschaftsintegration wird im politischen Bereich eine Fragmentarisierung oder Aufspaltung der Welt angenommen, da das Multipolaritätsmodell die Teilung der Welt in unabhängige, voneinander abgegrenzte Staaten-Akteure vorsieht (vergl. Yu, Zhengliang 2000:57).

Diese terminologisch indizierte Trennung von Ökonomie und Politik weist deutliche Parallelen zu den chinesischen Transformations- und Modernisierungsdiskursen auf. Weiterhin ist der innerchinesische Transformationsprozess auf den Bereich der Wirtschaft beschränkt; ein Wandel der gesellschaftlichen oder politischen Strukturen ist nicht vorgesehen. Damit tritt die chinesische Modellbildung der Vorstellung ihrer westlichen Kooperationspartner, durch den Ausbau des Handels auch den politischen Wandel einzuleiten, auch auf Theorieebene entschieden entgegen. Indem in den chinesischen Globalisierungsmodellen eine Trennung von wirtschaftlichen und sozio-politischen Aspekten konstruiert wird, soll das Begriffskonzept „Globalisierung" aus dem Kontext der Transformationsmodelle herausgelöst werden. Die Globalisierungsthematik wird hierzu in ein Spannungsfeld eingeordnet, das auf horizontaler Ebene durch die beiden Extreme „Integration" (*yitihua*) und „Zerstreuung, Disintegration" (*fensanhua*), auf vertikaler Ebene durch die Eckpfeiler „Internationalisierung" (*guojihua*) und „Indigenisierung" (*bentuhua*) begrenzt ist (vergl. auch Wang, Yizhou 1998:288).[172]

---

[172] Allerdings räumt auch Wang Yizhou ein, dass mit der Globalisierung auch politische Aspekte verbunden seien. Grundsätzlich nimmt er an, dass Veränderungen auf globaler Ebene direkte Auswirkungen auf die Strukturen und Prozesse der nationalen Ebene haben. Denn aus der Wirtschaftsglobalisierung ergebe sich, so Wang, ein Wandel des Kauf- und Tauschverhaltens, welcher wiederum auch das Denken und Handeln der Menschen beeinflusse (Wang, Yizhou 1998:286-288).

Kontroversen unter chinesischen IB-Forschern bestehen insbesondere hinsichtlich der Frage, ob die Globalisierung als ein subjektives oder objektives Phänomen angenommen werden sollte und ob es sich hierbei um eine kapitalistische oder eine sozialistische Entwicklungsstufe handelt. Auch differieren die Ansichten über die Vor- und Nachteile der Globalisierung. Ebenso ungeklärt ist die Frage, ob China nun eher passiv-reaktiv oder aber proaktiv auf die Globalisierung reagieren sollte (Yu, Keping 2002, nach Dan, Xingwu 2006:461).

Die chinesische Globalisierungsdebatte umfasst neben der Frage nach einer globalen Ordnung und globalen Formen des Regierens aber auch den Entwurf nationaler Entwicklungsmodelle vor dem Hintergrund der Globalisierung. Nicht die Überwindung des Nationalstaats, vielmehr seine theoriegestützte Zukunftssicherung steht dabei im Mittelpunkt der Diskussion. Historisch gesehen findet sich zwar bereits eine ganze Abfolge von Entwicklungsmodellen, an denen sich die VR China orientieren könnte. Dennoch wird die Idee eines eigenständigen chinesischen Entwicklungsmodells in der innerchinesischen Debatte weiterhin aufrechterhalten. Begründet wird dies mit dem Verweis auf die historisch-kulturelle Partikularität und die spezifischen sozio-politischen Konstellationen des chinesischen Systems (vergl. Zhao, Kejin / Ni, Shixiong 2007:202). Da viele dieser systembedingten und gesellschaftsspezifischen Faktoren in „westlichen" Modellen aus Sicht chinesischer Experten zu wenig berücksichtigt worden sind, stellt die Konfiguration eines modifizierten Entwicklungsmodells weit mehr als einen Erklärungsrahmen für den chinesischen Sonderfall dar. Erneut wird hiermit zugleich die Hegemonie von Theoriemodellen, die von „westlichen" Experten in einem „westlichen" Kontext entworfen worden sind und deren Erklärungskraft somit eigentlich zunächst auf einen sehr engen Rahmen beschränkt ist, angeprangert (Zhang, Jungang et al. 2008:17).

Waren klassische Entwicklungsmodelle (50er und 60er Jahre des 20. Jahrhunderts) auf die ökonomische Entwicklung der Dritten Welt ausgerichtet, hatte die Krise der 70er Jahre eine Erweiterung des Entwicklungsbegriffs und seine Ausdehnung auf die Industrienationen bewirkt. Dazu wurde das Konzept der nachholenden Entwicklung durch ein Konzept der nachhaltigen Entwicklung substituiert (vergl. Zhao, Kejin / Ni, Shixiong 2007:189). Da die VR China, wie sich unschwer an der kontextbedingten strategischen Positionierung als Entwicklungsland oder aber als aufsteigende Großmacht ablesen lässt, von außen betrachtet eine hybride Identität aufweist, ist aus Sicht chinesischer Experten sowohl der klassische als auch der erweiterte Entwicklungsbegriff nicht geeignet, die Komplexität des chinesischen Entwicklungsmusters angemessen zu beschreiben.

Globalisierung und nationale Entwicklungsmodelle scheinen sich aus der Sicht der „westlichen" Modellbildung zunächst antagonistisch entgegenzustehen.

In der chinesischen IB-Diskussion besteht zwischen diesen jedoch ein kausaler Zusammenhang. Mit der Umsetzung der Öffnungspolitik stellte sich für die VR China die Frage nach der Konzeption und Umsetzungsstrategie des Sozialismus im Zeitalter der Globalisierung. Deng Xiaopings Formel des „Sozialismus mit chinesischen Charakteristika" wird als chinesische Antwort auf diese Frage referiert. Der Verweis auf den Globalisierungsprozess „legitimiert" die Konzeption des chinesischen Entwicklungsweges, der im Unterschied zum sowjetischen Modell marktwirtschaftliche Elemente und fortschrittliche Konzepte der kapitalistischen Staaten integriert (vergl. Gong, Jianying 2007). Folgt man dieser Argumentation, zeigt sich, dass es die objektiven Entwicklungsgesetzmäßigkeiten der Globalisierung waren, welche eine Neubestimmung der „Themen der Zeit" (*shidai zhuti*) erforderten. Demnach sind „Frieden und Entwicklung" die Hauptentwicklungstendenzen im globalen Zeitalter, an denen sich die VR China bei der Ausgestaltung ihrer Außenpolitik und der Umsetzung ihrer nationalen Interessen im internationalen Kontext orientieren muss. Die Einführung eines „sozialistischen Marktwirtschaftssystem" ist kein Bruch mit den Grundprinzipien der VR China, sondern stellt dieser Argumentation zufolge eine kontextbedingte Aktualisierung marxistischer Grundideen dar (Zhang, Jungang et al. 2008: 15-16).

Zuletzt wurde das chinesische Entwicklungsmodell im Rahmen des 16. und 17. Parteitages aktualisiert. Das Hu Jintao zugeschriebene Konzept der „wissenschaftlichen Entwicklung" (*kexue fazhanguan*) erweitert das Modell Deng Xiaopings um die normativen Aspekte der Harmonie (*hexie*) und der Nachhaltigkeit (*kechixuing*). Dadurch soll verhindert werden, dass infolge der chinesischen Aufholjagd eine Modernisierungs- und Industrialisierungslinie verfolgt wird, die mittel- oder langfristig zu einer Destabilisierung des Systems führen würde. Eine Externalisierungsstrategie nach dem Vorbild der Industriellen Revolution gilt als ausgeschlossen. Das chinesische High-Speed-Entwicklungsmodell soll sich, so chinesische Überlegungen, an „westlichen" Vorläufer-Modellen ausrichten, deren Fehler jedoch im Zuge der Übertragung auf den chinesischen Kontext möglichst nicht wiederholen (Zheng, Bijian 2005). Konzipiert wird die „wissenschaftlichen Entwicklung" hierbei grundsätzlich als ein globales und universelles Modell, da angenommen wird, dass auch die anderen Staaten im Zuge der nachholenden Entwicklung mit ähnlichen Problemen konfrontiert sind (Zhang, Jungang 2008:17-18).

Ausgangspunkt und Kernaspekt der „wissenschaftlichen Entwicklungsweges" sind die Sicherung und Wahrung eines langfristigen stabilen Wirtschaftswachstums. Der Ausbau der Wirtschaftsmacht bleibt somit ein Grundpfeiler des (chinesischen) Modernisierungsprogramms. Zudem soll auf der Grundlage eines stabilen Wirtschaftswachstums auch die Entwicklung der anderen politischen, gesellschaftlichen und kulturellen Bereiche vorangetrieben werden, um eine „umfassende Entwicklung" (*quanmian fazhan*) zu erzielen. Fixiert wird zudem eine „koordinierte Entwicklung" (*xietiao fazhan*), bei welcher die Auswirkungen entwicklungspolitischer Beschlüsse auf die Verwaltungsebenen (Zentrale-Peripherie) und zugleich die Konsequenzen für die Beziehungen zwischen Wirtschaft und Gesellschaft, Mensch und Umwelt oder Innen- und Außenpolitik berücksichtigt werden. Nicht zuletzt wird dem chinesischen Entwicklungsmodell zugeschrieben, „den Menschen in den Mittelpunkt zu stellen" (*yi ren wei ben*). Zusammenfassend präsentiert sich der sozialistische Entwicklungsweg der VR China damit als eine Alternative zu den – nach chinesischen Studien – derzeit im globalen Kontext dominierenden „kapitalistischen" Strukturen und Mechanismen. Nicht die Systematisierung und Kategorisierung der Globalisierung als solche, sondern die hieraus abgeleiteten Handlungsverpflichtungen tragen somit zur Konzeption von eigenständigen „chinesischen" Modellelementen bei. Die innerchinesische Expertendebatte zum Konzept der „wissenschaftlichen Entwicklung" reflektiert folglich den Anspruch, die internationale und globale Theoriebildung mitzubestimmen, indem partikulare Aspekte der chinesischen Entwicklung als universelle Konzepte in die globale Debatte eingebracht werden. Außenpolitisch wird das Konzept der „wissenschaftlichen Entwicklung" zum Modell des „friedlichen Aufstiegs" beziehungsweise der „friedlichen Entwicklung"; global gesehen zu einem Nichtnullsummen-Entwicklungsmodell (vergl. Zhang, Jungang et al. 2008:18).

Dieses soll auf Kooperation beruhen und Entwicklungsoptionen für alle teilnehmenden Staaten-Akteuren erschließen, wobei nicht ein Einheitsentwicklungsmodell, sondern eine Vielzahl koexistierender Entwicklungsentwürfe angenommen wird. Die normative Formulierung, dass aus der Globalisierung keine Einheitsmodelle nationaler und internationaler Politik resultieren sollten, verdeutlicht die Bedeutung, welche der partikularen politischen Kultur der einzelnen Staaten-Akteure in der chinesischen Debatte zugeschrieben wird. Das globale System wird dabei nicht als Aufgabe partikularer Strukturen, sondern als Modell der Einbindung divergierender Konzepte nationaler und politischer Kultur konzipiert. Nicht die Konfrontation zwischen den Kulturen, insbesondere zwischen der westlichen und nicht-westlichen, sondern der Dialog steht hierbei an erster Stelle. Die Herausforderung besteht für chinesische IB-Forscher nun darin, die politische Kultur der VR China zu bestimmen. Der konstruierte Antagonismus zwischen westlichen und nicht-westlichen Konzepten allein liefert keine inhaltlichen Anhaltspunkte. Folglich ist nun eine Aufarbeitung und Kategorisierung der politischen Entwicklung und Ideengeschichte der VR China gefordert, welche die politische Praxis als Resultat einer partikular chinesischen Kultur und Tradition zu erklären vermag. Wenn nun aber die VR China über eine vom Westen abweichende nationale Identität und politische Kultur verfügt, ist es möglich, dass sich dies auch in der politischen und politikwissenschaftlichen Theoriebildung niederschlägt. Hierauf fußt der Anspruch, dass der Westen die Legitimität alternativer Modelle – wie der „Harmonischen Welt" – grundsätzlich in Erwägung zu ziehen habe (vergl. Zhao, Kejin / Ni, Shixiong 2007:249). Auch alternative nationale Entwicklungswege, d.h. auch abweichende Strukturen des politischen Systems wie der „Sozialismus mit chinesischen Charakteristika", dürften somit, wenn die Existenzberechtigung divergierender kultureller Prägungen anerkannt wird, nicht in Frage gestellt werden (vergl. Zhao, Kejin / Ni, Shixiong 2007:276).

Wenn die Überlegung stimmt, dass im Zeitalter der Globalisierung eine wechselseitige Beeinflussung und Interdependenz nationaler, inter- und transnationaler Prozesse besteht, hat die Konzeption eines nationalen Entwicklungsweges unmittelbare Konsequenzen für die Außenpolitik eines Staates und seine Stellung im internationalen System. Die mit dem Begriff der „wissenschaftlichen Entwicklung" umschriebene nachhaltige, umfassende und koordinierte Entwicklung bezieht sich zwar zunächst auf die Konstellationen und Prozesse der nationalen Ebene der VR China. Doch eben diese Entwicklung wird von anderen Staaten-Akteuren deshalb mit großem Interesse verfolgt, weil angenommen wird, dass die nationale Entwicklung über die Machtposition eines Staaten-Akteurs im internationalen Kontext entscheidet. Angesichts der Skepsis und Befürchtungen der Kooperationspartner beteuert die VR China, an einem „friedlichen Aufstieg" festhalten zu wollen, der die Grundprinzipien der „wissenschaftlichen Entwicklung" auf außenpolitischer Ebene fortsetzt (Wang, Yonggui 2008:7). Dieser Schritt ist notwendig, da die Realisierung der nationalen Entwicklungsziele – wirtschaftliche, politische und gesellschaftliche Stabilität – der VR China die Teilnahme am internationalen Handelsgeschehen, den Zugang zu Ressourcen und auch die Interaktion mit anderen Staaten erfordert.

6.4.1. Globale Formen des Regierens

Die Auseinandersetzung chinesischer IB-Forscher mit „westlichen" Modellvorstellungen der internationalen Beziehungen lässt sich nicht für alle Theorieaspekte mit der stark vereinfachenden Formel „Übersetzung / Rezeption – Kritik / Diskussion – Modifikation" beschreiben. Denn nur solange sich die „westliche" Theoriebildung auf den Bereich der internationalen Beziehungen beschränkt und dabei die Interaktionsmuster und Kooperationsstrukturen der Staaten-Akteure im Rahmen des internationalen Systems analysiert oder auch normativ fixiert, lassen sich die entsprechenden Theorieannahmen in modifizierter

Form in die chinesischen Theoriediskurse einbinden. Und auch nur solange die Modellbildung von Staaten-Akteuren ohne Innendifferenzierung ausgeht, d.h. solange sie die Strukturen des sozio-politischen und des ökonomischen Systems des jeweiligen Staates unberücksichtigt lässt, kann eine Adaption und selektive Modifikation durch chinesische Politikwissenschaftler erfolgen. Sobald jedoch die Grundkategorien der Theoriediskussion dahingehend verschoben werden, dass systembezogene Konstanten als Ausgangspunkt der Theoriebildung gewählt werden, ist die „westliche" Theoriediskussion nur noch bedingt exportfähig. Diese Problematik zeichnet sich in der innerchinesischen Diskussion mit Blick auf das Theoriekonzept der „global governance" ab. Wenngleich das Konzept und seine theoretische Grundkonzeption im chinesischen Raum bekannt sind, erweist sich die Einbindung der VR China in „global governance-Mechanismen" – zumindest auf der Ebene der politischen Theorie – als nahezu unmöglich. Zwar findet sich auch in chinesischsprachigen akademischen Veröffentlichungen das übersetzte Begriffskonzept der „global governance" (*quanqiu zhili*), weitgehend allerdings handelt es sich hierbei um Übersichtsartikel, welche den aktuellen Stand der „westlichen" Politikwissenschaft dokumentieren.

Chinesische Studien halten fest, dass der Begriff „global governance" in der „westlichen" Politikwissenschaft Formen des weltweiten Regierens beschreibe, welche nicht mehr an bestimmte Territorien gebunden seien und bei welchen die globale Zivilgesellschaft eine zentrale Rolle spielt. Somit impliziert die Auseinandersetzung mit „global governance" den Übergang von staatszentristischen zu globalen, gesellschaftsinduzierten Handlungsprozessen. Wenn jedoch die chinesische Theoriebildung weiterhin den Staat, vertreten durch die Regierung der KPCh, als Akteur in der internationalen Politik vorsieht und zugleich das internationale Geschehen primär als Interaktionen von Staaten-Akteuren beschreibt, besteht eine deutliche Diskrepanz zwischen „westlichen" und „chinesischen" Modellvorstellungen. Aber nicht nur Form und Handlungsrahmen des Regierens, sondern auch die Definition der Hauptakteure in „global governance-Prozessen" bedingen die abweichende Auslegung des Konzepts beziehungsweise seine selektive Lesung im chinesischen Kontext. Wenn weiterhin der Partei-Staat als Hauptakteur der chinesischen Außenpolitik gilt, ist die Annahme parallel agierender gesellschaftlicher oder nicht-staatlicher Akteursgruppen weitgehend ausgeschlossen. Beteiligt sich aber die VR China vertreten durch die Regierung der KPCh am internationalen oder globalen Geschehen, handelt es sich nicht um eine Form der „global governance", sondern um traditionelle Muster der internationalen Politik (Cai, Tuo 2004:272).

Allerdings hat die chinesische Seite, wie chinesische Studien zu Globalisierungsphänomenen vermerken, mit der „Harmonischen Welt" ein Gegenkonzept zum „westlichen" governance-Konzept entworfen. Hierbei werden zwei

Bedeutungsebenen der „Harmonischen Welt"[173] unterschieden. Auf der ersten Ebene handelt es sich hier um den Entwurf eines idealisierten Strukturprinzips (*linian*) der Welt des 21. Jahrhunderts, wobei dieses aus der Sicht der VR China heraus konfiguriert wird, die in diesem Fall für sich beansprucht, die gegenwärtige und zukünftige Welt aus der Perspektive eines Entwicklungslandes zu betrachten (vergl. Fan, Jianzhong / Xu, Yipeng 2007:1;7). Auf der zweiten Ebene aber wird die „Harmonische Welt" auch als „Sublimation der außenpolitischen Strategieüberlegungen Chinas" (Fan, Jianzhong / Xu, Yipeng 2007:1) klassifiziert. Was sich hinter diesen einander scheinbar überschneidenden Bedeutungssphären der „Harmonischen Gesellschaft" verbirgt, lässt sich erst nachvollziehen, wenn man die Argumentationsketten der zahlreichen chinesischen Definitions- und Analyseansätze nach diesen zwei Kategorien einzuordnen versucht.

Auf der ersten Bedeutungsebene, als Ausdruck einer betont kontextsensitiven außenpolitischen Strategie, bleibt diese „Harmonische Welt" eng mit dem nationalen Kontext der VR China verhaftet, erhebt also nicht den Anspruch auf universelle Erklärungskraft und Gültigkeit. Zwei Artikelgruppen lassen sich diesem ersten Gedanken zuordnen. Die eine Gruppe widmet sich dem Aspekt der Globalisierung und erörtert die sich hieraus ergebenden Vor- und Nachteile, Risiken, Herausforderungen oder auch Entwicklungschancen (z.B. Cai, Tuo 2007:11-24). Die zweite Artikelgruppe behandelt ganz konkret die Bedeutung der Globalisierung für die Umsetzung chinesischer Interessen (Xu, Jia 2007:55-62) und hierbei insbesondere für die chinesischen „Aufstiegspläne" (Han, Yugui et al. 2007:63-71).

Das zweite Bedeutungsspektrum der „Harmonischen Gesellschaft" fällt in den Bereich der Theorie- und Modellbildung zu neuen Formen des Weltregierens. Hier erfolgt also eine Reaktion der chinesischen Seite auf die „westliche" Theoriebildung (Fan, Jianzhong 2007:244-251), wobei mit der „Harmonischen Welt" ein Gegenmodell zu US-amerikanischen und europäischen Konzepten vorgeschlagen wird, das beansprucht, in der globalen Debatte genauso ernsthaft einbezogen zu werden wie entsprechende dem „westlichen" Raum entstammende Ansätze (vergl. Zhang, Senlin / Wu, Shaoyu 2007:188-194; Ni, Shixiong / Zhao, Kejin 2007: 195-202).

Kritisiert wird der „westliche" Ansatz des „gemeinsamen, globalen Regierens" (*quanqiu gongzhi*) aus den folgenden Gründen. Zum einen wird diesem Ansatz nachgesagt, den Ursprung und Ausgangspunkt in der westlichen Staatenwelt anzunehmen und somit allen nicht-westlichen Ländern nur eine passive,

---

[173] Die folgende Argumentation und Aufarbeitung der Debatte orientiert sich thematisch an den Beiträgen der Konferenz „Globalisierung und Harmonische Welt", die im Zeitraum 17.- 20. Oktober 2006 in Yangzhou stattfand (zugleich 4. gesamtchinesische Jahrestagung im Bereich Internationale Politik).

rezeptive und reaktive Rolle zuzuschreiben. Auch wird eine kausale Verbindung zwischen Industrialisierung, Kapitalismus und Globalisierung angenommen, der Übergang zu einer globalen Moderne also den westlich-kapitalistischen Systemstrukturen zugeschrieben; untermauert wird dies mit dem Systemwandel der Sowjetunion und Osteuropas und deren Orientierung an eben diesem „westlichen" Vorbild. Zum anderen aber geht die „westliche" Modellbildung aus der Sicht ihrer chinesischen Kritiker davon aus, dass die Zunahme der transnationalen gesellschaftlichen Interaktionen den absoluten Souveränitätsanspruch des klassischen Nationalstaates ad absurdum führe (Fan, Jianzhong 2007:244-245).

Alle diese Grundannahmen des „gemeinsamen Regierens" werden in der chinesischen Kritik als ideologisch gefärbt und als Ausdruck eines westlichen Führungsanspruchs eingestuft. Darüber hinaus aber zielt die chinesische Aufarbeitung und Kritik des „westlichen" Modells darauf ab, diesem durch die Kontrastierung mit realpolitischen Beispielen Realitätsferne nachzuweisen und somit den Erklärungsanspruch des Modells anzuzweifeln. Im Zuge dieser Modellwiderlegung werden drei Kritikpunkte angeführt. Der erste bezieht sich darauf, dass trotz zunehmender Interdependenz immer noch Konflikte, Ungleichheiten und Widersprüche in der angeblich integrierten, globalen Welt vorherrschten (Fan, Jianzhong 2007:245-246). Zu diesen Hauptwidersprüchen zählen dabei der Nord-Süd-Widerspruch, also die Konkurrenz und Konfrontation zwischen Industriestaaten und Entwicklungsländern; das Gegeneinander von Globalisierungs- und Regionalisierungstendenzen; die Konfrontation zwischen dem US-amerikanischen Hegemonieanspruch und den diesen ablehnenden Staaten; und die Konfrontation zwischen islamischer und westlicher Welt (Fan, Jianzhong 2007:246-247).

Zweitens wird bemängelt, dass, wie die politische Realität zeige, Globalisierungsprozesse nicht auf die kapitalistischen Staaten beschränkt seien und dass weiterhin der Staat als Hauptakteur der globalen Interaktionen fungiere. Auch wird betont, dass nicht von einer vereinheitlichten, sondern von einer fragmentierten komplexen Struktur des internationalen Systems einzugehen sei (Fan, Jianzhong 2007:245-246). Diese Punkte lassen sich unmittelbar auf die UN-Rede Hu Jintaos zurückführen und stellen im Prinzip deren Einbettung in einen wissenschaftlichen-abstrakten Kontext dar.

Während ein „gemeinsames Regieren" einer integrierten Einheitswelt abgelehnt wird, ist die Vorstellung der global governance, die sich auf die prozeduralen, administrativen Formen des globalen Miteinanders stützt, Ausgangspunkt für die Verankerung der „Harmonischen Welt" als globales Ordnungsmodell (vergl. Fan, Jianzhong 2007:248). Als solches beschreibt es die Koexistenz divergierender Kulturen, Zivilisationen und Systeme. Globale Kooperation ist möglich, solange die kulturelle Diversität wechselseitig respektiert und partikulare Entwicklungswege toleriert werden (Fan, Jianzhong 2007:250). In Anlehnung an Hu Jintaos UN-Rede lässt sich dies in den folgenden vier Punkten zusammenfassen: Die „Harmonische Welt" soll idealiter auf multilateralen Strukturen basieren, da diese die kooperative Realisierung gemeinsamer Sicherheitsinteressen ermöglichen; um das der „Harmonischen Welt" zugeschriebene Ziel der „gemeinsamen Entwicklung" zu erreichen, sollen Handelsbeschränkungen und ungerechte Strukturen des internationalen Wirtschaftssystems beseitigt werden; Konflikte sollen vermieden und der Dialog zwischen den Kulturen gefördert werden; auch sollte die Reform der UN betrieben werden, der eine zentrale Rolle bei der Umsetzung der Ziele der „Harmonischen Welt" zugesprochen wird (Man, Zhengang 2006:53).

Zurückblickend auf die Entwicklung der Außenpolitik der VR China kommen chinesische Studien zu dem Fazit, dass der chinesische Einfluss auf die Ausgestaltung der Weltpolitik zugenommen habe und es auch gelungen sei, chinesische Theorie- und Strategiekonzepte im internationalen Kontext zu etablieren. Liu Changmin stellt die These auf, dass etwa alle zehn Jahre seit Gründung der VR China ein neues außenpolitisches Konzept mit globaler Reichweite vorgestellt worden sei. In den 50er Jahren in Form der „Fünf Prinzipien der Friedlichen Koexistenz"; in den 60er Jahren das Bekenntnis zum Grundprinzip der Zurückweisung von Imperialismus und Revisionismus, das auch von anderen Staaten der Peripherie aufgegriffen worden sei; in den 70er Jahren die „Drei-Welten-Theorie", in den 80ern das Paradigmenpaar „Frieden und Entwicklung" (Liu, Changmin 2007:215).

Die „Harmonische Welt" ist, folgt man dieser Überlegung, eine aktualisierte Fassung der bereits vorliegenden chinesischen Friedens- und Ordnungsmodelle. Allerdings stellt sich die Frage nach den Umsetzungsstrategien und auch nach der Reichweite der chinesischen Modelle.

6.4.2. Sonderfall Taiwan?

Es überrascht, dass der Konferenzband „Globalisierung und Harmonische Welt" als vierten und letzten Themenbereich die „Harmonische Konstruktion der Beziehungen zwischen den beiden Ufern der Taiwanstraße" anspricht (Fan, Jianzhong / Xu, Yipeng 2007:8-9). Dies lässt auf den ersten Blick vermuten, dass mit der Einbindung der Taiwanfrage in die chinesische Harmoniestrategie de facto eine offizielle Anerkennung des status quo und der Übergang zu einer friedlichen Koexistenz zweier souveräner Entitäten eingetreten sein könnte. Die Argumentation der Beiträge des Sammelbandes nimmt aber eine andere Richtung, die sich eigentlich aus der Diskussion derjenigen Faktoren ergibt, welche der chinesischen Modellbildung zufolge eine friedliche und harmonische Entwicklung der VR China überhaupt erst ermöglichen. Stabilität und Einheit gelten hierbei als Grundkriterien eines nachhaltigen Aufstiegs; es wird erwartet, dass eine innenpolitische oder sozio-ökonomische Destabilisierung Konflikte und kriegerische Auseinandersetzungen hervorrufen könnte. Die Wahrung der innerchinesischen Einheit, d.h. auch die Integration Taiwans, ist somit ein notwendiger Faktor der chinesischen Friedens- und Harmoniekonzeption.

Ausgangspunkt der Diskussion des Taiwanfaktors der Konferenzbeiträge 2006 ist die Thematik der Integration unter Globalisierungseffekten. Lässt sich grundsätzlich eine zunehmende Wirtschaftsverflechtung auf globaler Ebene erkennen, zeichnet sich aus Sicht chinesischer Studien eine vergleichbare Entwicklung in den Beziehungen zwischen Festlandchina und Taiwan ab. In Analogie zu Theorieansätzen der EU-Integration wird angenommen, dass aufgrund der Wirtschafts- und Handelsbeziehungen zwischen Festlandchina und Taiwan bereits ein integrierter Markt entstanden sei und dass in Folge dieser Marktintegration auch die kulturelle und politische Verflechtung zunehme (vergl. Niu, Hanzhang 2007:360-369; Shen, Qiuhuan 2007:381-388; Sang, Dengping 2007:370-380).

Die Hintergrundanalyse, die zur Formulierung der „Harmonischen Welt" beigetragen hat, wird hierbei mit Blick auf Taiwan fortgeschrieben. Dabei wird ganz abstrakt angenommen, dass Globalisierungstendenzen zu interdependenten Verflechtungen der Akteure führen und es im Interesse aller Beteiligten sein muss, die bestehenden Strukturen zu stabilisieren und Konflikte zu vermeiden. Gelingt es Festlandchina, die Kooperationspartner, in diesem Fall Taiwan, von der Notwendigkeit zu überzeugen, sich freiwillig an den bilateralen Strukturen und den damit verbundenen Regelkatalogen zu beteiligen, ist kein Widerstand gegen die festlandchinesischen Interessen zu erwarten. Als Weg und Methode, diese Kooperationszusage zu erzielen, sollen die Gemeinsamkeiten der beteiligten Parteien (KPCh, GMD, DPP) auch hinsichtlich ihrer Programme und Grundprinzipien stärker hervorgehoben werden, so dass sich hieraus gemeinsame Interessen und Zielsetzungen ableiten lassen (vergl. Zhou, Minkai 2007:389-397).

Aus Sicht „westlicher" Kritiker stellt die chinesische Taiwanpolitik einen Testfall für die Glaubwürdigkeit der chinesischen Harmonie- und Friedensbeteuerungen dar. Die innerchinesische Debatte allerdings betont, dass weiterhin im Falle einer Unabhängigkeitserklärung Taiwans auch an der Möglichkeit militärischer Maßnahmen festgehalten werden müsse, eine „Überprüfung" der chinesischen Modelle wäre am Beispiel Taiwans somit nicht möglich. Dennoch spielt Taiwan eine wesentliche Rolle im chinesischen Harmonie-Modell. Kann Taiwan zu einer Umsetzung der von Festlandchina formulierten Modelle bewegt werden, könnte es auch gelingen, analog hierzu Teile der nicht-chinesischen Welt zur Annahme chinesischer Ordnungskonzepte zu bewegen.

6.5. Regionalisierung

Strukturen und Prozesse der Regionalisierung werden in der chinesischen IB-Forschung sowohl abstrakt diskutiert (Xiao, Huanrong 2000; Pang, Zhongying 2001) als auch mit Blick auf die EU und die ASEAN (Pang, Zhongying 2001; Zhu, Feng 1997) am konkreten Einzelfall untersucht. Obwohl die VR China über die ASEAN+1, ASEAN+3, CSCAP und SCO durchaus in regionale Kooperationsforen eingebunden ist, wird die aktive Teilnahme an diesen Strukturen nicht dem Bereich der Regionalisierung, sondern weiterhin dem der chinesischen Außenpolitik zugeordnet.[174]

Dass das Phänomen der Regionalisierung ein Forschungsgebiet ist, das nicht aus dem chinesischen IB-Kontext heraus entstanden ist, sondern analog zur „westlichen" Forschung nachgebildet wurde, verdeutlichen die innerchinesischen Kontroversen über die korrekte Terminologie. Oftmals werden „Regionalisierung" (*diquhua*) und „Regionalismus" (*diquzhuyi*) gleichgesetzt. Zudem wird neben *diquzhuyi* auch *quyuzhuyi* als Übersetzung für Regionalismus verwendet. Um eine klare Differenzierung und Standardisierung bemüht sich u.a. Pang Zhongying, der betont, dass unter „Regionalisierung" ein Zusammenschluss der regionalen Wirtschaftsstrukturen zu verstehen sei, „Regionalismus" aber setze neben der Bildung eines gemeinsamen Marktes auch die Integration politischer und gesellschaftlicher Sektoren voraus. Die EU ist demnach ein Beispiel regionaler Integration und somit aus chinesischer Sicht auch des „Regionalismus", wohingegen der ASEAN der Begriff der „Regionalisierung" zugeordnet wird (Pang, Zhongying 2001). Diese terminologische Differenzierung reflektiert chinesische Interessen mit Blick auf die Region Ostasien. Denn wenn die These stimmt, dass die VR China in ihrer Außenpolitik einer starken Pfadabhängigkeit unterworfen ist, ist die Positionierung Chinas in der Region mit Erinnerungen an das *tianxia*-Konzept und das Tribut-System behaf-

---

[174] vergl. hierzu die Studie von Cao Yunhua (2004), welche die Strukturen der bilateralen Interaktionen China-ASEAN vorstellt, ohne dies in den Kontext der Regionalisierung einzuordnen. Dass dieser Artikel in dem von Xiao Huanrong editierten Sammelband zum Stand der IB-Forschung in China in das Kapitel „Regionalisierung" integriert wird, illustriert einmal mehr, dass Regionalisierung als ein außerhalb und losgelöst von der VR China stattfindender Prozess verstanden wird. Weder in der Theorie noch in der außenpolitischen Praxis wäre eine „Integration" Chinas in die ASEAN-Strukturen unter Aufgabe staatlicher Souveränität vorstellbar. Regionalisierungsprozesse werden untersucht, um Aussagen über die Präferenzbildung und strategische Positionierung regional integrierter Kooperationspartner treffen zu können, nicht um sich in diese einzufügen.

tet. Als Folge der chinesischen *tianxia*-Nostalgie lehnt die VR China zwar offiziell ab, eine Führungsrolle in der Region zu beanspruchen, doch versucht sie zugleich, die Formierung anderer Zentren in der Region Ostasien zu verhindern, die das *tianxia*-Modell endgültig zusammenstürzen lassen würden. Die Kopie des EU-Integrationsprozesses durch die ASEAN wird daher grundsätzlich ausgeschlossen; die ASEAN wird ausschließlich als regionales Kooperationsforum und als Marktzusammenschluss referiert. Dass die historischen Hintergrundfaktoren und Zielsetzungen der beiden regionalen Zusammenschlüsse durchaus Gemeinsamkeiten aufweisen, bleibt unerwähnt, denn sonst käme dies einem Eingeständnis gleich, dass die politische Realität bereits jetzt im Widerspruch zu den regionalen Ordnungsvorstellungen der VR China steht. Diese Abgrenzung kommt in den chinesischen Studien nur für den eingeweihten Leser zum Ausdruck, indem der europäische Integrationsprozess mit *diquzhuyi*, das ASEAN-Projekt hingegen mit *quyuzhuyi* in Verbindung gebracht wird. Es ist somit keinesfalls ein Zufall, dass zwei „Übersetzungen" des Begriffskonzepts vorliegen.

Es stellt sich die Frage, ob die Interaktionen der VR China mit regionalen Zusammenschlüssen Einfluss auf deren Selbstverständnis als Staaten-Akteur haben. Die ASEAN-Strukturen sind in den 60er Jahren unabhängig von der VR China, oder allenfalls „gegen" eine von dieser ausgehenden Bedrohung, entstanden. Zugleich aber ist den ASEAN-Staaten auch bewusst, dass die Lösung regionaler Fragen oftmals nicht ohne die VR China erfolgen kann. Diese wiederum hat sich mit der Realität abzufinden, dass die früheren Tributstaaten nun eigenständige, völkerrechtlich anerkannte staatliche Entitäten darstellen. Auch wenn chinesische Darstellung oft darauf verweisen, dass das chinesische Kaiserreich nur in die inneren Angelegenheiten seiner Tributstaaten eingegriffen habe, wenn es von diesen zur Hilfe gerufen worden sei, ist doch mit Blick auf das moderne Völkerrecht auch ein solcher Sonderfall der Intervention nicht vorgesehen. Die VR China scheint dies auch anzuerkennen. Umso widersprüchlicher hingegen ist das Verhalten der „westlichen" Staatenwelt, die der VR China Expansionsbestrebungen zuschreiben, die chinesische Zurückhaltung gegenüber der Regierung in Burma und den Verzicht auf eine Intervention aber kritisieren.

6.6. Zwischenbilanz

Mit der Konzeption eines „sozialistischen" Entwicklungsweges erheben marxistisch orientierte Theoretiker der VR China den Anspruch, aus dem nationalen Kontext heraus ein Entwicklungsmodell zu entwerfen, das eine Alternative zu den bestehenden, als „kapitalistisch" klassifizierten globalen Systemstrukturen und Interaktionsmechanismen darstellt. Einerseits ist dieses Entwicklungskonzept der chinesischen Partikularität verpflichtet. Dadurch aber, dass dieses Modell offiziell nicht als „chinesische", sondern als „sozialistische" Alternative präsentiert wird, erfolgt in einem weiteren Schritt der Brückenschlag zum Universalitätsanspruch der chinesischen Modellbildung. Denn die VR China, wie die Studien der marxistischen Politikwissenschaftler immer wieder betonen, gilt als letztes sozialistisches System, das die sozialistischen Grundideen nicht nur perpetuiert, sondern auch zeit- und kontextbedingt weiterentwickelt. Die Übernahme des chinesischen Entwicklungsweges wird dadurch nicht als Sinisierung der Weltpolitik, sondern als Feldzug gegen die kapitalistischen Grundstrukturen der Globalisierung vorgestellt.

An dieser Stelle zeigt sich, dass die Theoretisierung der Globalisierung von chinesischer Seite als eine Gelegenheit gesehen wird, die Trennung zwischen nationaler und internationaler Kategorisierung und Modellbildung zu überwinden und „chinesische" Konzepte im globalen Kontext zu verankern.[175]

Grundsätzlich fließen diese Ideen auch in die chinesische Modellbildung zur Regionalisierung ein. Eine Restauration des chinesischen Tributsystems in der Region steht hierbei nicht zur Debatte. Denn die Neubewertung des *tianxia*-Modells und seine Weiterschreibung auf die Welt des 21. Jahrhunderts sind genau genommen keine Rückkehr zu vergangenen Zeiten, sondern der Versuch, eine Neustrukturierung der internationalen Ordnung mit offiziell wiederentdeckten, im Prinzip jedoch neu erfundenen Traditionen zu begründen. Zwar wird der historische Kontext der Opiumkriege bemüht, um die Positionierungsbestrebungen der VR China legitim erscheinen zu lassen, da eine Tolerierung des chinesischen Aufstiegs dadurch als Wiedergutmachung der kolonialen Vergangenheit der westlichen Staatenwelt „eingefordert" werden kann. Dennoch sind die innerchinesischen Modellentwürfe einer möglichen multipolaren Welt nach Ende des Kalten Krieges eher ahistorisch konzipiert. Denn der Gegenstand der innerchinesischen Expertendebatten ist nicht die sinisierte regionale Machtsphäre des *tianxia*, sondern vielmehr die internationale respektive globale Ebene. Damit aber kann es auch keine historischen Vorläufermodelle geben, an welchen sich die Neuordnung der Weltpolitik erwartungsgemäß orientieren sollte. Das Endergebnis ist weiterhin offen, die zentrale Frage ist vielmehr, ob es Grundmuster einer Machtumverteilung unter den Staaten-Akteuren gibt, welchen sich auch die VR China nicht entziehen könnte. Eben diese Annahme, dass Machtverschiebungen zwangsläufig konfrontativ verlaufen, prägt die strategischen Reaktionen der anderen Staaten-Akteure in Anbetracht des chinesischen Machtgewinns.

---

[175] Vergleichbare Überlegungen liegen von marxistischen Historikern im Bereich der Welt- und Globalgeschichtsschreibung vor (vergl. Weigelin-Schwiedrzik 2005).

Wirkungszusammenhänge und Hintergründe

VII. Wirkungsebenen der chinesischen IB-Theoriesuche

Um die verwobenen und für einen außenstehenden Betrachter oftmals kodiert erscheinenden Argumentationsketten und Perzeptionen der chinesischen Theoriedebatten aufzuschlüsseln, ist es angebracht, die Funktionen und Inhalte der chinesischen Theoriesuche auf ihren verschiedenen Wirkungsebenen zu betrachten.

Einem außenstehenden Beobachter, der die chinesischen IB-Debatten ungeachtet aller internen und externen Einflüsse und Einwirkungen verfolgt, erschließt sich die Theoriedebatte als Suche der chinesischen Politikwissenschaftler nach Analyseansätzen, welche die internationale Politik in angemessener, wissenschaftlicher Form erklären und Prognosen über die zukünftigen Entwicklungen zulassen sollen. Die Ebene der internationalen Beziehungen wäre somit als die Hauptwirkungsebene der chinesischen Theoriesuche zu vermuten.

Darüber hinaus hat die „chinesische" IB-Theorie neben ihrer Analyse- und Erklärungsfunktion auch normative Funktionen zu erfüllen. Chinesische IB-Forscher berufen sich auf die in der postmodernen globalen Debatte nach Ende des Kalten Krieges konstatierte kausale Verknüpfung zwischen „nationalen" Interessen und der Theorieentwicklung im Bereich der „internationalen" Politik, um die Notwendigkeit einer eigenständigen „chinesischen" IB-Theorie zu begründen (vergl. 2.6.). Wenn es sich bei der Theoriebildung der internationalen Politik paradoxerweise nun aber um „nationale" IB-Modelle handelt, werden mit der Verankerung entsprechender Theorien in der internationalen Expertendebatte zugleich auch die nationalen Interessen des Staates, aus dessen Perspektive die Theoriekonzeption erfolgt, als legitime Prinzipien in der globalen Politikbetrachtung etabliert. Folglich müssen mit der chinesischen IB-Theorie Interaktionsprinzipien und Regelrahmen der internationalen Politik festgeschrieben werden, welche es erlauben, die partikularen Interessen der VR China als abstrakte, universelle Prinzipien in die globale politische Debatte einzufügen.

Zusätzlich umfasst die chinesische IB-Theorie auch eine außenpolitische Wirkungsebene. Denn die Reduzierung der Theoriesuche auf die zunächst plausibel erscheinende Ebene der internationalen Beziehungen erklärt noch nicht, weshalb der Ausbau und die Professionalisierung der IB-Forschung und die chinesische Theoriesuche von der politischen Ebene angestoßen und unterstützt wurden (vergl. 2.5.). Dies erschließt sich erst, wenn man bedenkt, dass aus der akademischen IB-Forschung Modelle hervorgehen sollen, die eine effektive Ausgestaltung der chinesischen Außenbeziehungen ermöglichen und somit als eine Art Handlungsanweisung für die politische Führungselite dienen sollen. Hierbei treten die chinesischen Theoriebausteine nicht isoliert, sondern in Form einer in sich geschlossenen außenpolitischen Strategie in Erscheinung.

Wider Erwarten weist die Theoriedebatte auch eine innenpolitische Bedeutungsebene auf.[176] Auf dieser Ebene dient die chinesische Theoriesuche der Legitimierung der Regierungstätigkeit der KPCh und zugleich aufgrund der Spiegelstruktur von Staat, Partei und Regierung auch des politischen Systems der VR China. Denn der Bereich der Außenpolitik ist längst zu einem zentralen Bestandteil der Legitimierung des Machtmonopols der KPCh avanciert. Die Sicherstellung eines friedlichen und stabilen Entwicklungsumfeldes gilt als zentrales Anliegen der chinesischen Außenpolitik, da eine abweichende Entwicklung auch die innenpolitische und gesellschaftliche Stabilität der VR China gefährden und einen Wirtschaftsabschwung mit all seinen negativen Externalitäten zur Folge haben könnte.

Unter Berufung auf die erfolgreiche Positionierung der VR China als „gleichberechtigter" Akteur im internationalen Geschehen und unter Verweis auf die gelungene Durchsetzung nationaler Interessen gegenüber den außenpolitischen Kooperationspartnern (wie die Respektierung des „Ein-China-Prinzips" und die, wenn auch teils zähneknirschende, Zurückhaltung des Westens mit Kritik an dem Vorgehen der chinesischen Truppen in Tibet im Jahr 2008) zielt die KPCh-Regierung in Peking darauf ab, Unterstützung durch die chinesische Bevölkerung zu generieren und dadurch die Systemlegitimität zu steigern. Dies geschieht in Form eines modifizierten Zwei-Ebenen-Spiels (Putnam 1988). Begriffskonzepte wie der „Friedliche Aufstieg" und die „Harmonische Welt" werden hierzu im Rahmen internationaler Organisationen (UNO) und multilateraler Foren (ASEAN; Bo'ao-Forum etc.) der Weltöffentlichkeit vorgestellt. Dieses Vorgehen ist Teil der außenpolitischen Strategie, die China-

---

[176] Möglicherweise ist die Verbindung der Ebenen der Innen-und Außenpolitik im chinesischen Fall auch dadurch bedingt, dass das chinesische Kaiserreich keine derartige Trennung kannte. Das nach 1860 eingerichtete Amt für Handelsangelegenheiten (hierzu Banno 1964:219-236), der Prototyp eines Außenministeriums, war ausschließlich als Interimslösung gedacht und sollte unmittelbar nach der Wiederherstellung der in Opiumkriegen eingebüßten nationalen Souveränität und territorialen Integrität wieder aufgelöst werden. Die Begründung eines ersten chinesischen Außenministeriums erfolgte erst zu Beginn des 20. Jahrhunderts (vergl. Grießler 2004:109).

perzeption des Auslandes positiv zu beeinflussen und eine gewisse Systemakzeptanz auf Seiten der Kooperationspartner zu erzeugen. Denn der außenpolitische Erfolg wiederum erhöht seinerseits die Regimeunterstützung auf subsystemischer Ebene.

Die Vision einer „Harmonischen Welt" (vergl. 4.2.) stellt jedoch nicht nur der Weltöffentlichkeit eine mögliche Vision der chinesischen Außenpolitik und der zukünftigen internationalen Beziehungen vor. Weitergehend wird hiermit auch gegenüber der chinesischen Bevölkerung ein Konzept der Welt und der Positionierung Chinas in einer durch die chinesischen IB-Ansätze mitgestalteten Weltordnung formuliert. Denn nicht nur die Weltöffentlichkeit kann sich die Frage stellen, welche Funktion die VR China in den kommenden Dekaden innerhalb der internationalen Konstellationen übernehmen wird. Auch innerhalb der VR China wird dies heftig diskutiert, wobei nationalistische Gruppierungen durchaus für eine entschiedenere, fordernde Haltung der chinesischen Regierung in internationalen Verhandlungen plädieren. Dieser Vorstoß wiederum ist nur vor dem Hintergrund der theoriegestützten Aufarbeitung der Globalisierungsthematik zu verstehen. Grundsätzlich bedingen die Verschiebungen in den globalen Machtstrukturen eine Modifizierung und Aktualisierung der Positionsbestimmung und Verortung der VR China im internationalen Geschehen. Chinesische Kritiker des Globalisierungsprozesses fordern eine stärkere Abgrenzung der VR China gegenüber den Regelwerken des kapitalistischen Westens, die ihrer Ansicht nach die globalen Strukturen dominieren und chinesische Interessen damit ausklammern (vergl. 6.4.). Eine Isolation und Abschottung kann sich jedoch weder die VR China noch die internationale Staatengemeinschaft leisten. Denn die weltweite Interdependenz und Verflechtung hat bereits ein solches Niveau erreicht, dass der Positionswandel eines Staaten-Akteurs, insbesondere eines Akteurs in der Größe der VR China, gesamtglobale Auswirkungen haben würde. Auch die politischen und intellektuellen Eliten sind sich dieser Gefahr sehr bewusst. Das Bekenntnis zur Integration der VR China in die internationalen Regelwerke und zur Kooperation wird aufrecht erhalten. Die globale Interdependenz setzt jedoch zugleich auch dem Agieren der chinesischen Kooperationspartner feste Grenzen: Eine Destabilisierung wäre weder im Sinne Chinas noch im Sinne der restlichen Welt.

7.1. Theorie und Praxis

Die IB-Modellbildung allein als Theoriebildung der außenpolitischen und internationalen Praxis aufzufassen, würde der Komplexität der chinesischen Modellbildung kaum gerecht werden. Theorie und Praxis bedingen und ergänzen sich, wie die theoretischen Schriften Mao Zedongs (1937a; 1937b; 1957) belegen, wechselseitig und stellen somit ein untrennbares reziprokes Wechselwirkungspaar dar. Die IB-Experten setzen nun an dem Punkt an, da dieser Wechselwirkungsmechanismus eine Eigendynamik entwickelt hat. Die „Praxis" als solche, welche ihrer Theoriebildung zugrunde liegt, stellt bereits eine Perzeption und Interpretation der internationalen Konstellationen dar, da hier bereits bestimmte Phänomene selektiert und in einen kausalen Wirkungszusammenhang eingeordnet werden. In Erweiterung von Badious „Metapolitik" (Badiou 1998)[177] müsste hier also korrekterweise der Begriff „Meta-IB" oder „Theorie der Theorie der IB" verwendet werden.

Der in den chinesischen IB-Artikeln zunehmend feststellbare Übergang von der „artikulierten Perzeption" zur „realen Perzeption" ist somit nicht gleichbedeutend mit einem Einbruch der „politischen Realität" in die chinesische IB-Forschung. Vielmehr unterliegt nun der Modellbildung lediglich eine neue Konstruktion der „politischen Realität". Der springende Punkt ist folglich nicht die scheinbare Reorientierung der „chinesischen" Forschung an „westlichen" Wissenschaftsstandards, sondern die Tatsache, dass hier ein Wandel der Modellbildung eingetreten ist, ohne dass die bestehenden Theorien zuvor offiziell entwertet oder in irgendeiner Form angezweifelt worden wären. Die chinesische Wissenschaftsentwicklung folgt damit weder Poppers Grundkriterium der Falsifizierbarkeit noch dem Kuhn'schen Paradigmenwechsel, welche beide die Pfadabhängigkeit der chinesischen „Theorie"-Bildung (vergl. 2.4.2.) stören würden. Hingegen bietet das von Lakatos aus der kritischen Betrachtung dieser beiden Theoretiker weiterentwickelte Modell der Forschungsprogramme durchaus eine Orientierung für die Ausrichtung und Bewertung des chinesischen Sonderfalles (Lakatos 1978). Denn wenn Theorien nicht aufgegeben werden, sondern es nach Lakatos immer einen harten Kern gibt, der in die Fortschreibung der Theorie integriert wird, ist beispielsweise auch die Perpetuierung der Mao-Zedong-Ideen grundsätzlich gewährleistet. Falsifiziert werden können nach Lakatos nie die Paradigmata der Theorie, sondern nur die Hilfshypothesen, welche diese wie ein Gürtel umschnüren. Die Falsifikation muss diesem Ar-

---

[177] „Par ‚métapolitique', j'entends les effets qu'une philosophie peut tirer, en elle-même, et pour elle-même, de ce que les politiques réelles sont des pensées. La métapolitique s'oppose à la philosophie politique, qui prétend que, les politiques n'étant pas des pensées, c'est au philosophe qu'il revient de penser ‚le' politique" (Badiou 1998).

beitsmodell zufolge nicht unmittelbar dazu führen, dass eine progressive Theorieentwicklung in Form der Substitution der falsifizierten Hilfshypothese eintritt. Es ist durchaus möglich, diese Hilfshypothese dadurch zu retten, dass das diese falsifizierende Gegenbeispiel aus dem Geltungsbereich der Theorie a posteriori ausgeschlossen wird (Poser 2004:157-165).

Wie aber lässt sich die Dynamik der wissenschaftlichen Forschungsprogramme in die chinesische IB-Forschung einpassen? Die unumstößlichen de facto axiomatischen Grundlagen der chinesischen IB-Modelle finden sich in Gestalt der Mao-Zedong-Ideen, der Deng-Xiaoping-Theorien, Jiang Zemins Drei Vertretungen und der Leitidee des Marxismus. Die von diesen hergeleiteten Annahmen zum internationalen System und der Positionierung der VR China fungieren als Hilfshypothesen beziehungsweise Forschungsprogramme. Wie die ontologische Spurensuche des Materialteils gezeigt hat, erfüllt auch die chinesische Forschung die Forderung nach theoretischem Pluralismus der Forschungsprogramme – zu jeder Kategorie der IB-Theorie lassen sich divergierende ontologische Elementarbausteine nachweisen. Beispielsweise können zur Beschreibung des internationalen Systems die Weltordnungsmodelle chinesischer Politiker bemüht werden. Dass es sich hierbei um „Hilfshypothesen" handelt, verdeutlicht die Ablösung der „Zwischenzonentheorie" durch die „Drei-Welten-Theorie" und deren erneute Substitution durch das Konzept der Multipolarität. Doch auch mit diesem ist kein Zustand der Finalität des Ontologiebausteins „Internationales System" eingetreten. Zwar halten diplomatische Erklärungen der VR China weiterhin an diesem Ordnungsmodell fest, im wissenschaftlichen Diskurs liegen aber bereits Ansätze einer modifizierten Erweiterung des gegenwärtigen „Forschungsprogramms" vor (z.B. die Formel „eine Supermacht, viele Großmächte").

Lakatos' Methodologie der Forschungsprogramme wird auch deshalb von chinesischen IB-Experten positiv aufgenommen, weil diese die Weiterführung des dialektischen Erkenntnisprozesses maoistischer Prägung erlaubt. Eine Substitution der philosophisch-theoretischen Grundannahmen Mao Zedongs kann vermieden werden, indem der „partikulare" Ansatz der von Mao Zedong erweiterten und zugleich auf China fokussierten wissenschaftlichen Dialektik mit einem korrespondierenden „allgemeinen" Modell der Wissenschaftstheorie zusammengeführt wird. Mit Lakatos' Annahme des „harten Kerns" der Theorie korrespondiert Maos Modell der dialektischen Negation.[178]

Maos Modell der Einheit und der wechselseitigen Bedingtheit von Erkenntnis und Praxis basiert auf dieser Grunddynamik, da von dem Konkreten

---

[178] Denn nach Maos Betrachtungen wird mit der Negation das vorangegangene System nicht annulliert, sondern durch die Formulierung der dialektischen Synthese bewahrt und auf eine höhere Stufe der Theoriepräzisierung gehoben (vergl. Kolakowski 1977:446).

auf das Allgemeine geschlossen wird, im Anschluss daran aber wiederum eine unmittelbare Rückübertragung auf das Konkrete stattfindet. Dieser dynamische Aspekt verhindert eine dogmatische Erstarrung der Theorie. Diese Ausprägung der dialektischen Modellbildung lässt sich abstrakt zusammenfassen als Synthese aus Pfadabhängigkeit und pragmatischer Flexibilität. Dies lässt sich exemplarisch an den Überlegungen und Abläufen der modernen Theorieentwicklung im chinesischen Kontext nachweisen. Die Revision der Theorie wird nicht erst durch Poppers „schwarzen Schwan" ausgelöst.[179] Aus Sicht eines außenstehenden Betrachters kommt es im chinesischen Theoriekontext bereits *vor* einer zu erwartenden Falsifikation zu einer Modifizierung der bislang gültigen Theorieannahmen. Beispielsweise wurde vor der Diversifizierung der chinesischen Außenbeziehungen das sowjetisch inspirierte „Zwei-Lager-Modell" durch die „Zwei-Zwischenzonen-Theorie" und diese wiederum später durch das „Drei-Welten-Modell" abgelöst, so dass die Kontaktaufnahme mit den Staaten der westlichen Welt möglich und die Lossagung der VR China von der Sowjetunion nicht rückblickend legitimiert, sondern durch die Theorieannahmen bereits antizipiert wurde (vergl. 3.1.).

Bezieht man aber die diesen Modellmodifikationen inhärente dialektische Dynamik in die Überlegungen mit ein, wird deutlich, dass die Konzeption eines modifizierten Theoriegebäudes nicht ausschließlich durch eine Veränderung des Standpunktes des Betrachters, in diesem Fall des IB-Theoretikers, oder einen Wandel der nationalen Interessen des theoriegenerierenden Staaten-Akteurs evoziert werden kann. In Anwendung der marxistischen Dialektik auf die internationalen Beziehungen wäre genauso vorstellbar, dass Haupt- und Nebenwiderspruch ineinander umschlagen und die „politische Realität" unabhängig von der Rolle des Beobachters demzufolge eine andere ist als zuvor. Die Revision der IB-Modellbildung ist somit als Folge einer „Parallaxe" (vergl. Zizek 2006) zu sehen, wobei hieraus kein endgültiges Urteil über den auslösenden Faktor der Brechungsänderung der theoretischen IB-Brillen abgeleitet werden kann – allein deshalb schon nicht, weil sich die chinesische IB-Landschaft aufgrund ihres Methoden- und Theorienpluralismus nicht auf eine einzige Modell- und Methodologiebildung reduzieren lässt.

In der Theorietradition des dialektischen Materialismus geht also die Feststellung einer Veränderung des Verhältnisses von Haupt- zu Nebenwiderspruch der Adjustierung der Theoriemodellbildung voran. Dieser methodologische Ansatz des dialektischen Materialismus allerdings ist nicht nur ein Instrument

---

[179] Eine Theorie kann nur falsifiziert, nie jedoch verifiziert werden – es kann immer noch irgendwo neben allen untersuchten weißen Schwänen den schwarzen Schwan geben.

der „Widerspruchsmessung", sondern spiegelt auch zugleich eine „Weltsicht" (*shijieguan*) wider (*Zhongguo Da Baike Quanshu* 1987).[180]

Wenn aber Mao im Unterschied zu Engels davon ausgeht, dass die Entwicklungsgesetze der Welt nicht unabhängig von den Menschen existieren, sondern durch diese erst gesetzt worden sind (vergl. Weigelin-Schwiedrzik 1988:168-169), ist eine Neubewertung von Haupt- und Nebenwiderspruch als induktiver Prozess zu verstehen. Die Kenntnis der Vergangenheit und der objektiven Entwicklungsgesetzmäßigkeiten eröffnet in der maoistischen Auslegung des dialektischen Widerspruchs dem Beobachter wie auch dem IB-Theoretiker im Unterschied zum Determinismus des sowjetischen Marxismus-Leninismus weitreichende Handlungsspielräume. Diese Annahme einer dynamischen Modellbildung steht dem oftmals starren beziehungsweise erstarrten, monolithischen IB-Modell der „westlichen" Welt antagonistisch entgegen; zudem ist deren universalistischer Erklärungsanspruch mit den Annahmen dialektischer Modelle – der wechselseitigen Bedingtheit der den Dingen inhärenten Widersprüchen – völlig unvereinbar.[181] Für den außenstehenden Beobachter, dem der Einblick in die systemimmanente Dynamik fehlt, ist ein Wandel der Modellbildung zumeist nicht prognostizierbar.

7.2. Internationale Beziehungen – Außenpolitik – Diplomatie

Bei der Entschlüsselung der Schriften und Artikel zur chinesischen Theoriesuche gilt es nicht nur, zwischen den Ebenen der Theorie, Strategie und Ideologie zu differenzieren, sondern auch die Überschneidungen der Kategorien Außenpolitik und Internationale Politik innerhalb der chinesischen Diskussion zu berücksichtigen. Um die Argumentationsketten der chinesischen Artikel nachvollziehen zu können, ist es hierbei erforderlich, die Argumentationsperspektive des Autors zu bestimmen. Fokussiert dieser auf die Ebene der Außenpolitik, dann handelt es sich um eine Darstellung, welche von dem Standpunkt und der Sicht des Akteurs, also in diesem Fall der VR China, aus argumentiert. Artikel zur Internationalen Politik hingegen können zwar mitunter auch diese nationale

---

[180] Folglich beruht das Widerspruchsmodell, das der IB-Theoriebildung zugrunde gelegt wird, seinerseits bereits auf einem theoretischen Fundament. Auch dies unterstreicht die oben vorgestellte These, dass mit der IB-Modellbildung eine sekundäre Theoretisierung der internationalen Konstellationen vorliegt.

[181] Während Fichte und Hegel die Dialektik auf den Erkenntnisprozess beziehen, nehmen Marx und Engels die Dialektik der Natur zum Ausgangspunkt ihrer Theoretisierung. Der in Engels „Dialektik der Natur" beschriebene dialektische Materialismus umfasst drei Entwicklungsgesetze: Das Umschlagen von Quantität in Qualität und umgekehrt; das Gesetz von der wechselseitigen Durchdringung und Einheit der Widersprüche sowie nicht zuletzt die Negation der Negation.

Perspektive einschließen, grundsätzlich aber sollten sie das internationale System und die internationalen Interaktionen zunächst losgelöst von der jeweiligen Akteursperspektive in den Mittelpunkt stellen (vergl. Seidelmann 2000:3).

Die Überschneidung oder sogar Verflechtung von nationaler Außenpolitik und den internationalen Konstellationen zeichnet sich bereits auf der terminologischen Oberfläche der chinesischen Artikel zu IB-Theorien ab. Die Begriffe „internationale Beziehungen" (*guoji guanxi*), „internationale Politik" (*guoji zhengzhi*) und „Außenpolitik / Diplomatie" (*waijiao*) werden oft parallel, meist sogar synonym verwendet. Dies legt die Vermutung nahe, dass die Argumentation der innerchinesischen Debatte ohne klare Trennung von außenpolitischer Theorie / Strategie und internationaler Politik auskommt. An dieser Stelle kommt eine Pfadabhängigkeit zum Ausdruck, die in chinesischen Studien erstaunlicherweise nicht ausgeführt wird. Entweder entspringt dieser Eindruck der Persistenz der politischen Kultur also einer nicht-chinesischen Außenperspektive, oder aber dieser Zusammenhang ist so augenfällig, dass er für ein innerchinesisches Publikum keiner Ausdifferenzierung bedarf. Aber es ist doch verblüffend, dass die fehlende Abtrennung eines Bereichs der Außenpolitik / Diplomatie / Internationalen Politik ein zentrales Charakteristikum des chinesischen Kaiserreichs war und nun also mit Blick auf die gegenwärtigen Konstellationen erneut zum Ausdruck kommt. Dies aber legt einen Rückschluss auf das Selbstverständnis der VR China nahe – die Kategorisierung und Normativierung der internationalen Beziehungen erfolgt in diesem Fall aus der Perspektive eines „Reiches" wenn nicht sogar eines „Imperiums", nicht jedoch aus der Sicht eines von seinem Selbstverständnis her gewöhnlichen „Staaten"-Akteurs (vergl. 6.1.).

Bezeichnend ist zudem der Anspruch, eine „chinesische" IB-Theorie zu konzipieren. Hierbei handelt es sich gewissermaßen um eine contradictio in adiecto, denn prinzipiell wird in der IB-Forschung der universelle, zeit- und raumunabhängige Geltungsanspruch der IB-Theorien unterstrichen. Somit stellt sich mit Blick auf die chinesische Politikwissenschaft die Frage, ob die chinesische Debatte allein den Entwurf internationaler Ordnungskonzeptionen oder doch möglicherweise auch die Konstruktion nationaler Entwicklungs- und Ordnungsmodelle zum Inhalt hat. Vorstellbar wäre, dass nationale Ordnungskonzepte auf die internationale Ebene übertragen werden, um die Realisierung nationaler Interessen im Rahmen der internationalen Interaktionen zu ermöglichen. Ein Beispiel für den Transfer nationaler Modelle auf die Ebene der internationalen Politik findet sich mit dem Begriffskonzept der „Harmonischen Welt". Chinesische Studien unterstreichen, dass sich dieses von der zuvor bereits entworfenen „Harmonischen Gesellschaft" ableite, und dass beide Harmonie-Modelle als chinesische governance-Konzepte zu verstehen seien. Nicht nur nationale und internationale Ebene scheinen sich ineinanderzuschieben, auch die Grenzen zwischen außenpolitischer Strategie, Theorie der Internationalen Beziehungen und außenpolitischer „Ideologie" verschwimmen.[182] Die Unschärfe in der Trennung der Kategorien Außenpolitik und Internationale Beziehungen sollte jedoch nicht dazu verleiten, hierin eine Fehlentwicklung der Disziplin im chinesischen Kontext zu sehen. Denn die moderne „westliche" Politikwissenschaft sieht sich mit dem identischen Problem konfrontiert. Im Bereich der politikwissenschaftlichen Analyse wird als Lösungsoption eine Re-Integration von Theoriemodellen der IB und Konzepten der Foreign Policy Analysis (FPA) angedacht (Smith / Hadfield / Dunne 2008:1).

Lange Zeit getrennt thematisiert überlappen und ergänzen sich diese beiden Teildisziplinen doch in wesentlichen Punkten und Grundannahmen. Gelingt es, erneut zu einer Synthese dieser beiden zu finden, könnte dies auch einen neuen Blick auf die chinesische Theoriesuche eröffnen und somit neue Interpretations- und Analyseansätze der chinesischen Außenpolitik bieten. *FPA-Modelle* betrachten die Strukturen, Prozesse und Diskurse der außenpolitischen Entscheidungsfindung eines Staaten-Akteurs. Somit ließen sich durch einen Rückgriff auf diese Modelle auch Aspekte der chinesischen Theoriesuche berücksichtigen, welche in der konventionellen IB-Forschung zumeist ausgeklammert werden. Beispielsweise übergehen klassische IB-Modelle die enge Verkettung zwischen der Theoriemodellierung und den außenpolitischen Zielsetzungen der VR China und orientieren sich rein an dem sichtbaren außenpolitischen Agieren. Wenn aber die Beobachtung stimmt, dass IB-Analysten und die politische Elite der VR China in Kenntnis der „westlichen" Analyse- und Bewertungskriterien agieren und zugleich konkurrierende Weltbilder und Ordnungskonzeptionen entwerfen, wäre eine unreflektierte Anwendung konventioneller IB-Ansätze für die Analyse der chinesischen Außenpolitik wenig zielführend. Auch reicht es nicht mehr, die chinesische Außenpolitik lediglich als Fortsetzung der Innenpolitik anzunehmen. Denn die IB-Theoriesuche verdeutlicht, dass ein verstärktes, aktives Engagement der VR China in der internationalen Politik mit einer Fort- und Einschreibung nationaler Interessen auf die internationalen Beziehungen und multilateralen Strukturen korreliert, zugleich aber auch eine gezielte Manipulation der Kooperationspartner erfolgt.

---

[182] Die Außenpolitik der Reformära ist entgegen der weithin verbreiteten Auffassung, dass die chinesische Außenpolitik seit Deng Xiaoping ohne Ideologie und Theoriemodelle auskommen müsse, weiterhin als bedingt „ideologisch" einzuordnen. Unter außenpolitischer Ideologie ist in der gegenwärtigen politikwissenschaftlichen Forschung allerdings ein Bewertungs- und Analysemodell zu verstehen, welches grundsätzlich auch auf andere Staaten-Akteure, d.h. nicht ausschließlich die VR China oder sozialistische Staaten, angewandt werden kann.

Das Verschwimmen der Grenzen zwischen Außenpolitik und IB spiegelt sich auch in der chinesischen Forschungsliteratur wider. Denn die Kritik, die von chinesischen Politikwissenschaftlern an der chinesischen IB-Forschung geübt wird, taucht in leicht abgewandelter Form erneut in chinesischen Artikeln zur Außenpolitik aus dem Jahr 2008 auf. Denn auch für den Bereich der chinesischen Forschung zur Außenpolitik wird – gleichsam wie zuvor für den IB-Bereich – festgehalten, dass dieser erst relativ spät entstanden und in den ersten dreißig Jahren nach Gründung der VR China zunächst höchst politisch geprägt gewesen sei. Analog zum Feld der IB-Forschung wird auch für das Feld der chinesischen Forschung zur Außenpolitik eine Dominanz „westlicher" Modelle und Interpretationen nachgewiesen, die es zu überwinden gilt (Xiao, Jialing 2008:1).

Während allerdings im IB-Bereich die Hegemonie westlicher Theorien ganz abstrakt angeprangert wird, ist das Dilemma im Bereich der außenpolitischen Modellbildung aus chinesischer Sicht noch gravierender. Denn der Entwicklungsstand der außerchinesischen Forschung zur chinesischen Außenpolitik erweist sich, auch aus Sicht chinesischer Beobachter, als derzeit schier uneinholbar. Dies aber impliziert, dass sich die chinesische Forschung und Analyse der Außenpolitik an Modellen orientiert, die aus der Außenperspektive auf die VR China heraus entstanden sind. Diesen „westlichen" Modellbildungen wird zumeist pauschal nachgesagt, das „Kalte-Kriegs-Denken" und die „Ideologie" der „westlichen" Staatenwelt zu reflektieren (Xiao, Jialing 2008:6), weshalb der Ruf nach dezidiert „chinesischen" Analyseinstrumenten zunehmend lauter wird. Der Pekinger Politikwissenschaftler Qin Yaqing, der in seinen 2005/2006er-Studien bereits erste Eckpunkte für die Formulierung einer „IB-Theorie mit chinesischen Charakteristika" entworfen hatte, tritt seit 2008 offiziell für eine eigenständige Theoriebildung zur chinesischen Außenpolitik ein. Im Unterschied zu seiner Konzeption einer chinesischen IB-Theorie soll diese nicht auf Elementen der „westlichen" Modelle, sondern allein auf den Ideen des Marxismus, den traditionellen chinesischen Ideen zur Außenpolitik und sozialistischen Modellbildungen mit chinesischen Charakteristika aufbauen (vergl. Qin, Yaqing 2008b:10-12).

Um aber eine kausale Gleichsetzung der gegenwärtigen Konstellationen mit der Phase des Kalten Krieges zu vermeiden, und somit auch den chinesischen Vorwurf der „Kalten-Kriegs-Mentalität" zu umgehen, scheint es angebracht, anstelle des vorbelasteten Ideologie- und Propaganda-Begriffs eine grundsätzlich neue Analysekategorie zur Bewertung der chinesischen Theoriesuche einzuführen. Hierfür bietet sich das Konzept der Public Diplomacy (Melissen 2005:3-25) an, welches die Vermittlung nationaler Images als durchaus legitimes Mittel der modernen Außenpolitik konzipiert. Public Diplomacy wird als Dialog und ausdrücklich nicht als einseitiger Monolog verstanden, über den nationale Ideen, Interessen und politische Kultur vermittelt werden.[183] Als Akteure sind hierbei nicht länger ausschließlich die Regierung und Staatsorgane angedacht, vermittelnde Funktionen können auch über gesellschaftliche Gruppierungen oder die Diaspora ausgeübt werden. Adressat dieser Kampagnen ist im Unterschied zu dem klassischen Diplomatie-Ansatz die gesellschaftliche Öffentlichkeit anderer Staaten, nicht primär die politischen Entscheidungsträger (vergl. Xing, Guoxin 2007:141-142).

Ziel dieser auf die Öffentlichkeit anderer Staaten ausgerichteten Image-Kampagnen ist es, Misstrauen und Vorurteile abzubauen und Unterstützung für die exportierten Interessen und Wertorientierungen zu generieren. Problematisch wird dies, wenn sich eine zu große Diskrepanz zwischen Public Diplomacy und der Außenpolitik eines Staates auftut (vergl. Melissen 2005:15). Nur wenn die exportierten Images mit den realen Handlungen eines Staates konsistent sind, kann Public Diplomacy dazu beitragen, die internationale Perzeption nachhaltig auszurichten und ein Umfeld zu schaffen, das die Realisierung der außenpolitischen Zielsetzungen begünstigt. Eine Divergenz zwischen den artikulierten Ideen und der sichtbaren Ausgestaltung der Außenpolitik bewirkt im Gegenzug einen nur schwer zu entkräftenden Vertrauensverlust und eine Abstufung des internationalen Ansehens des Staates, der sich eindeutig nicht konform mit den von ihm selbst propagierten moralischen Grundprinzipien verhält.

Der Aufbau eines professionellen Public Diplomacy-Sektors müsste eigentlich auch von der VR China angestrebt werden. Derzeit aber sehen chinesische Beobachter in diesem Bereich eher Defizite und Nachholbedarf. Xing

---

[183] Weitgehend werden die Begriffe Ideologie, *Public Diplomacy*, *Branding* und Kulturbeziehungen parallel, doch isoliert voneinander verwendet. Ein erweiterter Propagandabegriff, der nicht auf ideologische Konfliktlinien reduziert ist, kann höchstwahrscheinlich auch das Bedeutungsspektrum der *Public Diplomacy* umfassen. Die Präferenz für den einen oder den anderen Terminus ergibt sich aus dem Hintergrund und der Perspektive des jeweiligen Betrachters. Der *Branding*-Ansatz, der vor allem die Funktion nicht-staatlicher Gruppierungen für die Imagevermittlung betont, findet weitgehend in Bereichen des internationalen Marketing Verwendung (Melissen 2005:19), die Diplomatieforschung greift konsequenterweise in Fortführung der bisherigen Modelle auf den Ansatz der *Public Diplomacy* zurück. In der Forschung zu den Internationalen Beziehungen dominiert weitgehend ein erweiterter Ideologiebegriff. Auch der Begriff der Kulturbeziehungen überschneidet sich mit dem Konzept der *Public Diplomacy*, da hierunter in der gegenwärtigen Begriffskonzeption auch Wertvorstellungen und politische Kultur gefasst werden können. In der Literatur findet sich auch die Frage, ob *Public Diplomacy* mit dem in der IB-Forschung immer wieder bemühten Ansatz der *Soft Power* gleichzusetzen sei. Hocking argumentiert, dass *Public Diplomacy* durchaus in den Bereichen der konventionellen *Hard Power* eingesetzt werde, so dass hier allenfalls von einer punktuellen Überschneidung auszugehen sei (Hocking 2005:34), in chinesischen Studien erfolgt oftmals jedoch eher eine Gleichsetzung der Konzepte (vergl. Tang, Xiaosun et al. 2005 ; Li, Jie 2007; Yu, Xintian 2008).

Guoxin führt dies darauf zurück, dass die Entwicklung und Verbreitung nationaler Images weiterhin über kommunistische Propagandastrukturen, über die Propaganda-Abteilung des ZK und das Informationsbüro des Staatsrats, erfolge. Zheng Bijian, der als Ideengeber des „Friedlichen Aufstiegs" gilt, kommt, wie Xing Guoxing ausdrücklich betont, ursprünglich auch aus dem Bereich der Propaganda-Arbeit. Folglich setze die chinesische Führung mit der „Harmonischen Welt" die Mechanismen der nach innen gerichteten Propaganda nun auf der außenpolitischen Ebene fort, ohne die Strukturen und Mittel grundsätzlich zu überdenken (Xing, Guoxin 2007:142-143). Aus der Gleichsetzung der Konzeption des außenpolitischen Images mit nach außen gerichteter Propaganda resultiert eine bedenkliche und sicherlich nicht intendierte Überschneidung zwischen Außenpolitik und Public Diplomacy (Xing, Guoxin 2007:145). Die internationale Gemeinschaft hat gewissermaßen zwei Optionen, auf diese Diskrepanz zu reagieren. Sie kann die exportierten Konzepte und Images als Propaganda-Instrumente einstufen. Höchstwahrscheinlich erreicht dann die chinesische Image-Kampagne genau das Gegenteil dessen, was sie eigentlich erzielen sollte, und wachsende Skepsis, scharfe Kritik, erhöhte Aufmerksamkeit und Misstrauen von Seiten der Adressaten der Image-Kampagne wären die logische Konsequenz. Dies ist im Fall der Diskussion über den „Friedlichen Aufstieg" und die „Harmonie" (vergl. Kap. 4; Kap. 5) als moralisch-ethisches Grundprinzip der internationalen Politik bereits teilweise eingetreten. Zweitens aber könnten andere Staaten aber auch geneigt sein, davon auszugehen, dass die VR China wie die meisten Staaten das Mittel der Public Diplomacy erkannt hat und gezielt einsetzt. Da aber dann die Inhalte und Vermittlungswege von den in den „westlichen" Staaten geläufigen Konzeptionen der Public Diplomacy abweichen, wären die Adressaten der Image-Kampagne nicht in der Lage, die eigentlichen Intentionen und Ideen der chinesischen Images zu erfassen. Xing Guoxin fordert daher eine Professionalisierung der chinesischen Public Diplomacy und ihre Ausrichtung am internationalen Standard. Nur wenn die strukturellen Defizite überwunden würden, d.h. eine Abgrenzung von Organen und Mechanismen des Propaganda-Bereichs und eine Diversifizierung der an den Image-Kampagnen beteiligten Akteure erfolge, könne eine für China ungünstige Rezeption der bereits exportierten Image-Modelle (Frieden; Harmonie) verhindert werden (Xing, Guoxin 2007:145-146). Auch wenn unter chinesischen IB-Experten demnach weitgehend Einigkeit darüber herrscht, dass dem Entwurf eines positiven außenpolitischen Images der VR China eine zentrale Funktion für die erfolgreiche Realisierung der nationalen Interessen Chinas im internationalen Kontext zukommt, ist aus der Image-Debatte keine einheitliche Positionierungsstrategie hervorgegangen. Jin Zhengkun hält lediglich einige allgemeine Grundzüge des chinesischen Export-Images fest (Jin, Zhengkun

2003). Demnach habe Chinas Image an den Grundprinzipien der außenpolitischen Unabhängigkeit und Souveränität festhalten, zugleich aber müsse China für sich die Rolle eines friedenstiftenden Akteurs beanspruchen. Beim Entwurf eben dieses Images ist nach Jin Zhengkun der jeweilige Adressat der Image-Kampagne zu bedenken. Dies setzt die genaue Kenntnis des jeweiligen Kooperationspartners voraus und bedingt somit den Ausbau der hiermit verwandten Bereiche der IB-Forschung. Zu unterscheiden ist nach Jin Zhengkun insbesondere zwischen dem inneren, d.h. dem chinesischen, und dem äußeren Adressaten. Jedoch bedürfe auch das nach außen gerichtete Image-Modell einer diversifizierten Ausgestaltung, wobei die Unterschiede der verschiedenen Kooperationspartner zu berücksichtigen seien. Der Gruppe der Auslandschinesen komme hierbei eine besondere Rolle zu (Jin, Zhengkun 2003:546-547).[184]

Die Anwendung der Public-Diplomacy-Analyse auf den chinesischen Fall findet sich bei d'Hoogue, die sich den historischen Vorläufern, der institutionellen Verankerung, den Akteuren und Adressaten der Public Diplomacy widmet (d'Hoogue 2005:88-105). Dabei ist festzuhalten, dass im Fall der VR China eine sehr spezielle Form der Public Diplomacy vorliegt, die in der allgemeinen gegenwärtigen Theoriebildung als staatszentristische und hierarchische Form eingestuft wird. Hiervon lassen sich pluralistische Diplomatieansätze abgrenzen, welche zivilgesellschaftlichen Akteuren eine zentrale Funktion zuschreiben und von netzwerkartigen Strukturen ausgehen (vergl. Hocking 2005:28-46).

D'Hoogue kontrastiert den Propaganda-Begriff mit dem modifizierten Public-Diplomacy-Ansatz, indem sie ersteren für die Beschreibung der frühen Dekaden der VR China heranzieht, in denen diplomatische Erklärungen ihrer rückblickenden Bewertung zufolge weitgehend falsche Informationen enthielten (d'Hoogue 2005:104, Endnote 5), letzteren hingegen auf die post-maoistische Phase bezieht. D'Hoogue identifiziert drei Images, welche die post-maoistische VR China im Rahmen der Public Diplomacy projiziert. Das erster Image entwirft die VR China als ein im Transformationsprozess befindliches Entwicklungsland, das sich mit zahlreichen aus dem Transformations- und Modernisierungsprozess resultierenden Herausforderungen in sozio-politischen Bereichen konfrontiert sieht, den eigenen Ansprüchen zufolge aber bereits adäquate Lösungsstrategien entwickelt hat (d'Hoogue 2005:93). Als zweites Image benennt d'Hoogue das eines stabilen und vertrauenswürdigen Wirtschaftspartners, als drittes schließlich das eines verlässlichen Partners der internationalen Staaten-

---

[184] Weitgehend orientiert sich diese chinesische Auseinandersetzung mit Public-Diplomacy-Konzepten am westlichen Forschungsstand; hier wird also ein Instrument, kein Theoriemodell, der westlichen Außenpolitik in die chinesische Praxis eingefügt (vergl. Tang, Xiaosong / Wang, Yiwei 2005:63).

gemeinschaft (d'Hoogue 2005:93-94). Dabei konstatiert sie, dass sich eine deutliche Diskrepanz zwischen den von der VR China projizierten Images und dem außenpolitischen Handeln feststellen lässt. Denn wenn sich die VR China einerseits als Mediator und mitunter auch Initiator der Sechs-Parteien-Gesprächen mit Nordkorea geriert und somit im Interesse der internationalen Staatengemeinschaft agiert, unterhält sie doch andererseits im Technologiesektor Handelsbeziehungen mit international diskreditierten Staaten wie eben Nordkorea, Iran oder Pakistan. Auch das Festhalten der VR China an der Möglichkeit, militärische Mittel gegen Taiwan einzusetzen, wird als Bruch mit den offiziellen Images der VR China verstanden (d'Hoogue 2005:94). Allerdings scheint diese Kritik, wenn auch in einigen Punkten durchaus berechtigt, doch insofern einseitig als sie sich rein auf westlichsprachige Studien und Stellungnahmen stützt. So wird beispielsweise angeführt, dass sich die VR China mit ihrer Außenpolitik in Widerspruch zu ihrer offiziell beanspruchten Menschenrechtspolitik begebe (s. d'Hoogue 2005:93). Wenn auch kein Zweifel daran besteht, dass es universell geltende Menschenrechte geben kann und sollte, vernachlässigt diese Argumentation doch die Tatsache, dass in der innerchinesischen Debatte mitunter ein divergierendes Konzept der Menschenrechte, vielfach als „sozialistische Menschenrechte" bezeichnet, herangezogen wird. Zudem aber fallen Menschenrechte in den Bereich der inneren Angelegenheiten souveräner Staaten. Indem die VR China dies axiomatisch fixiert und sich jeder Kritik an der Menschenrechtspolitik anderer Staaten enthält, wird ein entsprechendes Agieren von den Kooperationspartnern der VR China eingefordert.

Gleichermaßen eurozentristisch gestaltet sich d'Hoogues Kritik an den Beziehungen der VR China zu international diskreditierten Regimen. Hierbei wird die chinesische Sichtweise, die diesen Schritt legitimiert, vollkommen ausgeblendet.

Wenn die Annahme stimmt, dass das außenpolitische Agieren der VR China weiterhin in einem unmittelbaren Zusammenhang mit der chinesischen Innenpolitik steht, ist Chinas Positionierung als Mediator und Schlichter in der Nordkoreafrage durchaus konsequent. Auf innenpolitischer Ebene arbeitet die KPCh-Regierung an einem Ausgleich der konkurrierenden gesellschaftlichen Interessen, im Rahmen der Perpetuierung innenpolitischer Handlungsmuster auf der Ebene der internationalen Politik wiederum übernimmt sie diese vermittelnde Funktion zwischen antagonistischen Staatensystemen. Um aber als Mediator wirken zu können, muss die VR China gute Beziehungen zu allen Staaten, und somit auch zu Iran und Nordkorea, unterhalten.

Auch d'Hoogues Bestimmung der Zielgruppen der chinesischen Public Diplomacy (vergl. d'Hoogue 2005:95) lässt sich, wenn man auch chinesische Studien und Darstellungen einbezieht, nur bedingt vertreten. Denn das Konzept des „Friedlichen Aufstiegs" ist zwar zunächst gegenüber den südostasiatischen Nachbarstaaten der VR China formuliert worden, doch die eigentliche Zielgruppe ist längst nicht mehr auf die Regierungen und die Öffentlichkeit Südostasiens beschränkt. Auch stellt sich die Frage, ob sich die Public Diplomacy der VR China gegenüber Westeuropa und den USA – wie dies bei d'Hoogue geschieht – wirklich auf die Thematik der Menschenrechte reduzieren lässt. Denn wenn diese Argumentation zutreffen würde, müsste hieraus eine Gleichgewichtung des „Friedlichen Aufstieg" und der Menschenrechtsthematik folgen, welche bei d'Hoogue beide als Bestandteil der chinesischen Diplomatie, nur mit jeweils anderen Empfängergruppen, verstanden werden. Dieser Ansatz scheint jedoch etwas problematisch, allein schon deshalb, weil es sich bei der Menschenrechtsthematik um einen Aspekt handelt, der immer wieder von den Kooperations- und Dialogpartnern der VR China angeführt wird, der „Friedliche Aufstieg" aber von chinesischer Seite konzipiert und in die Debatte eingefügt wurde.

Wenngleich der Public-Diplomacy-Ansatz eine wertneutralere Analyse der post-maoistischen Diplomatie erlaubt, bleibt doch das Konzept der „projizierten Images", welches immer wieder referiert wird, ohne konkrete Definition. Die Entschlüsselung dieser projizierten Images ist jedoch zentral für die Bewertung der außenpolitischen Orientierung eines Staates, wenn man davon ausgeht, dass diese Images nicht nur in die internationale Debatte exportiert werden, sondern auch auf die Außenpolitik des Sender-Staates zurückwirken. Wang Hongying unterscheidet in diesem Zusammenhang zwischen „strategischen Images" und „internalisierten Images". „Strategische Images", wie beispielsweise das Selbstbild der VR China als revolutionärer Staat in den 60er und 70er Jahren, beinhalten dabei eine strategische Positionierung, aus der sich auch Verpflichtungen ergeben. So resultierte aus der revolutionären Grundausrichtung und der Selbstverortung der VR China in der Dritten Welt die Verpflichtung zur Unterstützung revolutionärer Gruppierungen in anderen Staaten. Die VR China strebte nach einem Export der Revolution und hielt offiziell an ihren Grundsätzen einer anti-kolonialistischen und anti-imperialistischen Politik fest (Wang, Hongying 2005:91). Die strategische Positionierung als verantwortungsbewusster, kooperativer und verlässlicher Akteur im internationalen Geschehen wiederum gilt als ein Motiv für das Verhalten der VR China während der Asienkrise 1997. Auch wenn dies höchstwahrscheinlich nationalen Wirtschaftszielen eher entsprochen hätte, verzichtete die VR China damals auf eine Abwertung des Yuan, wodurch die Wirtschafts- und Finanzstrukturen teilstabilisiert werden konnten (Wang, Hongying 2005:92). Diese Erklärung wird insbesondere von der VR China angebracht, wenn es darum geht, ihre Kooperationsbereitschaft und ihr internationales Verantwortungsbewusstsein hervorzuheben. Diese und ähnliche ökonomische Verweise werden auch deshalb gewählt, weil nationale Handels- und

Wirtschaftsinteressen als Kern der „westlichen" Außenpolitik identifiziert worden sind. Politische Belege des Verantwortungsbewusstseins des chinesischen Akteurs – beispielsweise in Form des Abstimmungsverhaltens der VR China im UN-Sicherheitsrat – werden nicht bemüht.

Während „strategische Images" die Freiheiten außenpolitischen Handelns bisweilen einzuschränken vermögen, begründen und festigen „internalisierte Images" die außenpolitischen Orientierungen eines Staaten-Akteurs. Nach Wang Hongying umfasst diese zweite Image-Gruppe das Selbstbild Chinas als friedliebender Staat, als ein Opfer externer Aggression, als anti-hegemonialer Akteur und nicht zuletzt als Entwicklungsland (vergl. Wang, Hongying 2005: 93). Dass diese Selbstbilder im Widerspruch zur politischen Realität und der Diplomatiegeschichte der VR China zu stehen scheinen, bestreitet Wang nicht. Doch stellt er die These auf, dass diese Images doch ausschlaggebend für die chinesische Bewertung und Interpretation der außenpolitischen und auch der internationalen Beziehungen seien. Denn das Festhalten an der Opferperzeption und dem Grundprinzip einer Außenpolitik des Friedens führe dazu, dass die VR China stets die andere Seite als Aggressor perzipiere, auch wenn sie selbst, wie beispielsweise im Korea-Krieg, in der sogenannten „Strafexpedition" gegen Vietnam sowie in den Konflikten in der Taiwanstraße oder der Südchinesischen See, zu militärischen Mitteln greife (Wang, Hongying 2005:94). Der anti-hegemoniale Grundanspruch der VR China wiederum bedinge, dass sich diese in Konflikten symbolisch zumeist auf die Seite der schwächeren Partei gestellt habe. Dies trifft für den Sino-Vietnamesischen Konflikt offensichtlich nicht zu, doch wurde dies gewissermaßen dadurch korrigiert, dass Vietnam als hegemonialer Akteur eingestuft wurde, dem die VR China nur eine Lektion erteilte, ohne, so der Selbstanspruch der chinesischen Seite, das grundlegende Selbstbild eines friedliebenden, anti-hegemonialen Akteurs aufzugeben (s. Wang, Hongying 2005:94-95).

Die Selbstverortung der VR China unter den Entwicklungsländern impliziert, dass Entwicklungshilfeleistungen angenommen und auch erwartet werden. Wang Hongying geht sogar so weit, den sino-sowjetischen Bruch auf die Reduzierung und Einstellung sowjetischer Entwicklungshilfe im ökonomischen und militärischen Bereich in den späten 50er und frühen 60er Jahren des 20. Jahrhunderts zurückzuführen. Denn hier wurde eine dem Selbstbild Chinas als Entwicklungsland entsprechende Handlung verweigert. Auch Japans Versuche, die Entwicklungshilfeleistungen an die VR China in Anbetracht des mittlerweile stabilen chinesischen Wirtschaftswachstums und nicht zuletzt auch aufgrund der von Chinas Militärprogramm ausgehenden Bedrohungsperzeption zu reduzieren, stoßen auf Unverständnis der chinesischen Seite (vergl. Wang, Hongying 2005:96).

Die Analyse und Bewertung der chinesischen Außenpolitik nun mit der Feststellung eines Abweichens der chinesischen Außenpolitik von den projizierten Images auf sich beruhen zu lassen, wäre kaum zielführend. Vielmehr könnten diese Images, wenn man den innerchinesischen Diskurs angemessen einbezieht, unter anderem einen Schlüssel zum Verständnis der chinesischen Interpretation der internationalen Konstellationen liefern.

7.3. Konstruktion nationaler Export-Images

Die Rekonstruktion der Perzeptionen, welche den außenpolitischen Handlungen der VR China unterliegen, vermag das außenpolitische Agieren der VR China nur bedingt zu erklären. Zwar lassen sich hieraus Rückschlüsse auf das nationale Selbstverständnis der VR China und die hiermit verbundene Erwartungshaltung gegenüber der internationalen Staatengemeinschaft ziehen. Eine Erklärung, weshalb die VR China Modelle wie den „Friedlichen Aufstieg" oder die „Harmonische Welt" in die globale Debatte exportiert, kann aus der isolierenden Perzeptionsbetrachtung jedoch nicht gewonnen werden. Denn wenn diese Modelle aus Sicht der Kooperationspartner in eklatantem Widerspruch zur politischen Realität und Praxis der VR China stehen, stellt die VR China durch ihren eigenen Vorstoß ihre Glaubwürdigkeit in Frage. Da nicht davon auszugehen ist, dass die VR China auf einen diplomatischen Suizid hinarbeitet, muss es eine andere Erklärung für dieses augenscheinlich irrationale Verhalten geben.

Ein Rückblick auf die Entwicklung der post-maoistischen Außenpolitik verdeutlicht, dass die VR China dem eigenen Anspruch nach nicht länger eine beobachtende Position am Rande der internationalen Staatengemeinschaft einzunehmen gedenkt, sondern die Anerkennung der internationalen Staatengemeinschaft als gleichberechtigter Partner und aktiver Mitgestalter der Weltpolitik beansprucht:

> ...States conduct diplomacy based on their self-images and images of the outside world. In the past 20 years, China has undergone a profound transformation in how it views itself and the world. It no longer views itself as a country on the edge of the international community, but as a rising power, *with limited but increasingly significant capacity to shape its environment...*[185] (Ni, Feng 2004:151) (Hervorhebungen hinzugefügt)

Diese Positionsänderung korreliert mit einer aktiven Erforschung und Ausgestaltung der Perzeptions- und Image-Analyse durch chinesische Experten. Ziel ist es, die Standpunkte und Prinzipien der Kooperationspartner im Vorfeld abzu-

---

[185] Für die internationale Debatte zur Konzeption nationaler Images vergl.: Kunczik, Michael (1997), *Images of Nations and International Public Relations*. Mahwah, N.J.: Lawrence Erlbaum Associates.

schätzen und in die Konzeption einer situationsgerechten Verhandlungstaktik einfließen zu lassen. Perzeptionen werden dabei nicht länger als statisch, sondern vielmehr als formbare, temporäre Konstrukte betrachtet, die durchaus auch gesteuert und ausgerichtet werden können.

Eine solche Steuerung geschieht durch die Vermittlung von nationalen Images. Diese haben sich, auch aus Sicht chinesischer IB-Forscher, bereits zu einem relevanten Faktor der internationalen Beziehungen entwickelt. Neben der Erarbeitung von exportfähigen Images widmen sich chinesische Studien derzeit insbesondere der Frage der Image-Vermittlung. Grundsätzlich wird hierbei ein interdependenter triangulärer Wechselwirkungsmechanismus zwischen nationalen Images, der Machtposition eines Staates im internationalen System und seinem sichtbaren außenpolitischen Handeln angenommen. Denn um die nationalen Macht- und Positionierungspläne zu realisieren, bedarf es eines internationalen Umfeldes, das Faktoren, d.h. Einschätzungen und auf diesen basierende Reaktionen von Seiten der Kooperationspartner, welche diesen Plänen entgegenstehen könnten, möglichst minimiert. Die internationale Vermittlung positiver nationaler Images, welche Verständnis und Unterstützung durch andere Staaten und die internationale Gemeinschaft generieren sollen, ist ein Schritt in diese Richtung. Negative Interpretationen der internationalen Positionierungsabsichten eines Staates sollen durch den Export positiver Gegen-Images entkräftet werden (u.a. Liu, Jinan 2004).

Um diese allgemeine Argumentation in den Kontext der chinesischen Ideenlehre einzuordnen, zieht Liu Jinan, Experte für den Bereich „Medien und Internationale Politik", die Parallele zu dem chinesischen Sprichwort „Wer das *dao* (d.h. eine gerechte Sache) vertritt, wird von allen unterstützt werden; wer das *dao* verliert (d.h. eine ungerechte Sache vertritt), wird nur geringe Unterstützung finden" (Liu, Jinan 2004:346). Ob eine Sache als gerecht und mit dem *dao* konform empfunden wird, leitet sich nicht allein von den realen außenpolitischen Aktionen und Zielsetzungen eines Staates ab, sondern kann durch den Export nationaler Images und die Verankerung bestimmter Argumentationsmuster in der internationalen Debatte gesteuert werden:

> Falls ein Staat beabsichtigt, ein internationales Meinungsumfeld zu haben, welches für seine Entwicklung von Vorteil ist, und falls er auf internationaler Ebene über Mitspracherechte verfügen möchte, welche seiner nationalen Stärke entsprechen, und falls er anstrebt, den Selbstrespekt und das Selbstvertrauen seiner Staatsbürger zu stärken, noch mehr ausländisches Kapital anzuziehen, den Außenhandel zu erweitern und den Tourismus zu entwickeln, dann muss er ein positives internationales Image aufbauen (Liu, Jinan 2004:346).[186]

---

[186] Mit der „Harmonischen Welt" und dem „Friedlichen Aufstieg" hat die VR China zwei partikular chinesische Modelle in die internationale Debatte integriert – beide Konzepte wurden schließlich im

Die Frage, wie und vor allem welche Images entworfen werden sollten, war in den 90er Jahren Thema chinesischer Konferenzen und Diskussionen zwischen Politikern und Politikwissenschaftlern (vergl. Wang, Hongying 2005:88, Endnote 7). Grundsätzlich ist sich die politische Führung der VR China demnach durchaus im Klaren darüber, dass die Einstellung und Haltung anderer Staaten-Akteure und der internationalen Staatengemeinschaft eine Reaktion auf ein perzipiertes und interpretiertes China-Image darstellt:

> Some (foreign countries) have prejudices or have wrongly believed rumours, therefore what they think about China is not the true image of China. We will try every means to present a comprehensive and real picture of China to the outside world... (Zhu, Muzhi, Direktor des Informationsbüros des Staatsrats, nach Wang, Hongying 2005:73)

Nicht die politische Realität, sondern die durch die Außenwelt vorgenommenen Interpretationen und Prognosen sind somit entscheidend für die Handlungsoptionen und Kooperationsmöglichkeiten, die sich der VR China im internationalen und globalen Kontext eröffnen oder verschließen. Die VR China hat die gezielte Steuerung von Perzeptionen über den Export positiver Images als ein Mittel der Außenpolitik erkannt und schon mehrfach gezielt einzusetzen gewusst. Dabei wurde zumeist nicht auf chinesische Einrichtungen, denen schließlich von Kritikern mangelhafte Professionalität vorgeworfen wird (vergl. Xing, Guoxin 2007), sondern auf internationale PR-Agenturen zurückgegriffen. 1991 war die US-amerikanische PR-Agentur *Hill and Knowlton* von der chinesischen Regierung damit beauftragt, ein positives China-Image zu entwerfen, das den *US Congress* zu einer Erneuerung des Meistbegünstigungsstatus der VR China bewegen sollte. Für die Bewerbung um die Ausrichtung der Olympischen Spiele 2008 wiederum wurde *Weber Shanwick Worldwide* engagiert. Und 2001 wurde mit *AOL Time Warner* ein Abkommen über die Organisation und Ausstrahlung des englischsprachigen China-Programms in den USA geschlossen (Wang, Hongying 2005:74-75).

Das Ziel, ein positives China-Image zu exportieren, unterliegt nicht zuletzt auch den seit den 90er Jahren von der VR China auf Englisch vorgelegten Weißbüchern zu zentralen Fragen der chinesischen Innen- und Außenpolitik (Wang, Hongying 2005:75, d'Hoogue 2005:97) und der Herausgabe fremdsprachiger Informationsmaterialien wie der Zeitschrift *Beijing Review*, die bereits

---

Rahmen multilateraler Gespräche oder sogar vor der UNO vorgestellt – und diese als alternative Universalmodelle einer zukünftigen Weltordnung zur Diskussion gestellt. Es handelt sich hierbei eindeutig um Theoriemodelle, die für den Export bestimmt sind, man könnte in Erweiterung Wang Hongyings auch von „internationalisierten Images" sprechen.

1958 begründet wurde, wie auch den Zeitschriften *China Reconstructs* und *China Pictorial* (Wang, Hongying 2005:76; vergl. auch d'Hoogue 2005:91). Doch auch die chinesische PR- und IB-Forschung wird weiter ausgebaut. Bereits im November 2003 hat die Medienuniversität in Peking einen Kurs in das offizielle Curriculum aufgenommen, der die „internationale Vermittlung des nationalen Images der VR China" zum Inhalt hat. Seit 2006 liegen erste Publikationen zu den Ergebnissen dieses neuen Forschungsfeldes vor (Liu, Jinan / He, Hui 2008:29). Auch andere Universitäten haben diese neue Thematik aufgegriffen. So bietet beispielsweise die Shanghaier Fremdsprachenuniversität seit 2006 einen Kurs zur „Konstruktion des nationalen Images der VR China" an (Yu, Chaohui 2008: 21). Zentraler Ausgangspunkt dieser akademischen Untersuchungen ist der Versuch, eine Standarddefinition des nationalen Images der VR China festzulegen und in einem weiteren Schritt Maßnahmen zu entwickeln, wie dieses Image auch in der internationalen Öffentlichkeit verankert werden kann (Liu, Jinan / He, Hui 2008:29).

Bereits Mitte der 90er Jahre wurde zudem eine Integration der Bereiche Massenmedien und Internationale Politik im Rahmen der IB-Forschung angestrebt.[187] Auch gegenwärtig gehen chinesische Analysen der internationalen Politik davon aus, dass die über Massenmedien vermittelte Interpretation des Agierens von Staaten-Akteuren die Perzeption eines Staates durch die internationale Öffentlichkeit prägt und somit auch die Handlungsspielräume der Staaten-Akteure festlegt. In seiner Studie „Massenmedien und internationale Beziehungen" formuliert Liu Jinan, dass die Massenmedien bereits seit den 60er Jahren des 20. Jahrhunderts als ein „Schlachtfeld" der internationalen Politik fungierten. Mit dem Ende des Kalten Krieges sei dieser Medienkampf nicht beendet, vielmehr konstatiert Liu eine noch stärkere Kopplung von internationaler Politik und Medienkampagnen, woraus letztendlich die Vereinnahmung der Massenmedien für die Austragung ideologischer und wertegebundener Konflikte resultiere (Liu, Jinan 2005:333-336). Als zentrale Funktion der Massenmedien in der internationalen Politik identifiziert Liu „den Entwurf eines nationalen Images" (*suzao guojia xingxiang*) und „die Wahrung nationaler Interessen" (*weihu guojia liyi*) (Liu, Jinan 2005:345). Die aktive Teilnahme der VR China am internationalen Geschehen und die Integration in Internationale Organisationen erfordert, so Liu Jinan, die Entwicklung einer nach außen gerichteten Medienstrategie. Nur so könne man der „Dämonisierung Chinas" (*yaomohua Zhongguo*) und der „China-Threat-Theory" (*Zhongguo weixielun*) entgegentreten und ein Meinungsumfeld schaffen, welches die Umsetzung der chinesischen

---

[187] vergl. hierzu die kurze Einleitung zu Kapitel 12 in Xiao Huanrongs Textsammlung „IB-Forschung in China" (Xiao, Huanrong 2005:333).

Modernisierungspläne begünstige und der „Renaissance des chinesischen Volkes" (*Zhonghua minzu fuxing*) nicht entgegenstehe (vergl. Liu, Jinan 2005:347-348).

Liu zitiert in diesem Zusammenhang schließlich auch Jiang Zemins 1999 vorgebrachte Forderung, dass einerseits China die Welt verstehen solle (*rang Zhongguo liaojie shijie*), zugleich aber auch das Verständnis der Welt für China gefördert (*rang shijie liaojie Zhongguo*) und somit das westliche China-Bild über die Medien positiv beeinflusst werden sollte (vergl. Liu, Jinan 2004:347). Dass das Anliegen, Verständnis und somit folglich auch Unterstützung chinesischer Anliegen durch Chinas Kooperationspartner zu generieren, weiterhin der außenpolitischen Strategie der VR China unterliegt, belegt nicht zuletzt die Terminologie der chinesischen EU-Strategie aus dem Oktober 2003. Denn in dieser werden unter der Überschrift „das Verständnis der EU für Tibet fördern" (*Zhongguo dui Oumeng zhengce wenjian* 2003:3.1.4) die Grenzen der durch die VR China tolerierbaren Interaktionen zwischen der EU und Tibet dargelegt.

Prüfstein der chinesischen Modellbildung und Strategiebetrachtungen zum Aspekt des „nationalen Images" sind die Olympischen Spiele 2008. Alle im Vorfeld der Spiele unternommenen Bemühungen hatten darauf abgezielt, negative China-Images durch den Export von positiven Gegen-Images gezielt zu dekonstruieren. Denn die Ausrichtung internationaler Veranstaltungen wie beispielsweise der Olympischen Spiele oder aber auch der Weltausstellung, die für 2010 in Shanghai geplant ist, bietet eine günstige Gelegenheit zur Image-Vermittlung – wie nicht zuletzt die unzähligen Artikel chinesischer Politik- und Medienwissenschaftler zur Interrelation von nationalen Imagekampagnen und den Olympischen Spielen belegen (u.a. Shi, Zengzhi 2008:28-29; Zheng, Guilan 2006:13-14).

Im Idealfall hätten die Durchführung der Spiele und die Reaktionen der internationalen Öffentlichkeit den chinesischen Strategiemodellen ihren Erfolg bescheinigen sollen. Da es zunächst aber anders kam – Proteste in Tibet und die Kritik an Pekings militärischer Intervention; Gegendemonstrationen vor und während der Olympischen Spiele – setzte erneut eine Diskussion über die Interrelation von Images, Perzeption und Handlungsoptionen ein.

In den seit September 2008 in chinesischen IB-Journals dokumentierten Diskussionen allerdings wurden nicht die Störungen und Unwegsamkeiten im Vorfeld der Spiele, sondern deren Symbolwert im Kontext der chinesischen Außendiplomatie erörtert. Hierbei wurde beispielsweise diskutiert, wie die „Stärke" (*qiang*), die China mit und während der Ausrichtung der Olympischen Spiele gezeigt habe, in Zukunft nach außen vermittelt und behauptet werden sollte (Zhang, Minqian 2008:30).

Denn wenn sich die VR China zu einem neuen einflussreichen Staaten-Akteur entwickelt, ist mit verstärktem Druck anderer Staaten-Akteure zu rechnen, dem die VR China in irgendeiner Weise entgegentreten muss. In der 2008er-Debatte wird dieses Dilemma mit dem Gegensatzpaar „China-Threat-Theory" – „Responsible-Great-Power-Theory" beschrieben. Die chinesische Seite sympathisiert verständlicherweise mit letzterer. Zhang Minqian beispielsweise sieht in diesem Argumentationszusammenhang das Modell der „Harmonischen Welt" als Ausdruck dafür, dass sich die VR China zu ihrer Rolle als verantwortungsbewusste Großmacht bekenne und folglich Modelle konzipiere, um diese Funktion im nationalen und internationalen Kontext auszufüllen (Zhang, Minqian 2008:30).

Die Transformation Chinas, wie auch immer sich diese letztendlich gestalten sollte, wird dabei als Voraussetzung für den Ausbau der Attraktivität des chinesischen Modells gesehen, wie nicht zuletzt der immer wieder bemühte Slogan „Sich selbst ändern, die Welt beeinflussen" (*gaibian ziji, yingxiang shijie*) zum Ausdruck bringt. Denn wenn das Dilemma, dass der chinesische Aufstieg erwartungsgemäß Containment-Maßnahmen und negative Reaktionen der restlichen Staatenwelt hervorrufen könnte, in Analogie zu Aufstieg und Fall anderer Imperien absehbar ist, muss die VR China sinnvollerweise bereits Gegenmaßnahmen entwickeln, bevor dieses Szenario eingetreten ist. Zu diesen vorausschauenden strategischen Schritten gehören die aktive Teilnahme Chinas am internationalen Geschehen anstelle einer Abschottung; die Verankerung des Prinzips der Reziprozität und des Nicht-Nullsummenspiels in den internationalen Beziehungen; der Aufbau auf Verhandlungen basierender Kooperationsbeziehungen und die Sicherstellung eines stabilen, friedlichen Handlungs- und Entwicklungsumfeldes der VR China (Zhang, Minqian 2008:31).

Die Ausrichtung der Olympischen Spiele 2008, die zweifellos und allen Komplikationen und Kritikäußerungen zum Trotz einen Meilenstein im Ringen der VR China um internationales Renommee verkörpern, hat keine sichtbare Wende in der chinesischen Außenpolitik eingeleitet. Im Gegenteil, die Skepsis westlicher Chinakritiker untermauert aus chinesischer Sicht die Notwendigkeit, außenpolitisch und im internationalen Kontext an der bisherigen Camouflage-Politik [188] festzuhalten. Um zu verhindern, dass sich eine globale antichinesische Koalition formiert, sollen die strategischen und präemptiven Maßnahmen der chinesischen Außenpolitik – wie die Beteuerung, dass die VR China auch zukünftig keine Führungsrolle anstreben werde (chin. Prinzip: *bu*

---

[188] Unter Camouflage-Politik wird die politische Taktik verstanden, die wahren Machtressourcen zu verbergen und außenpolitische Zielsetzungen zu verschleiern, bis sich eine strategische Gelegenheit bietet, diese ungehindert umzusetzen. Im Chinesischen findet sich dieses Konzept mit der Formulierung *tao guang yang hui*.

dang tou) – aufrechterhalten werden. Auch die Frage der Kritiker, mit welchen internationalen Implikationen eigentlich am Ende des Aufstiegs der VR China zu rechnen sei, wird in den chinesischen Planungsspielen berücksichtigt. Der von der VR China propagierte Aufbau einer „Neuen Weltordnung" wird dabei als Alternativmodell zum Modell der Konkurrenz um Welthegemonie konstruiert (Zhou, Suyuan 2008:32-33).

Zhu Feng, IB-Abteilung der Peking Universität, wiederum untersucht die außenpolitischen Handlungsoptionen der VR China in der „Post-Olympia-Ära" (*hou Aoyun shidai*). Zhu Feng führt aus, dass das westliche Ausland gespalten sei, ob die Olympischen Spiele dazu führten, dass die VR China in Zukunft noch selbstbewusster in der internationalen Politik Position beziehen und eine verstärkt nationalistische Außenpolitik verfolgen werde. Auch wenn diese beiden Tendenzen von chinesischer Seite als Bruch mit den Grundprinzipien der chinesischen Außenpolitik betrachtet und zurückgewiesen werden, rechnen doch auch chinesische Experten damit, dass sich die VR China im Spannungsfeld zwischen einer Politik des strategischen Abwartens auf eine günstige Gelegenheit (chin. Prinzip: *taoguang yanghui*) und einer aktiven Mitausgestaltung der Weltpolitik als verantwortungsbewusste Großmacht neu ausrichten werde (Zhu, Feng 2008:27-28).

Wenn aber die im Aufsteigen begriffene VR China verstärkt internationale Verantwortung übernehmen sollte, resultiert hieraus einerseits die Compliance mit internationalen Normen und Regelwerken und damit andererseits auch eine Einschränkung der bisherigen Handlungsfreiräume. Dies aber erfordert, dass außenpolitische Entscheidungen mehr als je zuvor wohl überlegt und vorausschauend geplant werden müssen (Li, Yonghui 2008:25). Denn der Image-Schaden, der sich aus einem Bruch dieser Regelwerke oder einem Austritt der VR China ergeben würde, wäre immens und könnte vermutlich in absehbarer Zeit nicht wieder wettgemacht werden. Die Ankündigung, bestimmte Regeln in dieser Form nicht länger akzeptieren zu wollen, zielen bislang auf keinen endgültigen Bruch und Rückzug aus den internationalen Strukturen ab, sondern testen den Handlungsfreiraum in regelmäßigen Zeitabständen immer wieder aus.

Da die autosuggerierte Hoffnung großer Teile der westlichen Welt, mit der Vergabe der Olympischen Spiele an die VR China einen Systemwandel einzuleiten, enttäuscht wurde, rechnen chinesische Analysten damit, dass der internationale Druck auf die VR China nach 2008 weiter zunimmt. Während der Vorbereitungen und auch während der Durchführung der Spiele kam es, wie Li Yonghui rückblickend erklärt, zwar nicht zu einem Verstummen der internationalen Chinakritik, doch wurden auf politischer Ebene viele Kontroversen zunächst zurückgestellt. Da aber die politische Realität der VR China der Erwartungshaltung der Demokratisierungsverfechter auch weiterhin nicht entspricht, scheint die Wiederaufnahme dieser Kontroversen gewiss (Li, Yonghui 2008:26). Die weitere Öffnung der VR China gegenüber der internationalen Staatenwelt verschärft dieses Dilemma zusätzlich, da die internationale Öffentlichkeit auch eine Korrektivfunktion übernimmt, indem sie die Einlösung der Versprechen und Zusagen, welche die chinesische Regierung im Vorfeld der Spiele gegeben hatte, einfordert. Gerade das Motto der „Green Olympics" wird so zu einem Angriffs- und Kritikpunkt an der Politik der VR China (Li, Yonghui 2008.26).

Mit der Ausrichtung der Spiele sind die außenpolitischen Probleme und Herausforderungen der VR China alles andere als gelöst. Mehr als je zuvor wird nun diskutiert, wie die VR China der internationalen Kritik entgegentreten sollte. Ein Lösungsweg findet sich mit dem verstärkten Rückgriff auf Konzepte der chinesischen Kultur, die bereits im Rahmen der Eröffnungsfeierlichkeiten der Olympischen Spiele erfolgreich inszeniert worden waren. Gestützt auf diese Konzepte soll die chinesische Soft Power ausgebaut werden, welche wiederum als notwendige Voraussetzung zur Realisierung des Aufstiegs Chinas zu verlorener, einst gekannter Zentrumsposition angeführt wird (vergl. Li, Yonghui 2008:26).[189]

Optimistischere 2008er-Studien betonen hingegen, dass der chinesische Aufstieg mit der Vergabe der Olympischen Spiele an die VR China bereits international anerkannt worden sei. Dies belege, dass die internationale Staatengemeinschaft den chinesischen Aufstieg als einen „dritten" Entwicklungsweg jenseits der Expansionspolitik Deutschlands in den 30er und 40er Jahren des 20. Jahrhunderts und jenseits der Hegemonieansprüche der USA akzeptiert habe (Lin, Limin 2008:34). [190]

---

[189] Unter diese Elemente fällt das Prinzip der traditionellen chinesischen Herrschaft, für die mit Blick auf die innerstaatlichen Belange bestimmte Herrschertugenden, mit Blick auf die intra- und interstaatlichen Beziehungen aber der sogenannte „Königsweg" in Abgrenzung vom „Weg des Hegemon" festgeschrieben ist. Auch das *tianxia*-Konzept könnte aus chinesischer Sicht seine Übertragung auf eine globalisierte Welt finden. Darüber hinaus wird auch das Prinzip von Maß und Mitte (*Zhongyong*) als Baustein der chinesischen Außenpolitik bemüht. Als Reaktion auf die Kritik an den chinesischen Umweltproblemen wiederum wird der Slogan von „Einheit von Mensch und Natur" angeführt, mit dem die chinesische Seite beansprucht, selbst über ein althergebrachtes Konzept der Nachhaltigkeit zu verfügen Auch das Prinzip der Öffnung gegenüber dem Ausland und der aktiven Teilnahme am internationalen Geschehen wird als pfadabhängiges Phänomen eingestuft, da in den chinesischen Überlegungen der Internationalismus immer Priorität gegenüber einem isolationistischen Nationalismus aufgewiesen habe (vergl. Li, Yonghui 2008:27).

[190] Neben der erneuten Diskussion über die Perzeption des chinesischen Aufstiegs und die möglichen Maßnahmen zur Entkräftung negativer Interpretationen der chinesischen Ambitionen ordnet wieder eine andere Gruppe von Artikeln die chinesische Außenpolitik in den Kontext des 30jährigen Jubiläums der Reform- und Öffnungspolitik von 1978 ein. Der Rückblick auf dreißig Jahre der Reformpolitik wird dazu genutzt, das Festhalten an Grundprinzipien der chinesischen Außenpolitik zu betonen und dies an ausgewählten Fallstudien zu verdeutlichen. Die Novemberausgabe der IB-

7.4. Soft Power und Kulturdiplomatie

Wie oben bereits erwähnt, sind die chinesischen Diskussionen, wie ein den nationalen Interessen förderliches Image der VR China konfiguriert und exportiert werden kann, unmittelbarer Bestandteil der chinesischen Auseinandersetzung mit dem Konzept der Soft Power (vergl. Yu, Chaohui 2008:21-28). Oftmals gleichgesetzt mit dem Begriff der Kulturdiplomatie, wird dieses insbesondere in Zusammenhang mit Elementen der chinesischen Kultur diskutiert. Dabei gilt es zunächst, einen offiziösen Kanon der chinesischen Kultur aus dem zeitpolitischen Kontext heraus zu definieren, der nicht nur ein alternatives „Wertesystem mit chinesischen Charakteristika" repräsentiert, sondern auch von der internationalen Gemeinschaft anerkannt werden kann (Yu, Xintian 2008:19). Wie im Hauptteil der Arbeit bereits erwähnt, werden hierzu Fragmente der chinesischen Klassiker zu den Themen Harmonie und Einheit zitiert (u.a. Li, Jie 2007:21-22). Den Erfolg dieser Soft-Power-gestützten Konstruktion eines nationalen Images belegt aus chinesischer Sicht einerseits die Verankerung von chinaspezifischen Termini und insbesondere von Bausteinen der chinesischen Theoriesuche (Friedliche Entwicklung; Harmonische Welt) in der englischsprachigen Debatte. Zudem aber wird auch Ramos „Beijing Consensus" (4.4.) als Beleg dafür angeführt, dass auch die westliche Welt nun die Partikularität und Attraktivität des chinesischen Modells wahrgenommen habe und respektiere (Li, Jie 2007:22).

Dass das Modell der „Friedlichen Entwicklung" ein Kernelement der chinesischen Soft-Power-Strategie darstellt, wird mittlerweile auch in chinesischen Studien offen konstatiert. Soft Power wird dabei definiert als unsichtbares Instrument zur Beeinflussung und Steuerung der internationalen Meinung (Li, Jie 2007:20). Es wird hierbei angenommen, dass neben ökonomischer, politischer und militärischer Macht eine moderne Großmacht im 21. Jahrhundert insbesondere über kulturelle Macht und Ausstrahlungskraft verfügen müsse (Li, Jie 2007:19) (in chinesischen Studien wird dieser Punkt so formuliert als handelte

---

Zeitschrift *Shijie Jingji yu Zhengzhi* des Jahres 2008 versammelt unter dem Oberbegriff „Erinnerung an 30 Jahre Reform und Öffnung" Studien zur chinesischen Entwicklungshilfepolitik in Afrika (Zhou, Hong 2008:33-43; Liu, Hongwu 2008:80-88), Untersuchungen zu Chinas multilateraler Strategie mit Blick auf die UN (Pang, Sen 2008:44-51), Globalisierung (Cai, Tuo 2008:62-72; Su, Changhe 2008:24-33), den sino-amerikanischen Beziehungen (Tao, Wenzhao 2008:73-79) und Aspekten nicht-traditioneller Sicherheit (Yu, Xiaofeng / Li, Jia 2008).
Dieses Themensammelsurium erstaunt zunächst, jedoch lässt sich durchaus ein roter Faden erkennen. Einerseits sind alle diese Artikel eine Bestandaufnahme der Entwicklungen seit 1978. Andererseits aber legen sie aber auch die Grundthemen der chinesischen Forschung zur Außendiplomatie und Standardinterpretationen fest.

es sich um eine vollkommen neue Erkenntnis – im Grunde aber ist der Aspekt der kulturellen Hegemonie auch ein Grundpfeiler und Machtinstrument früherer Imperien). Spiegelbildlich zum US-amerikanischen Konzept der Smart Power (6.3.) wird im chinesischen Kontext der Begriff der Soft Power als integratives Modell nationaler Macht verstanden. Der Ausbau der chinesischen Soft-Power-Kapazitäten hat grundsätzlich der Steigerung der CNP zu dienen und wird somit als notwendiges Instrumentarium zur konfliktfreien, kooperativen Realisierung „nationaler" Kerninteressen konzipiert (vergl. Li, Jie 2007:19).

Chinesische Studien vermerken bereits erste Erfolge der chinesischen Soft-Power-Kampagnen – wenn auch die innerchinesischen Kritiker betonen, dass die Strukturen zur Vermittlung positiver China-Images und Soft-Power-Techniken noch ausbaufähig seien. So sei beispielsweise neben die China-Threat-Theory in der internationalen Debatte nun die Ansicht getreten, dass Chinas Aufstieg auch zu einem Machtgleichgewicht im Sinne einer Ausbalancierung der US-amerikanischen Hegemonie beitragen könnte. Auch werde das chinesische Modell von Entwicklungsländern als Orientierung und Vorbild aufgefasst (vergl. Yu, Xintian 2008:18).

Nicht zuletzt die als positiv empfundene China-Einstellung Frankreichs, das der erste Adressat der chinesischen Soft-Power- und Kulturvermittlungsstrategie war, scheint den Erfolg der chinesischen Kulturdiplomatie für chinesische Analysten zu belegen (Li, Jie 2007).

Die Bewertung der Effizienz der bisherigen Soft-Power-Strategie der VR China hängt jedoch stark von der Auswahl der Vergleichsbeispiele und Grundparameter ab. Jia Wenjian etwa kommt bei der Analyse des im „Spiegel" entworfenen China-Images zu einer weitaus pessimistischeren Schlussfolgerung. Die Chinaperzeption der deutschen Öffentlichkeit ist, wie Jia Wenjians Analyse des „Spiegel" zeigt, aus chinesischer Sicht durch eine negative Medienberichterstattung geprägt und somit grundsätzlich weiterhin eher china*kritisch* ausgerichtet (Jia, Wenjian 2008:62-67).

Als schadensminimierende Maßnahmen schlagen chinesische Politikwissenschaftler zur Gegensteuerung dieser negativen Perzeptionen und Interpretationen einen verstärkten Einsatz von Soft Power und Public Diplomacy vor. Die Vermittlung der chinesischen Soft Power, oft auch als Tautonym für den Begriff des nationalen Images herangezogen, wird als eigener Unterpunkt im Rahmen der chinesischen Kulturdiplomatie aufgegriffen. Nicht-offiziellen Kontakten und der sogenannten Völkerfreundschaft wird eine Schlüsselfunktion für die positive Beeinflussung des Chinabildes in der Weltöffentlichkeit zugesprochen (Yu, Xintian 2008:20; Liu, Jianping 2008:25-31). Ziel dieser Strategie, die keinen partikular chinesischen Ansatz darstellt, muss es sein, Sympathien und Unterstützung für die chinesischen Anliegen in der Bevölkerung anderer Staaten zu generieren. Dies geschieht mit Blick auf die „westliche" Welt durch die Einrichtung von Konfuziusinstituten (hierzu Chen, Qiang / Zheng, Guilan 2007:73-76) und die Förderung kultureller Veranstaltungen (Ausstellungen, Auftritte des chinesischen Nationalzirkus etc.).[191]

Aus den obigen Betrachtungen zur Image-Konstruktion folgt, dass das Feld der chinesischen IB-Forschung sich nicht nur durch seine feldinternen Strukturen und Interaktionsmechanismen definiert, sondern auch auf seine „Umwelt" – die politische und gesellschaftliche Realität der VR China sowie die Konstellationen der Außenwelt – reagiert. Einerseits wird das Feld durch die von außen an es herangetragenen Forderungen und Erwartungen determiniert, zugleich aber verwahrt es sich gegen eine einseitige Steuerung von außen, indem es selbst durch die Aufstellung von handlungsanleitenden Modellen Steuerungsfunktionen übernimmt. Dynamische Interaktionen liegen zwischen dem Feld der chinesischen IB-Forschung und der Ebene der außenpolitischen Entscheidungsfindung vor. Zudem finden sich derartige Interaktionsmuster zwischen der VR China, vertreten durch die KPCh-Regierung, deren Handlungen die Abwägungen und Kalkulationen der vorgelagerten Ebene der Entscheidungsfindung unterliegen, und der internationalen Staatenwelt. Adressat der chinesischen Politik und der mit diesen verbundenen Modellbildungen sind nicht mehr ausschließlich die nationalen Regierungen der anderen Staaten-Akteure, sondern auch sozio-ökonomische Akteursgruppen auf subsystemischer Ebene (vergl. den Ansatz der Public Diplomacy). Man könnte geneigt sein, diese Interaktionsbeziehungen als eine Matrixstruktur auffassen. Doch dann würde die dynamische Komponente, welche diese Struktur merklich prägt, zu kurz kommen. Angemessener ist es, das Feld der chinesischen IB-Forschung als Teil eines sozio-kybernetischen Systems zu begreifen.[192] Betrachtet man zunächst nur das „chinesische" System unter Heranziehung der Modellannahmen zu kybernetischen Steuerungsprozessen, strukturieren sich die zuvor verworren erscheinenden Interaktionsmuster, so dass eine systemspezifische Handlungslo-

---

[191] Die Auswirkungen der chinesischen Hinwendung zu einer Soft-Power-Diplomatie sind in Kurlantzicks im Jahr 2007 erschienener Studie zur „chinesischen Charme-Offensive" umfassend erörtert worden (Kurlantzick 2007). Allerdings fehlt in dieser Studie die Verknüpfung zwischen Image-Konstruktion, Soft Power und Public Diplomacy, welche die innerchinesische Diskussion prägt.

[192] Die hier angesprochene kybernetische Systemtheorie leitet sich ursprünglich ab von Modellen informationell-maschineller Steuerungsprozesse (Wiener 1961) und Annahmen zur Selbststeuerung biologischer Systeme (von Bertalanffy 1971). Luhmann (1984) und Parsons (1969) griffen diese Überlegungen zu kybernetischen Modellen im Rahmen der Soziologie auf; die Übertragung auf die Politikwissenschaft erfolgte in den 50er und 60er Jahren des 20. Jahrhunderts durch Deutsch (1963) und durch Easton (1965). Aufgegriffen und fortgeschrieben wurden kybernetische Modelle auch in der Mathematik (Spencer Brown 1971) und der Erkenntnistheorie (von Glaserfeld 1987; von Förster 1985).

gik erkennbar wird. Ein zentraler Aspekt sozio-kybernetischer Modelle ist neben der Reduzierung komplexer Systeme auf ihre grundlegenden Organisationsprinzipien und Interaktionsstrukturen die Annahme von Rückkopplungsmechanismen. Systeme und Systeminteraktionen können diesem Modell zufolge nicht mit Blick auf unikausale lineare Wirkungsmechanismen beschrieben werden; vielmehr wird eine Vielzahl miteinander interagierender und sich wechselseitig beeinflussender Faktoren innerhalb der Wechselwirkungsstrukturen angenommen. Vergleichbare Wirkungsmechanismen und rekursive Strukturen unterliegen der chinesischen Image-Konstruktion im Rahmen der Soft-Power-basierten Außendiplomatie. Denn die Images sind keine starren Normvorgaben, die isoliert im innerchinesischen Rahmen formuliert werden. Ganz im Gegenteil, diese entstehen mit Blick auf die im Austausch mit der internationalen Staatenwelt hervortretenden negativen China-Perzeptionen des jeweiligen Gegenübers. Damit hat die chinesische Außendiplomatie einen deutlich erkennbaren Übergang von der außenstehenden passiven Beobachtung über die Zwischenstufe der passiven Teilnahme und Einfügung in die bestehenden Regelstrukturen hin zu einer aktiven Mitgestaltung der internationalen Interaktionen vollzogen. Diese Entwicklung ist nur nachzuvollziehen, wenn man die Wechselwirkungen zwischen der VR China und der Staatenwelt mit in die Betrachtungen einbindet. Erst so wird deutlich, dass immer dann, wenn die internationalen Positionierungsbestrebungen der VR China auf Widerstand stießen oder erwartungsgemäß stoßen würden, eine Modifikation in der chinesischen Modellbildung zu den internationalen Beziehungen und der Export-Images vorgenommen wurde (vergl. Theoriebausteine).

In der kybernetischen Systemtheorie entsprechen die Veränderungen der Grundprämissen der chinesischen IB-Modelle einem Wechsel oder einer partiellen Umprogrammierung des Systemcodes. Dieser Code bestimmt die operative Geschlossenheit des Systems, da dieses *nur* die mit dem Systemcode verankerte „Realität" sehen kann (Luhmann 1985). Allerdings besteht durchaus die Möglichkeit einer „Enttautologisierung" des kybernetischen Systems durch die Einbindung von Beobachtungen sogenannter „zweiter Ordnung", welche die Selbstbetrachtung des Systems beinhalten (vergl. 2.6.). Mit Blick auf die chinesische IB-Modellbildung muss man an dieser Stelle jedoch noch einen Schritt weitergehen und neben der Selbstbetrachtung des Systems auch die über die Analyse der Reaktionen der Kooperationspartner erschlossene Systemperzeption und Systemwirkung berücksichtigen. Insbesondere die 2008 erschienenen chinesischen Fachartikel zum Stand der chinesischen Politikwissenschaft, in deren Bereich auch die IB-Modellbildung fällt, spiegeln diese Bemühungen einer kritischen Selbstbetrachtung wider (vergl. 2.6.1. - 2.6.4.). Da jedoch das politische System der VR China als solches stark selbstreferentiell ausgelegt ist und eine kritische Selbstreflexion zumindest nicht öffentlich vorgenommen wird, ist der „Umweg" über die China-Perzeption des Auslands sowohl erforderlich als auch naheliegend. Denn die „Legitimität" der IB-Forschung beruht insbesondere darauf, dass diese Modelle entwickelt, welche eine effektive Ausgestaltung der chinesischen Außenpolitik ermöglichen.

Würde man bei der Analyse der Funktion der chinesischen IB-Forschung allein das sozio-politische Feldmodell Bourdieus zugrunde legen, wäre grundsätzlich eher mit einer Abgrenzung des Feldes gegen Umweltperturbanzen zu rechnen. In diesem Zusammenhang stattdessen von einer sozio-kybernetischen Struktur auszugehen hat den Vorteil, dass diese Modellbildung die Umwelteinflüsse und die Anpassung- und Abwehrreaktionen des betroffenen Systems nicht als negative Perturbanzen, sondern als notwendige Elemente aufgreift. Zwar geht auch die sozio-kybernetische Modellbildung davon aus, dass sich ein System von seiner Umwelt differenziert, doch ist diese Differenz einem dynamischen Wandel unterworfen. Eine Erstarrung der IB-Modellbildung ist somit unvorstellbar – und im chinesischen Sonderfall auch nicht gegeben.

7.5. Nation-Building

Die Parteihistoriographie ordnet die chinesischen Überlegungen zur Theorie- und Strategiebildung der internationalen Beziehungen in den nationalen Kontext ein. Hier tritt die IB-Forschung in einer Sonderform in Erscheinung, indem sie nicht die Entwicklungen der internationalen Beziehungen antizipiert oder prognostiziert, sondern diese ex post bewertet und gegebenenfalls rückwirkend legitimiert. Damit erfüllt sie eine identitätsstiftende Funktion, indem sie eine eigenständige „chinesische" Außendiplomatie (re)konstruiert und diese im nationalen Bewusstsein verankert. Der Fragmentarisierung und Pluralisierung der globalen Welt wird eine in sich geschlossene Narrative entgegengestellt, welche sich durch eine stark formalisierte Sprache und eine weitgehend vereinheitlichte Argumentationsstruktur auszeichnet. Noch immer folgen die Standardlehrwerke der chinesischen Außendiplomatie dem Schema, die für China negativen Entwicklungen der Außenbeziehungen, insbesondere den Verlust der nationalen Souveränität und territorialen Integrität im Zusammenhang mit den Opiumkriegen und den Konflikten mit Japan, der späten Kaiser- und der Republikzeit zuzuschreiben und dies mit der erfolgreichen Ausgestaltung der chinesischen Außenbeziehungen seit der Machtübernahme und Herrschaftskonsolidierung der KPCh zu kontrastieren (Li, Feng 2004:26-47; Li, Baojun 1992:33). Außenpolitische Erfolge der GMD-Regierung wie die Annullierung der Ungleichen Verträge werden hierbei verschwiegen.

Als Leitmotive werden die Modelle der politischen Führung (Mao Zedong, Zhou Enlai, evtl. auch Deng Xiaoping) angeführt (z.B. Li, Baojun 1992:11-14). Die von Michael Hunt formulierte These, dass chinesische Studien zur historischen Entwicklung der internationalen Beziehungen als Teilaspekt der offiziellen Parteigeschichtsschreibung zu bewerten seien (Hunt 1996:233), lässt sich in modifizierter Form somit auch auf die entsprechenden Unterkapitel in den chinesischen Übersichtsstudien der Außenbeziehungen und Internationalen Politik übertragen. Dass der KPCh und ihren Organisationsstrukturen als Regierung der VR China eine zentrale Funktion in der Ausgestaltung der Außenbeziehungen zukommt, ist selbstevident, weshalb eine Fokussierung der historischen Entwicklung der Außenbeziehungen Chinas auf die Rolle der Partei zunächst nur allzu naheliegend ist. Wu Xingtang jedoch differenziert weitergehend zwischen den „Außenbeziehungen Chinas" und den „internationalen Beziehungen der Partei", womit er die Doppelstruktur Staat/ Regierung – Partei deutlich voneinander abgrenzt (Wu, Xingtang 2004).

Berücksichtigt man, dass die Essay-Sammlung Wu Xingtangs 2004, also nach der Machtübertragung an Hu Jintao 2002/03, veröffentlicht wurde, liegt ein kausaler Zusammenhang zwischen der parteibezogenen Darstellung und der partiellen Neudefinition der Legitimierungsstrategien der KPCh nahe. Denn auch chinesische Analysten argumentieren, dass spätestens mit dem Machtwechsel 2002/03 neben der Wahrung und Sicherstellung der Rahmenbedingungen für ein stabiles Wirtschaftswachstum und Stabilität auch der Aspekt einer erfolgreichen Ausgestaltung der chinesischen Außenpolitik als Grundpfeiler der Legitimität des Machtmonopols der KPCh gesehen wird.

Die Tatsache, dass die vorliegenden chinesischen Theoriebausteine allesamt auf philosophische Grundlagen der chinesischen Staatsphilosophie zurückgeführt werden, sollte nicht zu dem vorschnellen Schluss verleiten, dass sich China in seiner Außenpolitik nun von bestehenden IB-Modellen lösen und eine rein visionäre, auf Konzepten der chinesischen Moralphilosophie fußende Politik umsetzen könnte. Die Ausführungen chinesischer Politikwissenschaftler verdeutlichen, dass die VR China weiterhin an „realistischen" Szenarien der internationalen Politik festhalten wird (vergl. Hu, Zongshan 2006). Somit ist zu schließen, dass die Rückbesinnung auf die chinesische Staatsphilosophie zur Konzeption einer von anderen Staaten abgegrenzten politischen Kultur der VR China beitragen soll, nicht jedoch als eigenständige Entwicklung zu sehen ist.

Einerseits steht die Besinnung auf die chinesische Staatsphilosophie für eine Distanzierung von dem radikalen Bruch mit dem kulturellen Erbe während der maoistischen Phase. Ideellen und kulturellen Ikonoklasmus, der sich im Zuge der Vierten-Mai-Bewegung entwickelte und seinen Höhepunkt während der Kulturrevolution erreichte, gilt es zu verhindern. Mit der Konstruktion einer

„neuen" politischen Kultur und Tradition der VR China soll aber andererseits auch die infolge der post-maoistischen Reformpolitik einsetzende Identitätskrise überwunden werden. Marxismus-Leninismus und die Mao-Zedong-Ideen sind weiterhin in der Verfassung verankerte Grundprinzipien des politischen Systems. Mit der Formulierung „chinesischer" Werte wird darüber hinaus jedoch eine partielle Neubestimmung der politischen Kultur und somit der nationalen Identität unternommen, die Teil des übergeordneten Nation-Building-Programms ist.

Die Bemühungen, eine einheitliche nationale chinesische Identität zu konzipieren, leiten sich aus den Überlegungen chinesischer Politiker und Analysten zur Frage der Regimestabilität ab. Diese Überlegungen gehen davon aus, dass das politische System der VR China und das Machtmonopol der KPCh stabil sind, solange es der Partei gelingt, territoriale Integrität, nationale Souveränität und internationale Legitimität zu wahren, welche die Grundpfeiler der normativen chinesischen Staatskonzeption darstellen. Während der 80er Jahre wurde vor diesem Hintergrund – und bedingt durch die Aufgabe rein „ideologischer" Wertemuster nach 1978 – eine sehr pragmatische Form des Nationalismus von der politischen Führung gefördert, der eine Ausfüllung des ideologischen Vakuums durch konkurrierende Faktionen oder Interessensgruppen unterbinden und zugleich als neues sozio-politisches Steuerungselement in der Hand der politischen Führungselite fungieren sollte. Mit diesem Schritt reagierte die KPCh auf die Legitimitätskrise der 80er Jahre, die sich aus der Abnahme des Vertrauens in und Glaubens an die KPCh, das sozialistische Projekt und auch die Zukunft Chinas als sozialistischer Staat ableitete (vergl. Zhao, Suisheng 2004:75).

Die Historiographie der chinesischen Außendiplomatie als konstituierendes Element der gegenwärtigen chinesischen Parteihistoriographie entwirft „nationale Images", deren Adressat primär die innerchinesische Öffentlichkeit ist. Damit steht die Historiographie zugleich in direkter Verbindung zum Phänomen des „Nationalismus" (Gries 2005:103-120), im chinesischen Kontext vielleicht besser mit „Patriotismus" zu betiteln, der nach Gries zu verstehen ist als „behavior designed to restore, maintain, or advance public images of the nation" (Gries 2005:105). Werden diese „nationalen Images" im Rahmen der Außendiplomatie von den Kooperationspartnern missachtet, kommt dies einem öffentlichen Gesichtsverlust gleich (Gries 2005), wobei dies nicht automatisch das Machtfundament der KPCh-Regierung ins Schwanken bringt, sondern im Gegenteil auch bewirken kann, dass die chinesischen Massen in ihrer Empörung über die ungerechte Behandlung durch das Ausland sich geschlossen hinter die chinesische Regierung stellen.

Vielfach wurde und wird der chinesische „Nationalismus" als antiwestliche Orientierung angesehen. Dabei werden die anti-amerikanischen Demonstrationen, die auf die Bombardierung der chinesischen Botschaft in Belgrad folgten, und der Boykott französischer Supermarktketten in China 2008 als Beleg für eine offensive Ausprägung des chinesischen Nationalismus herangezogen. Auch die Schulbuchkontroversen mit Japan und die Konflikte mit den südostasiatischen Nachbarstaaten werden als Ausdruck des chinesischen „Nationalismus" eingestuft.

Lei Guang hingegen identifiziert den chinesischen „Nationalismus" nicht als Abgrenzung gegen die Außenwelt und nicht als Ergebnis der „nationalen" Demütigung Chinas in den Opiumkriegen, sondern ordnet diesen als strategisches Instrument der chinesischen Außenpolitik ein, die in Kenntnis der realpolitischen Gegebenheiten auf die Durchsetzung nationaler Interessen im internationalen Verhandlungskontext abzielt:

> Realpolitik nationalism is thus composed of a set of nationalist beliefs built around a fundamental set of realist ideas of power politics. In other words, it is an ideology that elevates realist considerations of power, articulated expressly in the ideas of territorial integrity, sovereignty, and international legitimacy, to the level of a national imperative for the country and thereby makes these very ideas the constitutive elements of a modern Chinese national identity (Lei, Guang 2005:499).

Regionale und ethnische Diversitäten werden in dieser Konstruktion der nationalen Identität Chinas ebenso wie die sozio-politischen Konstellationen der subsystemischen Ebene ausgeklammert. Diesen Schritt rechtfertigt Lei Guang, indem er auf den symbolischen Schulterschluss zwischen der kommunistischen Regierung in Peking und der GMD-Regierung auf Taiwan in den Auseinandersetzungen mit Indien um die MacMahon-Linie und in den Spratly-Streitigkeiten verweist, welche seiner Auffassung zufolge illustrieren, dass innenpolitische Machtfragen hinter der Frage der territorialen Integrität und Souveränität zurückgestellt werden (Lei, Guang 2005:502-507).

7.6. Zwischenbilanz

Auf einer abstrakten Analyseebene ergibt sich die Frage, wie sich der Kontrast zwischen Nationalismus und Internationalismus, wenn nicht sogar bereits des Globalismus, in Zukunft gestalten wird. Falls sich ein exklusiver, offensiver Nationalismus als dominant erweist, wären neorealistische Konfliktszenarien nicht von der Hand zu weisen. Wenn aber Staaten zur Compliance mit internationalen Normen und zur Aufrechterhaltung der Systemstrukturen überredet werden können (vergl. liberale und konstruktivistische Modelle), wäre eine direkte Konfrontation unwahrscheinlich. Möglicherweise aber könnte die VR China auch einen Weg einschlagen, der den bisherigen Modellannahmen zu Nationalismus und Internationalismus widerspricht und eher darauf hinauslaufen würde, dass sich die VR China entgegen ihrer offiziellen Beteuerungen doch als neuer Hegemon im internationalen System zu positionieren versuchen könnte.

Denn Chen Zhimin weist in seinen Studien zur maoistischen Phase nach, dass das Prinzip des sozialistischen Internationalismus es nicht vermocht habe, die chinesische Schwerpunktsetzung auf Nationalismus und Patriotismus zu überwinden. Im Zuge der Reformpolitik ist der chinesische Nationalismus zwar wenn auch nicht entwertet, so doch umgestaltet worden. Chen Zhimin skizziert diesen neuen Ansatz als „positiven Nationalismus", der eher defensiv angelegt und kooperativ sei (Chen, Zhimin 2005:35-53). Da jedoch Chen Zhimin in seiner Studie zum chinesischen Nationalismus bereits die Wandelbarkeit und flexible Uminterpretation des Konzepts in Abhängigkeit von indo- und exogenen Faktoren nachgezeichnet hat, ist zu bedenken, dass jederzeit eine Neuausrichtung der chinesischen Außenpolitik einsetzen könnte. Perzeptionen und Interpretationen der Weltkonstellationen durch die chinesische Führung und ihre Berater sind hierbei die dezisiven Faktoren. Internationale Analysen halten fest, dass das regionale Umfeld der VR China weitaus stabiler und friedlicher sei als in Zeiten des Kalten Krieges, da die sowjetische Bedrohung weggefallen und die regionalen Interdependenzen gewachsen seien. Dennoch kommen externe Chinabeobachter zu der Einschätzung, dass dem Verhalten der VR China nach eine konkrete regionale oder internationale Bedrohung existieren müsste, die allerdings aus Sicht der außenstehenden Betrachter nicht real gegeben ist (vergl. Seckington 2005:5).

An dieser Stelle offenbart ist ein weiteres Mal die zentrale Funktion von Perzeptionen und Missperzeptionen für die Kalkulation der außenpolitischen Handlungsoptionen der VR China. Wenn sich diese allem Anschein nach in ihren nationalen Kerninteressen bedroht fühlt, wäre zu befürchten, dass sie sich zu Schritten entschließt, die eine Zuspitzung der Sicherheitsspirale in der Region wenn nicht sogar weltweit zur Folge haben könnten. Der VR China mit Containment-Maßnahmen entgegenzutreten würde diese nicht zum Einlenken bewegen können, sondern im Gegenteil die ursprüngliche Bedrohungsperzeption und die damit verbundene Einschätzung des außenpolitischen Handlungsumfeldes vermutlich eher sogar noch bestärken. Denn wie das Beispiel des „Friedlichen Aufstiegs" zeigt, ist es derzeit nicht die VR China, die ihre Konzepte proaktiv in die internationale Debatte exportiert. Vielmehr handelt es sich um strategische Reaktionen, und zwar in der Form, dass „Gegenmodelle" konzipiert werden, mittels derer die VR China perzipierte Bedrohungsszenarien (vergl. „China-Threat-Theory") zu entkräften sucht.

Bedrohungsperzeptionen unterliegen den Orientierungen und Positionsbestimmungen aller an den Interaktionen in der Region Ostasien oder auch auf globaler Ebene beteiligten Akteure. Es wäre daher mehr als angebracht, die von der VR China entworfenen „Modelle" nicht von vornherein als Ideologie zu deklassieren, sondern auch die Hintergründe und Faktoren zu bedenken, welche diese Modellbildungen bedingen.

VIII. Schlussbetrachtungen

8.1. Implikationen

Solange die chinesische Theoriesuche als Thema innerchinesischer Diskussionskreise gesehen werden kann, wenn sich auch hieraus noch keine abstrakten Theoriemodelle entwickelt haben, könnte es nahe liegen, diese in den westlichen Chinabetrachtungen lediglich als Variation innenpolitischer Kampagnen und Mobilisierungsmaßnahmen anzusehen. Wenn aber, wie die genannten Beispiele des „Friedlichen Aufstiegs" und der „Harmonischen Welt" illustrieren, die Debatte bereits, wenn auch weitgehend unbemerkt, in die globalen Diskurse eingebracht wurde und diese Konzepte auch Eingang in bi- und multilaterale Abkommen der VR China gefunden haben, ergeben sich hieraus möglicherweise auch Implikationen und Anstöße für eine theoriegestützte Neuausrichtung der „westlichen" Chinaforschung. Dabei müssen vorhandene Analyseansätze überdacht und wohlmöglich modifiziert werden, wobei jedoch zu vermeiden ist, dass im Zuge der kritischen Überprüfung lediglich die etablierten Prämissen durch „chinesische" Modelle ausgetauscht werden.

Einige zentrale Ausgangspunkte für eine moderne politikwissenschaftliche Chinaforschung, die den Wandel der chinesischen Außenpolitik aufgreifen sollten, hat Samuel Kim bereits Ende der 90er Jahre skizziert:

> To understand fully how Beijing is responding to the multiple challenges of the post-Cold War era, we need to remember that for all its cultural uniqueness and political self-sufficiency, post-Mao China has been subject to the external pressures and dynamics that are inherent in an increasingly interdependent and interactive world. It seems obvious but somewhat trite to say that the way in which the outside world responds to China is closely keyed to the way in which China itself responds to the outside world. But to what extend and in what specific ways such interaction occurs and what the specific outcomes are is a puzzle calling for plausible hypotheses about causal relationships between these factors (independent variable) and behavior (dependent variable) (Kim 1998:9).

Zurückkommend auf die Betrachtungen zur chinesischen IB-Theoriesuche ergeben sich im Anschluss an Kim die folgenden Überlegungen:

Schon vor der Machtübertragung von der dritten an die vierte Generation chinesischer Politiker zeichnen sich Wechselwirkungsmechanismen zwischen

Chinas Sicht auf die Welt und den Reaktionen der Welt mit Blick auf Chinas Entwicklung und Zielsetzungen ab. Deng Xiaopings Bekenntnis zu einem außenpolitischen Pragmatismus, der dem Primat der Ökonomie zu dienen hatte, beruhte allerdings noch auf einer eher einseitigen, isolierten Perspektive Chinas auf die Welt. Insofern ist die von Stefan Friedrich (2000) eingeführte Unterscheidung zwischen Perzeption und „artikulierter Perzeption" durchaus richtungsweisend für das Verständnis der politikwissenschaftlichen Forschung Chinas in der frühen Reformphase. Im Verlauf der 90er Jahre kommt es jedoch zu einer Veränderung der Ausrichtung und Orientierung der chinesischen IB-Forschung. Dabei werden die Analysemodelle der 80er Jahre allerdings nicht schlagartig für ungültig erklärt. Zunächst existieren divergierende Modellannahmen nebeneinander; eine kritische Aufarbeitung der Widersprüche und Überlappungen der Modelle erfolgte jedoch nicht. Beispielsweise finden sich Studien, welche Chinas Vision der Welt und eine Verortung der VR China in eben dieser entwerfen, ohne die realen Konstellationen und Hindernisse in Betracht zu ziehen. Diesen entgegen stehen Studien, welche die Interaktion und Wechselwirkung zwischen Chinas Sicht und Forderungen und der internationalen Staatengemeinschaft in den Mittelpunkt stellen. Die chinesische EU-Policy vom Oktober 2003 (*Zhongguo dui Oumeng zhengce wenjian* 2003) (vergl. Weigelin-Schwiedrzik / Noesselt 2006) wiederum stellt in diesem Zusammenhang einen Sonderfall dar. Hier werden in Kenntnis der Standpunkte und Interessen der EU sehr selbstbewusst Grundforderungen der chinesischen Seite – Aufhebung des Waffenembargos, „Ein-China-Politik", Anerkennung als Marktwirtschaft – artikuliert, deren Erfüllung hiermit offiziell als essentielle Voraussetzung für eine Aufrechterhaltung und Intensivierung der bilateralen Kooperationsstrukturen fixiert wird. Es stellt sich die Frage, ob die VR China damals überhaupt in einer Position war, derartige Maximalforderungen zu artikulieren, ohne dass sich diese sofort als einseitiges Wunschdenken der VR China entpuppten. Möglicherweise war gerade die Parallelexistenz von isolierten und integrierten Perzeptionen eine Ursache dafür, dass trotz vorhandener Kenntnis der EU-Interessen Aktionspunkte aufgestellt wurden, deren Umsetzung durch die EU doch von Anfang an zweifelhaft war.

Ob dieser außenpolitische Rückschlag in Form der Aufschiebung der endgültigen Aufhebung des EU-Waffenembargos Auswirkungen auf die aktuelle Modellbildung der chinesischen IB-Forschung nach 2003 gehabt hat, bleibt bislang ungeklärt. Dennoch ist durchaus auffällig, dass die derzeitigen Analyseansätze und Theoriebausteine stets mit den Reaktionen der internationalen Staatenwelt abgeglichen werden; bei der Aufstellung der chinesischen Forderungskataloge werden nun gegebenenfalls auch die Präferenzen und Erwartungen der westlichen Staatenwelt bedacht. Eine Unterbrechung der Kooperationsbeziehungen soll vermieden werden. Die temporäre Einstellung der bilateralen Beziehungen mit Deutschland beziehungsweise Frankreich, nachdem die jeweiligen Regierungschefs durch ihre Kontakte mit dem Dalai Lama aus chinesischer Sicht das „Ein-China-Prinzip" wenn nicht missachtet, so doch touchiert hatten, unterstreicht die chinesischen Grundpositionen, impliziert jedoch keine Aufkündigung der diplomatischen Kontakte. Dies wäre auch aufgrund des Interesses der VR China am Zugang zum europäischen Markt kaum vorstellbar. Im Unterschied zu den 2003 in der chinesischen EU-Policy verankerten Grenzen und Tabus der bilateralen Beziehungen verzichten die in den darauffolgenden Jahren vorgebrachten Modelle auf eine konfrontative Positionierung der VR China. Wäre an dieser Stelle eine Gleichsetzung mit der „westlichen" IB-Forschung erlaubt, könnte man argumentieren, dass die VR China nun selbst zu einer konstruktivistischen Durchsetzung ihrer nationalen Interessen übergegangen ist (u.a. Qin, Yaqing 2004a). Grundsätzlich belegt diese Entwicklung, dass dem Wechselspiel zwischen außenpolitischen Aktionen und Reaktionen und der wechselseitigen Verflechtung der Staaten-Akteure eine ganz zentrale Bedeutung für die Konzeption der chinesischen Außendiplomatie zukommt.

Die chinesische Theoriesuche liefert gewissermaßen als Zwischenergebnis eine Matrix der politikwissenschaftlichen Modellbildung, bei der sich Stränge der Theorie und Strategie, von Weltordnungsmodellen und nationalen wie auch internationalen Steuerungsideen überkreuzen. In Fortsetzung der Annahmen der 90er Jahre bindet die innerchinesische Theoriebildung die Möglichkeit einer autopoietischen aber auch steuerbaren Perzeptionsentwicklung ein. Wenn nun Perzeptionen und Ideen im Sinne einer sozialkonstruktivistischen Weltsicht das internationale Agieren von Staaten und somit die Interaktionsstrukturen bedingen, liegt hierin sowohl eine Chance, die internationalen Konstellationen neu zu gestalten, als auch die Gefahr, dass die bestehende Ordnung durch Chaos und willkürliche Strukturen abgelöst wird.

Die chinesische Suche nach „einer" Theorie der Internationalen Beziehungen entspricht durchaus dem Streben der „westlichen" Politikwissenschaft, eine Ordnung in die Vielzahl der nach 1989/ 1991 aufgekommenen Theorieansätze zu bringen. Denn das Ende des Kalten Krieges war in der „westlichen" Theorielandschaft zugleich der Niedergang der zuvor aufrechterhaltenen „grand theory":

> No single approach can capture all the complexity of contemporary world politics. Therefore, we are better off with a diverse array of competing ideas rather than a single theoretical orthodoxy. Competition between theories helps reveal their strengths and weaknesses and spurs subsequent refinements, while revealing flaws in conventional wisdom. Although we should take care to emphasize inventiveness over invective, we should welcome and encourage the heterogeneity of contemporary scholarship (Walt 1998:30).

Die neue Möglichkeit des Methoden- und Theorienpluralismus hat jedoch keine wirkliche Neukonzeption der Internationalen Beziehungen hervorgebracht. Überkommene Modelle wurden aus Furcht vor einer einbrechenden Orientierungslosigkeit der IB-Forschung immer wieder iteriert, wenn nicht einfach die Theoriebildung und Anwendung durch eine Fokussierung auf die empirische, zumeist anwendungsbezogene Forschung substituiert wurde.

Es gestaltet sich als äußerst schwierig, das bestehende Theorienwirrwarr der Postmoderne in übersichtlicher Form aufzuschlüsseln, weitgehend werden weiterhin die etablierten Theoriemuster für eine Systematisierung und Kategorisierung bemüht. In den späten 90er Jahren hat der US-amerikanische IB-Forscher Stephen Walt für die nach 1989/1991 entstandenen Theoriekonzepte eine Einteilung in die Theoriefelder Realismus, Liberalismus und Radikalismus vorgeschlagen. Letzterer Begriff vereint, so Walt, alle Theorieansätze, die sich seit den 80er Jahren realistischen und liberalen Erklärungs- oder Analysemodellen entgegenstellten. Hierzu wurden beispielsweise die marxistische Kapitalismuskritik oder auch die neomarxistische Dependenztheorie gezählt (Walt 1998:34).

Neuere IB-Studien, welche beispielsweise mit der Einbindung der Innenpolitik Faktoren diskutieren, die in den ursprünglichen Makrokonzepten der IB nicht vorgesehen waren, subsumiert Walt ebenfalls unter den altbekannten Begriffen. Der logische nächste Schritt in Walts Argumentation ist die These, dass die Theorie des Realismus trotz der Diversifizierung der IB-Theorien und der Einbindung kultureller Faktoren und neuer Perspektiven weiterhin fortbestehe. Dies war und ist insofern möglich, als, wie Walt zeigt, eine Modifizierung des klassischen realistischen Gedankenguts und dessen Adaption an den veränderten innen- und internationalen Kontext stattgefunden hat, infolge dessen auch „neue" Erklärungsfaktoren eingebunden wurden. Beispielsweise wurde der für die internationale Ebene angenommene Anarchie-Faktor auch auf die Konfrontationen zwischen ethnischen Minderheiten in einem zusammen- und auseinanderbrechenden Staatensystem wie z.B. Jugoslawien übertragen (vergl. Walt 1998:35). Diese Überlegungen führen Walt zu folgendem Zwischenergebnis:

> Instead of a single new vision, the most important development in post-Cold War writings on world affairs is the continuing clash between those who believe world politics has been (or is being) fundamentally transformed and those who believe that the future will look a lot like the past (Walt 1998:36).

Gerade hierin besteht das eigentliche Dilemma der chinesischen Theoriesuche. Denn wenn einerseits eine Fragmentarisierung der „westlichen" IB-Theorien eingetreten ist und andererseits eine Erweiterung des Realismus-Modells erfolgt ist, hat die chinesische Debatte ihren eigentlichen Gegner bereits verloren. Das aber hieße, dass die Debatte über den Theorieantagonismus zwischen China und dem Westen längst zu einem Ende gefunden haben müsste. Vieles deutet darauf hin, dass die Theoriesuche auf den bei Walt identifizierten Konflikt zwischen systembewahrenden Staaten-Akteuren und jenen, die sich als Staaten der ehemaligen Peripherie neu positionieren und ihren Anspruch auf Mitbestimmung in internationalen Fragen formulieren, hinausläuft. Somit wäre die Debatte, die offiziell die Theoriebildung zur Internationalen Politik zum Inhalt hat, als „Experiment" der außenpolitischen Strategie der VR China einzustufen. Bei diesem wird nicht auf einen konfrontativen Zusammenprall mit anderen Staaten-Akteuren hingearbeitet. Es handelt sich hier um den Versuch, die Hegemonie und die durch diese fixierten Theorien und Handlungsimperative im internationalen und globalen Diskurs zu durchbrechen. Die chinesische Theoriedebatte basiert auf dieser Wirkungsebene weniger auf der Gegenüberstellung von Theorie und politischer Realität als vielmehr auf dem kontrastierenden Vergleich von Theorien und Hypothesen. Wenn man davon ausgeht, dass die Beobachtungen und Interpretationen der Welt per se theoriegeleitet sind, ist der chinesische Theorie-Vorstoß durchaus nachvollziehbar. Denn die Wahrnehmung der Welt wirkt auf die Handlungsoptionen zurück, so dass nur mittels einer Anti-Theorie, die den bestehenden Hypothesen zuwiderläuft, eine neue Sicht auf die Welt und somit eine Erweiterung und Verschiebung der Handlungsspielräume gewonnen werden kann.[193]

8.2. Conclusio und Ausblick

Die „Kernfrage" der chinesischen IB-Debatte lässt sich stark vereinfachend auf die Fragestellung zurückführen, ob ein friedlicher Wandel des Internationalen Systems, der eine Umverteilung der bisherigen Machtverhältnisse voraussetzt, möglich ist. Diese Thematik wird zwar als abstraktes Modell thematisiert, doch besteht das Hauptinteresse der chinesischen Zukunftsszenarien ganz offensichtlich in der Kalkulation der strategischen Positionierungsoptionen der VR China. Das Theoriemodell reflektiert damit zunächst partikular chinesische Konstellationen und Interessen. Erst in einem zweiten Schritt, wenn der vielbesungene Aufstieg der VR China erfolgreich verlaufen (sein) sollte, könnten die hierzu konfigurierten Modelle chinesischer Analysten auch als Blaupause für die Analyse und Prognose der Entwicklungsoptionen anderer Staaten der ehemaligen Peripherie herangezogen werden. Es ist hierbei festzuhalten, dass in eben die-

---

[193] zu diesen Überlegungen und dem diesen unterliegenden kontrainduktiven Verfahren vergl. auch Feyerabend (1976:47ff.).

sem Moment, da das chinesische Modell von anderen Staaten als erfolgreicher Entwicklungsweg anerkannt wäre, nicht nur die von der VR China propagierten Interaktionsmuster und Entwicklungsmodelle, sondern auch die politischen Systemstrukturen eine Aufwertung erfahren würden. Gelänge es der VR China, das eigene Modell als Alternative zu den oftmals als universell angenommenen Systemstrukturen der westlichen, demokratisch verfassten Staatenwelt zu präsentieren, wäre das internationale System nach Ende des Kalten Krieges und dem Zusammenbruch der bipolaren Blockstrukturen abermals von der Konkurrenz zweier antagonistischer Systeme und ihrer jeweiligen theoretischen Fundamente geprägt. In den Studien der chinesischen IB-Forscher wird eine Parallelität zwischen den Blockkonstellationen des Kalten Krieges und der möglicherweise im Entstehen begriffenen sino-amerikanischen Machtkonkurrenz nicht thematisiert. Es ist jedoch zu vermuten, dass das Scheitern des sowjetischen Modells auch in der chinesischen IB-Modellierung weiterhin als negatives, warnendes Beispiel herangezogen wird. Die Fehler der Sowjetunion, die zu einer territorialen Zersplitterung des sowjetischen Machtblocks führten und in Nachfolge den russischen Einfluss auf internationaler Ebene merklich einschränkten, sollen um (fast) jeden Preis vermieden werden. Hieraus folgt, dass die chinesische IB-Debatte nicht allein als Spiegelbild der „westlichen" politikwissenschaftlichen Modellbildung entworfen wird, sondern im Untergrund weiterhin implizit eine Abgrenzung gegenüber der Sowjetunion und dem von dieser propagierten sozialistischen Theoriemodell darstellt. Für diese These spricht, dass die chinesische IB-Debatte nicht von einem abstrakten Akteursbegriff ausgeht oder gar globale Akteursidentitäten annimmt, sondern genau genommen allein die Systemstrukturen des „Sozialismus mit chinesischen Charakteristika" als Ausgangspunkt wählt. Damit verwahrt sie sich gegen die Teleologie der „westlichen" Transformationstheorie, welche die Transition autokratischer Systeme zu demokratisch verfassten Strukturen postuliert, und entwirft zugleich ein dezidiert „chinesisches" Konzept des Sozialismus, welcher an die veränderten Konstellationen adaptiert ist und sich von dogmatischen Modellannahmen entschieden distanziert. Hiermit wären auch die Rahmenannahmen der innerchinesischen Debatten umrissen: Die Positionierung der VR China als zentraler Akteur im internationalen Geschehen erfolgt – zumindest in der abstrakten Theoriedebatte – nicht nach Vorgaben der anderen Staaten-Akteure, sondern setzt deren (stillschweigende) Einwilligung in die Umgestaltung des internationalen Systems voraus. Genau in diesem Punkt erscheint die chinesische Modellbildung auf den ersten Blick als reines Wunschdenken, da nach allen bisherigen historischen Vorbildern ein friedlich induzierter Systemwandel nicht vorstellbar ist. Dass dieses Modell aber wider Erwarten nicht vollkommen jenseits der real bestehenden Interaktionsmuster und Systemstrukturen liegt, wird in den folgenden Schlussbetrachtungen noch weitergehend aufzuschlüsseln sein.

Setzt man die chinesischen IB-Bausteine in Relation zu den Makro-Theorien der internationalen Politikwissenschaft, präsentiert sich die chinesische Modellbildung zunächst als Reaktion und Modifizierung (neo-)realistischer Grundannahmen. Ausgehend von einem dem internationalen System inhärenten Sicherheitsdilemma konstruieren chinesische IB-Experten eine durch den chinesischen Aufstieg sich zunehmend verengende Sicherheitsspirale, an deren Ende zunächst scheinbar ein unvermeidlicher Zusammenstoß mit den USA stehen müsste. Die chinesische Modellbildung führt an dieser Stelle jedoch idealistische und konstruktivistische Elemente ein, welche es erlauben, ein Szenario jenseits des Nullsummenspiels zu entwerfen und die Machtverhältnisse differenzierter zu betrachten. Dazu wird ein erweiterter Machtbegriff zugrunde gelegt, der Hard und Soft Power vereint und zudem dem Image eines Staates, d.h. seiner Perzeption durch die anderen Staaten-Akteure, eine ganz zentrale Rolle zuschreibt.

Aus der Entschlüsselung der chinesischen Theoriesuche ergibt sich damit, dass die Außenpolitik der VR China nicht nur durch Wirtschafts- und Handelsinteressen geleitet ist, sondern zunehmend durch eine dem internationalen System inhärente Theoriekontroverse bestimmt wird. Diese manifestiert sich in erster Linie als Antagonismus zwischen neorealistischen Theoriemodellen, die von den altetablierten Machtzentren definiert worden sind, und solchen, welche von den neu aufsteigenden Staaten der Peripherie ins Felde geführt werden. Die Theoriekontroverse und die Strukturen der internationalen Beziehungen determinieren sich wechselseitig. Die Theoriemodelle legen auf abstrakter, zumeist normativer Ebene Handlungsspielräume fest und weisen den Staaten-Akteuren ihre jeweilige Position im Feld der internationalen Politik zu. Zugleich aber sind es die realen Machtverhältnisse, welche letztendlich darüber entscheiden, welcher Staaten-Akteur über das Definitionsmonopol der Spielregeln in der internationalen Politik verfügt beziehungsweise zumindest eine so zentrale Machtposition einnimmt, dass er mittels hierarchischer Steuerung seine eigenen Modelle als allgemeine Leitprinzipien verankern kann. Dieser Zusammenhang zwischen Theorie und Praxis ist auch der VR China bekannt – die Annahme einer rekursiven Kopplung der Theorie-Praxis-Schleife ist durchaus auch in der marxistischen Erkenntnislehre enthalten (vergl. 1.4.).

Es besteht zudem im Falle der VR China eine enge Verbindung von Innen- und Außenpolitik. Die Spielregeln, welche die KPCh-Regierung für die nationale Politik vorgibt, werden in leicht modifizierter Form auf die internationale Politik übertragen (z.B. Harmonische Gesellschaft (4.1.) – Harmonische Welt (4.2.)). Dieser Theorie-Export zielt darauf ab, den internationalen Handlungsspielraum der VR China zu erweitern und bestehende Theoriemodelle, die diesen Freiraum einschränken, abzulösen.

Bis dato verlief dieser Theorie-Export eher asymmetrisch. Denn der internationale Diskurs orientierte sich an den Hauptströmungen der „westlichen" IB-Theorie, wodurch, folgt man dem Parochialismus-Argument (2.3.5.), die Strukturen und Interessen der theoriegenerierenden Machtzentren international verankert wurden. Alternative Theoriekonzeptionen wurden, so sie den normativen Grundlagen der anerkannten Modelle widersprachen, als ideologische Konstrukte identifiziert, denen bislang keinerlei theoretische Validität zugestanden wurde. Im Zuge der gegenwärtigen Turbulenzen im internationalen Finanzsektor jedoch zeichnet sich ein Positionswandel ab. Die im Aufstieg begriffene VR China wird nun als ein Staaten-Akteur eingestuft, dem eine Schlüsselrolle bei der Abpufferung und Überwindung der Krise zugeschrieben wird. Damit aber avancieren die Forderung nach Symmetrie in den internationalen Beziehungen – von chinesischer Seite häufig als „Demokratisierung der IB" (vergl. 3.5.1.) referiert – und der Anspruch auf das Anrecht einer nachholenden Entwicklung – der „Friedliche Aufstieg" – zu Verhandlungspunkten in der internationalen Politik, mit denen sich die internationale Staatengemeinschaft durchaus auseinandersetzen muss, wenn sie auf ein systemstabilisierendes und systemerhaltendes Eingreifen der VR China hofft.

Im Falle einer gemeinsamen, gleichberechtigten Kooperation zwischen den von der Finanzkrise betroffenen bisherigen Hauptakteuren der internationalen Politik und der VR China zwecks Bewältigung der Finanzturbulenzen würden höchstwahrscheinlich auch die alt-etablierten Spielregeln des internationalen Systems zur Verhandlung stehen. Einen ersten konkreten Vorstoß zur Mitgestaltung der internationalen Spielregeln hatte die VR China bereits vor Ausbruch der Krise mit dem Entwurf ihres Policy-Papers zur Reform der UN (vergl. *Xinhua* 08-06-2005) unternommen. Mit diesem sollte verhindert werden, dass die Konkurrenten der VR China – allen voran Japan, das 2005 seine Hoffnung auf einen ständigen Sitz im UN-Sicherheitsrat artikulierte – gestärkt und der chinesische Einfluss in Folge geschwächt würde. Das chinesische Interesse daran, die UN als multilaterale Struktur auf internationaler Ebene zu erhalten, folgt aus den chinesischen Theoriebetrachtungen zum internationalen System. Die chinesische Modellbildung hält trotz der voranschreitenden Globalisierung an intergouvernementalen beziehungsweise internationalen Kooperationsstrukturen fest (vergl. 6.1.). Supranationale Organisationen, welche die Aufgabe nationaler Hoheitsrechte voraussetzen, sind gegenwärtig, da diese Strukturen von den alten Machtzentren bestimmt werden, nicht vorgesehen. Denn wenn die „westlichen" Staaten über das Definitionsmonopol dieser Strukturen verfügen, wäre die Transformation der VR China in Richtung eines demokratischen Systems eine notwendige Voraussetzung, damit diese in die solchermaßen verfassten supranationalen Strukturen eingebunden werden könnte. Die chinesischen Vorstellungen zur Struktur der UN umfassen im Wesentlichen zwei Aspekte. Erstens wird die UN als eine multilaterale Organisation zur Überwindung der Anarchie des internationalen Systems konzipiert. Zweitens aber wird in Kenntnis der politischen Realität zugleich auch die Schwächung der US-amerikanischen Hegemonie in den UN-Strukturen angestrebt. Ein „Tyrannenmord" ist hierbei offiziell nicht intendiert. Die VR China weist hegemoniale Ambitionen und jegliches Interesse an einer Vormachtstellung entschieden zurück.

Nun aber einen politischen Wandel realiter herbeizuführen, sei es mit der Umsetzung der chinesischen Aufstiegspläne sei es durch die chinesischen Vorschläge zur Reform der UN, hieße, sich sehenden Auges auf eine Konfrontation mit den bestehenden Machtstrukturen einzulassen. Um dies zu vermeiden, erfolgen die chinesischen Vorstöße im politischen Bereich eher temptativ und verdeckt.

Es ließe sich allerdings eine Konstellation vorstellen, die die Wahrscheinlichkeit einer militärischen Konfrontation zwischen der VR China und den USA reduzieren dürfte: Bislang wird angenommen, dass der Konflikt unvermeidlich ist, da nach neorealistischen Modellen eine hegemoniale Macht den Aufstieg eines anderen Machtzentrums zu verhindern wissen wird und symmetrische Interaktionsstrukturen kategorisch abgelehnt werden. Wenn aber einer der beiden Staaten-Akteure innenpolitisch oder wirtschaftlich geschwächt wäre, würde es automatisch zu einer Umgewichtung der relativen Machtverhältnisse kommen. Der Aufstieg der Peripherie wäre damit – wie auch Yan Xuetong ausgeführt hat (vergl. Kap. 5.1.) – durchaus vorstellbar, da ein geschwächtes Machtzentrum nicht in der Lage wäre, sich einer internationalen Umstrukturierung zu widersetzen. Diese Ansicht wird nicht zuletzt auch in der chinesischen Filmreihe „The Rise of Great Nations" (chin. *Daguo Jueqi*) beleuchtet, denn neben den exogenen Ursachen für den Aufstieg und Fall der Großmächte werden dort ganz speziell innenpolitische, ökonomische und sozio-politische Aspekte thematisiert. Abstrakt betrachtet bestimmt damit die Beschaffenheit des Akteurs über die Struktur des internationalen Systems, wobei beide wiederum der dialektischen Dynamik der objektiven Entwicklungsgesetzmäßigkeiten unterworfen sind.

Destabilisierung und Fragmentarisierung wurden bisher eher als unabwendbares Zukunftsszenario der VR China identifiziert. Belegt wurde diese Einschätzung zumeist durch den Verweis auf die wachsenden sozio-ökonomischen und geographischen Entwicklungsdisparitäten sowie die aus diesen resultierenden sozialen Unruhen.[194] Mit den gegenwärtigen Turbulenzen auf den weltweiten Finanzmärkten jedoch verschieben sich die Zukunftsszenarien und Herausforderungen der einzelnen Staaten-Akteure. Die USA sind in den Bereichen Finanzen und Ökonomie deutlich angeschlagen, damit einhergehend steht auch ihre politische Rolle im internationalen Geschehen zur Disposition, falls es den USA nicht gelingen sollte, die internationale Staatengemeinschaft und insbesondere die im Aufstieg begriffenen Staaten der Peripherie von der Legitimität und der Notwendigkeit ihres weltweiten Machtanspruches zu überzeugen. Mit der Banken- und Finanzkrise offenbart sich zudem die bereits lange Zeit bestehende Angewiesenheit der USA auf die Gewährung und Bereitstellung externer, internationaler Kredite. Das Wissen über diese Abhängigkeit und Verwundbarkeit der USA wiederum bringt diese dazu, international eher kooperativ und integrativ zu agieren. Kooperation allein aber reicht nicht aus, darüber hinaus müssen im internationalen Bereich auch Aufgaben und Ordnungsfunktionen umverteilt werden, wenn die USA diesen nicht mehr nachkommen können. Es ist aber äußerst fraglich, ob die Staaten-Akteure, welche in diese Lücke springen, auch bereit sein werden, diese Funktionen nach den Vorgaben und zu den Konditionen der USA zu übernehmen. Wahrscheinlicher ist das Szenario, dass mit der Übernahme internationaler Ordnungsfunktionen über kurz oder lang eine Verschiebung der Machtverhältnisse eingeleitet wird. Hier liegt also eine strategische Entwicklungsmöglichkeit vor, welche die VR China auch erkannt hat. Denn nun ist ein stärkeres internationales Engagement der VR China sogar höchst erwünscht; die „China-Threat"-Debatte wird international hinter der Fixierung auf die Wahrung und Stabilisierung der Systemstrukturen zurückgestellt. Der VR China bietet sich damit die Gelegenheit, sich in dem von den USA hinterlassenen Machtvakuum zu positionieren. Während sie noch dabei ist, diese Positionierung umzusetzen, artikuliert sie bereits – unterstützt von anderen Staaten der Peripherie – die Forderung, dass die Karten der internationalen Politik nun neu gemischt und die Spielregeln neu ausgehandelt werden müssen. Dass hierbei „chinesische" Grundprinzipien und Modelle als universelle Leitbilder international verankert werden sollen, verdeutlichen die offiziellen Reden und Überlegungen der chinesischen Seite zur Überwindung der Krise. Wen Jiabaos Rede auf dem Davos-Sommertreffen in Tianjin (27-09-2008) stellt die chinesischen Reformen und die aus diesen hervorgegangenen Systemstrukturen als ein Orientierungsmodell für die nicht-chinesische Welt dar. Allerdings bemüht er sich um eine sehr integrative Darstellung, indem er kein Schwarz-Weiß-Bild entwirft, sondern Interessen anderer Staaten bei der Modellformulierung

---

[194] Dass dieses Szenario durchaus nicht von der Hand zu weisen ist, verdeutlichten die Unruhen in Xinjiang (Juli 2009), die sich auch auf das außenpolitische Engagement der VR China auswirkten – der folgende G8-Gipfel musste ohne China stattfinden.

berücksichtigt. Dass die Entwicklung der VR China nach 1978 als Vorbild möglicher Reformen der westlichen Welt angeführt wird, stellt die Teleologie der Transformationsforschung, welche den Wandel von totalen oder autokratischen Herrschaftssystemen zu demokratischen Strukturen vorsieht, jedoch auf den Kopf. Es zeigt sich hieran erneut, dass die VR China beansprucht, über einen eigenen Entwicklungsplan zu verfügen, der nicht notwendigerweise den Transformationsmustern der Sowjetunion und den Staaten Osteuropas entsprechen muss. Aus diesen Betrachtungen folgt zudem weiterführend, dass auch die Erwartung, die VR China werde sich durch die Übertragung der Ausrichtung der Olympischen Spiele 2008 und der Weltausstellung 2010 weitergehend nach außen öffnen und zugleich eine Anpassung an die internationalen Normen, Standards und Konventionen vornehmen, illusorisch ist. Denn wie die Diskussion zur „chinesischen" IB-Theorie verdeutlicht, ist es aus chinesischer Sicht nie ein Ziel gewesen, eine Transplantation beziehungsweise den Werteimport rein passiv-rezeptiv als notwendiges Nebenprodukt der Kooperation mit der Außenwelt zu akzeptieren. Weiterhin wird der Anspruch aufrecht erhalten, einen partikular chinesischen Entwicklungsweg zu beschreiten (vergl. 6.4.). Daher werden bereits in der allgemeinen Debatte verankerte Begriffskonzepte in den chinesischen Diskursen aufgegriffen und einer teleologischen, kontextbedingten Uminterpretation unterzogen. Darauf zu hoffen, die VR China werde aus Angst vor einem Gesichtsverlust gegenüber dem „westlichen Ausland zu einer bedingungslosen Umsetzung „westlicher" Normen bereit sein, verkennt die innerchinesische Realität und die dort aktuell geführten Diskussionen. Nach einer Übergangsphase der Fokussierung auf eine Politik des Pragmatismus, welche die positive Wirtschaftsentwicklung an die Spitze der politischen Agenda stellte, wird Ideen und Prinzipien nun wiederum eine ganz zentrale Ordnungs- und Steuerungsfunktion zugeschrieben.

Während Wen Jiabao 2008 noch die chinesische Vergangenheit, d.h. die Entwicklung der VR China zwischen 1978 und 2008, als Leitbild der internationalen Neuorientierung anführte, erfolgte 2009 die Formulierung zukunftsgerichteter Entwicklungsszenarien, die keine Iteration der westlichen Modellbildung darstellen, sondern eine Überwindung eben dieser durch die Einführung alternativer Konzepte – die nach Darstellung der VR China beispielsweise im chinesischen Kontext bereits vorhanden wären (vergl. Wen, Jiabao 28-01-2009). Im März 2009 legte der chinesische Notenbankchef, Zhou Xiaochuan, einen Entwurf zur Ablösung des US-Dollars als internationale Reserve- und Leitwährung durch eine neue supranationale Geldeinheit, die sich auf die IWF-Sonderziehungsrechte stützen würde, vor (Zhou, Xiaochuan 23-03-2009). Diese Idee wurde erneut auf dem Doppelgipfel in Jekaterinburg (BRIC / SCO) im Juni 2009 aufgegriffen. Doch auch wenn die BRIC-Staaten die Notwendigkeit einer neuen Leitwährung unterstrichen, dürfte sich die Umsetzung dieser Forderung doch als äußerst schwierig erweisen. Denn die BRIC-Staaten verfügen über 42 %, die VR China allein bereits über etwa 20% der weltweiten Devisenreserven. Eine Konvertierung der Reserven in eine andere Geldeinheit würde zu einem dramatischen Kursverfall des US-Dollars führen und, da die Umkonvertierung nur schrittweise erfolgen könnte, auch eine Abwertung der noch nicht konvertierten BRIC-Reserven bewirken. Diese haben folglich ein starkes Eigeninteresse an der Stabilisierung des US-Dollars. Dies belegt unter anderem die Tatsache, dass die BRIC-Staaten auch während der Finanzkrise ihre Dollarreserven aufstockten, höchstwahrscheinlich um den Dollarkurs international zu stabilisieren, und sie zudem auch amerikanische Staatsanleihen erwarben.[195]

Aus den obigen Betrachtungen ergibt sich, dass die „neuen" Staaten-Akteure, allen voran die VR China, im Tausch gegen ihre Mitwirkung an der Stabilisierung und Bewältigung der Krise ein Recht auf Mitbestimmung der internationalen Interaktions- und Regelwerke verlangen. Dies kann auf zwei Wegen geschehen: Entweder die bisherigen Machtzentren erkennen diese Forderung an und beteiligen die „neuen" Staaten-Akteure an der Umstrukturierung der globalen Strukturen oder aber der Zugewinn dieser Akteure an Macht und Einfluss ermöglicht diesen, auch gegen den Willen der alten Machtzentren die Regeln des internationalen Systems auszuwechseln. Damit liegt eine Alternative zu neorealistischen Konfliktszenarien vor, welche bei der Formulierung der „China-Threat"-Theorie von der Unveränderlichkeit der Machtverhältnisse und Rahmenbedingungen ausgegangen waren. Der „friedliche" Wandel ist im Unterschied zu diesem Konfliktszenario kein temporäres Einmalereignis, sondern ein inkrementeller, weitgehend unbemerkt stattfindender Prozess. Über diesen ließe sich erst rückblickend, frühestens nach der Überwindung der Banken- und Finanzkrise eine Aussage treffen. Dass die bisherigen Machtzentren auf die veränderte Lage reagieren und ihre Beziehungen zu den BRIC-Staaten überdenken, zeichnet sich bereits zum jetzigen Zeitpunkt ab. Die Stellungnahmen auf dem Juni-Treffen 2009 des IIF (Institute of International Finance) in Peking (FAZ 13-06-2009) verdeutlichen, dass auch Vertreter der westlichen Welt nun gezwungenermaßen für den Ausbau der wirtschaftspolitischen Verantwortung der „neuen" Staaten-Akteure plädieren. Beispielsweise betonte der US-Notenbankchef, dass alle Hoffnung nun auf China ruhe. Vertreter der chinesischen Seite konterten sehr selbstbewusst, dass sie über die geeigneteren Strate-

---

[195] vergl. die Artikelsammlung „Doppelgipfel in Jekaterinburg" der AG Friedensforschung (Uni Kassel)
http://www.uni-kassel.de/fb5/frieden/themen/SOZ/gipfel2009.html (20.06.2009).

gien zur Lösung der Krise verfügten und ihre „Rezepte" bei Bedarf auch gerne der westlichen Welt zur Verfügung stellten. Diese „Rezepte" sind natürlich nichts anderes als Theoriemodelle, mit denen nicht nur Lösungswege, sondern auch Wertvorstellungen und Soll-Annahmen verknüpft sind. Auch hier taucht erneut der Ansatz einer dem „westlichen" Muster entgegengesetzten Transformationsdynamik auf. Die chinesische „Theoriesuche" nach einem Modell der Internationalen Beziehungen wird damit zunächst auf den Bereich der Wirtschafts- und Finanzstrukturen eingegrenzt. Es wäre jedoch erstaunlich, wenn die seit dreißig Jahren in China geführten IB-Debatten sich nicht auch in den Modellbildungen zu diesem finanzpolitischen Teilfeld der internationalen Beziehungen niederschlagen sollten.

Die „westliche" Welt hält jedoch an der Wahrung der bestehenden Strukturen fest – die Übertragung von Verantwortung betrifft allein die Stabilisierung des Weltwirtschafts- und Finanzsektors, die Gewährung gleichberechtigter Mitbestimmungsrechte im politischen Bereich steht nicht zur Debatte. Gerade deshalb bringt die VR China im Verein mit den anderen Staaten der aufsteigenden Peripherie die Forderung nach einer neuen Leitwährung ins Spiel. Diese hat primär einen symbolischen Charakter, denn mit diesem Vorstoß unterstreichen die BRIC-Staaten die Macht- und Steuerungsoptionen, die sich ihnen durch die krisenbedingten internationalen Strukturveränderungen eröffnet haben. Die Umsetzbarkeit dieser Pläne ist nachrangig.

Verlässt man einmal die Ebene der chinesischen IB-Ontologie und ihrer empirischen Untermauerung und transponiert die IB-Debatte auf eine abstraktere Stufe, wird erkennbar, dass diese wesentlich eine Sonderform symbolischer Politik darstellt. Die existierenden Bausteine einer potentiellen chinesischen IB-Theorie sind damit Teil einer politischen Narrative, welche die Rolle der VR China im internationalen Kontext normativ festlegt und die politische Perzeption im In- und Ausland steuert. Die Komplexität der Ereignisse und Interaktionsmuster der internationalen Beziehungen werden durch die Theoriebausteine reduziert. Aspekte, welche diese theoriegeleitete Narrative entwerten könnten, beispielsweise die Kriege der VR China nach 1949, werden marginalisiert. Wenn man davon ausgeht, dass mit der chinesischen IB-Suche ausschließlich der Entwurf eines Äquivalents zu den „westlichen" IB-Modellen angestrebt wird, wäre genau dieser Aspekt ein Punkt, an dem die chinesischen Friedensmodelle und damit auch die übergeordnete Theoriesuche als ideologische und propagandistische Täuschungsmanöver enttarnt wären – zumindest wenn man an dieser Stelle – dies jedoch wird abschließend noch einmal kritisch zu beleuchten sein – die Trennung zwischen Ideologie, Strategie und Theoriebildung als Grundkriterium der IB-Theorie postuliert. Ordnet man die Theoriebausteine hingegen dem Bereich der symbolischen Politik zu, welche auf der Bildung politischer Mythen beruht, ist die Ausblendung der chinesischen Kriege aus der Modellbildung wenig erstaunlich. Als Elemente symbolischer Politik dienen die Theoriemodelle nicht der abstrakten Analyse der politischen Realität. Vielmehr fungieren sie als Wahrnehmungsfilter, durch welche die Perzeption und Interpretation vorgegeben werden. Auch sind sie sinngebend, indem sie eine Interpunktion und kausale Verknüpfung historischer Prozesse ermöglichen und politische Handlungen rückblickend legitimieren – wenn nicht sogar sakralisieren. Im Fall der chinesischen IB-Modellbildung betrifft dies die Forderung Chinas nach einer Neuen Weltordnung aber auch den artikulierten Anspruch, mit dem „Friedlichen Aufstieg" ein alternatives Entwicklungsmodell zu verfolgen. Beide Bausteine entstammen dem nationalen Kontext der VR China, sie sind weniger abstrakte Erklärungsansätze als vielmehr normativ-präskriptive Modelle. Zugleich postulieren sie die Existenzberechtigung einer partikularen politischen Kultur Chinas. So scheint es angebracht, die chinesische Theoriesuche als Teil der nationalen Identitätssuche und der strategischen Positionierung der VR China im internationalen System zu begreifen. Primär würde diese, wenn die obige Einordnung der Debatte in den Bereich der politischen Enkulturation zutrifft, identitätsstiftend wirken, den gesellschaftlichen Zusammenhalt befördern und letztendlich auch ein Element der Machterhaltungsstrategie der politischen Elite darstellen. Dies könnte auch eine Erklärung sein, weshalb die IB-Debatte in China seit nunmehr fast 30 Jahren weitgehend ohne Unterbrechung geführt wird und hieraus trotzdem keine eigenständige Modellbildung für die internationale Ebene hervorgegangen ist – denn die konkrete Theorieformulierung wäre dem Grundgedanken dieser Interpretation folgend nur ein mögliches Nebenprodukt, nicht jedoch die Hauptintention der Theoriedebatte.

Vor diesem Hintergrund könnte man die chinesische IB-Debatte losgelöst von den eingangs beschriebenen Periodisierungsansätzen der IB-Entwicklung (vergl. 2.1.), gewissermaßen als ein Ergebnis der vorliegenden Untersuchung, wie folgt zu fassen versuchen: Die erste Phase setzt mit der Initiierung der chinesischen IB-Debatte Mitte der 80er Jahre ein. Das Experiment, die ideelle Orientierungslosigkeit der post-maoistischen Ära durch einen staatlich induzierten Nationalismus zu beseitigen, scheitert. Die Kampagnen gegen „geistige Verschmutzung" und „bürgerlichen Liberalismus" stellen den erweiterten Versuch dar, Elemente des Nationalismus und Patriotismus als neue Pfeiler der Legitimität der KPCh-Regierung zu verankern und die gesellschaftliche Geschlossenheit zu wahren. Doch begünstigt die Umstrukturierung des Wirtschaftssystems zugleich eine Ausdifferenzierung der Gesellschaft, welche wiederum die Formierung sozio-ökonomischer Interessensgruppen zur Folge hat. Um das Machtmonopol der KPCh zu wahren und zu legitimieren, muss diese für sich beanspruchen können, Regierungs- und Steuerungsaufgaben zu erfüllen, welche dem gesamtgesellschaftlichen Interessenskatalog entstammen. Hierunter fallen klassische Aufgaben des Staatsaufbaus, insbesondere Stabilität, Sicherheit, Einheit und territoriale Integrität. Hinzu treten zusätzlich externe Legitimierungsfaktoren wie die Anerkennung und Respektierung durch andere Staaten-Akteure sowie die Umsetzung nationaler Interessen und Prinzipien in internationalen Verhandlungskontexten. Der ersten Phase der Theoriesuche unterliegt zudem die Einsicht, dass eine effektive Ausgestaltung der Außen(handels)beziehungen nicht länger auf einer ideologischen Modellbildung beruhen kann. Denn da diese ungeachtet der gegebenen Realität eine marxistisch-leninistische Soll-Sicht der Dinge verkörpert hatte, bezog die VR China während der maoistischen Ära immer wieder Standpunkte, die auf eine Konfrontation mit und Isolation von der restlichen Staatenwelt hinauslaufen mussten. Da die Kooperation mit den kapitalistischen Staaten allerdings auch kein Ziel der mitunter selbsterklärt revolutionären Außenpolitik der VR China gewesen war, sondern allenfalls als Zwischenlösung eine temporäre friedliche Koexistenz angedacht wurde, bestand damals auch keine Notwendigkeit für eine Ausrichtung der Theoriemodelle an den gegebenen Strukturen und internationalen Regelwerken. Erst angestoßen durch die Auflösung der Sowjetunion und die Transformation Osteuropas begannen sich die Schwerpunkte und Zielvorgaben der chinesischen Theoriesuche zu verlagern. Aus einem ursprünglich abstrakt konzipierten Analyserahmen mit chinesischen Charakteristika kristallisierte sich während dieser zweiten Entwicklungsphase in Abhängigkeit von endo- und exogenen Veränderungen eine mehr und mehr normative Interpretation und Konzeption der internationalen Konstellationen heraus. Ablesen lässt sich diese an der Formulierung konkreter Forderungen an die Kooperations- und Dialogpartner der VR China (z.B. über die chinesische EU-Policy, vergl. Weigelin-Schwiedrzik / Noesselt 2006a; 2006b) und zugleich auch an dem nunmehr aktiven, sichtbaren Engagement der VR China in regionalen und internationalen Zusammenhängen.

Die ursprünglich auf die Außenpolitik der VR China angelegte Theoriebildung wurde zunehmend zu einer auf Chinas internationale Positionierung fokussierten Theoriesuche, die den Anspruch erhob, ein alternatives Erklärungsmodell der Internationalen Beziehungen zu repräsentieren. Da die Legitimierungsstrategie der Partei zunehmend auch die außenpolitische Ebene umfasste, bestand das Hauptanliegen der chinesischen Theoriekonzeption nicht länger in der Formulierung außenpolitischer Handlungsanleitungen für die chinesische Führung, sondern in der Konzeption von Theoriemodellen, die nicht nur die Einbindung Chinas als Staaten-Akteur in den internationalen Kontext beschreiben, sondern auch den Anspruch auf Mitbestimmung der bestehenden Regelwerke umfassen sollte. Allerdings bleibt zunächst offen, ob die VR China auf eine

Änderung der bestehenden Konventionen und Vereinbarungen hinarbeitet, oder aber sich schon damit zufrieden geben würde, wenn die kodifizierten Interaktionsregeln nur erneut unter Beteiligung aller involvierten Akteure diskutiert und weitgehend unverändert in gemeinsamem Einverständnis angenommen würden. Wie das chinesische Positionspapier zur Reform der UN (vergl. *Xinhua* 08-06-2005) nahe legt, vertritt die VR China zwar einerseits Interessen, die sich aus den historischen und kulturellen Besonderheiten des nationalen Kontexts heraus erklären, andererseits aber versucht sie, diese in die bestehenden Regelwerke einzufügen beziehungsweise auch deren Umschreibung entgegenzuwirken, wenn dies mit Grundprinzipien der chinesischen Außenpolitik unvereinbar wäre. Diese zweite Phase der chinesischen Theoriebildung stellt auch in der Hinsicht eine Weiterentwicklung dar, dass nun die Modellbildung in Kenntnis und unter Berücksichtigung der Standpunkte und Reaktionen der anderen Staaten-Akteure formuliert wird. Stößt ein Theoriebaustein auf Ablehnung und Skepsis, wird er entweder modifiziert oder komplett fallengelassen. Dies verdeutlicht exemplarisch die Ablösung des Begriffskonzepts des „Friedlichen Aufstiegs" durch den „Friedlichen Entwicklungsweg" (vergl. 5.3.). Auf den Term „Aufstieg" wurde verzichtet, da dies in den Augen vieler ausländischer Kritiker nahe legte, dass Chinas weitere Entwicklung auf eine Konfrontation und höchstwahrscheinlich auch eine militärische Expansion herauslaufen würde. Die Kritik innerchinesischer Stimmen, dass die Betonung des „friedlichen" Aufstiegs einem Bekenntnis zur stillschweigenden Tolerierung separatistischer Bewegungen und möglicher Unabhängigkeitserklärungen Taiwans, Tibets oder Xinjiangs gleichkäme, fand jedoch keine weitere Berücksichtigung in der offiziellen Terminologie.

Es wäre verwegen aus den divergierenden Begriffskonzepten und Theoriebausteinen, die im Zuge der chinesischen IB-Suche diskutiert werden, einen geschlossenen IB-Theorierahmen ableiten zu wollen. Allerdings stellt sich auch die Frage, ob die Geschlossenheit und Synthese der diversen Theoriebausteine wirklich eine Grundvoraussetzung für die Existenz einer „chinesischen" IB-Theorie sind. Denn auch die „westliche" Theoriebildung widmet sich möglicherweise immer nur einem der vielen möglichen Bausteine – trotzdem aber ist die Existenz einer beziehungsweise vieler „westlicher" IB-Modelle nie in Abrede gestellt worden.

Theoretischer und methodologischer Eklektizismus sind in der internationalen Politikwissenschaft zwar eher negativ behaftet, doch zeichnen sich nach einer Zwischenphase der Fragmentarisierung und Pluralisierung der IB-Modellbildung infolge der Ereignisse von 1989 / 1991 Tendenzen in Richtung einer eklektischen Theoriensynthese ab. Im Feld der chinesischen IB-Forschung hingegen liegen die einzelnen IB-Strömungen und Theoriebausteine voneinander separiert vor. Es wäre durchaus vorstellbar, dass Teilelemente der chinesischen IB-Ontologie unter einer „neuen" Theorie zusammengeführt werden könnten. Doch wäre zu klären, durch wen diese Synthese erfolgen könnte. Hierbei darf nicht vergessen werden, dass im chinesischen Fall eine komplexe Interaktion und Vernetzung von Politik und Politikwissenschaft vorliegt. Die Politikwissenschaft, und damit auch die IB-Forschung, steht, wie es weiterhin offiziell heißt, im Dienste der Politik. Dies impliziert, dass eine Modellbildung, welche die Grundlagen der chinesischen Politik devaluieren würde, nicht vorgesehen ist. Andererseits muss die IB-Forschung soweit autonom sein, dass sie die Ist-Strukturen der Außenwelt und der internationalen Beziehungen zu erkennen und auf deren Wandel in angemessener Weise zu reagieren vermag. Die Nähe zur Ebene der politischen Entscheidungsfindung ist nicht nur als restriktiver forschungshindernder Faktor zu sehen. Denn es eröffnen sich damit auch Möglichkeiten, auf die Policy-Prozesse mitgestaltenden Einfluss auszuüben. Die Verbindung mit den politischen Eliten wird somit als symbolisches Kapital gesehen, das maßgeblich über die Positionierung des einzelnen chinesischen Forschers oder einer Forschergruppe im Feld der chinesischen IB-Disziplin entscheidet (vergl. 2.2.).

Auf der Grundlage des symbolischen Kapitals lassen sich die chinesischen IB-Forscher in drei Gruppen untergliedern. Die erste, bereits erwähnte Gruppe ist die der Politikberater. Diese müssen über ein Instrumentarium verfügen, das es ihnen erlaubt, die internationalen Entwicklungen abzuschätzen und Handlungsanleitungen zu formulieren. Hierzu werden oftmals die Analyseinstrumente der „westlichen" IB-Forschung herangezogen. Die zweite Gruppe ist etwas weiter vom politischen Machtzentrum entfernt. Ihr Arbeitsbereich ist die Wissenschaft und Modellbildung zu den IB, darunter fällt auch die Konzeption einer „chinesischen" IB-Theorie. In diesem politikwissenschaftlichen Teilsektor der IB erfolgt die inhaltliche Ausdifferenzierung der Modellvorgaben und Begriffskonzepte, die von der politischen Ebene im nationalen und internationalen Diskurs verankert werden. Die Initiative geht hierbei von der politischen Ebene aus. Die am weitesten von der politischen Führung entfernte dritte Forschergruppe gruppiert sich um die Themenblöcke der politischen Philosophie. In diesem Themenbereich rückt der Anwendungsbezug der Betrachtungen und Untersuchungen in den Hintergrund. In ihren Traktaten und Abhandlungen widmet sich diese dritte Gruppe chinesischer Forscher zumeist Aspekten der chinesischen Staatsphilosophie. Die hier vorgenommene Rekonstruktion der politischen Kultur der VR China findet losgelöst von der übergeordneten Theoriesuche statt – eine Integration der Forschungsergebnisse der ersten und zweiten Gruppe wäre aber denkbar (vergl. 2.2.).

Dass die chinesische IB-Disziplin somit einerseits interdisziplinär aufgebaut ist und andererseits erkennbare Verbindungen zum Policy-Bereich aufweist,

ist jedoch kein partikular chinesisches Phänomen, sondern lässt sich auch für die internationale IB-Disziplin nachweisen. Offensichtliche Divergenzen zwischen der chinesischen und der westlichen Theorieformulierung bestehen hingegen hinsichtlich des Umgangs mit der politischen Realität. Stark verallgemeinernd zusammengefasst fußt die „westliche" IB-Theorie auf der strukturierten Aufarbeitung historischer und politischer Konstellationen, die auf Gemeinsamkeiten und Gesetzmäßigkeiten hin beleuchtet werden. Die Klassifizierung dieser Ideen unter dem Oberbegriff einer Theorie erfolgte zumeist erst nachwirkend, indem eine Vielzahl von Ideen und Annahmen als „eine" Theorieströmung identifiziert und diese Einteilung wiederum unter den Wissenschaftlergruppen auch anerkannt wurde. Die „chinesische" Modellbildung hingegen verläuft auf einer weitaus abstrakteren Betrachtungsebene. Der Fokus der Theorieerörterung ruht auf einem Soll-Ist-Abgleich der internationalen Konstellationen. Die Analyse der historisch-politischen Strukturen unterliegt zwar auch hier dem Soll-Wert, doch wird diese in den Artikeln selbst nicht weitergehend ausgeführt. Die Fixierung von Zielvorgaben, wie die Welt aus chinesischer Perspektive idealiter beschaffen und strukturiert sein sollte, wird als Soll- dem Ist-Zustand mehr oder weniger direkt entgegengesetzt. Ein Anlass, die Strukturen und Prozesse des Ist-Zustandes der internationalen Beziehungen zu analysieren, besteht im Feld der IB-Theoriebildung nicht – wenn man, wie in der chinesischen Theoriedebatte der Fall, davon ausgeht, dass diese Strukturen lediglich das Produkt der „westlichen" Theoriebildung sind beziehungsweise durch eben diese Theoriebildung legitimiert und perpetuiert werden. Anders würde es sich verhalten, wenn man voraussetzt, dass die Strukturen und Konstellationen des internationalen Systems durch den dynamischen Wandel der Widersprüche und durch objektive Entwicklungsgesetze des Weltgeschehens determiniert würden. Doch in beiden Fällen sind abstrakte Theoriebildungen und nicht die politische Realität das zentrale Studien- und Bezugsobjekt der chinesischen Modellentwürfe.

Nicht nur für den IB-Bereich, auch für die Analyse und Prognose der chinesischen Außenpolitik liefert die chinesische IB-Debatte kaum einen konkreten Anhaltspunkt. Aus dieser Feststellung aber schlusszufolgern, dass die chinesische Theoriesuche ergebnislos und somit keiner weiteren wissenschaftlichen Beachtung wert sei, wäre an dieser Stelle irreführend. Denn bereits die Tatsache, dass überhaupt eine derartige Debatte im akademischen Kontext der VR China geführt wird, erfordert ein Überdenken althergebrachter „westlicher" Interpretationsmodelle der politischen Entscheidungen und Handlungen der VR China. Die innerchinesische Theoriedebatte spiegelt Grundüberlegungen der chinesischen Seite zu innen- und außenpolitischen Ordnungsfunktionen wider. Diese müssen nicht notwendigerweise in Abgrenzung zu bestehenden „westlichen" Theorieannahmen konzipiert werden, doch ist zu vermerken, dass exogene Theorieaspekte, die mit den normativen Grundprinzipien der chinesischen Außenpolitik kollidieren, zurückgewiesen oder schlicht beiseite gelassen werden. Die chinesische IB-Formulierung nun aber als Ideologie oder nationale Strategie zu brandmarken, wie dies in der internationalen Debatte häufig geschieht, verkennt die Muster, welche der Theorieformulierung im IB-Bereich grundsätzlich unterliegen. Denn auch die „westliche" IB-Theorie enthält ideologische und strategische Elemente. Dadurch, dass die Makrotheorien der „westlichen" IB allerdings beständig weiterentwickelt und abstrahiert worden sind, sind die räumliche und zeitliche Verankerung sowie die damit korrelierende Fokussierung auf die Durchsetzung nationaler Interessen aus den Theoriebetrachtungen zunehmend ausgeklammert worden. Die Universalität der „westlichen" IB-Modelle wird unhinterfragt als gegeben angenommen, auch wenn diesen ursprünglich durchaus partikulare Interessen und Prägungen zugrunde lagen. Wissenschaftlich betrachtet ist der gegen die Theoriebildung der VR China vorgebrachte Ideologie-Vorwurf nicht haltbar. In der von weiten Teilen der westlichen Welt umgesetzten politischen Praxis erreicht er jedoch sein Ziel: Alternative Ordnungskonzeptionen wie die der VR China werden kategorisch abgelehnt oder aber schlicht ignoriert.

Aber auch die VR China selbst hält sich in Fragen der internationalen Politik eher bedeckt. Im Bereich der Wirtschaft- und Finanzpolitik existieren – wie aus dem Agieren und den Stellungnahmen der VR China in der Finanzkrise hervorgeht – partikular chinesische Lösungsmodelle, deren Gültigkeitsbereich und Erklärungskraft von chinesischer Seite als so umfassend angenommen werden, dass sie auch als universelle Modelle auf die Welt im allgemeinen angewandt werden könnten. Die Existenz einer „chinesischen" IB-Theorie wird nicht postuliert, ganz im Gegenteil. Doch lässt sich mit Blick auf das chinesische Positionspapier zur Reform der UN und das Plädoyer für eine neue Leitwährung deutlich erkennen, dass die VR China versucht, ihren internationalen Einfluss sichtbar auszubauen und auf eine aktive Ausrichtung der internationalen Interaktionsmuster hinzuarbeiten. Selbst wenn hierbei nicht die Rede von einer „chinesischen" Theoriebildung ist, sind es doch „chinesische" Ideen und Ordnungskonzeptionen der innerchinesischen Theoriedebatte, die nun in die globale Debatte integriert werden. Die VR China übernimmt somit Funktionen, die eigentlich dem bisherigen Machtzentrum USA zugeschrieben werden, wenn sie auch offiziell jegliche Ambitionen hinsichtlich der Übernahme einer hegemonialen Führungsrolle entschieden zurückweist. Diese entschiedene Abgrenzung resultiert aus den Grundprinzipien der chinesischen Außenpolitik und auch daraus, dass hegemoniale Strukturen gegenwärtig nur den USA zugeordnet werden und folglich negativ belegt sind. Rückblickend auf die chinesische Geschichte hingegen ist Hegemonie nicht nur negativ zu werten, da die Erlangung der Hegemonie durch den Staat Qin zur ersten Reichseinigung im Jahr 221 v.Chr. führte. Es wäre also abzuwarten, ob die Verschiebungen der Weltkonstellationen sich nicht längerfristig in einer Neubewertung des Machtbegriffs niederschlagen werden. Ein solcher Ansatz findet sich mit den chinesischen Ausführungen zum Modell der Multipolarität (vergl. 3.2.1.). Die chinesischen Diskussionen postulieren, dass jedes System eine sehr spezielle Form der Pole hervorbringt. Im unipolaren System werden Pol und Hegemoniezentrum gleichgesetzt. Im multipolaren Modell, das von chinesischer Seite als normative Zielvorgabe fixiert wird, ist ein derartiges Machtmonopol hingegen zunächst nicht vorgesehen.

Es stellt sich an dieser Stelle aber doch die Frage, ob die Rolle, welche die VR China derzeit zu übernehmen gedenkt, nicht doch auf funktionaler Ebene viele Gemeinsamkeiten mit den Strukturen und Aufgaben hegemonialer Machtzentren aufweist, auch wenn terminologisch von chinesischer Seite hier eine klare Grenze gezogen wird. Immer wieder wird betont, dass die „chinesischen" Weltordnungsmodelle als eine Alternative zu den bisherigen Modellen konzipiert seien. Doch ist zu überlegen, inwiefern es eigentlich grundlegend neue Ansätze geben kann, die bislang noch nirgendwo erprobt worden wären. Zwar umfassen die chinesischen Betrachtungen durchaus Ordnungsmodelle des chinesischen Kaiserreiches, doch bleibt ungewiss, ob diese in ihrem Kern wirklich „anders" als die bestehenden ontologischen Muster sind. Das *tianxia*-Modell als chinesisches Ordnungssystem (vergl. 3.4.1.) beispielsweise wird derzeit in der chinesischen IB-Debatte als integrativer Ansatz aufgegriffen, der nicht auf der Ausgrenzung konkurrierender Modelle, sondern auf deren Zusammenschluss bei gleichzeitiger Wahrung der Diversität beruhen soll. Damit aber weist die moderne *tianxia*-Lesung deutliche Parallelen zu den Grundannahmen der EU-Integrationstheorien auf.

Auffällig ist, dass sich die VR China offenkundig darum bemüht, sowohl terminologisch als auch inhaltlich nur Modelle aufzustellen, die auch die jeweiligen Kooperationspartner akzeptieren könnten. Das Tributsystem wird in chinesischen Studien erst gar nicht angeführt, da dieses in den sino-europäischen Beziehungen eindeutig negativ vorbelastet ist. Relativ erfolgreich scheint diese kooperative, konstruktivistische Strategie zudem in den Beziehungen mit den anderen aufsteigenden Staaten-Akteuren umgesetzt worden zu sein. Denn wenn die BRIC-Staaten nun den Aufbau einer Weltordnung mit „vielen" Machtzentren als Ziel einer Neuordnung der politischen und ökonomischen Strukturen formulieren, werden starke Reminiszenzen an die von der VR China angestrebte multipolare Ordnung erkennbar.

Grundsätzlich aber tut sich die chinesische Theorieformulierung in dem Unterpunkt „Systemordnung" äußerst schwer. Es ließe sich durchaus überlegen, dass die VR China mit ihren Vorschlägen für eine Neuordnung der Weltpolitik und des internationalen Finanzwesens eben nicht allein als Mediator, Vertreter und Fürsprecher der Staaten der Peripherie und derjenigen Staaten auftritt, die mit den derzeitigen Konstellationen unzufrieden sind, sondern zugleich doch auch nach einer zentralen Akteursrolle strebt. In der Weltgeschichte finden sich Beschreibungen vergleichbarer Konstellationen, die den Schluss nahe legen, dass die Rolle des Fürsprechers und Koordinators transnationaler Interessen letztendlich auf die Erlangung einer globalen Machtstellung (um nicht das Wort Hegemonie zu verwenden) hinausläuft, wenn nicht sogar abzielt.

Das Standardbeispiel hierzu findet sich mit dem Übergang des Attisch-Delischen Seebundes zur Thalassokratie. Das ursprüngliche Bündnis bestand formal aus gleichberechtigten Partnern, wenngleich sich auch die Bundeskasse in Athen befand. Doch in wenigen Schritten vollzog Athen vor den Augen der Verbündeten den Wandel von *hegemonia* zu *arche*, also der Etablierung eines Herrschaftssystems, das auf strikten Hierarchien und der Selbstpositionierung Athens als Machtzentrum beruhte. Die VR China lehnt beide Modelle – *hegemonia* wie *arche* – in Kenntnis der historischen Vorläufer- und Vergleichsmodelle ab. Doch gerade dann bliebe zu definieren, wie das Weltsystem, an dessen Bauplan auch die chinesischen IB-Forscher beteiligt sind, in Zukunft aussehen soll.

Aber nicht nur das Selbstbild der VR China, auch das China-Bild in den Augen der strategischen Kooperationspartner ist einer Neubewertung unterzogen worden. Mittlerweile hat es den Anschein, dass die aktive Teilnahme der VR China am internationalen Geschehen nicht länger allein als eine Bedrohung angesehen wird („China-Threat-Theory"), denn mehr und mehr ist die Rede von der zentralen Funktion der VR China bei der Stabilisierung und Aufrechterhaltung der Ordnung sei es hinsichtlich der Region Ostasien sei es im Zusammenhang mit der Weltwirtschafts- und Finanzkrise. Dieser Wandel in der Bewertung der Rolle „Chinas" in der Weltpolitik verdeutlicht, dass die jeweiligen Klassifizierungen und Begriffskonzepte, welche die Diskurse der China-Analytiker dominieren, immer nur eines von vielen möglichen Chinabildern widerspiegeln. Oftmals stellt sich bei der rückblickenden Betrachtung heraus, dass es sich bei diesen Bildern nicht um Perzeptionen der „realen" Gegebenheiten, sondern um Imaginationen von utopischen Räumen oder aber um Projektionen von Freund- oder Feindbildern handelt. Die koexistierenden, divergierenden Interpretationen zur gegenwärtigen und zukünftigen Entwicklung der VR China reflektieren in diesem Sinne oftmals die räumliche und zeitliche Verankerung des jeweiligen Analysten, wenn sie nicht letztlich Ausdruck nationaler Interessen und damit verbundener strategischer Orientierungen sind.

Hat China nun aber wirklich aktiv den Weg zur Weltmacht beschritten? Wird es die bestehenden Ordnungsstrukturen dabei perpetuieren - oder aber tritt

China als revisionistische Macht in Erscheinung, der es darum geht, die in den Opiumkriegen Mitte des 19. Jahrhunderts mit der Niederlage gegenüber dem Westen eingebüßte Zentrumsposition wiederzuerlangen? Pessimistische China-Analysen prophezeien einen bevorstehenden Machtkonflikt zwischen den USA und der VR China und stufen den chinesischen Aufstieg als Gefahr für die Stabilität und Sicherheit des internationalen Systems ein. Im Gegensatz zu diesem Nullsummenspiel kommen optimistischere Beobachter zu dem Schluss, dass die VR China aufgrund der wachsenden globalen Interdependenz tendenziell eher an Kooperation und Dialog interessiert sei und kein Interesse an einer tiefgreifenden Umwandlung der bestehenden Strukturen habe. Pessimisten wie Optimisten stimmen jedoch grundsätzlich darin überein, dass es bereits zu einer Verschiebung der internationalen Machtstrukturen und einer Umwertung der bestehenden Interaktionsstrukturen gekommen ist. Innerhalb der sino-amerikanischen Beziehungen hat sich die Dependenz zu Gunsten Chinas verschoben. Denn China besitzt nicht nur über die weltweit größten Dollarreserven, zugleich ist es einer der wichtigsten Gläubiger der USA. Dennoch werden weiterhin die Beziehungen zu den USA als wichtigste bilaterale Interaktionsstruktur in der chinesischen Außenpolitik angesehen. Die sino-europäischen Beziehungen haben zwar eine deutliche Aufwertung erfahren, werden jedoch weiterhin als „sekundäre Beziehung" (also den sino-amerikanischen Beziehungen nachgestellt) klassifiziert. Interessant ist allerdings, dass die VR China im Oktober 2003 erstmals seit ihrer Gründung 1949 ein Strategiepapier zur chinesischen Außenpolitik veröffentlichte, das nicht die Weltpolitik im allgemeinen und auch nicht die Beziehungen mit den USA, sondern überraschenderweise die Partnerschaft Chinas mit der EU zum Inhalt hatte. Damit ist erstmals die EU als einheitlicher Akteur anerkannt worden, zugleich aber wurde damit ein Schritt zur Ausbalancierung von Asymmetrien in den sino-europäischen Beziehungen unternommen. Denn die EU hatte ihrerseits Mitte der 90er Jahre eine erste gemeinsame Chinastrategie vorgelegt, deren Grundforderungen auch in den aktualisierten und erweiterten Fassungen weitgehend unverändert fortgeschrieben worden sind. Diesen normativen Forderungen der EU – u.a. Menschenrechte, Demokratie, Rechtsstaatlichkeit, Schutz von Minderheiten – stellt die chinesische EU-Policy Forderungen und Kriterien entgegen, die erfüllt sein müssen, damit es zu einem weiteren Ausbau der strategischen Partnerschaft kommen kann. Bei einigen dieser Forderungen handelt es sich um allgemeine Grundprinzipien der chinesischen Außenpolitik, deren Respektierung und Einhaltung noch einmal explizit von chinesischer Seite eingefordert wird. Die VR China untersagt der EU beispielsweise die Aufnahme diplomatischer Kontakte mit Taiwan und verbittet sich jedwede Einmischung in die chinesische Tibetpolitik. In beiden Fällen greift das Ein-China-Prinzip, zusätzlich verweist die chinesische

Seite zur Legitimierung ihrer Politik auf die Prinzipien der nationalen Souveränität und der territorialen Integrität. Neben diesen politisch-symbolischen Forderungen werden von chinesischer Seite auch sehr konkrete Maßnahmen der EU eingefordert. Zu diesen gehören die Anerkennung der VR China als funktionsfähige Marktwirtschaft, die Einstellung des europäischen Handelsprotektionismus gegenüber chinesischen Produkten, sowie nicht zuletzt die Aufhebung des EU-Waffenembargos. Mit der zeitweiligen Einstellung der bilateralen Gipfeltreffen (zuletzt 2008) bringt die VR China symbolisch zum Ausdruck, dass aus ihrer Perspektive die Toleranzgrenzen der strategischen Partnerschaft hinsichtlich eines oder mehrerer Punkte des Forderungskataloges überschritten sind. Das Zurückfahren der politischen Konsultationen verbunden mit der Androhung der partiellen Einstellung von Wirtschafts- und Handelskontakten dient hierbei als ein Instrument, um die europäischen Kooperationspartner wieder auf Kurs und damit in Einklang mit den chinesischen Zielsetzungen zu bringen. Die außenpolitischen Instrumente und Techniken, die China hierbei einsetzt, bilden im Prinzip die Mechanismen der EU spiegelbildlich ab. Reagierte die EU 1989 mit Kritik und Sanktionen auf die Niederschlagung der Proteste auf dem Tian'anmen, ist es nun die VR China, die mit ähnlichen Maßnahmen aus ihrer Sicht erfolgtes Fehlverhalten der strategischen Partner sanktioniert.

Nicht nur gegenüber den USA und der EU, auch gegenüber Russland hat die VR China an Einfluss und Steuerungspotential gewonnen. 1997 unterzeichneten beide Seiten die „Joint Russian-Chinese Declaration about a Multipolar World and the Formation of a New World Order", die als wichtiger Schritt in Richtung einer Neuaushandlung der bestehenden, durch das Ende des Kalten Krieges zunehmend in Frage gestellten Machtverteilung im internationalen System interpretiert wurde. Nicht nur im Rahmen der bilateralen Beziehungen China-Russland, auch im Kontext der regionalen Sicherheitsarchitektur (SCO; ASEAN; CSCAP) ist es China gelungen, zentrale Grundprinzipien und Begriffskonzepte als universelle Werte zu verankern.

Bei der Umsetzung ihrer Entwicklungs- und Modernisierungspläne ist die VR China durchaus sehr darum bemüht, den Eindruck einer von China ausgehenden Bedrohung zu vermeiden. Auf gar keinen Fall soll der Eindruck entstehen, dass die VR China entgegen ihrer proklamierten Grundprinzipien hegemoniale oder gar imperiale Interessen verfolge. Deutlich wird diese entschiedene Abgrenzung gegenüber den westlichen Großmächten insbesondere mit Blick auf Chinas Engagement in Afrika, das von westlichen Policy-Analysten unter dem Schlagwort „Beijing Consensus" subsumiert wird. In Abgrenzung zum „Washington Consensus", der die Gewährung von Entwicklungshilfe an die Erfüllung von good-governance-Kriterien koppelt, investiert China im Tausch gegen Rohstoffe in die lokale Infrastruktur und enthält sich weitgehend einer Einmischung in die jeweilige Landespolitik. Dieses Vorgehen hat der VR China heftige Kritik der westlichen Staatengemeinschaft eingebracht, nicht zuletzt aufgrund der Tatsache, dass der Verzicht auf normative und ethisch-moralische Forderungen der VR China auch den Handel mit Staaten ermöglicht, die in der westlichen Welt als „Schurkenstaaten" eingestuft und nach Möglichkeit isoliert werden.

Die VR China verfügt damit über Handelsoptionen und damit auch über Zugang zu Märkten, die Teilen der westlichen Welt aufgrund der normativen Selbstverpflichtung zumindest offiziell versperrt sind. In der aktuellen Forschungsliteratur finden sich hierzu zwei konkurrierende Interpretationen. Die einen gestehen der VR China eine unabhängige und partikulare politische Kultur zu, aus der sich Interaktionskriterien ableiten, die gewissermaßen eine Alternative zu den politischen und diplomatischen Gepflogenheiten der „westlichen" Welt darstellen. Die anderen aber sehen hierin allein einen strategischen Schachzug, um der VR China die Versorgung mit Rohstoffen sicherzustellen, die erforderlich sind, um das chinesische Wirtschaftswachstum auf hohem Niveau zu halten. Dieser Überlegung mag man folgen oder auch nicht – auf jeden Fall aber bringt sie mit der Betonung der Interdependenz von Außen- und Innenpolitik einen ganz zentralen Faktor ins Spiel, den auch chinesische Experten immer wieder erörtern.

Stark vereinfachend lässt sich das innerchinesische Szenario wie folgt beschreiben: Infolge der Beschlüsse über Reform und Öffnung (3. Plenum des 11. ZK) ist die ideologiegestützte Rechtfertigung des KPCh-Herrschaftsanspruches durch eine effizienzorientierte Legitimierungsstrategie abgelöst worden. Die KPCh-Regierung sorgt für die Aufrechterhaltung der territorialen Integrität und der nationalen Souveränität, und definiert nicht zuletzt die Rahmenbedingungen für ein anhaltendes und stabiles Wirtschaftswachstum. In dieser Hinsicht stellt(e) die Weltwirtschafts- und Finanzkrise für das chinesische System nicht nur eine finanztechnische, sondern zugleich auch eine legitimatorische Herausforderung dar. Hatte nach 1978 zunächst die ökonomische Entwicklung oberste Priorität genossen, erfordern die negativen Externalitäten der chinesischen Wirtschaftsreformen und der nachholenden Entwicklung ein Umdenken der chinesischen Wirtschaftsplanung respektive der politischen Rahmenvorgaben. Nicht wenige Problemfelder haben – wie beispielsweise der Klimawandel und das damit einhergehende Phänomen der Desertifikation – globalen Charakter und überschreiten nationale Grenzen, so dass die Erarbeitung von Lösungsmodellen nur in Kooperation mit anderen Staaten-Akteuren möglich ist. Zugleich aber ist die VR China über die Export- und Importströme in die globalen Handels- und Wirtschaftsstrukturen eingebunden, so dass auch der erwähnte Legitimationsaspekt „Wirtschaftswachstum" nur über die Einwilligung in die internationalen und globalen Strukturen möglich ist. Die Teilnahme am internationalen Geschehen steht damit in einem unmittelbaren Zusammenhang zur Frage der Systemlegitimation. Eine effektive Ausgestaltung der Außenpolitik stärkt die Unterstützung für die KPCh-Regierung, welche die chinesischen Interessen nach außen vertritt.

Mit Blick auf die zukünftigen Strukturen der Weltordnung und ihrer Interaktionsmuster dominierten lange Zeit zwei konfligierende Projektionen – das Szenario eines offenen Machtkampfes zwischen der VR China und den USA, welche sich in diesem Modell dem Aufstieg eines Konkurrenten notfalls auch militärisch entgegenstellen würden, beziehungsweise die Annahme einer bevorstehenden Implosion des chinesischen Partei-Staates, welche den Aufstiegsplänen ein jähes Ende bereiten würde. Während es im internationalen Verhandlungskontext durchaus den Anschein hat, dass sich die VR China zu einer regionalen „Großmacht", wenn nicht sogar „Weltmacht" entwickelt, bleibt somit doch die Gefahr bestehen, dass es über kurz oder lang zu einer Destabilisierung auf subnationaler Ebene und damit zu einem Zusammenbruch des chinesischen Staaten-Akteurs kommen könnte, wodurch auch die Aufstiegspläne schlagartig zerstört wären. Wenn die Annahme stimmte, dass der nationalen Regierung eine zentrale Funktion bei der Umsetzung der Aufstiegspläne zukommt, wirken aktuelle Analysen eher ernüchternd. So bezeichnet Susan Shirk China als „fragile superpower", wobei aus diesem Szenario Entwicklungstendenzen resultieren, die alles andere als erstrebenswert erscheinen. Denn die offenen Diadochenkämpfe, die bei einer Pluralisierung des Partei-Staates zu erwarten wären, dürften höchstwahrscheinlich auch die Stabilität des internationalen Systems und somit zugleich auch die internationale Staatengemeinschaft in Mitleidenschaft ziehen. In Anbetracht der wachsenden globalen Dependenzen ist somit zu bezweifeln, dass eine Destabilisierung der VR China in irgendeiner Form wünschenswert wäre. Ganz im Gegenteil, die VR China hat inzwischen weltpolitische Aufgaben übernommen, welche die USA derzeit nur bedingt erfüllen können.

Es steht somit außer Zweifel, dass die Verschiebung der globalen Machtkonstellationen bereits begonnen hat. Bedenkt man, dass die VR China ihren regionalen und internationalen Einfluss nicht konfrontativ und im Konflikt mit der westlichen Staatenwelt ausgebaut hat, sondern ganz im Gegenteil das Vakuum gefüllt hat, das aus der Schwächung der bisherigen Hauptakteure resultiert, scheint es folglich angebracht, die im westlichen Diskurs verankerten China-Bilder erneut einer kritischen Analyse zu unterziehen und die Bedrohungsszenarien zumindest zu relativieren. Möglicherweise könnte sich dabei auch herausstellen, dass der chinesische Entwicklungsweg – der sich entschieden von den negativen historischen Vorbildern der westlichen Staatenwelt abzugrenzen sucht – sich mit den „westlichen" Modellen nur unzureichend erfassen lässt. Allerdings sollte diese Feststellung auch nicht zu einer voreiligen Übernahme der innerchinesischen Argumentationsmuster und Modelle verführen – denn beide, die „westliche" wie auch die „chinesische" Diskussion zur Frage der Weltordnung und der Verortung der VR China in eben dieser sind normativen und strategischen Überlegungen unterworfen und können nur bedingt Aufschluss über die bevorstehenden „realen" Entwicklungen liefern.

Die Entschlüsselung der chinesischen IB-Theoriedebatte ist durch diese Feststellung nicht überflüssig geworden, ganz im Gegenteil. Denn wenn nationale Interessen sich verschieben können und die internationalen Konstellationen eine Rekonfiguration der Leitideen zum internationalen System eröffnen, ist es unverzichtbar, eine Bestimmung der Interessen und Orientierungen der zentralen Staaten-Akteure vorzunehmen. Erste Hinweise auf die chinesischen Entwicklungspräferenzen und Ordnungsideale liefert die chinesische IB-Theoriedebatte, aus deren Entschlüsselung sich zwar keine alternativen IB-Modelle ableiten, hingegen sehr wohl Rückschlüsse auf Chinas Vision des internationalen Systems und weiterführend auch auf das Selbstverständnis Chinas als moderne Nation ziehen lassen.

Bibliographie

Ames, Roger T. (1994), *The Art of Rulership. A Study of Ancient Chinese Political Thought*. New York: State University of New York Press.
Arnason, Johann P. (2002), *The Peripheral Center*. Melbourne: Trans Pacific Press.
Arndt, Andreas / Schmidt, Giselher (1978), „Mao Tsetung", in Kimmerle, Heinz (Hrg.) (1978), *Modelle der materialistischen Dialektik*. Den Haag: Nijhoff.
Badiou, Alain (1998), *Abrégé de Métapolitique*. Paris: Editions du Seuil.
Baldwin, David A. (ed.) (1993), *Neorealism and Neoliberalism. The Contemporary Debate*. New York: Columbia UP.
Banno, Masataka (1964), *China and the West 1958-1861: The Origins of the Tsungli Yamen*. Cambridge: Harvard UP.
Barmé, Geremie R. (2005), „Mirrors of History: On a Sino-Japanese Movement and some Antecedents".
  http://www.zmag.org/content/print_article.cfm?itemID=7840&sectionID=1 (10.12.2005)
Barnouin, Barbara / Yu, Changgen (1988), *Chinese Foreign Policy during the Cultural Revolution*. London: Kegan Paul International.
Bauer, Wolfgang (1974), *China und die Hoffnung auf Glück. Paradiese, Utopien, Idealvorstellungen in der Geistesgeschichte Chinas*. München: dtv.
Beijing zhi chun (30-5-2005), „Ping fan Ri fengchao" (Kommentar zur anti-japanischen Stimmung) 评反日风潮.
  http://beijingspring.com/bj2/2005/220/2005530230832.htm (03.07.2005)
Bernstein, Richard / Munro, Ross H. (1997), *The Coming Conflict with China*. New York: Knopf.
Bertalanffy, Ludwig von (1971), *General Systems Theory: Foundations, Development, Application*. New York: Braziller.
Bett, Richard K. (1993/1994), „Wealth, Power and Instability", in *International Security* 3 (Winter 1993/1994), 34-77.
Billington, James H. (2004), *Russia in Search of Itself*. Washington DC: Woodrow Wilson Center Press.
Bo, Guili (2005), „The Role of the Chinese Government in Building a Harmonious Society".
  Konferenzbeitrag: Network of Asia-Pacific Schools and Institutes of Public Administration and Governance (NAPSIPAG), Beijing, PRC, 5-7 December 2005.
  http://www.intanbk.intan.my/napsipag/frame2/beijing/Plenary%20Speeches/TheRoleof ChineseGovernmentinBuildingaHarmoniousSociety.doc (6.11.2006).
Bonacker, Thorsten / Imbusch, Peter (1999), „Begriffe der Friedens- und Konfliktforschung: Konflikt, Gewalt, Krieg, Frieden", in Imbusch, Peter / Zoll, Ralf (Hrg.) [2](1999), *Friedens- und Konfliktforschung*. Opladen: Leske+Budrich, 73-116.
Boucher, David (1998), *Political Theories of International Relations: From Thukydides to the Present*. Oxford: Oxford UP.
Boulding, Kenneth E. (1956), *The Image*. Ann Arbor: University of Michigan Press.

— (1959), „National Images and International Systems", in *Journal of Conflict Resolution* 3, 120-131.
Bourdieu, Pierre (1977), „Questions de politique", in *Actes de la recherche en sciences sociales* 16 (Sept. 1977), 55-80.
— (1981), „La représentation politique. Eléments pour une théorie du champ politique", in *Actes de la recherche en sciences sociales* 36/37, 3-24.
— (1992), „Die Logik der Felder", in Bourdieu, Pierre / Wacquant, Loic J.D. (1992), *Reflexive Anthropologie*. Frankfurt (a.M.): Suhrkamp, 124-146.
— (1996), „Champ politique, champ des sciences sociales, champ journalistique", in *Cahiers de recherche* 15.
— (2001), *Das politische Feld – Zur Kritik der politischen Vernunft*. Konstanz: UVK.
Brown, Michael E. et al. (eds.) (2000), *The Rise of China* (International Security Reader). Cambridge (MA); London: MIT Press.
Buruma, Ian (2005), „China's persistent Japan syndrome". http://www.howardwfrench.com/archives/2005/04/15/chinas_persistent_japan_syndrome/ (05.07.2005)
Buzan, Barry / Little, Richard (1994), „The Idea of ,International System': Theory meets History", in *International Political Science Review* (1994) 3, 231-255.
Cai 蔡, Tuo 拓 (2002), „Quanqiuhua renzhi yu si da lilun zhengjie" (Vier entscheidende Theoriepunkte bei der Identifizierung der Globalisierung) 全球化认知与四大理论症结, in Xiao 肖, Huanrong 欢容 (ed.) (2005), *Guoji guanxixue zai Zhongguo* 国际关系学在中国 (IB-Studien in China). Beijing: Zhongguo Chuanmei Daxue Chubanshe, 288-290.
— (2004), „Quanqiu zhili de Zhongguo shijiao he shijian" (Chinesische Perspektive und Praxis der *global governance*) 全球治理的中国视角和实践, in Wang 王, Jisi 辑思 (Pang 庞, Zhongying 中英) (ed.) (2007), *Zhongguo xuezhe kan shijie* (8). Beijing: Xin Shijie Chubanshe, 263-284.
— (2007), „Quanqiuhua de shidai yiyi jiqi qishi" (Die epochale Bedeutung der Globalisierung und ihre Inspiration) 全球化的时代意义及其启示, in Liang 梁, Shoude 守德 / Li 李, Yihu 义虎 (eds.) (2007), *Quanqiuhua yu hexie shijie* (Globalisierung und Harmonische Welt) 全球化与和谐世界. Beijing: Shijie Zhishi Chubanshe, 11-24.
— (2008), „Quanqiuhua guannian yu Zhongguo dui wai zhanlüe de zhuanxing" (Globalisierungskonzept und Wandel Chinas außenpolitischer Strategie) 全球化观念与中国对外战略的转型, in *Shijie Jingji yu Zhengzhi* (2008) 11, 62-72.
Callahan, William A. (2001), „China and the Globalization of IR Theory: Discussion of 'Building International Relations Theory with Chinese Characteristics'", in *Journal of Contemporary China* 10, 75-88.
— (2004), „Remembering the Future: Utopia, Empire and Harmony in 21st-Century International Theory", in *European Journal of International Relations* (2004) 4, 569-601.
Cao 曹, Lin 琳 (1995), „Aisikude yu ta de waiwei xianshi zhuyi" (Escudé und sein peripherer Realismus) 埃斯库德与他的外围现实主义, in *Lading Meizhou Yanjiu* (1995) 4.
Cao 曹, Yunhua 云华 (2004), „Mulin waijiao zhengce yu Zhongguo – Dongmeng guanxi" (Freundliche Nachbarschaftspolitik und die Beziehungen zwischen China und der ASEAN) 睦邻外交政策与中国-东盟关系, in Xiao 肖, Huanrong 欢容 (ed.) (2005), *Guoji guanxixue zai Zhongguo* 国际关系学在中国 (IB-Studien in China). Beijing: Zhongguo Chuanmei Daxue Chubanshe, 263-265.
Chan, Gerald (1997), „International Studies in China: Origins and Development", in *Issues & Studies* 2 (January 1997), 40-64.

— (1998a), „Toward an International Relations Theory with Chinese Characteristics?", in *Issues & Studies* 6, 1-18.
— (1998b), *International Studies in China – An Annotated Biography*. Commack; New York: Nova Science Publishers.
— (1999a), *Chinese Perspectives on International Relations – A Framework for Analysis*. Houndmills, Basingstoke, Hampshire: MacMillan Press.
— (1999b), „The Origin of the Interstate System: The Warring States in Ancient China", in *Issues & Studies* (1999) 1, 147-166.
Chang, Gordon G. (2001), *The Coming Collapse of China*. New York: Random House.
Chen 陈, Hanwen 汉文 (1985), *Zai guoji wutai shang: Xifang xiandai guoji guanxixue gaishuo* (Auf der internationalen Bühne: Abriß der modernen westlichen IB-Lehre) 在国际舞台上西方现代国际关系学概说. Sichuan Renmin Chubanshe.
Chen, Jian (1994), *China's Road to the Korean War*. New York: Columbia UP.
Chen, King C. (1987), *China's War with Vietnam, 1979. Issues, Decisions, and Implications*. Stanford: Hoover Institution Press.
Chen 陈, Lemin 乐民(1981), „Dangdai Xifang guoji guanxi lilun jianjie" (Übersichtsdarstellung zu modernen westlichen IB-Theorien) 当代西方国际关系理论简介, in *Guoji Wenti Yanjiu* (1981) 2.
— (1982), „Guoji guanxi jiben fangfa" (Zur grundlegenden Methodik der IB) 国际关系基本方法, in *Lilun Yanjiu* (1982) 196.
Chen 陈, Qiang 强 / Zheng 郑, Guilan 贵兰 (2007), „Cong ,Zhongguo nian' dao ,Kongzi Xueyuan': Wenhua chuanbo yu guojia xingxiang rouxing suzao" (Vom „China-Jahr" zu den „Konfuziusinstituten": Kulturvermittlung und das Soft Shaping des nationalen Images) 从中国年到孔子学院：文化传播与国家形象柔性塑造, in *Zhongguo Shiyou Daxue Xuebao* (2007) 1, 73-76.
Chen 陈, Qimao 启懋(2006), „Guoji tixi yu Zhongguo de guoji dingwei de lishixing bianhua" (Der historische Wandel des internationalen Systems und der Positionsbestimmung Chinas) 国际体系与中国的国际定位的历史性变化, in *Guoji Wenti Yanjiu* (2006) 6, 35-40.
Chen 陈, Qiaozhi 乔之 / Wang 王, Wen 文 (2005), „Shilun Eluosi zhengzhi wenhua dui qi waijiao zhanlüe de yingxiang" (Über den Einfluß der politischen Kultur auf die außenpolitische Strategie Rußlands) 试论俄罗斯政治文化对其外交战略的影响, in Wang 王, Jisi 辑思 (Jin 金, Canrong 灿荣) (ed.) (2007), *Zhongguo xuezhe kan shijie* (3), 362-373.
Chen 陈, Yue 岳 (2001), Ruhe renshi leng zhan hou guoji geju de duojihua" (Zum Verständnis der Multipolarisierung der Welt nach Ende des Kalten Krieges) 如何认识冷战后国际格局的多极化, in Liu 刘, Liyun 丽云/ Bao 保, Jianyun 建云 / Fang 房, Lexian 乐宪 (eds.) (2004), *Dangdai Zhongguo yu shijie yanjiu* (Studies on Contemporary China and the World) 当代中国与世界研究. Bejing: Renmin Daxue Guoji Guanxi Xueyuan, 30-36.
— (2002), Ruhe renshi shidai tezheng yu shijie zhuti" (Zum Verständnis der Charakteristika der Epoche und den Themen der Welt) 如何认识时代特征与世界主体, in Liu 刘, Liyun 丽云/ Bao 保, Jianyun 建云 / Fang 房, Lexian 乐(eds.) (2004), *Dangdai Zhongguo yu shijie yanjiu* (Studies on Contemporary China and the World) 当代中国与世界研究. Bejing: Renmin Daxue Guoji Guanxi Xueyuan, 23-29.
Chen 陈, Yugang 玉刚/ Yuan 袁, Jianhua 建华(eds.) (2004), *Chaoyue Weisitefaliya? 21 shiji guoji guanxi de jiedu* (engl. Titel: Beyond Westphalia?) 超越威斯特伐利亚:21 世纪国际关系的解读. Beijing: Shishi Chubanshe.

Chen 陈 Yugang 玉刚(2006), „Zhongguo de guoji zhengzhi jingji xue yanjiu" (Forschung zur IPÖ in China) 中国的国际政治经济学研究, in Wang 王, Yizhou 逸舟 (ed.) (2006), *Zhongguo guoji guanxi yanjiu (1995-2005)* (IB-Forschung in China 1995-2005) 中国国际关系研究 (1995-2005). Beijing: Beijing Daxue Chubanshe, 169-195.

— (2008), „Zhongguo guoji guanxi lilun 30 nian" (30 Jahre IB-Theorieforschung in China) 中国国际关系理论 30 年, in *Guoji Wenti Luntan*, 37-49.

Chen 陈, Zhimin 志敏 (2004), „Guoji guanxi de ci guojia cengmian: Difang zhengfu yu Dong-Bei-Ya hezuo" (Sub-nationale Dimension der IB: Lokale Regierungen und die Nord-Ostasiatische Kooperation)国际关系的次国家层面地方政府与东北亚合作, in Chen 陈, Yugang 玉刚/ Yuan 袁, Jianhua 建华(eds.) (2004), *Chaoyue Weisitefaliya? 21 shiji guoji guanxi de jiedu* (engl. Titel: Beyond Westphalia?) 超越威斯特伐利亚: 21 世纪国际关系的解读. Beijing: Shishi Chubanshe, 243-266.

Chen, Zhimin (2005), „Nationalism, Internationalism and Chinese Foreign Policy", in *Journal of Contemporary China* (Feb. 2005) 14, 35-53.

Cheng, Joseph / Zhang, Wankun (2004), „Patterns and Dynamics of China's International Strategic Behavior", in Zhao, Suisheng (2004) (ed.), *Chinese Foreign Policy: Pragmatic and Strategic Behavior*. New York: M.E. Sharpe, 197-207.

Cheng 程, Wei 伟 (2006), „Eluosi dui wai zhanlüe xuanze de luoji" (Die Logik hinter den strategischen Entscheidungen der russischen Außenpolitik) 俄罗斯对外战略选择的逻辑, in *Shijie Jingji yu Zhengzhi* (2006) 5, 7-13.

China Daily (24-09-2004), „Striking a Chord for Social Harmony". http://www.china.org.cn/english/government/107966.htm (30.10.2006)

Christensen, Thomas (1999), „China, the U.S.-Japan Alliance, and the Security Dilemma in East Asia", in *International Security* 4 (Spring 1999), 49-80.

Chu 楚, Shulong 树龙 (1999), „Zhongguo de guojia liyi, guojia liliang he guojia zhanlüe" (Chinas nationale Interessen, nationale Stärke und nationale Strategie) 中国的国家利益、国家力量和国家战略, in Wang 王, Jisi 辑思(ed.) (2007), *Zhongguo xuezhe kan shijie* (2), 256-260.

Clausewitz, Carl von (1915), *Grundgedanken über Kriege und Kriegsführung*. Leipzig: Insel.

Cohen, Arthur A., (1964), *The Communism of Mao Tse-tung*. Chicago; London: University of Chicago Press.

COM (2006) 631: Communication from the Commission to the Council and the European Parliament: EU-China: Closer partners, growing responsibilities. http://eur-lex.europa.eu/LexUriServ/site/en/com/2006/com2006_0631en01.pdf (08.09.2007).

Cooper, Robert (2003), *The Breaking of Nations – Order and Chaos in the Twenty-First Century*. London: Atlantic Books.

Cox, Robert W. (1981), „Social Forces, States and World Orders: Beyond International Relations Theory", in *Millennium* (1981) 2, 126-155.

CSIS (2007), *CSIS Commission on Smart Power. A smarter, more secure America*. Washington (DC): CSIS Press.

Cumings, Bruce (1981; 1990), *The Origins of the Korean War*. Princeton: Princeton UP.

Czempiel, Ernst-Otto [2](1998), *Friedensstrategien. Eine systematische Darstellung außenpolitischer Theorien von Machiavelli bis Madariaga*. Opladen: Westdeutscher Verlag.

Dan 但, Xingwu 兴悟 (2005), „Zhongguo guoji guanxi xueke zhong de quanqiuhua yanjiu" (Forschung zur Globalisierung in der chinesischen IB-Disziplin) 中国国际关系学科中的全球化研究, Wang 王, Yizhou 逸舟 (ed.) (2006), *Zhongguo guoji guanxi yanjiu (1995-2005)* (IB-Forschung in China 1995-2005) 中国国际关系研究 (1995-2005). Beijing: Beijing Daxue Chubanshe, 459-483.

Deutsch, Karl W. (1963), *Politische Kybernetik*. Freiburg: Rombach.
Devetak, Richard (1996), „Postmodernism", in Burchill, Scott / Linklater, Andrew (eds.) (1996), *Theories of International Relations*. Basingstoke: Macmillan, 179-209.
de Bary, William Theodore / Bloom, Irene [2](1999), *Sources of Chinese Tradition: From Earliest Times to 1600*. New York: Columbia UP.
de Bary, William Theodore / Lufrano, Richard [2](2000), *Sources of Chinese Tradition: From 1600 Through the Twentieth Century*. New York: Columbia UP.
DeGolyer, Michael (2001), „One country, two systems", in Mackerras, Colin / McMillen, Donald H. (eds.) (1998; 2001), *Dictionary of the Politics of the PRC*. London; New York: Routledge, 165.
d'Hoogue, Ingrid (2005), „Public Diplomacy in the People's Republic of China", in Melissen, Jan (ed.) (2005), *The New Public Diplomacy: Soft Power in International Relations*. Houndmills, Basingstoke, Hampshire: Palgrave Macmillan, 88-105.
Dickson, Bruce J. (2004), „Dilemmas of Party Adaptation: The CCP's Strategies for Survival", in Gries, Peter Hays/ Rosen, Stanley (eds.) (2004), *State and Society in 21st-century China*. New York; London: Routledge Curzon, 141-159.
Ding 丁, Shichuan 诗传 et al. (2005), „ ‚Yi tiao xian' zhanlüe yu ‚sange shijie'lilun de lishi pingxi" (Historische Beurteilung der Strategie der „Einheitsfront" und der Theorie der „Drei-Welten" 一条线战略与三个代表理论的历史评析, in Guo 郭, Shuyong 树勇(ed.) (2005), *Guoji guanxi: Huhuan Zhongguo lilun* (Internationale Beziehungen: Ruf nach einer chinesischen Theorie) 国际关系：呼唤中国理论. Tianjin: Tianjin Renmin Chubanshe, 70-84.
Dirlik, Arif (2006), „Beijing Consensus: Beijing ‚Gongshi'. Who Recognizes Whom and to What End?" Globalization and Autonomy Online Compendium. http://anscombe.mcmaster.ca/global1/servlet/Position2pdf?fn=PP_Dirlik_BeijingConsensus (10.11.2008)
Doolin, Dennis / Golas, Peter (1964), „On Contradiction in the Light of Mao Tse-tung's Essay on Dialectical Materialism", in *The China Quarterly* (September 1964) 19, 38-64.
Domes, Jürgen / Näth, Marie-Louise (1972), *Die Außenpolitik der Volksrepublik China. Eine Einführung*. Düsseldorf: Bertelsmann.
Dougherty, James E. / Pfaltzgraff, Robert L. [4](1997), *Contending Theories of International Relations*. New York.
    chinesische Ausgabe: Dougherty（多尔蒂）/ Pfaltzgraff（普法尔茨格拉夫）(1987), *Zhenglun zhong de guoji guanxi lilun* 争论中的国际关系理论. Beijing: Shijie Zhishi Chubanshe.
Doyle, Michael W. (1986), *Empires*. Ithaca; London: Cornell UP.
Dyer, Hugh C. / Mangasarian, Leon (Hrg.) (1989), *The Study of International Relations*. London: Macmillan Press.
Easton, D. [3](1979)(erstmals 1965), *A Systems Analysis of Political Life*. New York; Chicago: Wiley.
Eisenstadt, S.N. (2000), „The Civilizational Dimension in Social Analysis", in *Thesis Eleven* 62 (August 2000), 1-21.
Elman, Benjamin A. (1984), *From Philosophy to Philology: Intellectual and Social Aspects of Change in Late Imperial China*. Cambridge (MA): Harvard UP.
Escudé, Carlos (1998), „An Introduction to Peripheral Realism and its Implications for the Interstate System: Argentina and the Condor II Missile Project", in Neuman, Stephanie G. (ed.) (1998), *International Relations Theory and the Third World*. New York: St. Martin's Press, 55-76.
Fairbank, J. K. (ed.) (1968), *The Chinese World Order: Traditional Chinese Foreign Relations*. Cambridge, MA: Harvard UP.

Fan 范, Jianzhong 建中 / Xu 徐, Yipeng 宜鹏(2007), „‚Quanqiuhua yu hexie shijie' gaoceng luntan zongshu" (Zusammenfassender Bericht zum Forum „Globalisierung und Harmonische Welt") 全球化与和谐世界高层论坛综述, in Liang 梁, Shoude 守德 / Li 李,Yihu 义虎 (eds.) (2007), *Quanqiuhua yu hexie shijie* (Globalisierung und Harmonische Welt) 全球化与和谐世界. Beijing: Shijie Zhishi Chubanshe, 1-9.

— (2007), „Jianshe hexie shijie: Yu Xifang quanqiuzhuyi lilun bu tong de zhuzhang" (Eine harmonische Welt aufbauen: Eine von den westlichen Globalisierungstheorien abweichende Position) 建设和谐社会: 与西方全球主义理论不同的主张, in Liang 梁, Shoude 守德 / Li 李,Yihu 义虎(eds.) (2007), *Quanqiuhua yu hexie shijie* (Globalisierung und Harmonische Welt) 全球化与和谐世界. Beijing: Shijie Zhishi Chubanshe, 244-251.

Fan 樊, Tining 体宁 (2007), „Hexie shijie: Zhongguo de quanqiuhua linian" (Harmonische Welt: Chinas Konzept der Globalisierung) 和谐世界:中国的全球化理念, in Liang 梁, Shoude 守德 / Li 李, Yihu 义虎(eds.) (2007), *Quanqiuhua yu hexie shijie* (Globalisierung und Harmonische Welt)全球化与和谐世界. Beijing: Shijie Zhishi Chubanshe, 229-234.

Fang 方, Changping 长平(2005), „Zhongguo guoji guanxi lilun jianshe: Wenti yu sikao" (Der Aufbau der IB-Theorie in China: Probleme und Überlegungen),中国国际关系理论建设问题与思考, in *Jiaoxue yu Yanjiu* (2005) 6, 46-51.

zudem auch abgedruckt in Guo 郭, Shuyong 树勇 (ed.) (2005), *Guoji guanxi: Huhuan Zhongguo lilun* (Internationale Beziehungen: Ruf nach einer chinesischen Theorie) 国际关系: 呼唤中国理论. Tianjin: Tianjin Renmin Chubanshe, 144-150.

Fang 房, Lexian 乐宪 (2004), „Dangqian Oumeng dui hua zhanlüe jiqi dui Zhong-Ou guanxi de zhengce hanyi" (Die gegenwärtige Chinastrategie der EU und ihre Policy-Implikationen für die sino-europäischen Beziehungen)当前欧盟对华战略及其对中欧关系的政策含义, in Wang 王, Jisi 辑思 (Jin 金, Canrong 灿荣) (ed.) (2007), *Zhongguo xuezhe kan shijie* (3), 306-329.

FAZ (13-06-2009), „Ohrfeige für westliche Spitzenmanager". http://www.faz.net/s/Rub0E9EEF84AC1E4A389A8DC6C23161FE44/Doc~E6A1578A82D3 E414C96FEA1A147F1D6BA~ATpl~Ecommon~Scontent.html (20.06.2009).

Feng 冯, Shaolei 绍雷 (1989), „Sulian guoji guanxi lilun de fazhan yu xianzhuang" (Entwicklung und Stand der sowjetischen IB-Theorie) 苏联国际关系理论的发展与现状, in *Shijie Jingji yu Zhengzhi* (1989) 2, 57-62.

Feng 冯, Tejun 特君 (2005 [1987; 1994]), *Dangdai shijie zhengzhi jingji yu guoji guanxi* (Moderne Weltpolitik, Weltwirtschaft und IB)当代世界政治经济与国际关系. Beijing: Zhongguo Renmin Daxue Chubanshe.

Feyerabend, Paul (1976), *Wider den Methodenzwang. Skizze einer anarchistischen Erkenntnistheorie*. Frankfurt / Main: Suhrkamp.

Foerster, Heinz von (1985), *Sicht und Einsicht: Versuche zu einer operativen Erkenntnistheorie*. Braunschweig: Vieweg.

Franke, Wolfgang (1962), *China und das Abendland*. Göttingen: Vandenhoeck & Ruprecht.

Friedberg, Aaron L. (1993/1994), „Ripe for Rivalry: Prospects for Peace in a Multipolar Asia", in *International Security* 3 (Winter 1993/1994), 5-33.

Friedrich, Stefan (1996), „Zentrale Forschungsinstitute zur Internationalen Politik in der VR China. Eine kurze Einführung", in *China Aktuell* (1996) 4, 407-413.

— (2000), *China und die Europäische Union: Europas weltpolitische Rolle aus chinesischer Sicht*. Hamburg: Institut für Asienkunde.

Fu 傅, Yaozu 耀祖/ Gu 顾, Guanfu 关福 (eds.) (2004), *Zhongguo guoji guanxi lilun yanjiu* (Research on IR Theories in China)中国国际关系理论研究. Beijing: Shishi Chubanshe.

Fu 傅, Yaozu 耀祖 (2005a), „Guanyu jianshe Zhongguo guoji guanxi lilun de ji dian sikao" (Einige Überlegungen zum Aufbau einer chinesischen IB-Theorie) 关于建设中国国际关系理论的几点思考, in *Waijiao Pinglun* (2005) 5, 57-63.

— (2005b), „Jianchi zhengque de zhidao sixiang, jianshe Zhongguo de guoji guanxi lilun" (An der korrekten Leitidee festhalten, eine chinesische IB-Theorie aufbauen) 坚持正确的指导思想, 建设中国的国际关系理论, in Guo 郭, Shuyong 树勇 (ed.) (2005), *Guoji guanxi: Huhuan Zhongguo lilun* (Internationale Beziehungen: Ruf nach einer chinesischen Theorie) 国际关系:呼唤中国理论. Tianjin: Tianjin Renmin Chubanshe, 58-69.

Geeraerts, Gustaaf / Men, Jing (2001), „International Relations Theory in China", in *Global Society* 3, 251-276.

Gill, Bates (1999), „Limited Engagement", in *Foreign Affairs* 4 (July/ August 1999), 65-76.

— (2000), „Chinese Perspectives on IR", in *China Quarterly* 162, 562-564.

Gill, Bates / Mulvenon, James (2002), „Chinese Military-related Think Tanks and Research Institutions", *China Quarterly* 171, 617-624.

Gilpin, Robert (1987), *The Political Economy of International Relations*. Princeton: Princeton UP.

Ginsburgs, George / Pinkele, Carl F. (1978), *The Sino-Soviet Territorial Dispute, 1949-1964*. New York: Praeger.

Glaser, Bonnie S. / Saunders, Philip C. (2002), „Chinese Civilian Foreign Policy Research Institutes: Evolving Roles and Increasing Influence", *China Quarterly* 171, 597-616.

Glaserfeld, Ernst von (1987), *Wissen, Sprache und Wirklichkeit: Arbeiten zum radikalen Konstruktivismus*. Braunschweig: Vieweg.

Goldstein, Avery (1997/1998), „Great Expectations: Interpreting China's Arrival", in *International Security* 3 (Winter 1997/1998), 36-73.

Goldstein, Judith / Keohane, Robert O. (eds.) (1993), *Ideas & Foreign Policy: Beliefs, Institutions, and Political Change*. Ithaca; London: Cornell UP.

Gollwitzer, Heinz (1972; 1982), *Geschichte des weltpolitischen Denkens* (Band 1+2). Göttingen: Vandenhoeck & Ruprecht.

Goncharov, Sergei / Lewis, John W. / Xue, Litai (1993), *Uncertain Partners: Stalin, Mao, and the Korean War*. Stanford: Stanford UP.

Gong 龚, Jianying 鉴瑛 (2007), „Deng Xiaoping de quanqiuhua siwei yu Zhongguo tese shehuizhuyi lilun de chuangjian" (Deng Xiaopings Ideen zur Globalisierung und die Neukonzeption der Theorie eines Sozialismus mit chinesischen Charakteristika) 邓小平的全球化思维与中国特色社会主义理论的创建, in *Ningxia Daxue Xuebao* 3 (2007), 58-61.

Gong 宫, Li 力(2004), „Mao Zedong waijiao sixiang jingsui yu lilun gongxian" (Essenz und Theoriebeitrag der außenpolitischen Ideen Mao Zedongs)毛泽东外交思想精髓与理论贡献, in Fu 傅, Yaozu 耀祖/ Gu 顾, Guanfu 关福 (eds.)(2004), *Zhongguo guoji guanxi lilun yanjiu* 中国国际关系理论研究 (Forschung zu IB-Theorien in China). Beijing: Shishi Chubanshe, 3-18.

Green, Stephen (2007), „The world according to CCTV", in *Far Eastern Economic Review* (March 2007) 2, 41-45.

Gries, Peter Hays (2005), „Nationalism and Chinese Foreign Policy", in Deng, Yong / Wang, Fei-Ling (eds.) (2005), *China Rising: Power and Motivation in Chinese Foreign Policy*. Lanham: Rowman & Littlefield, 103-120.

Grießler, Margareta (2004), „Außenbeziehungen Chinas zwischen 1600 und 1900", in Linhart, Sepp / Weigelin-Schwiedrzik, Susanne (Hrg.) (2004), *Ostasien 1600-1900: Geschichte und Gesellschaft*. Wien: Promedia (Edition Weltregionen), 99-115.

Griffiths, Martin (2007), „Worldviews and IR theory: Conquest or coexistence?", in Griffiths, Martin (eds.) (2007), *International Relations Theory for the Twenty-First Century*. London; New York: Routledge, 1-10.

Grobe, Karl (1980), *Chinas Weg nach Westen: Pekings neue Außenpolitik und ihre Hintergründe*. Frankfurt: China Studien- und Verlagsgesellschaft.

Guangming Ribao (30-12-2006), „Wei fanrong fazhan zhexue shehui kexue zuo chu geng da gongxian" (Einen noch größeren Beitrag zur Entfaltung und Entwicklung der Sozialwissenschaften leisten)为繁荣发展哲学社会科学作出更大贡献. http://theory.people.com.cn/GB/49157/49164/5235199.html (14.11.2008).

Guo 郭, Shuyong 树勇(2003), „Wenhua dui guojia liyi de duo zhong yiyi: Jian lun wenhua xiandaihua yu Zhongguo guojia liyi" (Die zentrale Bedeutung der Kultur für die nationalen Interessen: Über die Modernisierung im Bereich der Kultur und Chinas nationale Interessen) 文化对国家利益的多重意义兼论文化现代化与中国国家利益, in Wang 王, Jisi 辑思(ed.) (2007), *Zhongguo xuezhe kan shijie* (2), 120-132.

— (ed.) (2005a), *Guoji guanxi: Huhuan Zhongguo lilun* (Internationale Beziehungen: Ruf nach einer chinesischen Theorie) 国际关系：呼唤中国理论. Tianjin: Tianjin Renmin Chubanshe.

— (2005b), „Guanyu Zhongguo jueqi de ruogan lilun zhengming jiqi xueshu yiyi" (Zu einigen konkurrierenden Theorien des chinesischen Aufstiegs und ihrer wissenschaftlichen Bedeutung)关于中国崛起的若干理论争鸣及其学术意义 in *Guoji Guancha* (2005) 4, 31-38.

— (2006), *Cong guojizhuyi dao xin guojizhuyi: Makesizhuyi guoji guanxi sixiang fazhan yanjiu* (Vom Internationalismus zum Neo-Internationalismus: Untersuchungen zur Entwicklung der marxistischen IB-Ideen) 从国际主义到新国际主义:马克思国际关系思想发展研究. Beijing: Shishi Chubanshe.

Guo 郭, Zhenyuan 震远 (2005), „Zhongguo de heping fazhan daolu yu qianjing"(Der friedliche Entwicklungsweg Chinas und die Zukunftsaussichten) 中国的和平发展道路与前景, in *Guoji Wenti Yanjiu* (2005) 1, 10-13.

Häckel, Erwin (2000), „Ideologie und Außenpolitik", in Woyke, Wichard (Hrg.) (2000), *Handwörterbuch Internationale Politik*. Opladen: Leske + Budrich, 148-154.

Halliday, Fred (1989), „State and Society in International Relations: A Second Agenda", in Dyer, Hugh C. / Mangasarian, Leon (Hrg.) (1989), *The Study of International Relations*. London: Macmillan Press, 40-59.

Hamrin, Carol Lee (1994), „Elite Politics and the Development of China's Foreign Relations", in Robinson / Shambaugh (eds.) (1994), *Chinese Foreign Policy: Theory and Practice*. Oxford: Clarendon Press, 70-112.

Han 韩, Yugui 玉贵 et al. (2007),„Quanqiuhua yu Zhongguo heping fazhan" (Globalisierung und Chinas friedliche Entwicklung), in Liang 梁, Shoude 守德 / Li 李,Yihu 义虎(eds.) (2007), *Quanqiuhua yu hexie shijie* (Globalisierung und Harmonische Welt) 全球化与和谐世界. Beijing: Shijie Zhishi Chubanshe, 63-71.

Harding, Harry (1992), *A Fragile Relationship. The United States and China since 1972*. Washington: Brookings.

Hardt, Michael / Negri, Antonio (2002 [2000]), *Empire: Die neue Weltordnung*. Frankfurt; New York: Campus.

He 何, Lan 兰(2005), *Lengzhan hou Zhongguo dui wai guanxi* (China's Foreign Relations after the Cold War) 冷战后中国对外关系. Beijing: Zhongguo Chuanmei Daxue Chubanshe.

He 何, Peiqun 佩群(2004), „Nüxingzhuyi dui chuantong zhuliu guoji guanxi lilun de pipan" (Kritik der feministischen Theorie an den klassischen Hauptströmungen der IB-Theorie) 女性主义对传统主流国际关系理论的批判, in Chen 陈, Yugang 玉刚/ Yuan 袁, Jianhua 建华(eds.)

(2004), *Chaoyue Weisitefaliya? 21 shiji guoji guanxi de jiedu* (engl. Titel: Beyond Westphalia?) 超越威斯特伐利亚: 21 世纪国际关系的解读. Beijing: Shishi Chubanshe, 40-58.

He 何, Zhongyi 忠义(2004), „Cong guoji guanxi qikan kan Zhongguo guoji guanxi lilun yanjiu: Jiyu jin nian lai de ‚Shijie Jingji yu Zhengzhi' zazhi de fenxi" (Entwicklung der IB-Forschung in China basierend auf der Analyse von Zeitschriften: Untersuchung basierend auf „World Economics and Politics") 从国际关系期刊看中国国际关系理论研究: 基于近年来的世界经济与政治杂志的分析, in *Shijie Jingji yu Zhengzhi* (2004) 11, 66-74.

Heberer, Thomas (2006), „China – Entwicklung zur Zivilgesellschaft?", in *Aus Politik und Zeitgeschichte* (Dezember 2006), 20-26.

Heilmann, Sebastian ²(2004), *Das politische System der Volksrepublik China*. Wiesbaden: Verlag für Sozialwissenschaften.

Hobden, Stephen (1998), *International Relations and Historical Sociology: Bringing Down Boundaries*. London; New York: Routledge.

Hocking, Brian (2005), „Rethinking the 'New' Public Diplomacy", in Melissen, Jan (ed.) (2005), *The New Public Diplomacy: Soft Power in International Relations*. Houndmills, Basingstoke, Hampshire: Palgrave Macmillan, 28-46.

Hoffman, Stanley (1977), „An American Social Science: International Relations", in *Daedalus* 106 (3), 41-66.

Hoffman, Mark (1989), „Critical Theory and the Inter-paradigm Debate", in Dyer, Hugh C. / Mangasarian, Leon (Hrg.) (1989), *The Study of International Relations*. London: Macmillan Press, 60-86.

Holsti, K. J. (1985), *The Dividing Discipline: Hegemony and Diversity in International Theory*. Boston: Allen & Unwin.

Holsti, Ole R. (1962), „The Belief System and National Images: A Case Study", in *The Journal of Conflict Resolution* 3 (September 1962), 244-252.

— (1984), „The Bifurcation of American and Non-American Perspectives in Foreign Policy", in *PS* 3 (Summer 1984), 553-557.

Hong 洪, Bing 兵 (2007), „Zhongguo yu Xifang guojia liyiguan de chayi" (Unterschiede zwischen chinesischen und westlichen Konzeptionen nationaler Interessen) 中国与西方国家利益关的差异, in Wang 王, Jisi 辑思 (ed.) (2007), *Zhongguo xuezhe kan shijie* (2), 279-294.

Hosking, Geoffrey (2000 [1997]), *Rußland: Nation und Imperium*. Berlin: Siedler.

Hsu, Imanuel (1960), *China's Entrance into the Family of Nations: The Diplomatic Phase 1858-1880*. Cambridge: Harvard UP.

Hu 胡, Jintao 锦涛(03-09-2005), „Hu Jintao zai jinian kang Ri zhanzheng shengli 60 zhounian da hui shang de jianghua" (Hu Jintaos Rede auf der Versammlung zum 60. Jahrestages des Sieges im Widerstandskrieg gegen Japan) 胡锦涛在纪念抗日战争胜利60周年大会上的讲话. http://www.whci.gov.cn/whjszx/shownews_dj.asp?newsid_29 (10.05.2009)

Hu 胡, Jintao 锦涛 (15-09-2005), „Nuli jianshe chijiu heping gongtong fanrong de hexie shijie" (Mit allen Kräften auf den Aufbau einer harmonischen Welt des langfristigen Friedens und des gemeinsamen Wohlstands hinarbeiten) 努力建设持久和平共同繁荣的和谐世界. http://news.xinhua.com/ ziliao/2005-03/15/content_2700416.htm (22.06.2007)

— (16-02-2006), „Jianchi Zhongguo tese shehuizhuyi daolu jiu yao jianchi heping jueqi – zai jinian Mao Zedong danchen 110 zhounian de jianghua" (Um am Weg des Sozialismus mit chinesischen Charakteristika festzuhalten, müssen wir am Friedlichen Aufstieg festhalten – Rede zum Gedenken an den 110. Geburtstag Mao Zedongs) 坚持中国特色社会主义道路就

要坚持和平崛起: 在纪念毛泽东诞辰 110 周年的讲话.
www.china.con.cn/chinese/zhuanti/hpdl/1125337.htm (08.05.2008)

Hu 胡, Shaohua 少华(1988), „Ershi shiji guoji guanxixue de zhongyao zhuzuo" (Schlüsselwerke der IB-Lehre des 20. Jahrhunderts) 二十世纪国际关系学 的重要著作, in *Shijie Jingji yu Zhengzhi* (1988) 5, 61-62.

Hu, Weixing / Chan, Gerald (eds.) (2000), *China in International Relations in the 21st Century: Dynamics of Paradigm Shifts*. Lanham: University Press of America.

Hu 胡, Zongshan 宗山 (2005a), „Zhuti, dongli, fanshi, benzhi – Makesizhuyi yu xifang zhuliu guoji guanxi lilun bijiao yanjiu" (Akteure, Triebkräfte, Paradigmen, Beschaffenheit: Vergleichende Untersuchung zu marxistischen Theorien und den Hauptströmungen der westlichen IB-Theorien)主体、动力、范式、本质马克思主义与西方主流国际关系理论比较研究, in *Jiaoxue yu Yanjiu* 2, 69-81.

— (2005b), „Heping jueqi shi fou keneng? Lishi yu lilun de sikao" (Ist der friedliche Aufstieg möglich? Historische und theoretische Überlegungen) 和平崛起是否可能? 历史与理论的思考, in Wang 王, Jisi 辑思(ed.) (2007), *Zhongguo xuezhe kan shijie*, 199-220.

— (2006), *Zhongguo de heping jueqi: Lilun, lishi yu zhanlüe* (Chinas friedlicher Aufstieg: Theorie, Geschichte und Strategie) 中国的和平崛起: 理论, 历史, 战略. Beijing: Shijie Zhishi Chubanshe.

Huang 黄, Jiashu 嘉树 (1998), „Qizhan shidai: Dui leng zhan hou guoji xin zhixu de sikao" (Zeit der Schachzüge: Gedanken zur neuen Ordnung des internationalen Systems nach Ende des Kalten Krieges)棋战时代: 对冷战后国际新秩序的思考, in Liu 刘, Liyun 丽云 / Bao 保, Jianyun 建云 / Fang 房, Lexian 乐宪 (eds.) (2004), *Dangdai Zhongguo yu shijie yanjiu* (Studies on Contemporary China and the World)当代中国与世界研究. Bejing: Renmin Daxue Guoji Guanxi Xueyuan, 37-44.

Hunt, Michael (1996), *The Genesis of Chinese Communist Foreign Policy*. New York: Columbia UP.

Huntington, Samuel P. (1996), *The Clash of Civilizations and the Remaking of World Order*. New York: Simon and Schuster.

Huo 火, Zhengde 正德 (2005), „Lun Zhong-Ou zhanlüe guanxi" (Zur strategischen Partnerschaft zwischen China und der EU) 论中欧战略关系, in Wang 王, Jisi 辑思 (Jin 金, Canrong 灿荣) (ed.) (2007), *Zhongguo xuezhe kan shijie* (3), 334-344.

— (2006), „Zhonghua wenming fuxing yu heping fazhan daolu" (Die chinesische Renaissance und der friedliche Entwicklungsweg)中华文明复兴与和平发展道路, in *Guoji Wenti Yanjiu* (2006) 4, 29-34; 65.

Ikenberry, G. John / Mastanduno, Michael (eds.) (2003), *International Relations Theory and the Asia Pacific*. New York: Columbia UP.

Imbusch, Peter / Zoll, Ralf (eds.) ²(1999), *Friedens- und Konfliktforschung*. Opladen: Leske+Budrich.

Jacobs, Andreas (2003), „Realismus", in Schieder, Siegfried / Spindler, Manuela (2003), *Theorien der Internationalen Beziehungen*. Opladen: Leske+Budrich, 35-59.

Jervis, Robert (1976), *Perception and Misperception in International Politics*. Princeton; New Jersey: Princeton UP.

Jia 贾, Jianghua 江华 (2004), „Mao Zedong guoji zhanlüe de zhuanhuan jiqi luoji fenxi" (Analyse des Wandels und der Logik der internationalen Strategie Mao Zedongs) 毛泽东国际战略的转换及其逻辑分析, in *Mao Zedong Sixiang Yanjiu* (2004) 3, 64-67.

Jia, Qingguo (2001), „From Limited Cooperation to Limited Conflicts. Sino-American Relations between 1972 and 1999", in *East Asian Review* (March 2001) 5, 73-102.

Jia 贾, Wenjian 文键 (2008), „Deguo ‚Mingjing' zhoukan (2005-2006 nian) zhong de Zhongguo xingxiang (Das China-Bild in der deutschen Wochenzeitschrift „Der Spiegel" 2005-2006) 德国明镜周刊(2006- 2007 年)中的中国形象, in *Guoji Luntan* (2008) 7, 62-67.

Jian 简, Junbo 军波 (2004), „Weisitefaliya tixi, xiandai minzhu kunjing yu minzhu de pubianhua" (Westfälisches System, Probleme der Demokratie und die Universalisierung der Demokratie) 威斯特伐利亚体系、现代民主困境与民主 普遍化, in Chen 陈, Yugang 玉刚 / Yuan 袁, Jianhua 建华(eds.) (2004), *Chaoyue Weisitefaliya? 21 shiji guoji guanxi de jiedu* (engl. Titel: Beyond Westphalia?) 超越威斯特伐利亚: 21 世纪国际关系的解读. Beijing: Shishi Chubanshe, 77-100.

Jiang 江, Zemin 泽民 (24-10-1995), „Rang women gongtong dizao yi ge geng meihao de shijie" (Laßt uns gemeinsam eine bessereWelt gründen) 让我们共同缔造一个更美好的世界.
http://news.xinhuanet.com/ziliao/2005_03/15/content_2700416.htm (24.03.2007).

Jiefang Ribao (engl.: Liberation Daily) (30-10-2006), „Jueding guanjianci jieda" (Erläuterungen zu Schlüsselwörtern der Resolution) 决定关键词 解答
http://cpc.people.com.cn/GB/64093/64098/4902690.html (30.10.2006)

Jin 金, Yingzhong 应忠 / Ni 倪, Shixiong 世雄(1992; 2003), *Guoji guanxi lilun bijiao yanjiu* (Vergleichende Studie zu IB-Theorien) 国际关系理论比较研究 Beijing: Zhongguo Shehui Kexue Chubanshe.

Jin 金, Zhengkun 正昆 (1999), *Xiandai waijiaoxue gailun* (Überblick über die moderne Diplomatielehre)现代中国外交学概论. Beijing: Zhongguo Renmin Daxue Chubanshe.

— (2000), „Zhongguo 'huoban' waijiao zhanlüe chu tan" (Erste Untersuchungen zur chinesischen Strategie der 'Partnerschafts'-Diplomatie) 中国伙伴外交战略初探, in *Zhongguo Waijiao* 4, 20-25.

— (2003), „Shilun dangdai Zhongguo waijiao xingxiang de suzao" (Zur Modellierung des modernen außenpolitischen Images Chinas) 试论当代中国外交形象的塑造, in Liu 刘, Liyun 丽云/ Bao 保, Jianyun 建云 / Fang 房, Lexian 乐宪 (eds.) (2004), *Dangdai Zhongguo yu shijie yanjiu* (Studies on Contemporary China and the World) 当代中国与世界研究. Bejing: Renmin Daxue Guoji Guanxi Xueyuan, 541-547.

— (2004), *Waijiaoxue* (Lehre der Außendiplomatie) 外交学. Beijing: Renmin UP.

Johnston, Alastair Iain / Ross, Robert S. (eds.) (2006), *New Directions in the Study of China's Foreign Policy*. Stanford UP.

Joost, Wilhelm (1962), *Herren über Krieg oder Frieden*. Düsseldorf; Wien: Econ.

Jueding (11-10-2006) = Goujian shehuizhuyi hexie shehui ruogan zhongda wenti jueding (Resolution zu einigen zentralen Fragen beim Aufbau einer harmonischen sozialistischen Gesellschaft) 构建社会主义和谐社会若干重大问题决定.
http://news.sina.com.cn/c/2006-10-18/125711271474.shtml (25.10.2006)

Kagan, Robert (2003), *Macht und Ohnmacht: Amerika und Europa in der neuen Weltordnung*. Berlin: Siedler.

Kahl, Jürgen (2004), „VR China – Großmacht mit Handicaps".
http://fesportal.fes.de/pls/portal30/docs/FOLDER/WORLDWIDE/ASIEN/PROJEKTE/china.html (18.09.2005)

Kane, Thomas (2001), „China's Foundations: Guiding Principles of Chinese Foreign Policy", in *Comparative Strategy* (2001) 20, 45-55.

Kang, David (2003a), „Hierarchy and Stability in Asian International Relations", in Ikenberry, G. John / Mastanduno, Michael (eds.) (2003), *International Relations Theory and the Asia-Pacific*. New York: Columbia UP, 163-189.

— (2003b), „Getting Asia Wrong: The Need for New Analytical Frameworks", in *International Security* 4 (Spring 2003), 57-85.

— (2003/04), „Hierarchy, Balancing, and Empirical Puzzles in Asian International Relations", in *International Security* (Winter 2003/04) 3, 165-180.

Kant, Immanuel (1795 (nachveröff.:2009)), *Zum ewigen Frieden*. Frankfurt: Suhrkamp.

Katzenstein, Peter (ed.) (1996), *The Culture of National Security: Norms and Identity in World Politics*. New York: Columbia UP.

Kennedy, Paul M. (1989), *Aufstieg und Fall der großen Mächte: Ökonomischer Wandel und militärischer Konflikt von 1500 bis 2000*. Frankfurt: Fischer.

Kennedy, Scott (2008), „The Myth of the Beijing Consensus". Paper zur Konferenz "'Washington Consensus' vs 'Beijing Consensus': Sustainability of China's Development Model", National Taiwan University Center of China Studies / University of Denver Center for China-US Cooperation, Denver, Colorado, May 30-31,2008.
http://www.indiana.edu/~rccpb/Myth%20Paper%20May%2008.pdf (10.11.2008).

Kim, Samuel S. (ed.) [4](1998), *China and the World: Chinese Foreign Policy Faces the New Millennium*. Boulder (Col.): Westview Press.

Kleinschmidt, Harald (1998), *Geschichte der internationalen Beziehungen*. Stuttgart: Reclam.

Knight, Nick (1980), „Mao Zedong on Contradiction and on Practice: Pre-Liberation Texts", in *China Quarterly* (December 1980) 84, 641-668.

Knutsen, Tobjorn (1992), *A History of International Relations Theory*. Manchester: Manchester UP.

Kolakowski, Leszek (1977), *Die Hauptströmungen des Marxismus: Entstehung, Entwicklung, Zerfall*. München: Piper.

Kondapalli, Srikanth (2005), „The Rise of China and Implications to Asia". World Forum for Democratization in Asia, pp.21-22.
http://www.wfda.net/UserFiles/File/speeches/Kondapalli.pdf (03.07.2007).

Koppe, Karlheinz (1999), „Geschichte der Friedens- und Konfliktforschung", in Imbusch, Peter / Zoll, Ralf (Hrg.) [2](1999), *Friedens- und Konfliktforschung*. Opladen: Leske+Budrich, 23-71.

Krasner, Stephen D. (1993), „Westfalia and All That", in Goldstein, Judith / Keohane, Robert O. (eds.) (1993), *Ideas and Foreign Policy: Beliefs, Institutions and Political Change*. Ithaca, London: Cornell UP, 235-264.

Krell, Gert (2000), *Weltbilder und Weltordnung: Einführung in die Theorie der Internationalen Beziehungen*. Baden-Baden: Nomos.

Krippendorff, Ekkehart (1989), „The Dominance of American Approaches in International Relations", in Dyer, Hugh C. / Mangasarian, Leon (Hrg.) (1989), *The Study of International Relations*. London: Macmillan Press, 28-39.

Kuhn, Thomas S. (1973), *Die Struktur wissenschaftlicher Revolutionen*. Frankfurt / Main: Suhrkamp.

Kunczik, Michael (1997), *Images of Nations and International Public Relations*. Mahwah, N.J.: Lawrence Erlbaum Associates.

Kurlantzick, Joshua (2007), *Charm Offensive: How China's Soft Power Is Transforming the World*. New Haven; London: Yale UP.

Lakatos, Imre (1978), *The Methodology of Scientific Research Programme*. Cambridge: Cambridge UP.

Langlois, Anthony J. (2007), „Worldviews and international political theories", in Griffiths, Martin (eds.) (2007), *International Relations Theory for the Twenty-First Century*. London; New York: Routledge, 146-156.

Le Monde Diplomatique (2008), „Understanding the Beijing Consensus" (by Alain Gresh), November 2008.

Lehmkuhl, Ursula [2](2000), *Theorien Internationaler Politik*. München; Wien: Oldenbourg.

Lei, Guang (2005), „Realpolitik Nationalism: International Sources of Chinese Nationalism", in *Modern China* (Oct. 2005) 4, 487-514.

Lei 雷, Jianyong 建勇 (2008), „Goujian Zhongguo guoji guanxi lilun de bentilun" (Die Ontologie beim Aufbau der chinesischen IB-Theorie) 构建中国国际关系理论的本体论, in *Journal of Xinyang Agricultural College* (2008) 3, 1-3.

Lemke, Christiane ²(2008), *Internationale Beziehungen: Grundkonzepte, Theorien und Problemfelder*. München: Oldenbourg.

Lenin, W.I. (1950 [1948]), *Sozialismus und Krieg*. Moskau: Verlag für Fremdsprachige Literatur.

Leonard, Mark (2008), *What does China think?* London: Fourth Estate.

Levenson, Joseph R. (1958), *Confucian China and its Modern Fate: A Triology*. Berkeley; Los Angelos: University of California Press.

Levine, Steven I. (1994), „Perception and Ideology in Chinese Foreign Policy", in Robinson, Thomas W. / Shambaugh, David (eds.) (1994 (reprinted 2006)), *Chinese Foreign Policy – Theory and Practice*. Oxford: Clarendon Press, 30-46.

— (1998), „Sino-American Relations: Practicing Damage Control", in Kim, Samuel S. (ed.) ⁴(1998), *China and the World: Chinese Foreign Policy Faces The New Millennium*. Boulder: Westview Press, 91-113.

Li 李, Aihua 爱华 et al. (2006), *Makesizhuyi guoji guanxi lilun* (Marxistische IB-Theorien) 马克思主义国际关系理论. Beijing: Renmin Chubanshe.

Li 李, Baojun 宝俊 (1992), *Dangdai Zhongguo Waijiao Gailun* (Überblick über die gegenwärtige Außendiplomatie Chinas) 当代中国外交概论. Beijing: Renmin UP.

— (2001), „Zhongguo xin anquanguan de tichu jiqi zhuyao neirong" (Die Aufstellung des neuen chinesischen Sicherheitskonzepts und sein Hauptinhalt) 中国新安全观的提出及其主要内容, in Liu 刘, Liyun 丽云/ Bao 保, Jianyun 建云 / Fang 房, Lexian 乐宪 (eds.) (2004), *Dangdai Zhongguo yu shijie yanjiu* (Studies on Contemporary China and the World) 当代中国与世界研究. Bejing: Renmin Daxue Guoji Guanxi Xueyuan, 509-517.

Li 李, Bin 滨(2004), „Zhongguo mianlin de fei chuantong anquan wenti" (Die nicht-traditionellen Sicherheitsprobleme, mit denen sich China konfrontiert sieht) 中国面临 的非传统安全问题, in Wang 王, Jisi 辑思 (ed.)(2007), *Zhongguo xuezhe kan shijie* (6), 30-38.

— (2005), „Shenme shi Makesizhuyi de guoji guanxi lilun?" (Was ist eine marxistische IB-Theorie?) 什么是马克思主义国际关系理论, in *Shijie Jingji yu Zhengzhi* 5, 37-44.

— (2006), „Zhongguo de Makesizhuyi guoji guanxi yanjiu" (Marxistische IB-Forschung in China)中国的马克思主义国际关系研究, in Wang 王, Yizhou 逸舟 (ed.) (2006), *Zhongguo guoji guanxi yanjiu (1995-2005)* (IB-Forschung in China 1995-2005) 中国国际关系研究 (1995-2005). Beijing: Beijing Daxue Chubanshe, 61-85.

Li 李, Feng 峰 (ed.) (2004), *Dangdai Zhongguo dui Wai Guanxi Gailun* 1949-1999 (Überblick über die Außenbeziehungen des gegenwärtigen China 1949-1999) 当代中国 对外关系概论 1949-1999. Beijing: CASS.

Li 李, Jianmin 建民(2004), „ ,Putong guojia' mubiao yu Riben de lianheguo waijiao" (Japans UN-Diplomatie und das Ziel, wieder eine „normaler Staat" zu werden) 普通国家目标与日本的联合国外交, in Wang 王, Jisi 辑思 (Jin 金, Canrong 灿荣) (ed.) (2007), *Zhongguo xuezhe kan shijie* (3), 398-408.

Li 李, Jie 杰 (2007), „Ruanshili jianshe yu Zhongguo de heping fazhan" (Aufbau der Soft Power und Chinas Friedliche Entwicklung) 软实力建设与中国的和平发展, in *Guoji Wenti Yanjiu* (2007) 1, 19-24.

Li 李, Jingzhi 景治(2001), „Shijie geju yu daguo guanxi de xin bianhua: Yilake zhanzheng jiqi yingxiang xiping" (Weltstruktur und der Wandel in den Beziehungen der Großmächte: Analyse zum Irak-Krieg und seinen Konsequenzen)世界格局与大国关系的新变化：伊拉克战争及其影响析评, in Liu 刘, Liyun 丽云/ Bao 保, Jianyun 建云 / Fang 房, Lexian 乐宪 (eds.) (2004), *Dangdai Zhongguo yu shijie yanjiu* (Studies on Contemporary China and the World) 当代中国与世界研究. Bejing: Renmin Daxue Guoji Guanxi Xueyuan, 13-22.

— (2002), „Ruhe renshi dangjin de shijie geju" (Zum Verständnis der gegenwärtigen Weltstruktur) 如何认识当今的世界格局, in Liu 刘, Liyun 丽云/ Bao 保, Jianyun 建云 / Fang 房, Lexian 乐宪 (eds.) (2004), *Dangdai Zhongguo yu shijie yanjiu* (Studies on Contemporary China and the World) 当代中国与世界研究. Bejing: Renmin Daxue Guoji Guanxi Xueyuan, 3-12.

— (2003), „Zhanlüe jiyuqi he wo guo de guoji zhanlüe" (Phase der strategischen Chancen und Chinas internationale Strategie) 战略机遇期和我国国际战略, in Wang 王, Jisi 缉思 (2007) (ed.), *Zhongguo xuezhe kan shijie* (3). Beijing: Xin Shijie Chubanshe, 59-70.

Li 李, Jingzhi 景治/ Luo 罗, Tianhong 天虹 et al. (2003), *Guoji zhanlüexue* (Die Lehre der internationalen Strategie) 国际战略学. Beijing: Renmin UP.

Li 李, Jingzhi 景治(2004), „Qianyan" (Vorwort) 前言, in Liu 刘, Liyun 丽云/ Bao 保, Jianyun 建云 / Fang 房, Lexian 乐宪 (eds.) (2004), *Dangdai Zhongguo yu shijie yanjiu* (Studies on Contemporary China and the World) 当代中国与世界研究. Bejing: Renmin Daxue Guoji Guanxi Xueyuan, 1-2.

Li 李, Qiecheng 铁城 (2007), „Hexie shijie sixiang yu ,Lianheguo Xianzhang' de linian" (Die Idee der Harmonischen Gesellschaft und die Grundkonzepte der UN Charta) 和谐世界思想与„联合国宪章" 的理念, in Liang 梁, Shoude 守德 / Li 李, Yihu 义虎(eds.) (2007), *Quanqiuhua yu hexie shijie* (Globalisierung und Harmonische Welt) 全球化与和谐世界. Beijing: Shijie Zhishi Chubanshe, 284-296.

Li 李, Shaojun 少军 (2003), „Guanyu regime yi ci de yifa" (Zur Übersetzung des Regime-Begriffs) 关于 regime 义词的译法, in *Shijie Jingji yu Zhengzhi* (2003) 6, 38.

Li 李, Wei 巍 (2007), „Zhongguo guoji guanxi yanjiu zhong de ,lilun jinbu' yu ,wenti queshi': Jian lun ,Zhongguo guoji guanxi yanjiu 1995-2005'" (Theoriefortschritt, Rückstände und Probleme der chinesischen IB-Forschung: Diskussion zu „Chinesische IB-Forschung 1995-2005") (中国国际关系研究中的理论进步与问题缺失：兼论中国国际关系研究 1995-2005, in *Shijie Jingji yu Zhengzhi* (2007) 9, 23-30.

Li 李, Yangfan 杨帆 (2005a), „Duojihua siwei de fansi: Ouzhou junshi de shijiao he Zhongguo bentu shijiao" (Betrachtungen zum Multipolaritätsgedanken: Die europäische Gleichgewichtsperspektive und China nationale Perspektive) 多极化思维的反思：欧洲均势的视角和中国本土视角, in Liang 梁, Shoude 守德 (ed.) (2005), *Guoji zhengzhi xin shijiao* (Neue Perspektiven der internationalen Politik) 国际政治新视角. Beijing: Zhongguo Shehui Chubanshe, 56-77.

— (2005b), *Zou chu wan Qing: Shewai renwu ji Zhongguo de shijieguan zhi yanjiu* 走出晚清：涉外人物及中国的世界观之研究 (Beyond the Late Qing Dynasty: Foreign-related Personalities and China's View of the World). Beijing: Beijing UP.

Li 李, Yihu 义虎 (2005), „Guanyu Zhongguo guoji guanxi lilun de bentilun wenti" (Zur Frage der Ontologie in der chinesischen IB-Theorie) 关于中国国际关系理论的本体论问题, in Guo 郭, Shuyong 树勇 (ed.) (2005), *Guoji guanxi: Huhuan Zhongguo lilun* (Internationale

Beziehungen: Ruf nach einer chinesischen Theorie) 国际关系: 呼唤中国理论. Tianjin: Tianjin Renmin Chubanshe, 51-57.

Li 李, Yonghui 永辉 (2008), „Chuantong zhihui yu Aoyunhui hou de Zhongguo waijiao" (Traditionelles Wissen und die chinesische Außenpolitik nach den Olympischen Spielen) 传统智慧与澳运会后的中国外交, in *Xiandai Guoji Guanxi* (2008) 9, 25-27.

Liang 梁, Shoude 守德 (1991), *Guoji zhengzhi gailun* (Einführung in die Internationale Politik) 国际政治概论. Beijing Daxue Chubanshe.

— (1997), „Constructing an international relations theory with Chinese characteristics", in *PS* 1 (July 1997), 23-39.

— (2003), „Heping yu fazhan zhuti shidai xin jieduan yu Zhongguo dui wai gongzuo de xin silu: Xuexi shiliu da baogao de sikao" (Neue Phase der Epoche Frieden und Entwicklung, neue Ideen zu Chinas Außenpolitik: Studium der Ideen des 16. Parteitages) 和平与发展主体时代新阶段与中国对外工作的新思路: 学习十六大报告, in Liang 梁, Shoude 守德 et al. (ed.) (2003), *Guoji zhengzhi de xin jieduan yu xin silu* (Neue Phase der internationalen Politik und neue Ideen) 国际政治的新阶段与新思路. Beijing: Zhongyang Bianyi Chubanshe, 1-15.

— (2005), „Zhongguo guoji zhengzhixue lilun jianshe de tansuo" (Untersuchung zum Aufbau einer chinesischen Theorie der Internationalen Politik) 中国国际政治学理论建设的探索, in Guo 郭, Shuyong 树勇 (ed.) (2005), *Guoji guanxi: Huhuan Zhongguo lilun* (Internationale Beziehungen: Ruf nach einer chinesischen Theorie) 国际关系: 呼唤中国理论. Tianjin: Tianjin Renmin Chubanshe, 23-34.

Liang 梁, Yijian 益坚/ Li 李, Xinggang 兴刚(2008), „Feizhou guoji guanxi lilun yanjiu de kunjing, yuanyuan yu tedian" (IB-Forschung in Afrika: Dilemma, Ursprung und Charakteristika) 非洲国际关系理论研究的困境、渊源与特点, in *Shijie Jingji yu Zhengzhi* (2008) 7, 40-47.

Liao, Xuanli (2006), *Chinese Foreign Policy Think Tanks and China's Policy Towards Japan*. HK: The Chinese University Press.

Lieberthal, Kenneth (1995), „A New China Strategy", in *Foreign Affairs* (November / December 1995), 35-49.

Lin 林, Limin 利民 (2008), „Dui ‚Aoyun hou shidai' Zhongguo guoji zhanlüe de sikao" (Überlegungen zur internationalen Strategie Chinas in der „post-olympischen Ära") 对奥运后时代中国国际战略的思考, in *Xiandai Guoji Guanxi* (2008) 9, 33-34.

Lin 林, Zhimin 至敏(1988), „Lun guoji guanxi lilun yanjiu de liang ge youxian keti" (Zu zwei vorrangigen Themen der Forschung zu IB-Theorien)论国际关系理论研究的两个优先课题, in *Shijie Jingji yu Zhengzhi Neican* (1988) 8.

Liu, Binyan (1991), „China and the Lessons of Eastern Europe", in *Journal of Democracy* 2 (Spring 1991), 3-11.

Liu 刘, Changmin 长敏 (2007), „Hexie shijie linian de xianshizhuyi sikao" (Realistische Überlegungen zum Konzept der Harmonischen Welt) 和谐世界理念的现实主义思考, in Liang 梁, Shoude 守德 / Li 李, Yihu 义虎 (eds.) (2007), *Quanqiuhua yu hexie shijie* (Globalisierung und Harmonische Welt) 全球化与和谐世界. Beijing: Shijie Zhishi Chubanshe, 213-221.

Liu 刘, Hongwu 鸿武 (2008), „Zhong-Fei guanxi 30 nian: Qiaodong Zhongguo yu waibu shijie guanxi jiegou de zhidian" (30 Jahre sino-afrikanische Beziehungen: Dreh- und Angelpunkte der Beziehungen zwischen China und der Außenwelt) 中非关系 30 年: 撬动中国与外部世界关系结构的支点, in *Shijie Jingji yu Zhengzhi* (2008) 11, 80-88.

Liu 刘, Jianfei 建飞(2000), „Quanqiuhua yu Meiguo 21 shiji waijiao zhanlüe" (Globalisierung und die außenpolitische Strategie der USA im 21. Jahrhundert) 球化与美国 21 世纪外交战略, in Wang 王, Jisi 辑思 (Jin 金, Canrong 灿荣) (ed.) (2007), *Zhongguo xuezhe kan shijie* 中国学者看世界 (3), 212-223.

Liu 刘, Jianping 建平 (1998), „Zhongjian didai lilun yu zhan hou Zhong-Ri guanxi" (Zwischenzonentheorie und die sino-japanischen Beziehungen nach dem Krieg)"中间地带"理论与战后中日关系, in *Contemporary China History Studies* (1998) 5, 75-83.

— (2008), „Zhongguo de minjian waijiao: Lishi fansi yu xueshu guifan" (Chinas Diplomatie der Völkerfreundschaft: Historische Betrachtung und wissenschaftliche Normen) 中国的民间外交历史反思与学术规范, in *Guoji Guancha* (2008) 5, 25-31.

Liu 刘, Jinan 继南(2004), „Guoji chuanbo yu guojia xingxiang" (Das nationale Image in der internationalen Vermittlung) 国际传播与国家形象, in Xiao 肖, Huanrong 欢容 (ed.) (2005), *Guoji guanxixue zai Zhongguo* 国际关系学在中国 (IB-Studien in China). Beijing: Zhongguo Chuanmei Daxue Chubanshe, 345-348.

— (2005), „Dazhong chuanbo yu guoji guanxi" (Massenmedien und IB) 大众传播与国际关系, in Xiao 肖, Huanrong 欢容 (ed.) (2005), *Guoji guanxixue zai Zhongguo* 国际关系学在中国 (IB-Studien in China). Beijing: Zhongguo Chuanmei Daxue Chubanshe, 333-336.

Liu 刘, Jinan 继南/ He 何, Hui 辉 (2008), „Dangqian guojia xingxiang jiangou de zhuyao wenti ji duice" (Zentrale Probleme und Gegenmaßnahmen beim gegenwärtigen Aufbau des nationalen Images) 当前国家形象建构的主要问题及对策, in *Guoji Guancha* (2008) 1, 29-36.

Liu 刘, Jun 军 / Qiang 强, Xiaoyun 晓云(2005), „Eluosi guoji guanxixue de lilun liupai yu fazhan quxiang" (Theorieschulen der russischen IB und Entwicklungsrichtungen) 俄罗斯国际关系的理论流派与发展趋向, in *Shijie Jingji yu Zhengzhi* (2005) 11, 24-30.

Liu 刘, Jun 军(2006), „Eluosi guojia dingwei: Cong diguo dao mianxiang Ou-Ya de minzu guojia" (Rußlands nationale Positionsbestimmung: Vom Imperium zum europäisch-asiatischen Nationalstaat) 俄罗斯国家定位从帝国到面向欧亚的民族国家, in *Russian Studies* 4 (2006), 5-10.

Liu 刘, Liyun 丽云/ Bao 保, Jianyun 建云 / Fang 房, Lexian 乐宪 (eds.) (2004), *Dangdai Zhongguo yu shijie yanjiu* (Studies on Contemporary China and the World) 当代中国与世界研究. Bejing: Renmin Daxue Guoji Guanxi Xueyuan.

Liu 刘, Shilong 世龙 (2003), „Lengzhan hou Riben de waijiao zhanlüe" (Japans außenpolitische Strategie nach dem Ende des Kalten Kriegs) 冷战后日本的外交战略, in Wang 王, Jisi 辑思 (Jin 金, Canrong 灿荣) (ed.) (2007), *Zhongguo xuezhe kan shijie* (3), 384-397.

Liu 刘, Zaiqi 再起 (2007), „Eluosi guoji guanxixue yanjiu" (IB-Forschung in Rußland) 俄罗斯国际关系学研究, in *Guowai Shehui Kexue* 6 (2007), 15-20.

Liu 刘, Zhenmin 振民 (2005), „Dangdai guoji zhixu yu Zhongguo de heping fazhan daolu" (Die moderne internationale Ordnung und Chinas friedlicher Entwicklungsweg) 当代国际秩序与中国的和平发展道路, in *Guoji Wenti Yanjiu* (2005) 1, 6-9; 21.

Lu, Ning (1997), *The Dynamics of Foreign Policy Decisionmaking in China*. Boulder: Westview.

Lu 鲁, Peng 鹏 (2006), „Chuangjian Zhongguo guoji guanxi lilun si zhong tujing de fenxi yu pingjia" (Analyse und Kritik von vier Wegen zum Aubau einer chinesischen IB-Theorie) 创建中国国际关系理论四种途径的分析与评价, in *Shijie Jingji yu Zhengzhi* (2006) 6, 52-59.

Lu 陆, Xiahong 晓红(2007), „Hexie shijie: Zhongguo de quanqiu zhili linian" (Harmonische Welt: Chinas Konzept der Global Governance) 和谐世界: 中国的全球治理理念, in Liang 梁, Shoude 守德 / Li 李, Yihu 义虎 (eds.) (2007), *Quanqiuhua yu hexie shijie* (Globalisierung und Harmonische Welt) 全球化与和谐世界. Beijing: Shijie Zhishi Chubanshe, 235-243.

Lu 鲁, Yi 毅 / Gu 顾, Guanfu 关福/ Yu 俞, Zhengliang 正梁/ Fu 傅, Yaozu 耀祖(eds.) (1999), *Xin shiqi Zhongguo guoji guanxi lilun yanjiu* (engl. Titel: Research on IR Theories in China's New Era) 新时期中国国际关系理论研究. Beijing: Shishi Chubanshe.

Luhmann, Niklas (1985), *Soziale Systeme*. Frankfurt: Suhrkamp.

Lyons, Gene M. / Mastanduno, Michael (eds.) (1995), *Beyond Westphalia? State Sovereignty and International Intervention*. Baltimore: Johns Hopkins UP.

Ma 马, Bo 勃(2008), „You mei you Zhongguo de guoji guanxi lilun" (Gibt es eine chinesische IB-Theorie) 有没有中国的国际关系理论, in *Journal of Harbin Committee School of the CCP* (2008) 3, 79-83.

Ma 马, Zhengang 振岗 (2005a), „Guoji xingshi jianlüe huigu yu zhanwang" (Kurzer Rück- und Ausblick zur internationalen Lage) 国际形势简略回顾与展望, in *Guoji Wenti Yanjiu* (2005) 1, 1-5.

— (2005b), „Yi shi wei jian, chuangjian heping, fazhan, hezuo de xin shijie" (Die Geschichte als Spiegel – Eine neue Welt des Friedens, der Entwicklung und der Kooperation aufbauen) 以时为鉴，创建和平、发展、合作的新世界, in *Guoji Wenti Yanjiu* (2005) 5, 1-8.

Mackerras, Colin (2001), „Hundred Flowers Movement", in Mackerras, Colin / McMillen, Donald H. (eds.) (1998; 2001), *Dictionary of the Politics of the PRC*. London; NewYork: Routledge, 113.

Man 满, Zhengang 振刚(2006), „Goujian hexie shijie: Zhongguo waijiao xin linian de tanceng jiedu" (Aufbau einer Harmonischen Welt: Gründliche Analyse der neuen diplomatischen Ideen Chinas) 构建和谐世界:中国外交新理念的深层解读, in *Henan Shifan Daxue Xuebao* (Journal of Henan Normal University) (2006) 9, 51-54.

Mao, Zedong (1937a), „Über die Praxis", in (o.H.) (1968), *Ausgewählte Werke* (Bd.1). Peking: Verlag für fremdsprachige Literatur, 347-364.

— (1937b), „Über den Widerspruch", in (o.H.) (1968), *Ausgewählte Werke* (Bd.1). Peking: Verlag für fremdsprachige Literatur, 365-408.

— (1957), „Über die richtige Behandlung der Widersprüche im Volk", in (o.H.) (1968), *Ausgewählte Werke* (Bd. 5). Peking: Verlag für fremdsprachige Literatur, 434- 476.

Maxwell, Neville (1970), *India's China War*. New York: Random House.

Mearsheimer, John (2004), „Why China's Rise will not be peaceful". http://mearsheimer.uchicago.edu/pdfs/A0034b.pdf (02-08-2007).

Meißner, Werner (1994), *China – Zwischen nationalem „Sonderweg" und universaler Modernisierung. Zur Rezeption westlichen Denkens in China*. München: Wilhelm Fink Verlag.

Melissen, Jan (2005), „The New Public Diplomacy: Between Theory and Practice", in Melissen, Jan (ed.) (2005), *The New Public Diplomacy: Soft Power in International Relations*. Houndmills, Basingstoke, Hampshire: Palgrave Macmillan, 3-27.

Men 门, Honghua 洪华(1999), „Guoji jizhi lilun de piping yu qianzhan" (Theorien internationaler Regime: Kritik und Ausblick) 国际机制理论的批评与前瞻, in *Shijie Jingji yu Zhengzhi* (1999) 11, 17-22.

— (2003), „Zhongguo guojia zhanlüe liyi de weihu yu kuozhan" (Wahrung und Ausweitung der strategischen nationalen Interessen Chinas) 中国国家战略利益的维护与扩展, in Wang 王, Jisi 辑思(ed.) (2007), *Zhongguo xuezhe kan shijie* (2), 261-278.

— (2004), „Zhongguo jueqi yu guoji zhixu" (Chinas Aufstieg und die internationale Ordnung) 中国崛起与国际秩序, in Wang 王, Jisi 辑思 (ed.) (2007), *Zhongguo xuezhe kan shijie* (1), 230-245.

Men, Jing (2007), „Changing Ideology in China and its Impact on Chinese Foreign Policy", in Guo, Sujian / Hua, Shiping (eds.) (2007), *New Dimensions of Chinese Foreign Policy*. Lanham: Lexington, 7-39.

Menzel, Ulrich (2001), *Zwischen Idealismus und Realismus – Die Lehre von den Internationalen Beziehungen*. Frankfurt: Suhrkamp.

Meyers, Reinhard (1990), „Metatheoretische und methodologische Betrachtungen zur Theorie der internationalen Beziehungen", in *PVS* (Sonderheft) 21, 48-68.

— (1994), „Internationale Beziehungen als akademische Disziplin", in Boeckh, Andreas (Hrg.) (1994), *Internationale Beziehungen. Lexikon der Politik* (Bd. 6). München: Beck, 231-241.

— (2000a), „Theorien der internationalen Beziehungen", in Woyke, Wichard (Hrg.) (2000), *Handwörterbuch Internationale Politik*. Opladen: Leske + Budrich, 416-448.

— (2000b), „Krieg und Frieden", in Woyke, Wichard (Hrg.) (2000), *Handwörterbuch Internationale Politik*. Opladen: Leske + Budrich, 241-261.

Miao 苗, Huashou 华寿(2003), „Jianchi duli zizhu de heping waijiao zhengce, tuidong guoji guanxi de fazhan: Xuexi shiliuda baogao de guoji bufen de tihui" (An der unabhängigen und souveränen Außenpolitik des Friedens festhalten, die Entwicklung der internationalen Beziehungen vorantreiben: Untersuchung zum internationalen Teil des Berichts des 16. Parteitages) 坚持独立自主的和平外交政策推动国际关系的发展: 学习十六大报告的国及部分的体会, in Liang 梁, Shoude 守德 et al. (ed.) (2003), *Guoji zhengzhi de xin jieduan yu xin silu* (Neue Phase der internationalen Politik und neue Ideen)国际政治的新阶段与新思路. Beijing: Zhongyang Bianyi Chubanshe, 45-52.

Miura 三浦, Kenichi 研一(2004), „Er zhan hou Riben guoji guanxi lilun de yanjin" (The Evolution of IR Theory in Japan after World War II) 二战后日本国际关系理论演进, in *Shijie Jingji yu Zhengzhi* (2004) 10, 39-43.

Möller, Kay (2005), *Die Außenpolitik der Volksrepublik China 1949-2004*. Wiesbaden: VS Verlag.

Mulvenon, James C. (1995), „The Limits of Coercive Diplomacy: The 1979 Sino-Vietnamese Border War", in *Journal of Northeast Asian Studies* 3 (Fall 1995), 68-88.

Münch, Richard (2002), „Systemtheorie", in Nohlen, Dieter / Schultze, Rainer-Olaf (Hrg.) (2002), *Lexikon der Politikwissenschaft*. München: C.H. Beck, 946-953.

Münkler, Herfried (2005), *Imperien. Die Logik der Weltherrschaft – Vom Alten Rom bis zu den Vereinigten Staaten*. Hamburg: Rowohlt.

Mutschler, Fritz-Heiner / Mittag, Achim (eds.) (2008), *Conceiving the empire: China and Rome compared*. Oxford: Oxford UP.

Näth, Marie-Luise (1976), *Chinas Weg in die Weltpolitik: Die nationalen und außenpolitischen Konzeptionen Sun Yat-sens, Chiang Kai-sheks und Mao Tse-tungs*. Berlin; New York: Walter de Gruyter.

Naughton, Barry (2002), „China's Economic Think Tanks: Their Changing Role in the 1990s", in *China Quarterly* 171, 625-635.

Nelson, Brent / Stubb, Alexander (eds.) (1998), *The European Union – Readings on the Theory and Practice of European Integration*. London: Macmillan.

Neuman, Stephanie G. (1998), „International Relations Theory and the Third World: An Oxymoron?", in dies. (ed.) (1998), *International Relations Theory and the Third World*. New York: St. Martin's Press, 1-30.

New York Times (28-04-2005), „China's Selective Memory" (by Pu Zhiqiang). http://asiaeast.blogspot.com/2005/04/chinas-selective-memory.html (09.07.2005).

Ni, Feng (2004), „The Shaping of China's Foreign Policy", in Kokubun, Ryosei / Wang, Jisi (eds.) (2004), *The Rise of China and a Changing East Asian Order*. Tokyo; New York: Japan Center for International Exchange.

Ni 倪, Shixiong 世雄/ Feng 冯, Shaolei 绍雷/ Jin 金, Yingzhong 应忠(1989), Shiji feng yun de chan er: Dangdai guoji guanxi lilun (Ein Produkt eines stürmischen Jahrhunderts: IB-Theorien der Gegenwart) 世纪风云的产儿: 当代国际关系理论. Zhejiang Renmin Chubanshe.

Ni 倪, Shixiong 世雄 / Xu 许, Jia 嘉 (1997), „Zhongguo guoji guanxi lilun yanjiu: Lishi huigu yu fazhan" (Chinesische Forschung zur IB-Theorie: Historischer Rückblick und Entwicklung) 中国国际关系理论研究: 历史回顾与发展, in *Ouzhou* (1997) 6, 11-15.

Ni 倪, Shixiong 世雄 et al. (2001), *Dangdai Xifang guoji guanxi lilun* (Westliche IB-Theorien der Gegenwart) 当代西方国际关系理论. Shanghai: Fudan Daxue Chubanshe.

Ni 倪, Shixiong 世雄 / Zhao 赵, Kejin 可金 (2004), „Makesizhuyi yu dangdai guoji zhengzhi" (Marxismus und die gegenwärtige internationale Politik) 马克思主义与当代国际政治, in Chen 陈, Yugang 玉刚/ Yuan 袁, Jianhua 建华(eds.) (2004), *Chaoyue Weisitefaliya? 21 shiji guoji guanxi de jiedu* (engl. Titel: Beyond Westphalia?) 超越威斯特伐利亚 21 世纪国际关系的解读. Beijing: Shishi Chubanshe, 3-20.

Ni 倪, Shixiong 世雄 / Zhao 赵, Kejin 可金 (2007), „Hexie shijie: Yi zhong guoji zhengzhi xin wenmingguan" (Harmonische Welt: Ein neues zivilisatorisches Konzept der internationalen Politik) 和谐世界: 一种国际政治新文明观, in Liang 梁, Shoude 守德 / Li 李,Yihu 义虎 (eds.) (2007), *Quanqiuhua yu hexie shijie* (Globalisierung und Harmonische Welt) 全球化与和谐世界. Beijing: Shijie Zhishi Chubanshe, 195-202.

Ning 宁, Sao 骚(2000), „Xuanze huoban zhanlüe - Yingzao huoban guanxi" (Die Partnerschafts-Strategie wählen – Partnerschaftsbeziehungen aufbauen) 选择伙伴战略: 营造伙伴关系, in *Zhongguo Waijiao* (2000) 6, 2-9.

Niu 钮, Hanzhang 汉章 (2007), „Shilun haixia liang'an de yitihua qushi" (Über die Integrationstendenz der beiden Ufer) 试论海峡两岸的一体化趋势, in Liang 梁, Shoude 守德 / Li 李,Yihu 义虎 (eds.) (2007), *Quanqiuhua yu hexie shijie* (Globalisierung und Harmonische Welt) 全球化与和谐世界. Beijing: Shijie Zhishi Chubanshe, 360-369.

Niu 牛, Jun 军 (2003), „Zhongguo jueqi: Mengxiang yu xianshi zhi jian" (Chinas Aufstieg: Zwischen Traum und Wirklichkeit) 中国崛起: 梦想与现实之间, in Wang 王, Jisi 辑思 (ed.) (2007), *Zhongguo xuezhe kan shijie* (4), 96-103.

Niu 钮, Jusheng 菊生(2005), „Guoji guanxi lilun yu guoji guanxi lilun tixi" (IB-Theorie und das System der IB-Theorien) 国际关系理论与国际关系体系, in Guo 郭, Shuyong 树勇(ed.) (2005), *Guoji guanxi: Huhuan Zhongguo lilun* (Internationale Beziehungen: Ruf nach einer chinesischen Theorie) 国际关系: 呼唤中国理论. Tianjin: Tianjin Renmin Chubanshe, 113-120.

Nye, Joseph (1990), *Bound to lead: The changing nature of American power*. New York: Basic Books.

— (2002), *The paradox of American power – Why the world's only superpower can't go alone*. Oxford: Oxford UP.

— (2004), *Soft Power – The means to success in world politics*. New York: Public Affairs.

Olson, William C. (ed.) [8](1991), *The Theory and Practice of International Relations.* Englewood Cliff: Prentice Hall.
— chin. Ausgabe: Olson (奥尔森) (1987), *Guoji guanxi lilun yu shijian* 国际关系 理论与实践. Beijing: Zhongguo Shehui Kexue Chubanshe.
Onuf, Nicholas Greenwood (1989), *World of Our Making. Rules and Rule in Social Theory and International Relations.* Columbia: Columbia UP.
Osiander, Andreas (1994), *The State System of Europe, 1640-1990: Peacemaking and the Conditions of International Stability.* Oxford: Clarendon Press.
Osterhammel, Jürgen (1989), *China und die Weltgesellschaft. Vom 18. Jahrhundert bis in unsere Zeit.* München: C.H.Beck.
Overholt, William H. (1993), *The Rise of China: How Economic Reform Is Creating a New Superpower.* New York; London: W. W. Norton & Company.
Pan 潘, Zhongqi 忠岐(2006), „Zhongguo de xianshizhuyi lilun yanjiu" (Chinesische Forschung zur Theorien des Realismus)中国的现实主义理论研究, in Wang 王, Yizhou 逸舟 (ed.) (2006), *Zhongguo guoji guanxi yanjiu (1995-2005)* (IB-Forschung in China 1995-2005) 中国国际关系研究 (1995-2005). Beijing: Beijing Daxue Chubanshe, 86-111.
Pang 庞, Sen 森(2008), „Gaige kaifang yu Zhongguo de duobian waijiao zhengce" (Reform und Öffnung und Chinas Policy des Multilateralismus) 改革开放与中国的多边外交政策 , in *Shijie Jingji yu Zhengzhi* (2008) 11, 44-51.
Pang 庞, Zhongying 中英(2001), „Dongmeng yu Dongya" (ASEAN und Ostasien), in Xiao 肖, Huanrong 欢容 (ed.) (2005), *Guoji guanxixue zai Zhongguo* 国际关系学在中国 (IB-Studien in China). Beijing: Zhongguo Chuanmei Daxue Chubanshe, 252-254; 262-263.
— (2003), „Zuncong dianfan, zhiyi dianfan he zhuanyi dianfan: ‚Dianfan' he guoji guanxi yanjiu" (Befolgung von Paradigmen, Infragestellung von Paradigmen und Paradigmenwechsel: Paradigmen und IB-Forschung) 遵从典范, 置疑典范和转移典范: 典范和国际关系研究, in Xiao 肖, Huanrong 欢容 (ed.) (2005), *Guoji guanxixue zai Zhongguo* 国际关系学在中国 (IB-Studien in China). Beijing: Zhongguo Chuanmei Daxue Chubanshe,52-58.
— (2004), „Diquzhuyi, diquhua he guoji guanxi de bianhua" (Regionalismus, Regionalisierung und der Wandel der internationalen Beziehungen) 地区主义、地区化和国际关系的变化, in Chen 陈, Yugang 玉刚 / Yuan 袁, Jianhua 建华 (eds.) (2004), *Chaoyue Weisitefaliya? 21 shiji guoji guanxi de jiedu* (engl. Titel: Beyond Westphalia?) 超越威斯特伐利亚 21 世纪国际关系的解读. Beijing: Shishi Chubanshe, 224-242.
— (2005), „Guoji guanxi yanjiu zhong yinggai fazhan de ji ge wenti" (Einige noch zu elaborierende Fragen der Forschung zu IB-Theorien) 国际关系研究中应该发展的几个问题, in *Guoji Guancha* (2005) 4, 20-25.
Parsons, Talcott (1969), *Politics and Social Structure.* New York: Free Press.
Pei, Minxin (2006), „The Dark Side of China's Rise", Foreign Policy (March / April 2006). http://www.carnegieendowment.org/publications/index.cfm?fa=view&id=18110 (02.07.2007).
Peng 彭, Shaochang 召昌 (1999), „Yingguo xuepai dui guoji jizhi yanjiu de qishi" (Die Englische Schule und ihre Inspiration für die Forschung zum internationalen System) 英国学派对国际机制研究的启示, in *Shijie Jingji yu Zhengzhi* (1999) 4, 12-15.
Perina, Rubens (ed.)(1985), *El estudio de las relaciones internacionales en America Latina y el Caribe.* Buenos Aires: GrupoEditor Latinoamericano.
Petro, Nicolai / Rubinstein, Alvin (1997), *Russian Foreign Policy: From Empire to Nation-State.* New York: Longman.
Poser, Hans (2001), *Wissenschaftstheorie: Eine philosophische Einführung.* Stuttgart: Reclam.

Pritchard, Earl H. (1943), „The Kowtow in the Macartney Embassy to China in 1793", in *Far Eastern Quarterly* 2, 163-203.

Pu 蒲, Ning 宁(2004), „Lun Mao Zedong de diyuan zhanlüeguan" (Zur geopolitischen Strategie Mao Zedongs)论毛泽东的地缘战略观, in Fu 傅, Yaozu 耀祖/ Gu 顾, Guanfu 关福 (ed.)(2004), *Zhongguo guoji guanxi lilun yanjiu* 中国国际关系理论研究 (Forschung zu IB-Theorien in China). Beijing: Shishi Chubanshe, 19-32.

Putnam, Robert (1988), „Diplomacy and domestic politics. The logic of two-level games", in *International Organization* 3 (1988), 427-460.

Qin 秦, Hui 晖(2007), „Shenme shi daguo?" (Was ist ein daguo) 什么是大国. http://www.southcn.com/nflr/wszj/1/200704020328.htm (03.03.2009).

Qin 秦, Yaqing 亚青 (2003), „2003 nian 10 yue zai Zhongguo Chuanmei Daxue yanjiang" (Vortrag an der chinesischen Medienuniversität, Oktober 2003) 2003 年 10 月在中国传媒大学演讲, in Xiao 肖, Huanrong 欢容 (ed.) (2005), *Guoji guanxixue zai Zhongguo* 国际关系学在中国 (IB-Studien in China). Beijing: Zhongguo Chuanmei Daxue Chubanshe, 61-64.

— (2004a), „Guojia shenfen, zhanlüe wenhua he anquan liyi: Guanyu Zhongguo yu guoji shehui guanxi de san ge jiashe" (Nationale Identität, strategische Kultur und Sicherheitsinteressen: Drei Thesen zu den Beziehungen zwischen China und der internationalen Gemeinschaft) 国家身份、战略文化和安全利益: 关于中国与国际社会关系的三个假设, in Wang 王, Jisi 辑思(ed.) (2007), *Zhongguo xuezhe kan shijie* (4), 66-81.

— (2004b), „Di'san zhong wenhua: Guoji guanxi yanjiu zhong kexue yu ren de qihe" (Die dritte Kultur: Zur Zusammenführung von Naturwissenschaft und Geisteswissenschaft in der IB-Forschung) 第三种文化: 国际关系研究中科学与人的契合, in Xiao 肖, Huanrong 欢容 (ed.) (2005), *Guoji guanxixue zai Zhongguo* 国际关系学在中国 (IB-Studien in China). Beijing: Zhongguo Chuanmei Daxue Chubanshe, 47-50.

— (2005a), „Quanqiu shiye zhong de guoji zhixu (daixu)" (Internationale Ordnung in globaler Perspektive (Geleitwort)) 全球视野中的国际秩序(代序), in Wang 王, Jisi 辑思(Qin 秦, Yaqing 亚青) (ed.) (2007), *Zhongguo xuezhe kan shijie* (1), 11-25.

— (2005b), „Guoji guanxi lilun de hexin wenti yu Zhongguo xuepai de shengcheng"(Theoretical problematic of international relationship theory and construction of a Chinese school) 国际关系理论的核心问题与中国学派的生成, in *Zhongguo Shehui Kexue* (2005) 3, 165-176.

— (2006), „Guoji guanxi lilun Zhongguo xuepai shengcheng de keneng he biran" (Zur Möglichkeit und Notwendigkeit der Entstehung einer chinesischen Schule der IB) 国际关系理论中国学派生成的可能和必然, in *Shijie Jingji yu Zhengzhi* (2006) 3, 7-13.

— (2008a), „Yanjiu sheji yu xueshu chuangxin" (Forschungskonzept und die Erneuerung der Disziplin) 研究设计与学术创新, in *Shijie Jingji yu Zhengzhi* (2008) 8, 75-80.

— (2008b), „Guanyu goujian Zhongguo tese waijiao lilun de ruogan sikao" (Einige Überlegungen zum Aufbau einer Theorie der Außenpolitik mit chinesischen Charakteristika) 关于构建中国特色外交理论的若干思考, in *Waijiao Pinglun* (2008) 2, 9-17.

Qin 秦, Zhilai 治来 (2006), „Guoji guanxi yanjiu zhong de lishi fenxi" (Historische Analyse und IB-Forschung)国际关系研究中的历史分析, in *Shijie Jingji yu Zhengzhi* (2006) 3, 14-19.

Ramo, Joshua Cooper (2004), *The Beijing Consensus*. London: Foreign Policy Centre. http://fpc.org.uk/fsblob/244.pdf (03.11.2008)

Rao 饶, Yinhua 银华 (2006), *Xin Zhongguo waijiao sixiang gailun* (Übersichtsstudie zu außenpolitischen Ideen des neuen China) 新中国外交思想概论. Beijing: Zhongyang Wenzhai Chubanshe.

Ren 任, Xiao 晓 (ed.) (2001), *Guoji guanxi lilun xin shiye* (Neue Perspektiven der IB-Theorie) 国际关系理论新视野. Beijing: Changzheng Chubanshe.

Ren 任, Xiao 晓 (2001a), „Shixi Zhongguo guoji guanxi lilun huayu" (Analyse der chinesischen IB-Theorieterminologie) 试析中国国际关系理论化与, in ders. (ed.) (2001), *Guoji guanxi lilun xin shiye* (Neue Perspektiven der IB-Theorie) 国际关系新视野. Beijing: Changzheng Chubanshe, 39-55.

— (2001b), „Jiangjiu fangfa, bu wei fangfa" (Wert auf die Methode legen, doch nicht nur auf die Methode) 讲究方法，不惟方法, in Xiao 肖, Huanrong 欢容 (ed.) (2005), *Guoji guanxixue zai Zhongguo* 国际关系学在中国 (IB-Studien in China). Beijing: Zhongguo Chuanmei Daxue Chubanshe, 45-47.

— (2003), „Xiang Yingguo xuepai xuexi" (Von der Englischen Schule lernen) 向英国学派学习, in *Shijie Jingji yu Zhengzhi* (2003) 7, 70-71.

— (2009), „Guanjian zai yu Zhongguo texing: Ye tan Yingguo xuepai ji qita" (Der Schlüssel liegt in der chinesischen Partikularität: Die Englische und andere Schulen) 关键在于中国特性 - 也谈英国学派及其他, in *Shijie Jingji yu Zhengzhi* 1 (2009), 69-72.

RMRB (06-11-2001), „Hu Jintao: Guoji guanxi minzhuhua shi shijie heping zhongyao baozheng" (Die Demokratisierung der internationalen Beziehungen ist ein wesentlicher Garant für den Weltfrieden) 胡锦涛：国际关系民主化是世界和平重要保证 http://www.peopledaily.com.cn/GB/shizheng/16/20011106/598562.html (20.04.2006)

RMRB (17-07-2002), „Jiang Zemin kaocha Zhongguo Shehui Kexueyuan fabiao zhongyao jianghua" (Bei seinem Inspektionsbesuch am CASS hält Jiang Zemin eine wichtige Rede) 江泽民考察中国社会科学院发表重要讲话. http://www1.peopledaily.com.cn/GB/shizheng/16/20020717/777741.html (25.03.2007)

RMRB (20-08-2002), „Zhidao wo guo zhexue shehui kexue fazhan de ganglingxing wenzhai: Xuexi Jiang Zemin tongzhi guanyu zhexue shehui kexue de zhongyao lunshu" (Grundlagendokumente, welche die Entwicklung der chinesischen Sozialwissenschaften anleiten: Studium der wesentlichen Ausführungen Jiang Zemins zu Philosophie und Sozialwissenschaften) 指导我国哲学社会科学发展的纲领性文摘学习江泽民同志关于哲学社会科学的重要论述. http://www.guancha.com.cn/news_detail.php?id=1761&nowmenuid=25&cpath=&catid=0 (14.11.2008).

RMRB (18-06-2005), „The 'Washington Consensus' and the 'Beijing Consensus'". http://english.peopledaily.com.cn/200506/18/print20050618_190947.html (10.11.2008)

Robinson, Thomas W. / Shambaugh, David (eds.) (1994 (reprinted 2006)), *Chinese Foreign Policy – Theory and Practice*. Oxford: Clarendon Press.

Robinson, Thomas (1970), *The Sino-Soviet Border Dispute: Background, Development and the March 1969 Clashes*. Santa Monica: RAND.

— (1994), „Chinese Foreign Policy from the 1940s to the 1990s", in Robinson, Thomas W. / Shambaugh, David (eds.) (1994 (reprinted 2006)), *Chinese Foreign Policy – Theory and Practice*. Oxford: Clarendon Press, 555-602.

Rosamond, Ben (2000), *Theories of European Integration*. Basingstoke et al.: Palgrave Macmillan.

Rosenau, James N. (1994), „China in a bifurcated world: Competing theoretical perspectives", in Robinson, Thomas W. / Shambaugh, David (eds.) (1994[2006]), *Chinese Foreign Policy – Theory and Practice*. Oxford: Clarendon Press, 524- 551.

Roth, G. (1987), „Autopoiese und Kognition", in Schmidt, Siegfried J. (Hrg.) (1987), *Der Diskurs des Radikalen Konstruktivismus*. Frankfurt: Suhrkamp, 256-286.

Ross, Robert S. (1995), *Negotiating Cooperation. The United States and China, 1969-1989.* Stanford: Stanford UP.
— (1999), „The Geography of the Peace: East Asia in the Twenty-first Century", in *International Security* 4 (Spring 1999), 81-118.
Rozman, Gilbert (1985), *A Mirror for Socialism: Soviet Criticisms of China.* Princeton: Princeton UP.
— (1987), *The Chinese Debate about Soviet Socialism, 1978-1985.* Princeton: Princeton UP.
Sandschneider, Eberhard (2001), „Asiatische Herausforderungen? Kritische Anmerkungen zu der Debatte um ‚asiatische Werte'", in *Polis* 32, 5-24.
Sang 桑, Dengping 登平(2007), „Jingji quanqiuhua he haixia liang'an de jing mao jiaoliu yu hezuo" (Wirtschaftsglobalisierung und die Wirtschafts- und Handelsbeziehungen zwischen den beiden Ufern) 经济全球化和海峡两岸的经贸交流与合作, in Liang 梁, Shoude 守德 / Li 李 ,Yihu 义虎 (eds.) (2007), *Quanqiuhua yu hexie shijie* (Globalisierung und Harmonische Welt) 全球化与和谐世界. Beijing: Shijie Zhishi Chubanshe, 370-380.
Schieder, Siegfried / Spindler, Manuela (eds.) (2003), *Theorien der Internationalen Beziehungen.* Opladen: Leske+Budrich.
Schörnig, Niklas (2003), „Neorealismus", in Schieder, Siegfried / Spindler, Manuela (eds.) (2003), *Theorien der Internationalen Beziehungen.* Opladen: Leske+Budrich, 61-87.
Schram, Stuart R. (1967), „Mao Tse-tung as Marxist Dialectician", in *The China Quarterly* (January-March 1967) 29, 155-65.
— (1969), *The Political Thought of Mao Tse-tung.* Harmondsworth: Penguin.
Schwartz, Benjamin I. (1968), „The Chinese Perception of World Order, Past and Present", in Fairbank, J. K. (1968), *The Chinese World Order: Traditional Chinese Foreign Relations.* Cambridge, MA: Harvard UP, 276-288.
Seckington, Ian (2005), „Nationalism, Ideology and China's ‚Fourth Generation' Leadership", in *Journal of Contemporary China* (Feb. 2005) 14, 23-33.
Segal, Gerald (1996), „East Asia and the ‚Constrainment' of China", in *International Security* 4 (Spring 1996), 107-135.
Seidelmann, Reimund (2000), „Außenpolitik" (AP), in Woyke, Wichard (ed.) [8](2000), *Handwörterbuch Internationale Politik.* Opladen: Leske+Budrich, 1-6.
Shambaugh, David / Wang, Jisi (1984), „Research on IR in the People's Republic of China", in *PS* 4 (Autumn 1984), 758-764.
Shambaugh, David (1991), *Beautiful Imperialist – China Perceives America, 1972-1990.* Princeton; New Jersey: Princeton UP.
— (1994), „Patterns of Interaction in Sino-American Relations", in Robinson, Thomas W. / Shambaugh, David (eds.) (1994 (reprinted 2006)), *Chinese Foreign Policy – Theory and Practice.* Oxford: Clarendon Press, 197-223.
— (1996), „Containment or Engagement of China? Calculating Beijing's Responses", in *International Security* 2 (Fall 1996), 180-209.
— (2002), „China's International Relations Think Tanks: Evolving Structure and Process", in *China Quarterly* 171 (2002), 575-596.
— (2004/05), „China Engages Asia. Reshaping the Regional Order", in *International Security* (Winter 2004/05) 3, 64-99.
Shanghai guoji guanxi xuehui bian (Shanghai International Studies Association) 上海国际关系学会编 (1991), *Guoji guanxi lilun chutan* (Erste Untersuchungen zu IB-Theorien) 国际关系理论初探. Shanghai. Shanghai Waiyu Jiaoyu Chubanshe.
Shao 邵, Feng 峰 (2004), „Bushi di'er renqi Meiguo dui wai zhanlüe de zouxiang" (Die Orientierung der US-amerikanischen Außenpolitik in Bushs zweiter Amtszeit)布什第二任期

美国对外战略的走向, in Wang 王, Jisi 辑思 (Jin 金, Canrong 灿荣) (ed.)(2007), *Zhongguo xuezhe kan shijie* (3), 244-256.

Shen 沈, Qiuhuan 求欢 (2007), „Haixia liang'an jing mao jiaoliu xianzhuang ji wenti fenxi" (Analyse der Lage und der Probleme der Wirtschafts- und Handelskontakte zwischen den beiden Ufern) 海峡两岸经贸交流现状及问题分析, in Liang 梁, Shoude 守德 / Li 李,Yihu 义虎(eds.) (2007), *Quanqiuhua yu hexie shijie* (Globalisierung und Harmonische Welt) 全球化与和谐世界. Beijing: Shijie Zhishi Chubanshe, 381-388.

Shi 石, Bin 斌 (2004), „Guoji guanxi lilun ‚Zhongguo shi tansuo' de ji ge jiben wenti" (Einige grundlegende Probleme der „chinesischen Forschung" zu IB-Theorien)国际关系理论‚中国式探索' 的几个基本问题, in *Shijie Jingji yu Zhengzhi* (2004) 5, 8-13.

— (2006), „Guoji guanxi yanjiu ‚Zhongguohua' de lunzheng" (Kontroversen über die „Sinisierung" der IB-Forschung) 国际关系研究中国化的论争, in Wang 王, Yizhou 逸舟 (ed.)(2006), *Zhongguo guoji guanxi yanjiu (1995-2005)* (IB-Forschung in China 1995-2005) 中国国际关系研究 (1995-2005). Beijing: Beijing Daxue Chubanshe, 518-545.

Shi 石, Lin 林 (1989), „Guanyu chuangjian guoji guanxi lilun tixi de ji dian kanfa" (Einige Ansichten zum Aufbau eines Systems der IB-Theorien)关于创建 国际关系理论体系的几点看法, in *Shijie Jingji yu Zhengzhi Neican* (1989) 11.

Shi 时, Yinhong 殷弘 (2006), *Guoji zhengzhi yu guojia fanglüe* (International Politics and Statecraft) 国际政治与国家方略. Beijing: Beijing UP.

— (2008), „Sanshi nian lai Zhongguo guoji zhengzhi yanjiu de ruogan wenti"(Einige Probleme der chinesischen Forschung zur Internationalen Politik der letzten 30 Jahre) 三十年来中国国际政治研究的若干问题, in *Dangdai Shijie yu Shehuizhuyi* (2008) 4, 72-75.

Shi 石, Ze 泽 (2007), „Eluosi jueqi yu E-Mei guanxi" (Rußlands Aufstieg und die russisch-amerikanischen Beziehungen) 俄罗斯崛起与俄美关系, in *Guoji Wenti Yanjiu* 5 (2007), 31-35.

Shi 师, Zengzhi 曾志 (2008), „Beijing Aoyunhui meiti gonggong kongjian xia de guojia xingxiang suzao" (Entwurf des nationalen Images im Medienfreiraum der Olympischen Spiele) 北京奥运会媒体公共空间下的国家形象塑造, in *Duiwai Chuanbo* (2008) 9, 28-29.

Shils, Edward (1981), *Tradition*. Chicago: University of Chicago Press.

Sina.com (12-06-2005), „Pinglun: Lianheguo gaige yao li yu guoji guanxi minzhuhua he fazhihua" (Kommentar: Die Reform der UN befördert Demokratisierung und *rule of law* der internationalen Beziehungen) 评论：联合国改革要利于国际关系民主化和法制化. http://news.sina.com.cn/w/2005-06-12/14276150407s.shtml (10.05.2007)

Sina.com (19-10-2006), „Goujian hexie shehui guanjian ci: Kuokuan minyi biaoda qudao" (Schlüsselbegriffe des Aufbaus einer harmonischen Gesellschaft: Verbreiterung der Kanäle ziviler Meinungsäußerung) 构建和谐社会关键词：扩宽民意表达渠道. http://news.sina.com.cn/c/2006-10-19/024810269561s.shtml (25.10.2006)

Smith, Steve / Hadfield, Amelia / Dunne, Tim (2008), „Introduction", in Smith, Steve / Hadfield, Amelia / Dunne, Tim (eds.) (2008), *Foreign Policy: Theories, Actors, Cases*. Oxford: Oxford UP, 1-8.

Smith, Thomas W. (1999), *History and International Relations*. London: Routledge.

Song 宋, Dexing 德星 (2005), „Guoji guanxi lilun zhong de Yingguo Xuepai jiqi dui Zhongguo xuejie de qishi" (Die Englische Schule der IB-Theorie und ihre Anstöße für die chinesische Wissenschaftswelt) 国际关系理论中的英国学派及其对中国学界的启示, in Guo 郭, Shuyong 树勇 (ed.) (2005), *Guoji guanxi: Huhuan Zhongguo lilun* (Internationale Beziehungen: Ruf nach einer chinesischen Theorie) 国际关系：呼唤中国理论. Tianjin: Tianjin Renmin Chubanshe, 151-162.

Song, Xinning (1997), „International Relations Theory-Building in China", in *PS* 1 (July 1997), 40-61.

Song, Xinning / Chan, Gerald (2000), „International Relations Theory in China", in Hu, Weixing / Chan, Gerald / Zha, Daojiong (eds.) (2000), *China's IR in the 21th century*. Lanham; New York; Oxford: University Press of America, 15-40.

Song, Xinning (2001), „Building International Relations Theory with Chinese Characteristics", in *Journal of Contemporary China* 10, 61-74.

— (2008), „China's view of European integration and enlargement", in Shambaugh, David / Sandschneider, Eberhard / Zhou, Hong (eds.) (2008), *China-Europe relations: perceptions, policies and prospects*. New York: Routledge, 174-186.

Song 宋, Yimin 以敏(2004), „Shidai zhuti yu Zhongguo de heping fazhan" (Themen der Zeit und Chinas friedliche Entwicklung) 时代主题与中国的和平发展, in *GuojiWenti Yanjiu* (2004) 3, 6-11.

Spencer Brown, G. (1971), *Laws of Form*. London: Allen and Unwin.

Sprout, Harold / Sprout, Margaret (1956), *Man-Milieu Relationship Hypotheses in the Context of International Politics*. Princeton: Centre of International Studies.

Staunton, Sir George (1797), *An Authentic Account of an Embassy from the King of Great Britain to the Emperor of China*. London: MF.

Stegmüller, Wolfgang (1975), *Hauptströmungen der Gegenwartsphilosophie* (Bd. II). Stuttgart: Alfred Kröner Verlag.

Strange, Susan (1988), *States and Markets*. London; New York: Pinter.

— (1996), *The Retreat of the State. The Diffusion of Power in the World Economy*. Cambridge: Cambridge UP

— (1998), *Mad Money. When Markets Outgrow Governments*. Manchester; New York: Manchester UP.

Su 苏, Changhe 长和 et al. (1999), „Zhongguo guoji guanxi lilun de pinkun: Dui jin 20 nian guoji guanxixue zai Zhongguo fazhan de fansi" 中国国际关系理论的贫困：对近 20 年国际关系学在中国发展的反思 (Zur Armut der IB-Theorien in China: Nachdenken über die Entwicklung der IB-Theorie in China während der letzten 20 Jahre), in Ren 任, Xiao 晓 (2001), *Guoji guanxi lilun xin shiye* (Neue Perspektiven der IB-Theorie) 国际关系新视野. Beijing: Changzheng Chubanshe, 26-38.

— (2005), „Weishenme mei you Zhongguo de guoji guanxi lilun?" (Weshalb gibt es keine chinesische IB-Theorie?) 为什么没有中国的国际关系理论?, in *Guoji Guancha* (2005) 4, 26-30.

— (2006), „Zhongguo de guoji zhidu lilun yanjiu" (Forschung zu internationalen Regimen in China) 中国的国际制度理论研究, in Wang 王, Yizhou 逸舟 (ed.) (2006), *Zhongguo guoji guanxi yanjiu (1995-2005)* (IB-Forschung in China 1995-2005) 中国国际关系研究 (1995-2005). Beijing: Beijing Daxue Chubanshe, 112-141.

— (2008), „Guojihua yu difang de quanqiu lianxi: Zhongguo difang de guojihua yanjiu (1978-2008)" (Internationalization and Glocal Linkage: A Study of China's Glocalization (1978-2008)) 国际化与地方的全球联系:中国地方的国际化研究(1978-2008 年), in *Shijie Jingji yu Zhengzhi* (2008) 11, 24-32.

Su 苏, Yunting 云婷 / Jin 靳, Jidong 继东(2008), „Shijie zhixu fanshi: Goujian Zhongguo guoji guanxi lilun de yi zhong lujing xuanze" (Die Kategorie Weltordnung: Ein möglicher Weg zum Aufbau einer chinesischen IB-Theorie) 世界秩序范式：构建中国国际关系理论的一种路径选择, in *Shijiazhuang Xueyuan Xuebao* (2008) 1, 44-49.

Sun 孙, Fulin 福林(2006), „Zhongguo gudai hexie sixiang dui jianshe hexie shehui de lunli qishi (Die moralische Inspiration der klassischen chinesischen Harmonie-Ideen für den Aufbau einer Harmonischen Gesellschaft) 中国古代和谐思想对建设和谐社会的伦理启示, in *Journal of Shengli Oilfield Teachers College* (2006) 1, 35-37.

Sun 孙, Ruoyan 若彦 (2003), „Xunqiu waiwei de chulu: Dui er zhan hou La-Mei guoji guanxi lilun de lishi kaocha" (Suche nach einem Weg aus der Peripherie: Historische Analyse der lateinamerikanischen IB-Theorie nach dem Zweiten Weltkrieg) 寻求外围的出路：对二战后拉美国际关系理论的历史考察, in *Shijie Jingji yu Zhengzhi* (2003) 11, 25-30.

— (2005), „Yifu lilun dui guoji guanxi yanjiu de yingxiang" (Der Einfluß der Dependenztheorie auf die IB-Forschung) 依附理论对国际关系研究的影响, in *Journal of Shandong Normal University* 4 (2005), 113-117.

— (2006), „Yifulun yu Lamei guoji guanxi yanjiu" (Dependenztheorie und IB-Forschung in Lateinamerika) 依附论于拉美国际关系研究, in *Journal of Latin American Studies* 3 (2006), 48-55.

Sun 孙, Xuefeng 学峰 (2003), „Zhongguo guoji guanxi lilun yanjiu: Gugan liliang yu liupai fenye" (IB-Theorieforschung in China: Trennungslinien nach treibenden Kräften und Schulen)中国国际关系理论研究：骨干力量与流派分野, in *Shijie Jingji yu Zhengzhi* (2003) 3, 26-28.

— (2004), „Zhongshi yanjiu sheji shi tigao yanjiu zhiliang de jichu" (Die Aufmerksamkeit auf das Forschungskonzept zu legen, trägt zur Qualitätssteigerung der Forschung bei) 重视研究设计是提高研究质量的基础, in Xiao 肖, Huanrong 欢容 (ed.) (2005), *Guoji guanxixue zai Zhongguo* 国际关系学在中国 (IB-Studien in China). Beijing: Zhongguo Chuanmei Daxue Chubanshe, 43-44.

Sutter, Robert G. (2005), *China's Rise in Asia. Promises and Perils*. Rowman & Littlefield Publishers.

Tang 汤, Guanghong 光鸿 / Zhu 朱, Kaibing 凯兵 (2003), *Dangdai Zhongguo guoji zhanlüe sixiang yanjiu* (Untersuchungen zu Chinas moderner internationaler Strategie) 当代中国国际战略思想研究. Beijing: Zhongguo Shuji Chubanshe.

Tang 汤, Guanghong 光鸿 (2004), „Fei chuantong anquan dui wo guo guoji guanxi lilun de xin tiaozhan" (Nicht-traditionelle Sicherheit als neue Herausforderung für die chinesische IB-Theorie) 非传统安全对我国国际关系理论的新挑战, in *Taipingyang Xuebao* (2004) 1, 15-22.

Tang 唐, Xianxing 贤兴 / Zhao 赵, Xiaofei 小斐(2004), „Quanqiu zhili yu guoji guanxi zhong de minzhu he fazhi" (Global Governance, Demokratie und „Rule of law" in den internationalen Beziehungen) 全球治理与国际关系中的民主和法治, in Chen 陈, Yugang 玉刚/ Yuan 袁, Jianhua 建华(eds.) (2004), *Chaoyue Weisitefaliya? 21 shiji guoji guanxi de jiedu* (engl. Titel: Beyond Westphalia?) 超越威斯特伐利亚 21 世纪国际关系的解读. Beijing: Shishi Chubanshe, 307-343.

Tang 唐, Xiaosong 小松 / Wang 王, Yiwei 义桅 (2005), „Guowai gonggong waijiao de tansuo" (Untersuchung zur Public Diplomacy des Auslands) 国外公共外交的探索, in *Guoji Wenti Yanjiu* (2005) 1, 60-63.

Tanner, Murray S. (2002), „Changing Windows on a Changing China: The Evolving Think Tank System and the Case of the Public Security Sector", in *China Quarterly* 171 (2002), 559-574.

Tao 陶, Wenzhao 文钊(2008), „Laolao bawo Zhong Mei liang guo gongtong liyi: Jinian Zhong-Mei guanxi zhengchanghua 30 zhounian" (Die gemeinsamen Interessen Chinas und der USA fest im Griff halten: Erinnerung an den 30. Jahrestag der Normalisierung der sino-amerikanischen Beziehungen 牢牢把握中美两国共同 利益：纪念中美关系正常化 30 周年, in *Shijie Jingji yu Zhengzhi* (2008) 11, 73-79.

Thompson, Drew (2005), „China's Soft Power in Africa: From the ‚Beijing Consensus' to Health Diplomacy", *China Brief* (October 2005). http://www.asiamedia.ucla.edu/article.asp?parentid=32003 (10.11.2008)

Ulbert, Cornelia (2003), „Sozialkonstruktivismus", in Schieder, Siegfried / Spindler, Manuela (eds.) (2003), *Theorien der Internationalen Beziehungen*. Opladen: Leske+Budrich, 391-420.

Van Ness, Peter (1970), *Revolution and Chinese Foreign Policy. Peking's Support for Wars of National Liberation*. Berkeley: University of California Press.

Vertzberger, Yaacov Y. I. (1990), *The World in Their Minds. Information Processing, Cognition and Perception in Foreign Policy Decisionmaking*. Stanford: Stanford UP.

Volkan, Vamik D. / Julius, Demetrios A. / Montville, Josephe V. (eds.) (1990), *The Psychodynamics of International Relationships*. (Band 1: Concepts and Theories). Lexingtong: Lexington Books.

Waever, Ole (1998), „The Sociology of a not so International Discipline: American and European Developments in International Relations", in *International Organization* (1998) 4, 687-727.

Waldron, Arthur (1994), „Deterring China", in *Commentary* 4 (October 1994), 17-21.

Walt, Stephen M. (1998), „International Relations: One World, Many Theories", in *Foreign Policy* (Spring 1998), 29-46.

Waltz, Kenneth N. (1979), *Theory of International Politics*. Reading: Addison-Wesley.

Wang 王, Cungang 存刚(2005), „Dangdai Zhongguo guoji guanxi lilun yanjiu zhong de si ge jiehe wenti" (Vier integrierte Probleme der modernen chinesischen IB-Theorieforschung) 当代中国国际关系理论研究中的四个结合问题, in *Zhonggong Tianjin Dangxiao Xuebao* (2005) 1, 69-73.

Wang 王, Fan 帆(2008), „Guanyu Zhongguo guoji guanxi lilun goujian de jidian sikao" (Einige Überlegungen zum Aufbau der chinesischen IB-Theorie) 关于中国国际关系理论构建的几典思考, in *Guoji Luntan* (2008) 3, 50-55.

Wang, Hongying (2005), „National Image Building and Chinese Foreign Policy", in Deng, Yong / Wang, Fei-Ling (eds.) (2005), *China Rising. Power and Motivation in Chinese Foreign Policy*. Lanham: Rowman & Littlefield, 73-102.

Wang 王, Jianwei 建伟 et al. (1986), „Nuli chuangjian wo guo ziji de guoji guanxi lilun tixi" (Mit allen Kräften auf den Aufbau eines Systems der chinesischen IB-Theorie hinarbeiten) 努力创建我国自己的国际关系理论体系, in *Shijie Jingji yu Zhengzhi Neican* (1986) 9.

Wang, Jianwei (2000), *Limited Adversaries: Post-Cold War Sino-American Mutual Images*. New York: Oxford UP.

Wang 王, Jie 杰 (2000), „Meiguo de kua shiji quanqiu zhanlüe yu lianheguo" (Die globale Strategie der USA im neuen Jahrhundert und die UNO) 美国的跨世纪全球战略与联合国, in Wang 王, Jisi 辑思 (Jin 金, Canrong 灿荣) (ed.) (2007), *Zhongguo xuezhe kan shijie* (3), 201-211.

Wang, Jisi (1994), „International Relations Theory and the Study of Chinese Foreign Policy: A Chinese Perspective", in Robinson, Thomas W. / Shambaugh, David (eds.) (1994 (reprinted 2006)), *Chinese Foreign Policy – Theory and Practice*. Oxford: Clarendon Press, 481-505.

Wang 王, Jisi 辑思 (ed.) (1995), *Wenming yu guoji zhengzhi* (Civilization and International Politics) 文明与国际政治. Shanghai: Shanghai Renmin Chubanshe.

— (ed.) (2006 /2007), *Zhongguo xuezhekan shijie* (World Politics – Views from China) 中国学者看世界. Beijing: Xin Shijie Chubanshe.

Wang 王, Jun 军 (2004), „Zhuquan yanjiu zai Zhongguo: Chengjiu, qushi yu wenti. Cong 20 shiji 90 niandai dao xianzai" (Forschung zur Souveränität in China: Erfolge, Orientierungen und Probleme: Von den 90er Jahren des 20.Jahrhunderts bis zur Gegenwart) 主权研究在中

国: 成就, 趋势与问题 - 从 20 世纪 90 年代到现在, in Wang 王, Jisi 辑思(ed.) (2007), *Zhongguo xuezhe kan shijie* (2), 76-93.

Wang 王, Junsheng 俊生 (2008), „Guoji guanxi lilun de pushixing yu guobiexing: Yi ge zhishixing de shuli"(Universalität und nationale Zugehörigkeit von IB-Theorien: Intellektuelle Aufschlüsselung) 国际关系理论的普适性与国别性: 一个知识性的梳理, in *Waijiao Pinglun* (2008) 1, 106-113.

Wang 王, Yiwei 义桅 (2004a), „Weishenme mei you Zhongguo de guoji guanxi lilun?" (Weshalb gibt es keine chinesische IB-Theorie?) 为什么没有中国的国际关系理论, in *Shijie Jingji yu Zhengzhi* (2004) 1, 21-22.

— (2004b), „Guoji guanxi lilun de guojiaxing: Zhong Mei zhi bijiao" (Der nationale Charakter von IB-Theorien: China und USA im Vergleich) 国际关系理论的国家性: 中美之比较, in Guo 郭, Xuetang 学堂 (ed.) (2004), *Guoji guanxixue: Lilun yu shijian* (IB-Lehre: Theorie und Praxis) 国际关系学理论与实践. Beijing: Shishi Chubanshe, 86-118.

Wang 王, Yizhou 逸舟 (1995), *Dangdai guoji zhengzhi xilun* (Analyse der internationalen Politik der Gegenwart) 当代国际政治析论 Shanghai: Shanghai Renmin Chubanshe.

— (1998), „Jingji quanqiuhua guocheng zhong de zhengzhi wending yu guoji guanxi" (Politische Stabilität und internationale Beziehungen im Zuge der Wirtschaftsglobalisierung) 经济全球化过程中的政治稳定与国际关系, in Xiao 肖, Huanrong 欢容 (ed.) (2005), *Guoji guanxixue zai Zhongguo* 国际关系学在中国 (IB-Studien in China). Beijing: Zhongguo Chuanmei Daxue Chubanshe, 286-288.

— (2007 [1998]), *Xifang guoji zhengzhixue: Lishi yu lilun* (International Politics in the West: History and Theory) 西方国际政治学: 历史与理论. Beijing: CASS Press.

— (2003), „Zhongguo guoji guanxi lilun: Dui chengjiu yu queshi de ji dian ganshou" (IB-Theorie in China: Einige Eindrücke zu Erfolgen und Rückständen) 中国国际关系理论: 对成就与缺失的几点感受, in Xiao 肖, Huanrong 欢容 (ed.) (2005), *Guoji guanxixue zai Zhongguo* 国际关系学在中国 (IB-Studien in China). Beijing: Zhongguo Chuanmei Daxue Chubanshe, 17-20.

— (2004), „Zhongguo yu fei chuantong anquan"(China und nicht-traditionelle Sicherheit) 中国与非传统安全, in Wang 王, Jisi 辑思 (ed.) (2007), *Zhongguo xuezhe kan shijie* (6), 20-29.

— (2005), *Tanxun quanqiuzhuyi guoji guanxi* (International Relations in a globalized perspective) 探寻全球主义国际关系. Beijing: Beijing UP.

— (ed.) (2006), *Zhongguo guoji guanxi yanjiu (1995-2005)* (IB-Forschung in China 1995-2005) 中国国际关系研究 (1995-2005). Beijing: Beijing Daxue Chubanshe.

— (2006a), „Guodu zhong de Zhongguo guoji guanxixue" (Die chinesische IB-Lehre im Wandel) 过渡中的中国国际关系学, in *Shijie Jingji yu Zhengzhi* (2006) 4, 7-12.

— (2007), *Xifang guoji zhengzhixue: Lishi yu lilun* (International Politics in the West: History and Theories) 西方国际政治学: 历史与理论. Beijing: Zhongguo Shehui Kexue Chubanshe.

Wang 王, Yong 勇(1994), „Shilun jianli guoji guanxi lilun de shizheng fangfa: Jian ping guoji guanxi lilun de ‚Zhongguo tese'" (Zur positivistischen Methode beim Aufbau der IB-Theorie: Kritik an den „chinesischen Charakteristika" in der IB-Theorie) 试论建立国际关系理论的实证方法兼评国际关系理论的中国特色, in *Guoji Zhengzhi Yanjiu* (1994) 4, 34-40.

Wang 王, Yonggui 永贵 (2008), „Cong quanqiuhua shijiao jiedu Zhongguo tese shehuizhuyi daolu he lilun tixi" (Entschlüsselung des sozialistischen Weges mit chinesischen Charakteristika und seines Theoriesystems aus globaler Perspektive) 从全球化视角解读中国特色社会主义道路和理论体系, in *Gansu Shehui Kexue* 2 (2008), 6-11.

Wang 王, Zhen 贞 (2005), „Guoji guanxi lilun yanjiu zhong wenhua shijiao de huigui"(Die Wiederkehr der kulturellen Perspektive in der IB-Theorie) 国际关系理论研究中文化视角的回归, in *Xuehai* (2005) 2, 140-145.

Wang 王, Zhengyi 正毅 (2005a), „Lijie Zhongguo zhuanxing: Guojia zhanlüe mubiao, zhidu tiaozheng" (Die chinesische Transition verstehen: Strategische nationale Interessen, Neuausrichtung des Systems) 理解中国转型: 国家战略目标制度调整, in Wang 王, Jisi 辑思 (ed.) (2007), *Zhongguo xuezhe kan shijie* (6), 41-56.

— (2005b), „Shehui kexue zhishi puxi yu guoji guanxi yanjiu fangfa" (Die Herkunft des sozialwissenschaftlichen Wissens und Forschungsmethoden der IB) 社会科学知识谱系与国际关系研究方法, in Xiao 肖, Huanrong 欢容 (ed.) (2005), *Guoji guanxixue zai Zhongguo* 国际关系学在中国 (IB-Studien in China). Beijing: Zhongguo Chuanmei Daxue Chubanshe, 50-52.

Washington Post (23-04-2005), „A Peaceful Rise?", page A18.

Wasserstrom, Jeffrey N. (2005a), „Chinese Students and Anti-Japanese Protests", in *World Policy Journal* (Summer 2005), 59-65.

— (2005b), „Why China was so worried about those student protests". http://www.hnn.us/articles/11708.html (10.12.2005).

Weber-Schäfer, Peter (1968), *Oikumene und Imperium. Studien zur Ziviltheologie des chinesischen Kaiserreichs*. München: List.

Weigelin-Schwiedrzik, Susanne (1984), *Parteigeschichtsschreibung in der VR China. Typen, Methoden, Themen und Funktionen*. Wiesbaden: Harrassowitz.

— (1988), *„Shi" und „lun": Studien zur Methodologie der Historiographie in der VR China*. Bochum: Habilitationsschrift.

— (2001), „Menschenrechte in Ostasien: Die Perspektive Hongkongs", in *Polis* 32, 25-53.

— (2004), „Zentrum und Peripherie in China und Ostasien", in Weigelin-Schwiedrzik, Susanne / Linhart, Sepp (Hrg.) (2004), *Ostasien 1600-1900. Geschichte und Gesellschaft*. Wien: Promedia.

— (2005), „Weltgeschichte und chinesische Geschichte. Die chinesische Historiographie des 20. Jahrhunderts zwischen Universalität und Partikularität", in Grandner, Margarete / Rothermund, Dietmar / Schwentker, Wolfgang (Hrg.) (2005), *Globalisierung und Globalgeschichte*. Wien: Mandelbaum, 139-161.

Weigelin-Schwiedrzik, Susanne / Noesselt, Nele (2006a), „Strategische Partnerschaft zwischen Gleichberechtigung und Asymmetrie: Die Beziehungen zwischen der EU und der VR China im Lichte der jüngst veröffentlichten Strategiepapiere", in Schottenhammer, Angela (Hrg.) (2006), *Chinas Eintritt in die Weltpolitik – Außenpolitisches Handeln am Beispiel Europas, Koreas und des Nahen Ostens*. Hamburg: IFA, 46-76.

Weigelin-Schwiedrzik, Susanne / Noesselt, Nele (2006b), „Striving for Symmetry in Partnership: An Analysis of Sino-EU Relations Based on the Two Recently Published Policy Papers", in Weigelin-Schwiedrzik / Schick-Chen / Klotzbücher (2006), *As China Meets the World*. Wien: Österreichische Akademie der Wissenschaften, 11-34.

Wen 温, Jiabao 家宝(10-12-2003), „Ba muguang tou xiang Zhongguo" (Turning your eyes to China) 把目光投向中国. http://www.scol.com.cn/focus/jrjj/20031211/2003121185158.htm (08.01.2005).

— (27-09-2005), „Reform and opening-up: The eternal driving force of China's development". http://news.xinhuanet.com/english/2008-09/27/content_10122832 (25.11.2008).

— (28-01-2009), „Jianding xinxin, jiaqiang hezuo, tuidong shijie jingji xin yi lun zengzhang" (Die Zuversicht stärken, die Kooperation ausbauen, und eine neue

Wachstumsrunde der Weltwirtschaft vorantreiben) 坚定信心 - 加强合作 - 推动世界经济新轮增长.
http://news.sina.com.cn/c/2009-01-29/011017118920.shtml (10.06.2009)
Wen 文, Shangqing 尚卿 / Wei 魏, Qingyuan 清源(2004), „Lun Mao Zedong dui wai kaifang sixiang" (Zu Mao Zedongs Idee der Öffnung gegenüber dem Ausland) 论毛泽东对外开放思想, in *Literary Circles of CPC History* (2004) 12, 51-52.
Wendt, Alexander (1987), „The Agent-Structure-Problem in International Relations Theory", in *International Organization* 3, 335-370.
— (1999), *Social Theory of International Politics*. Cambridge: Cambridge UP.
Wette, Wolfram (1971), *Kriegstheorien deutscher Sozialisten. Marx, Engels, Lassalle, Bernstein, Kautsky, Luxemburg.* Stuttgart: Kohlhammer.
Whiting, Allen S. (1960), *China Crosses the Yalu: The Decision to Enter the Korean War.* New York: Macmillan Company.
— (1975), *The Chinese Calculus of Deterrence: India and Indochina.* Ann Arbor: The University of Michigan Press.
— (1989), *China Eyes Japan.* Berkeley: California UP.
Wich, Richard (1980), *Sino-Soviet Crisis Politics.* Cambridge: Harvard UP.
Wiethoff, Bodo (1971), *Grundzüge der älteren chinesischen Geschichte.* Darmstadt: WBG.
Williamson, John (1990), „What Washington Means by Policy Reform", in ders. (ed.) (1990), *Latin American Adjustment: How Much Has Happened?* Washington: Institute for International Economics.
Wittfogel, Karl A. (1963), „Some Remarks on Mao's handling of Concepts and Problems of Dialectics", in *Studies in Soviet Thought* (December 1963) 4, 251-69.
Womack, Brantly (2001 [2004]), „Asymmetry Theory and China's Concept of Multipolarity", in *Journal of Contemporary China* 13, 351-366.
Wu 吴, Xingtang 兴唐(2004), *Zhengdang waijiao yu guoji guanxi* (Außenpolitik der Partei und IB) 政党外交与国际关系. Beijing: Dangdai Shijie Chubanshe.
Wu 吴, Zhengyu 征宇 (2005), „Guoji guanxi lilun yanjiu zai Zhongguo" (Forschung zu IB-Theorien in China) 国际关系理论研究在中国, in *Academic Research* (2005) 9, 49-52.
Xiao 肖, Huanrong 欢容 (2000), „Diquzhuyi jiqi dangdai fazhan" (Regionalismus und seine gegenwärtige Entwicklung) 地区主义及其当代发展, in Xiao 肖, Huanrong 欢容 (ed.) (2005), *Guoji guanxixue zai Zhongguo* 国际关系学在中国 (IB-Studien in China). Beijing: Zhongguo Chuanmei Daxue Chubanshe, 250- 252.
— (ed.) (2005), *Guoji guanxixue zai Zhongguo* 国际关系学在中国 (IB-Studien in China). Beijing: Zhongguo Chuanmei Daxue Chubanshe.
Xiao 肖, Jialing 佳灵 (2008), „Dangdai Zhongguo waijiao yanjiu ‚Zhongguohua': Wenti yu sikao" („Sinisierung" der gegenwärtigen Forschung zur chinesischen Außenpolitik: Fragen und Überlegungen) 当代中国外交研究中国化: 问题与思考, in *Guoji Guancha* (2008) 2, 1-15.
Xinhua (19-08-2002), „Zhidao wo guo zhexue shehui kexue fazhan de ganglingxing wenzhai: Xuexi Jiang Zemin tongzhi guanyu zhexue shehui kexue de zhongyao lunshu" (Grundlagendokumente, welche die Entwicklung der chinesischen Sozialwissenschaften anleiten: Studium der wesentlichen Ausführungen Jiang Zemins zu Philosophie und Sozialwissenschaften) 指导我国哲学社会科学发展的纲领性文摘学习江泽民同志关于哲学社会科学的重要论述. (trotz des gleichlautenden Titels inhaltlich *nicht* identisch mit RMRB 20-08-2002!)
http://news.xinhuanet.com/newscenter/2002-08/19/content_530463.htm (14.11.2008).

Xinhua (20-03-2004), „Zhongyang fachu ‚Guanyu jin yi bu fanrong fazhan zhexue shehui kexue de yijian'" (Das ZK veröffentlicht eine „Erklärung zur weiteren Entfaltung und Entwicklung der Philosophie und derSozialwissenschaften") 中央发出关于进一步繁荣发展哲学社会科学的意见. http://news.xinhuanet.com/newscenter/2004-03/20/content_1375777.htm (14.11.2008).

Xinhua (13-06-2004), „Zhongguo tisheng ruanshili: Beijing Gongshi qudao Huashengdun Gongshi" (China baut Soft Power aus: Der Beijing Consensus löst Washington Consensus ab) 中国提升软实力: 北京共识取代华盛顿共识. http://news.xinhuanet.com/newscenter/2004-06/13/content_1522884.htm (03.11.2008)

Xinhua (11-10-2004), „Trade Unions launch Beijing Consensus". http://www2.chinadaily.com.cn/english/doc/2004-10/11/content_381430.htm (03.11.2008)

Xinhua (20-02-2005), "Building harmonious society: CPC's top task". http://www.chinadaily.com.cn/english/doc/2005-02/20/content_417718.htm (10.10.2006)

Xinhua (2005), *Constructing a socialist harmonious society*. Xinhua Press.

Xinhua (11-10-2006), „Social Harmony Highlighted at CPC Central Committee Plenum". http://www.china.org.cn/english/2006/Oct/183595.htm (30.10.2006)

Xing, Guoxin (2007), „Peaceful Rise: China's Public Diplomacy and International Image Cultivation", in Guo, Sujian / Hua, Shiping (eds.) (2007), *New Dimensions of Chinese Foreign Policy*. Lanham: Lexington Books, 133-147.

Xu 许, Jia 嘉(1997), „Jiushi niandai Zhongguo guoji guanxi lilun yanjiu saomiao" (Untersuchung zu Chinas IB-Theorieforschung in den 90er Jahren) 九十年代中国国际关系理论研究扫描, in *International Survey* (1997) 6, 16-19.

— (1999), „Ershi shiji mo de Zhongguo guoji guanxi lilun yanjiu" (IB-Theorieforschung in China gegen Ende des 20. Jahrhunderts) 二十世纪末的中国国际关系理论研究, in Xiao 肖, Huanrong 欢容 (ed.) (2005), *Guoji guanxixue zai Zhongguo* 国际关系学在中国 (IB-Studien in China). Beijing: Zhongguo Chuanmei Daxue Chubanshe, 27-31.

— (2004), „Guanyu Zhongguo zhanlüe yanjiu de xianzhuang" (Zum Stand der chinesischen Strategie-Forschung)关于中国战略研究的现状, in Guo 郭, Xuetang 学堂 (ed.) (2004), *Guoji guanxixue: Lilun yu shijian* (IB-Lehre: Theorie und Praxis) 国际关系学理论与实践. Beijing: Shishi Chubanshe, 413-423.

— (2007), „Lun quanqiuhua yu Zhongguo guojia liyi" (Globalisierung und Chinas nationale Interessen) 论全球化与中国国家利益, in Liang 梁, Shoude 守德 / Li 李,Yihu 义虎(eds.) (2007), *Quanqiuhua yu hexie shijie* (Globalisierung und Harmonische Welt) 全球化与和谐世界. Beijing: Shijie Zhishi Chubanshe, 55-62.

Xu 徐, Jian 坚 (2005), „Lun heping gongchu wu xiang yuanze de lilun yu shijian" (Zu Theorie und Praxis der Fünf Prinzipien der Friedlichen Koexistenz) 论和平共处五项原则的理论与实践, in *Guoji Wenti Yanjiu* (2005) 1, 14-21.

— (2006b), „ ‚Goujian hexie shijie' de lilun yu shijian" (Theorie und Praxis des „Aufbaus einer Harmonischen Welt") 构建和谐世界的理论与实践, in *Guoji Wenti Yanjiu* (2006) 4,5-7.

Xu 徐, Jian 坚 et al. (2007a), „Jianshe ‚hexie shijie' de lilun sikao" (Theoretische Überlegungen zum Aufbau einer „Harmonischen Welt") 建设和谐世界的理论思考, in *Guoji Wenti Yanjiu* (2007) 1, 1-6.

Xu 许, Zhixin 志新 (2004), „Pujing shiqi Eluosi dui wai zhanlüe jiexi" (Analyse der außenpolitischen Strategie Rußlands in der Ära Putin) 普京时期俄罗斯对外战略解析, in Wang 王, Jisi 辑思 (Jin 金, Canrong 灿荣) (ed.) (2007), *Zhongguo xuezhe kan shijie* (3), 345-361.

Xue 薛, Li 力 / Xiao 肖, Huanrong 欢容(2006), „Zhongguo de goujianzhuyi guoji guanxi yanjiu: Chengjiu yu buzu (1998-2004)" (Konstruktivistische IB-Forschung in China: Erfolge und Rückstände (1998-2004)) 中国的构建主义国际关系研究成就与不足 (1998-2004), in *Shijie Jingji yu Zhengzhi* (2006) 8, 40-48.

Yahuda, Michael B. (1978), *China's Role in World Affairs*. London: Croom Helm.

— (1987), „International Relations Scholarship in the People's Republic of China", in *Millennium* (1987) 2, 319-323.

YaleGlobal (04-04-2005), „Internet Fans Flames of Chinese Nationalism: Beijing faces dilemma as anti-Japanese campaign in cyberspace hits the streets" (by Paul Mooney).http://yaleglobal.yale.edu/artcle.print?id=5516 (08.04.2005)

Yan 闫, Jin 瑾(2002), „Qianxi Zhongguo xin anquanguan xingcheng de guoji beijing jiqi neihan" (Analyse der internationalen Hintergründe der Entstehung des neuen chinesischen Sicherheitskonzepts und sein Inhalt) 浅析中国新安全观 形成的国际背景及其内涵, in Liu 刘, Liyun 丽云/ Bao 保, Jianyun 建云 / Fang 房, Lexian 乐宪 (eds.) (2004), *Dangdai Zhongguo yu shijie yanjiu* (Studies on Contemporary China and the World) 当代中国与世界研究. Bejing: Renmin Daxue Guoji Guanxi Xueyuan, 603-607.

Yan 颜, Shengyi 声毅 (1996), „Zhongguo chuantong wenhua dui dangdai waijiao de yingxiang" (Einfluß der traditionellen chinesischen Kultur auf die moderne Außenpolitik) 中国传统文化对当代外交的影响, in Ren 任, Xiao 晓 (ed.) (2001b), *Guoji guanxi lilun xin shiye* (Neue Perspektiven der IB-Theorie) 国际关系新视野. Beijing: Changzheng Chubanshe, 322-329.

Yan 阎, Xuetong 学通 (1996a), *Zhongguo guojia liyi fenxi* (Analyse der nationalen Interessen Chinas) 中国国家利益分析. Tianjin: Tianjin Renmin Chubanshe.

— (1996b), „Shenme shi guojia liyi?" (Was sind nationale Interessen?) 什么是国家利益, in Wang 王, Jisi 辑思(ed.) (2007), *Zhongguo xuezhe kan shijie* (2), 3-23.

— (2001a), „The Rise of China in Chinese Eyes", in *Journal of Contemporary China* 10, 33-39.

— (2001b),„ Guoji guanxi yanjiu shiyong fangfa" (Zu anwendungsbezogenen Methoden der IB-Forschung) 国际关系研究使用方法, in Xiao 肖, Huanrong 欢容 (ed.) (2005), *Guoji guanxixue zai Zhongguo* 国际关系学在中国 (IB-Studien in China). Beijing: Zhongguo Chuanmei Daxue Chubanshe, 34-43.

— (2004), „Heping jueqi yu baozhang heping" (Friedlicher Aufstieg und Friedenssicherung) 和平崛起与保障和平, in *Guoji Wenti Yanjiu* (2004) 3, 12- 16.

— (2005), *Guoji zhengzhi yu Zhongguo* 国际政治与中国 (International Politics and China). Beijing: Beijing Daxue Chubanshe.

Yang 杨, Chengxu 成绪(2003), „Renzhen xuexi, shenke lijie: Jiedu shiliu da baogao guanyu guoji xingshi he Zhongguo waijiao bufen" (Ernsthaft studieren, eingehend begreifen: Untersuchung der Abschnitte des Berichts des 16. Parteitages zu internationalen Strukturen und der chinesischen Diplomatie) 认真学习深刻理解解读十六大报告关于国际形势和中国外交部份, in Liang 梁, Shoude 守德 et al. (ed.) (2003), *Guoji zhengzhi de xin jieduan yu xin silu* (Neue Phase und neue Ideen zur internationalen Politik)国际政治的新阶段与新思路. Beijing: Zhongyang Bianyi Chubanshe, 16-28.

Yang 杨, Chuang 闯 (1987), „Sulian guanyu guoji guanxi lilun de yanjiu duixiang jiqi dui guoji guanxi tixi de gouxiang" (Gegenstand der IB-Theorieforschung der Sowjetunion und Vorstellungen zum System der IB) 苏联关于国际关系理论的研究对象及其对国际关系体系的构想, in *Shijie Jingji yu Zhengzhi* (1987) 9, 39-40.

— (1989), „Sulian guoji guanxi lilun fazhan de fenqi jiqi tedian" (Periodisierung und Besonderheiten der Entwicklung der IB-Theorien in der SU) 苏联国际关系理论发展的分期及其特点, in *Shijie Jingji yu Zhengzhi* (1989) 7, 62-67.

— (2004), „Guanyu Zhongguo de waijiao zhanlüe yu guoji zhixu lilun" (Zu Chinas außenpolitischer Strategie und Theorien der internationalen Ordnung) 关于中国的外交战略与国际秩序理论, in Wang 王, Jisi 辑思 (Jin 金, Canrong 灿荣) (ed.) (2007), *Zhongguo xuezhe kan shijie* (3), 94-107.

Yang 杨, Fan 凡 (2006), *Zhongguo waijiao fanglüe: Heping gongchu wu xiang yuanze yu Zhongguo* (Chinas außenpolitisches Gesamtkonzept: Die „Fünf Prinzipien der Friedlichen Koexistenz" und China) 中国外交方略和平共处五项原则与中国. Hebei: Hebei Renmin Chubanshe.

Yang, Guangbin (2004), „Political Developments in the Rise of China", Kokubun, Ryosei / Wang, Jisi (eds.) (2004), *The Rise of China and a Changing East Asian Order*. Tokyo; New York: Japan Center for International Exchange.

Yang 杨, Haijiao 海蛟(2008), „Zhongguo zhengzhixue 30 nian" (30 Jahre Politikwissenschaft in China) 中国政治学 30 年, in *Shandong Social Sciences* (2008) 7.

Yang 杨, Jiemian 洁勉 (2000), „Kua shiji shijie geju zhong de Meiguo quanqiu zhanlüe" (Die globale Strategie der USA und die Weltstrukturen des neuen Jahrhunderts) 跨世纪世界格局中的美国全球战略, in Wang 王, Jisi 辑思 (Jin 金, Canrong 灿荣) (ed.) (2007), *Zhongguo xuezhe kan shijie* (3), 270-283.

— (2004), „Shilun Zhongguo zai heping gongchu zhong de heping jueqi: Jinian Heping Gongchu Wuxiang Yuanze chuangli 50 zhounian" (Studie zum friedlichen Aufstieg im Rahmen der friedlichen Koexistenz: Gedenken an den 50. Jahrestag der Begründung der Fünf Prinzipien der Friedlichen Koexistenz)试论中国在和平共处中的和平崛起：纪念和平共处五项原则创立 50 周年, in *Mao Zedong Deng Xiaoping Lilun Yanjiu* (2004) 6, 52-58.

Yao 姚, Wenli 文礼 (2003), „21 shiji chuqi Riben anquan zhanlüe tiaozheng chuyi" (Meine bescheidene Meinung zur Neuausrichtung der japanischen Sicherheitsstrategie zu Beginn des 21. Jahrhunderts) 21 世纪初期日本安全战略调整刍议, in Wang 王, Jisi 辑思 (Jin 金, Canrong 灿荣) (ed.) (2007), *Zhongguo xuezhe kan shijie* 中国学者看世界(3), 374-383.

Ye 叶, Zicheng 自成 (2001), *Xin Zhongguo waijiao sixiang: Cong Mao Zedong dao Deng Xiaoping* (Neue chinesische diplomatische Ideen: Von Mao Zedong zu Deng Xiaoping) 新中国外交思想: 从毛泽东到邓小平. Beijing: Beijing UP.

Ye 叶, Zicheng 自成 et al. (2003), „Cong duli zizhu dao gongtong fazhan: Cong shiliuda kan Zhongguo waijiao zhengce de yu shi jujin" (Von Unabhängigkeit und Souveränität zu gemeinsamer Entwicklung: Vom 16. Parteitag ausgehende Betrachtungen zur zeitbedingten Modifikation der chinesischen Diplomatie) 从独立自主到共同发展: 从十六大看中国外交政策的与时俱进, in Liang 梁, Shoude 守德 et al. (ed.) (2003), *Guoji zhengzhi de xin jieduan yu xin silu* (Neue Phase der internationalen Politik und neue Ideen) 国际政治的新阶段与新思路. Beijing: Zhongyang Bianyi Chubanshe, 81-97.

Ye 叶, Zicheng 自成 (2004), „Chaoyue duojihua siwei, cujin daguo hezuo: Dui Zhongguo duojihua zhanlüe de lishi yu lilun de fansi" (Das multipolare Denken überwinden, die Kooperation der Großmächte vorantreiben: Nachdenken über Geschichte und Theorie der chinesischen Strategie der Multipolarität) 超越多极化思维，促进大国合作: 对中国多极化战略的历史与理论的反思, in Wang 王, Jisi 辑思(Qin 秦, Yaqing 亚青) (ed.) (2007), *Zhongguo xuezhe kan shijie* (1), 62-86.

Yee, Herbert S. (1983), „The Three World Theory and Post-Mao's Global Strategy", in *International Affairs* 2, 239-249.

Yin 尹, Chengde 承德(2003), „Daguo guanxi tiaozheng he shijie geju de xin bianhua" (Die Neuausrichtung der Beziehungen der Großmächte und der neue Wandel des internationalen System) 大国关系调整和世界格局的新变化, in Wang 王, Jisi 辑思 (Jin 金, Canrong 灿荣) (ed.) (2007), *Zhongguo xuezhe kan shijie* (3), 13-22.

You 游, Bo 博(2005), „Xifang guoji guanxi lilun ruhe yingdui daguo jueqi" (Wie die westlichen IB-Theorien mit dem Aufstieg von Imperien umgehen) 西方国际关系理论如何应对大国崛起, in *Cadres Tribune* (2005) 3, 40-41.

Young, Michael D. / Schafer, Mark (1998), „Is There Method in Our Madness? Ways of Assessing Cognition in International Relations", in *Mershon International Studies Review* 1 (May 1998), 63-96.

Yu 于, Chaohui 朝晖(2008), „Zhenghe gonggong waijiao: Guojia xingxiang goujian de zhanlüe goutong xin shijiao" (Ordnung der Public Diplomacy: Neue Perspektiven der strategischen Relationen der Konstruktion nationaler Images) 整合公共外: 交国家形象构建的战略沟通新视角, in *Guoji Guancha* (2008) 1, 21-28.

Yu 俞, Keping 可平(2004), „Quanqiu zhili yu guojia zhuquan" (Global governance und nationale Souveränität) 全球治理与国家主权, in Wang 王, Jisi 辑思 (ed.) (2007), *Zhongguo xuezhe kan shijie* (2), 133-157.

Yu 余, Li 丽 (2004), „Makesizhuyi guoji guanxi lilun de dangdai xingtai – shilun heping jueqi sixiang" (Moderne Formen marxistischer IB-Theorien: Zur Idee des Friedlichen Aufstiegs) 马克思主义国际关系理论的当代形态: 试论和平崛起思想, in *Journal of Zhengzhou University* 6, 21-27.

Yu 于, Qiang 强 / Wang 王, Li 莉/ Zhang 张, Jianxin 建新 (2004), „Guoji guanxi de xianghu yicun yu xianghu yicun lilun de fazhan" (Interdependenz in den internationalen Beziehungen und Entwicklung der Interdependenztheorie) 国际关系的相互依存与相互依存理论的发展, in Chen 陈, Yugang 玉刚/ Yuan 袁, Jianhua 建华 (eds.) (2004), *Chaoyue Weisitefaliya? 21 shiji guoji guanxi de jiedu* (engl. Titel: Beyond Westphalia?) 超越威斯特伐利亚21世纪国际关系的解读. Beijing: Shishi Chubanshe, 101-115.

Yu 余, Xiaofeng 潇枫 / Li 李, Jia 佳 (2008), „Fei chuantong anquan: Zhongguo de renzhi he yingdui (1978-2008 nian) (Nichttraditionelle Sicherheit: Chinas Wahrnehmung und Antworten (1978-2008) 非传统安全: 中国的认知和应对 (1978-2008 年), in *Shijie Jingji yu Zhengzhi* (2008) 11, 89-96.

Yu 俞, Xintian 新天(2004), „Zhongguo dui wai zhanlüe de wenhua sikao" (Überlegungen zum Aspekt der Kultur in der außenpolitischen Strategie Chinas) 中国对外战略的文化思考, in Wang 王, Jisi 辑思 (ed.) (2007), *Zhongguo xuezhe kan shijie* (4), 82-95.

— (2007), „'Hexie shijie' yu Zhongguo de heping fazhan daolu" („Harmonische Welt" und Chinas friedlicher Entwicklungsweg) 和谐世界与中国的和平发展道路, in *Guoji Wenti Yanjiu* (2007) 1, 7-12;18.

— (2008), „Ruanshili jianshe yu Zhongguo dui wai zhanlüe" (Aufbau der Soft Power und Chinas außenpolitische Strategie) 软实力建设与中国对外战略, in *Guoji Wenti Yanjiu* (2008) 2, 15-20.

Yu 俞, Yixuan 沂暄(2004), „Wu fa wancheng de ‚guihua': Dui guoji zhengzhi lixiangzhuyi de zai sikao" (Ein nichtrealisierbarer „Plan": Erneutes Nachdenken über die Theorie des Idealismus zur internationalen Politik) 无法完成的规划国际政治理想主义的再思考, in Chen 陈, Yugang 玉刚/ Yuan 袁, Jianhua 建华(eds.) (2004), *Chaoyue Weisitefaliya?*

21 shiji guoji guanxi de jiedu (engl. Titel: Beyond Westphalia?) 超越威斯特伐利亚:21世纪国际关系的解读. Beijing: Shishi Chubanshe, 59-76.

Yu 俞, Zhengliang 正梁 (1996), „Zhongguo youxiu wenhua chuantong yu guoji zhengzhi xin zhixu" (Die herausragende chinesische Kulturtradition und die neue Ordnung der internationalen Politik) 中国优秀文化传统与国际政治新秩序, in Ren 任, Xiao 晓 (ed.) (2001b), *Guoji guanxi lilun xin shiye* (Neue Perspektiven der IB-Theorie) 国际关系新视野. Beijing: Changzheng Chubanshe, 313-321.

Yu 俞, Zhengliang 正梁 / Chen 陈, Yugang 玉刚 (1999), „Zhongguo guoji guanxi de zhanlüe zhuanxing yu lilun yanjiu 20 nian" (Die strategische Transformation der chinesischen IB und 20 Jahre Theorieforschung) 中国国际关系的战略转型与理论研究二十年, in *Fudan Xuebao* (1999) 1, 12-17.

Yu 俞, Zhengliang 正梁 (2000), „Jingji quanqiuhua jincheng zhong de xin shiji shijie geju" (Die Weltstruktur des neuen Jahrhunderts im Prozeß der Wirtschaftsglobalisierung) 经济全球化进程中的新世纪世界格局, in Ren 任, Xiao 晓 (ed.) (2001), *Guoji guanxi lilun xin shiye* (Neue Perspektiven der IB-Theorie) 国际关系新视野. Beijing: Changzheng Chubanshe, 56-67.

Yu 俞, Zhengliang 正梁 (sic!) (2005), „Xuyan" (Vorwort) 序言, in Guo 郭, Shuyong 树勇 (ed.) (2005), *Guoji guanxi: Huhuan Zhongguo lilun* (Internationale Beziehungen: Ruf nach einer chinesischen Theorie) 国际关系：呼唤中国理论. Tianjin: Tianjin Renmin Chubanshe, 1-3.

Yu 俞, Zhengliang 正梁 / Chen 陈, Yugang 玉刚(2005), „Quanqiu gongzhi fanshi chutan" (Erste Überlegungen zu einem Paradigma der global governance) 全球共治范式初探, in Guo 郭, Shuyong 树勇 (ed.) (2005a), *Guoji guanxi: Huhuan Zhongguo lilun* (Internationale Beziehungen: Ruf nach einer chinesischen Theorie) 国际关系：呼唤中国理论. Tianjin: Tianjin Renmin Chubanshe, 3-22.

Yu 俞, Zhengliang 正梁 (sic!) / Chen 陈, Yugang 玉刚 / Su 苏, Changhe 长和 (2005), *21 shiji quanqiu zhengzhi fanshi* (A Study of Global Politics Paradigms in the 21st Century) 21世纪全球政治范式. Shanghai: Fudan UP.

Yuan 元, Chengzhang 成章 (2002), „Lun Deng Xiaoping guoji zhanlüe sixiang neihan shi yaosu" (Zu zehn wichtigen Elementen der Ideen Deng Xiaopings zur internationalen Strategie) 论邓小平国际战略思想内涵十要素, in Wang 王, Jisi 缉思 (Jin 金, Canrong 灿荣) (ed.) (2007), *Zhongguo xuezhe kan shijie* (3), 71-84.
zuvor erschienen in Fu 傅, Yaozu 耀祖/ Gu 顾, Guanfu 关福 (eds.) (2004), *Zhongguo guoji guanxi lilun yanjiu* (Research on IR Theories in China) 中国国际关系理论研究. Beijing: Shishi Chubanshe, 33-60.

Yuan 袁, Ming 明(ed.) (1992), *Kua shiji de tiaozhan: Zhongguo guoji guanxi xueke de fazhan* (Facing the challenges of the 21st century: IR studies in China) 跨世纪的挑战：中国国际关系学科的发展. Chongqing: Chongqing Chubanshe.

Yuan 袁, Shengyu 胜育 (2007), „Pujing waijiao yu Eluosi de guoji juese" (Putins Außenpolitik und Rußlands internationale Rolle) 普京外交与俄罗斯的国际角色, in *Xuexi Yuekan* 3 (2007), 42-43.

Yuan 袁, Zhengqing 正清 (2006), „Zhongguo de jiangouzhuyi yanjiu" (Konstruktivismus-Forschung in China) 中国的建构主义研究, in Wang 王, Yizhou 逸舟 (ed.) (2006), *Zhongguo guoji guanxi yanjiu (1995-2005)* (IB-Forschung in China 1995-2005) 中国国际关系研究 (1995-2005). Beijing: Beijing Daxue Chubanshe, 142-168.

Zangl, Bernhard (2003), „Regimetheorie", in Schieder, Siegfried / Spindler, Manuela (eds.) (2003), *Theorien der Internationalen Beziehungen*. Opladen: Leske+Budrich, 117-140.

Zhan 詹, Jiafeng 家峰 (2005), „Guojia zhanlüe nengli yu zonghe guoli guanxi qianxi" (Kurze Analyse der Relationen der strategischen Fähigkeiten und der CNP eines Staates) 国家战略能力与综合国力关系浅析, in *Xiandai Guoji Guanxi* 4 (2005), 21-27.

Zhang 张, Jian 键(2005), „Hefaxing yu Zhongguo zhengzhi" (Legalität und chinesische Politik)合法性与中国政治. http://www.zisi.net/htm/wwzh/2005-05-24-29179.htm (10.10.2006)

Zhang 张, Jian 建 (2008), „Shanghai guoji wenti yanjiu 50 nian" (1957-2007)" (50 Jahre Forschung zu Internationalen Fragen in Shanghai) 上海国际问题研究 50 年, in *Guoji Guancha* (2008) 3, 37-43.

Zhang 张, Jianxin 建新(2005), „Guoji guanxi lilun zhong de ‚xuepai' yu ‚fanshi' zhi bian: Guanyu chuangjian Zhongguo lilun, jianshe Zhongguo xuepai de ji dian sikao" (Unterschied zwischen „Schulen" und „Paradigmen" der IB-Theorie: Einige Gedanken zur Konzeption einer chinesischen Theorie und dem Aufbau einer chinesischen Schule) 国际关系理论中的学派与范式之辨: 关于创建中国理论建设中国学派的几点思考, in Guo 郭, Shuyong 树勇 (ed.) (2005), *Guoji guanxi: Huhuan Zhongguo lilun* (Internationale Beziehungen: Ruf nach einer chinesischen Theorie) 国际关系: 呼唤中国理论. Tianjin: Tianjin Renmin Chubanshe, 163-170.

Zhang 张, Jianxin 建新 (2009), „Cong yifu dao zizhu: Lamei guoji guanxi lilun de chengzhang" (Von Dependenz zu Souveränität: Die Entwicklung der lateinamerikanischen IB-Theorie) 从依附到自主: 拉美国际关系理论的成长, in *Waijiao Pinglun* 2 (2009), 114-122.

Zhang 张, Jiming 吉明 (2005), „Dui Xifang guoji guanxi lilun de zhexue sikao: Jianyi Zhongguo guoji guanxi lilun de goujian" (Philosophische Überlegungen zur westlichen IB-Theorie und Vorschläge zum Aufbau einer chinesischen IB-Theorie) 对西方国际关系理论的哲学思考: 兼议中国国际关系理论的构建, in *Waijiao Pinglun* (2005) 82, 72-76.

Zhang 张, Jungang 军刚 et al. (2008), „Quanqiuhua shijiao: Jiedu Zhongguo tese shehuizhuyi lilun de lishi jincheng" (Perspektive der Globalisierung: Entschlüsselung der historischen Entwicklung der Theorie des Sozialismus mit chinesischen Charakteristika) 全球化视角: 解读中国特色社会主义理论的历史进程, in *Guangxi Shehuizhuyi Xueyuan Xuebao* 4 (2008), 15-18.

Zhang 张, Minqian 敏谦(2008), „Kechixu yingxiangli yu daguo siwei" (Nachhaltige Einflußkraft und Großmachtsdenken) 可持续影响力与大国思维, in *Xiandai Guoji Guanxi* (2008) 9, 30-31.

Zhang 张, Ruizhuang 睿壮 (2003), „Wo guo guoji guanxi xueke fazhan cunzai de ruogan wenti" (Einige Probleme in der Entwicklung der IB-Disziplin in China) 我国国际关系学科发展存在的若干问题, in Xiao 肖, Huanrong 欢容 (ed.) (2005), *Guoji guanxixue zai Zhongguo* 国际关系学在中国 (IB-Studien in China). Beijing: Zhongguo Chuanmei Daxue Chubanshe, 20-27.

Zhang 张, Senlin 森林 / Wu 吴, Shaoyu 绍禹 (2005), „Guanyu jianli Zhongguo tese guoji guanxi lilun de ji dian sikao"(Einige Überlegungen zum Aufbau einer IB-Theorie mit chinesischen Charakteristika)关于建立中国特色国际关系理论的几点思考, in *Sixiang Zhengzhi Jiaoyu Yanjiu* (2005) 4, 4-6.

auch abgedruckt in Guo 郭, Shuyong 树勇 (ed.) (2005a), *Guoji guanxi: Huhuan Zhongguo lilun* (Internationale Beziehungen: Ruf nach einer chinesischen Theorie) 国际关系: 呼唤中国理论. Tianjin: Tianjin Renmin Chubanshe, 96-101.

Zhang 张, Senlin 森林 / Wu 吴, Shaoyu 绍禹 (2007), „Quanqiuhua qushi yu hexie shijie de biran xuanze" (Globalisierungstendenzen und die notwendige Entscheidung für eine harmonische Welt) 全球化趋势于和谐世界的必然选择, in Liang 梁, Shoude 守德 / Li 李,Yihu 义虎(eds.) (2007), *Quanqiuhua yu hexie shijie* (Globalisierung und Harmonische Welt) 全球化与和谐世界. Beijing: Shijie Zhishi Chubanshe, 188-194.

Zhang 张, Shuhua 树华/ Kang 康, Yanru 晏入 (2007), „Eluosi xuezhe yan zhong de shijie bantu" (Der Plan der Welt in den Augen russischer Forscher) 俄罗斯学者眼中的世界版图, in *Guowai Shehui Kexue* 6 (2007), 26-29.

Zhang 章, Yahang 亚航 (1988), „Guanyu Xifang guoji guanxi lilun de fazhan guocheng: Shi ‚siduan shi' haishi ‚jianrong'?" (Zur Entwicklung der westlichen IB-Theorie: Vier Phasen oder zeitliche Parallelexistenz?) 关于西方国际关系理论的发展过程是四段式还是兼容, in *Shijie Jingji yu Zhengzhi* (1988) 11, 53-56.

Zhang, Yongjin (2002), „International Relations Theory in China Today: The State of the Field", in *The China Journal* 47 (January 2002), 101-108.

— (2003), „The English School in China: A Travelogue of Ideas and their Diffusion", in *European Journal of International Relations* (2003) 1, 87-114.

Zhang 张, Zhizhou 志洲 (2004), „Quanqiu gongmin shehui: Kefu guoji wu zhengfu de shehui jichu? (Globale Zivilgesellschaft: Die gesellschaftliche Grundlage zur Überwindung der Anarchie des internationalen Systems?) 全球公民社会: 克服国际无政府的社会基础?, in Chen 陈, Yugang 玉刚/ Yuan 袁, Jianhua 建华 (eds.) (2004), *Chaoyue Weisitefaliya? 21 shiji guoji guanxi de jiedu* (engl. Titel: Beyond Westphalia?) 超越威斯特伐利亚 21世纪国际关系的解读. Beijing: Shishi Chubanshe, 281-306.

— (2005), „Wenti yishi yu xueshu zijue: Zhongguo guoji guanxi lilun jianshe de jiben qianti" (Problembewußtsein und Selbstverständnis der Wissenschaft: Grundlegende Voraussetzungen für den Aufbau einer chinesischen IB-Theorie) 问题意识与学术自觉: 中国国际关系理论建设的基本前提, in Guo 郭, Shuyong 树勇 (ed.) (2005a), *Guoji guanxi: Huhuan Zhongguo lilun* (Internationale Beziehungen: Ruf nach einer chinesischen Theorie) 国际关系: 呼唤中国理论. Tianjin: Tianjin Renmin Chubanshe, 181-189.

Zhao, Baoxu (1983), *The Revival of Political Science in China*. Berkeley: Center for Chinese Studies.

Zhao 赵, Jixian 继显 (2007), „Xiandaixing, houxiandaixing yu Zhongguo guoji guanxi xuepai de dansheng" (Moderne, Postmoderne und die Entstehung einer chinesischen IB-Schule) 现代性、后现代性 与中国国际关系学派的诞生, in *Waijiao Pinglun* (2007) 98, 102-107.

Zhao 赵, Kejin 可金 / Ni 倪, Shixiong 世雄 (2005), „Heping jueqi yu Zhongguo guoji zhengzhi lilun yanjiu: Yi xiang yanjiu yicheng" (Friedlicher Aufstieg und chinesische Forschung zur politischen Theorie: Ein Forschungsplan) 和平崛起与中国国际政治理论研究: 一项研究议程, in Guo 郭, Shuyong 树勇 (ed.) (2005a), *Guoji guanxi: Huhuan Zhongguo lilun* (Internationale Beziehungen: Ruf nach einer chinesischen Theorie) 国际关系: 呼唤中国理论. Tianjin: Tianjin Renmin Chubanshe, 263-275.

— (2007), *Zhongguo guoji guanxi lilun yanjiu* (Untersuchung zu IB-Theorien in China) 中国国际关系理论研究. Shanghai: Fudan UP.

Zhao, Quansheng (1996), *Interpreting Chinese Foreign Policy*. Oxford: Oxford UP.

Zhao, Suisheng (2004), „Chinese Nationalism and Pragmatic Foreign Policy Behavior", in Zhao, Suisheng (ed.) (2004), *Chinese Foreign Policy: Pragmatism and Strategic Behavior*. New York: M. E. Sharpe, 66-88.

Zhao 赵, Tingyang 汀阳 (2005a), *Tianxia tixi: Shijie zhidu zhexue daolun* (Das *tianxia*-System: Philosophisches Lehrwerk des Weltsystems) 天下体系:世界制度哲学导论. Nanjing: Jiangsu Jiaoyu Chubanshe.

— (2005b), „'Tianxia' gainian yu shijie zhidu" (Tianxia-Konzept und Weltordnung)天下概念与世界制度, in Wang 王, Jisi 辑思 (Qin 秦, Yaqing 亚青) (ed.) (2007), *Zhongguo xuezhe kan shijie* (1), 3-35.

Zheng, Bijian (2002), „The sixteenth National Party Congress of the Chinese Communist Party and China's peaceful rise", in Zheng, Bijian (2005), *China's Peaceful Rise – Speeches of Zheng Bijian 1997-2005*. Washington: Brookings, 74-81.

— (2003), „A new path for China's peaceful rise and the future of Asia", in Zheng, Bijian (2005), *China's Peaceful Rise – Speeches of Zheng Bijian 1997-2005*. Washington: Brookings, 14-20.

— (2004a), „China's peaceful rise and opportunities for the Asia-Pacific region", in Zheng, Bijian (2005), *China's Peaceful Rise – Speeches of Zheng Bijian 1997-2005*. Washington: Brookings, 29-36.

— (2004b), „China's Development and New Path to a Peaceful Rise", in Zheng, Bijian (2005), *China's Peaceful Rise – Speeches of Zheng Bijian 1997-2005*. Washington: Brookings, 37-43.

— (2004c), „We Should Welcome It", in Zheng, Bijian (2005), *China's Peaceful Rise – Speeches of Zheng Bijian 1997-2005*. Washington: Brookings, 44-66.

— (2005), „China's New Road of Peaceful Rise and Chinese-US Relations", in Zheng, Bijian (2005), *China's Peaceful Rise – Speeches of Zheng Bijian 1997-2005*. Washington: Brookings, 1-13.

Zheng 郑, Guilan 贵兰 (2006), „2008 nian Aoyunhui yu Zhongguo guojia xingxiang suzao" (Die Olympischen Spiele 2008 und die Ausformung des nationalen Images der VR China) 2008 年奥运会与中国国家形象塑造, in *Lilun Guancha* (2006) 2, 13-14.

Zheng, Yongnian et al. (2005), „Promoting a harmonious society to cope with a crisis of government". www.nottingham.ac.uk/china-policy-institute/publications/documents (20-05-2007).

Zhongguo Da Baike Quanshu = Autorenkollektiv der Encyclopedia of China (1987): *Zhongguo Dabaike Quanshu* Beijing; Shanghai: Zhongguo Da Baike Quanshu Chubanshe.

Zhongguo dui Oumeng zhengce wenjian (10/13/2003): 中国对欧盟政策文件 (China's Policy Paper on the Relationship with the EU). http://www.fmprc.gov.cn/chn/wjb/zzjg/xos/dqzzywt/t27700.htm (27-07- 2005) Englische Version: http://www.fmprc.gov.cn/eng/wjb/zzjg/xos/dqzzywt/t27708.htm (27-07-2005)

Zhou 周, Guiyin 桂银(2005), „Lishi yanjiu, lunli sikao he lilun goujian: Yingguo xuepai de sixiang fangfa dui Zhongguo guoji guanxi lilun jianshe de qishi" (Historische Forschung, moralische Überlegungen und Theoriebildung: Die Ideen und Methoden der Englischen Schule und der Aufbau einer chinesischen IB-Theorie) 历史研究, 伦理思考和理论构建: 英国学派的思想方法对中国国际关系理论建设的启示, in Guo 郭, Shuyong 树勇 (ed.) (2005), *Guoji guanxi: Huhuan Zhongguo lilun* (Internationale Beziehungen: Ruf nach einer chinesischen Theorie) 国际关系: 呼唤中国理论. Tianjin: Tianjin Renmin Chubanshe, 133-143.

Zhou 周, Hong 弘(2004), „Lun Zhong Ou huoban guanxi zhong de buduichenxing yu duichenxing" 论中欧伙伴关系中的不对称性与对称性 (Über Symmetrie und Asymmetrie in der sino-europäischen Partnerschaft), in *Ouzhou Yanjiu* 2, 1-15.

— (2008), „Zhongguo dui wai yuanzhu yu gaige kaifang 30 nian" (Chinas Auslandshilfe und 30 Jahre Reform und Öffnung) 中国对外援助与改革开放 30 年, in *Shijie Jingji yu Zhengzhi* (2008) 11, 33-43.

Zhou 周, Minkai 敏凯(2007), „Heping tongyi jincheng zhong de liang'an zhuyao zhengdang jiti rentong bijiao ji liang'an guanxi fazhan sikao" (Überlegungen zur Identität der Parteiengruppen im friedlichen Vereinigungsprozeß und der Entwicklung der Beziehungen zwischen den beiden Ufern) 和平统一进程中的两岸主要政党集体认同及两岸关系发展思考, in Liang 梁, Shoude 守德 / Li 李, Yihu 义虎(eds.) (2007), *Quanqiuhua yu hexie shijie* (Globalisierung und Harmonische Welt) 全球化与和谐世界. Beijing: Shijie Zhishi Chubanshe, 389-397.

Zhou 周, Suyuan 溯源(2008), „Jianshou ,bu dang tou' fangzhen – Tuidong jianshe guoji xin zhixu"(Entschieden am Leitprinzip „Keine Führungsrolle anstreben" festhalten, den Aufbau einer neuen internationalen Ordnung vorantreiben) 坚守不当头方针 – 推动建设国际新秩序, in *Xiandai Guoji Guanxi* (2008) 9, 32-33.

Zhou, Xiaochuan (23-03-2009), „Reform the International Monetary System". http://www.pbc.gov.cn/english/detail.asp?col=6500&id=178 (10.04.2009).

Zhu 朱, Feng 锋 (1997), „Guanyu diquzhuyi yu quanqiuzhuyi" (Über Regionalisierung und Globalisierung) 关于地区主义与国际主义, in Xiao 肖, Huanrong 欢容 (ed.)(2005), *Guoji guanxixue zai Zhongguo* 国际关系学在中国 (IB-Studien in China). Beijing: Zhongguo Chuanmei Daxue Chubanshe, 254-259.

— (2008), „Zai ,taoguang yanghui' yu ,you suo zuowei' zhi jian qiu pingheng" (Suche nach einem Gleichgewicht zwischen einer Politik des strategischen Abwartens und aktiver Teilnahme) 在韬光养晦与有所作为之间求平衡, in *Xiandai Guoji Guanxi* (2008) 9, 27-28.

Zhu 朱, Liqun 立群 / Zhao 赵, Guangcheng 广成 (2008), „Zhongguo de guoji guannian de bianhua yu gonggu: Dongli yu qushi" (Wandel und Konsolidierung Chinas internationaler Ideen: Triebkräfte und Tendenzen)中国的国际观念的变化与巩固动力与趋势, in *Waijiao Pinglun* (2008) 2, 18-26.

Zi 资, Zhongyun 中筠 (ed.) (1998), *Guoji zhengzhi lilun tansuo zai Zhongguo* (engl. Titel: Explorations of Theories of IP in China) 国际政治理论探索在中国. Shanghai: Shanghai Renmin Chubanshe.

Zizek, Slavoj (2006), *Parallaxe*. Frankfurt: Suhrkamp.

ZK (05-01-2004), „Guanyu jin yi bu fanrong fazhan zhexue shehui kexue de yijian" („Erklärung zur [Förderung der] weiteren Entfaltung und Entwicklung der Philosophie und Sozialwissenschaften") 关于进一步繁荣发展哲学社会科学的意见. http://www.qysk.gov.cn/E_ReadNews.asp?NewsID=92 (14.11.2008).

Zürn, Michael (2003), „Die Entwicklung der Internationalen Beziehungen im deutschsprachigen Raum nach 1989", in Hellmann, Gunther / Wolf, Klaus Dieter / Zürn, Michael (ed.) (2003), *Die neuen Internationalen Beziehungen. Forschungsstand und Perspektiven in Deutschland*. Baden-Baden: Nomos, 21-46.

Neu im Programm Politikwissenschaft

Holger Backhaus-Maul / Christiane Biedermann / Stefan Nährlich / Judith Polterauer (Hrsg.)
Corporate Citizenship in Deutschland
Gesellschaftliches Engagement von Unternehmen. Bilanz und Perspektiven
2., akt. u. erw. Aufl. 2010. 747 S. mit 39 Abb. u. 5 Tab. (Bürgergesellschaft und Demokratie 27) Br. EUR 59,90
ISBN 978-3-531-17136-4

Timm Beichelt
Deutschland und Europa
Die Europäisierung des politischen Systems
2009. 364 S. mit 11 Abb. u. 32 Tab. Br.
EUR 29,90
ISBN 978-3-531-15141-0

Stephan Braun / Alexander Geisler / Martin Gerster (Hrsg.)
Strategien der extremen Rechten
Hintergründe – Analysen – Antworten
2009. 667 S. mit 21 Abb. u. 3 Tab. Br.
EUR 39,90
ISBN 978-3-531-15911-9

Irene Gerlach
Bundesrepublik Deutschland
Entwicklung, Strukturen und Akteure eines politischen Systems
3., akt. u. überarb. Aufl. 2010. 400 S. Br.
EUR 19,95
ISBN 978-3-531-16265-2

Franz-Xaver Kaufmann
Sozialpolitik und Sozialstaat: Soziologische Analysen
3., erw. Aufl. 2009. 470 S. (Sozialpolitik und Sozialstaat) Br. EUR 49,90
ISBN 978-3-531-16477-9

Uwe Kranenpohl
Hinter dem Schleier des Beratungsgeheimnisses
Der Willensbildungs- und Entscheidungsprozess des Bundesverfassungsgerichts
2010. 556 S. mit 1 Abb. u. 31 Tab. Br.
EUR 49,95
ISBN 978-3-531-16871-5

Martin Sebaldt / Henrik Gast (Hrsg.)
Politische Führung in westlichen Regierungssystemen
Theorie und Praxis im internationalen Vergleich
2010. 382 S. mit 4 Abb. u. 8 Tab. Br.
EUR 49,90
ISBN 978-3-531-17068-8

Erhältlich im Buchhandel oder beim Verlag.
Änderungen vorbehalten. Stand: Januar 2010.

www.vs-verlag.de

VS VERLAG FÜR SOZIALWISSENSCHAFTEN

Abraham-Lincoln-Straße 46
65189 Wiesbaden
Tel. 0611.7878-722
Fax 0611.7878-400